三官大帝

女仙鮑姑

道貫嶺南

香港中文大學道教文化研究中心・道教研究學術論叢

道貫嶺南
廣州三元宮志

總策劃｜潘志賢、梁德華

編著｜黎志添

香港中文大學出版社

《道貫嶺南 —— 廣州三元宮志》
黎志添 編著

© 香港中文大學 2019

國際統一書號 (ISBN)：978-988-237-180-4

出版：香港中文大學出版社
　　　香港 新界 沙田 · 香港中文大學
　　　傳真：+852 2603 7355
　　　電郵：cup@cuhk.edu.hk
　　　網址：cup.cuhk.edu.hk

*The Source of the Dao in Lingnan: The Gazetteer of the Three Principles Temple
at Guangzhou* (in Chinese)
　By Lai Chi Tim

© The Chinese University of Hong Kong 2019
All Rights Reserved.

ISBN: 978-988-237-180-4

Published by　The Chinese University of Hong Kong Press
　　　　　　　The Chinese University of Hong Kong
　　　　　　　Sha Tin, N.T., Hong Kong
　　　　　　　Fax: +852 2603 7355
　　　　　　　Email: cup@cuhk.edu.hk
　　　　　　　Website: cup.cuhk.edu.hk

Printed in Hong Kong

目　錄

圖版目錄

1.1　牌坊 攝於 2019 年

1.2　三元宮山門（1）攝於 2012 年

1.3　三元宮山門（2）攝於 2019 年

1.4　三元宮山門內 攝於 2019 年

1.5　三元宮中庭 攝於 2019 年

1.6　三元寶殿（1）攝於 2019 年

1.7　三元寶殿（2）攝於 2019 年

1.8　三元寶殿（3）攝於2019年

1.9　三元寶殿（4）攝於2012年

1.10　三元寶殿（5）攝於2012年

1.11　三元宮中元法會 攝於 2012 年

1.12　三官大帝 攝於 2019 年

1.13 太上老君 攝於 2019 年

1.14 王靈官 攝於 2019 年

1.15　呂祖寶殿（1）攝於 2019 年

1.16　呂祖寶殿（2）攝於 2019 年

1.17　呂祖孚佑帝君 攝於 2019 年

1.18　梓潼文昌帝君 攝於 2019 年

1.19　關聖帝君 攝於 2019 年

1.20　觀音慈航大士 攝於 2019 年

1.21　天后娘娘 攝於 2019 年

1.22 鮑姑寶殿（1）攝於 2019 年

1.23 鮑姑寶殿（2）攝於 2019 年

1.24 鮑姑(1) 攝於 2012 年

1.25 鮑姑(2) 攝於 2019 年

1.26 鮑姑寶殿 攝於 2012 年

1.27　鮑姑亭 攝於 2007 年

1.28　財神 攝於 2019 年

1.29　道德館 攝於 2019 年

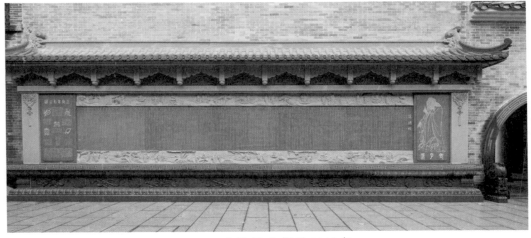

1.30　道德經碑 攝於 2019 年

1.31　善信參拜 攝於 2019 年

1.32　上元誕禮斗道場 攝於 2019 年

1.33　高功道士施演上供朝禮儀 攝於 2019 年

1.34　高功道士施演三元朝儀 攝於 2019 年

2.1　三元殿匾額 攝於 2012 年

2.2　客堂匾額

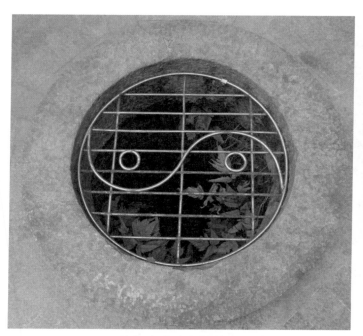

2.3 虬龍古井（1）攝於 2012 年　　　　　2.4 虬龍古井（2）攝 於 2012 年

2.5 虬龍古井（3）攝於 2007 年

2.6　香爐（1）攝於 2019 年　　　　　　　2.7　香爐（2）攝於 2019 年

2.8　呂祖法印「爕元贊運警化孚佑帝君之寶」（私人收藏）

2.9　蓬瀛仙館藏三元宮傳
　　香供

2.10　蓬瀛仙館藏三元宮傳
　　花供

2.11　蓬瀛仙館藏三元宮傳
　　燈供

2.12　蓬瀛仙館藏三元宮傳水供

2.13　蓬瀛仙館藏三元宮傳果供

2.15 蓬瀛仙館藏三元宮傳鐺子

2.16 蓬瀛仙館藏三元宮傳鑔

2.14 蓬瀛仙館藏三元宮傳振鈴

2.17 蓬瀛仙館藏民國十九年（1930）
三元宮弟子繪大梵先天斗姥紫光金尊聖像

2.18 蓬瀛仙館藏民國十九年（1930）
三元宮弟子繪太乙救苦天尊青玄上帝聖像

2.19　蓬瀛仙館藏民國十九年（1930）　　　　2.20　蓬瀛仙館藏民國十九年（1930）
三元宮弟子繪北極真武玄天上帝聖像　　　　三元宮弟子繪九天應元雷聲普化天尊聖像

2.21　蓬瀛仙館藏民國十九年（1930）
　　　三元宮弟子繪天后聖像

2.22　蓬瀛仙館藏民國十九年（1930）
　　　三元宮弟子繪天姥聖像

2.23　蓬瀛仙館藏民國十九年（1930）
三元宮弟子繪太乙風神聖像

2.24　蓬瀛仙館藏民國十九年（1930）
三元宮弟子繪龍母聖像

3.1　杜陽棟像（轉引《書齋與道場：道教文物》）

3.2　周宗朗像（轉引《周朗山先生詩畫選集》）

3.3　吳信達像

3.4　潘崇賢像

4.1　創建粉嶺蓬瀛仙館記
民國二十六年（1937）原碑

4.3　粉嶺蓬瀛仙館建立西齋碑記
1952年原碑

4.2　蓬瀛仙館創建道董題名記
民國三十九年（1950）原碑

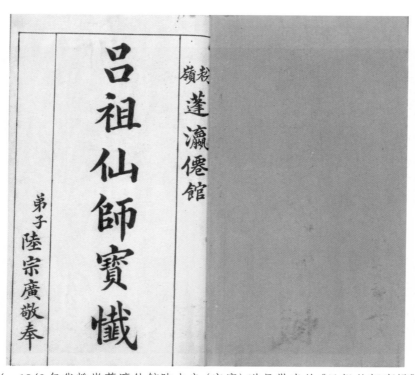

4.4　1940年代粉嶺蓬瀛仙館陸本良（宗廣）道長敬奉的《呂祖仙師寶懺》
（即《九天大羅玉都師相呂聖真君無極寶懺》）

4.5　1987年6月20日 蓬瀛仙館參訪廣州三元宮

4.6　1992年10月9–11日蓬瀛仙館與廣州三元宮合辦
「祈求全世界和平暨消災解厄萬緣勝會」(1)

4.7　1992年10月9–11日蓬瀛仙館與廣州三元宮合辦
「祈求全世界和平暨消災解厄萬緣勝會」(2)

4.8　1994年三元宮與蓬瀛仙館聯合法會（1）

4.9　1994年三元宮與蓬瀛仙館聯合法會（2）

4.10 2005年6月18日蓬瀛仙館參訪廣州三元宮

作者簡介

　　黎志添教授，畢業於香港中文大學宗教系，獲榮譽文學士及神道學學士，1989年負笈美國芝加哥大學神學院，攻讀道教研究及西方宗教學，獲1990年哲學碩士及1995年哲學博士。現任香港中文大學文化及宗教研究系教授、中文大學中國文化研究所署理所長、道教文化研究中心主任、香港中文大學蔣經國基金會亞太漢學中心主任、《道教研究學報》創刊主編及《中國文化研究所學報》總主編。研究領域包括西方宗教學理論、六朝道教史、天師道經典、道教科儀歷史、清代《道藏輯要》、廣東地方道教史。專著有《宗教研究與詮釋學》(2003)、《廣東地方道教研究——道觀、道士及科儀》(2007)、《修心煉性——〈呂祖疏解無上玄功靈妙真經〉白話註譯》(2017)、《了解道教》(2017)；合著有《廣州府道教廟宇碑刻集釋》兩冊(2014)、《香港道教：歷史源流及其現代轉型》(2010)、《香港道堂科儀歷史與傳承》(2007)；編著有《道教圖像、考古與儀式：宋代道教的演變與特色》(2016)、《十九世紀以來中國地方道教的變遷》(2014)、《華人學術處境中的宗教研究——本土方法的探索》(2012)、《宗教的衝突與和平》(2007)、《香港及華南道教研究》(2005)、《道教研究與中國宗教文化》(2003)、《道教與民間宗教研究論集》(1999)等。

潘志賢序

　　粵秀山下之羊城三元宮，原為晉南海郡太守鮑靚之女鮑姑舊宅越岡院也。鮑靚精於道學，通古三皇文，能逆占將來。其女鮑姑亦能以紅艾療百姓疾苦。有葛洪，字稚川者，丹陽句容人也。沉研鳥冊，洞曉龜枚，尤好神仙導養之法。先從鄭隱，悉得其法焉。後師事鮑靚。鮑靚見洪深重之，以女妻之；洪傳其業，兼綜練醫術，與鮑姑同居越岡院，優遊閒養，著述不輟。至明萬曆年，因欽天監望南方有皇氣出，應以越岡院奉祀三元大帝，以期一炁分真，三元展敬，廣布法雨，遍沾慈恩。故改名三元宮。

　　至清初，又有山東全真龍門巨擘杜公陽棟受邀入粵，為三元宮全真龍門派之中興祖師；眾人仰慕其真風，一時羽流雲集。三元宮遂為粵中之全真叢林，宗風遠播於粵東香江等地。

　　己亥之歲，其去越岡院創立至今1,700年，吾忝任三元宮住持，與香港蓬瀛仙館梁德華館長有編撰三元宮志之議，並邀請香港中文大學黎志添教授執筆，越一載而成。余披覽其稿，不覺擊節而賞，萬慨頓生。其書以史為綱，以文為紀，窮大道之奧秘，探千年之傳奇。內容詳實，忠於歷史，又旁引其他儒家文人之評價，是為道教宮觀志的又一創新。今年適值中華人民共和國建國70週年，政通人和，四海歸心。所謂盛世修志，是其所以也。望粵港兩地，深結道緣，闡揚教化，共揚美善之風，同登仁壽之域。普天率土，永慶昇平。

潘志賢（崇賢）
廣州三元宮住持
己亥季夏

梁德華序

道傳千七載，宗顯嶺南端

　　在1,700年前的東晉時期，好慕道術的南海太守鮑靚為女兒鮑姑修道行醫而在廣州創建越岡院。時至千年後的清代，全真龍門道脈南傳至粵，越岡院亦蛻變為主奉三官大帝的三元宮，並成為廣州城最著名的全真道觀。及至近代1929年，廣州三元宮住持麥宗光道長聯同多位居住在廣州及香港的全真道士為尋覓淨土，彌助潛修，共同在香港粉嶺購地建立蓬瀛仙館。據1937年周宗朗道長撰述的〈創建粉嶺蓬瀛仙館記〉，當時創館道董以「非提倡道宗，無以挽頹俗」的決意，發起創修龍門正宗道院之議。故仙館之建立，實源於先賢道侶欲秉承全真龍門修真之道，以正世道之淪胥。館內至今仍藏有多種早年道董南下傳留的科本、法器及畫像，廣州全真龍門一脈，自始傳流香江。作為三元宮在香港的繁衍，蓬瀛仙館在全真龍門派別傳承及科儀應用都直接繼承祖庭的宗脈。即使經歷時代滄桑，派接根源的宗祖之情仍不變改。

　　自祖國落實宗教政策後，三元宮在前住持吳信達道長多年領導下全面恢復在廣州的道業，使千年古宮得復香火道緣，玄風重闡於穗城。及近年潘崇賢道長繼任住持，致力重新煥發千年道脈。不僅修繕宮內各處殿堂，更增設抱樸書院、道德館、道醫館、鮑姑艾灸館等文化及普濟場所，使道貌一新。唯三元宮道跡久遠，先賢雖留有金石碑刻，或有近人學者撰文研究，但千年以來卻未有專屬的宮觀志書撰著流傳。我等玄裔弟子每追憶古宮史事，多為口耳相傳以津逮後學而少有文獻徵信，莫不殊以為憾。今年喜逢三元宮創建1,700週年大慶。潘崇賢住持為誌其盛事，亦以補古宮史志之缺，特倡議聯同蓬瀛仙館共力修撰《廣州三元宮志》以傳後世。蓬瀛仙館諸位理事得聞此議，皆欣然響應以玉成其美。並附議交由蓬瀛仙館與香港中文大學聯辦的道教文化研究中心主任黎志添教授負責。因素仰他在道教研究著力深甚，成就斐然。且近年尤潛心於廣東文人與道教傳承的

鑽研，實為一時之選。潘住持與本人遂共邀黎君擔任志書編著之職，蒙其慨然應允，故今有此煌然鉅著。

　　《廣州三元宮志》題為「道貫嶺南」，意在彰顯祖庭在廣東道教歷史傳承的關鍵地位與貢獻。本志集然大備，以14章類析三元宮之地理、歷史、建築、神祇、嗣法、文人、科儀、文物、藝文、碑刻、慈惠、肇建蓬瀛仙館道基、對外交流往來、大事紀要諸事。使千數百年歲月流光間，神明仙真之靈顯、壇錄人物之傳承、碑刻題詠之紀實皆可徵於斯文。今稽古採真，著為成書，後世可考，有益斯道。謹述源起，是以為序。並誠心祝願祖庭道日增輝，宗脈永存。

梁德華（景華）

蓬瀛仙館理事長

歲次己亥孟秋撰於蓬瀛仙館

凡例

　　廣州三元宮舊無獨立的宮觀志，僅見於地方志、山志、金石志等志書及詩文遊記、傳奇小説等記載，今特編撰此志以便覽者，並賀2019年宮慶紀念。

　　本志記載內容的迄始時間，上限設定為廣東欽差巡撫李棲鳳修建越秀山三元宮的清順治十三年 (1656)，下限截止到2018年底，共計362年的歷史跨度，全面敘述三元宮的歷史沿革、宮觀建築、神明信仰、科儀文獻、碑刻及道士傳承等。

一、編排體例

1.　是書內容編次，包括圖版、作者簡介、序、凡例、導言、正文、後記、註釋、參考書目和名詞索引。

2.　正文部分共有14章，分別是「廣州歷史地理概況」、「歷史沿革」、「宮觀建築」、「神祇供奉」、「嗣法傳承」、「信道文士」、「科儀文獻」、「文物」、「藝文」、「碑刻」、「慈惠活動」、「三元宮與香港蓬瀛仙館」、「三元宮與港澳臺及海外的往來」及「大事活動」，在參考傳統宮觀志例目 (如形勝、宮觀、神祇、法派、人物、藝文) 的基礎上，新增「慈惠活動」、「三元宮與港澳臺及海外的往來」等具有近當代特色的章節。

3.　圖版部分將作以下安排：類別一「殿宇、神像、建築、法事」、類別二「古蹟、匾額、楹聯、文物」、類別三「道士」、類別四「三元宮與香港蓬瀛仙館」置於書前；類別五「科儀文獻」和類別六「碑刻」置於第十章之後。

4.　第十一章和第十三章分類摘錄三元宮發佈的信息，讓讀者對三元宮的慈惠活動、與港澳臺及海外的往來有直觀的了解。

二、關於碑文、匾額、楹聯的處理

1. 碑文、匾額、楹聯的來源

   主要有尚存的碑刻、匾額、楹聯和文獻兩個方面。尚存的碑刻、匾額、楹聯，均親往三元宮現安置或懸掛處查看並進行拍攝、錄入及校勘。文獻則搜集運用古今金石志、文物志、碑刻集、地方志、史書、文人詩文集、田野考察記錄、建築測繪圖集等資料。收錄的範圍限於清初迄今的廣州三元宮碑刻（包括現存香港蓬瀛仙館四通與三元宮有關的碑刻），碑刻年代截至2018年。

2. 碑文體例及校勘

   (1) 在第十章碑刻的第二節碑刻原文中，每通碑文包括碑刻標題、碑刻信息、碑文等項（有的還附上白話釋文、碑文考釋）。其中，碑刻標題包括朝代、撰碑者、碑文題目、撰寫時間四個要素；碑刻信息包括存址、碑題（如有，並註明書體）、碑額（如有，並註明書體）、尺寸（如有）、來源（據原碑或原碑照片錄入、錄出所用的底本）等。碑題的擬定一般用碑額，無碑額者用碑題，若碑題亦不敷用者，則自擬。

   (2) 碑文的白話釋文內容為譯者之研究成果，僅供參考。

   (3) 碑文考釋主要是對碑文內容的介紹，主要包括碑文中提到的重要歷史事件、人物考證、道教意涵闡釋等，亦包括作者生平簡介（佚名者除外）。

   (4) 校勘原則

   ①碑文盡量不改變底本原字，若底本使用的文字過於生僻或屬於異體字，一般以常用繁體字代替，不出校。

   ②凡□中的文字，均因底本模糊不清，根據上下文推測所得。

   ③闕字用□代替。

三、科儀文獻體例

1. 本志的科儀書分經本、懺本、幽科本、吉事科儀本四類。

2. 在第七章科儀文獻中，每部科書的介紹均包括書名、卷數、裝幀方式、朝代、刊刻日期、藏書處等版本信息，有的還有刊刻者、藏板地、版心信息。

3. 版本信息下附相應的科書考釋，介紹其歷史源流、內容、三元宮使用的情況等。

四、註釋體例

1. 書中所用材料及每條記載均註明出處，以供核對；並以實地考察、古籍文獻及檔案館資料為主，輔以其他相關書籍作為參考。
2. 註釋中徵引文獻的格式如下：

   (1) 一般古籍，例：

   明·陳璉撰：《羅浮志》，明永樂八年 (1410) 修，清道光三十年 (1850) 粵雅堂刻本 2 冊線裝，廣東省中山圖書館藏。

   (2) 現代論著，例：

   廣州市文物志編委會編著：《廣州市文物志》（廣州：嶺南美術出版社，1990），頁 190–191。

   黎志添：〈廣州元妙觀考釋〉，《中央研究院歷史語言研究所集刊》，第 75 本，第 3 分冊 (2004)，頁 445–513。

   (3) 日文論著，例：

   蜂屋邦夫編著：《中國の道教：その活動と道觀の現狀》（東京：東京大學東洋文化研究所，1995），頁 570。

   (4) 英文論著，例：

   Vincent Goossaert, "Counting the Monks: The 1736–1739 Census of the Chinese Clergy," *Late Imperial China*, vol. 21, no. 2 (2000): 40–85.

   Lai, Chi–Tim, "Hong Kong Daoism: A Study of Daoist Altars and Lü Dongbin Cults," *Social Compass* 50 (2003): 459–470.

   (5) 檔案報刊，例：

   〈廣州市道教會會員名冊〉（廣州市檔案館檔案資料，全宗號 7，目錄號 5，案卷號 24）。

五、標點體例

書名用《》表示，篇名及碑文用〈〉表示。

導言

　　廣州三元宮位於廣州城北越秀山南麓，為現存廣州市歷史最悠久的道教宮觀。三元宮供奉的是以三元大帝為首的各路道教神祇，歷來主要有三元大帝、太上老君、孚佑帝君、文昌帝君、關聖帝君、斗姥元君、玄天上帝、王靈官、鮑姑等。今天全宮的佔地面積約為5,000平方米，殿堂建築總面積約為2,000平方米。

　　唐宋以後，廣州三城內外有多所著名道觀，如玄妙觀（古稱天慶觀）、五仙觀、奉真觀、朱明觀等。但今天，這些廣州道教古觀已在近現代中國歷史變遷中消逝了。比起玄妙觀或五仙觀，越秀山三元宮的建觀歷史較短。若是以「三元宮」之宮名追溯其創建的歷史，這可以順治十三年（1656）由廣東欽差巡撫李棲鳳於城北觀音山修建三元大殿為始點。自清中葉鴉片戰爭以來，在歷次政治轉變和戰亂中，三元宮屢受當權統治者打擊、破壞及改變，然而三元宮至今仍然屹立於急遽現代化的廣州市中，依然保有和承傳著嶺南道教信仰和文化，歷久未衰。

　　廣州三元宮舊無獨立的宮觀志。這次撰修《廣州三元宮志》，是為了三元宮慶祝建立於東晉越岡院的歷史傳統已歷1,700年。清乾隆五十年（1785）蕭雲漢撰的三元宮〈重建斗姥殿碑記〉稱：「粵秀山三元宮，古越岡院也，六朝已有之。」乾隆六年《南海縣志》載：「三元宮在粵秀山，東晉南海太守鮑靚建，名越岡院。」東晉葛洪（283–343）南隱羅浮山的事蹟經常被視作廣東道教歷史的具體開始。傳說越秀山越岡院是東晉葛洪之妻鮑姑修行的地方。鮑姑，南海太守鮑靚之女，被唐末高道杜光庭（850–933）推為道教女仙。（參《墉城集仙錄・鮑姑傳》）鮑靚為她在越秀山南麓建立越岡院，供她修道，而葛洪亦師事鮑靚，向他學習道術。鮑姑井，則是鮑姑行炙南海留下的古蹟，自唐宋至今均為嶺南地區重要的道教文化象徵；而鮑姑艾炙更融入民間歲時風俗之中。南宋方信孺（1177–1222）《南海百詠》云：「鮑姑即靚女，葛仙翁妻也，與供偕隱羅浮山，行炙於南海。有神艾，

唐崔煒嘗得之，療疾有奇效。」明代李賢（1408–1466）《明一統志》載：「鮑姑井，在府城內，相傳晉鮑靚女，葛洪妻所汲處。」到清代仇巨川（？–1800）《羊城古鈔》有載：「南海越秀山左有鮑姑井，猶存。」乾隆四十五年（1780），通判史巖澤出資在三元宮修建了鮑姑祠，住持郁教甯為之作〈鮑姑祠記〉，並稱這是從東晉元帝以來，在廣州越井岡首次立祠供奉鮑姑。後來又翻新了鮑姑亭和鮑姑祠。民國時期，住持張信綱在三元宮虯龍井舊址處修建虯井古屋一間，紀念鮑姑得道的仙蹟。由此可說，廣州三元宮的道教歷史是建立在由東晉南海郡太守鮑靚始建的「越岡院」的傳統之上（即是所謂「三元宮創始於六朝」之說的由來），而此傳統貫通鮑姑以降源遠流長的嶺南道教歷程。

能夠承擔此次三元宮的修志工作，筆者十分感謝三元宮現任住持潘崇賢道長對本人及香港中文大學道教文化研究中心委以重任。是次撰修《廣州三元宮志》的意義重大：首先，本志為三元宮的歷史進行了一次最完整及詳盡的文獻資料整理，藉此增進讀者對深厚的廣州道教歷史文化的認識；其次，本志亦得到香港蓬瀛仙館的支持，代表其對三元宮祖庭的回饋，本志特別整理出三元宮為蓬瀛仙館龍門派道脈源頭的淵源和經過；第三，香港中文大學道教文化研究中心，自2006年由香港蓬瀛仙館與香港中文大學共同創辦，是香港高等學府中唯一的道教學術研究單位，這次由中心承擔三元宮修志工作，亦突顯道教宮觀與高等學府共同推動現代道教學術的努力與成果。

筆者從事道教研究已將近三十載，尤其重視道教經典、科儀文獻、碑刻、方志書、檔案資料的使用及結合歷史、地區道教調查和田野考察等跨學科的研究方法。作為「嶺南人」，筆者對嶺南道教文化抱有特別的情懷，特別關注廣東道教宮觀歷史、科儀、經典及道派的發展，宿願為此地區的道教史研究作出學術貢獻。近十多年來，筆者在廣東道教研究的出版有《香港及華南道教研究》（2005）、《廣東地方道教研究 —— 道觀、道士及科儀》（2007）、《香港道堂科儀歷史與傳承》（2007）、《香港道教 —— 歷史源流及其現代轉型》（2010）、《廣州府道教廟宇碑刻集釋》（2014）等著作。我相信，由於道教的歷史源遠流長及具有地方演變的多樣性，因此要真正理解道教存在的具體面貌，研究者必須要從特定地區的社會發展變遷中認識道教文化，才能明白道教為何是中國土生土長的宗教，即離開區域性的土壤、社會和信眾層面，道教的宗教性只會變成一種抽象概念。

筆者於2007年出版《廣東地方道教研究》一書，對廣東幾座古老的道觀進行了基礎性研究，包括廣州的玄妙觀、五仙觀、三元宮、純陽觀，以及羅浮山的沖虛觀、酥醪觀等。廣州玄妙觀從宋代到清代都是廣州地區重要的正一派道教宮

觀，而三元宮則是從清初至今廣州全真教龍門派道觀的代表。當年在整理和爬梳這些廣東宮觀歷史時，筆者一直抱著覓得前人撰述的宮觀志並進行參閱之希望，以減輕重新搜集大量歷史文獻資料的繁重工作，但一直未找到相關的宮觀志。筆者之所以接受此次修志的重任，是希望能為將來研究廣東道教的學者提供一部詳實的廣州道觀志作為參考，目的是推動此地區道教歷史文化學術研究的持續發展，裨益嶺南道教文化的傳承。

廣州三元宮在廣東全真道觀發展史上有自己的獨特性，例如：秉承清代全真龍門派的傳統，堅持作為一座清淨潛修的道觀，如其碑記所云：「煉氣歸神，道之要也。」直到光緒年間住持梁宗琪捐出田產贊助興辦時敏學堂，宮內經濟才轉變為依靠香火儀式活動等其他途徑，這也與當時晚清政府推行「廟產興學」的維新運動有關。入民國以後，廣州很多歷史悠久的道觀都在政權轉易與民國政府「破除迷信」運動當中被佔據，有的甚至停止了香火供奉，政府改變了其宗教用途，將其改建成公眾市場、公園、醫院或工廠。例如玄妙觀（入清後改稱元妙觀），於民國十一年（1922）被廣州市政廳收回並改為市立第一兒童遊樂園，後於民國二十三年（1934）被完全拆平。1966年文化大革命開始，一切宗教活動停止，三元宮關閉，宮內各處地方被多所工廠佔據。面對此諸多的困境、壓迫和波折，歷史悠久的三元宮至今仍然得以保存和開放，並發展成為廣州最重要的中國本土宗教聖地之一，實屬不易，更是嶺南道教之福。此外，廣州三元宮與香港蓬瀛仙館有著密切的源流關係，三元宮志可作為研究香港道教宮觀淵源於廣東地區道脈的一個重要的例子。

此次修志通過細緻詳盡的文獻整理、研究和實地考察，為這座悠久的廣州道觀書寫歷史，以保存廣州道教文化的傳統。本志記載內容的起訖時間，上限設定為廣東巡撫李棲鳳修建越秀山三元宮的清順治十三年（1656），下限截止到2018年底，共計362年的歷史跨度。本志共分為14章，包括廣州歷史地理概況、歷史沿革、宮觀建築、神祇供奉、嗣法傳承、信道文士、科儀文獻、文物、藝文、碑刻、慈惠活動、三元宮與香港蓬瀛仙館、三元宮與港澳臺及海外的往來、大事活動等，以全面整理和分析關於三元宮的記述，仔細爬梳三元宮從清初直到當代的發展歷程。

為了更好地說明越秀山三元宮所經歷的歷史地理環境變遷，本志第一章首先介紹三元宮地處的廣東省會廣州之古今歷史地理發展狀況、越秀山的歷史建築和廟宇古蹟，以及三元宮所在地區街道的歷史與變遷。第二章歷史沿革是從歷史發展的視角，詳述三元宮從清初，經歷民國而迄今的演變。當中，尤其是有關民

國時期三元宮的歷史，為最新的研究發現。第三章講述三元宮的宮觀建築，細敘現今殿堂佈局、歷代建築沿革和觀內的主要建築。第四章是介紹三元宮供奉的以三元大帝為首的各路道教神祇，並詳細闡釋這些道教神祇的信仰特性。三元宮一直傳承著全真教龍門派傳統。本志重視宮內道脈的傳承，因此第五章詳列龍門派「陽」字輩到「高」字輩的譜系、歷代住持及道人小傳。

第六章搜集與三元宮有關的詩文作品。與三元宮有緣的文人、士紳、官員、商人眾多，他們和三元宮的緣份深淺不同：有的黃冠入道、有的信道修真、有的好道談玄、有的仰慕道風、有的尊重道門。第七章展現蒐集到的三元宮科儀經書，不僅有廣州三元宮、香港蓬瀛仙館和澳門吳慶雲道院（見香港中文大學圖書館道教經典文庫）的藏本，更珍貴的是涵蓋了英國倫敦大學亞非學院圖書館馬禮遜藏書中的七種乾隆至同治年間由三元宮刊刻的重要科儀本。例如目前所見最早的三元宮科儀書為乾隆六年（1741）刊刻的《玉皇功行宥罪錫福寶懺》。

三元宮在清代民國文人眼中是仙蹟流芳、叩禱靈應、環境清幽的穗城主山琳宮，為遊賞雅集之佳處，本志第九章通過觀內的匾額、楹聯以及23首詩文重新發現粵地文人與三元宮的密切關係，真切地說明道教信仰與文人生活息息相關之處。筆者出版的《廣州府道教廟宇碑刻集釋》證明了道觀碑刻資料內容豐富，可以大大填補正史、志書之缺，為研究道教歷史提供了珍貴的第一手史料。因此，本志十分注重碑刻資料的搜集，第十章輯錄了古往今來三元宮所有原碑或通過文獻記載保存下來的碑文共21通，其中清代10通、民國2通、當代9通，並對碑文資料的文言部分進行白話註釋，以更為平易的方式增進讀者對三元宮歷史的了解。香港蓬瀛仙館是二十世紀初在香港創建的早期道觀之一，至今已屹立香港九十年。該館一直秉持承傳道教全真龍門派的法脈，尤以廣州三元宮為其龍門派道脈的源頭，故又稱三元宮為「祖庭」。第八章主要介紹蓬瀛仙館收藏的原屬三元宮的神明畫像及法器供品。第十二章概述三元宮與蓬瀛仙館創建的歷史及交往的密切關係，以證廣東全真教道觀對二十世紀初香港道堂肇源的貢獻和影響。第十三章則簡介三元宮與港澳臺及海外的往來。第十四章為三元宮從清代至今的大事年表。

本志得以完成並順利出版，筆者首先要衷心感謝三元宮現任住持潘崇賢道長和蓬瀛仙館理事長梁德華道長慨允捐資支持本志的研究計劃和專書出版。在筆者撰寫本志的過程中，兩位住持道長與筆者共同策劃、商討本志的內容及提供其觀所珍藏的資料和圖片，讓筆者和參與此計劃的成員順利完成修志任務。不僅如此，潘崇賢道長和梁德華道長更為本志作序，特此致謝。

撰成本志，是集體努力的成果，並非只有筆者的功勞，在此，我首先要感謝陳文妍博士，她協助筆者完成書稿，付出很多時間和心血。其次感謝幾位香港中文大學道教文化研究中心的研究員：何璇博士、梁斯韻博士、李沛林先生、徐宇航博士、楊楚珩小姐和王中第先生，他們為個別章節題目協助蒐集資料、撰寫或校對。全書文稿由筆者撰成，經過編輯和修改，因此若有不足、闕漏之處，全部文責由筆者負責。

最後，筆者還須感謝香港中文大學出版社社長甘琦女士、出版部組稿編輯葉敏磊女士和編輯張煒軒先生，他們熱心支持本志的出版，並提供各種在編輯、設計、排版和印刷等工作上的方便。本志有關廣州三元宮與文士及廣東宮觀科儀經書之部分研究成果獲得香港特別行政區研究資助局之角逐研究用途補助金支持計劃「晚清至民國廣東文人士紳與道教關係的研究」(Late Qing/Republican Literati and Gentry in Guangdong Daoism, CUHK 2110320，2019 至 2021 年) 的支持，在此一併致謝。

黎志添
香港中文大學道教文化研究中心
2019 年 9 月 11 日

第一章

廣州歷史地理概況

廣州三元宮位於廣州城北越秀山西南麓，依山而建。為了更好地説明三元宮所經歷的歷史地理環境變遷，本志首先介紹三元宮地處的廣東省會廣州之古今歷史地理發展狀況、越秀山的歷史建築和廟宇古蹟，以及三元宮所在地區街道的歷史與變遷。廣州是中國華南地域廣闊、歷史悠久的都市之一。二千多年以來，廣州逐漸成為華南政治、經濟、文化和宗教的中心。廣州之名始自三國時代；出於五仙人乘五色羊，持谷穗降臨楚亭（庭）的傳説，廣州又別稱五羊城和穗城。[1]廣州舊城位於珠江北面，北依白雲山，處東、西、北三江總匯點，控珠江與南海之間交通衝要。如此優越的地理位置，使廣州發展成為國際性的大都市、中國重要的對外貿易港口城市。

第一節　歷代廣州概況

一、唐代及以前的廣州城

嶺南[2]，意指中國南部五嶺之南的地區（包括大庾嶺、騎田嶺、萌渚嶺、越城嶺等五個山脈），春秋時，為古百粵（越）之地。唐代《元和郡縣圖志》〈嶺南道一〉:「廣州，…… 春秋時百越之地。」[3]自秦始皇統一中國以後，在嶺南地區設置桂林、象、南海三郡。[4]嶺南就正式有了地方的行政建置。當時，南海郡（即今廣東省境內）治在番禺縣。明代黃佐（1490–1566）《廣東通志》載：「楚庭郢在番禺。」[5]此外，又在南海郡並置龍川、四會、傅羅（博羅）、揭陽四縣。東漢以前，「番禺」原寫作「蕃禺」，「蕃」指邊遠之地，「禺」指很小的地區，因此「番禺」

的含意是指「邊遠的蠻夷之地上的小塊地方」。[6]漢初（元鼎五年〔112〕），嶺南一帶分為南海、合浦、蒼梧、桂林、鬱林、交趾、九真七郡，隸屬交趾（建安八年〔203〕，改稱交州）刺史部。[7]

「廣州」一名之由來，始於三國孫吳時期，交州刺史步騭將交州治從廣信（今封開縣江口鎮）移至南海郡。但不久（吳黃武五年〔226〕），孫吳王朝因交州地域遼闊，不便管轄，於是設廣州，實行「交廣分治」，分合浦以北為廣州，以南為交州。廣州治設置在南海郡，於是晉代王范的《交廣春秋》言及：「以其徙自廣信，因改交州為廣州。此廣州之始也」。[8]唐代《元和郡縣圖志》稱廣州城在南海縣，為三國時孫吳王朝的交州刺史步騭所築，原文記載為：「〔步〕騭為交州刺史，登臺遠望，乃曰：『斯誠海島膏腴之地，宜為都邑。』遂遷州於番禺[9]，建築城郭焉。」[10]據徐俊鳴的考證，步騭所築的廣州城範圍有多大，史書沒有多記載，而直至唐末未見有廣州修城的記錄。[11]唐代的行政區是道、州（或郡）、縣三級制。當時嶺南道擁有22州。[12]廣州除了是嶺南道治之外，亦為嶺南道中都督府，兼管鄰近各州。至於在本州境內，廣州管13縣，包括：南海、番禺、化蒙、懷集、增城、洊水、東莞、新會、義寧、清遠、四會、湞陽、洭浯。[13]

廣州城垣的修築，乃始於秦朝時南海郡都尉任囂。他在始皇三十三年（公元前214）率軍平定南越，並在南海郡治番禺縣的番山和禺山上修築了「番禺城」，又稱「任囂城」[14]（建於今越秀區的番禺城城址的具體位置至今仍未有定論）。任囂死後（約於公元前209年或前208年病故），趙佗隨即繼任南海郡尉，統治南海郡。公元前207年，秦亡。漢高祖三年（公元前204），趙佗在嶺南建立南越國，歷五主、九十三年（前204–前111），這是嶺南歷史上的第一個王國。趙佗並把「任囂城」擴大到周長十里，後人稱之為「趙佗城」，屬南越國故都（今越秀區）。[15]《元和郡縣圖志》記載：「趙佗故城，在〔南海〕縣西二十七里，即尉佗都城也。」[16]番禺城在南越國時代作為國都，已發展成為商賈雲集的商埠、中外商品的集散地，與南海各國海上交往頻繁。《史記‧貨殖列傳》在敘述當時全國九大商業都會時稱：「番禺亦其一都會也。」[17]

三國時，孫吳王朝的交州刺史步騭曾重新修築尉陀的廣州故城；北宋《太平寰宇記》稱：「按其城周十里，初尉佗築之，後為步騭修之」。[18]至於唐代，則史書未見廣州城垣有擴大修繕的記錄。據徐俊鳴的研究，三國至唐代的廣州城，比宋代廣州三城中的中城還略小，「唐代廣州城垣大概僅保護官衙，範圍不大，商業區多在城外。」[19]程存潔的研究則認為：「唐代廣州城的規模已接近宋代廣州三城的規模，唐代城的建設已為宋代廣州城的發展奠定了基礎。」[20]

唐武德四年 (621)，唐王朝平定蕭銑 (583–621，梁武帝六世孫)，統一嶺南；廣州改為嶺南道廣州大都督府，廣州刺史充嶺南五 (都督) 府經略使。唐代曾在廣州設置市舶使，管理對外貿易，而外國商人 (多為阿拉伯和波斯人) 之留居廣州，則設有蕃坊，在城西今光塔街一帶。盛唐時期，廣州城已有相當規模。城東西為東西文溪所限，[21] 北城在今越華路南高坡，南臨珠江。[22] 南宋王象之 (1163–1230)《輿地紀勝》卷八十九有云：「斗南樓在府治後城上，故唐北城即此」。[23]《元和郡縣圖志》亦指出，武則天長安三年 (703)「於江南洲上別置番禺縣」，即將廣州城南面的規模延伸至今海珠區珠江南岸一帶[24]。西城在廣仁路段，已於1972年發現宋子城一段，當屬唐代西城牆。東面唐城，則當在文溪西岸，即今舊倉巷 (倉邊路西側內街[25]) 至長塘街一段。[26] 日本文學家真人元開《唐大和上東征傳》有記，天寶年間廣州「州城三重」，[27] 而到德宗建中初年廣州「涂巷狹陋，煙埃連接」。[28] 有學者推斷盛唐時代廣州城常駐人口達30萬，流動人口亦有80萬。當時，廣州作為「通海夷道」起點的重要世界貿易港市，其繁華有「貨通獅子國，樂奏越王臺」之譽。[29]

唐亡 (哀帝天佑四年，907年) 以後，五代十國期間中原地區戰亂頻仍，而嶺南政局比較安定，戰爭較少。五代時期 (907–960)，偏安於海隅的嶺南始終為南漢劉氏政權所統治，一直維持五十餘年 (917–971) 的獨立狀態。其時，廣州為南漢國國都，南漢高祖劉龑稱廣州為興王府，析南海縣為常康、咸寧二縣。[30] 劉龑還命令把廣州城擴大，鑿平「番、禺兩山」，把地劃入城中，使城垣向南擴展。[31] 此時期廣州城向南面拓展，新建「新南城」，同時修築大批離宮別苑、園林園囿 (例如芳華園、昌華苑)，廣州城環境得以改善。[32] 由於在廣州的政局比較穩定，北方漢族移來的人口也多，經濟比較富裕，而劉氏政權對廣州城市和文化的建設也較重視。[33]

二、宋元時代的廣州城

公元980年，宋王朝結束了五代十國的分裂局面，建立統一的國家，建都汴梁 (今河南開封)，是為北宋 (960–1127)。其後由於遼金的南下，宋王朝徙都臨安 (今杭州)，是為南宋。統一的北宋王朝，「國勢不及唐朝強盛，疆域也比唐朝小。北不能有燕雲 (今冀北一帶)；西北不能逾河西 (今甘肅西部)；西南不過大渡河 (雲貴一帶)，越南亦宣告獨立。漢唐以來開闢的西北和西南的國際通路，至宋俱不能有，因此，海上交通倍形重要。」[34] 及至南宋，「僅有半壁江山，領土更為狹小，但對於南方的經營非常積極，對外貿易成為國家重要稅源之一。」[35] 因

此，至兩宋時期，在唐代已經是一大商港的廣州，在全國手工業經濟和對外貿易中的地位也日益重要起來。[36] 例如，北宋有海舶往來的港口包括廣州、杭州、泉州等處，而廣州亦是最早設立管理通商的「市舶司」(宋太祖開寶四年〔971〕)的地方，對外通商貿易也最盛。[37] 以進口的乳香為例，宋代在廣州特設香藥庫使專管乳香貿易；「北宋神宗熙寧十年 (1077) 由廣州進口的乳香，就約佔全國進口的乳香百分之九十八，故乳香被稱為『廣東香』或『嶺南香』。」[38]

由於宋代西北內陸的對外交通受阻，因此南方的海上交通網絡特別重要，於是廣州的經濟在宋代比唐代更有所發展，人口亦大量地增加。其中最有說服力的一個證據是，在兩宋三百多年間，廣州城垣一再擴建和修築，目前所知可見於史書的記錄就有十餘次之多。[39] 據元大德《南海志》，從北宋慶曆四年 (1044) 至熙寧四年 (1071) 的三十年間，廣州城就先後修築和增建了中城 (又稱子城)、東城和西城，是為「廣州三城」(見圖1：宋代廣州三城復原圖)，具行政、居住、商業等功能。[40] 南宋嘉定三年 (1210)，廣南東路經略安撫使陳峴又在城南築東西雁翅城直至海邊，東翅長九十丈，西翅長五十丈。[41] 結果，宋代廣州三城的城市規模比唐代增加了數倍。以新創築的西城規模最大，西城東與中城，隔一西湖，週十三餘里。並且，由於廣州西城附近是外商僑居的房舍 (稱蕃坊) 和招待外商的驛館所在地，因此，徐俊鳴認為：「西城是為了保護新發展起來的商業區而擴建的。」[42]

圖1：宋代廣州三城復原圖

「三城」建立，廣州城由封閉式市坊向開放式街市發展，並形成環繞廣州城的「衛星市鎮」。據宋《元豐九域志》，北宋廣州管轄七縣，包括南海、番禺、清遠、增城、懷集、東莞、新會。[43]當時廣州城郊則有扶胥、石門、大通、獵德、瑞石、平石、大水、白田等8個「衛星市鎮」。廣州展現一片「千門日照珍珠市，萬瓦煙生碧玉城」之繁華。[44]同時，宋太祖開寶四年 (971)，廣州設立管理通商的「市船司」，對外通商貿易也相當盛行。可見，至兩宋時期，廣州在全國經濟和對外貿易中的地位日益重要，人口亦大增。《元和郡縣圖志》記唐代開元年間 (713–741) 廣州戶數有 64,250；元和年間 (806–820) 戶數為 74,099。[45]到了北宋元豐三年 (1080)，廣州戶數增至 143,261 戶。[46]當時，廣南東路總戶數共有 565,534，故廣州的戶數佔全路 (15 州、1 府) 戶數的 25.3%。戶數僅次於廣州的是潮州和惠州，分別有 74,682 和 61,121，比廣州的戶數少了一半。[47]對於廣州的戶數在廣南東路裡佔高比率的情況，元大德《南海志》殘本卷六〈戶口〉提及：「廣州為嶺南一都會，戶口視他郡為最。」[48]造成南宋廣州戶口數加速增長的原因，與北宋末年中原戰亂繁多，以致北宋王朝滅亡於金，南宋據領半壁山河之後，北方人口紛紛移入嶺南，經濟文化重心南移步伐加快等政局變動有關。特別要注意的是，宋代廣州農業和商業經濟相比之前是發達的。《宋史》卷一百七十三〈食貨志〉載：「北宋徽宗崇寧中，廣南東路轉運判官王覺開荒田幾及萬頃，詔遷一官。」[49]由於農田的開發，水利工程的修築，廣南東路糧食的生產力大大增加，而廣州就成為當時的一個大米市。廣南東西路的米，常集中於廣州，由海道運銷至今福建、浙江等地。[50]真德秀 (1178–1235)《真文忠公集》卷十五記載：「福、興、漳、泉四郡，全靠廣米以給民食。」[51]

宋代廣州人口增加，一方面反映地區的社會安定，農業和商業經濟發達；同樣重要的另一方面是反映廣州的城市發展。在兩宋三百多年間，廣州城垣擴建和修繕達十餘次之多；其中大型的修築，北宋有四次，南宋有五次。[52]大體上，廣州三城 (子城、東城和西城) 的修築，在北宋慶曆至熙寧的三十年間已經修建完竣。根據元大德《南海志》記載，仁宗慶曆四年 (1044)，經略使魏瓘因當時南漢城垣為基礎的舊城城壁圮壞，因此，修築城垣週環五里。[53]皇祐四年 (1052) 廣源州蠻儂智高反叛，欲據廣州自立為王，圍城 57 日，不得逞而去。[54]此事之後，為了確保廣州城，魏瓘又復環城浚池，並築東、西、南三門甕城。神宗熙寧三年 (1070)，經略使呂居簡知悉在郡治之東古越城 (趙佗城) 遺址，並奏其事於朝廷，後朝廷詔轉運使事王靖籌謀在遺址的基礎上，增築東城，西接子城，與子城合一。東城週環四里，城外築池，並加三城門。[55]據《宋史・張田

傳》，由於有舊城廢墟為基礎，修築環四里的東城二十天就完成。[56]翌年，經略使程師孟築西城，週環十三里，高二丈四尺，有九城門。由於廣州的深水道偏在西南方，外商的蕃舶和蕃坊均在中城的西南方（即南海縣境），因此，熙寧四年（1071），在廣州再增築第三城——最大的西城的原因，應是為了保護在廣州新發展起來的繁盛商業區。清嘉慶仇巨川《羊城古鈔》「程師孟」條，稱：「初，州城為儂寇所毀，師孟築復廣十二里。」[57]宋代廣州西城的發展和海外貿易的發展有著巨大的關係，直至南宋以後，泉州取代其對外交通和貿易的地位之前，廣州就一直是唐宋中國最大的港市。修築西城之後，原在城外的僑商自營房舍（蕃坊）就包括在西城之中。由於是外商集結的蕃坊地區，西城區的繁榮景象，以在鬧市中高五丈多的名為「共樂樓」的大樓為最輝煌的代表。《羊城古鈔》記載共樂樓的景象是：「舊名粵樓，在大市闤闠中，高五丈餘，背倚諸峰，面臨巨海，氣象雄偉。」[58]熙寧四年主持修築西城的經略使程師孟亦有一首詠〈共樂樓〉詩說：「千門日照珍珠市，萬瓦煙生碧玉城，山海是為中國藏，梯航尤見外夷情。」[59]徐俊鳴認為這首詩不但概括而形象地描畫了宋代廣州，特別是西城區繁榮的景象，而且指出它的繁榮同梯山航海而來的中外商人有密切關係。[60]事實上，自南宋以後，因為外貿日益發展，廣州城南沿江北岸亦興起成為新的商業中心。[61]因此，為保護南城區的一大片繁華商業區，南宋嘉定三年（1210），廣南東路經略安撫使陳峴在廣州三城的城南外築東西雁翅城（南城）直至海邊，東翅長九十丈，西翅長五十丈。[62]

經前朝諸代發展，廣州城已具有相當規模與實力，治所地位極高。但元初大軍南下對廣州城破壞很大，元朝安定後，即進行城池修復。明代郭棐《廣東通志》云：「至元十五年（1278）正月，詔夷廣州城隍。三十年（1293）修復。」[63]元代修城不高，城池規制未變，只有城門改稱，如西城的和豐門改為中和門，朝天門改為順天門，東城東門改稱正東門，中城南門、西城南門稱小市門或歸德門。[64]同時，從元代開始，廣州創設了「錄事司」[65]，成為與南海縣、番禺縣平級的行政單位。[66]元代以前，廣州建城不建制，但廣州錄事司建制強化了廣州城作為建制城市的政治中心性質，以及實行專門的行政管理。政治與商業經濟地位並駕齊驅，廣州城重要港市地位在近代中國愈發重要。元大德《南海志》列舉與廣州發生貿易的國家和地區甚詳，達141個，佔元代全國外貿涉及的220多個國家和地區的64%。[67]元至正十年（1350）所立之《重建懷聖塔寺之記》亦有對廣州城「商舶是脈，南北其風……珠水溶溶，徒集景從」的記錄。[68]

三、明清時代的廣州城

　　明初以後，廣州成為重要的通商口岸，往來的商舶絡繹不絕，「番舶銜尾而至」；許多商品，如絲綢、瓷器缸瓦、鐵器、糖等從各省源源不斷地匯集廣州，賣給外國商人，獲取贏利。《廣東新語》稱：「廣州望縣，人多務賈與時逐，以香、糖、果、箱、鐵器、藤、蠟、番椒、蘇木、蒲葵諸貨，北走豫章、吳、浙，西北走長沙、漢口，其點者南走澳門。至于紅毛、日本、琉球、暹羅斛、呂宋，帆踔二洋，倏忽數千萬里。以中國珍麗之物相貿易，獲大贏利。」[69]明代孫蕡（1333–1389）〈廣州歌〉中唱到：「城南南畔更繁華。」[70]

　　明代是廣州城的又一發展時期。廣州城經歷明代洪武（1368–1398）而迄清順治四年（1647，即在南明永曆元年），二百多年之間歷次修築之後，基本輪廓定型。城區改造與擴建，主要共計三次。第一次改建將宋時三城（子、東、西）連成一體，明郭棐《廣東通志》卷十五廣州府城池條有云：「洪武三年（1370）永嘉侯朱亮祖上疏，請連三城為一。」[71]至此，廣州城區域交接，互通有無，並把城北擴展至粵秀山。第二次改建擴展城北郊，形成至今仍存的「廣州老城」。黃士俊（1570–1654）〈增築廣州北城記〉云：「北城故跨山為墉雉，卑且薄。」乾隆《南海縣志》稱：「先自城身培七尺，厚其基，內砌女牆，再加堞五尺。更慮牆路登高涉艱，又議每二十丈置一階級，復增創敵臺二臺，自鎮海樓起，至歸德門後所止。城外自西角樓起至天字便門止。躬自督修，寒暑勿輟，俱各完固，事竣題敘。」第三次改建在宋南城（雁翅城）的基礎上加建新城，即在內城（即稱舊城）之南的沿江地帶增築新南城。由於珠江沿岸新淤灘面積不斷擴大，因而在新城外再新築城牆，由東西兩側向南延伸，直達珠江岸邊（由於形似兩雞翼，故名「雞翼城」）。[72]（見圖2：乾隆《番禺縣志‧全城圖》）明代廣州城南已是繁華商業區，何彥（明朝時人，生卒年不詳）〈總督吳公築省外城序〉有云：「且城以外，民廛稠聚，海舶鱗湊，富商異貨，咸萃於斯。」[73]故新城在此基礎上沿江而建，展現「街村」特色，並加建祠廟景點，形成居住、商賈、遊覽之新城。[74]三城合併，方便了城垣間的交通往來，為廣州城的都市化發展奠定基礎。

　　清代康熙二十五年（1684），清政府乃於江蘇雲台山、浙江寧波、福建漳州和廣州分設四個海關，對外施行有限制的朝貢貿易。至乾隆二十二年（1757），封閉了江、浙、閩三關，獨留粵海關（廣州）作為唯一的對外貿易口岸，歷時八十多年。廣州成為清代絲綢、茶葉和瓷器的海外貿易中心。一口通商政策賦予廣州十三行行商（一批由清廷挑選的中國商人）享有對外貿易的特權。政府規定，

圖 2：乾隆《番禺縣志・全城圖》

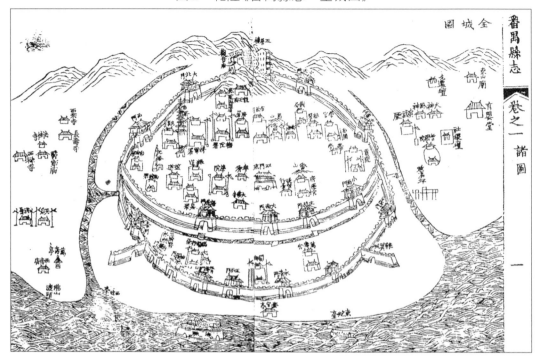

凡茶葉、生絲、土布、綢緞大宗出口商品，只能由行商承辦，唯有瓷器、其他雜貨允許散商經營。[75]直至鴉片戰爭開放五口通商以後，情況才開始改變。

　　清代廣州城亦有進一步發展。清代廣州城是有城牆圍繞而近乎正方形的城廓，且由橫貫東西的一道城牆分成兩部分，即北邊較大的舊城和南邊的新城。明朝郭棐纂修《廣東通志》卷十五稱：「（舊）城周三千七百九十六丈，計一十五萬一百九十二步，高二丈八尺，上廣二丈，下廣三丈五尺，為門七：曰正北、稍東曰小北，曰正東、曰正西、曰正南、稍東曰定海、西曰歸德。」[76]乾隆《廣州府志》卷四記載，舊城為門八，即除舊有七座城門之外，在正南門和定海門之間新築一座城門，稱文明門。[77]至於新城的規模，據寫成於嘉慶年間的〈廣東新築子城記〉稱：「自東徂西，延袤共計一千二百有二丈。署門三，南、東以西各一，門上樓櫓咸具。又署小門五，署水門二，東西各一。」[78]據此，在道光〈廣州省城全圖〉中，清代舊城和新城城門共有 16 座，從北面開始，然後依次向西、向南、向東，廣州城城門的名稱為：正北門、正西門、太平門、竹欄門、油欄門、靖海門、五仙門（明代名五羊門）[79]、永清門（明代名南門）、永興門（俗稱便門[80]）、永安門、正東門、小北門。至於從內城進出新城的 4 座城門，自西至東有歸德門、大南門、文明門和定海門。

圖3：清初廣州城城門圖（轉引乾隆《廣州府志》卷二〈輿圖〉）

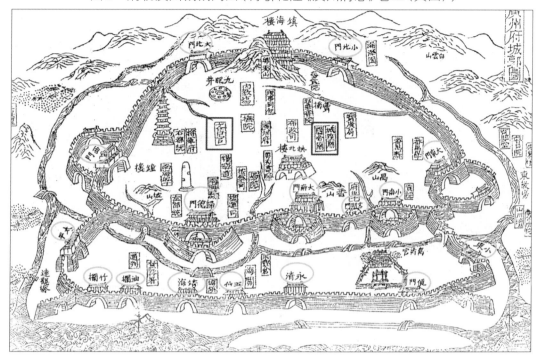

明清兩代廣州城為南海縣和番禺縣分治。道光《廣東通志》稱：「廣州府……，南海分治西境……。番禺分治東境。」[81]兩縣在城內之分界，據同治十年（1871）《番禺縣志》卷二〈縣志分界圖〉，可知是從城北粵秀山鎮海樓往南，沿正南街、承宣街（今北京路）而出正南門，並沿新城往東邊濠畔街，向南經大新街、小市街，而出五仙門。[82]至於16座城門所屬縣之分治，據乾隆《廣州府志》卷四，「舊城之正北、正西、歸德，新城之太平、竹欄、油欄、靖海、五仙八門，南海分治。舊城之正東、正南、小北、文明、定海，新城之小南、永清、永安八門，番禺分治。」[83]（見圖3：清初廣州城城門圖）

清中期以後，廣州城區街道佈局奠定了今天廣州市區街道的基本格局。[84]就廣州舊城和新城的街道結構佈局而言，根據道光《南海縣志》記載，舊城內屬於南海縣管轄的街道有47條，新城區有街道31條[85]；而據同治《番禺縣志》記載，在舊城屬番禺縣區的街道有48條，新城區有24條。[86]據此資料可知，道光年間廣州舊城共有街道95條，而新城區則有55條街道，合共有街道150條。道光〈廣州省城全圖〉展示出廣州舊城分別以承宣街（今北京路）和惠愛直街（相當於今天的中山三路至中山七路）為南北向和東西向中軸線的佈局特徵。（見圖4：道光《南海縣志‧廣州城圖》）

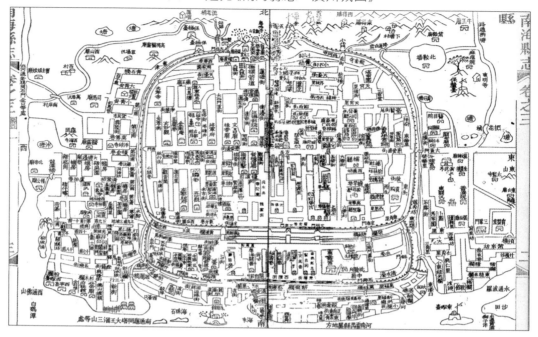

地圖中的主要幹道有南北向及東西向大街各條，且呈十字型交匯。[87]從城門的位置及建築物的分佈狀況分析，正西門沿東西向惠愛直街可直通正東門，大北門南下直街（相當於今解放北路至解放中路）可直通歸德門，因此可說，城內的城門是相對、直通的。舊城內南北向的主街，除了大北門直街和承宣街之外，還有德政街（今德政路）是從番禺縣衙直出定海門的主要直街。

廣州城作為嶺南地區的政治和軍事中心，舊城區空間佈局的形式在明清兩代基本保持不變，體現出古代都市佈局的「擇中論」思想。[88]城區中部偏北區域為重要官衙所在地，即是以惠愛街以北之地作為政治活動的中心區，省、府、縣各級官衙、府庫、官吏居里集中佈署於此一帶地區。如道光〈廣州省城全圖〉展示，以布政司前承宣街為中軸，且從惠愛街自東而西的官署分佈，有：番禺縣署、布政司署、廣州府衙、巡撫部院、將軍署、漢軍副都統署等。不過，廣州城內的政治活動區域也有向南延伸至惠愛街以南、承宣街以西的內城中部區域，如置有按察司廳、鹽運司署、督糧道署、南海縣署等。作為舊城的軍事活動中心區，則有駐防的八旗漢軍和八旗滿軍。[89]根據《駐粵八旗志》，康熙二十年（1681），「廷議於廣州設立駐防八旗漢軍兵三千名」。[90]在廣州舊城劃出為滿、漢八旗兵駐防和居住的區域，稱為「旗境」或「旗民區」。

至於新城區是沿珠江建立的，街道佈局與舊城內街道呈丁字型交匯明顯不同。道光〈廣州省城全圖〉標注新城直通珠江江邊（碼頭）的南北向道，而這些南北向的街道又自東向西排列，且同時發展為東西走向長街，沿珠江江岸伸展，如明代以來一直繁榮的濠畔街和高弟街，以及隨著河岸灘地的發展又陸續形成東西走向的橫街，包括東橫街、西橫街、小新街、大新街、賣麻街等。[91]

　　相對舊城作為廣州政治和軍事活動集中的地區，新城地區則相反發展成為廣州繁忙的商業經濟活動中心地，此帶商舖眾多。當時，新城區內以濠畔街（今解放南路）為商業最繁華之區，所謂「天下商賈逐焉」的鬧市區。[92]濠畔街內建有浙紹、江蘇、湖南、金陵、山陝、安徽、新安等外省豪商聚集的會館、銀庄（俗稱西號）和貨庄。[93]早在建新城之前，明初孫蕡已經為當時繁華的濠畔街撰有〈為濠畔行者〉，云：「此濠畔當盛，平時香珠、犀象如山，花鳥如海，番夷輻輳，日費數千萬金，飲食之盛，歌舞之多，過於秦淮數倍。」[94]此外，新城內城門區，如油欄門和竹欄門都是沿河成行成市的商業區。「欄」是指貨物集中聚散地，具有批發性質。[95]油欄和竹欄即是代表全城的油料和竹料的批發集散地，購買者來欄口（即物資商店）買物，再販運至全城。道光〈廣州省城全圖〉標注出由竹欄門直達江邊碼頭的竹欄直街，南北貫通新城，且全以賣竹為主。道光十三年（1850）美國傳教士裨治文（Elijah Coleman Bridgman，1801–1861）的〈廣州城概述〉亦有記載竹欄門和油欄門「是為大量的入城商品運輸而設計的」。[96]

　　從明嘉靖四十四年（1565）建新城至清順治四年（1647）間，由於珠江沿岸泥沙淤積，沙坦日增，珠江江岸又淤出了二十多丈灘地。[97]萬曆《南海縣志》中的〈廣州府城郭圖〉還未出現在靖海門和五羊門外城南東西沿江的大街小巷。但在清初，新城城南外沿江新積灘地又發展為商業區；由於商賈林立，極需保護，因此，「國朝順治四年冬，總督佟養甲築東、西二翼城，各長二十餘丈，直至海旁，為門各一，即今所謂雞翼城也」。[98]城牆由明新南城向東西兩側及南邊延伸，直達珠江岸邊，形似兩翼，故名「雞翼城」。[99]雞翼城建有兩座城門，其東南曰便門，其西南曰安瀾。東南便門通接東西向大街，如湛塘街、萬福里、珠江里等；西南安瀾門通接安瀾街、會仙街和迎祥街。南北小巷主要有油欄直街、靖海直街、五仙直街、倉前街、珠光里等；南北向小巷密密並排，大多直通江邊和沿江重要碼頭，為貨物裝卸和運送及居民擔挑領用水的通道。[100]裨治文〈廣州城概述〉描述廣州雞翼城這一片東西向沿江岸佈局的街道地區，稱：「在城南，街道和房舍佔據了從城牆到江邊的全部空間。」[101]

就清代廣州城的發展歷史來看，我們不能只注意廣州舊城和新城區的道路和經濟的發展，反之我們應該把敘述的範圍擴大到廣州城外的郊區。因為，明清以降，由於城市經濟的發展，廣州城區逐漸擴張至城西門外的西關地區。西關是指廣州城西郊外的一大片土地，「其範圍大致北至西村增步，南瀕珠江，西到流溪河岔道。這裡原是江河交匯，地勢低窪，星羅棋布的湖泊和縱橫交錯的河流的水鄉澤國。以後由於河流泥沙的淤積，逐漸成陸」。[102] 從城西門外北高南低的東北部（西門外）和西南部（太平門外）的區域來劃分，西關又可劃分為「上西關」和「下西關」兩個大區。明代，雖然西關仍然是一大片農田和村落，但是在村落堤圍（俗稱為「基」）之上，已建立店舖，形成了新的街區，即是被稱為十八甫（十八條街）的商業街圩。[103] 清代中期西關的農田面積顯著減少，當時紡織業、五金手工業迅速發展，並主要分佈在西關。因此，村落、農田被改成機房區；廠房、街道、店舖、住宅區不斷增加。據裨治文說，廣州附近的布匹紡織工場在當時已有 2,500 多家店舖，他們的織機很簡單，通常平均每家店舖有工人 20 人，按此，從事布匹織造的人數約有 50,000 人。[104] 西關就此成為廣州主要的紡織業加工區。隨著西關的經濟日益發展，人口亦不斷增多，因此，又在十八甫機房區之西，逐漸形成廣州城西外新的商業和住宅區。[105] 根據道光《南海縣志》記載，當時在西關地區西門外東北地區的上西關有 36 條街，而由新城西南太平門外進入下西關的地區則有 134 條街。[106] 可見，至道光年間，隨著城市和手工商業的發展，在上、下西關之間的平原地區又形成了一個廣州新城區。此外，值得注意的是，自清設十三行商館區以後，市區繁華的中心亦逐漸移到西關。十三行商館區，北以十三行街為界，南以江岸為界，東以西濠為界，西以聯興街為界，佔地約 51,000 平方米。

　　道光年間廣州人口數量難以確定。原因是廣州城的東、西地區被劃分為兩個部分，分別歸入南海縣和番禺縣的管治，而歷來兩縣志書只有全縣戶口數，卻沒有城內人口數字。雖然如此，「在（清代）這三百多年間，不拘哪個時期，絕大部分的西方人都認為廣州的人口至少有一百萬。這一數目的估算通常包括城內和城郊的居民以及珠江上的船民。」[107] 例如，據裨治文於道光十三年在〈廣州城概述〉一文中的估算，廣州的人口可能為 123 萬人。[108] 並且，「（廣州）城郊的面積和人口都不見得比城牆內的少」。[109] 依他的估計，123 萬中除去生活在珠江面上的 25 萬水上人，剩下一百萬城內和城郊人，約各佔一半，即約在 50 萬左右。

四、民國以後的廣州城

1911年3月29日革命黨人於廣州起義，試圖推翻滿清政權。雖然此次起義失敗，造成起義者橫屍喋血，後有72具屍被收殮，叢葬於黃花崗，但是，這次起義卻使廣州被稱為中華民國史上的革命策源地。1911年10月10日，南京國民政府成立。然而，從民國三年 (1914) 至六年間，由於舊桂系軍閥入據統治，廣州戰亂頻仍。[110] 民國六年8月，孫中山從上海南下至廣州，展開護法運動，以圖鞏固革命事業在廣東的根據地。國民黨人在廣州召開國會非常會議，組織了中華民國軍政府。[111] 不過，雖有軍政府在廣州之設，但當時廣東省實權仍在桂系軍閥莫榮新手裡，莫氏處處與孫中山的軍政府作梗。[112] 民國九年 (1920) 9月起，陳炯明統率粵籍軍旅回粵，打敗莫榮新的桂系軍隊，於10月佔領廣州，這是革命黨人第一次佔領廣州。孫中山遂以中國國民黨總理名義任命陳炯明為廣東省長，廖仲愷為省政府財政廳長。11月，孫中山離開上海返回廣州，重組軍政府。[113] 在國民黨人首次佔領廣州之前，即在民國七年 (1918) 10月22日，廣東軍政府成立了廣州市政公所，設於育賢坊之禺山關帝廟[114]（民國九年8月禺山關帝廟改建為南北二座的禺山市場[115]），這是廣州創辦市政之萌芽。[116]

廣州市政公所的三年市政工作，以完成拆毀市內從明清以來建築的16座城門和城牆為主，但是拆城的結果卻是宣告古老的廣州城從此在歷史中消逝。拆除城牆（約10千米）之後，接著是填平河涌及開闢道路網絡。首是是擴建原來在舊城內正西門沿東西向直通正東門的主幹大街惠愛街。不單是開闢惠愛街路面的寬度，並且修築惠愛西路，使之延長至西關地區，並接連城內的惠愛中路（即今之中山六路和七路）；同時，修築惠愛東路，即沿惠愛中路東向開通至舊大東門（即今之中山四路）。[117] 繼後在民國十年和十四年，又完成由惠愛東路向東延伸的工程，即在大東門外東山地區修築了大東路、百子路（今中山三路、二路和一路）。[118] 馬路的修築促使舊廣州城西郊外的西關和大東門外的東山與舊城區接連起來，整個廣州市的區域和人口發展就產生了新的變化。清末民初廣州城還開始出現路燈，到1928年，廣州有路燈6,700盞，市容市貌有進一步發展。[119]

民國十年 (1921) 2月，孫中山唯一哲嗣孫科出任首位市政廳長，組織廣州市政廳（設於南關長堤，今沿江中路），這是廣州歷史上正式設「市」之發端（原屬南海縣和番禺縣的分治城區，直接隸屬於市政府行政區，以後不列入縣的行政範圍）。[120] 廣州成為中國近代第一個自辦市政的城市。在其第一任市長任內，孫科在市政建設、公共衛生、教育、社會治安、公用事業等方面都有所作為，為廣州

進入現代化都市的行列奠定了基礎。其中在道路建設方面的成就尤其突出，例如在舊城牆基上建起萬福路、泰康路、一德路、太平路、豐寧路、大德路、越秀路、文明路、長庚路等新路段。另外，在建設公園方面，則規劃在越秀山（又稱觀音山）、東較場和海珠島興建三座公園。其中建於越秀山的公園面積達16.7萬平方米。

自民國十年（1921）廣州市政廳建立後，廣州市行政區域就劃分為13個警轄區。[121] 民國十九年（1930），市政廳又將近郊的南海縣17個村和番禺縣的40個村劃歸廣州市區，市區面積擴大至235.25平方公里。[122] 廣州市政府曾為了進行大規模的人口調查，把廣州市區域範圍由原來13個警轄區重新劃分成29個行政分區。這29個行政分區包括有永漢、靖海、太平、長壽、寶華、陳塘、東山、前鑒、大東、東堤、賢思、小北、德宣、光孝、惠福、西禪、荷溪、逢源、黃沙、蒙聖、海幢、洪街、西山、南岸、花地、芳村、海珠、鵝潭和南石等，其地域跨珠江之南北兩岸，一般簡稱為河南、河北。[123]（見圖5：民國十八年廣州市分區及廟宇分佈圖）

根據廣州市於民國二十一年（1930）所進行的大規模人口調查的公佈結果，當年市區人口總數超過百萬，為1,042,630人，若包括舊隸屬於南海、番禺兩縣的近郊人口（即79,953人），則全廣州市的總人口數為1,122,583人，其中男性人口數有635,403人，女性有487,180人。[124] 該年的廣州市人口分佈主要集中於惠福區（戶數10,032，人口數62,421）、永漢區（戶數8,521；人口數56,737）、靖海區（戶數8,516，人口數56,105）、洪德區（戶數9,453，人口數54,190）、西禪區（戶數9,991，人口數52,037）、蒙聖區（戶數9,158，人口數45,278）、海珠區（戶數9,332，人口數44,254）、太平區（戶數5,967，人口數43,851）、長壽區（戶數7,662，人口數43,517）和荷溪區（戶數7,743，人口數42,979）等地區。[125]

依區域方位，1933年劃分的29個區又可以再區分為舊城中心、西關、東山和河南等四個大區域。在舊城區內（包括沿江一帶的新城區域）劃有德宣、光孝、惠福、永漢、賢思、靖海和東堤等7個分區，該七區的總人口數有328,611人（佔全廣州市30%），而戶口總數有52,021戶（佔全廣州市29.3%）。西關區內設有西山、西禪、荷溪、長壽、逢源、寶華、陳塘和黃沙等8個地區，當時八區的總人口數有298,011人（佔全廣州市28.3%），而戶口總數有54,719戶（佔全廣州市28.5%）。東山區有大東區和前鑒兩區，總人口數只有49,300人（佔全廣州市4.7%），而戶口總數有9,679戶（佔全廣州市5.12%）。至於在珠江南岸有蒙聖、海幢、洪德、芳村和花地5個區，總人口數有163,491人（佔全廣州市15.7%），

圖5：民國十八年廣州市分區及廟宇分佈圖

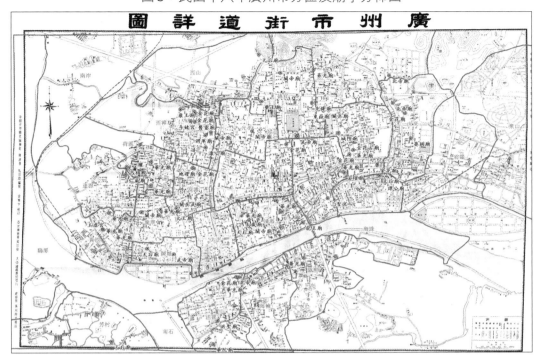

而戶口總數有33,265戶（佔全廣州市17.59%）。未包括在這四大區域的分區有太平、海珠、鵝潭和南石4個分區。根據上述民國二十一年廣州市總體人口的分佈狀況，約有30%的廣州人居住在舊城區內，28%的人居住在西關，16%的人居住在河南，而最少居住人口的地區是東山區，只有5%。

　　1949年新中國成立後，廣州市政府在城市規劃建設方面，確立了改變廣州從原來消費城市改變成工業生產城市的目標。廣州城區域面積擴大、城區交通改善，鐵路、環城公路、高架橋不斷增加。例如1992年，廣州市共轄八區（越秀、東山、荔灣、海珠、天河、芳村、黃埔、白雲）四縣級市（番禺、花都、從化、增城）。廣州市總面積擴大為7434.4平方公里，佔全省陸地面積的4.2%，而城市道路長度則達964千米。[126]此外1949年，全市有人口2,475,300人，其中城區人口為1,427,600人。1990年，城區面積拓展到1434.4平方公里，人口增至5,942,500人，其中城區人口為3,579,400人。[127]在四十一年間，廣州城區面積擴大4.7倍，人口增加1.4倍。1980年代廣州實行改革開放政策以後，憑藉自身水陸優勢與經濟基礎，成為南中國商品集散中心，外資紛紛擁進廣州市場，在科技、工業、金融等領域實力強盛，現今與北京、上海、深圳並列為中國四大都市。

第二節　越秀山歷史

一、越秀山的位置與得名原由

　　越秀山，亦稱粵秀山、越王山、觀音山，是白雲山向西南方向延伸的餘脈，位於廣州市城北面最高處，峰頂海拔74.8米，古代與番山、禺山合稱為廣州城區三山。道光《白雲越秀二山合志》有載：「越秀山在會城北，為省會主山，由白雲山逶迤而西，跨郡而聳起，東西延袤三里餘，俯視三城，下臨萬井，為南武之鎮山，即楚庭舊址。」[128]越秀山由主峰越井崗及周圍蟠龍崗、桂花崗、木殼崗、長腰崗、鯉魚頭崗等七個山崗和三個湖（東秀湖、南秀湖、北秀湖）組成。今越秀山闢為公園，面積達86萬平方米。

　　越秀山以越王臺故址得名，因此曾有越王山之別名。《白雲越秀二山合志》：「今山麓有『古之楚庭』一額。下有二門，左曰大北，右曰小北。中峰之正脈，落於越王故宮。」[129]即說，山之中峰正脈落於越王故宮，而山上則有越王臺故址。此外，又因明朝永樂年初，指揮使花英於山巔建觀音閣，俗又多稱越秀山為觀音山。「越秀山」在清乾隆年間《南海縣志》中亦記作「粵秀山」。「越秀山」與「粵秀山」之別，皆因「越」、「粵」古今音同使然。

二、越秀山的歷史建築

　　越秀山南麓地有不少歷史建築及名勝古蹟。越秀山上有越王臺故址，唐代韓愈詩「樂奏武王臺」、宋代楊萬里詩「越王歌舞春風地」所指正是越王臺。越王臺附近還有至今仍存的越王井。明代永樂年初都指揮使花英曾於越秀山巔，越王臺西側築觀音閣，是越秀山之另一重要歷史建築。越王臺故址之西，觀音閣之北有鎮海樓（俗稱五層樓），觀音閣之東側為應元宮、應元書院。越秀山南麓還有學海堂、菊坡精舍之書院建築，以及三元宮、關帝廟、龍王廟等著名廟宇。除三元宮、越王井至今幸存外，其餘的名勝古蹟均已不存。（見圖6：1870年〈六脈渠圖〉）

圖 6：1870年〈六脈渠圖〉（轉引《圖説城市文脈：廣州古今地圖集》）

1. 歷史建築

（1）越王臺故址與越王井

　　越王臺雖今已不復存在，但其在歷史上頗具盛名。越王臺故址在今越秀公園內，具體位置尚無定論，一說在今中山紀念碑所在地。[130]一説越王臺別稱「歌舞崗」，南宋楊萬里詩有云：「越王歌舞春風地」。《楚庭稗珠錄》卷二：「越王臺在粵秀山上，徒荒址矣，今名歌舞崗。」[131]《廣東新語》卷十七〈宮語·四臺〉：「趙佗有四臺其在廣州越秀山上者，曰越王臺，今名歌舞崗。其在廣州北門外固崗上者，曰朝漢臺……與越王臺相去咫尺。」[132]

　　越王臺曾是漢初南越國皇家園林、宮苑區之一；亦是元代羊城八景之「粵臺秋月」所在，為古人遊覽之聖地。[133]《白雲越秀二山合志》有載：「越王臺，在越秀山上……，南漢劉龑疊石為道，名曰呼鑾，傍栽甘菊、芙蓉，與群臣游宴。故又名遊臺，今名歌舞崗。」[134]北宋詩人唐庚（1070–1120）對越王臺周圍環境做

過這樣描繪:「臺據北山,南臨小溪,橫浦、牂牁之水,輻湊於其下。顧瞻,則越中諸山不召而自至;而立延望,則海外諸國蓋可髣髴於溟濛杳靄之間。」[135]明代,羊城八景已無越王臺,古臺雖猶在,但已廢。康熙年間,越王臺荒廢日甚,只剩被衰草掩蓋著的破石堆,除了當時文人騷客偶爾還會光顧之外,無人理會。到了道光年間,更是完全湮沒,不復存在。民國十五年(1926),國民黨第二次代表大會決定在越王臺故址興建「接受總理遺囑紀念碑」,即今孫中山紀念碑。

越王臺山下有越王井,相傳是南越王趙佗所鑿,故名越王井,至今猶在。現位於越秀區應元路西端廣東省科學館大院,井口直徑達2.1米,井身全部石砌。越王井又名「九眼井」、「玉龍泉」、「清泉」等。[136]三元宮附近有清泉街和清泉小學,當由清泉得名。越王井是廣州城最古之井,水質清冽,歷來為廣州城百姓所愛。南朝《南越志》云:「天井岡(越王臺)下有越王井,深百餘尺,云是趙佗所鑿。諸井鹽鹵,惟此獨甘。」[137]

越王井,又稱九眼井。南宋時,番禺縣令丁伯桂不但開放古井給民眾汲水,還在井上蓋加上九個孔眼的大石,可同時從各孔汲水,因此又稱九眼井。[138]明代學士黃諫(1403–約1456)寫〈廣州水記〉時,將廣州城內泉、井、澗的水質分為十等,書中有云:「城中井水九眼殊勝。」[139]《廣東新語》卷四亦載:九眼井,「相傳尉佗(趙佗)所鑿。其水力重而味甘,乃玉石之津液。志稱佗飲斯水,肌體潤澤,年百餘歲,視聽不衰。」[140]「九孔井蓋」殘石今仍存,與「九眼古井」石碑一併,在1983年被定為廣州市級文物保護單位。

越王井在歷史上多為百姓開放,僅有幾個時期禁止百姓使用:五代南漢君主劉龑獨佔該井,稱玉龍井,並禁止民眾汲水;北宋時期,蘇東坡(1037–1101)曾寫信給故人稱,廣州滿城百姓皆喜飲該井井水,但只有官員及有權勢之人才能飲用;據樊封(1789–1876)《南海百詠續編》,清初平南王尚可喜在井的四周建圍牆、派兵把守,獨佔該井十年之久。至清代道光年間,越王井的水質變差了。到上世紀60年代後,古井已失去了它原來的功能,僅成為一個古蹟。

(2)鮑姑井

據廣州三元宮的傳說,鮑姑井又名「虯龍古井」,位於今三元宮山門外的西南院落內。井水清冽甘甜,有卻病之功。相傳晉朝南海太守鮑靚的女兒鮑姑當年治病救人,就是用這虯龍古井中的泉水。「虯龍古井」得名緣由,未見史料記載。民國三十二年(1943)〈粵秀山三元宮歷史大略記〉碑記有云:「越秀山右有鮑

姑井，猶存，其井名虯龍，有贅艾（即紅腳艾），藉井泉及紅艾為醫方，活人無算。」（見本志第十章〈碑刻〉）三元宮內亦有楹聯：「妙手回春虯隱山房傳醫術，就地取材紅艾古井出奇方。」

然而，前人對鮑姑井的位置曾提出過不同的說法。例如，清乾嘉年間仇巨川編纂的《羊城古鈔》稱鮑姑井的位置在「在越臺西南」。[141]《明一統志》卷七十九：「鮑姑井，在府城內，相傳晉鮑靚女葛洪妻所汲處。」[142]南宋《南海百詠》所載更不同：「其井（鮑姑井）今在彌陀寺、菖蒲觀，然皆湮廢，未知二者孰是。」[143]元吳萊（1297–1340）《淵穎吳先生文集》卷九把鮑姑井和趙佗井（越王井）視作一井二稱：「越井崗，在南海，一曰趙佗井，一曰鮑姑井。」[144]依上引文獻，因記載不一，或許只能接受康熙《新修廣州府志》的說法：「鮑姑井，今不可考。」[145]不僅在清初，鮑姑井已經湮沒，到現在，其遺蹟亦難尋。不過，至少可證，歷史上鮑姑井同現存三元宮內虯龍古井的位置不同。三元宮的虯龍古井之稱為「鮑姑井」，相信是因為該仙井與宮內鮑姑祠及鮑姑行炙的傳說有關。例如〈粵秀山三元宮歷史大略記〉記載：「又西隅虯龍井舊址，張信綱備資修葺虯井古屋一間，紀鮑姑在此得道之仙跡。」

(3) 鎮海樓

鎮海樓，明洪武初鎮粵將軍永嘉侯朱亮祖取「雄鎮海疆」之意，始建於洪武七年（1374），凡五層，俗稱五層樓。[146]清乾隆《番禺縣志》：「（越王）臺之西，閣之北為鎮海樓。」[147]鎮海樓在明成化年間（1465–1487）被大火焚毀，直到明嘉靖二十四年（1545）得以第一次重建。重建之後的鎮海樓，「規制如舊，而宏偉壯麗視舊有加。」後明崇禎十年（1637）廣東布政使姜一洪（？–1646）再對鎮海樓進行第二次修繕。明末清初，清軍攻陷廣州，鎮海樓毀於戰火。清初順治八年（1651），平南王尚可喜對鎮海樓進行了第三次大修。因鎮海樓靠近王府，平南王在越秀山駐軍，設官守衛，禁止百姓登臨。鎮海樓下山地為平南王養鹿院，成為「禁地」。順治十八年（1661），李棲鳳任兩廣總督，在樓上祀文武帝君，鎮海樓再次成廣州人的登覽聖地，一時間「詠觴茗塵，遂無虛日」。康熙十二年（1683）「三藩之亂」，鎮海樓再次毀於戰亂。康熙二十四年（1685）由兩廣總督吳興祚等再次重修鎮海樓，所耗「計費巨萬」，當時重修完成的鎮海樓「壯麗堅致」，「高計七丈五尺，廣計九丈五尺，袤計五丈七尺」。[148]在鎮海樓上，廣州城景可盡收眼底，而「自海上望之，恍如蛟蜃之氣，白雲含吐，若有若無，晴則為玉山之冠，雨則為崑崙之舵。」[149]民國十七年（1928），廣州市長林雲陔再度重修鎮海樓。

1929 年，鎮海樓成為廣州的博物館。1986 年，以鎮海樓為主景的「越秀層樓」入選廣州新八景評審。[150]

(4) 應元宮

今應元路因應元宮而得名，東起小北路，西至解放北路。大概是在 20 世紀 30 年代末期至 40 年代初期，今應元路西段原有的清泉巷建成為馬路，至於東段馬路 (今吉祥北段及小北路段) 則建成於 1947 年，並第一次標上「應元路」路名。[151]

應元宮故址在越秀山南麓，西側是龍王廟，東側為大樹園，所佔地域頗大。應元宮的北面山上是鎮海樓，循石階而上，南眺廣州全城，盡在眼底，[152] 今屬廣州市第二中學校址。根據乾隆《南海縣志》，應元宮為清初順治十七年 (1660) 平南王尚可喜所創建；另一說為尚可喜之子尚之信所修建，作其「宮人粧樓」[153]，疑誤。據說，尚可喜崇尚道教，他認為自己得以平定廣東，全憑道教摩利支天尊 (即斗姆元君) 的庇佑，為了酬謝神恩，故在越秀山南麓修建了一座規模宏偉的應元宮。[154] 應元宮中的大殿供奉斗姆元君，大殿前面建有雷祖殿，祀九天應元雷聲普化天尊，大殿後面建有泰山殿。

康熙二十年 (1681)，三藩之亂平息後，應元宮曾經成為尼庵，後來又復為道觀，成了廣州道教名勝地。雍正年間，詩人羅天尺曾居此十年，撰有〈應元宮歌〉。應元宮在第二次鴉片戰爭中圮毀，並為洋兵佔據。同治八年 (1861)，改建應元宮雷祖殿為應元書院，而應元宮其餘殿宇曾經重修。民國初，應元宮仍為道教廟宇。據《海潮音》載：「(民國九年〔1920〕的應元宮) 去三元宮不遠，道士棲止之所也。地僻靜，游者罕至。前庭有大樹數株，枝葉扶疏，能蔽烈日，盛暑乘涼其間，幾忘炎熱。老君殿以上之地，雖已非道士所有，而上下齋舍數間，清潔無塵，固足為修道靜坐之用。」[155] 直至 1918 年，《廣州市圖》仍標出應元宮。(見圖 7：1918 年廣州市圖〔部分〕三元宮區域)

民國二十年 (1931)，應元宮一部分地為市立第一中學借用。民國三十四年 (1945) 抗戰勝利後，應元宮僅剩的大殿、西殿和祖堂被省幹訓所強行佔用，並逐出道侶，砸爛神像。民國三十六年 (1947) 省幹訓所結束，正擬交還，即被省地政局強行佔用。民國三十六年 12 月，應元宮住持葉宗茂去信廣州市政府力爭收回應元宮，但苦無結果。[156] 此後，應元宮遂漸湮沒，直至無存。[157]

圖 7：1918年廣州市圖（部分）三元宮區域（轉引《圖說城市文脈：廣州古今地圖集》）

（5）應元書院

　　清同治八年（1870），廣東布政使王凱泰（1823–1875）以官方的身份，於越秀山應元宮前設立一所專門供舉人肄業的省級書院，是為應元書院，與學海堂、菊坡精舍並列為鄰。書院建築規整，中軸線分明，梯級寬大，花木夾道，大樹蔽蔭，書院外有圍牆，甚有氣派。從書院大門的數十級寬闊的臺階拾級而上，最後一進是中心建築育樂堂，是為講學之用，又稱講堂。（見圖 8：應元書院全貌圖）

　　據王凱泰親撰的〈應元書院碑記〉（1870），應元書院招生對象是中了舉的讀書人，他們繼續在此深造，以備進京參加會試，「為翰林院儲才」。[158] 這所書院

圖 8：應元書院全貌圖（轉引《應元書院志略》）

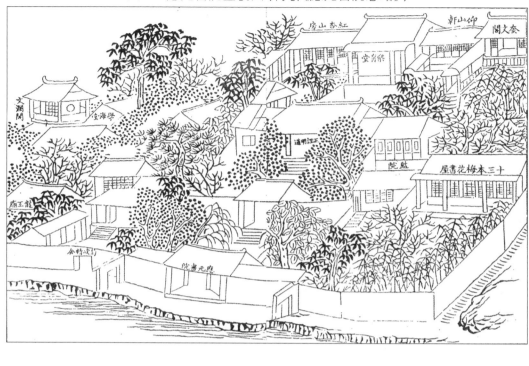

的目標比其他廣東書院要高，希望培養出會元（舉人第一名）和狀元（進士第一名），有類現代的研究生院。書院重金聘用「詞林顯達，品正學純」之學者教授官課[159]、古學、策論、疏、詩、賦等課，設考課制度和膏火獎賞；並為會試學生提供資助，設有公車盤費和都門經費兩項獎勵。書院先後聘請沈史云（道光三十年進士）、李文田（1834–1895，咸豐九年探花）、廖廷相（1844–1898，光緒二年進士）、何璟（？–1888，道光二十七年進士）、吳道鎔（1852–1936，光緒六年進士）等翰林院士擔任山長。[160] 王凱泰在撰寫《應元書院志》時，信筆預言書院設立後第一個會試年（1871），廣東必得狀元而大魁於天下。他的這個預言果然應在之後的欽點狀元（殿試第一甲第一名）梁耀樞（1833–1888）身上。[161] 該年，書院中其餘學生中進士者共8人。[162] 到第二個會試年，即同治十三年（1874）科，應元書院又得進士12人。這成績足以讓應元書院大大揚名了。

　　光緒二十七年（1901），清朝停止八股文考試，全國停辦書院，改建學堂。光緒二十九年（1903），應元書院改為先賢祠。光緒三十四年（1908），應元書院與菊坡精舍合併為存古學堂。民國之後，1921年為了紀念革命先驅朱執信（1885–1920），由孫中山倡議，在應元書院的舊址上建了一所執信學校，校董會

成員有李大釗（1889–1927）、蔡元培（1868–1940）、廖仲愷（1877–1925）、李濟深（1885–1959）等。廖仲愷、鄧穎超（1904–1992）還在執信中學任教過，其子廖承志則曾在執信中學就讀。後來執信學校遷至現址廣州執信南路後，舊校址建廣州市立第一中學。1938年，日軍攻佔廣州，此處被夷為平地，應元書院遺址蕩然無存。現在則是越秀區廣州市第二中學校園的一部分。

（6）學海堂

學海堂位於越秀山麓，隔牆西鄰三元宮，東鄰龍王廟。[163]學海堂舊址未有定論：一說在今廣州市第二中學內，[164]另一說是在現時應元路上越秀山公園百步梯正對著中山紀念堂一帶。[165]學海堂由時任兩廣總督阮元（1764–1849，嘉慶二十二年〔1817〕調任兩廣總督）創立，仿效其於嘉慶五年（1800）在浙江杭州設立詁經精舍的學風，不課八股文，首重在學問，以專課經史、訓詁、音韻、文字為主，兼及天文、數學、地理、曆法等學科。[166]學海堂可說是阮元有意導引江浙學術入粵之舉措。[167]嘉慶二十五年（1820）三月，阮元在廣州城西的文瀾書院（今下九路文瀾巷一帶）設置講堂，並手書「學海堂」三字匾懸掛在文瀾書院上，這是學海堂的開始，並無實地。「學海堂」之名，源自阮元尊崇東漢今文經學的集大成者何休（129–182），阮元稱頌他：「學無不通，進退忠直，聿有學海之譽。」[168]數年後受課學子不斷增多，教學多有不便，有必要另覓一地，專為學堂所用，阮元最後選定「百年古麓」的越秀山麓，至道光四年（1824）十二月校舍建成，於是學海堂從城西遷入越秀山新址。《阮元年譜》卷六記載此事：「蓋因連年以經古課士，士人之好古者日多，而學海堂惟在文瀾書院虛懸一匾，並無實地，是以建堂於此，實有其地而垂永久焉。」[169]

學海堂堂內的書院建築可分為主體建築和附屬建築。主體建築為學海堂山堂，為三楹九架，山堂在周垣之中，堂右旁建有文瀾閣，內供文昌及魁星神位，下庋貯阮元編輯的《皇清經解》板片及學海堂公置書籍。[170]學海堂附屬建築建有「啟秀山房」，在山堂之後，為三楹七架，其後即越秀山顛，最後最高處建一亭，可以遠眺望，名為「至山」，取自「學山至山」之義也。[171]在規制上，阮元親訂《學海堂章程》，不設山長，但設立八名學長同司課事；而學士由公舉入肄，在學長中擇師而從，每歲分授四課，由學長出經解文及古今詩題，限日裁卷，平定甲乙等次。[172]學海堂匯集南北學者，知名學長有吳蘭修、趙均、林伯桐、曾釗、熊景星、馬福安、吳應逵、張維屏、儀克中、譚瑩、黃培芳、梁廷枏、陳璞、吳道鎔等55人。[173]至於學生有著述問世可查者，達300餘人。曾受

業於學海堂的湯金鑄、陳澧、朱次琦、周汝鈞、廖廷相、梁啟超等皆在各地辦學作出重大影響。

　　學海堂自嘉慶二十五年掛匾開課，直到光緒二十九年(1903)清廷停止科舉考試、廢除學海堂改為阮太傅祠(即祀阮元)為止，歷時八十餘載。民國後，1913年龍濟光率軍攻佔廣州，後在學海堂所在地建振武樓，阮太傅祠被毀，從此學海堂湮沒。學海堂在清代官辦書院教育史上具有重要地位，它與同為阮元創辦的杭州詁經精舍並稱，同被譽為「清代考據學派的最高學府」[174]，倡導實事求是、無徵不信的學風，培養高層次學術人才，講師學生著作等身者甚眾。學海堂傑出之教學成就，使它成為當時江浙學人匯聚嶺表之中心，帶動了晚清廣東文化和學術格局的新變，並承擔起近代中國文化轉型期承先啟後的歷史重任。可以說，學海堂對清中葉以後嶺南學術文化的發展產生了深遠影響。[175]

2. 廟宇

(1)觀音閣

　　南漢時環城建二十八寺，其中北七寺之一的悟性寺建於越秀山越王臺故址一帶，大約位於今天越秀山上的中山紀念碑下之「佛山」石牌坊處。明初永樂元年(1403)，都指揮花英在悟性寺故址處建造觀音閣，山半建半山亭。[176]因閣而稱山，有稱越秀山為「觀音山」。明萬曆三十年(1602)，廣東布政使陳性學重修觀音閣。清同治《番禺縣志‧金石略四》收有陳性學撰於萬曆三十一年的〈修復粵秀山觀音閣碑記〉。後至清朝，乾隆三十五年(1738)、同治三年(1864)和光緒十四年(1888)都曾整修擴建觀音閣。據道光《南海縣志》，當時觀音閣四週有如下越秀山名勝：「觀音閣之北，為鎮海樓；閣之東，為應元宮。下為龍王廟，廟西三元宮、關帝廟。應元宮之東為大樹園。」[177]據民間傳說，在清道光鴉片戰爭期間，觀音閣裡供奉的觀世音菩薩曾多次顯靈，庇護廣州城。清光緒三十三年(1907)三月二十日，越秀山下的永鎮火藥庫[178]失慎爆炸，觀音閣遭到嚴重毀損，殿閣傾頹。

　　古時觀音閣旁，立有「古之楚庭」和「佛山」牌坊(前者始建於明末崇禎十七年〔1644〕，後者建於清道光六年〔1826〕[179])，「佛山」取「佛光山耀」之意，如今這兩座牌坊尚在。1925年孫中山病逝，胡漢民等人成立了「哀典籌備會」，商議紀念孫中山，建立中山紀念堂、紀念碑等事宜，最終選定越秀山觀音閣處建立中山紀念碑。1928年觀音閣拆除，翌年動工建立中山紀念碑。1931年1月，中山紀念碑建成，同年10月中山紀念堂落成，中山紀念碑取代了過去的觀音閣。[180]

(2) 龍王廟

廣州城南臨珠江，水事活動甚多，民俗認為龍王治水。廣州最早的龍王廟建於清初，位於廣州新城靖海門外河旁，《南海百詠續編》載：「海龍王廟，在靖海門外河干。順治十八年（1661），水師游擊易知建。粵省向無龍神專廟，有之自易君始。」[181] 雍正三年（1725），另有龍王廟建於巡撫署（今人民公園）東轅門，祭祀龍神，為地方官祭天禱雨之場所。[182] 雍正五年（1727），清廷降旨：龍神散布霖雨，福國佑民，並造各省龍神大小二像，命地方官員恭迎奉祀。於是，乾隆元年（1736）廣州府總督阿里袞將巡撫署東轅門之龍王廟移建於粵秀山南麓，故址在今中山紀念堂以北山麓。[183] 乾隆《番禺縣志》稱：「（龍王）廟制宏壯，有司朔望皆詣行香。」[184] 據《白雲越秀二山合志》圖示，龍王廟位於越秀山麓應元宮以西。從道光《南海縣志》所載道光年間省城地圖，及1890年的廣州地圖亦可見其存在。[185]

越秀山龍王廟，規模宏大，佔地廣闊，東與應元宮相鄰，當年一宮一廟的亭臺樓閣掩映於樹叢中，園林風光連成一片，景觀甚佳。[186] 龍王廟西面是大片山林草木地，後來道光四年在此處建成學海堂。兩廣總督阮元曾為此龍王廟撰聯：「神德庇三農，統天田以乾象；恩膏流百粵，興雲雨於雲壇。」[187] 咸豐七年（1857）底，英法聯軍挑起第二次鴉片戰爭進攻廣州城，佔領了越秀山，龍王廟遭炮擊，毀為平地，直到同治五年（1866）才重新修復。民國初年，越秀山龍王廟猶存。後毀圮，至今已不復存在，史料中也甚少記載，遺址約在今廣州第二中學校園內。

(3) 關帝廟

關帝廟是有清一代廣州舊城內廣泛存在的廟宇。據黎志添有關清代廣州廟宇的研究，道光年間（1821–1850）廣州城內和城郊合共至少有11座關帝廟，其中可考證始建於明代的關帝廟有三座。最早的一座正是位於越秀山麓的關帝廟（又稱武廟），明代初期都指揮李原自春風橋移建。歲久頹圮，明景泰五年（1454）廣州通判黃諫（1403–1465）重修關帝廟，並有〈重修關將軍廟記〉：「廣州粵秀山之陽，有蜀漢壯繆關將軍廟，國初都指揮李原自春風橋移建。」[188] 明萬曆十七年（1589）兩廣總督劉繼文因得張桓侯（張飛卒於建安二十六年〔221〕，謚桓侯）降鸞昭示，結果用兵征蜀而得捷，因而在粵秀山關帝廟旁建張桓侯祠。

康熙六十年（1721）李士傑重修關帝廟頭門。從李士傑撰的碑文，得知廟內佈局，除了正殿供奉關聖帝以外，左廟奉祀華光大帝（火德星君），右廟奉祀張桓侯大帝。[189] 雍正八年（1730）有釋僧子瑛當關帝廟住持，重修了張桓侯廟前包

臺，重修的發起者乃負責駐守附近的滿清漢軍鑲藍旗將領。並有〈重修張將軍廟前包臺碑記〉記錄當時關帝廟，歷階而下，另有左廟奉祀火神馬王，右廟奉祀張桓侯大帝。後來，自釋僧住持關帝廟之後，廟內增設佛殿與韋馱殿。

乾隆四十七年（1782）〈粵秀山武廟重修碑文〉詳細提及由當時鑲紅旗、鑲藍旗漢軍協領李承宗發起重修關帝廟。碑文提到，關帝為廣東全省的福神，加上朝廷載入春秋祀典，地位尤其崇高。事實上，清代的關羽崇拜亦為歷史上的最高峰。據《大清會典》，在順治九年（1652）關羽被封為「忠義神武關聖大帝」，與前代比較，清代對關羽的封諡多有「忠義」二字。到了光緒五年（1879）關羽的封號累積多至26字，全稱為「忠義神武靈佑仁勇威顯護國保民精誠綏靖翊贊宣德關聖大帝」。關聖帝成為護國保民維持人間秩序綜理萬事的大神。從乾隆四十七年的碑文可以看出，這是一次全面的整修，從頭門至大殿，兼及華光殿和張桓侯殿，都獲得重新修葺，修成後蔚為壯觀。[190]

民國二十二年（1933），廣州市立第一甲種商業職業學校遷校於清泉街關帝廟，但於翌年遷出。[191] 根據廣州市檔案館所存的一份民國三十七年9月9日越秀山清泉街關帝廟「值理坊眾代表」送交廣州市政府地政局長的投訴狀文——〈（合德堂）誤買廟地並未重新登記，謹提出異議〉[192]，又可知從晚清至民國時期，該廟一直存在，香火仍續。該呈文回顧了在這段歷史中關帝廟的發生經歷：「竊本市德宣警察分局轄內清泉街關帝古廟建自明初，年湮代遠，日久傾圮，曾於遜清康熙二十一年（1682）及光緒十五年（1889），由調住該地漢軍廂（鑲）藍旗民眾一再捐資重修，有碑記可考，及按月報効香油，僱僧住廟、司祝以資崇祀，歸復舊觀。鼎革後，繼由坊眾永全堂年推值理，負責保管。民五年間，奉政府明令加祀宋岳武穆，列為武廟，每年春秋兩祭，以重祀典。廟貌莊嚴，威靈顯赫。夙為全省人士所崇奉。廟中香火，迄今弗衰。」總結而言，晚清以來，越秀山關帝廟的管理者為坊眾永全堂，並每年推薦值理負責。及至民國五年，坊眾奉廣州市政府之令，在廟神內加祀宋岳武穆，與關聖大帝並祀，故廟又稱關岳古廟。

第三節　越秀區歷史與三元宮

三元宮，現今地址為越秀區應元路11號，即位處應元路上。廣州市越秀區因越秀山得名，是廣州市的舊城區，不僅是位於廣州市之中心，亦是歷史上嶺南地區的行政、經濟、軍事和文化的中心地區。自公元前214年築起番禺城，廣州

成為嶺南地區的都邑，其城市的發展變化基本上在今越秀區境內發生。從宋代皇祐三年（1051）起，南海、番禺分置縣，隸屬廣州府，並設縣治在今越秀區境內，一直延至清末民初。1949年中華人民共和國成立後，廣東省、廣州市人民政府都設址越秀區內。今越秀區總面積為8.9平方公里，總人口逾116.38萬人（2017年常住人口）[193]，是廣東省面積最小，人口密度最高的市轄區之一。

「越秀區」之名始於1950年6月，由西山、德宣、小北等區合併，但只佔今越秀區北部。[194]1960年7月，惠福、太平（部分）和永漢（部分）等三個行政區劃歸越秀區。2013年，區內轄18條行政街道：洪橋街道、北京街道、六榕街道、流花街道、光塔街道、人民街道、東山街道、農林街道、梅花村街道、黃花崗街道、華樂街道、建設街道、大塘街道、珠光街道、大東街道、白雲街道、登峰街道和礦泉街道。[195]今三元宮址隸屬越秀區北部流花街道。

越秀區是廣州市名勝古蹟薈萃的城區。由於越秀區基本是歷代廣州舊城的所在地，因此廣州市的歷史文物和名勝古蹟多聚集在越秀區內。[196]這裡有反映秦漢時期嶺南地區經濟、文化、建築、工藝水平的秦漢造船工場遺址、南越國宮署遺址和南越文王趙眜墓地，有嶺南地區最宏大、最古老的佛教寺院——光孝寺；有唐代伊斯蘭教在中國最早設立的寺院——懷聖寺；有清代用花崗岩築砌的全國最高大的哥德式建築天主教堂——石室耶穌聖心堂；以及有傳承自東晉道教葛洪和鮑姑神仙傳說的廣州最大全真教道觀——三元宮。據《廣州市越秀區志》，廣州市的各級文物保護單位，約有四分之一匯集在越秀區8.9平方公里境內。[197]

今天的三元宮左面屬應元路西段，有廣州市道教協會大樓（應元路9號）、廣州市越秀區二中應元學校（應元路7號），應元路西段盡頭與解放北路交接。三元宮右面是應元路東段（舊日為清泉街），有天津市人民政府駐廣州辦事處（應元路13號）、廣州文學藝術創作研究院（應元路15號）、廣州市第二中學（初中校區，應元路21號），應元路西段盡頭與小北路交接。

根據1918年《廣州市圖》（今廣東省檔案館藏）所示，[198]三元宮位於越秀山腳，北面即為越秀山麓，南面東西走向有清泉巷，西面有南北走向的大北路直通廣州城大北門。三元宮東面則有學海堂、龍王廟、菊坡精舍及應元宮。在清代中後期，這些著名的宮觀、廟宇和學府的園林連成一片，儼然成為廣州城北面的幽林勝景。民國初，三元宮山門外的將軍大魚塘改成馬路，即清泉巷。清泉巷以南有九眼井巷、徐家巷、榕樹巷三條東西走向的街道，這三條街道之西還有南北走向之芒果樹街和九眼井直街。清泉巷以西則標為西華一巷。由1918年《廣州市圖》所示可知，當時的三元宮地區交通通達，越秀山南麓廟宇與樓閣仍在。

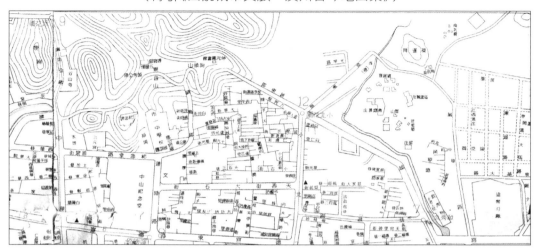

　　隨著廣州城市改建與道路拓展，民國以後，三元宮區域街道的名稱與轄域不斷變遷。從1948年《廣州市街道詳圖》（今廣州市城市建設檔案館藏）可見，[199]當時三元宮以南清泉巷已擴闊成馬路，更名為清泉街。（見圖9：1948年〈廣州市街道詳圖〉〔部分〕三元宮區域圖）這條已成馬路的清泉街直到1982年擴建後才與東段的應元路合稱應元路。[200]清泉街以西的路段，原來在1918年〈廣州市圖〉中並無具體街名，但大概在20世紀30年代末期至40年代初期，這路段也已更名為紀念堂路，並在地圖中標出為越秀山體育場南面之應元路（這段馬路與紀念堂路在闢建成馬路之前，稱為蓮塘北約[201]）。清泉街以東的西華一巷則更名為西華巷。1918年〈廣州市圖〉標註的徐家巷、榕樹巷、芒果樹街仍在，而九眼井巷的位置則標註為土地巷。但是三元宮以東之學海堂、龍王廟與應元宮，於1948年〈廣州市街道詳圖〉已不復存在，取而代之的是廣州市一中。據1935年1月1日出版的《仁愛旬刊》創刊號，〈廣東仁愛善堂章程〉第二條稱：「本善堂設於廣州市三元宮內」。[202]民國二十四年，由陳濟棠主辦的仁愛善堂於三元宮正殿後座及左廊開辦仁愛醫院。仁愛醫院又於民國二十五年（1936年）由廣州市醫院接收為廣東仁愛醫院，後改為廣州市市立醫院第一分院。[203]

　　根據1948年〈廣州市街道詳圖〉，三元宮東南地區已從1918年時的街道更替為中山紀念堂。中山紀念堂是為紀念孫中山而籌資興建。1925年3月12日孫中山逝世後，廣東各界人士動議「籌集五十萬元，建築一規模宏大之孫中山紀念堂及圖書館，以紀念元勳」，籌備會最初提議將紀念堂的地址選在西瓜園的舊商團

總所，即現今越秀區人民中路上的同樂路口南側原廣州市電話局地址。提議公佈後，社會各界對紀念堂的選址問題展開了廣泛討論。1925年4月25日，《廣州民國日報》刊載了〈孫先生紀念堂地點之決定〉一文，聲明「因多數人意見」，商團總所之地與孫中山無歷史聯繫，也不適宜，遂將紀念堂籌建地址改為「舊總統府」。1926年6月，「孫中山先生廣州紀念堂籌備委員會」成立，專責籌辦紀念堂、紀念碑事宜。後為使紀念堂與位於越秀山山頂的中山紀念碑同軸，最終紀念堂位置確定在越井崗觀音閣遺址上，從而形成廣州城區舊中軸線上「南堂北碑」的風景特色。[204]

總結而言，三元宮附近街巷的格局深刻影響了現代越秀區域北面的道路分佈。今越秀區應元路，就是在20世紀初清泉街的基礎上，向東拓展，開闢而成。

第二章

歷史沿革

第一節　清代全真教在廣東的展開

根據清初全真教龍門派「中興」之說，[1] 在龍門派第七代律師[2]、北京白雲觀住持王常月（號崑陽，? –1680）[3] 的帶領下，清初的全真教以龍門正宗之名在全國大行其道。[4] 此次全真教「中興」的原因，與其在清初順治（1644–1661）及康熙（1662–1722）兩朝得到清室的支持有密切關係。以至在數十年間，龍門派取得官方認可，能夠向全國道觀道士公開傳戒。嘉慶年間，閔一得（1758–1836）著《金蓋心燈》卷一〈王崑陽律師傳〉記載：王常月「於順治乙未（1655）秋遊京師，掛單靈佑宮。歲丙申（1656）三月望日，說戒於白雲觀。……凡三登壇，而得弟子千餘人。」[5] 接著，王常月於康熙初率弟子南下傳戒：「康熙三年（1664）三月，駐杭州宗陽宮。康熙六年（1667）七月，至湖州金蓋山。康熙七年（1668），至蘇州穹窿山。」[6] 結果，龍門派弟子一時大增，並紛紛出任各地道觀住持，逐漸在全國各大區域，形成互有聯繫的屬於龍門正宗的道觀網絡。[7] 根據吳亞魁之江南全真教宮觀研究，由順治至咸豐（1851–1861）的二百年間，在江浙境內六府一州地區（包括蘇州、松江、太倉、杭州、嘉興、湖州）可考實者有31座全真教道觀。[8] 若論清代道教的發展，龍門派幾乎成為唯一的代表。光緒五年（1879），陳銘珪（1824–1881，龍門派名「教友」[9]）撰《長春道教源流》評曰：「世稱龍門臨濟半天下，謂釋之臨濟宗，道之龍門派也。」[10]

根據北京歷史第一檔案館收藏的乾隆二年（1737）及三年（1738）的黃冊登記資料（缺乾隆元年的第一次登記，共2份），其時，廣東省至少有全真教道士187人。[11] 雖然，陳銘珪《長春道教源流》稱：「酥醪洞主曰：元以後，至於國朝，全真派遍布於江南各行省，惟粵無聞。」[12] 但是，若根據上述2份乾隆初年的黃冊登

記，至少在乾隆初年，廣東省境內全真教道士的數目已屬不少，不應如陳銘珪所謂「至於國朝……惟粵無聞」。

事實上，從康熙至乾隆初60多年間，全真教龍門派傳入廣東地區及其發展，縱使不能說已「遍布」境內，但已儼然成為廣東境內道觀及道士之間新的發展主流。不僅如此，清中葉以後而迄光緒（1875–1908），全真教龍門派在廣東省境內的發展情況卻又如陳銘珪所稱，其時「粵東羅浮及會城諸道觀詢其派，又皆全真也。」[13] 廣東其他道觀以羅浮山全真教龍門派為宗的情況，亦延續至民國時期。例如1942年《廣東年鑑》稱：「此外，散在各縣地方之道觀亦甚多，其組織皆仿羅浮山諸觀，蓋亦以羅浮山為其所宗。」[14] 同樣現今香港大多數的道觀和道壇亦多以「全真演教，龍門正宗」而自居，並公開宣稱此為其道派傳承的正統身份。[15]

過去學者對清初全真教龍門派在廣東省開展的歷史研究是相當缺乏的。光緒五年陳銘珪撰《長春道教源流》算是最早的代表著作。他提出了廣東全真教龍門派「其來不知何」的研究問題，並稱其書的目的之一是要：「自余寓居羅浮酥醪觀，知觀中為龍門派，出於曾山山，其法多有道行。茲舉其著者彙記於後，使後之來者知所興起焉。」[16] 但是，對於此問題的深入研究，陳銘珪所得的成果其實並不理想，只是在《長春道教源流》第七卷裡，非常簡略地記述了幾位清初時期協助羅浮山酥醪觀復觀的道士的生平。[17] 1920年，陳銘珪之子陳伯陶（1855–1930，龍門派名「永燾」）[18] 為增補其明朝先祖陳璉《羅浮志》（1410）而出版了《羅浮山志補》，並在全書十五卷之後，增補了由其親身著述的〈羅浮補志述略〉。[19] 陳伯陶〈羅浮補志述略〉對清初廣東省全真教龍門派的由來，作了較進一步的探索，並提出了他對羅浮山全真教龍門派歷史由來的看法。對於清代廣東省全真教龍門派的由來及其傳承的歷史，陳伯陶稱：

> 道之盛，始杜陽棟、曾一貫，龍門派也。其支分為惠州之玄妙觀、會城之三元宮、應元宮、五仙觀，番禺之純陽觀，其餘菴院分衍不可勝數，要皆以華首沖虛觀為歸。[20]

陳銘珪言：「全真教之居羅浮，實自山山師始」，[21] 而陳伯陶則補充說「道之盛，始杜陽棟、曾一貫，龍門派也」。這兩種說法雖近似，但後者又略有補充，並更準確地紀錄了杜陽棟當沖虛觀住持的時間：「戊寅（康熙三十七年，1698），龍門派道士杜陽棟來為住持。」[22] 陳伯陶〈羅浮補志述略〉成為歷來學者對清初廣東全真教龍門派歷史由來的主要依據。

毫無疑問，自清初以來並延續至今天，全真教龍門派在廣東地方道教、道觀和道士的傳統上明顯佔有主流地位。全真教龍門派的三大特徵——道觀十方叢林制度、依據派詩的傳承譜系和道牒、以及龍門派道士和十方常住道眾必須遵守清規戒律，都一一構成了清代廣東全真道教的傳統特色。吉岡義豐（Yoshitoyo Yoshioka）在二十世紀四十年代於北京白雲觀的田野考察中，就發現了一份由全國二十四座全真教道觀名錄組成的十方叢林廟宇登記名冊，其中就包括六座廣東地區的全真道觀，即有羅浮山沖虛觀、黃龍觀、白鶴觀，廣州三元宮、應元宮及惠州元妙觀。[23]

第二節　三元宮的創建與越岡院及鮑姑的傳說

廣州市三元宮在越秀山西南麓，今越秀區北面的應元路11號。今天全宮的佔地面積約為5,000平方米，殿堂建築總面積約為2,000平方米。[24]三元宮依山而建，坐北朝南。北面即為越秀山麓。在1918年廣州市政公所拆除舊城牆以前，三元宮南面為東西走向的清泉巷，西面則有南北走向的大北路直通廣州舊城牆大北門。清代中後期時，三元宮與東面的學海堂、菊坡精舍、龍王廟、關帝廟、應元宮、應元書院等著名書院與廟宇的園林連成一片。然而，當年的這些著名廟宇和學府在民國以後皆湮沒了，只剩下三元宮這座現存廣州市最有規模的道教名勝。

過去，原有三元宮的入口有牌坊，就在山門之下的正前方，後因牌坊位置的土地被賣，所以入口改在山門前方的西側，2017年重修時再在入口處重置牌坊。三元宮高大的山門高出地面，從山腳上39級石臺階才到山門，凸顯了山門的雄偉氣勢。臺階中段的兩側放置有兩隻高座石獅。石門額上刻有「三元宮」三個金水大字的橫匾，兩邊石刻楷書對聯一副：「三元古觀，百粵名山」，為清同治二年（1863）重修時翰林院庶吉士游顯廷所書。[25]山門前立有一副對聯：「地接玉山百粵靈光高北斗；水迎珠海千秋道氣洽南溟。」這副對聯概括了三元宮的風水格局——上接越秀山（案：玉山指越王山，即越秀山）的龍脈靈氣，下迎珠海（即珠江）碧波，正好處於山川靈氣凝聚之處。現存三元宮的建築群是清同治年間重建的，至少在上世紀九十年代中期仍部分保存了清朝乾隆五十一年（1786）刻字的棟木。例如靈官殿有一棟木，上刻有：「大清乾隆五拾壹年歲次丙午冬吉旦全真住持道人黎永受募化重建立。」

進入山門便是靈官殿。入山門後，地勢漸次升高，各殿宇從南向北，由下到上依山坡排列。正中央為三元大殿，為清同治七年（1868）重建。三元殿存有一棟木，上刻：「大清同治七年戊辰仲冬全真住持道士黃宗性募化重建吉旦」。三元大殿供奉上元天官、中元地官、下元水官三位道教先天神明。三元大殿後有老君殿，左側有地母殿、天后殿、關聖殿。與老君殿有石橋相連之東側有呂祖殿、客堂、抱樸書院、道德館。三元大殿西側有鮑姑殿、月老殿、觀音殿、文昌殿、財神殿（見圖1：2019年廣州三元宮平面圖及參本志第三章〈宮觀建築〉）。

圖1：2019年廣州三元宮平面圖

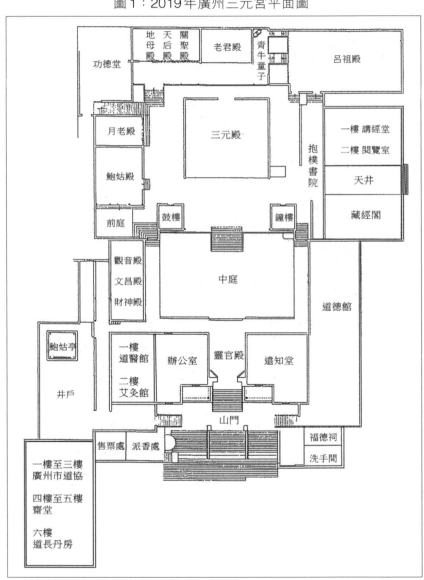

廣州三元宮確切創建年份至今仍未能確證。現存以由「越崗院」改為三元宮之創建傳說最為主流。此說最早流行於清乾隆時期。例如乾隆五十年（1785）蕭雲漢撰的〈重建斗姥殿碑記〉：「粵秀山三元宮，古越崗院也，六朝已有之，至明萬曆而更其名。」[26]乾隆六十年蕭光惠〈重修頭門三元殿碑記〉：「三元宮，…… 乃吾粵之福地。創自六朝，迄元明至本朝。」即說：三元宮初為越崗院，由東晉南海郡太守鮑靚始建。[27]明萬曆年間重修，改祀三元大帝，並改名為「三元宮」。[28]在討論三元宮創建說之先，值得一提的是，在乾隆時代流行的三元宮之創建傳說仍未提及杜陽棟於康熙三十九年（1700）出任三元宮第一任住持之事。

至於方志文獻，最早提及三元宮創建之說的是乾隆六年（1741）的《南海縣志》卷十三：「三元宮，在粵秀山，東晉南海太守鮑靚建，名越崗院。萬曆及崇正（禎）重修，改名三元宮。順治間修復；康熙四十五年（1706）左翼鎮重修，名斗姥宮。」[29]乾隆二十四（1759）《廣州府志》卷十七、道光二年（1822）《廣東通志》卷二百二十九、同治十年（1871）《番禺縣志》卷二十四等收載的「三元宮」條均與乾隆六年《南海縣志》的記載完全相同。[30]然而，考查所有明朝廣東地方志，都不見有廣州「三元宮」的名稱，例如成化九年（1473）《廣州志》、嘉靖六年（1527）《廣州志》、嘉靖十四年（1535）《廣東通志初稿》、嘉靖四十年（1561）《廣東通志》，萬曆三十年（1602）《廣東通志》、萬曆三十七年（1609）《南海縣志》、崇禎十五年（1642）《南海縣志》等方志書，於「寺觀」條下，都未出現廣州城北「三元宮」的觀名。[31]因此，首先可證的是：雖然乾隆六年《南海縣志》提出，「三元宮 …… 萬曆及崇正（禎）重修，改名三元宮」的說法，但是，我們至今未能在明代廣州府方志書中得到印證，或更沒有史料提供三元宮在明代以前的發展情況。

另有一種三元宮始建於明代的說法是根據「明末屈大均手抄本」，云：

（明崇禎十六年〔1643〕）因當時有欽天監從北方來廣東，對羊城紳士耆老說：「天上三台列宿，應運照臨穗垣，正照越崗院，應在越崗院中加建一座三元殿，以應上天垂賜。」祥瑞之吉兆，極利五羊城，紳耆與群眾，一致贊成，擴建越崗院，改名三元宮。[32]

上述所引「明末屈大均手抄本」，未有文獻確證其存在，只是出於今人之說，故此，只能視作一種傳說而已。

及至清初，康熙十二年（1673）《新修廣州府志》、康熙二十五年（1686）《番禺縣志》、康熙三十年（1691）《南海縣志》、康熙三十六年（1697）《廣東通志》、雍正九年（1731）《廣東通志》及雍正四年（1726）《古今圖書集成》收錄的《廣州府

部彙考・祠廟》等方志書仍然未有提及廣州三元宮。[33] 廣州府道觀只提及有元妙觀、五仙觀和碧虛觀。然而，從乾隆六年《南海縣志》開始，三元宮就正式被方志提及了。乾隆六年《南海縣志》記載了三元宮在順治及康熙兩朝經歷兩次重修：「順治間修復；康熙四十五年左翼鎮重修，名斗姥宮。」

首先，能夠確證三元宮「順治間修復」之事的發生是順治十三年 (1656) 李棲鳳 (字瑞梧，1594–1664，漢軍鑲紅旗，順治六年至十三年為廣東巡撫) 所刻的碑記——〈修建三元殿記〉。這是入清以後最早提及三元宮 (殿) 的史料。乾隆三十九年 (1774)《番禺縣志》亦記載此事：「三元殿在粵秀山右，順治十三年建，巡撫李棲鳳記。」順治十三年 (1656)〈修建三元殿記〉碑是由廣東欽差巡撫李棲鳳在平南王尚可喜及靖南王耿繼茂攻下廣州城之後 (順治七年) 所建的。[34] 碑云：「南越穗城之次，……時際平、靖兩王，提師駐蹕，救民水火，應運廓清……。於是議城北觀音山之陽，集建太上三元寶殿。登高極目，煙火蒼茫，引眾善之攸歸也；入廟瞻崇，莊嚴輪奐，攝百念之思敬也。且以神道設教，而必皈奉三元大帝者……。」[35] 建成三元殿後，李棲鳳並於八月刻立〈修建三元殿記〉碑。同時，另有尚可喜所鑄的大鐵鐘一口，懸於鐘樓。[36] 據宣統《番禺縣續志》卷三六〈金石〉的記載，李棲鳳所刻的〈修建三元殿記〉碑於宣統二年 (1910) 時仍保存在越秀山三元宮。根據上述資料可知，在順治十三年間，廣東欽差巡撫李棲鳳於廣州城北越秀山修建了一座三元殿，奉祀道教三元大帝。但是，還需注意的是，順治十三年〈修建三元殿記〉的碑文並未有提及「三元宮」這正式的觀名或其在明代的歷史 (參本志第十章〈碑刻〉)。

其次，根據前引乾隆六年《南海縣志》(1741) 和乾隆二十四年《廣州府志》(1759) 的記載，在康熙四十五年 (1706)，越秀山之三元殿，又由左翼提督金宏鎮 (一寫作金弘振) 重修，是時曾改名為「斗姥宮」，即稱：「康熙四十五年左翼鎮重修，名斗姥宮。」道光《南海百詠續編》亦載有此事，稱：「康熙四十三年 (1704)，提督金宏鎮修葺之，且置觀產，以贍羽流。」[37] 乾隆五十年，蕭雲漢撰的〈重建斗姥殿碑記〉提及了之前 (即康熙四十五年) 由提督金宏鎮開闢「三元宮」之事，碑記云：「國朝總戎金公獨事擴闢山門，內前結殿，以奉三官大帝，此觀所由名歟？」[38] 值得注意的是，乾隆五十年的重修碑記所提及的觀名不是「斗姥宮」，而是「三元宮」了！蕭雲漢〈重建斗姥殿碑記〉稱：「以奉三官大帝，此觀所由名歟？」換而言之，至少從乾隆六年至五十年之間，具有多座殿堂規模的全真教道觀——三元宮，不僅已經正式創建，並且在康熙四十五年以後不斷擴建。根據〈重建斗姥殿碑記〉，在乾隆五十年進行重修之前，三元宮的基本建築包括主

殿三元殿、斗姥殿、老君殿和全真北宗的五祖殿——「歷東西包臺拾級而登，則斗姥殿在焉，老君、五祖，兩殿左右夾輔。」[39]

乾隆年間，三元宮進行了大規模的重修和擴建，由三代師徒相傳的住持用心經營，才形成了三元宮直到今天的基本建築格局和殿宇規模。首先，在乾隆四十五年（1780），全真教龍門派住持郁教甯得到通判史巖澤的支持，在三元宮裡建立鮑姑祠。為此，郁教甯撰有〈鮑姑祠記〉，並稱這是從東晉元帝以來，在廣州越井岡（越秀山）首次立祠供奉鮑姑：「衲計元帝迄今，已一千三百餘歲，而越岡之建祠以尊奉鮑姑，則自史公始。」在碑文裡，郁教甯自署為「越岡院住持」。[40]至於從乾隆五十年（或稍前）至五十八年的大規模重修，蕭雲漢〈重建斗姥殿碑記〉和蕭光惠〈重修頭門三元殿碑記〉這兩通碑記載了具體的情況。這次重修擴建首先由繼承郁教甯衣鉢的弟子黎永受主持，最終由其弟子楊圓炯完成。乾隆五十年，黎永受主持重修翻新斗姥殿，將老君殿和北極殿互換位置，並修建禮拜亭、齋堂和祖堂，翻新鮑姑祠，以及創建惜字亭等。靈官殿亦有棟木刻字云：「大清乾隆五拾壹年歲次丙午季冬吉旦全真住持道人黎永受募化重建立。」還有值得注意的是，據脊檁題字，今天三元宮高出地面40餘級石階的高大山門（面闊三間13.5米，進深三間14.3米，共19架，硬山頂，人字封火山牆[41]），就是建於乾隆五十一年。[42]乾隆六十年（1795）蕭光惠（乾隆三十五年〔1770〕萬壽恩科進士）撰的〈重修頭門三元殿碑記〉就是這樣形容拾級而登山門的氣勢：「羊城三元宮，由山門拾級而登，仰見峻宇，聳於虛空，祇奉三官大帝。」[43]

此次三元宮大規模的擴建，究竟經歷了多久，蕭雲漢〈重建斗姥殿碑記〉沒有說明。乾隆六十年〈重修頭門三元殿碑記〉就描述了在乾隆五十四年時，擴建後三元宮的規模：「郁師教甯與其徒黎子永受經理籌度，重修東西包臺及斗姥殿、北極殿、五祖殿、呂祖殿、鮑仙祠、祖堂、客堂、山門、首進，營建宏廠，百事具興……。」[44]據此碑記，此時三元宮又增建了呂祖殿。接著，乾隆五十四年的重修由兩廣總督福康安捐俸發起，先由時任住持黎永受主持，但是沒過多久，黎永受便羽化了，由其弟子、繼任住持楊圓炯主持大任，歷時四年而告竣。這次重修的重點在三元殿。據碑文所稱，「三官殿原搆卑淺，且歲久神象漸就剝落」。重修歷時四年，於乾隆五十八年（1793）告竣，大殿的規模得到極大擴充，「列楹數間，深廣崇殺」，並重塑了三官大帝的神像，威儀堂堂，且重修了大殿之外的迴廊等週邊建築，使之法戒儼然。

因此，根據上述依靠明清兩代廣州地區方志書及重修碑記資料的考證，可知乾隆朝是三元宮得到大規模開闢、擴建的時期。對於乾隆六年以前廣州三元宮之

觀名的具體歷史由來，我們可作以下結論：1. 從順治十三年李棲鳳在廣州城北越秀山南麓修建三元大殿，及至康熙四十五年廣東提督金宏鎮增建斗姥殿為止，這是三元宮的創建時期。2. 以乾隆六年的《南海縣志》作為文獻證據的開始點，三元宮正式被收入廣州方志書裡。換而言之，從創建、接受和最終定名的歷史發展過程來說，我們認為「三元宮」的觀名是在康熙末至乾隆初之間確定下來。3. 三元宮的道教歷史來源建立在相傳由東晉南海郡太守鮑靚始建的「越岡院」的傳統之上，即是所謂「三元宮創始於六朝」之說的基礎。一方面三元宮是以奉祀三官大帝的早期道教信仰為中心；另一方面，從道教歷史而言，三元宮建立在東晉的道教傳統之上，包括鮑靚的越岡院及其女鮑姑的仙傳信仰。4. 乾隆四十五年至六十年間，經歷三代全真教龍門派住持的艱辛經營，郁教甯之後為黎永受，而後黎永受傳位給楊圓炯，在這十五年時間裡，三元宮進行了三次大規模的重修和擴建，並奠定了其從清代，經歷民國，而迄今天的規模，成為廣東地區歷史久遠及規模雄偉的全真教叢林宮觀。

第三節　清代三元宮全真教龍門派傳統的源起問題、歷代龍門派住持的繼承及三元宮的重修

　　清初廣東道教的發展出現了與明代不相同的新的轉變。全真教龍門派成為了清初以來並延續至今天在廣東地方道教、道觀和道士的傳統上的主流地位。廣州越秀山三元宮建立其屬於全真教龍門派規制的歷史源起問題，歷來以羅浮山龍門派道士杜陽棟 (山東濰縣人) [45] 作為三元宮「第一任住持」的説法最為普遍。例如有稱：「清康熙三十九年，廣州久旱，龍門正宗十二世玄嗣、羅浮山沖虛觀住持杜陽棟，應穗城官坤特邀前來祈雨，果降甘露，遂被留為三元宮第一任住持。」[46] 據知，陳伯陶〈羅浮補志述略〉(1920) 是最早把杜陽棟和三元宮住持歷史聯繫起來：「(杜陽棟) 修廣州之三元宮。年七十六，於三元宮內坐化。」[47] 但陳伯陶並沒有為這個傳說的歷史資料來源提供確切證據。另外，關於杜陽棟何時來到羅浮山開始傳播全真教龍門派的傳統，陳伯陶又云：「戊寅 (康熙三十七年，1698)，龍門派道士杜陽棟來為住持。」[48] 後來，在陳伯陶説法的基礎之上，《廣東宗教志》(1996) 增補，稱：「三元宮由此成為全真道十方叢林，杜 (陽棟) 也被尊稱為開山祖師。」[49] 此外，更有一種説法：「康熙三十九年，平南王尚可喜、巡撫李棲鳳……敦請羅浮山沖虛觀住持杜陽棟……為三元宮住持。」[50] 這種説法與歷史事

實不符，因為康熙十二年十一月，因吳三桂叛變，清室命罷撤平南、靖南二藩。

　　雖然有關杜陽棟與三元宮創立及其全真教龍門派傳承的歷史關係之傳說，還需要進一步考證，但至少可以確證：現存保留下來的從順治十三年至光緒二十八年間的九通三元宮重修的碑記，並沒有提及杜陽棟或其與三元宮的直接關係。直至民國三十二年〈廣東省廣州市粵秀山三元宮歷史大略記〉（不詳撰人），三元宮的碑文才首次提出杜陽棟為開山祖師的說法：「本宮開山始祖龍門正宗十二世玄嗣杜公諱陽棟字鎮陵，山東萊州府濰縣人也。廣東巡撫李棲鳳、平南王尚可喜、總鎮金弘振等來宰是都，所見宮內塵俗之輩，並無羽流，有失名勝實際，用錢遣去。天旱禱雨，在羅浮聘到杜公登壇，果應甘霖，因而任為本宮住持。」（見第十章〈碑刻〉）

　　至於三元宮建立其屬於全真教龍門派傳統的源起問題，我們認為應以三元宮在順治十三年由李棲鳳於廣州城北觀音山集修的三元殿作為開始。李棲鳳撰的《修建三元殿記》碑文，記稱：「太上忘形，其次樂業，顧名思義，即境全真，盡東粵大地。」[51] 此語提及「全真」二字，並言其希望「全真」能遍及粵東大地。我們認為這句說話可以從清初以來由北京白雲觀王常月開啟的跨地區性（尤其在東北、四川和北京），並以邱處機真人為宗的全真教龍門派佈教運動的宗教和歷史背景來理解。[52]

　　與上述探索三元宮與清初廣州全真教歷史起源問題有關，還有以下的文獻資料可以作為佐證。道光《南海百詠續編》記載從順治十三年至康熙十二年間，每年正月十九日，兩藩將卒都會在三元宮舉行慶祝「邱祖聖誕」活動的熱鬧盛況：「都門正月十九，群遊西頂白雲觀，以謁長春真人邱處機，名曰『燕九』。自元迄今，習俗相沿。兩藩將卒皆北產，亦於是日共登三元宮，以當『燕九』。香車寶馬，絡聯若雲。撤藩後，此風稍息。」[53]

　　正月十九日為邱祖聖誕，即謂「燕九節」，此日在京師白雲觀有規模盛大的法會和廟會。據近人記載，是日上午，「（白雲）觀內舉行盛大法會，邱祖殿香火極盛，香客遊人摩肩接踵，使廟會達到高潮。」[54] 小柳司氣太《白雲觀志》（1934）亦記載：「本觀乃邱祖闡教之地，是日為重要之紀念期。而善士檀越均來觀，進香上供。俗傳十八日夜，神仙下降，故都下教老弱男女，來賽徹夜，冀與神仙一晤。」[55] 燕九節不僅盛行於清代京城白雲觀，根據明代崇禎八年（1635）刊行的《帝京景物略》，亦云：「今都人正月十九，至漿祠下，遊冶紛沓，走馬蒲博，謂之燕九節。」[56] 據此，燕九節是明清兩朝，京師各階層民眾中，結合了全真教信仰和民間神仙風俗的一個重要誕期。

故此，根據《南海百詠續編》記載，南來廣州的兩藩將卒亦在順治十三年間建成的越秀山三元宮（殿）慶祝燕九節，當時的盛況被形容為「香車寶馬，絡聯若雲」。不管這些北方將卒慶祝燕九節，是跟隨京師廟會的風俗習慣，抑或是出於全真教供奉邱長春真人的信仰緣故，但慶祝邱長春祖師聖誕這目的是肯定的。據此，可說全真教龍門派南傳廣州，是通過兩藩將卒，把北方邱長春真人的宗教信仰，帶來粵東地區。[57]康熙十二年十一月，因吳三桂叛變，清室命罷撤平南、靖南二藩。[58]《南海百詠續編》云：「撤藩後，此風稍息。」然而，經過了數十年南來北人在穗城傳播道教風俗，其影響至少有兩方面：一是三元宮的全真教傳統自順治以後，便緊密地建立在全真教龍門派邱長春真人的信仰傳統之上；另一方面可推斷的是，以三元宮為起始，廣州城民眾開始接受和認識全真教，亦應以邱祖聖誕的歷史背景作為源起。從廣東全真教的傳播歷史而言，又可證明廣州城之全真教龍門派傳統，不必然是繼承自康熙年間羅浮山的全真教道觀，亦未必如《廣東年鑑》所稱：「蓋亦以羅浮山為其所宗。」[59]

清初以來，三元宮一直沒有中斷全真教龍門派的清修煉養傳統。根據《金蓋心燈》，傳說由邱祖所立的二十字龍門法派詩——「道德通玄靜，真常守太清，一陽來復本，合教永圓明。」[60]自乾隆四十五年以來，可考證的三元宮歷任龍門派住持道士，計有：（乾隆）郁教甯、（乾隆）黎永受、（乾隆）楊圓炯、（道光）黃明治、（同治）黃宗性、（光緒）梁宗琪等。[61]

有關清代三元宮住持屬於全真教龍門派弟子傳人的資料，現存最早及可靠的資料是乾隆四十五年刻立的〈鮑姑祠記〉碑。（案：民國三十二年〈廣東省廣州市粵秀山三元宮歷史大略記〉提及雍正三年有住持韓復兆和梁復進。）該碑文記述此碑是「乾隆四十五年歲次庚子孟夏之吉越岡院住持道衲郁教甯敬述」。[62]又據乾隆五十年蕭雲漢撰的〈重建斗姥殿碑記〉，碑文屢屢提及上任住持郁教甯和當屆住持黎永受，例如：「永受受教於教甯」，以及「教甯未退老之前，則力助其事，教甯羽化後，（永受）遂獨肩其任」。[63]從上述兩通碑記，可知在乾隆四十五年時三元宮有住持郁教甯，及至乾隆五十年另有其弟子黎永受繼任住持，並且在郁教甯羽化之後，黎永受一人肩負重任，支撐門戶，主持重修大事。三元宮靈官殿有一棟木，上刻有「大清乾隆五拾壹年歲次丙午季冬吉旦全真住持道人黎永受募化重建立」。[64]根據《金蓋心燈》，傳說由邱祖所立的二十字龍門法派詩，郁教甯和黎永受的字輩便是屬於龍門派第17代及第18代的傳人。

以住持郁教甯為例，三元宮從順治十三年開始而迄乾隆四十五年（共歷一百二十載）的傳承字輩已經延續至龍門派第17代的「教」字輩，反觀羅浮山酥

醮觀到了同治四年(1865)才見有「教」字輩，二者相距約有一百年。至於沖虛觀，在嘉慶十三年(1808)時，則有龍門派第19代住持陳圓琯募貲重修沖虛觀。道光《廣東通志》(1822)卷二百三十云：「國朝嘉慶十三年，道人陳圓琯募貲重修(沖虛)觀。」[65]據此可推斷說，比起羅浮山沖虛觀於康熙三十七年有杜陽棟來為住持，廣州三元宮開始其全真教龍門派傳統的歷史其實更早。

蕭雲漢的〈重建斗姥殿碑記〉保留了乾隆五十年時三元宮的具體情況，是十分有價值的廣東道觀史料之一。重修前，除了有三官殿，斗姥殿則居於東西包臺臺階之上，兩邊則是老君殿和五祖殿，但是規模十分狹小。[66]住持黎永受在擴建和翻新原有殿堂建築的基礎上，又修建了禮拜亭、齋堂、祖堂，翻新鮑姑祠並創立惜字亭。據此，三元宮的殿宇規模宏大，觀內建有三官殿、斗姥殿、北極殿、五祖殿、呂祖殿、鮑姑祠、五祖洞、禮拜亭、齋堂、祖堂及惜字亭等。五祖殿及五祖洞，應是指為奉祀全真教北五祖而建置的殿宇，包括王玄甫、鍾離權、呂洞賓、劉海蟾和王重陽等五位祖師。[67]〈重建斗姥殿碑記〉還提及三元宮成為全真道士修煉精氣神的淨土，碑云：「夫道與釋分途，其潛修淨土，一而已矣。面壁觀心，釋之教也；煉氣歸神，道之要也。」[68]其中「煉氣歸神，道之要也」一語，當是指全真教清修內煉丹功之法。全真教修煉內丹法源於北宋鍾(離權)呂(洞賓)內丹派一系。[69]內丹修煉的全部過程，依次進入「煉精化氣」、「煉氣化神」、「煉神還虛」，而最終乃「復歸無極」，即最終達到與混元無極大道之體性合一的最終目的。[70]後世稱全真教主張「性命雙修」，即是指其修煉內丹之基本思想，例如說：神者性之屬，精氣者命之類；而全真者，就是全其本真，「全精、全氣、全神，方謂之全真」。[71]不僅如此，全真性命雙修之道，又是在內煉成丹的前提下，主張煉化精氣神，以結丹成神仙。因此，〈重建斗姥殿碑記〉謂「煉氣歸神，道之要也」的意思，也就是指出全真教旨之煉氣化神，乃「神仙之道，修道之至」的基本宗旨；並且，這也證明三元宮確已建立成為一處屬於全真教清修之地，而觀內的道士們也遵行實踐教內修煉內丹之道。關於當時三元宮觀內道士的狀況，〈重建斗姥殿碑記〉提及：「一介道人，絕無權勢，院中數十人，朝夕仰給，已苦支撐。」從此數語可知，乾隆五十年時，廣州三元宮已建立為全真十方叢林道觀，道眾約有數十人。

據《南海百詠續編》記載，經提督金宏鎮修葺，並置觀產以贍道士之後，三元宮同時盛行於九月九日慶祝斗姆誕，辦九皇會(即九皇真君誕)，云：「遂以九月朔建九皇會，凡九晝夜，亦沿為風俗也。」[72]直至乾隆五十年時，廣州城內外的民眾依然十分熱衷於到三元宮參與九皇誕會。乾隆〈重建斗姥殿碑記〉這樣描

述在三元宮所見的九皇誕會盛況:「九皇聖誕,好善之紳士及遠方羽客雲集,而皈奉者,不下數百人。」[73]

乾隆年間三元宮的重修大業在黎永受羽化之時,並未完成。乾隆五十四年(1789)冬季,另一次重修由兩廣總督福康安捐俸發起,先後由黎永受及其弟子楊圓炯主持,至乾隆五十八年(1793)九月告竣。三元殿是這次重修的重點,規模得到極大擴充,並重塑了三官大帝的神像,且又重修了大殿之外的迴廊等周邊建築,使之成為廣州道場中的典範。重修後,乾隆六十年(1795),楊圓炯邀請了蕭光惠(廣東新會人,乾隆三十五年進士)撰成〈重修頭門三元殿碑記〉,紀錄了這次重修。碑文署稱:「乾隆六十年歲次乙卯正月穀旦全真龍門正派住持道人楊圓炯建立。」原碑有兩通,現仍存於廣州三元宮三元殿兩側。從捐資名單來看,以兩廣總督福康安為首的廣州省南海、番禺兩縣地方官員都給予了這次重修極大的支持,這也證明了三元宮和廣州官方政府的良好關係。

道光年間有三元宮住持黃明治,屬於龍門派第二十代傳人。道光十七年(1827),鄧士憲(1771–1839,南海人,嘉慶七年中進士)撰、黃明治刻立有〈重修三元宮碑記〉。黃署稱自己為「全真龍門正派住持道人」。[74]從乾隆五十八年至道光十七年共歷44載,據碑文的描述,三元宮出現破損的情況是:「惟閱歷有年,規模非舊,棟宇摧殘乎風雨,土木朽腐乎螻蟲。」這次不僅是重修,而是另一次的擴建。鄧士憲在碑文慨嘆說:此時三元宮的殿堂都難有一畝這麼大的空間,而屋宇也只有幾間這麼簡陋。因此,如果不擴建、增加殿宇的樣式和規格,又怎樣能夠讓三元宮的外觀更加壯美?[75]此次重修的規模很大,擴及三元宮全觀殿宇,包括「將頭門、齋堂、香亭、三官殿、靈官殿、雨仙殿、觀音殿、祖堂、新客廳、山舫各處,或加以補葺,或始事經營。」[76]因此,碑文記載:「費用不貲,工程非一」。值得注意的是,道光十七年〈重修三元宮碑記〉並沒有提及斗姥殿,但卻增建了雨仙殿、觀音殿。關於雨仙殿的來歷,據《鄺齋雜記》、《續子不語》及《粵小記》的記載,乾隆五十一年(1786),粵東亢旱,時有兩廣總督孫士毅駐師潮州,據說他把傳說為南宋時升仙的雨仙孫仙翁迎到軍門,並虔禱七天,結果靈驗,大雨沱滂。同時,羊城因久旱無雨,孫亦奉雨仙像歸,並在三元宮祭禱,果致大雨。孫士毅「遂塑其像於五羊城內三元宮,題曰『羽仙孫真人』。」[77]

十九世紀中葉,廣州和周邊地區面臨著一連串嚴重的社會危機和天災戰亂。咸豐四年(1854),廣東天地會紅巾軍響應太平天國反清起義,各路義軍圍攻廣州城,幾達半年之久;咸豐五年(1855)二月,圍城的紅巾軍被清軍所敗,轉移攻佔廣西,建立大成國,而廣州得解圍。咸豐六年(1856)九月二十五日(西曆

10月23日），第二次鴉片戰爭爆發。英國軍艦以猛烈炮火攻擊廣州城，但未能即時攻佔。至翌年十一月十三日（西曆12月28日），英法聯軍擴大攻擊，32艘艦艇開炮轟擊廣州城；舊城中很多房舍中炮著火被焚毀。激戰不久，越秀山高地、大北門、小北門、大東門等均被攻佔。十四日，廣州城失陷，英法聯軍佔領了廣州城。[78]在整個佔領時期，英、法軍隊一直在越秀山駐軍。在這場「夷亂」中，越秀山麓三元宮、龍王廟、學海堂皆被毀。[79]同治八年（1869），朱用孚撰的〈重修三元宮碑記〉描述了咸豐七年（1857）三元宮遭受嚴重破毀、道士四散的凋敝情況：「咸豐丁巳，為異端所毀，瓦礫傾圯，道眾散之四方。眾咸曰：『觀其廢矣』。」另一通由汪瑔（1828–1891）於同治九年（1870）撰的〈重修廣州三元宮碑銘〉亦記載當日三元宮已毀的情景：「會咸豐丁巳，島夷犯我，廣州兵氣接於城閩，氛祲侵於道寓。…… 山圖可按，屋宇全非。」咸豐八年（1858）五月，清政府分別與英、法軍簽訂《天津條約》；咸豐九年九月，又簽訂中英《北京條約》和中法《北京條約》。咸豐十一年（1861）九月，英法聯軍結束四年的佔領，撤出廣州城，交還佔領的各城門。[80]

咸豐十一年，有道士黃宗性（號佩青）見三元宮圮廢，立志重修該觀，此舉初不被人看好，但黃宗性四處奔走廣結善緣，募化經費，主持重修，經歷十年的營建，總共耗資了一萬多兩白銀，至同治九年（1870）重建三元宮之事終告完成。同治年間，三元宮能夠獲得地方官員及士紳的捐資、完全復修起來，其實亦反映出當時廣州地方官紳在所謂「同治中興」的時代，已能迅速整合城市的資源，重新建設遭受戰爭破壞了的廣州城。另一個例子是在越秀山上的學海堂，這座經歷第二次鴉片戰爭並被摧毀的書院，在同治年間已得到政府官員的支持，重建起來。[81]朱用孚〈重修三元宮碑記〉描述重修後三元宮落成的情況：「蓋經始於咸豐辛酉某月，至庚午某月始落成焉。時將一紀，費及萬緡…… 頓還舊觀。」[82]另一通光緒二十八年（1902）的〈重修呂祖殿碑記〉亦讚許黃宗性的功績貢獻，使得重建後三元宮的規模稱得上完備和壯麗：「若三元宮者，佩清道人募化精修，經營已久，草創鴻業，輝煌金碧，既稱大備，聿觀厥成。」同時，黃宗性也因此被推舉為三元宮的住持。根據謝宗暉於1988年所撰的〈廣州市三元宮〉，「同治八年住持黃宗勝（性），精通武術，曾隨黑旗軍劉永福在安南與法軍作戰，屢立奇功。退役後任三元宮住持，得兩廣總督瑞麟（麟）指揮助修，並送一匾曰：『護國佑民』，懸於殿前。傳瑞麟（麟）曾拜黃宗勝（性）為義父。」[83]

一些文物遺蹟亦多記錄了同治年間的重修情況。例如三元殿的棟木上刻有：「大清同治七年戊辰仲冬全真住持道士黃宗性募化重建吉旦」；呂祖殿保留另一棟

木，上記刻著：「同治元年歲次壬戌初秋住持道士黃宗性募化重修敬立」；山門兩邊石刻楷書對聯一副：「三元古觀，百粵名山」，為清同治二年重修時翰林院庶吉士游顯廷所書。此外，據說黃宗性重修三元宮時，從肇慶得青牛足蹟石塊，今仍置於呂祖殿前的小池內。[84]

據光緒八年（1882）11月1日《循環日報》的報導：「廣府南（海）、番（禺）兩縣於十八日在三元宮求雨。」[85]光緒九年（1883）4月3日《循環日報》報導三元宮「觀內幽淨，無喧闐塵俗氣。」並且，呂祖祠及其靈籤仙方，治疾每多應效：「去年省中亢旱，疾病叢生，富貴者延請名醫，貧乏者苦於囊澁。有素聞呂祖之名，竭誠以往，其病亦瘳。至今自朝至暮，參拜者絡繹不絕。」[86]據此報導，可知三元宮呂祖的靈應事蹟在廣州具有盛名。

光緒九年，三元宮道士在三元殿後山築構大規模新殿宇。據《循環日報》6月16日的報導，新的殿堂包括有北帝殿、文昌殿、斗姥殿、列宿殿、諸葛武侯祠、漢鍾離祠、鮑仙姑祠等：「觀音山三元宮內向有呂祖殿，頗著靈感。現羽士輩於三元宮後山又新建北帝殿、文昌殿、斗姥殿、列宿殿、諸葛武侯祠、漢鍾離祠、鮑仙姑祠，俾相毗連，點綴名山。其工費銀兩均係官紳及好善者隨緣樂助，並不設立緣部，以杜假冒。聞需萬金有奇，始能藏事云。」[87]其後，光緒二十三年（1897），又再發起募捐重修。[88]據光緒二十八年（1902）伍銓萃（廣東新會人，光緒十八年進士）撰的〈重修呂祖殿碑記〉，此時三元宮住持梁宗琪（號佩經），為上任住持黃宗性的師弟。伍銓萃沒有提及光緒九年的重修，原因未明。他卻強調有呂祖舊殿，仍破敗不堪：「至如呂祖舊殿，廢而未興闕如，有風雨剝蝕，隆棟漸摧。」[89]（案：呂祖殿是於乾隆五十八年增建的。[90]）於是梁宗琪繼承了重修的事業，募集資金，並得到了各界信官、士紳的捐助，重修了呂祖殿。除了重修呂祖殿的貢獻之外，梁宗琪還作了一項對日後三元宮的經濟狀況和觀內道士的生活來源帶來重要影響的決定。據《清實錄・德宗景皇帝實錄》載：「（三元宮）以捐款興學。賞廣東粵秀山麓三元宮道士梁佩經匾額曰：『葆光勵學』。」對於此事，後來許多三元宮老道長還經常提著（例如謝宗暉、吳信達）。據說，光緒二十九年（1903）[91]，住持梁宗琪把田產實業六百二十三畝盡數捐出，贊助興辦一所在廣州西關開辦的新式學堂——「時敏學堂」（案：光緒二十四年梁肇敏、鄧家仁等人捐資創設；光緒二十九年定名為「時敏中學堂」；1919年停辦），寓意「敏於時務」，這是廣州最早開辦的新式中小學之一。[92]為此，光緒三十二年（1906）八月，清廷欽賜梁宗琪匾額，曰：「葆光勵學」。[93]據說原字寫黃絹上，由北京運到廣州，再刻於匾上，懸於三元大殿上（案：謝宗暉稱匾額懸於頭門）。可惜文革時，該

匾額與另一塊同治年「護國佑民」的匾額俱毀。根據民國三十二年(1943)的一通
碑文——〈廣東省廣州市粵秀山三元宮歷史大略記〉(作者不詳),梁宗琪盡捐宮
產對後來三元宮道士造成的影響是:「從此本宮道侶四十餘人給養之資,別無挹
注,只靠香火醮務,以度生活,所賴神靈運化,免受饑寒。」[94] 這種說法一直傳
流至今,例如20世紀80年代有三元宮住持吳信達口述:「原屬三元宮的六百多畝
田地未捐出前,三元宮完全是作為道士清修之地,靠收田租足可維持道士們的生
活,根本不敞開宮門接待香客,只有當梁宗琪在光緒年間將本宮全部田地捐出
後,斷了三元宮道士之生活來源,唯有敞開宮門,靠香油錢維持生計,直至今
日。」[95] 若此種說法屬實,即是已有二百多年全真教龍門派傳統的三元宮自此之
後,從原來經濟自足的全真清修道觀轉型為一所依靠善信香火、道士應供法事的
道場。然而,從另一個角度來說,三元宮的善信香火無疑是日益鼎盛,成為廣州
市最興旺的道教廟宇,並且這種熱鬧的祭祀情況一直延至今。

第四節　民國時期廣州三元宮的發展及困境

　　1911年10月10日,武昌起義爆發。11月9日,廣東宣布獨立,11月10日,
廣東軍政府正式在廣州成立。新舊政權變換之際,廣州城的政治和社會秩序混
亂。[96]1912年1月1日,中華民國成立,孫中山在南京就任中華民國臨時大總
統。2月13日辭去臨時大總統職務,讓位於袁世凱,4月1日正式解職。1913年
5月1日,廣東都督胡漢民通電反袁。6月14日,袁世凱將胡漢民免職,隨之任
命滇系軍閥龍濟光(1867–1925)為廣東都督,成為袁世凱在粵代理人。龍濟光統
治廣州三年(1913年8月11日至1916年7月6日),在此段時期,越秀山一帶被列
為軍事禁區,三元宮門庭頓趨冷落。據1943年〈廣東省廣州市粵秀山三元宮歷史
大略記〉載,民國八年(1919),三元宮住持張宗潤曾主持了一次重修,但是未見
有該次重修的碑刻記錄。

　　從1913年至1922年的10年間,三元宮一直遭遇政治革新中的諸多困境。例
如有龍濟光軍隊、陸榮廷軍隊、國民革命軍團等相繼在三元宮駐兵。例如1916
年9月9日《申報》報導:「龍督現將北路防軍陸續收束,李次皋、梁金文所部濟
軍,昨一律奉調回城,駐紮於三元宮一帶,聽候改編。」[97]1922年4月24日《申
報》報導:「陳(炯明)總司令特電催返省,至葉氏部軍,亦已有一部分調令返粵,
查刻下城北如粵秀山三元宮、應元宮,均為一般粵軍駐所,軍隊之多,幾如前年

粵軍返旆時也。」[98]至1923年3月27日，廣東省省長徐紹楨下達「觀音山不許駐兵」的指示，並公佈：由於觀音山及毗連的應元宮、三元宮、關帝廟均劃入市政府籌設的觀音山公園（今越秀山公園一部分），因此之故，「現在所駐之桂軍，業由桂軍沈（鴻英）總司令著令即日遷移。嗣後無論何項軍隊，對於上列各該地方，勿再遷入，以便籌畫，而利進行。」[99]

不過，及至1927年8月，依然有軍隊進駐三元宮內。根據1927年8月10日刊出的《廣州市政府市政公報》（第265號），由於廣州市立美術學校提出「請撥校舍，俾便遷移」的申請（案：1922年4月26日成立時臨時校舍設在市第一公園（現人民公園）內東北角的一座簡陋葵棚），[100]廣州工務局曾派員前赴三元宮測勘當時宮內情況，工務局回報稱：當時「三元宮內，除道士室及神位外，其餘各處現暫駐有國民革命第四軍教導團二營兵士及軍醫處。」[101]

如上所述，廣州市立美術學校成立於1922年，是繼1918年創校的國立北京美術學校之後，第二所公立美術院校，亦是中國華南地區第一所市立美術專業學校。[102]1925年，胡根天（1915年至1920年留學東京美術學校）繼任校長，並隨即屢向市教育局提出解決校舍的問題。1927年3月4日刊載的第255號《廣州市政府市政公報（公牘教育）》收錄了當時市教育局局長向市政委員長孫科呈請批准「將三元宮上下全座撥作市立美術學校校舍之處」的請求。[103]特別值得注意的是，胡根天的申請書內容提及三元宮是一座「誘人迷信之道觀」、「為我革命政府治下之羞，實亦我模範都市之一大污點。」胡根天這種破除迷信的論調，其實是呼應國民政府在訓政時期實施打擊及剷除民間宗教的政策。民國十七年（1928）9月22日，南京國民政府內政部公布了七條有關「廢除卜筮星相巫覡堪輿辦法」。[104]同年10月，內政部又擬定「神祠存廢標準令」，明言：「查迷信為進化之障礙，神權乃愚民之政策。」[105]為了響應內政部關於破除迷信的政策，建立在辛亥革命策源地廣州的國民黨部隨即在民國十七年7月成立「廣州市風俗改革委員會」。[106]「風改會」於民國十八年9月18日舉行廣州市「破除迷信運動大會」。當日，出席大會的有八十餘軍政省政府部門，大學和中、小學共七十餘校，及一百餘社會工商團體；到會人數達五千人以上。大會高呼的口號是：「各界民眾聯合起來破除一切迷信，發揚科學真理，取締卜筮星相巫覡堪輿，查封淫祠寺觀，取締師姑和尚，剷除菩薩偶像，破除迷信運動成功萬歲，全國民眾思想解放萬歲。」[107]

從上述國民革命政府推行「改革風俗，破除迷信」運動，積極取締和剷除各種中國傳統民間信仰、祭祀活動及廟宇組織的時代背景來看，[108]三元宮在當時政治、社會、文化的革新變遷中的確遭遇諸多困境，甚至被打壓為「誘人迷信之

道觀」，是須要取締的。廣州市立美術學校提出「將三元宮上下全座撥作市立美術學校校舍之處」的請求，可以說是代表當時廣州市政府延續晚清光緒朝推行的廢廟辦學政策。而具體的申請內容是：除了請撥三元宮上下全座之外，還請將三元宮前座也撥給作為永久校址，進一步擴大了申請遷校的面積。事實而言，在民國時期，如同三元宮一樣，全國很多傳統地方廟宇均在這期新革命、新建設的風潮中被政府收回，撥作建設學校、公園，開闢馬路，或發展公共事業。[109]例如有上千年歷史的廣州元妙觀和五仙觀。廣州元妙觀於民國十年（1921）被廣州市政廳徵收公用，擇定改為廣州市立第一兒童遊樂園。孫科市長核准此事，並由教育局「咨請廣州市公安局行區轉知該道士限期兩個月內遷出。」[110]另外，廣州市政廳於1923年5月9日決定拍賣「原屬旗產，改歸官有」的惠福路五仙觀。當時，廣州香山公會為了保存千年仙人古蹟，乃即日向市政府繳價，承領五仙觀。香山公會在承領五仙觀之後，提出保存千年仙人古蹟之辦法。根據〈香山公會保存古蹟宣言〉（1923）稱：「擬將觀地三分之二，改為香山公會，三分之一撥為香山公園。」雖然五仙觀古蹟幸得保存，但這座千年道教廟宇的神祠香火卻從此湮滅。[111]

　　面對三元宮遭遇撤觀為校、香火湮滅的危機，當時住持麥星階（道號宗光[112]，1929年遷居香港，出任初建於新界粉嶺的蓬瀛仙館的首任主持〔1929–1932〕[113]）曾作出抗爭，堅決不同意借出觀址為校的安排。麥星階反對的理由有二：其一，保全三元宮是為維護名勝古蹟；其二，三元古觀屬於私產，固有業權。[114]（見圖2：1932年〈三元宮土地登記證明〉）雖然麥星階的抗辯被市政府批評為「該住持喋喋不休」，況且判定三元宮「不能以私產為詞」，[115]但是解決的結果卻是部分三元宮的殿宇幸得保留，暫時仍可作道觀之處，1927年8月27日市政府終於批准「劃出三元殿及東廡一帶房舍為市美禮堂及校舍之用，其餘西廡房舍則仍許道士等暫行居留。俟必要時然後飭令搬遷。」[116]胡根天在後來的回憶記錄裡對市立美術學校遷入三元宮的事件有以下的描述：「經過向有關方面請求和磋商，結果得到了省政府批准，轉向越秀山三元宮主持人取得協議，撥出三元宮東邊和北邊荒置的十多間神庵，經過兩個月修理，用作市立美術學校新校舍，同時市戒煙留醫所所長伍某恃勢要強佔一部分房舍也被趕走了。」[117]據1927年9月16日《廣州市政府市政公報》，三元宮內仍然有工兵教導團的兵士駐紮。[118]市立美術學校遷入三元宮的時間，大約是從民國十六年（1927）年底開始，一直延續八年，至民國二十四年（1935）年10月搬離。（見圖3：〈三元宮撥作市立美術校舍案〉）

圖2：1932年〈三元宮土地登記證明〉（廣州市檔案館藏）

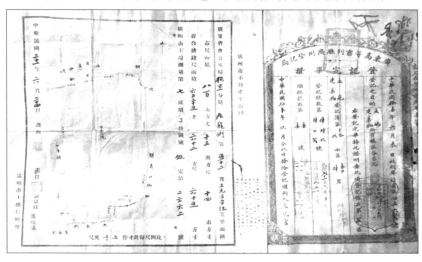

圖3：〈三元宮撥作市立美術校舍案〉（轉引《廣州市政府市政公報》1927年第269期）

第 二 六 九 號

公牘　教育

●三元宮撥作市立美術校舍案（五）
△該校係臨時借用
△不得以私產為詞

（1）呈省政府奉飭查明三元宮是否完全私產等
由十六年九月十四日

鈞府財字第二四九號令開現據本市三元宮住持麥星階呈稱為古觀完全私產慘被劃出強借請令市政廳查案保存以維名勝而固業權等情據此查三元宮既經劃入粵秀公園範圍自應保留以便規劃而資觀感惟現呈所稱完全私產究係是何實情除批示飭候查明辦理外合將原副呈令發仰該委員長即便遵照查核報復以憑飭遵此令

不能以私產為詞至謂民國九年十月間曾納有地基等稅此不過盡一分子納稅義務不獨該三元宮為然現以市立美術學校一時未覓得適當校舍特將該宮址劃出一部分為該校臨時借用一俟覓得校址仍須遷出本屬無礙乃該住持喋喋不休似屬不合緣奉前因理合備文呈復鈞府察核是否有當仍候批示祗遵實為公便謹呈
廣東省政府
代理市政委員長林雲陔
便遵照一案查該案與
年九月十九日

（2）批教育局據呈請分函工兵教導團及禁烟處廣東戒烟留醫院將三元宮東西面一帶房舍交還市美學校接收由批第六九七號　十六

呈一件呈前分函工兵教導團及禁烟處廣東戒烟留醫院將三元宮東西面一帶房舍交還市美學校接收由

觀庵廟之一自經民國十二年一律收歸市有後即呈悉己據情轉函

即便遵照辦理此令
代理市政委員長林雲陔

二八

1935年市立美術學校是在市政府的要求下被逼從三元宮搬遷。自1929年起至1936年之間，掌握廣東省黨政軍大權的陳濟棠（1890–1954）上臺治粵。1934年10月7日，在陳濟棠的倡導下，正式成立了廣東省仁愛善堂，以方便救災濟民之需。仁愛善堂由陳濟棠親任董事長，因此可說是一個官辦的慈善組織。[119]仁愛善堂堂址就選定於三元宮內。民國二十四年2月26日國民革命軍第一集團軍總司令部一副官處發給市政府公函云：「令知該校（市立美術學校），限於二十天內，搬遷完竣，將該校校址移交本堂（仁愛善堂）接收，以作留醫之用，事關善舉，希予從速辦理見復為荷。」[120]民國二十四年3月11日出版的第1卷第8期《仁愛旬刊》記載了即將接收市美校址的消息，該則報導題為〈堂務紀要：市美校址即將接收〉：「市美校址，自經第一集團軍總部副官處函復準撥歸本堂接管後，本堂亟盼能早日接收，趕工修建，興辦醫院，使窮苦病人，得早日有留醫之所，乃因市美學校，一時未能他遷，致遲遲未果，經本堂呈請總部，轉飭該主管機關，設法將市美校址，早日移交本堂，以利進行。」[121]1935年《廣州市政府市政公報》第498期記錄了4月27日市政府指令「指令教育局呈據市立美術學校奉令接收市立第三中學校舊址准予備案。由廣州市政府指令，第二百五十七號。（民國）二十四年四月二十七日。」[122]6月15日市政府再下達指令：據市立美術學校呈報，准撥款修建校舍，遷移補置。據此指令，市立美術學校於1935年6月後搬離三元宮，隨之遷往市立三中的舊址。1935年10月1日，市立美術學校出版《美術》創刊號，其時該刊已註明其學校地址為「廣州市惠愛西路」（即今中山五、六路）。[123]

　　除了面對市立美術學校佔用部分神殿（即三元殿）及東廂一帶房舍的困境之外，根據《廣州市政府市政公報》，又知在民國十八年至十九年的兩年間，三元宮其實不斷遭受市工務局和教育局提出完全接收三元宮的威脅。1929年12月26日，市長林雲陔提出接收三元宮的理由是要建築粵秀公園，而三元宮落在該公園範圍之內，因此「訓令工務局，令將三元宮先行接收，從速擬定修理辦法」。[124]1930年2月13日，市長林雲陔又提出另一接收法案——「准撥三元宮為美術館館址案」，即批准將三元宮撥歸教育局管理，以作為市立美術館的館址。[125]對於美術館之事，1930年2月15日《香港工商日報》亦作出報導云：「市教育局籌設市立美術館一所，樹厥楷模，以資觀感。業經聘請藝術專家為該館籌備委員會委員，着手籌備。現關于館址問題，僉以市內三元宮地方，位處越秀山山麓，交通便利。若將該宮稍事修葺，便可為美術館館址之用，且無須另籌建築經費。至該宮後座，及東偏房室，則擬撥歸市立美術學校，所有餘地，亦經由工務局收管。陸局長昨特呈請政府，准予將三元宮撥歸管理，俾為美術館館址，以便進行。聞市

府據情後，以事當可行，日間即可明令照撥云。」[126] 對於這次市政府收回三元宮的提案，三元宮道士亦如以往一般據理反抗。1930年3月1日《香港華字日報》以「三元宮道士請保全古蹟」為題，報導了三元宮道士聯合反對廣州市政府把古觀撥為美術館館址：「本市粵秀山麓之三元宮，邇經市政府訓令工務局派員接收，撥作美術館址之用。現該宮道士鄭誠德等，特聯請廣州特別市政府保全古蹟，以維道教，並設法安置，俾免流離。」[127] 三元宮道士要求市政府「設法安置，俾免流離」，或許他們已作了最壞的打算。事實而言，在當時國民政府積極推行「改革風俗、破除迷信」運動的背景來看，三元宮作為當時廣州道教宮觀的領頭代表，這座承傳著東晉道教信仰傳統的道觀豈能免於被接收、改建、和被改造的歷史命運？

　　我們還未清楚明白為何在1930年至1935年間，市政府沒有執行完全接收、改建三元宮的方案？然而，有說是因為陳濟棠上臺治粵，而陳氏及其家人均信奉道教，所以三元宮幸得保存。[128] 不過，如上所述，雖然市立美術學校於1935年6月後搬離三元宮，但這不是說三元宮道士便能立即恢復其管理道觀範圍的自主權。從1934年9月15日開始，仁濟善堂的辦公廳已經遷入三元宮內，正式成立廣東省仁愛善堂的大會亦在三元宮的堂址舉行。1935年1月1日《仁愛旬刊》創刊號報導云：「以三元宮處粵秀山麓，前臨珠海，後枕白雲，形勢雄壯，其右偏廡院，足敷辦公之用；惟連年為通信隊駐紮，乃商準總部副官處，即著該隊覓地遷出，始定三元宮為堂址，趕速興工修葺，逐一佈置，先設禮堂，次設辦公廳，次間寢室，安裝電燈電話，接駁水喉，於九月十五日，遷入辦公。又在堂前築屋兩椽，以為贈醫所。十月七日召開同人大會。」[129] 其後，1935年6月至10月間市立美術學校搬離三元宮，而仁愛善堂接收其舊校舍，進而修葺成為廣東仁愛善堂第一留醫院，簡稱仁愛醫院。1936年3月號《仁愛月刊》（第1卷第10、11期合刊）報告了仁愛醫院提供贈醫服務的成績云：「本堂留醫院設於三元宮之左，即前市立美術學校舊址，該地後跨觀音山麓，空氣清新。自本堂接收後，特大加修葺，闢為醫院，時歷二月，工程完成。……院內現有病人床位三四百張，日後并可增設。於一月十六日開始門診，醫藥費概行免收，其留醫病人，每日除收回伙食費二角外，不取分文，留產者亦同。」[130] 1936年6月陳濟棠下臺。9月，廣州市市立醫院接收了仁愛醫院，改組為市立醫院第一分院。[131]

　　如上所述，1935年至1936年期間，先有市立美術學校搬離三元宮，繼有仁愛善堂遷入，先後建設有辦公廳、大禮堂、贈醫所及仁愛醫院。在這段時期，三元宮的神祀香火情況是怎樣的呢？1935年2月18日（農曆正月初十五）為道教上元天官的神誕日，這屬三元宮在一年賀誕節期中最重要及最熱鬧的節日。據2月19

日《香港工商晚報》題為「上元節日三元宮 ── 一日之內銷費達數萬元」的報導：

> 昨（十八）日，為陋俗中之上元佳節，婦女佞神，較往年為盛。前先從十七（即農曆十四）晚說起，查是晚一般投機小販，以婦孺輩赴三元宮參神者必多。而蓮塘路、九龍街、德宣路、杧菓樹街，及粵秀街一帶，為必經之孔道，故紛紛在各該街道兩旁，臨時擺設攤位，販賣香燭紙寶運盤，貴人、風車等物，以應需求。其價格雖比平日昂貴數倍，然固不因此而減其銷路，統計販香燭攤位不下二百餘檔。再從九龍街逕入三元宮內視察，則神壇之前早已佈置一新，紅燭與電炬交輝，儼同白晝，階下以長繩橫間其中，分成上落道路，魚更三躍，參神者已蒞臨，澈夜不絕。至昨（十八）晟更形擠逼，鬢影衣香，極一時之盛，簽筒聲與人聲相和，香烟瀰漫神前，如放烟幕。同時該宮今年已撤去禁止男人入內之規條，故登徒乘機活躍。據與宮道稔熟者言，統計是日參神者，不下十餘萬人，就每人消費平均以四角計，已耗去四萬餘元云。[132]

據上述《香港工商晚報》的報導，令人注意的是，在該年慶賀上元誕期的三元宮，不僅保持香火參拜，其道教三官信仰又再次興盛起來，「當日參神者不下十餘萬人」、「神壇……紅燭與電炬交輝，儼同白晝」、「簽筒聲與人聲相和，香烟瀰漫神前，如放烟幕」等描述均見證廣州市民前往三元宮參拜祭祀的熱鬧景況。《香港工商日報》（1936年2月7日，第3版：「上元節屆，三元宮今日香火盛，拜天光神迷信觀念難除」）曾概括當時一般廣州善信的上元、中元、下元三官信仰為：「有求必應，求財得財、求子得子。」[133]（另參《香港工商晚報》1935年2月19日第二版，見圖4）

圖4：《香港工商晚報》1935年2月19日第二版

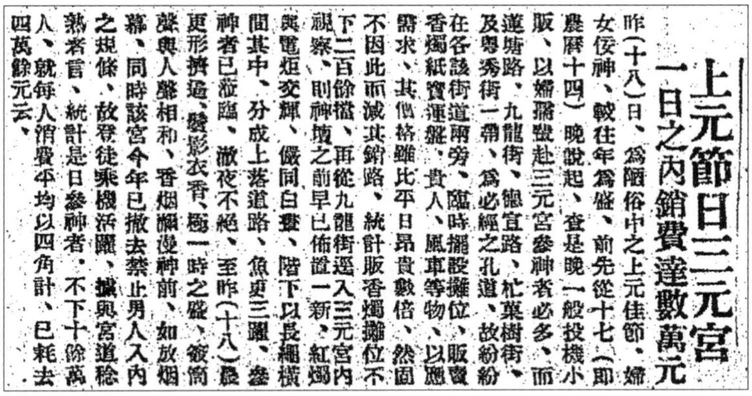

除了1935年2月18日祝賀上元天官的神誕，例如在1935年8月13日（農曆七月十五日）的中元地官神誕日、1936年2月7日的上元天官誕日、1936年8月5日的中元地官神誕日，以及1936年11月28日（農曆十月十五日）的下元水官神誕日等，《香港工商日報》和《天光報》均有報導眾多廣州市民前往三元宮參拜道教三官大帝的熱鬧情況。例如1936年11年29日出版的《天光報》，題為「下元誕日——愚民之參神熱：三元宮熱鬧」的報導云：「昨廿八日，為舊曆十月十五日俗傳是下元誕。廣州市觀音山腳之三元宮，每屆是日，一般善男信女前往參神者極為擠擁。昨日由晨至暮，德宣路、應玄（元）路上，萬頭攢動，沿三元宮一帶，途為之塞。而更有投機小販，於是晨紛紛前往該處擺賣香燭，藉謀升斗，於是『買香參神呀』、『參神買香呀』之叫聲與嘈雜說笑之聲混成一片，倍形熱鬧。計終日前往三元宮及順赴關帝廟膜拜之男男女女，不下數萬餘人，而販賣香燭者，亦達百檔以上。」[134]

　　時間進入1937年，這一年廣東的政治和社會均發生變動。先是陳濟棠在1936年6月6日因為發動「六一事變」以對抗南京蔣介石政府，失敗後黯然下臺（7月18日晚，攜家眷離開廣州前往香港[135]）。蔣介石任命曾養甫（1896–1981）為廣州市市長，長期半獨立的廣東還政中央。1937年「七七」盧溝橋事變，日本發動侵華戰爭。從1937年8月31日日本軍機首襲廣州之後，至1938年10月21日廣州淪陷，廣州市受日軍空襲轟炸次數超過800架次，數千幢民房被炸毀。[136]事實上，從1937年10月12日日軍在廣東惠陽大亞灣登陸，廣州已進入了戰時狀態。

　　抗戰期間，三元宮門庭冷落。據1937年8月23日《香港工商晚報》題為「中元誕三元宮冷靜——時局嚴重，人多避地；該廟司祝，大嘆晦氣」的報導云：

> 一年一度之中元節，二十日已屆期。本市越秀山麓之三元宮，在全盛時代，婦女之赴拜神者幾門限為穿，即現值當局取締迷信當中，而本年上元節時，其擠擁情形，亦甚有可觀。詎本期中元節三元宮之情形，則已大非昔比。查是日婦女輩赴該宮參神者，除附近之老婦外，摩登少婦，已絕無僅有。宮中全日，香火寥寥。即附近沿途之擺賣香燭小販，均比前大減。況是日又竟日陰雨迷漫，到廟參神者尤裹足。[137]（見圖5：1937年8月23日第二版）

不僅門庭冷清，香火寥落，三元宮亦受日軍空襲投彈所毀。1938年5月30日9時25分至12時，日機60架，分5批襲擊廣州，被災地點計有：「廣大路、錢路頭、興隆東街、後樓房上街、越秀北路、淨慧路、三元宮、厚尖新街、厚尖新橫巷、黃華路、洪聖廟前，及西村住宅區，河南嶺南大學附近等十餘處。」[138]

圖 5：《香港工商晚報》1937 年 8 月 23 日第二版

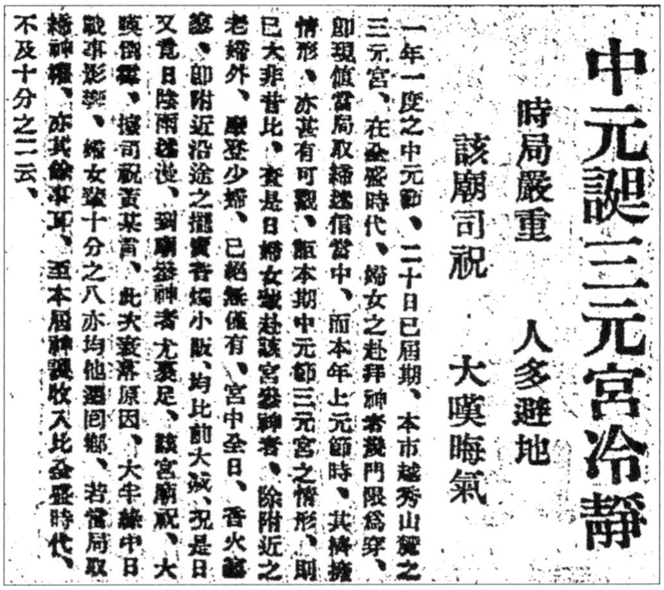

中元誕三元宮冷靜

時局嚴重　人多避地
該廟司祝　大嘆晦氣

一年一度之中元節、二十日已屆期、本市越秀山麓之三元宮、在盛歷時代、婦女之赴拜神者殺門限爲穿、即現值當局取締迷信當中、而本年上元節時、其情擴情形、亦甚有可觀、惟本期中元節三元宮之情形、則已大非昔比、查是日婦女趨該宮發神者、除附近之老婦外、鮮登少婦、已絕無僅有、宮中全日、香火寥落、即附近沿途之擺賣者焗小販、均比前大減、況是日又逢日陸兩軍遊逅、到廟發神者尤衆足、該宮廟祝、大嘆晦霜、據司視黃某萬、此次蒙蕭原因、大牢緣中日戰事影響、婦女發十分之八亦均他遷回鄉、大牢緣中日糖神糧、亦其餘草耳、至本屆韓饌收入比盛時代、不及十分之二云、

　　廣州日據時期，從 1938 年 10 月 21 日廣州淪陷開始，直至 1945 年 8 月 15 日日本正式宣告無條件投降，共歷 7 年之久。在這段淪陷時期，三元宮兩位住持道士周宗朗和何誠端忽然發起為重修破毀殿宇的募捐。這次道觀重修的經過分別記載在至今仍存於三元宮內的兩通重修碑記中，即：〈廣東省廣州市粵秀山三元宮歷史大略記〉（1943 年，撰碑人不詳）和張信綱撰的〈重修三元宮碑記〉（1944 年）。據〈廣東省廣州市粵秀山三元宮歷史大略記〉的描述，1938 年日本佔據廣州之後，當時三元宮殿宇被破壞狀況是：「至二十七年，世界翻新。三元、太上、鮑姑、呂祖、靈官各殿，並頭門、鉢堂、客堂、齋堂一帶，尚屬堅固，且餘後座斗姥、文昌、北帝、鍾離、武侯、天后各殿，一連六座，以及東西包臺房屋多間，風雨飄搖，管理不到，匪人乘機盜拆，墻垣崩頹。」1943 年三元宮重修的結果是：前山三元、太上、鮑姑、呂祖、靈官等各座神殿不僅恢復了，甚至後山已毀的斗姥、文昌、北帝、鍾離、武侯、天后等六座殿宇均重新修復起來。換言而之，重修後三元宮的殿宇數目達至 11 座之多。對於這次大規模重修的資金來源，〈廣東省廣州市粵秀山三元宮歷史大略記〉提及，周宗朗和何誠端因為得到歐陽霖等善信弟子的襄助支持，於「民國三十二年癸未三月二十一日辰時」正式開展重修工程。據碑文記載，重修工程的範圍其實包括了三項：其一，是周宗朗、何誠端、歐陽霖等發起後山殿宇的重修。結果，修復了後山六座殿宇，以及玉皇寶殿，而在東

邊則修復了祖堂、祿位堂,並又在堂前右邊的走廊,將唐代吳道子的觀音像真跡刻在牆壁上,以表達景仰之情。其二,是由郝城伯募化、督工,把五老洞遺跡(案:「五老洞」指宮後山偏東處有五個山洞,原供道侶修煉坐功之所,民國十六年被改建成市美術學校校舍[139])和後山剩餘的地方,恢復為經堂,並修建花園。其三,是由道士張信綱籌集資金,修葺虯井古屋一間,以紀念鮑姑在這裡得道成仙的事蹟,以及建立藏經閣,搜集和收藏道教經典和聖賢著作。[140]張信綱〈重修三元宮碑記〉記錄了在這次重修中全部捐資者的姓名及捐金數目,共有242位捐資者,而捐金總數達四萬八千一百九十元。其中,歐陽氏家族成員的支助最大,計有歐陽甫捐金五千元、歐陽王氏和歐陽霖各捐一千五百元、歐陽崇寶捐五百元等。歐陽霖為旅穗商人,在港粵兩地,任先施化妝品有限公司出口部長。[141]

民國三十四年(1945)8月15日,抗戰勝利,日本無條件投降。9月16日,廣州日軍投降儀式在廣州中山紀念堂舉行。[142]1946年11月9日,《越華報》載:是年下元誕(農曆十月十五日,即11月8日),到三元宮參拜者多至無立足之地:「真不容易擠進了三元宮,香煙熏得象一層濃霧,熏出眼淚來。妳要燒香禮拜嗎?找不到蒲團,占不得位置,人們只得隨地的跪下去,禱祝、打簽、上香油、化寶。」[143]1948年3月11日(農曆二月初一),《中美週報》第280期刊登了三張相片,報導廣州市民於正月十五日上元節誕十分踴躍地前往三元宮參拜及三元宮內擁擠的熱鬧情況(見圖6–8)。[144]第一張相片的說明稱:「破除不了的迷信:農曆新年,廣州市民攜幼扶老,往遊粵秀山三元故觀。該故觀香火素盛,現值新年,老幼雲集更形擁擠。」第二張相片說明稱:「粵秀山三元宮前之善男信女,虔誠燒香。」第三張相片的說明為「上一柱香,祝家中大小平安,長命富貴,今年好過舊年,國家早日太平,政府從速停止征兵征糧,貪官死光。」《中美週報》登載的這三張相片清楚地記錄了抗戰勝利,廣州市恢復社會秩序之後,及至1948年初,三元宮繼續維持香火熱鬧的景況。

民國後期,兩位出色的三元宮住持唐誠靜(番禺人,1895–?)和李信潛(鶴山人,1890–?)竭盡全力保護和建設這座道觀。首先,是以三元宮道士為首的廣州道教界人士於民國三十六年(1947)11月10日在三元宮舉行會員大會,「廣州市道教會」正式成立,「會址暫設在本市粵秀山三元宮」。[145]根據檔案資料,當天大會,廣州市警察局派指導員梁公武,暨廣州市政府社會局派指導員冼大鵬,廣州特別市黨部派鄧潤棠,德宣分局派出警長羅萍,蒞會指導監選。經由會員大會,將廣州市道教會組織章程分別討論,決議修正通過,隨即依法舉行選舉。道教會理事、監事選舉結果:以會員唐誠靜、李信潛、崔誠卿、王誠超、何誠端、葉宗

圖6：粵秀山三元宮前之善男信女虔誠燒香（《中美週報》1948年第280期）

圖7–8：粵秀山三元宮前之善男信女（《中美週報》1948年第280期）

茂、周宗朗、嚴誠明、蔡誠隆等九人當選為理事；唐誠鶴、蔡誠年、張信綱三人為候補理事；利誠柱、黃誠楡、鄭誠德等三人當選為監事；黃誠文為候補監事。[146] 被選的九位道教會理事中有四位三元宮道士，包括有唐誠靜、李信潛、何誠端和周宗朗，其餘有葉宗茂（原為應元宮道士，但後來應元宮被省政府機關強行佔用，遂遷黃沙修元精舍[147]）及崔誠卿，王誠超、蔡誠隆、嚴誠明等為道教信徒，分別來自政界、軍界（2位）及律師界。1947年11月時道教會會員的登記人數有87位，其中20位申報其職業為道士並登記粵秀山三元宮為其住址，因此可相信這20位全是三元宮道士，另外有4位不是道士但登記住址為粵秀山三元宮。[148]（見附錄一：廣州市道教會會員名冊）概括而言，廣州市道教會成立，會址設在三元宮內，並有25位會員代表三元宮，佔將近三成的份額。由此可見，三元宮在民國時期的廣州市道教會中有主導作用及重要地位。根據〈廣州市道教會組織章程〉（見附錄二），道教會的工作包括六項：一、整理教規，搜集經典；二、教義之研究與弘揚；三、舉辦公益慈善事業；四、興辦教育事業；五、保護本教名勝古蹟及道觀之法物與一切權益；六、其他關於道教應興應革事宜。[149] 從六項工作內容而言，一方面道教會具有為廣州道教尋求現代改革的目標，包括教內傳統經典和教義的研究和弘揚，以及興辦慈善和教育事業；另一方面，道教會承擔保護廣州市道觀及其權益的責任。〈廣州市道教會會員名冊〉收錄會員所屬的道觀，除了有三元宮之外，還有黃沙修元精舍、白雲仙館、佛山洞天宮。據陳澤泓和胡巧利的說法：「民國後期，廣州道侶曾組織廣州市道教會。當時，社會上盛傳三元宮將被改作忠烈祠。[150] 為保護三元宮不被侵佔，該宮住持唐誠靜與道侶商議，成立廣州市道教會，吸收部分官方要人入會，並授予榮譽職務，以爭取他們的支持。……經道教會努力，三元宮得以保存下來，忠烈祠另選地址。」[151] 同樣，謝宗暉（惠陽人，1911–？，廣州市道教會會員）的回憶稱：「當時陳策任市長，擬將本宮改建為國民黨忠烈祠，幸道教徒蔡誠年向省府羅卓英反映，得國民黨行營專署張發奎出頭保護，才免於事。」[152]

其次，從保障三元宮自身業權利益的立場出發，唐誠靜和李信潛屢次聯名向市政府入狀申訴，要求市政府解決三元宮一直被各機關部隊佔駐的問題。民國三十六年8月，市政府下達訓令，取締各機關團隊侵害民地、民田。見此政策，唐誠靜和李信潛提出民產契證影片，呈請市政府函請佔駐三元宮的各機關部隊遷出。兩位道士的請狀還附抄〈三元宮民產被佔住清表乙份〉。根據此清表，可知1947年時，三元宮被政府機關和軍隊佔駐的詳細情況：1. 聯合勤務總司令部第四電信機械修理所佔駐了鉢堂和齋堂共兩座；2. 憲兵第廿六團醫務所佔駐了祖堂全

座；3.憲兵與戰犯拘留所佔駐了祖堂及頭門房舍；4.廣東省警察第一大隊佔駐了本宮後樓玉皇殿全座；5.空軍二五油彈分庫佔駐了本宮後樓及經堂全部房舍。[153]比對民國三十二年三元宮重修後的整體建築規模，即包括前座三元、太上、鮑姑、呂祖、靈官各殿，並頭門、鉢堂、客堂、齋堂、祖堂，及下座斗姥、文昌、北帝、鍾離、武侯、天后及玉皇殿等，轉變發生在抗戰勝利之後，相繼有五個機關部隊佔駐了三元宮上下兩座殿宇及東西廂房舍的一半地方，包括後座各殿宇（特別是玉皇殿）、鉢堂、齋堂、祖堂和頭門等房舍。雖然市政府於民國三十六年12月13日發出「穗地四濟」字，第六二九三號批示，受理唐誠靜和李信潛的呈請，並函請各佔駐機關部隊照辦：「呈悉經分別函請佔住機關部隊查照辦理矣。仰遵行洽領可也，此批」，[154] 但是及至民國三十七年三月，唐誠靜和李信潛與各佔駐單位交涉，俱無效果。而三元宮這樣被佔駐的情況，相信一直維持至1949年10月1日中華人民共和國成立前夕。1949年10月14日中共解放軍進入廣州。

第五節　1949年中華人民共和國成立以後至今三元宮的遭遇和恢復

　　1949年中國共產黨接管大陸政權，10月1日，中華人民共和國成立。建國初期，道教宮觀仍然可以對外開放。據《廣州市志》：「建國後至1956年，每年三元宮上元誕（農曆正月十五）前往進香的約有3萬人，中元誕（農曆七月十五）和下元誕（農曆十月十五）各有萬餘人，平時香客游人不多。」[155] 在這段時期（1949–1966），三元宮的住持道士為何誠端（東莞人，1894–？）和鄭信文（清遠人，1924–？）。[156] 1943年時，何誠端已擔任三元宮住持之職，與周宗朗共同主持重修的工作，1947年何氏當選廣州市道教會理事。鄭信文亦屬廣州市道教會員，其父鄭誠德（1880–？），1934年時為三元宮住持[157]。1949年後的三元宮管治組織，除了何、鄭兩位住持之外，還有內庫王誠紹（兼文書），外庫吳信祥，知客蘇信華，殿主吳信達，巡照孔信芬。[158]

　　1951年，為了實現宮觀自養，全國道士們投入社會，參加勞動生產。[159] 三元宮道士為了自力更生，亦成立了一個「掃把社」，全體道眾參加製作掃把的生產。[160] 對於三元宮道士勞動生產之事，1951年7月13日《大公報》以「不仰賴迷信的布施，穗三元宮道士開始從事生產，製作椰衣等交商店代售」為題，作出以下的報導，云：

廣州三元宮道士在新社會風氣薰陶感化下，現已覺悟到在封建社會中作僧道尼均係屬長年專靠人家給與香油樂助佈施，以維持其生活，無形中成為不事生產的社會寄生蟲，特由主持召集宮內全體道友會議，檢討過去，策勵將來，各僧侶熱烈發言，決定響應人民政府號召，投入生產戰線，不再做社會寄生蟲。經全體一夜訂定生產計劃，按步實行，決由手工業做起，而至於開荒、種植、生產等方面，做到自給自足，不再仰賴他人迷信的佈施。第一步工作已於十日開始，製作家庭必需品如椰衣、掃帚、掃地拖、葵骨掃把等，每日出產交由商店代售。[161]

據上述報導，可知，1951年7月三元宮成立「掃把社」後，宮內道士須要參加織造各種椰衣、掃帚、掃地拖、葵骨掃把等手工製品。據說，三元宮靠賴織造掃把，「每月平均收入有七百元左右」。另外，香油月收入有七百多元，及做法事也有二百七十多元，這樣加起來，三元宮道眾「平均每人每月收入有60元左右，生活可以解決。」[162]（見圖9：《大公報》1951年7月13日〈穗三元宮道士開始從事生產製作椰衣〉）

圖9：〈穗三元宮道士開始從事生產製作椰衣〉（《大公報》1951年7月13日）

1966年文化大革命開始，一切宗教活動停止。據稱：「8月25日至27日，紅衛兵和革命學生把廣州全市5間天主堂、9間基督教堂、4間佛寺、35間庵堂、2間清真寺、2間道觀（即三元宮和純陽觀）全毀壞。一切宗教活動均已停止。」[163]根據筆者與一位三元宮老職工褟錦華先生（1933年出生）的訪談，他說：自幼（大約10歲）在宮內工作及住宿。褟錦華憶述文革時期三元宮的景況：首先，文革時期，三元宮已經關閉，宮內各處地方被多所工廠佔據。褟錦華說：「當時，越秀區環保辦、五金廠等單位都佔據三元宮。我在三元宮裡面做椰子加工工作。」其次，宮內道士被逐四散。最令人遺憾的是有關住持何誠端的遭遇。褟錦華憶述說：「文化大革命的時候，三元宮不開放。但三元宮當家何誠端（70歲），被紅衛兵批鬥。紅衛兵把神像燒掉，燒完神像之後，還要何誠端挑水澆熄燒著神像的餘火。何誠端因此跌倒摔傷了，撞傷了頭部，流了大量血，但沒有人敢去救他。最後，還是我（褟錦華）攙扶他回房間。第二天，我找不到何誠端，後來才知道紅衛兵將受傷的何誠端送回東莞。我和何誠端共事三元宮很久，私交甚深，並曾向單位申請去東莞探望他，但不獲批准，最終不能與何相見，甚感遺憾。」[164]

文化大革命期間，廣州三元宮關閉了十多年。1977年8月，中國共產黨第十一次全國代表大會宣告，歷時十年的文化大革命已經結束。1978年12月，中共中央召開第十一屆三中全會，奠定建設有中國特色的社會主義的思想基礎。全國道觀在這一歷史轉折時期，隨著國家發展的新局面而逐漸得到恢復。

首先，1981年3月8日，廣州市委同意重開包括三元宮的十間市內教堂寺觀。[165]其次，1982年10月下旬，中國道教協會召開三屆二次全體理事會議，贊成向國務院宗教局提請首批收回全國十一個省區或名山的二十一處重點宮觀。[166]這些宮觀還同時被列為國家宗教保護單位，它們包括：泰山碧霞祠、嶗山太清宮（山東）、江蘇茅山道院、杭州抱朴道院、江西龍虎山天師府、湖北武當山紫霄宮、武當山太岳太和宮、武漢長春觀、惠州沖虛觀、青城山天師洞（四川）、青城山祖師殿、成都青羊宮、終南山樓觀台（陝西）、西安八仙宮、華山玉泉道院、華山九天宮、華山鎮岳宮、千山無量觀（遼寧）、瀋陽太清宮、嵩山中嶽廟（河南）及北京白雲觀。

在這新歷史形勢下，三元宮逐漸得到恢復。不過，這段恢復的過程亦是艱難的。首先是1982年7月招回幾位老道士回宮，有吳信祥（71歲）、蘇信華（62歲）、謝宗暉（71歲）、吳信達（68歲）。其次是向市政府申請，取回各機關單位所佔據三元宮的地方。據載：「1982年6月底，越秀區塑料九廠把三元宮大殿和鼓樓退還道士管理，區文化館拆除了天井的臨建平房，市塑料十三廠退還大殿前的

拜亭、鐘樓和部分天井。」[167]謝宗暉曾撰文回憶這段恢復的過程:「……追收佔地,清除污泥數十噸,採取隨收、隨修、隨開放的辦法,得到香港道友和各方人士的鼎力贊助[168],重新彩塑三元神像、呂祖像、老君像、鮑姑像等,並鋪了全部地面,粉飾瓦面牆壁,新置神臺及一切法器等。」[169]今三元宮仍保存一通於1982年冬,由香港雲泉仙館、青松仙觀、圓玄學院及省善真堂暨眾善信捐資重修三元宮聖像神龕的碑記——〈香港雲泉仙館經募三元宮重修聖像神龕寶座長聯樂助善長芳名〉,該次捐款總數為港幣八萬零八百元。1983年春節前,三元宮舉行隆重的開光儀式,正式恢復開放予廣州市民。[170](參圖10:1994年〈廣州三元宮全體圖〉)

圖10:1994年〈廣州三元宮全體圖〉(轉引《中國の道教:その活動と道觀の現狀》)

在與筆者的訪談中，現任三元宮住持潘崇賢對上述四位回宮的老道長給予崇高的稱讚：「無論是唱腔、鐘鼓、木魚，還是鐃鈸等操藝，吳信祥、吳信達和蘇信華，在廣州都是一流的。在三元宮重新開放之時，大部分經書和表文都是由謝宗暉抄寫記錄的。當時這批老道長經常坐在一起參研科儀經懺。」[171] 整個一九八零年代，三元宮的管理工作都是由這四位道長負責：吳信達擔任住持，吳信祥為知客、蘇信華為巡照，謝宗暉為都管（見附錄三）。不過，還要一提的是由這些老道士培育出來的第二代道士。例如有潘崇賢（1965出生）。潘於1983年18歲時加入了三元宮為道士，1984年7月被派往北京中國道教協會開辦的第二期專修班。1985年畢業後，學成回來三元宮，拜吳信祥為師，首先擔任鮑姑殿主工作，繼後於1992年出任三元宮都管之職，協助當時的住持蘇信華（1995羽化）處理宮內各種事務。1998年，潘崇賢轉往廣州純陽觀擔任都管，三年後（2001年）出任該觀住持。2009年起，被推選為廣州市道教協會會長。據潘崇賢憶述當年自己在三元宮恢復經程的體驗，他說：「1985年，我再回到三元宮，1987年拜吳信祥為師。當時我們道士有14位。其實，我們真是憑著對道教信仰的執著與堅持，才能撐著恢復過程中的各種困難。如果沒有這份信仰的執著，我們早就放棄，離開三元宮了。」[172]

1983年春節時，三元宮只是局部恢復開放。褟錦華說：「當時的三元宮只收回大三官大殿，除了門口、天井，其他地方還是被環保辦、五金廠、掃把社等佔據。要慢慢收回來，過程是艱難的！」[173] 1983年至1984年間，逐步收回靈官殿、老君殿和呂祖殿。於1985年為重新建築鮑姑殿，這樣可說達到恢復三元宮的基本面貌。其後1987年，修復了的功德堂、齋堂和抱一草堂也開始使用。[174]恢復開放後的三元宮的香火是鼎盛的。據《大公報》（香港）於1989年2月24日題為〈穗三元宮香火鼎盛〉的報導，云：「二十日是元宵節（案：即上元誕），廣州市數萬市民前往三元宮進香朝拜許願。至下午五時半止，到三元宮朝拜的人數達五萬多人。在門外排隊進宮的人流一直延續到解放北路人行天橋上，不少人就在馬路邊上面向三元宮的方向朝拜。圖為解放北路人行天橋上排隊進宮朝拜的市民。」[175]（見圖11：《大公報》1989年2月24日〈穗三元宮香火鼎盛〉）據《廣州宗教志資料匯編（第二冊）道教》的記錄，1985年上元誕前赴三元宮參拜的香客的人數有11萬；1986年更達至12萬人。[176]

2016年起，潘崇賢接替吳信達，擔任三元宮住持，並主持重修三元宮的工作，積極重修了三元大殿、關帝殿、觀音殿、呂祖殿、老君殿、天后殿、王靈官殿、財神殿及鮑仙姑殿。潘崇賢又積極推動由三元宮舉辦的道教文化與社會公益

圖11：〈穗三元宮香火鼎盛〉（《大公報》1989年2月24日）

穗三元宮香火鼎盛

二十日是元宵節，廣州市數萬市民前往三元宮進香朝拜許願。至下午五時半止，到三元宮朝拜的人數達五萬多人。在門外排隊進宮的人流一直延續到解放北路人行天橋上，不少人就在馬路邊上面向三元宮的方向朝拜。圖為解放北路人行天橋上排隊進宮朝拜的市民。（中新社）

活動，例如重新恢復鮑姑艾灸館，於2018年10月隆重舉行了鮑姑艾灸館復館祈福法會及頌天火儀式，大大推廣了利用艾灸作為身體治療的傳統保健養生方式；並舉辦多期艾灸公益大講堂系列活動，延請名師主講，助益信眾了解自身狀況，更好地維護健康。

附錄一　廣州市道教會會員名冊（1947 年 11 月 5 日）

編號	姓名	道號	年歲	籍貫	職業	教育	是否黨員	住址	備攷
1	崔文卿	誠卿	四十七	廣州	政	專門	是	本市中華北路□街□□□二樓	當選理事
2	黃文超	誠文	四十八	中山	軍	高等	是	海珠北路書同路□□十號	候補監事
3	王超	誠超	五十	東莞	軍	高等	是	大南路□□□百堯	當選理事
4	謝嬰白	誠白	五十三	博羅	軍	高等	是	東山百子路東平一路二號	
5	徐景唐	圓治	五十	東莞	軍	高等	是	東山梅花村十二號	
6	蔡惠年	誠年	四十四	中山	商	專門	是	豪賢路炸粉街□□□百號	候補理事
7	蔡惠隆	誠隆	三十	中山	軍	高中	是	仝上	當選理事
8	葉景山	宗茂	七十一	東莞	道	高等		黃沙修元精舍	當選理事
9	張廷輔	信輔	五十七	豐順	軍	專門	是	廣仁路社仁坊十八號二樓	
10	林俊生	誠俊	四十三	博羅	農	高中	是	粵秀山三元宮	
11	唐耀泉	誠靜	五十二	番禺	道	普通		仝上	當選理事
12	伍湘烈	信烈	四十五	台山	商	專門	是	九耀坊十八號	
13	劉德臣	信臣	三十三	合浦	醫	專科		粵秀山三元宮	
14	劉德齊	崇齊	二十	合浦	學	大學		仝上	
15	黃仲榆	誠榆	五十一	中山	政	專門	是	迎賓路三十二號	當選監事
16	庾月籌	誠修	六十	東莞	道	普通		粵秀山三元宮	
17	莫霖有	誠芝	四十五	東莞	道	普通		黃沙修元精舍	
18	莫明達	理衡	四十一	東莞	道	普通		仝上	
19	吳海容	信祥	三十六	高要	道	普通		粵秀山三元宮	
20	鄭志文	信文	廿三	清遠	道	普通		粵秀山三元宮	
21	鄭道生	誠德	六十七	清遠	道	普通		仝上	當選監事
22	禤讓	誠讓	七十四	三水	道	普通		仝上	
23	張三	信德	六十四	南海	道	普通		仝上	
24	戴松笙	宗榮	四十四	惠陽	道	普通		仝上	
25	范渭泉	誠佑	四十	清遠	道	普通		仝上	
26	李煜光	誠煜	四十九	東莞	道	普通		仝上	
27	陳利和	誠英	五十一	三水	道	普通		仝上	
28	甘成林	信榮	三十六	新會	道	普通		仝上	
29	張天仁	信綱	六十八	合浦	道	普通		仝上	候選理事
30	孔憲芬	信芬	五五	南海	道	普通		仝上	
31	涂伯洲	信劭	四十	博羅	道	新學		仝上	
32	李慧潤	信潛	五九	鶴山	道	普通		仝上	當選理事
33	嚴家驥	誠明	四十八	番禺	律師	專門		本市洞神坊六十號	當選理事
34	嚴伯銘	信銘	二十九	番禺	政	專門		本市越華路六十五號二樓	
35	羅鈕輝	誠輝	四十	三水	律師	專門		大新西路四五〇號二樓	
36	馮德山	誠晦	五三	清遠	道	普通		粵秀山三元宮	
37	崔宗本	信本	二十二	南海	政	中等		中華北路二九三號二樓	
38	謝惠良	宗暉	三十六	惠陽	商	普通		小北路一五一號	
39	蔡鈞祥	誠鈞	三十	新會	商	普通		光復中路三元□	

編號	姓名	道號	年歲	籍貫	職業	教育	是否黨員	住址	備攷
40	何峯	高峯	二十三	增城	學	普通		珠光路又新巷六號	
41	周東堅	信堅	五十四	南海	道	陸速	是	德宣西號□□十號二樓	
42	羅朗軒	至庸	六十二	東莞	道	普通		黃沙修元精舍	
43	胡理清	誠益	四十九	順德	道	普通		全上	
44	林舜舉	理源	四十三	番禺	道	普通		全上	
45	梁友生	理修	五十一	東莞	道	普通		全上	
46	莫文運	至允	五十五	東莞	道	普通		全上	
47	沈叔明	誠先	六十一	番禺	道	專門		豪賢路一一一	
48	劉湘雲	誠慶	四十五	南海	道	普通		文昌路龍光西十三號二樓	
49	陳灼榮	信灼	三十六	南海	商	普通		光復中路二四八	
50	黃□初	誠初	四十六	中山	報	專門		西湖路流水井十二號	
51	蘇秉□	信華	二十七	東莞	道	普通		粵秀山三元宮	
52	何紫石	誠端	三十三	東莞	道	專門		全上	當選理事
53	□□□	信廷	三十四	南海	□□□□	中學		光□□□□□□□	
54	□新	信新	三十二	南海	旅業	中學			
55	譚聯俊	信聯	五十四	南海	藥材	學塾			
56	潘炳照	信炳	二十九	南海	藥材	中學			
57	曹□泰	信□	三十四	順德	文房	中學			
58	李誠全	信全	四十二	從化	鞋業	小學			
59	金昌	信昌	三十六	南海	教育	大學			
60	劉澤生	信明	三十八	番禺	藥材	中學		第一津興安里興安二巷十九號	
61	孔怡	信廣	三十六	南海	電器	中學		龍津中路210二樓	
62	吳錫	信潮	三十六	番禺	電器	中學		龍津中路高士里十二號	
63	張基	信基	三十	番禺	紗業	中學		光復中路鴻源紗廠	
64	唐鶴籌	誠鶴	四十四	番禺	商	小學		南華東路二四九號	侯補理事
65	歐成記	誠寶	三十七	順德	商	小學		中華中路歐成記	
66	載菊似	宗似	四十八	福建	商	小學		惠愛西路三一號	
67	李健民	誠健	四十四	中山	報	中學		惠愛西路一一一弍樓	
68	徐恩厚	崇恩	五十七	南海	工	普通		惠愛東芳草街五十五號	
69	周紹光	宗朗	七十二	番禺	律師	專門		舊倉巷廿三號	當選理事
70	曾廣成	誠熾	四十	南海	教育	專門		洞神坊六十號	
71	謝伍欽	宗歡	十八	惠陽	商	普通		惠陽水東活就昌	
72	朱紫珊	宗珍	六十六	惠陽	商	普通		法政路雙十號	
73	朱管彤	誠端	三十四	惠陽	郵政	大學		全上	
74	李家聰	宗雲	廿八	惠陽	商	普通		六二三路□□□百號	
75	盧浩森	信森	卅二	東莞	道	普通		粵秀山三元宮	
76	陳守初	至亮	八十二	寶安	道			白雲仙館	
77	黃翼宣	至凝	七十一	番禺	法律			廣大路二巷四號三樓	
78	張德福	信宗	二十四	合浦	學	大學		粵秀山三元宮	
79	張少軒	誠基	六十六	新興	醫	專門		抗日西路一四一五	
80	羅耀宸	宗□	七十三	廣州	藥材			十八甫卅二號羅李濟	

編號	姓名	道號	年歲	籍貫	職業	教育	是否黨員	住址	備攷
81	李英燮	崇義	二十三	鶴山	道	普通		佛山洞天宮	
82	張煜林	誠煜	五十四	東莞	道			黃沙居常里九號	
83	馮炳漢	明德	五十四	惠陽	法			豪賢路一〇七號	
84	陳振連	信連	五十五	鶴山	商			一德東路五十	
85	陳德棠	信棠	四十三	鶴山	鮮果			一德東路七十一號	
86	陳振瑤	信瑤	五十六	鶴山	商			一德路東五十號	
87	利樹宗	誠柱	六十	花縣	軍		是	法政路六十九號	當選監事

附錄二　廣州市道教會組織章程
（1947年，廣州市檔案館藏）

第一章　總則

第一條：本會定名為廣州市道教會；

第二條：本會為發揚道德，實現心理建設，表彰道脈，合出世入世化而為一，以達福國利民而進大同為宗旨；

第三條：本會會址暫設在本市粵秀山三元宮。

第二章　會務

第四條：本會任務如左（下）

一、整理教規，搜集經典，

二、教義之研究與弘揚，

三、舉辦公益慈善事業，

四、興辦教育事業，

五、保護本教名勝古蹟及道觀之法物與一切權益，

六、其他關於道教應興應革事宜；

第五條：本會舉辦之事業，應由理事會計劃辦理，但其重要者須經會員大會決定，呈請主管官署核准後實行；

第六條：本會會員分左（下）列兩種：

一、凡本市各道觀駐觀之道侶恪守清規，志願入會，經會員二人以上之介紹，得常務理事會之認可，皆得為本會會員，

二、在外道侶：凡住在本市之在外道侶，宗派分明，不分性別，品行
　　端正，遵守會章，志願入會，經會員二人之介紹，得常務理事會之
　　認可，皆得為本會會員，

上兩項道侶之入會均須攜備道牒，並填具入會志願書，送會審查登記，
其志願書格式另定之；

第七條：有左（下）列情事之一者不得為本會會員

一、違反教規教義，有確實之言論及行為者，

二、違反國家法令，有確實之言論及行為者，

三、違反本會規章及決議案者，

四、曾受刑事處分尚未滿期或在通緝中者，

五、褫奪公權，尚未恢復者，

六、染有不良嗜好者，

七、患精神病者，

凡屬本會會員，遇有上列各項情事之一，經查明屬實後，應予除名。如
有違犯清規或法律，並應依照道教規條辦理，或送主管官署予以懲處；

第八條：會員之權利如左（下）

一、選舉及被選舉權，並本教會範圍內應享受之利益，

二、道觀或會員有被非法侵害時，得請求本會援助，

三、關於會員因道觀業務上，或有關教務上發生爭執時，得請求本會調
　　解之；

第九條：會員之義務如左（下）

一、勤研經典，遵守教規暨本會規章及決議案，

二、精進修持，以身作則，並教誨徒眾，以宣揚教義，

三、推進本會所舉辦之一切事業及繳納會費事項。

第三章　組織及職權

第 十 條：本會以會員大會為最高機關，閉會後為理事會；

第十一條：會員大會之決議案及理監事選舉結果，於閉會後即月內呈報主管機關
　　　　　並於會刊公佈之；

第十二條：理監事會之組織及理監事資格

　　　　　（甲）組織

　　　　　本會由會員大會選舉理事九人、候補理事三人、監事三人、候補監

事一人，前項理監事應分別組織理監事會，設常務理事三人，互推一
人為理事長，監事會設常務監事一人，理事會執行大會決議案及日常
會務，

（乙）資格

理監事資格，以參加道教五年以上，宗派分明、德高望重，經任或
現任道觀職事者為合格；

第十三條：本會理事會對會員大會負責執行大會決議各案並處理及推行一切會
務；

第十四條：本會理事長對理事會負責執行決議各案並處理日常一切會務，在大會
閉幕後對內對外一切事務概由理事長署名行之；

第十五條：理事會執行事務分設五組如左（下）

一、總務組：專司收發文件、監用圖記及會計、庶務、交際，暨辦理
不屬各組一切之事務，

二、調查組：專司本會對於道觀經典、法物之調查與登記，編造報告
等事項，

三、宣導組：專司出版研究及道經流通，並有關各種宣傳事項，

四、福利組：專司一切慈善、救濟、教育等事業，

五、調解組：專司調解會員間一切事項；

第十六條：本會監事會之職權如左（下）

一、監事會執行會員大會之決議案，

二、審查理事會之處理事項，

三、稽核理事會之財務收支，

四、對於理事會及會員有糾舉彈劾之權；

第十七條：本會理監事均任期二年，連選得連任，其選舉方法另定之；任期內
如有出缺，應由候補理監事各依次遞補，以補足原任期為限；

第十八條：本會理事或監事有左（下）列各種情形之一者，應即解任

一、喪失會員資者，

二、因不得已事故，經會員大會議決準其辭職者，

三、曠廢職務，經會員大會決議令其退職者，

四、於職務上違背法令，營私舞弊，或有其他重大之不正當行為，經
會員大會議決令其退職者，

五、理事長及常務理監事如有上列情事之一者，得由監理事會罷免其
職務，並另行推定之；

第十九條：本會於必要時，經理事會之決議得設特種委員會，其組織規則另定
　　　　　之；

第二十條：本會於辦事必要時，經常務理事會之決議得聘任或僱用辦事人員。

第四章　會議

第廿一條：會員大會每年舉行一次，理事會每一個月舉行一次，監事會每三個月
　　　　　舉行一次，常務理事每月集會二次；如有重要事項，經常務理事之決
　　　　　議或監事過半數或會員過半數之提議得召開臨時大會議；

第廿二條：候補理監事得列席於理監事會議，如受理監事之委託得代表出席理監
　　　　　事會議；

第廿三條：理監事會議，非有半數出席不能開會，非有出席過半數同意不能表
　　　　　決，其議事細則另定之。

第五章　經費及會費

第廿四條：本會經費來源分列如左（下）

　　　　　一、入會費：國幣一次過伍萬元，但駐山清貧道侶得減半繳交，

　　　　　二、常年費：國幣弍萬肆仟元，但駐山道侶如有特殊清貧者，提請理
　　　　　　　事會酌予減免之，

　　　　　三、樂助費：由各會員自由樂助之，

　　　　　四、事業基金：由社會人士及道教信眾捐助，並組織基金保管委員會
　　　　　　　保管，其組織及規程另訂之；

第廿五條：會計年度每年一月一日始，至同年十二月三十一日止；

第廿六條：本會預決算須經常務理事會議之議決，送由監事會審定之；

第廿七條：本會預決算及其事業上之成績，每年須編輯報告刊佈之。

第六章　附則

第廿八條：本會章程如有未盡事宜，由理監事聯席會議提交大會修改之；

第廿九條：本章程由大會通過，並呈主管官署核準施行。

附錄三　廣州市道教協會章程及第一屆代表會議代表等 各類名單（1987年）

廣州市道教協會章程（1987年5月23日）

第一條：本會定名為廣州市道教協會。

第二條：本會是廣州地區道教徒愛國宗教團體。

第三條：本會的宗旨是，在人民政府的領導下團結廣州地區道教徒，繼承和發揚道教的優良傳統，發揮愛國主義精神，代表道教界合法權益，協助政府貫徹執行宗教信仰自由政策，推動和開展道教研究工作，積極參加祖國社會主義現代化建設，為促進祖國統一，反對霸權主義，維護世界和平貢獻力量。

第四條：本會任務是：

　　一、協助政府落實宗教政策，促使宗教活動正常化，反對利用道教進行違法、非法活動；

　　二、組織道教界人士學習時事政策，進行愛國守法教育；

　　三、推動道教界人士對道教的歷史和現狀進行調查研究，通過學習提高道教理論和知識水平，組織撰寫道教史料；

　　四、協助管理好道教宮觀，保護道教文物古蹟；

　　五、培養道教人才；

　　六、推動道教界人士為四化建設服務，舉辦服務和社會公益事業；

　　七、加強對港、澳、臺道教界和國外僑胞的聯誼。開展對外友好往來工作。

第五條：本會全市代表會議每三年舉行一次，由理事會召集，必要時可提前或延期舉行。代表會議的職權是：

　　一、聽取和審議理事會的工作報告；

　　二、討論並決定本會重大問題；

　　三、修改廣州道教協會章程；

　　四、選舉理事會。

第六條：本會設理事會，由全市代表會議選舉產生。理事任期三年，連選連任。
市代表會議如提前或延期舉行，理事會的任期相應地改變。理事會全體
會議每年舉行一次，由常務理事會召集，必要時可提前或延期舉行。在
市代表會議閉會期間，理事會執行市代表會議的決議，討論並決定本會
的重大問題。

第七條：本會設常務理事會主持會務，常務理事會，由理事會全體會議選舉產
生。常務理事會會議每半年舉行一次，或根據工作需要臨時召開，會議
由會長副會長召集。

第八條：本理事會設會長一人，副會長若干人，秘書長一人，由理事會全體會議
選舉產生。設副秘書長若干人，由秘書長提名，經常務理事會通過。秘
書長、副秘書長協助會長、副會長，處理本會日常事務；並視工作需
要，設立相應的工作機構。

第九條：本會經費由常務理事會籌措。

第十條：本會會址設在廣州市道教三元宮。

第十一條：本章程經本會代表會議通過後實行。

廣州市道教第一屆代表會議代表名單

謝宗暉	吳信達	黃誠通	吳信祥	蘇信華
周信明	吳崇德	吳崇強	潘崇賢	陳偉雄
朱洪熾	唐福漢	李炎廷	李標	何培
鄧桂華	陳桂瓊	潘金漢	黎長華	吳志玲
邱榮普	劉夭	廖志強	胡信遷	黃源
馮日初	張帝	余宜游	羅方	陳汝朝
陳信灼	歐陽球	蔡建華	羅應強	

廣州市道教第一屆代表會議主席團名單

謝宗暉	吳信達	黃誠通	吳信祥	蘇信華	周信明	潘金漢

廣州市道教協會第一屆理事會理事、常務理事名單

理事			
謝宗暉	吳信達	黃誠通	吳信祥
蘇信華	周信明	吳崇德	吳崇強
潘崇賢	潘金漢	羅應強	唐福漢
蔡建華	陳汝朝	何培	

附錄四　記錄廣州三元宮的地方志書列表

方志名	出版時間	所在卷數	內容
清·魏縮重修，清·陳張翼彙纂《南海縣志》	乾隆六年(1741)刻本	卷十三〈古蹟志〉	三元宮在粵秀山，東晉南海太守鮑靚建，名越岡院。萬曆及崇正重修，改名三元宮。順治間修復，康熙四十五年左翼鎮重修，名斗姥宮。
清·張嗣衍主修，清·沈廷芳總纂《廣州府志》	乾隆二十四年(1759)刻本	卷十七〈祠壇〉	三元宮在粵秀山，東晉南海太守鮑靚建，名越岡院。萬曆及崇正重修，改名三元宮。順治間修復，康熙四十五年左翼鎮重修，名斗姥宮。
清·任果等主修，清·檀萃等纂修《番禺縣志》	乾隆三十九年(1774)刻本	卷五〈寺觀〉	三元殿在粵秀山右，順治十三年建，巡撫李棲鳳記。
清·范啓堃修，清·王崇熙纂《新安縣志》	嘉慶二十五年(1820)刊本	卷七〈壇廟〉	水僊廟在東門外學宮之右，寶安書院舊址。相傳神潮州人，總角能知雨晹之候。歿而鄉人立祠以祀，禱雨輒應。乾隆丙午丁未，廣郡大旱，總督孫士毅自潮迎至廣，奉祀於越秀山三元宮。知縣李大根復迎居觀音閣以禱雨，果應如響。嘉慶四年，知縣張宗幽始捐廉立廟，遷祀於此；五年知縣龔鯤復添建頭座。

方志名	出版時間	所在卷數	內容
清‧阮元總裁，清‧陳昌齊等總纂《廣東通志》	道光二年（1822）刻，同治三年（1864）二月重刊	卷一百四十五〈建置略二十一〉	節孝祠一在石馬槽，一在雅荷塘。雍正二年奉旨建（府志）。嘉慶二十一年，南海知縣龔鯤擇地移建觀音山三元之旁（司冊略：嘉慶二十一年四月初二日，南海知縣龔鯤詳稱節孝祠有關風教，有司春秋，致祭理宜虔潔。查卑縣節孝祠坐落旗營石馬槽，年久圮壞，神牌亦多朽爛，兼之規模湫隘，逼近旗營，喧嘩污穢，勢難禁止，必須擇地移建。查觀音山三元宮旁有官地一段，離民居頗遠，堪以建造節孝祠。現已捐廉發給鳩工購材，於本月初一日興工俟。工竣之日另行製造牌位，併飭三元宮道士就近看管，以垂久遠，而祀典亦昭慎重。
		卷二百二十九〈古蹟署十四〉	三元宮在粵秀山，東晉南海太守鮑靚建，名越岡院。明萬曆及崇正重修，更今名。國朝順治間修，康熙四十五年左翼鎮復修斗姥宮（府志）。國朝杭世駿〈三元宮用杜少陵憶昔行韻〉詩：琳宮拔地雁展翅，挨傍紛如貼輕舸。心驚危棧出槎枒，膽歷烟梯怯么麼。集靈縹緲謁帝歸，奇鬼猙獰向人坐。鳥衝旌節步虛過，松奏笙鏞半空墮。丹房有月燭幽陰，石洞無雲闢闞鎖。堅屯殷壁拓弓弦，夜浦推窗見漁火。火鈴龍尾搖扶蘇，綬帶霞衣側婀娜。吹簫駕迴鳳難期，薦菊盤空泉亦可。青苔白石不逢人，鉄券銅符誰贈我。采金鑄鼎蹟已荒，立茅受印計終左。金波浪說竊靈藥，碧海何曾結仙果。烟鐘催客踏斜陽，獨向寒江看側柂。謹案：《寰宇記》：天井岡下有廟甚靈，土人祈年，謂之北廟。今三元宮適當其地，而別無所謂北廟者，疑此即古北廟故基也。
清‧潘尚楫等主修，清‧鄧士憲等總纂【道光】《南海縣志》	同治八年（1869）刻本	卷二十四〈古蹟略二〉	三元宮在粵秀山西麓，晉南海太守鮑靚建，名越岡院。明萬曆及崇正重脩，更今名。國朝順治間修，康熙四十五年左翼鎮復修斗姥宮（據張府志）。國朝杭世駿〈三元宮用杜少陵憶昔行韻〉詩云：琳宮拔地雁展翅，挨傍紛如貼輕舸。心驚危棧出槎枒，膽歷煙梯怯幺麼。集靈縹緲謁帝歸，奇鬼猙獰向人坐。鳥衝旌節步虛過，松奏笙鏞半空墮。丹房有月燭幽陰，石洞無雲闢闞鎖。堅屯殷壁拓弓弦，夜浦推窗見漁火。火鈴龍尾搖扶蘇，綬帶霞衣側婀娜。吹簫駕迴鳳難期，薦菊盤空泉亦可。青苔白石不逢人，鐵券銅符誰贈我。采金鑄鼎蹟已荒，立茅受印計終左。金波浪說竊靈藥，碧海何曾結仙果。煙鐘摧客踏斜陽，獨向寒江看側柂。案阮《通志》據《寰宇記》云：天井岡下有廟甚靈，土人祈年，謂之北廟。今三元宮適當其地，疑即古北廟故基。此說非也。考《元和郡縣志》，北廟及尉佗之廟，蓋今光孝寺，寺初名法性寺，有達摩所穿井，遂誤，傅合於天井岡之悟性寺耳。

方志名	出版時間	所在卷數	內容
清·李福泰主修，清·史澄等總纂《番禺縣志》	同治十年(1871)刻本	卷二十四〈古蹟二〉	三元宮在粵秀山，東晉南海太守鮑靚建，名越岡院。明萬曆及崇禎重修，更今名。國朝順治間修，康熙四十五年左翼鎮復修斗姥宮(據張府志)。國朝杭世駿〈三元宮用杜少陵憶昔行韻〉詩云：琳宮拔地雁展翅，挨傍紛如貼輕舸。心驚危棧出槎枒，膽歷煙梯怯么麼。集靈縹緲謁帝歸，奇鬼猙獰向人坐。鳥銜旌節步虛過，松奏笙鏞半空墮。丹房有月燭幽陰，石洞無雲關閟鎖。堅屯殿壁拓弓弦，夜浦推窗見漁火。火鈴龍尾搖扶蘇，綬帶霞衣側婀娜。吹簫駕迴鳳難期，薦菊盤空泉亦可。青苔白石不逢人，鐵券銅符誰贈我。采金鑄鼎蹟已荒，立茅受印計終左。金波浪說竊靈藥，碧海何曾結仙果。煙鐘摧客踏斜陽，獨向寒江看側桅。
清·鄭夢玉等主修，清·梁紹獻總纂《南海縣志》壬申續脩	同治十一年(1872)刻本，羊城內西湖街富文齋承刊印	卷五〈建置畧二〉	迨丁巳冬，城竟陷，閣(粵秀山觀音閣)為蠻酋分踞，與學海堂、文瀾閣、三元宮、鄭仙祠、長春仙館等劫終難避耶！
清·戴肇辰等主修，清·史澄等總纂《廣州府志》	光緒五年(1879)冬月刊於廣州粵秀書院，粵東省城西湖街富文齋刊印發兌	卷六十七〈建置畧四〉	節孝祠一在石馬槽，一在雅荷塘。雍正二年奉旨建，至嘉慶二十一年，南海知縣龔鯤擇地移建觀音山三元宮之旁(嘉慶二十一年四月初二日，南海知縣龔鯤詳稱節孝祠有關風教，有司春秋，致祭理宜虔潔。查卑縣節孝祠坐落旗營石馬槽，年久圮壞，神牌亦多朽爛，兼之規模湫隘，逼近旗營，喧嘩污穢，勢難禁止，必須擇地移建。查觀音山三元宮旁有官地一段，離民居頗遠，堪以建造節孝祠。現已捐廉發給鳩工購材，於本月初一日興工俟。工竣之日另行製造牌位，併飭三元宮道士就近看管，以垂久遠，而祀典亦昭慎重。
		卷八十八〈古蹟畧六〉	三元宮在粵秀山西麓，晉南海太守鮑靚建，名越岡院。明萬曆及崇禎重修，更今名。國朝順治間修，康熙四十五年左翼鎮復修斗姥宮(據張府志)。國朝杭世駿〈三元宮用杜少陵憶昔行韻〉詩云：琳宮拔地雁展翅，挨傍紛如貼輕舸。心驚危棧出槎枒，膽歷煙梯怯么麼。集靈縹緲謁帝歸，奇鬼猙獰向人坐。鳥銜旌節步虛過，松奏笙鏞半空墮。丹房有月燭幽陰，石洞無雲關閟鎖。堅屯殿壁拓弓弦，夜浦推窗見漁火。火鈴龍尾搖扶蘇，綬帶霞衣側婀娜。吹簫駕迴鳳難期，薦菊盤空泉亦可。青苔白石不逢人，銕券銅符誰贈我。采金鑄鼎蹟已荒，立茅受印計終左。金波浪說竊靈藥，碧海何曾結仙果。烟鐘摧客踏斜陽，獨向寒江看側桅。謹案：阮《通志》據《太平寰宇記》云：天井岡下有廟甚靈，土人祈年，謂之北廟，以為今三元宮，適當其地，疑即古北廟故基。此說非也。考《元和郡縣志》，北廟即尉佗之廟，蓋今光孝寺。寺初名法性寺，有達摩所穿井，遂傅合於天井岡之悟性寺耳。

方志名	出版時間	所在卷數	內容
《清實錄·德宗景皇帝實錄》	光緒三十二年（1906）八月	卷五百六十三	以捐款興學賞廣東粵秀山麓三元宮道士梁佩經扁額曰「葆光勵學」。
清·鄭蒙等主修，清·桂坫等總纂《南海縣志》庚戌續脩	宣統三年（1911）刻本	卷十三〈金石畧二〉	修建三元殿記 南越穗城之次，上應牛女，表山躡海，朝幻蜃樓，夕飛翠幀，蓋古所稱靈宅也。自仙人駕五色羊而後，浮邱煮石，流風相繼，虎龍鉛汞，大地丹爐，葱然蓬島瓊宇，迥麗乎一炁中矣。然當張文獻鑿嶺以來，垂數百年，為冠蓋蟬聯之會，農商輻輳之區。五方萬姓，雜沓紛華；眾妙獨玄，沈淪劫藪。時際平、靖兩王，提師駐蹕，救民水火，應運廓清，川嶽効順。則凡禮、樂、兵、政脩舉，大昭于天下。而茲靈州道氣之秀，異雲粉棗瓜，不可為往事之難遇也。夫身入塵寰，神棲福地，未逢緣法，必具戒心。于是議城北觀音山之陽，集建太上三元寶殿。登高極目，烟火蒼茫，引眾善之攸歸也；入廟瞻崇，莊嚴輪奐，攝百念之思敬也。且以神道設教，而必皈奉三元大帝者，有能樹德務滋，生生不息，天將斂時五福而錫之矣。悔過遷善，坦坦蕩蕩，蓋取諸貞地之義。至于無平不陂，無往不復，苟明斯義，克濟剛柔，是亦何厄須解哉？太上忘形，其次樂業；顧名思義，即境全眞，盡東粵大地。而將納諸仙臺，胡麻遍野，桃源比封，兩王風化，山高水長，又何止玉巖銀井、垂名紀勝為耶？殿成立石，余樂得而為之序。 欽差巡撫廣東等處地方提督軍務兼理糧餉鹽法兵部右侍郎兼都察院右僉都御史加一級李棲鳳頓首拜撰。 龍飛順治十三年歲次丙申秋八月吉旦。 右刻在觀音山三元宮。 鮑姑祠記：鮑姑，東晉元帝時南海太守鮑諱靚之女，葛仙翁之配也。太守公既以仙眞而官南海，姑亦早證仙班，緣契越岡。卽越岡天產之艾，以灸人身贅瘤，一灼卽消除無有。歷年久而所惠多，傳記所詳述者，尤崔生一事。茲因同志諸君子贊修《越岡志》，已錄入《鮑姑傳》中。別駕史公，名巖澤，原籍溧陽，僑居穗城郡。知鮑姑尚無祠也，爰力任建祠設像於岡巔之右，以資敬禮。衲計元帝迄今，已一千三百餘歲，而越岡之建祠以尊奉鮑姑，則自史公始。謹敘端委，刊石以編於壁，凡諸善信得以觀焉。 時乾隆四十五年歲次庚子孟夏之吉，越岡院住持道衲郁教甯敬述。 右刻在粵秀山麓三元宮。

方志名	出版時間	所在卷數	內容
			重建斗姥殿碑記

今夫果負特出之才,隨地皆可以建勳,何分廊廟山林哉?績著廟堂,則薄海蒙休,蒼生受福,此憑權藉勢者之所為也。若託跡山林,存真以老,即其現在所居之位,而圖之功績所垂,亦無不可以昭來許。經營慘淡,比之銘鐘銘鼎,有窮達無難易焉。粵秀山三元宮,古越岡院也,六朝已有之,至明萬曆而更其名。國朝總戎金公獨事擴闢,山門內前結殿,以奉三官大帝,此觀所由名歟?歷東西包臺拾級而登,則斗姥殿在焉,老君、五祖,兩殿左右夾輔。顧名號僅存,規模卑狹,非所以示尊崇也。且歲九皇聖誕,好善之紳士及遠方羽客雲集而皈奉者不下數百人,登降無階,拜羅暴露,毋乃褻甚。永受足不下山,選材鳩工,宏廠華麗,視昔有加。觀者無不嘆為巍然煥然。殿前構禮拜亭一所,更以餘材造齋、祖二堂。蓋先世之所憑依,與朝夕之所餬口,不修且圮,非如賓客坐談之處可以少緩須臾者也。夫老君為道教之宗,宜獨奉以表特尊。與北極殿互相易位,一轉移間而輕重釐然矣。乃自有觀以來,落落數百載,未聞有起而遷之築之者,非有待於後之人耶?殿後枕朝漢臺。鮑姑祠既增修加麗,左留小巷,鑿戶通連。週築藩垣,逶迤百丈,梅竹濃陰,登高憑眺,趙佗故事悠然得之目睫,未始非懷古者之一助,豈徒取包裹之義哉!且夫道與釋分途,其潛修淨土,一而已矣。面壁觀心,釋之教也;煉氣歸神,道之要也。北極舊殿,東廳額顏,虹隱架木,屑列明窗,方池曲檻,遊人憩玩焉。永受曰:「飾觀瞻則有餘,處修養則未善。」纔入觀,請諸教甯,易以磚石。自是靜攝得地,與五祖洞後先輝映,安見今必異於古所云耶?又能推廣道心,創惜字亭於院前西偏,藩侯李公紀其事最悉。計永受自受教於教甯,中間所以創興者、擴大者,修其頹而葺其壞者,蓋去金公已百有餘歲矣,歷久必壞,踵事增華,斯二者皆勢也。教甯未退老之前,則力助其事,教甯羽化後,遂獨肩其任。說者謂山門之靈,若或啟翼,使彼及時而生,得以增修興創,次第畢舉,不然一介道人,絕無權勢,院中數十人朝夕仰給,已苦支撐,又何暇大興土木之役哉?雖然,永受具特出之才,苟置身通顯,功業當大有可觀,區區墜興廢舉,山門利賴,特全豹一斑耳。予忝方外契,覿斯落成,既嘆其經營慘淡之苦,又以慶後之仔肩門戶者,得坐享其逸也。故詳為之序。南海蕭雲漢撰。

欽命鎮守廣東將軍陞黑龍江將軍宗室內大臣奉恩輔國公永、欽命廣東等處承宣布政使司陞廣西巡撫部院姚、信官兩廣鹽運司經廳候補分府黃、信官三水縣左堂王、信官兩信官兩廣鹽運司庫廳童、信官大洲柵王、信官雙恩場儀、

方志名	出版時間	所在卷數	內容
			信官兩廣鹽運司經廳常、信官兩廣鹽運司西匯關朱、信官小靖內場楊、信官白場巴、信官海矬場漆、信官兩廣鹽運司批驗廳楊、信官東莞縣左堂胡、信官淡水場李、信官香山場周、信官海甲場程、長白信官完顏景福、江蘇通洲信官曹學琳、長白信官陳明阿、長白信官長慶、兵部武選司員外郎潘，乾隆五拾年歲次乙巳仲夏穀旦立石。
			右刻在粵秀山麓三元宮。
			重修三元宮碑記（七字橫題篆書）
			粵秀山之三元宮，為嶺嶠之巨壇，擅海邦之勝境；址基創自前代，香火盛于今茲。惟閱歷有年，規模非舊，棟宇摧殘乎風雨，土木朽腐乎螻蟲，而且堂鮮一畝之寬，屋仍三間之陋。使無以增其式廓，將何以壯厥觀瞻？緣既往之因循，亟乘時而振作。幸藉宰官紳士，樂善好施，宏不捨之檀，集成裘之腋。彙交住持，經手脩造，感逾龜戴之重，荷比蟲負之難。爰將頭門、齋堂、香亭、三官殿、靈官殿、雨仙殿、觀音殿、祖堂、新客廳、山舫各處，或加以補葺，或始事經營。費用不貲，工程非一；竭盡綿力，克告成功。廣世界於三千，現金身於丈六：巍宮輪奐，赫乎有光；寶相莊嚴，儼然可畏。冠裳雅會，彌昭對越之忱；裙屐清遊，益切憑依之念。固宜英光永燦，歷歲常新矣。雖施無望報之心，而福有攸歸之實。用是勒石紀功，垂名列左。
			誥授中憲大夫雲南儲糧道前翰林院庶吉士南海鄧士憲撰文，例授文林郎揀選縣知縣丙子科舉人番禺劉光熊書丹。
			道光十七年歲次丁酉十一月吉日，全真龍門正派住持道人黃明治建立。
			右刻在粵秀山麓三元宮。
清·梁鼎芬等倡修，清·丁仁長等總纂《番禺縣續志》	宣統三年（1911）刻，民國二十年（1931）重印	卷三十六〈金石四·國朝〉	修建三元殿記（正書存） 南越穗城之次，上應牛女，表山躡海，朝幻蜃樓，夕飛翠幙，蓋古所稱靈宅也。自仙人駕五色羊而後，浮邱賁石，流風相繼，虎龍鉛汞，大地丹爐，葱然蓬島瓊宇，迥麗乎一坯中矣。然當張文獻鑿嶺以來，垂數百年，為冠蓋蟬聯之會，農商輻輳之區，五方萬姓，雜沓紛華；眾妙獨元，沈淪劫藪。時際平、靖兩王，提師駐蹕，救民水火，應運廓清，川嶽効順；則凡禮、樂、兵、政脩舉，大昭於天下。而茲靈州道氣之秀，異雲粉棗瓜，洵為往事之難遇也。夫身入塵寰，神棲福地，未逢緣法，必具戒心。於是議城北觀音山之陽，集建太上三元寶殿。登高極目，烟火蒼茫，引眾善之攸歸也；入廟瞻崇，莊嚴輪奐，攝百念之思敬也。且以神道設教，而必皈奉三元大帝者，有能樹德務滋，生生不息，天將斂時五福而錫之矣。悔過遷善，坦

方志名	出版時間	所在卷數	內容
			坦蕩蕩，蓋取諸貞地之義。至於無平不陂，無往不復，苟明斯義，克濟剛柔，是亦何厄須解哉？太上忘形，其次樂業；顧名思義，即境全真，盡東粵大地。而將納諸仙臺，胡麻遍野，桃源比封，兩王風化，山高水長，又何止玉巖銀井。垂名紀勝，為聖殿成立石，余樂得而為之序。
			欽差巡撫廣東等處地方提督軍務兼理糧餉鹽法兵部右侍郎兼都察院右僉都御史加一級李棲鳳頓首拜撰。
			龍飛順治十三年歲次丙申秋八月吉旦。
			右石刻在粵秀山麓三元宮。李棲鳳，奉天人，順治七年任廣東巡撫；十四年陞兩廣總督。見阮《通志》職官表。
		卷三十七〈金石五·國朝〉	鮑姑祠記（正書存）
			鮑姑，東晉元帝時南海太守鮑諱靚之女，葛仙翁之配也。太守公既以仙真而官南海，姑亦早證仙班，緣契越岡。即越岡天產之艾，以炙人身贅瘤，一灼即消除無有。歷年久而所惠多，傳記所詳述者，尤崔生一事。茲因同志諸君子贊修《越岡志》，已錄入《鮑姑傳》中。別駕史公，名巖澤，原籍溧陽，僑居穗城郡。知鮑姑尚無祠也，爰力任建祠設像於岡巔之右，以資敬禮。衲計元帝迄今，已一千三百餘歲，而越岡之建祠以尊奉鮑姑，則自史公始。謹敘端委，刊石以編於壁，凡諸善信得以觀焉。
			乾隆四十五年歲次庚子孟夏之吉，越岡院住持道衲郁教甯敬述。右刻在粵秀山麓三元宮。
		卷四十一〈古蹟二·寺觀〉	三元宮在粵秀山東麓（詳見李志）
			國朝順治十三年重修，有廣東巡撫李棲鳳碑記。咸豐七年，兵燹燬圮。十一年，住持黃佩青募修，同治九年落成（據李志、南海鄭志、《隨山館文集》、采訪冊參修）。
			國朝汪瑔《重修廣州三元宮碑銘》：夫上德若谷，道靡間於虧成；大方無隅，理詎資於崇飾。虛白吉祥之室，非有樞機；又元眾妙之門，本無關鍵。然而金暉耀日，乃集群真；銅柱凌雲，各開治所。尹軌傳經之地，樓觀猶存；茆君鍊石之區，祠壇不改。其有刮灰乍熇，八威之策俱燼；靈宇重興，五嶽之圖彌煥。至教墜而不失，勝業闕而復全。張皇道真，潤色炎徼，不有所紀，後何傳焉？廣州三元宮者，地接賣隅，天開霄度。崇基始啟，當順治之初元；素友遙臨，衍羅浮之別派。案《三元品戒經》曰：「九氣初凝，三光發明，結青、黃、白之氣，置上元三宮。」宮所由名，殆徵於此矣。是後恢崇基域，聿至再三；縣歷歲年，殆將二百。把三山之絕境，開百粵之勝因。凡夫懸根咽液之儔、錄氣思神之士，望崖爭赴，驗海知歸。八朗白光，鍊形得訣；三庭赤印，濯景分功。每當鈴肅晨齋，鐘然夜醮，颺室守庚申之戒，露臺奏子午之章。授受內文，

方志名	出版時間	所在卷數	內容
			太素三奔之道；弆藏毖籍，大黃九轉之篇。固已跡擬玉華，名參金牘。會咸豐丁巳，島夷犯我，廣州兵氣接於城闉，氛祲侵於道寓。羠羊竄囿，白鹿替輓；袄鳥巢門，青鸞戢翼。迨至姎徒就欱，法侶言歸，已驚松柏之為薪，但見荊榛之沒徑。佩中黃而返，魑魅雖逃；占太白之躔，兵塵甫息。山圖可按，屋宇全非。時則黃子佩青以徒眾所推，住持於此，感墇臺之已廢，朱紫房空；悲瑤殿之云頹，丹青蓋偃。遂生宏願，廣募眾資。秉抱一之貞心，信孚海眾；過試三之上業，誠契山靈。聽請風從，輸將雲委。黃金布地，詎煩釋氏之緣；白雪為銀，不假女真之術。於是練時占日，徵匠庀材，揮郢客之斧斤，傭徒霧集；喻蒙莊之挺植，瓴甓垁隆。就故址以程工，廓囊基而繼事。大暉制度，先崇太極之居；流逸規模，彌重上清之境。至若三官主籙，八治分曹，北斗神光，東華眾聖，莫不各嚴祀事，咸肅靈樞。瑤闕華房，釦階文坒。琳霄作室，清虛小有之天；玉誕成都，泱漭太無之戶。繚垣四屬，列舍百區。赴功而五版爭謳，揆景而二靈垂曜。平臨珠海，氣連聚鳳之洲；近倚玉山，勢接呼鸞之道。珍林繞舍，八桂遙分；瑤草盈階，九芝相映。加以捵張鴻寶，肹飾象文，誠律爰申，隱書互授。紫毛持節，三十七氣之光芒；白羽為旌，四十九人之軌範。璇題耀日，摹飛白以揚文；玉札書雲，共大丹而著錄。蓋經始於咸豐辛酉某月，至庚午某月始落成焉。時將一紀，費及萬緡。劫毖以圖，勤劬無悔。遂使巋然結構，彌擴前規；煥若神明，頓還舊觀。其事可謂難矣，其勤可謂至矣！嶺南離方絕徼，坤極奧區，爰在混茫，未聞靈異。自峽開中宿，帝子栖真；山號浮邱，仙人昇舉。安期澗畔，嘗生九節之蒲；高固庭前，忽萃五莖之穀。葛稚川之作宦，雅慕丹砂；鮑太守之全家，爭披青籙。塹人採藥，來往於鐵橋；羽客著書，遨遊於瓊管。逮於今日，彌暢元風。勝地爭傳，何獨酥醪之觀；炎州相望，無非華玉之堂。茲宮處都會之中，為道流所集，洞宮三十六所，近接朱明；太霄百二十宮，宏開紫館。雖暫逢於刼會，詎無待於振興。則其開拓金城，恢崇玉局，豈獨南宮校籍，增九琳日月之輝；亦將東壁鑴經，壯五管山川之色。黃子既成瑤寓，將刻琅書，具述源流，乞為銘記。昔張超起觀，世讚因以製碑；徐則刊山，孝穆為之作誦。輒援前例，謹述新銘。銘曰：龍漢遐年，鳳真至教。始建靈樞，式彰元妙。大戒三百，真文五千。道其所道，元之又元。金洞既傳，琳堂斯啟。闕聳霞標，門連霧市。惟茲南海，遠擬西瑤。五羊萃止，九曜崔巍。地古蕃禺，峰高越秀。式迓飆輪，久崇雲構。修三命侶，守一尊聞。蕊丹得訣，朮序飛文。道無隆污，迹有興廢。魔軼丹城，袄生白彗。

方志名	出版時間	所在卷數	內容
			紅羊罷劫，白鶴來歸。日月逾邁，人民已非。乃有真侶，式宏誓願。更歷歲時，囍劬興建。勤不言勞，道無中止。經之營之，美矣備矣。西那玉國，東井華林。簷楹纚屬，洞室陰岑。靈宇既成，貞珉斯泐。南洞碑刊，西元柱刻。隱銘可佩，道機相引。紫宙不窮，元風無盡。願言鳳璽，永奠麟洲。雲霞五色，棟宇千秋。
			鮑姑祠載粵秀山麓三元宮內，乾隆四十五年溧陽史巖澤建，道士郁教甯刻石紀之（據《南海縣志》）。
黃佛頤纂《廣州城坊志》	民國三十七年（1948）	卷二	三元宮，在粵秀山，東晉南海太守鮑靚建，名越岡院。明萬曆及崇正重修，更今名。國朝順治間修；康熙四十五年，左翼鎮復修斗姥宮。案《寰宇記》：天井岡下有廟甚靈，土人祈年，謂之北廟。今三元宮適當其地，別無所謂北廟者，疑此即古北廟故基也（阮《通志》）。按北廟在大北門直街，《恭岩札記》攷證頗碻，詳下：阮說似未可信，同治《廣州府志》謂：「北廟，蓋今光孝寺」說更無據。宮有順治十三年巡撫李棲鳳〈修建三元殿記〉，載《番禺縣續志．金石畧》。
			三元宮，在越井岡，即唐之悟性寺故址，寺久廢。順治十二年，平南王建為道院，榕棉深鎖，人稱福地。山門前有巨井，水味甘洌，即晉季之羅漢井，與玉龍泉相距不遠。粵秀諸峯，僅此一井，千秋名跡，可徵諸目驗者也。志乘家誤以「悟性」為「法性」，又混牽虞苑之古泉為羅漢泉，遂成歧混（《南海百詠續編》）。
			三元宮，在粵秀山東麓。國朝順治十三年重脩，有廣東巡撫李棲鳳碑記。咸豐七年，兵燹毀圮。十一年，住持黃佩青募脩，同治九年落成（《番禺縣續志藁》）。
			鮑姑祠，在粵秀山麓三元宮內。乾隆四十五年，溧陽史巖澤建，道士郁教甯刻石紀之（《南海縣志》）。
			按《湘陰縣志》云：道家有上元天官、中元地官、下元水官三名。郎瑛《七修類藁》云：天氣主生，木為生候；地氣主成，金為成候；水氣主化，水為化候。其用司於三界，以三時首月候之，故曰「三元」。三元正當三臨官，故亦曰「三官」。《縣志》又引歸有光《三官廟記》，謂如漢茅盈之屬，江蘇所祀者三茅君耳，而相承為三元宮。又按：顧祿《清嘉錄》云，上元、中元、下元日為三官誕辰，俗以正、七、十月朔至望日嗜素者，謂之「三官素」。按《宋史．方伎傳》，苗守信上言：三元日，上元天官、中元地官、下元水官，各主錄人善惡。蓋三元之名，已見《魏書》、《舊唐書》，然不言三官主月。攷邱悅《三國典略》載，張角為太平道，張修為五斗米道，使人為姦令祭酒。主以老子五千文，使都習，號姦令。請禱之法，書病人姓名，說服罪之意。作三通，其一上之天，著山上；其一埋之地；其一沈之水，謂之三官

方志名	出版時間	所在卷數	內容
			手書。使病者家出米五斗以為常，號五斗米師。詳《後漢‧劉焉傳》注，《傳》以張修為張衡，張陵之子。明宋景濂《跋〈曲阿三官祠記〉》，亦取《典略》之說。又《宣和畫譜》有周昉《三官像圖》。《道書》：正月十五日，上元九炁天官，主錄百司，上詣天闕，進呈世人罪福之籍。上元十天靈官，神仙兵馬，與上聖高真、妙行真人下降人間，考定罪福。中元九地靈官，下元水府靈官。上元中元下元，皆大慶之日也。長齋誦度人經，則福及上世，身得與神仙並，此吳俗所以多誦經持齋者爾。據此，則粵俗之祈禱三元者，亦斯意也。
			雨仙祠，在粵秀山三元宮內。仙姓孫，潮州人。宋乾道間仙去，鄉人求雨輒應。乾隆五十二年，總督孫公士毅，迎祀羊城（《白雲粵秀二山合志》）。

第三章

宮觀建築

第一節　殿堂佈局

　　廣州三元宮現今全宮佔地約 5,000 平方米，殿堂建築總面積約 2,000 平方米，其入口在越秀區應元路的北側，2017 年新修建了一座石製牌坊，其正面題刻「三元宮」三個大字，兩邊刻聯「穗城福地，羊城洞天」，由三元宮現任住持潘崇賢道長撰語，書法家李卓祺書寫；其背面題刻「請君回頭」四個大字，兩邊刻聯「山門內外分清濁，心念正邪定吉凶」，由書法家梁君令書寫。（案：三元宮現存匾額、楹聯〔包括刻聯〕六十四條，見本志第九章〈藝文〉）

　　穿過牌坊直行，迎面可見的是派香處，前來祭拜的信眾可以在此免費領取一把香，待進入三元宮各殿後焚香供奉。派香處旁邊是高約四十餘級的臺階，拾級而上，臺階東側有一通道，可以前往供奉土地神的福德祠。直行到臺階頂處的平臺，可以看到兩邊巨大的石基座上各安放著一隻石獅子。

　　從臺階向西轉行，進入一處鋪了石磚的院落，內有虬龍古井，院落正中靠北坐落著鮑姑亭，鮑姑亭向南正對著的是一幢大樓，其中一樓到三樓是廣州市道教協會的辦公場所，四樓到五樓是齋堂，六樓則是可供道長修煉用的丹房。鮑姑亭東側是碑廊，穿過碑廊可以看到近年來新修建的道醫館，其二樓是艾灸館，內有多個房間可供患者接受艾灸治療。

　　回到臺階頂處的平臺，平臺前面就是三元宮的山門。山門以方石砌成，上方刻有三個鎏金大字 ——「三元宮」，右刻「三元古觀」，左刻「百粵名山」，為同治二年（1863）翰林院庶吉士游顯廷所書，至今保存完好。穿過山門，即是靈官殿。靈官殿西側為三元宮的辦公室，東側則是包括會議室、會客室在內的遠知堂。

穿過靈官殿，就進入了三元宮的中庭部分。中庭的正中放有一個銅製香爐，可供信眾焚香。中庭的西側舊時是鉢堂，如今分為財神殿、文昌殿、觀音殿三座殿宇；東側原本是齋堂，2017年重修後改建為道德館，時常舉辦一些與道教文化有關的展覽。

登上中庭北部的臺階，可以分別於東西兩側見到約兩層高的鐘樓和鼓樓，正合「晨鐘暮鼓」之義；正中則是三元宮的主殿，即三元寶殿，內奉三元大帝。三元寶殿西側為鮑姑殿和月老殿；東側原是客堂，如今重修為抱樸書院。書院中心有一天井，南側是藏經閣，北側一樓為講經堂，二樓為閱覽室，天井右側有一後門可直通宮外。

從三元殿西側登上臺階，是一處狹長的平臺。西首是一座樓梯，上接功德堂。向東直行，首先會遇到一座三間式的開闊殿宇，內部依次分為地母殿、天后殿、關聖殿，再向東則是老君殿。老君殿東側靠牆有一青牛童子（即雨仙）塑像，向東穿過會仙橋，橋下放有一石龜。過了會仙橋，即可到達一座兩進式的呂祖殿。行到此處，三元宮的所有殿宇都已遍覽。

第二節　建築沿革

三元宮前身稱為越岡院。據傳，越岡院在東晉時就已存在，當時南海太守鮑靚之女鮑姑嫁給葛洪，夫妻二人在越岡修道行醫，鮑靚為女兒修建越岡院供她清修。經由清初順治年間重修，更名為「三元宮」。（參本志第二章〈歷史沿革〉）根據清初李棲鳳的〈修建三元殿記〉記載，順治十三年（1656），作為平南王、靖南王的尚可喜、耿繼茂於廣州開府，商議在城北觀音山之南建立三元寶殿，由廣東巡撫李棲鳳捐俸主持重修。[1] 康熙四十五年（1766），又由總兵金弘振主持擴建，修建大殿供奉三官大帝，並重修了斗姥殿，兩邊分別有老君殿和五祖殿。[2]

乾隆四十五年（1780），通判史巖澤（原籍溧陽，僑居廣東）從三元宮住持郁教甯處了解到鮑姑沒有被立祠供奉，於是一力主持，在越岡（越秀山）之巔的右側（即在三元宮內）修建一座鮑姑祠，供奉鮑姑神像。相傳東晉時，鮑姑曾在越岡院修道，到乾隆時已經有一千三百多年的歷史，然而這卻是首次在越秀山三元宮開始立祠供奉鮑姑。[3] 為這次興建鮑姑祠作〈鮑姑祠記〉的郁教甯，在這通碑文中自稱「越岡院住持」。不過，本志第二章已提及乾隆六年（1741）《南海縣志》卷十三中有「三元宮，在粵秀山」的說法，另外乾隆五十年（1785），蕭雲漢〈重建斗

姥殿碑記〉亦出現了「三元宮」之稱，因此可見其時「三元宮」已成為正式宮名，乾隆年間的《南海縣志》和《廣州府志》都可作為三元宮已更作此名的歷史佐證。（參本志第二章〈歷史沿革〉）[4]

根據蕭雲漢〈重建斗姥殿碑記〉記載，乾隆五十年（1785），郁教甯弟子黎永受任三元宮住持，主持大規模的重修工程，這次重修翻新了斗姥殿、五祖殿、老君殿和北極殿，新修建了禮拜亭和惜字亭，並且用修建禮拜亭所剩的材料先後建造了齋堂、祖堂；因為齋堂、祖堂是道眾朝夕餬口、先人日夜憑依的所在，優先性需要排在客堂之前，並重新翻修了鮑姑祠，使其「增修加麗」。此外，有靈官殿的重修，三元宮靈官殿有乾隆五十一年的棟木，記云：「大清乾隆伍拾壹年歲次丙午吉旦全真住持道人黎永受募化重建立」。

原本康熙四十五年重修後，從東西包臺拾級而上，上面是斗姥殿，兩旁則是老君殿和五祖殿，但是黎永受不同意老君殿在側，因為太上老君為道教之祖，應當單獨建殿供奉，以表尊崇，所以這次重修，他將老君殿和北極殿互換位置，這樣太上老君的尊崇地位就一目了然了。〈重建斗姥殿碑記〉也順帶提到三元宮的後面是朝漢臺，朝漢臺據說是南越王趙佗所建，在此憑弔懷古，南越舊事悠然眼前。鮑姑祠重新修繕後，左邊有小巷連通，周圍築起圍牆環繞。舊的北極殿附近還修起了池塘、迴廊等，讓遊人可以在此觀賞小憩。黎永受認為，雖然宮內的裝潢足供觀賞而有餘，但是修養靜攝之處不足，尚未能完全體現全真修煉的道心。在請教師父郁教甯之後，黎永受更換了北極舊殿的磚石，使之與五祖洞一樣成為道士的修煉佳所。[5]

乾隆五十四年（1789），又由兩廣總督福康安捐俸發起重修，郁教甯、黎永受、楊圓炯師徒三人相繼募化督工，至乾隆六十年（1795）竣工，廟宇的規模極大地擴充，宏偉壯觀。[6] 當初宮內建築因為年月久遠而牆垣剝蝕，原本的三官殿規模狹小且歷時彌久，神像已呈剝落之狀。黎永受遂在乾隆五十四年十一月籌謀重修，挑選材料，召集工匠，不幸剛開始工程沒有多久便羽化了，由其弟子楊圓炯接手主持此事，直到乾隆五十八年（1793）九月才完工。這次重修共計重修了東西包臺、北斗殿、北極殿、五祖殿、呂祖殿、鮑仙祠、祖堂、客堂、山門和三元殿等建築。[7] 特別一提，乾隆五十八年，三元宮增修了呂祖殿。

道光十七年（1837），因為三元宮殿宇年久失修，經由宰官士紳捐助善款，三元宮發起了新一輪重修，修葺了頭門、齋堂、三官殿、靈官殿、祖堂，又新建了雨仙殿、觀音殿、新客廳和山舫等處建築，經由此次重修，三元宮的神像寶相莊嚴，建築美輪美奐。[8] 不過，這次重修，並沒有提及前文的斗姥殿。

咸豐六年（1856）、七年（1857）之間，因為第二次鴉片戰爭的緣故，三元宮殿宇建築遭到極大破壞，道眾也因此流散。[9] 咸豐十一年（1861），黃宗性（號佩青）回歸三元宮，見到宮內的破敗之狀，遂立志要振興之，於是廣化善緣，開始重修，歷時九年，終於完成。根據三元宮的棟木刻字和碑刻，可以大體推斷出重修的過程：同治元年（1862）黃宗性主持重修呂祖殿[10]，同治七年（1864）重建了三元殿，[11] 同治八年（1869）三元殿完成重修與擴建，面積比之前擴大了數丈規模[12]，此次重修由兩廣總督瑞麟捐俸發起，又從肇慶尋覓到青牛跡古石，放置在呂祖殿前階下。[13]

光緒元年（1875）住持鍾明振重修了靈官殿。[14] 光緒二十八年（1902），呂祖舊殿廢棄剝蝕，因此住持梁宗琪廣化善緣重修呂祖殿，並於翌年重修了齋堂。[15] 光緒二十九年（1903）依照清政府要求，住持梁宗琪捐出三元宮田產實業六百二十三畝，興辦時敏學堂，獲賜「葆光勵學」匾額，懸掛於三元寶殿前，這幅匾額從北京送來時是寫在黃絹上的，後來再用巨幅橫木牌匾雕刻，並在奉接題字這天舉行了盛大的儀式。[16] 光緒三十三年（1907），又獲賜「護國佑民」牌匾，懸掛於頭門。[17]

根據民國三十二年（1943）〈廣東省廣州市粵秀山三元宮歷史大略記〉，民國八年（1919）時，住持張宗潤主持重修了一次。[18] 民國十六年（1927）至抗戰時期，廣州市立美術學校和仁愛善堂曾經先後借用三元宮的部分房舍，後來相繼交還給三元宮。民國十六年，三元宮內西面及東面一帶房舍經廣州市政廳批准，撥借予美術學校；[19] 民國二十年（1931），教育局通知三元宮要短期交出所有土地，給教育局改建廣州市立美術學校，幸得陳濟棠岳母幫忙，只將三元宮後山的八仙殿山邊的棲霞洞、五老洞撥給該校使用，而美術學校在抗戰期間亦遷走。[20] 民國二十三年（1934），陳濟棠於越秀山麓三元宮故址，組設仁愛善堂。[21] 陳濟棠借三元宮西側興辦仁愛善堂，向百姓施醫贈藥，費用由政府承擔。[22]（參本志第二章〈歷史沿革〉）九月十五日，遷入辦公；十月七日召開同人大會。[23] 三元宮除了分出一部分為市立美術學校校舍之外，一部分駐扎軍隊，另有一殿和小廳房作為辦事地方，當時三元宮的住持為鄭誠德。[24]

在上世紀三十年代，美術學校、仁愛善堂交還房舍之後，三元宮後山還有斗姥、北帝、鍾離、武侯、天后各殿，此外東隅祖堂、西隅大客廳，以及東西包臺各處房舍，經由三元宮前代祖師的屢次募捐重修，在當時尚存。[25] 民國二十七年（1938），由於日本侵華戰爭爆發，三元宮建築被毀，風雨飄搖，住持周宗朗、何

誠端在民國三十二年（1943）發起重修，由護法歐陽霖鼎力支援，在後山高處修復玉皇寶殿，在東邊修復祖堂和祿位堂[26]，並在堂前右走廊，將吳道子觀音像刻於壁間。同時，由郝誠伯募化督工，在五老洞遺跡和後山餘地恢復了經堂，新建了花園。並由三元宮住持張信綱修葺虯井古屋一間，紀念鮑姑得道仙蹟，又新建藏經閣一間，保存國粹。[27]

根據廣州市宗教處檔案，1953年第3號，總號第15號，《三元宮純陽觀修元精舍史料》，1953年時三元宮建築的保存情況：頭門靈官殿一座，天井兩旁左邊鉢堂、右邊齋堂，而入三元殿，左邊鮑姑殿、右邊祖堂，呂祖殿一座，太上殿一座，後樓玉皇殿一座，另有客堂一間，上下廚房兩間。[28]另據同份檔案載，宮內原有神殿10間，存留至當時的有三元殿、老君殿、呂祖殿和鮑姑殿四間，另有鉢堂、客堂、祖堂和齋堂，三元宮最後一列建築本是六間並立的神殿，分別為斗姥殿、北帝殿、鍾離殿、文昌殿、天后殿、武侯殿和鮑姑祠，廣州淪陷後被炸毀，1953年時借給烈軍屬修建為工場。三元宮當時約有八百市井的面積（1井＝11.1平方米），三元殿最高，高約4丈，寬度4丈。[29]

1982年，在香港雲泉仙館的捐助下，三元宮重修了一批聖像神龕寶座，[30] 1982至1983年，三元宮進行了一次重修，碑刻〈三元宮重修樂助芳名錄〉記錄了捐助這次重修的人名。根據今存於三元殿後長廊的〈越秀山三元宮重建眾善功德碑記〉（2017）和福德祠之左的〈三元宮殿宇重修記〉（2018）之捐款重修記錄顯示，1990年以來，又多次重修了財神殿、三元大殿、關帝殿、觀音殿、呂祖殿、太上老君殿、天后殿、王靈官殿及鮑仙姑殿。[31]

2016年底潘崇賢道長接任三元宮住持，因見殿宇、聖像有剝落敗朽之處，遂倡議重修，自2017年2月起，復修了三元大殿、純陽殿、老君殿、關帝殿、天后殿、地母殿、鮑姑殿、慈航殿、文昌殿、財神殿、靈官殿、福德祠，又新增山門、牌樓、碑廊、邱祖懺悔文碑、道德經碑、鮑姑聖跡圖碑、道德館、抱樸書院、藏經閣及道醫館等，踵事增華、以昭來許。[32]例如，信士陳國平、葉興耀等人積極響應潘道長的倡導，慷慨解囊，並向親朋好友募捐，重修鮑姑祠，以弘揚鮑姑濟世救人的精神。這次重修翻新了鮑姑寶殿，又讓鮑姑亭、鮑姑井舊貌換新顏，並重新裝修了鮑姑艾灸館，讓艾灸設施更加完善，使其成為嶺南獨一無二的療養勝地。[33]

第三節　殿堂建築介紹

一、靈官殿

乾隆五十一年(1786)十二月由時任住持黎永受道長募化重建，光緒元年(1875)二月由時任住持鍾明振募化重修，於1982年、1984年等再次重修。殿面闊、進深均為三間，前後廊十九架，殿正中半空搭建木架，架中置有神龕，內供王靈官像。木架兩側刻有對聯「三界無私糾察靈官虎首貔貅兵百萬，一炁神君先天主將麟牙鳳嘴將三千」(1987年春重修三元宮紀念)，對聯兩側掛有兩幅大型圖畫，由東至西分別是哼哈二將。

殿前除同治二年翰林院庶吉士游顯廷所書匾額「三元宮」，以及刻聯「三元古觀，百粵名山」外，外側的石柱上還刻有民國三十六年(1947)何信湖道長所刊刻的對聯「地接玉山百粵靈光高北斗，水迎珠海千秋道氣洽南溟」。

殿後中央懸有一匾「道洽猶龍」，由信士陳果全家敬奉。兩側石柱刻有光緒八年(1882)由齊彥勳書，張信綱、唐誠鶴、何誠端、盧信森、張信德、歐陽霖等刊刻的對聯「數十年俯仰流光興廢存亡恍若過眼煙雲蜃樓幻境，溯曩代陰陽造化忠奸報應真覺青天日月犀照無遺」。

殿後原於「道洽猶龍」匾週邊懸掛其他匾額，如「萬事勝意」、「心想事成」、「財星庇佑」等，今不存。

二、三元殿

同治七年(1868)十一月由時任住持黃宗性道長募化重建，於1982年至1983年、1986年至1988年及1991年等陸續重修。正門外左右廊柱各刻一聯，上聯是「闡五千言涵谷光輝九九玄章開紫府」，下聯是「歷十一朝滄桑興替三三啟泰護丹臺」。向內兩根廊柱刻有一副對聯「太上道君立德立言祥光垂萬世，三清方士存仁存孝瑞氣祝千秋」，由香港善信劉大牛炳堂全家十二人於1987年供奉。其外側又有一副對聯「道法自然永闡玄玄奧秘，台星普照長叨靄靄慈雲」，上下聯遙相對應，由信士橋之口毅、龍征林於1991年供奉。

門內正中懸掛一匾「三元寶殿」，兩側有聯「堯帝天官舜帝地官禹帝水官聖德昭彰逾日月，上元一品中元二品下元三品神恩浩蕩遍乾坤」，由香港善信於1986

年供奉；其外側仍有聯「玄黃始判分天地人三才以立極，宇宙初開混上中下三界而為元」。

殿內供有神龕，內奉三元大帝神像。神龕上方懸一匾「綱維三界」，由香港省善真堂於1982年供奉。兩側柱上刻有一副對聯，上聯是「三元宮古百粵山靈合發應天人寥寂希夷永闡玄玄妙道」，下聯是「萬彙恩沾千秋典盛重光輝日月清寧安泰長依靄靄慈雲」，是由香港道教聯合會、青松仙觀、雲泉仙館、圓玄學院、省善真堂等道教機構一同供奉。

2017年重修前，原三元殿內外懸掛有幾層匾額，皆是信士於重修三元宮時捐贈。如1982年重修時由八名信士供奉、余信昌書寫的「護國佑民」，1983年重修時留作紀念的「道炁長存」；多數匾額都是於1991年重修時所掛，如由信士顏禮、顏權興、顏振宇等人供奉的「國泰民安」及未題落款的「風調雨順」、「一帆風順」、「從心所欲」等；還有部分年代不詳的匾額，如由信士高廣民、高廣強敬奉，書法家陳偉權書寫的「萬古長春」，還有未題落款的匾額「道辟乾坤」、「道法自然」等。此外，三元殿原有兩副楹聯，一副是於1988年時仍懸掛的「葆光勵學育賢豪老安少懷大地群生歌聖德，護國佑民匡社稷風調雨順普天眾庶頌神恩」，另一副是年代不詳的「風調雨順，國泰民安」，以上匾額及楹聯均不存。

三、老君殿

老君殿於1984年重建，後於1987年、1990年及1991年等陸續重修。面闊進深均為三間，前後廊十三架。殿中懸一匾「老君寶殿」，2017年由信士梁智華、黃信宜、梁錦昊、梁允希合家敬奉，書畫家陳永鏘書寫。匾的正下方刻有一副對聯，上聯是「一氣判陰陽闢地開天窺造化」，下聯是「三才澄宇宙調風節雨育蒼生」。殿中神龕裡供奉老君像，神龕左右有一副對聯「紫氣東來千秋留哲理，祥龍北廓萬古慶長春」。

老君殿外原本懸掛許多匾額，如1991年重修老君殿時，由信士曹劍奇全家供奉的「護國佑民，道君感應」；也有時間不詳，由信士葉永紅、胡家康合家，葉潤枝、葉潤強合家供奉的「風調雨順，國泰民安」。此外，還有1984年由合敬堂、眾勝堂的信士何琴及同仁供奉的楹聯「龍章三卷諷誦皇經天現瑞，鳳篆五品敬談玉典地呈祥」，以上匾額和楹聯今均已不存。

四、呂祖殿

同治元年（1862）七月由時任住持黃宗性道長募化重修，其後又於光緒二十八年（1902）年由時任住持梁宗琪道長重建，再於1984年、1985年、1991年、1992年、1997年等陸續重修。三間兩進，前座面闊進深均為三間，前後廊十三架，後座面闊進深均為三間，前後廊十五架，後座供奉呂祖神像。

殿的前座外部，由會仙橋口處依次懸掛兩聯，分別是「純陽演教孚佑帝君詩酒劍，碧水丹山修行有術渡蒼生」（1997年重修誌慶）和「道斷塵緣砍斷塵緣施慧劍，既修功行仙修功行下真心」（1991年重修誌慶）。前座中部懸有一匾「道辟乾坤」，由五十六名善信集資供奉；兩邊有聯「玉清殿內鍊丹砂顯仙跡於雲洞，黃鶴樓頭留勝跡存道像於岩祠」，向內有1992年懸掛的楹聯「精誠團結宏揚大道仙家樂，虔心一念普渡眾生壽延長」。

穿過天井，後座依次有1991年懸掛的楹聯「帝德巍峨恩澤普施環宇，慈光高照福臨積善人家」和「杯前三尺青蛇仙會恍遊蓬島路，笛外一聲黃鶴我來由記洞庭秋」。進入到呂祖神龕前，神龕上方懸一匾「呂祖寶殿」，由香港信士曾德堅、陳麗霞於1991年供奉，書法家盧有光書寫。匾下有一副刻聯，上聯是「發跡在玄門度盡眾生還素願」，下聯是「顯靈於塵世方知感應確非常」，由多名信士於1985年供奉。

呂祖殿右側還有二門可供信眾入內，西面的門額刻「岳陽分跡」，兩邊刻有一副楹聯，上聯是「洞天福地春常在」，下聯是「賓眾如潮奉劍仙」；東面的門額刻「呂祖寶殿」，兩邊刻有一副楹聯，上聯是「肘傳丹篆千年藥」，下聯是「口誦黃庭兩卷經」。

五、鮑姑殿

1985年，鮑姑殿由當時觀內吳信祥、蘇信華、謝宗暉、吳信達等道長募捐重建，於1987年、1991年等陸續重修。其正中懸有一匾「鮑姑寶殿」，2017年由信士楊素卿合家、郭秋嫻合家敬奉，書法家楚雄題寫。殿兩側的石柱上，依次刻有四副對聯，最外側的是1985年吳信祥、蘇信華、謝宗暉、吳信達等道長所立，上聯是「仙跡在羅浮遺履燕翺傳史話」，下聯是「醫名播南海越崗井艾永留芳」，其餘各聯由外及內分別是1987年的「妙手回春虹隱山房傳醫術，就地取材紅艾古井出奇方」、「鮑氏慈懷懸壺濟世消頑疾，仙姑施藥靈丹一帖起沉疴」以及

1991年由劉大牛炳堂、梁二基、劉澤湘、劉月卿、劉澤恭、劉澤健合家供奉的「南海建醫功未就衣冠隨蝶化，東樵證仙籍長留委羽伴鵞峰」。

2017年，鮑姑殿外入口處新修一石製拱門，上刻「南粵名流」，由書法家梁君令書寫。前後兩邊各有一聯，分別是書法家陳永正書寫的「越井仙醫傳灸艾，羅浮大藥拯群生」和書畫家陳永鏘書寫的「活人妙手三年艾，濟世關心萬古名」。

此外，原鮑姑殿內有一楹聯「禍福無門惟人自召，善惡之報如影隨形」，由書法家陳榮偉集《太上感應篇》中的句子所書寫，今不存。

2018年，於鮑姑殿後新建月老殿，2019年完工。殿門上懸一匾曰「月老殿」，由信士高耿合家敬奉，書法家梁鼎光書寫。

六、地母殿、天后殿、關聖殿

地母殿中供奉之地母，是從臺灣蘆州護天宮分靈而來，無匾。

天后殿懸一匾「天后娘娘」，由信士楊春洪、楊燁聖、楊榮洋、蔡祥珍、肖江華、楊沅堃、楊玉堯、楊楚琳合家敬奉，書法家梁曉莊書寫。原殿邊懸有一聯「天佑善良祖種福田留厚德，後人信仰一帆風順報平安」，今不存。

關聖殿懸一匾「關聖帝君」，由信士陳錫朝、黃敏鈺、陳列坤、丘曉、陳列榮、袁濤萍合家敬奉，書法家梁君令書寫。

以上兩匾均於2017年敬奉。

七、觀音殿、文昌殿、財神殿

文昌殿所處殿宇原為鉢堂，上題「鉢堂」二字，兩邊有聯「水流花放觀天趣，魚躍鳶飛長道心」，由書法家陳偉權集莊有恭 (番禺人，乾隆四年狀元，1713–1767) 詩句書寫。 2017年改建成今貌，上懸一匾「文昌帝君」，由信士余東文、陳紅浩、江海衡供奉，書法家李卓祺書寫。

文昌殿東側為觀音殿，上懸一匾「慈航道人」，由信士吳雲碧、黃瑞珍全家供奉，書法家國城書寫。原於殿邊有一聯「大慈大悲超拔眾生離苦海，觀音大士普引善信上慈航」，今不存。

文昌殿西側為財神殿，上懸一匾「財施天下」，由信士羅哲飆、歐敏供奉。原於殿邊有一聯「財星高照樂善人家多受納，神明正直奸邪鼠輩遁無遺」，今不存。

八、鼓樓、鐘樓

始建時間不詳，建於拜廊兩側，與廊頂齊高，均為兩層。兩樓原各有一題額，分別書有「鐘樓」「鼓樓」，今不存。鼓樓內置一大鼓，鐘樓內吊一大鐘。此鐘為1982年三元宮重修時所鑄，鐘腰上有銘文云：「三元宮重修紀念，一九八二年歲次壬戌仲秋，廣州市人民鑄造廠承製」，其上還有八字篆書「風調雨順，國泰民安」，並列捐資者姓名：「張鎧琦、張敏琦、張潤燈、陳蘭、陳潤貴、黃安群、黃文彬、黃文添、黃英華、黃英傑、駱昌寧、電威廠、謝煥堂、謝志誠、利啟金、鄭燦林、招予明、林振聲、馮永傑、黃松基、蘇居士、李居士，各善信均全家敬送」。

九、福德祠

位於山門外東南方向，供奉土地神，於2017年底舉行了神像重光法事。原經由重簷山亭進入，現重簷山亭已不存。原重簷山亭正面題有「幽林勝境」，兩邊有聯「三元勝境留仙影，古觀幽林覓鶴蹤」；其背面題有「嶺南福地」，兩邊有聯「身居鬧市紅塵外，宮在名山福地中」。福德祠原有門聯「公公十分公道，婆婆一片婆心」，今不存。現於祠右方磚牆上有潘崇賢道長所書的「福」字石刻。

十、鮑姑亭

位於山門外的西南院落，居中靠北，曾於1992年秋等重修，內有石桌石凳。上懸一匾「鮑姑亭」，左右各有一聯，上聯是「粵秀靈山藏有虬龍井」，下聯是「越崗紅艾妙手眾回春」，由信士李時英、鄧灶環、李兆添、甘禮裕一家供奉。院落南部有一口井，邊立一座石碑，上有由華振中題寫的「虬龍古井」隸書四字。

十一、遠知堂

2017年新建，內設會議室及茶室，上懸一匾「遠知堂」，左右各有一聯，上聯是「居戶而知天下遠」，下聯是「齋心以覺物情虛」，由書法家梁君令書寫。

十二、辦公室

　　辦公室外原有對聯「占得仙家詩酒興，閑吟煙月憶蓬壺」，由陳榮偉摘唐代新羅國崔致遠句書寫；原於辦公室西側設有功德箱及票箱，其北有一門，上書「抱一草堂」，兩邊有聯「爐煙成白鶴，松氣養丹砂」，以上匾額及楹聯均不存。

十三、道德館

　　道德館原為齋堂，光緒二十九年(1903)五月由時任住持梁宗琪募化重修，正門懸有智生所書匾額「齋堂」，兩邊有聯「掃來竹葉烹茶葉，劈碎松根煮菜根」。2017年改建為道德館，上懸一匾「道德館」，左右各有一聯，上聯是「道能啟智」，下聯是「德可立身」，由書畫家陳永鏘書寫。

十四、抱樸書院

　　抱樸書院原為客堂，有1989年由著名書法家曾景充所書的「客堂」二字匾額，今不存。2018年重建為抱樸書院。

第四章

神祇供奉

　　廣州三元宮供奉以三元大帝為首的各路道教神祇，主要有三元大帝、太上老君、孚佑帝君、文昌帝君、關聖帝君、斗姥元君、玄天上帝、鍾離祖師、王靈官、天后、觀音、鮑姑、財神、地母、月老等道教神祇。雖然如今宮內奉祀神像的種類和數量已不及清代鼎盛時期，但自上世紀80年代三元宮重新開放以來，已經在不斷增加。

第一節　三元大帝（三官）

　　中國在先秦時期，就有祭祀天、地、水的傳統禮儀，《儀禮‧覲禮》篇記載：「祭天燔柴，祭山丘陵升，祭川沉，祭地瘞。」[1]到了東漢末年，張道陵創立天師正一盟威道，張道陵將先秦君主祭祀天、地、水的禮儀，演化為向天地水三官懺悔罪過、祈求得以病愈的宗教儀式。這是道教中三官信仰之肇始。天、地、水三官對天上、地下、水中世界進行善惡罪過的監察考校和懲罰，是天師道早期三官信仰的宗教特色之一，代表了道民具有深刻的罪罰意識，並由此延伸出相關的戒律禁忌和解罪儀式。天師道以善惡功過來解釋疾病來源，而對於罪過的計算、懲罰、執行，則皆由天上的神祇執行。[2]

　　當時天師道的治病請禱之法，稱為「三官手書」。根據《三國志‧張魯傳》引《典略》之記載，「請禱之法，書病人姓名，說服罪之意。作三通，其一上之天，著山上，其一埋之地，其一沉之水，謂之三官手書。使病者家出米五斗以為常，故號曰五斗米師。」[3]可見，道教三官手書提出解除罪罰的儀式方法是要書寫病患者的姓名以及其所悔過的罪責的文字，上呈於天、地、水三官，以祈求神明解

罪，讓病者康復。因此，漢末「三官手書」的時代，就已確立了以後道教經典所提出的人之病患是由其罪謫積累所導致懲罰的這一觀念。

天、地、水三官由道炁而生[4]，成為掌管天、地、水三界的神明。漢末三官手書的悔罪儀式已具備一套完整的道教神學體系。三官信仰包含考校、降災以及先祖罪咎禍及後人等道教倫理元素，即：三官考校生人和死人的善惡、從三官處獲罪則會招致疾病災害懲罰。[5]這種信仰思想是天師道民上章懺謝解罪的前提，而上章的宗教行為基礎，即建立在道民和上天的盟誓關係之上。《太平廣記》引《神仙傳·張道陵傳》明確表示手書三官包含了與神明的盟約，其文載：「乃手書投水中，與神明共盟約，不得復犯法，當以身死為約。」[6]這種三官考校是道教重要的信仰，在後世也導致了天師道道民深刻的罪罰意識。

在張道陵之後，六朝以來的古道經豐富了三官信仰的宗教內容。約出於東晉南朝的《太上洞玄靈寶三元品戒功德輕重經》記載了上元天官、中元地官、下元水官這三官的職責、司職和下屬一百二十曹，列舉了「三元品戒罪目」一百八十條，並言正月十五、七月十五和十月十五是三官考校功過的日子。經中言，「上元一品天官，元氣始凝，三光開明，結青黃白之氣，置上元三宮」[7]、「中元二品地官，元洞混靈之氣，凝極黃之精，置中元三宮」[8]、「下元三品水官，洞元風澤之氣，晨浩之精，置下元三宮」[9]，將天官、地官、水官分別對應到上元、中元和下元。《太上太玄女青三元品誡拔罪妙經》中，記載了三官的名號，分別是「上元一品九炁天官紫微帝君」[10]、「中元二品地官清虛真君」[11]、「下元三品水官，乃洞元風澤之炁，晨浩之精。下元三官者，一號暘谷洞源之宮，一曰青華之宮，一曰寒夜之宮」[12]，並詳述了三官考校禍福的職責。

三會日是天師道定期齋日之一，是天師道民在宗教儀式上極為重要的日期，為每年正月七日、七月七日、十月五日。[13]三會日的作用是三官降臨人間，考校功過，道民在這一日上章懺悔，請求三官為自己解除罪厄[14]。道民在這一天集會，《陸先生道門科略》載：「令以正月七日、七月七日、十月五日，一年三會，民各投集本治師，當改治錄籍，落死上生，隱實口數，正定名簿，三宣五令，令民知法。」[15]三元日則是天地水三官考校人間禍福的日子。

天師道開創了三官手書，為奉道者上章首過，以求解罪，之後的道教諸派承接了這一傳統，根據教法分別使用「三元」的觀念。其中，靈寶派的經典在天師道的基礎上重新闡發，奠定了完整的經律和齋法。在古靈寶經中，三元日開始被固定下來，正月十五、七月十五和十月十五則被稱為三元日，分別為上元節、中元節、下元節。例如《太上洞玄靈寶三元玉京玄都大獻經》：「一切眾生生死命

籍、善惡簿錄，譜皆繫在三元九府。天地水三官考校功過，毫分無失。所言三元者，正月十五日為上元，即天官檢勾；七月十五日為中元，地官檢勾；十月十五日為下元，即水官檢勾。」[16]《太上洞玄靈寶業報因緣經》記載：「正月十五日為上元，十天靈官、神仙兵馬，與無鞅數眾上聖高尊、妙行真人，同下人間，考定罪福。七月十五日為中元，九地靈官、神仙兵馬，與無鞅數眾名山洞府、神仙兵馬同下人間，校錄罪福。十月十五日為下元，九江水帝、十二河源溪谷大神、水府靈官同下人間，校定罪福。」[17]可見，三元日分別由天、地、水之三界眾神一齊下降人間，來校訂世人的功過。

三元節在唐代成為官方的節日，這一日各地宮觀慣例要舉行齋儀，以期解罪除厄。天寶年間，官方詔令州縣需在三元日舉行設齋，《唐會要》記載：「唯千秋節及三元行道設齋。」[18]由此可見，在玄宗朝時期 (712–756)，三元節的齋醮傳統經由國家法令固定，成為官方節日。以由上而下的推展方式，規定朝臣需要參加道觀的節日活動，因玄宗推行三元齋，唐代三元齋的規模和儀制遠超六朝。[19]

後來三元節成為民間具有重大影響力的節日，上元節即元宵節，除了宮觀齋醮外，市井亦會舉行燈會；中元節地官赦罪，往往做普度儀式，以期超度孤魂野鬼；下元節時，朝廷會有禁止屠宰和延緩死刑的法規。《唐會要》載唐玄宗曾下詔：「二十二年十月十三日詔：道家三元，誠有科戒。朕嘗精意久矣，而物未蒙福。今月十五日是下元齋日，禁都城內屠宰。自今已後，及天下諸州，每年正月七月十月三元日，十三日至十五日，並宜禁斷屠宰。」[20]三元節的道教信仰進入民俗，成為我國影響力較大的傳統節日。

三官的名號一直有不同的記載，除前文所提及的早期道教文獻之記載外，產生於宋元之間的《元始天尊說三官寶號經》中，三官的名號為「上元一品賜福天官紫微大帝，中元二品赦罪地官清虛大帝，下元三品解厄水官洞陰大官」[21]。約產生於元末或明初的《三官燈儀》中，三官的名號為「上元一品九炁賜福天官紫微大帝」[22]、「中元二品七炁赦罪地官清虛大帝」[23]、「下元三品解厄水官暘谷神王」[24]；《太上三元賜福赦罪解厄消災延生保命妙經》一書，《正統道藏》未收錄，但是可以在《萬曆續道藏》中見到，應當出於明代，記載了祈求三官賜福、赦罪、解厄之法，其中三官的名號為「上元九炁賜福天官曜靈元陽大帝紫微帝君」、「中元七炁赦罪地官洞靈清虛大帝清靈帝君」、「下元五炁解厄水官金靈洞陰大帝暘谷帝君」。可見名號雖然在宋至明之間有各種變化，但天官賜福、地官赦罪、水官解厄的功能，卻一直延續了下來。

《三教源流搜神大全》也記載了三官大帝，分別是「上元一品天官賜福紫微帝

君，正月十五日誕生；中元二品地官赦罪青靈帝君，七月十五日誕生；下元三品水官解厄賜谷帝君，十月十五日誕生。」[25]這段記載可以看見，除了三官的名號有變化之外，三元日由三官考校功過禍福的日子，變成了三位帝君的生日。同時，《三教源流搜神大全》還為三官構建了出身故事，淡化了他們的先天神格。

廣州三元宮，便是供奉三官大帝為主神的道教宮觀，每年的三元日，宮觀都會舉行盛大的活動，吸引粵地信眾、居民前來祈福，體現了宗教和民俗上的雙重價值，也體現了三官信仰對廣州民眾的影響力。

第二節　道祖太上老君

太上老君，又稱道德天尊、太上道祖，是道教「三清尊神」（或稱「三洞尊神」）之一。

三清信仰的最早階段是對於三清仙境的信仰，約形成於東晉末年或者劉宋時期。[26]《道藏》中有古靈寶經《洞玄靈寶自然九天生神章經》（在敦煌本《靈寶經目》中著錄為《太上洞玄靈寶自然至真九天生神章》），對隋唐時代道教「三清尊神」的最終確立具有極大的影響。[27]該經出現了三洞尊神與三清、三炁、三天的結合。根據大淵忍爾考證，這部經書是南朝道士宋文明所撰的《通門論》之卷下部分。宋文明所撰經目乃根據陸修靜《靈寶經目》編制而成，可見《洞玄靈寶自然九天神章經》的成書年代應當在陸修靜所處年代之後。

例如「玉清」、「上清」和「太清」的具體概念，《洞玄靈寶自然九天神章經》的《三寶大有金書》已明顯提出，曰：

天寶君者，則大洞之尊神。天下寶丈人，則天寶君之祖炁也。丈人是混洞太無元高上玉虛之炁，九萬九千九百九十億萬炁後，至龍漢元年，化生天寶君，出書。時號高上大有玉清宮。

靈寶君者，則洞玄之尊神。靈寶丈人，則靈寶君之祖炁也。丈人是赤混太無元玄上紫虛之炁，九萬九千九百九十億萬炁後，至龍漢開圖，化生靈寶君。經一劫，至赤明元年，出書度人。時號上清玄都玉京七寶紫微宮。

神寶君者，則洞神之尊神。神寶丈人，則神寶君之祖炁也。丈人是冥寂玄通無上清虛之炁，九萬九千九百九十億萬炁後，至赤明元年，化生神寶君。經二劫，至上皇元年，出書。時號三皇洞神太清大極宮。此三號，雖年殊號異，本同一也，分為玄元始三炁。

大洞尊神之「高上大有玉清宮」、洞玄尊神之「上清玄都玉京七寶紫微宮」與洞神尊神之「三皇洞神太清太極宮」等概念都表示了道教已經把三洞尊神和三清天境結合起來。《洞玄靈寶自然九天生神章經》中的「三清」，即是指天寶君所在的「高上大有玉清宮」、靈寶君所在的「上清玄都玉京七寶紫微宮」、神寶君所在的「三皇洞神太清太極宮」。[28]據此三清信仰，例如明《道藏目錄詳注》在開篇的〈道教宗源〉中就這樣概括：

> 原夫道家由肇，起自無先，垂跡應感，生乎妙一。從乎妙一，分為三元；又從三元，變成三氣；又從三氣，變生三才；三才既滋，萬物斯備。其三元者，第一混洞太無元，第二赤混太無元，第三冥寂玄通元。從混洞太無元化生天寶君，從赤混太無元化生靈寶君，從冥寂玄通元化生神寶君。大洞之跡，別出為化主，治在三清境。其三清者，玉清、上清、太清是也，亦名三天。其三天者，清微天、禹餘天、大赤天是也。天寶君治在玉清境清微天，其氣始青；靈寶君治在上清境禹餘天，其氣元黃；神寶君治在太清境大赤天，其氣玄白。故《九天生神章經》云：此三號雖殊，本同一也。[29]

概要而言，三寶神君分別治玉清、上清、太清之境。道教「三清尊神」的信仰是結合「三洞尊神」、「三寶真君」、「三清仙境」及「三洞真經」等概念演變而成的，即是說：玉清元始天尊、上清靈寶天尊和太清道德天尊。

太上老君是道炁的化身，曾屢次化身人間。元初《老子八十一化圖》就表述了太上老君降世的種種顯化。[30]首先是老子。老子是太上老君在春秋時代的化身，本姓李，名耳，字伯陽，又字聃，是道家學派的重要人物，著有《道德經》傳世。他曾在周朝擔任守藏史的官員，管理藏書和檔案。根據《史記》，老子是楚國苦縣厲鄉曲仁里人（今屬河南省）。孔子到周國時，曾經向他問禮，老子對他說：「子所言者，其人與骨皆已朽矣，獨其言在耳。且君子得其時則駕，不得其時則蓬累而行。吾聞之，良賈深藏若虛，君子盛德，容貌若愚。去子之驕氣與多慾，態色與淫志，是皆無益於子之身。吾所以告子，若是而已。」[31]孔子回去後，對弟子稱讚說：現在見到了老子，彷彿見到了龍一樣。老子的學說以「自隱無名」為要，後來見到周室衰落，遂西出函谷關，函谷關令尹喜遇到他，要他為之著書，這便是五千言的《道德經》。

然而，老子的歷史身份不只一說。《史記》〈老子韓非列傳〉列出老子的身份還有另外兩種傳說：一是老萊子，因為老萊子也是楚人，且著有道家書籍，和孔子生活在同一時代；二是太史儋，《史記》記載：「或曰儋即老子，或曰非也，世莫知其然否。」[32]可見司馬遷對此說也不盡信，只是記載下來聊備一說。

《道德經》亦稱《老子》，分為上下兩篇，名為《道經》和《德經》，目前有傳世本、楚簡本、帛書本、北大漢簡本四個系統。傳世本《道經》在前，《德經》在後，為歷代學者註解，版本眾多，影響較大者有王弼註本、河上公章句本等等。郭店楚簡本是目前可以看到的《道德經》最早版本，於1993年在湖北省荊門市的郭店楚墓一號墓出土，約成書在戰國中期，大約只有傳世本五分之二的內容，有甲乙丙三個版本，甲本較接近祖本，丙本文句較接近通行本和帛書本。馬王堆帛書本出土於1973年的湖南長沙馬王堆漢墓三號墓，《德經》在前，《道經》在後，分為甲本和乙本，甲本的文字沒有避諱漢高祖劉邦的「邦」字，文字在篆隸之間，因此年代應早於劉邦登基，而乙本文字為隸書，避諱「邦」字，但未避諱漢惠帝劉盈的「盈」字，可見產生於漢高祖時期。2009年，北京大學收藏的一批漢武帝時代的竹簡（北大漢簡本），也和帛書本一樣，《德經》在前，《道經》在後。因避諱等等問題，傳世本在文字上和原版本有了一定差異，如傳世本避諱漢文帝劉恆，故將「非恆道」改為「非常道」，而據帛書本，我們可知原文為非恆道。[33]《道德經》一書雖然只有短短五千字，但內容廣泛，涉及宇宙觀、人生觀、政治觀等方面，倡導清靜自然、無為而治，致虛極、守靜篤。

東漢末年，張道陵天師道在巴蜀漢中（四川）宣稱太上老君授天師「正一明威之道」而創立天師道教團（又稱五斗米道），奉老君為道祖，是道炁的化身。《老子想爾注》是早期天師道祭酒宣講老君信仰的教材。《老子想爾注》注釋「載營魄抱一能無離」一句說：「一者道也……，一在天地外，入在天地間，但往來人身中耳，都皮裡悉是，非獨一處。一散形為氣，聚形為太上老君，常治崑崙，或言虛無，或言自然，或言無名，皆同一耳。」[34]《老子想爾注》中，太上老君是道，為道炁聚形而成。

東晉葛洪《神仙傳》亦記載了許多有關老子的神異說法，比如老子先天地而生，是天之精魄，其母懷胎七十二年，生而白首，所以稱之為老子。[35]不過，與天師道稍異，葛洪的說法則淡化了老子的先天神聖性，認為老子是「得道者」、「得道之尤精者，非異類也」，老子之術為「恬淡無慾，專以長生為務者」。[36]

在南北朝時期，太上老君（老子）的神格地位有進一步發展，《真靈位業圖》中，老子位於第四中位，稱太清太上老君，「為太清道主，下臨萬民」[37]，居太清境太極宮，除去先天神性、道炁化身之外，老子的居所在此時也漸漸明晰。《魏書·釋老志》也稱「道家之原，出於老子。其自言也，先天地生，以資萬類。上處玉京，為神王之宗；下在紫微，為飛仙之主。」[38]《魏書·釋老志》記載了老子先天地而生，為神王之宗、飛仙之祖。南北朝時的《太上老君開天經》記載，老

君在混沌未分的太初之時，由虛空而下，成為太初之師，口吐《開天經》一部，四十八萬卷，以教太初，之後，太初始分別天地清濁，剖判滓溟鴻濛。[39] 又經九宮之時，老君口吐《乾坤經》，乃開闢天地。如是經歷了洪元、混元、太初、太始、太素、混沌、九宮、元皇等歷劫階段之後，到人間則經歷了三皇五帝夏商周等階段，老君亦屢次變化下降為師，或號無化子、大成子、隨應子等，並曾分別授《元皇經》、《元陽經》、《太微經》等天書。[40]

唐代儀鳳四年 (679)，高宗命人編修《玄元皇帝聖紀》十卷，記載老子生平事跡，此書今已不傳，南宋謝守灝有《混元皇帝聖紀》，卷二言：「太上老君乃大道之宗祖，三才之本根也」。[41] 太上老君在此被認為是大道之宗，三才之本。

元末，趙道一的《歷世真仙體道通鑒》（以下簡稱《仙鑒》）、《歷世真仙體道通鑒後集》（以下簡稱《仙鑒後集》），則增加了老子的出身傳說。除了老子之外，也記載了其母無上元君的事跡，堪稱前代仙傳之集大成者。稱浩劫以來，有聖人名太上老君，歷代降臨為帝者之師。到了殷陽甲十七年從太清境分神化氣下降，託孕玄妙玉女，懷胎八十一年，生而白首，所以號為老子，後來在亳州騎白鹿升天，周文王時任守藏史、武王、成王時為柱下史，後西出函谷關。《仙鑒》中還記載了老君向門人弟子傳授內丹修煉之法的文字。《仙鑒後集》則補充了老子之母的生平事跡，老子之母在武則天時被封為「先天太后」。《酉陽雜俎》也記載了老君之母為玄妙玉女。[42]《仙鑒後集》在前代材料基礎上，完整記錄了老子之母的生平，老君想誕生人間，和光同塵立其教，於是令玄妙玉女下降，為天水尹氏之女，名益壽，嫁給仙人李靈飛，老君分神化氣，託生於她。在無上元君之後，《仙鑒後集》還記載了一位太一元君，老君遠遊山澤時曾經問道與她。太上老君的仙傳體系在這裡得到了整合與完備。

太上老君作為道教主神之一，歷代也屢受官方的敕封。李氏王朝得國之後，因為和老子同姓，故而追溯老子為先祖，唐高宗尊為「太上玄元皇帝」，唐玄宗又尊其為「大聖祖高上大道金闕玄元天皇大帝」。到北宋真宗大中祥符六年 (1013)，老君被加號為「太上老君混元上德皇帝」。在明清章回體宗教小說如《西遊記》、《封神演義》中，道教太上老君都有著重要戲份，這也體現了時人心目中，太上老君信仰的流行及其尊崇的神格地位。

太上老君（道德天尊）往往供奉於道觀三清殿之中，如上所說，三清即指玉清、上清、太清，分別為元始天尊、靈寶天尊、道德天尊。亦有如廣州三元宮一般，獨立設置老君殿。太上老君神誕日為陰曆二月十五日，亦稱道祖聖誕日。這一天道觀多舉行儀式祈福慶祝。

第三節　孚佑帝君呂祖

呂祖，又稱孚佑帝君、孚佑上帝，為元明以來，迄至現今道教信徒供奉的的重要神明之一。在降世以前，呂祖本來屬先天之質（或稱「仙體」）[43]，因受元始天尊之敕命，化生下界，為三教之祖師，遍歷百千乩壇，飛鸞演教，降授修真秘旨，誓願眾生成道。在其修行功成，證果仙階時，呂祖的仙階地位還被尊奉為位居金闕之中的上界真仙，位列玉清真宰（稱「文尼至真皇人」），眾真仙的領袖，並且擔任為天雷上相，掌管道教雷法之法派祖師。

乾隆九年（1744）劉體恕等彙輯的涵三宮本《呂祖全書》（三十二卷），共輯有九首〈呂祖誥〉，其中一首〈興行妙道天尊誥三〉記載呂祖在玉清仙境的仙階和職能為：「玉清內相，金闕選仙，化身為三教之師，掌法判五雷之令。……開山啟教，玄應祖師，天雷上相，靈寶真人，演正警化孚佑如妙通帝君，興行妙道天尊。」[44]這首〈呂祖誥〉尊稱呂祖為「玉清內相」，另有說呂祖位處「玉清真宰」仙階，又或稱為「玉都師相」。[45]「玉都」，指元始天尊所居之聖境玉京山；「師相」，包含三教祖師和玉清內相的兩種意思。其次，「金闕選仙」一詞亦對應了道光年間傅金銓（號濟一子）校刊的《樵陽經》所提及呂祖應龍沙讖的說法，即是呂祖「承帝命主教五陵，作選仙會長」。[46]第三，呂祖在南北二宗之外，開山啟教，被稱為「玄應祖師」。「玄元廣法天尊誥」解釋說：「佛號光圓自在，道稱玄應祖師。」[47]第四，除了成道證位，晉階為玉清內相，呂祖的仙職法力亦增加了「掌法判五雷之令」。兼掌「五雷之令」，是指呂祖兼管五雷正法，列位「天雷上相」，能召役雷霆，代天懲惡揚善。雷法是在北宋以後成熟的道教的重要法術：「雷法的最大特色，就在於以役使雷部諸神為行法的基礎。」[48]宋元道教雷法的特色是形成了以「九天應元雷聲普化天尊」為首而下轄三十六雷部眾神的龐大系統，例如《九天應元雷聲普化天尊玉樞寶經集註》稱：「九天者（應元雷聲普化天尊）乃統三十六天之總司也，始因東南九炁而生，正出雷門，所以掌三十六雷之令，受諸司府院之印，生善殺惡，不順人情。」[49]依照雷法傳衍的傳統而言，呂祖「掌法判五雷之令」的說法，即表示說呂祖亦如九天應元雷聲普化天尊一樣，統三十六雷部眾神，能召遣雷部諸神行法。

乾隆《呂祖全書》卷三十二所收的〈呂祖誥〉試圖解釋先天神呂祖與在世間度人的呂洞賓兩者之間的關係：「（呂祖）本來先天之質，復產下界之身。」[50]對此先天呂祖化身肉人，降世濟度世人的信仰，早在元代至大三年（1310）全真教道士苗善時（活躍於1324年）所編的《純陽帝君神化妙通記》已有記載。苗善時記敘呂嵒（字洞賓）於唐德宗貞元十四年（798）出生時的超凡景況：「眾見有一白鶴自

天飛下,竟入房帳中不見。(呂)母氏正寢,亦夢驚覺。即真人降生。」[51]編撰於康熙七年(1668)的《玉清純陽慈航無極寶懺》卻稱是玉皇至尊在兜率凌霄宮敕令孚佑真人降世,化生呂宅,演經度人。[52]

北宋初以來,神仙呂洞賓顯化度人的事蹟開始廣泛流傳;[53]及至元代,據說「雖樵童牧豎婦人女子皆知之。」[54]有關呂洞賓的神仙顯化事蹟很早已經出現在兩宋士大夫所著述的筆記、詩集及道教鍾呂內丹修煉的文獻中。[55]及至元明至清中葉,相繼出現各種收集呂洞賓顯化度人事蹟的文集。例如,現存明嘉靖三十七年(1558)河北邯鄲縣重刊的《純陽呂真人文集》,就收錄了南宋以來70則呂洞賓顯化度人的故事。根據道教思想,「顯化度人」的意思,是指神明顯其變化之蹟,以達到開度教化的救世功能。明代《正統道藏》收錄的元本《梓潼帝君化書》,其〈序〉一開首便解釋「化有二理」:「有變化之化,有教化之化。自昔為今,以幼壯為老死,以老死為嬰稚,此變化之化。三綱五常,是非邪正,上以風動其下,下以獻替其上,此教化之化。」[56]70則呂洞賓顯化度人的故事就是記載其以分身變化之蹟,顯明教化度人之意。不過,以清代《呂祖全書》為例,呂洞賓神仙變化之蹟,卻又從分身化蹟轉化為飛鸞闡化之法,降筆於人間,以示神明之理,俾達開化度人之果。[57]

呂祖信仰的另一主要的內涵是包括了唐宋以來道教內丹修煉的傳統,即是所謂鍾呂內丹術——由鍾離權授予呂洞賓修煉金丹的傳統。關於這個傳說,北宋士人的筆記已多有記載,例如陳師道的《後山談叢》:「道者呂翁某,初遇鍾離先生權,授以乾汞為白金法。」[58]南宋紹興二十七年(1157),吳曾的《能改齋漫錄》收錄一篇出自岳州的〈呂洞賓自傳〉石刻傳記。這篇自傳記述呂洞賓在遊華山(不是廬山)時遇見了仙人鍾離權,並受傳「金丹大藥之方」。[59]到北宋末,被歸到鍾呂二人名下的內丹經已在社會上廣泛流傳。例如宋徽宗時期的《宣和書譜》卷十九提到了兩部相關作品:《鍾呂傳道集》和《秘傳正陽真人靈寶畢法》。相傳由中唐時施肩吾傳出有關鍾離權授呂洞賓內丹術的《鍾呂傳道集》,最晚編成於十一世紀後半期。[60]此外,據說出現在北宋初,託名呂洞賓的《沁園春》丹詞對後世道教內丹術影響也很大,歷來有不少註解者(見明《道藏》所收《呂純陽真人沁園春丹詞註解》)。南宋胡仔(活躍於1147年至1167年)《苕溪漁隱叢話後集》卷三十八記曰:「呂仙有《沁園春》一闋,明內丹之旨,語意深妙,惜乎世人但歌其詞,不究其理,吾故表而顯之。」[61]

入元以後,全真教大行其道,呂祖(呂洞賓)信仰進入另一個發展階段,這是屬於由元代全真教道士和信徒推動的新階段。至大三年(1310)二月,元武宗

海山皇帝賜號全真教五位祖師 ——東華教主、正陽鍾離真人、純陽呂真人、海蟾劉真人及重陽王真人，除了東華帝君已於至元六年（1269）被授予「帝君」的封號，其餘四位祖師都被贈予「帝君」的尊號。呂洞賓曾得宋徽宗賜贈「妙通真人」尊號，[62] 及元至元六年，被封為「純陽演正警化呂真君」，至大三年，呂洞賓又被官方晉封為「純陽演正警化孚佑帝君」。[63] 以元代全真教道士苗善時編成於1324年前後的《純陽帝君神化妙通記》（共七卷）為證，當時呂洞賓已被全真教納入其「道統」裡，成為其教派中，自太上老君那裡繼承道統的第三位祖師。苗善時記述的呂洞賓成為了其他聖人、神仙無可比擬的偉大祖師：「帝君自冠以來，不肯婚娶，寶貴精神，豈非身體髮膚不敢毀傷乎。篤志修真，心澄性朗，養浩樂天，名揚後世，豈非全德要道以顯父母乎。況繼嗣玄元道統，名襲紫府仙宗，為天人聖師，神化無方，隱顯莫測，豈可以常賢聖共語哉。」[64]

　　從明代永樂二十年（1422）至萬曆十一年（1583）的一百六十年間，至少有五種收錄了《純陽呂真人文集》的傳本（包括永樂二十年、正統十年〔1445〕、成化七年〔1471〕、嘉靖三十七年〔1558〕及萬曆十一年）。[65] 萬曆三十五年（1607），由第五十代天師張國祥奉旨續刻的一百八十卷《續道藏》第一次正式把呂祖文集收入官方刊刻的《道藏》裡。[66]《續道藏》收入《呂祖志》六卷。卷一至卷三為「事蹟志」，除〈真人本傳〉外，收錄八十六則呂祖顯化度人的故事。卷四至卷六為「藝文志」，收錄呂祖的詩、詞、歌及雜曲，共二百四十九首。《續道藏》本《呂祖志》之前，另有一部三卷本《呂祖志》，為江夏縣（今武昌）呂祖弟子郭倫和張啟明於萬曆三十四年（1606）編成，[67] 這應該是《續道藏》刊本的底本。

　　明代中葉之後，呂祖信仰發展到了新階段，即呂祖會降乩度世，信徒通過扶乩的手段，直接和呂祖溝通，以獲得指示。以呂祖信仰為核心的文人乩壇相當興盛，成為明清道教最重要的發展趨勢之一，大量呂祖降乩而成的道教經典出現。[68] 在乾隆九年（1744），江夏涵三宮弟子合力編纂了《呂祖全書》，這是呂祖降乩的經典合集。卷二收錄了呂祖靈應事跡，對比萬曆十一年雲石楊良弼校勘的《純陽呂真人文集》，可知《呂祖全書》在此基礎上收錄了71則呂祖顯化故事，又增補了32則呂祖靈應故事，以降乩示現、度化世人為主，如〈詩贈笠翁〉、〈古文墨跡〉等等。扶鸞降乩可以讓弟子和神明直接溝通，直接獲得神明的指示，呂祖通過降乩度脫弟子，是前代記載中顯化人前之外的另一種方式。而隨著呂祖乩壇的盛行，呂祖仙階也得到不斷上升，在不斷湧現的飛鸞降示經典中，呂祖的神格地位提升到了「特晉階玉清真宰，道極無為，至玄至聖，萬炁持衡，孚佑現化三教宗師，衒元廣法天尊，圓通文尼真佛」。[69] 康熙本《清微三品

經》開篇即述説該經是由俒元廣法天尊呂祖降授的靈文:「爾時,俒元廣法天尊在玉清聖境清微宮中,與諸大天尊、無極神王、飛天大聖,同詣元始座下,推閱劫會,檢錄俒圖。…… 於是天尊於甲申歲(1704)[70],開壇結制,與諸弟子闡演靈章。」[71]

嘉慶九年(1804)清廷正式將呂祖納入正祀,敕封呂祖為「燮元贊運純陽演正警化孚佑帝君」,由禮部飭令各省直地方通祀呂祖,這個官方封祀亦是由乩壇中的呂祖弟子直接推動而達成的。[72]據嘉慶九年十一月十七日由刑部尚書姜晟、兩江總督陳大文與河東河道總督吳璥拜發「祀謝河神恭請御筆并懇請加呂祖封號由」的奏折,事件起緣是江蘇淮安府清河縣清江浦的河口淤塞及水淺而造成了漕運阻塞問題,因此河道大臣姜晟、陳大文、吳璥等「恭賫御香,敬詣清江浦呂祖師廟虔申祈禱」,到十一月初四日,據説:「河口即得通順,靈感昭著,信而有徵」,因此之故,他們上奏請求崇封呂祖,懇加封號。[73]《呂祖全書正宗》卷首的〈祠記〉收錄了另一篇由吳璥撰寫的碑記:〈浙江平湖縣新建孚佑帝君東南第一觀碑記〉。據光緒《平湖縣志》,嘉慶九年南河總督吳璥創建呂祖東南第一觀。[74]吳璥在碑記落款自署為「太子少保兵部侍郎江南河道總督錢塘吳璥敬撰」。他於嘉慶九年(1804)冬奉朝廷之命,前赴江蘇淮安府清河縣處理清江浦河口淤塞及水淺而造成漕運阻塞的問題:「璥於(嘉慶九年)十一月初三日,偕督臣陳公大文,漕臣吉公綸,恭詣清河縣孚佑帝君廟,而昭告之。是夕湖流陡漲,漕艘數千,銜尾南下,寮屬臚歡,皆感帝君之神化。璥達其事於朝,並請褒封崇祀,以答靈貺。」[75]

清中葉至晚期,在廣東興起了的呂祖信仰活動,當時珠江三角洲地區創立的道堂中,大部分都供奉主神呂祖,許多道壇以文人和商人為主導,通過扶乩這一神明降世的方式,來獲得神明的指引,並刊行善書。這種宗教現象已獨立於全真教之外,是扶乩信仰和呂祖信仰相結合的結果。在當今的香港,許多道堂組織都可見其與呂祖信仰的淵源和影響,他們往往自稱「全真演教,龍門正宗」,進行扶鸞降乩、刊行善書、慈惠濟世等活動。[76]

三元宮之呂祖殿,光緒二十八年(1902)由住持梁宗琪主持重修,從〈重修呂祖殿碑記〉所附錄之捐助名單來看,這次重修得到了地方士紳的鼎力相助,宮內弟子也出力甚多,並由知名文人伍銓萃撰寫碑文,以紀其事,足見得當時呂祖信仰在嶺南地區的重大影響力,以及三元宮對於呂祖殿的重視。

第四節　關聖帝君

關聖帝君，又稱關帝，原為三國時武將關羽（約160–220），身後世人祭祀不輟，由人而神。歷代王朝不斷加封其爵位，加之戲曲小說等的傳誦和渲染，使關羽成為了忠義和勇武的化身，在民間發生了巨大的影響。同時官方也希望藉助關羽的忠義，強化民眾的忠君愛國思想，於是歷代崇祀關羽，並且給關羽遞加封號，使得關羽由侯而王，由王而帝，關帝崇拜因而不斷普及，廟宇遍佈天下。

關羽，字雲長，本字長生，河東解（今山西運城）人，建安四年（199）受封為漢壽亭侯。建安二十四年（219），關羽圍襄樊、擒于禁、斬龐德，曹操派徐晃前來增援，東吳也在這時背棄了盟約，派陸遜、呂蒙偷襲荊州，關羽因此兵敗被殺，後由蜀漢後主劉禪諡為壯繆侯。

關羽信仰最初起源於荊州玉泉寺附近，最遲在唐中時被本地民眾所祭祀。[77] 根據唐宋時期諸多筆記材料的記載，關羽在當時仍殘存著厲鬼的形象，當地對關羽的記載，屬於古代厲鬼信仰的一種。在六朝時期，「敗軍死將」信仰大行其道，這些厲鬼由於死於非命和怨氣，會給社會帶來危險，需要祭祀供奉以安撫；另一方面，也因為橫死而具有力量，能保佑信仰、祭祀其的民眾。李豐楙就此現象指出，大災之後必有大疫，六朝所供奉的敗軍之將，在當時大多都是鬼主和瘟神。[78] 江南地區多建有奉祀厲鬼的祠廟。[79] 然而，在六朝時期的道教經典如《真誥》、《真靈位業圖》中，都沒有關羽信仰的記載。

唐代建中三年（782），朝廷將漢壽亭侯關羽等古今名將凡64人列為「武成王廟」（即姜太公）的配享，雖然地位不高，但關羽就此進入國家祭典配祀的地位。[80] 據《宋史·禮志八》記載，與「文聖」孔子相對的「武聖」仍是「昭烈武成王」姜太公；宋初，關公是不配享祀資格的。到了宋真宗時期（998–1022）關羽恢復了配祀的地位。宋徽宗崇寧元年（1102）追封關羽為「忠惠公」；崇寧三年（1104）又以道教神靈封號追封為「崇寧真君」。《大宋宣和遺事》記載崇寧五年（1106）張天師請關羽神靈斬在解州作祟的鹽池怪。這一神話更使得關羽的名聲大噪。大觀二年（1108）宋徽宗又加封關羽為「昭烈武安王」，宣和五年（1123）再被封為「義勇武安王」。[81] 此時關羽的封號從「公」升格為「王」。南宋建炎二年（1128），關羽被封「壯繆義勇武安王」，淳熙十四年（1187）時，關羽的封號累積更長，而其威靈更加顯赫，被封為「壯繆義勇武安英濟王」，蓋以其具有「英靈濟世」的神能。[82]

兩宋時期出現的道經《太上大聖朗靈上將護國妙經》，稱關羽為「義勇武安王漢壽亭侯關大元帥」，將朝廷敕封「義勇武安王」納入道教經典，並賦予關羽「元

帥」之銜，他在此經典中為玉帝敕封的「三界都總管雷火瘟部冥府酆都御史」。南宋建炎二年，關羽被封壯繆義勇武安王，淳熙十四年（1187）時，封號加為壯繆義勇武安英濟王。

宋代以後，關羽的官方神格地位是不斷提升的。元代文宗天曆元年（1328）加封關羽為「壯繆義勇武安英顯靈濟王」，這一封號依然延續了宋代的傳統。明代，朱元璋得國之後，曾短暫地禁絕了祠廟，廢除了關羽在宋元獲得的敕封。然而洪武二十七年（1394），關羽廟在雞鳴山建立，為「十廟」之一，遷都北京後，亦在北京修建關羽廟。在國家祀典中，關羽成為重要的武神，與岳飛共同被祭祀。關羽稱帝，一般認為始於明萬曆年間，明萬曆二十八年（1600）敕封關羽為「協天護國忠義帝」；萬曆四十二年（1614）又封為「三界伏魔大帝神威遠鎮天尊關聖帝君」。在被敕封為「關聖帝君」，得享配祀天神的地位之前，關羽仍處「侯王」的地位。因此，在明天順五年（1461）黃諫所撰的〈重修關將軍廟記〉及〈關武安王祭文〉仍記載「國爵之（關羽）為王，諡之為武安，廟之為義勇」。

清代的關帝信仰特別興盛，一般稱祭祀關羽的廟宇為關帝廟，又稱武廟，以與祭祀孔子的文廟相對。然而從明末以來，地方官與平常百姓就已經努力把祭祀關羽的規制向祭孔的禮儀看齊。康熙三十一年（1692）江蘇淮陰人盧湛編纂的《聖蹟圖志》就展示了士大夫將關羽與孔子並列的決心。[83] 滿清入關即敕封關羽。事實上，清代把對關羽的崇拜推上了歷史的最高峰。據《大清會典》，順治九年（1652）關羽被封為「忠義神武關聖大帝」，康熙五年（1666）被封為「忠義神武靈佑仁勇威顯關聖大帝」。與前代相比較，清代對關羽的封諡多有「忠義」二字。到了光緒五年（1879）關羽的封號累積多至26字，全稱為「忠義神武靈佑仁勇威顯護國保民精誠綏靖翊贊宣德關聖大帝」。關聖帝成為護國保民，維持人間秩序，綜理萬事的大神。

清代，武廟（關帝廟）雖與文廟一樣遍天下，然而武廟除了官方掌祀外，民間所立祠堂亦多，彰顯了關帝廟同時具有官方性與民間性的特點，正如廣州禺山麓舊巡撫署旁關帝廟的碑文所載「天下皆祀（關帝）」：「然後世之祀神也，鄉人祀之，荊蜀祀之，可也，而天下皆祀之。天下之祀，有夏有夷，有老有釋，有鬼有機，不能合而一也，獨於神祀合之而無一遺，何耶？」[84] 廣州河南小港有一座關帝廟，嘉慶十年（1805），謝蘭生（1760–1831）撰〈增修關帝古廟碑記〉稱：「武廟與文廟遍天下。然文廟祀典嚴重，職以學官，毋敢擅立。惟武廟自官司掌祀外，凡墟里聚落，皆得擇地它材，設位塑像，以申其敬。」[85] 碑文認為民間祭祀關帝的神廟遍天下的原因，是「忠義之感發於人心」。其實民間對關帝的崇信，除了感動於關羽的忠勇之外，更多是信奉關聖帝具有司命祿、祐科舉、消災治病、驅

邪避惡、懲罰叛逆，乃至招財進寶、庇護商賈等全能神力。

　　光緒二十年（1894），成都二仙庵《重刊道藏輯要》收錄了一部《懺法大觀》，其中收有《關帝懺》。從道教的角度，關聖帝在天界所具有的神能與神職為：「太上神威，英文雄武。精忠大義，高節清廉。協運皇圖，德崇演正。掌儒釋道教之權，管天地人才之柄。上司三十六天星辰雲漢，下轄七十二地土壘幽酆。秉注生功德，延壽丹書；執定死罪過，奪命里籍。考察諸佛諸神，監制群仙群職。高證妙果，無量度人。至靈至聖至上至尊伏魔大帝關聖帝君，大悲大願大聖大仁真元顯應昭明翊漢靈佑天尊。」[86]

　　清代流行的扶乩活動中，關帝信仰也扮演了重要的角色。比如光緒二十年廣州爆發了鼠疫，廣州的一個宗教團體「同善社」曾經通過扶乩使關帝顯靈，關帝告訴了人們瘟疫爆發的原因和消除的辦法。同時，關聖帝君也降下了不少善書，如《關聖帝君覺世真經》，來指示世人向善修道。這一時期關帝信仰的大幅傳播，除了官方崇奉、小說影響之外，關帝扶鸞降下之善書的流傳，也起到了重要作用。[87]關帝降示的鸞書寶訓在清代流傳的地域範圍極大，其中一部分充滿了「救劫」的思想。《覺世經》、《明聖經》二書，構成了關帝善書系統的主體，加上靈驗記、勸善文、靈籤等，已經儼然形成系統。嘉慶年間，清人將《關聖帝君覺世真經》和《太上感應篇》、《文昌帝君陰騭文》等書合編，書名題為《聖經彙編》（或「三聖經」或是「三聖人之書」），足見關帝善書在當時的巨大影響力。[88]關帝善書的風行，也是清代扶乩道堂盛行的一種體現。明末清初以來，宣講聖諭和誦讀善書的習俗，常見於兩湖、四川等長江流域地區，以講故事的形式，勸人向善，成了一種流行的民間文藝形式。在宣講善書之外，善信團體也經常念誦並踐行關帝經文和教誨。就廣東地區而言，崇正善堂就聘請專人講解文昌、關帝的善書經文，並刊書行善。「三聖經」亦用來教導發蒙孩童，甚至在書院中宣講。[89]

　　總結而言，關帝的神明形象之歷史發展和多面性，來自於一種刻畫、加工、疊增的複雜過程，國家、士大夫和地方廟宇信眾基於各自的需求，為關帝神話增加豐富的多面性內容。[90]

第五節　觀音

　　觀音本是佛教神祇，全稱觀世音菩薩，梵語為「Avalokite vara」，名號意為「觀察世間音聲覺悟有情」，《妙法蓮華經·觀世音菩薩普門品》說：「若有無量

百千萬億眾生，受諸苦惱，聞是觀世音菩薩，一心稱名，觀世音菩薩即時觀其音聲，皆得解脫。」[91]《妙法蓮華經》還提到，只要一心頌念觀世音菩薩的名號，就能解脫苦難。〈普門品〉也說，觀音有多種化身，行游各地，解脫眾生，這三十三身為：佛身、辟支佛身、聲聞身、梵王身、帝釋身、自在天身、大自在天身、天大將軍身、毘沙門身、小王身、長者身、居士身、宰官身、婆羅門身、比丘、比丘尼、優婆塞、優婆夷、女長者、女居士、女宰官、婆羅門婦女身、童男身、童女身、天身、龍身、夜叉身、乾闥婆身、阿修羅身、迦樓羅身、緊那羅身、摩睺羅伽身、執金剛身。由於觀音有多種化身，在宗教傳說和民間信仰裡，觀音也以多重的形象示人，最為常見的是千手千眼觀音、魚籃觀音、送子觀音、水月觀音等等。

觀音雖然是起源於印度的佛教神明，然而在佛教傳入中國後，在漢地有極大影響力。觀音經歷了一個漫長的中國化過程，其成佛前的身份，在宋代河南汝州香山寺刊刻的《大悲菩薩傳》中記載，[92] 觀音化身妙莊王的三公主妙善，自小崇信佛法，決定出家為尼，妙莊王恨其不孝，將其趕出王宮。後來妙莊王身染怪病，需要親生女兒的手和眼睛配藥才能痊愈，但是長女和次女堅決不肯，妙莊王來到香山，向香山仙長求治，卻發現香山仙長竟然是自己的三女兒妙善，而妙善聽到來意後，毫不猶豫地斷臂挖眼，神明也為其所感，讓妙善長出了一千隻眼和一千雙手。妙莊王大受感動，命令在香山修建寺院，供奉妙善，也就是觀音。這個故事在明代被改寫成《香山寶卷》，糅合了眾多佛教教義，擴寫了妙善的故事，成為明清期間最有影響力的寶卷之一。

觀音保佑人們生兒育女的說法，在《妙法蓮華經》中，就稱供奉觀音菩薩可以求男得男，求女得女。傳統中國有追求多子多福的觀念，於是觀音送子的作用漸漸轉向求嗣。《太平廣記》引六朝時的《冥祥記》，就是向觀音求子的故事。劉宋時期的居士卞悅之，年過五十，正妻和小妾都沒有子嗣，於是他發願誦觀音經千遍，誦完之後，其妾室立刻懷孕並生下一名男丁。觀音也成為中國人求子嗣的神祇。[93]

另一個在中國民間有著極大影響力的觀音形象是魚籃觀音，這種形象並不見於佛經。其在宋明期間逐漸建立起來，形象為仕女模樣，手持裝有魚兒的花籃。這一形象來自「金沙灘頭馬郎婦」的典故，據說在唐元和年間，觀音曾化身為一位提籃賣魚的美麗女子，稱能背誦《普門品》、《金剛經》、《法華經》的男子，便能娶她為妻。而後馬家的兒子達到了她的要求，在成婚之後，這位女子立馬去世，墓中只留下一副黃金鎖子骨。經過僧人提醒，馬氏郎才知道是觀音現身點化。

道教亦吸收了佛教的觀音信仰，觀音被納入道教的神祇系統，名為慈航真人。這種說法主要見於明代的仙傳和小說，可見流行時間比較晚近。收入《萬曆續道藏》的《搜神記》[94]一書，卷三就有「南無觀世音菩薩」的傳記，此篇傳記主要內容和《大悲菩薩傳》、《香山寶卷》的妙善公主故事一致，妙善拒不成婚，出家修行，經歷了種種波折考驗，後來剜目斷手救父，其時道成，成為了千手千眼觀音。明代的《歷代神仙通鑑》就記載，觀音是普陀落伽岩潮音洞中的「女真」，這一用詞體現了觀音的道教身份。相傳觀音在商代時就在此修道，已得「神通三昧」，發願普度人間，以丹藥和甘露水度脫世人，被南海人稱為慈航大士。在明代的章回體道教小說《封神演義》中，慈航道人是元始天尊的十二位弟子之一，位列十二金仙，幫助姜子牙輔周伐紂。書中，慈航道人後來入西方釋教（佛教），稱為觀世音菩薩。《封神演義》的處理，則為原本是佛教神明的觀音構建了道教出身，將佛、道兩教的身份圓融地統一在慈航道人一身。

第六節　鮑姑

　　鮑姑，東晉人，南海太守鮑靚之女，葛洪之妻，被推為我國醫學史上第一位女針灸家。[95]鮑靚夙事修道，鮑姑幼承庭訓，修習道術和醫術，鮑靚為她在越秀山南麓建立越岡院，供她修道，葛洪曾拜鮑靚為師，向他學習道術。鮑姑嫁給葛洪後，與葛洪隱居羅浮山，煉丹行醫。據葛洪《肘後備急方》所論的灸法治療，相信是出於鮑姑行灸的實踐。

　　當今有關鮑姑的文獻記載，主要有兩個來源，其一是《墉城集仙錄》為代表的仙傳系統，其二是《太平廣記》卷三十四〈崔煒〉，出裴鉶《傳奇》。「前者以記述鮑姑之家世生平為主線，後者則取崔煒故事中關於鮑姑艾的傳說。」[96]

　　首先，《墉城集仙錄》有關鮑姑的記載，主要來自《真誥》有關鮑靚的記載，值得注意的是，《墉城集仙錄》此篇雖然傳主是鮑姑，然而主要的寫作線索卻是鮑氏家族的修道傳統與葛洪的事蹟：

> 鮑姑者，南海太守鮑靚之女，晉散騎常侍葛洪之妻也。靚字太玄，陳留人也。少有密鑒，洞於幽元，沈心冥肆，人莫知之。靚及妹並先世累積陰德，福逮於靚，故皆得道，姑及小妹並登仙品。靚學通經緯，後師左元放，受中部法及三皇五嶽劾召之要，行之神驗，能役使鬼神，封山制魔。

東晉元帝大興元年戊寅（318），靚於蔣山遇真人陰長生，授刀解之術。累徵至黃門侍郎，求出為南海太守，以姑適葛稚川。稚川自散騎常侍，為煉丹砂，求為句漏縣令。太玄在南海，小女及笄，無病暴卒。太玄時對賓客，略無悲悼，葬於羅浮山，容色若生，人皆謂為尸解。靚還丹陽卒，葬於石子崗，後遇蘇峻亂，發棺無尸，但有大刀而已。賊欲取刀，聞塚左右兵馬之聲，顧之驚駭中間，其刀訇然有聲，若雷震之音，眾賊奔走。賊平之後，收刀別復葬之，靚與妹亦得尸解之道，姑與稚川相次登仙。[97]

楊莉的鮑姑研究指出，鮑姑是這篇傳記裡鮑氏家族線和葛洪姻親關係的交匯點，她並非真正的傳主，而以鮑靚之女、葛洪之妻的身份存在。[98]在《墉城集仙錄》中，鮑氏家族有兩位女仙，分別是鮑靚之妹和鮑姑。鮑靚和其妹本是前世同修，今世轉生為兄妹，最終得道成仙，鮑靚之妹在《真靈位業圖》中，位居第六階位的女仙位。[99]鮑靚小女及笄之年無病暴卒，人皆謂尸解而去。然而在此時，鮑姑並未被《真誥》或《真靈位業圖》記載。後來杜光庭為鮑姑立傳，將鮑靚之妹、鮑靚小女收歸鮑姑名下，也體現了鮑姑影響在唐代的擴大。[100]

其次，鮑姑艾灸的記載，則來自唐代裴鉶所作的《傳奇·崔煒》篇：貞元中，有崔煒者，故監察向之子也。……居南海。……時中元日，番禺人多陳設珍異於佛廟，集百戲於開元寺。煒因窺之，見乞食老嫗，因蹶而覆人之酒甕。當壚者毆之。計其直僅一緡耳。煒憐之，脫衣為償其所直。嫗不謝而去。異日又來告煒曰：「謝子為脫吾難。吾善灸贅疣。今有越井岡艾少許奉子，每遇疣贅，只一炷耳，不獨愈苦，兼獲美艷。」煒笑而受之。嫗倏亦不見。後數日，因遊海光寺，遇老僧贅於耳。煒因出艾試灸之，而如其說。[101]

〈崔煒〉篇雖然傳主為崔煒，但鮑姑艾灸卻是貫穿全篇的重要線索。崔煒曾見一老婦打翻酒甕被人毆打，崔煒憐憫她，於是脫下衣服替她賠償。老婦為了答謝崔煒，傳授給他越井岡之艾以及艾灸之術，崔煒因此救治病人無數，還曾進入南越王墓穴，並留下鮑姑艾。從此之後，「艾灸」這一元素真正融入了鮑姑的神仙形象，成為鮑姑信仰的重要元素。唐代之後，關於鮑姑及鮑姑艾的記載往往見於方志、類書、醫書以及文人詩集。楊莉認為「鮑姑行灸於晉而顯名於唐，與灸法在唐代的發展也息息相通。」[102]

到了宋代，鮑姑艾灸的傳說在民間有了重大影響力，甚至融入了歲時風俗。農曆五月五日有懸掛艾草的習俗，在宋代時，這一習俗和鮑姑傳說結合起來。明楊慎（1488–1559）《丹鉛續錄》卷六〈鮑姑艾〉載：「世傳鮑姑艾，五月五日曾灼龍女。鮑姑亦仙女流也，宋人五日帖子中有用此事者。」[103] 端午節所用的艾草兼有辟邪和醫藥的功能，鮑姑艾從而進入了端午節風俗。在端午節的神話裡，本來就有「龍」的意象，而鮑姑艾在五月五日曾灼龍女的記載，也將鮑姑艾灸的傳說，和端午節固有的龍的意象結合為一體，這也反映了艾灸技術在唐宋間的發展。直至清代，鮑姑艾的傳說在民間的節令風俗中均有重大的影響。因此，鮑姑和艾灸，不再僅僅是宗教形象與傳奇故事，同時也進入了地方社會和風俗民情。

　　鮑姑井，據傳是鮑姑行灸南海留下的古蹟，也成為嶺南地區重要的文化意象。傳說鮑姑井為鮑姑所掘，井水清冽甘甜，有卻病之功。《明一統志》卷七十九載：「越王井在越秀山，一名趙佗井，南漢劉氏號為玉龍井。鮑姑井在府城內，相傳晉鮑靚女葛洪妻所汲處。」[104] 鮑姑曾經汲水的鮑姑井，又名虬龍井。今存於三元宮內的虬龍古井，屬於鮑姑仙傳的標誌性遺蹟。今存於三元宮內刻於民國三十二年（1943）的〈廣東省廣州市粵秀山三元宮歷史大略記〉載：「越秀山右有鮑姑井猶存（《羊城古抄》），其井名虬龍，有贅艾即紅腳艾，藉井泉及紅艾為醫方，活人無算。」不過，現在三元宮虬龍井處是否即是當初鮑姑井的具體所在位置，學界未能確證。南宋末方信孺《南海百詠》提及鮑姑井已廢：「為覓丹砂到海濱，空山廢井已生塵。」[105] 可推知，南宋末到明朝年間，正是鮑姑井在歷史過程中失去具體所在位置的時間。[106] 雖然這樣，鮑姑艾灸所用的越岡艾草——紅腳艾[107]，及以井水煮藥，救治百姓的傳說也兼具了文化遺產和醫藥作用的雙重意義，今日三元宮開設艾灸服務，正是以道門醫術回饋社會。

　　三元宮的前身越岡院，是東晉時鮑姑修行的地方，三元宮也繼承了鮑姑以降源遠流長的道風。乾隆四十五年（1780），史巖澤出資修建了鮑姑祠，住持郁教甯為之作記，[108] 後來又翻新了鮑姑亭和鮑姑祠。民國時期，張信綱在虬龍井舊址處修建虬井古屋一間，紀念鮑姑得道的仙蹟。[109] 今日的三元宮，可以見到修葺一新的虬龍井和鮑姑亭，並有鮑姑寶殿，讓後人可以時時參拜懷古。

　　總結而言，鮑姑身為晉代女仙和醫學家，在《墉城集仙錄》中確立了女仙地位之後，又吸收了唐代傳奇的艾灸神話，從此在鮑姑的形象和傳說中，艾灸成了重要元素。後世的鮑姑仙傳通常將《墉城集仙錄》和〈崔煒〉艾灸故事結合起來，共同構建了鮑姑醫仙的形象。鮑姑形象，融合了宗教、民俗、風土人情、醫藥和古蹟等諸多方面，是了解嶺南道教史、醫學史及歷史地理的重要渠道。

第七節　財神

　　財神在人們心目中，是掌管財富、主管財運的神靈，人們通常向財神祈求，期望招財進寶、財運亨通，因而廣受普羅大眾的信仰。在通常的認知裡，財神分為文財神和武財神，財神有不同的說法，文財神一般為范蠡或比干，武財神一般是趙公明或關羽，如在北京白雲觀，財神殿供奉了三尊財神，一是文財神比干，二是武財神趙公明，三是武財神關羽。

　　趙公明又稱趙元帥，趙玄壇，也是雷部將帥和五方瘟神之一，早在六朝時期的《搜神記》和《真誥》中，就有了趙公明的蹤跡。《太平廣記》引《搜神記》說：「『上帝以三將軍趙公明、鍾士季，各督數萬鬼下取人。』莫知所在。祐病差，見此書，與所道趙公明合焉。」[110]《真誥‧協昌期》記載：「員三尺，題其文曰：天帝告土下冢中王氣五方諸神趙公明等，某國公侯，甲乙年如千歲，生值清真之氣，死歸神宮，翳身冥鄉，潛寧衝虛，辟斥諸禁忌，不得妄為害氣。當今子孫昌熾，文詠九功，武備七德，世世貴王。與天地無窮，一如土下九天律令。」[111]趙公明在《真誥》中司掌土下冢中事，在《搜神記》中則是瘟神。元代之《三教源流搜神大全》為趙公明構建了完整的出身，他姓趙，名公明，終南山人，在山中潛修，被張陵收為弟子，並讓他守護丹室，他能呼風喚雨、消災除瘟，為雷部神。[112]在道教小說《封神演義》中，趙公明是截教門人，後來被姜子牙封為「金龍如意正乙龍虎玄壇真君」，旗下有率領招寶天尊蕭升、納珍天尊曹寶、招財使者鄧九公和利市仙官姚少司。[113]可見在明代晚期，趙公明的財神形象已經確立了下來，並且有了作為財神掌管的仙班。

　　五路財神也有著悠久的淵源，初時亦名五通神，又名五顯，本是江南地區的山神，在《夷堅志》中就有不少記載，《夷堅丁志》卷十九「江南木客」條云：「大江以南地多山，而俗機鬼，其神怪甚佹異，多依巖石樹木為叢祠，村村有之。二浙江東曰『五通』，江西閩中曰『木下三郎』，又曰『木客』，一足者曰『獨腳五通』，名雖不同，其實則一。」[114]，宣和五年(1123)分別封五位神人為通貺侯、通佑侯、通澤侯、通惠侯、通濟侯，因名號皆帶有「通」字，故被稱為「五通」，後來屢次加封，亦被正統道教接受，宋元年間的道經《大惠靜慈妙樂天尊說福德五聖經》，其中就包含了五顯靈官大帝的名號、神威和信奉之功德，五顯分別是第一都天威猛大元帥顯聰昭聖孚仁廣濟福善王、第二橫天都部大元帥顯明昭聖孚義廣佑福順王、第三通天金目大元帥顯正昭聖孚智廣惠福應王、第四飛天風火大元帥顯直昭聖孚信廣澤福佑王、第五丹天降魔大元帥顯德昭聖孚愛廣成福惠王。[115]

五顯後來亦和佛教的華光菩薩結合，明代余象斗的《五顯靈官大帝華光天王傳》（又名《南遊記》），就是以五顯華光大帝作為主角的道教小說。五通神在《夷堅志》中，就有搬運金錢的神通，這也是當時的人們向祂們祈求財運的理由所在。

在三元宮內，財神殿供奉的是文財神比干，比干的歷史身份為殷商宗室，紂王之叔父，官至少師，曾以忠諫紂王而名傳後世。因此，比干也在死後得到了國封，元順帝追贈他為仁顯忠烈公，在《封神演義》中，比干被姐己陷害挖心，後被姜子牙封為「文曲星君」[116]，後來比干亦被人們奉為文財神，廣為供奉。

第五章

嗣法傳承

　　清初以來，廣州三元宮道士一直依承全真教龍門法派詩之法脈，代代相傳。龍門法派詩的四十字為「道德通玄靜，真常守太清，一陽來復本，合教永圓明，至理宗誠信，崇高嗣法興，世景榮惟戀，希微衍自寧。」然而，三元宮道士法脈傳承的史料卻十分匱乏，不論是宮觀、官方還是民間，鮮有保存道士方面的資料，以散佚的情況居多。但是，為了紀念這些為廣州三元宮做出過特殊貢獻的道士人物，本章利用宮內碑刻文獻、道經、檔案館資料等，盡力整理出三元宮道士的法脈傳承，並專闢小傳對部分住持道士予以介紹。

第一節　清代以來宮內道士名錄

字輩	姓名	身份	出處
陽	杜陽棟	康熙三十七年沖虛觀住持；相傳為三元宮全真教龍門派開山住持	陳伯陶〈羅浮補志述略〉(1920)、〈廣東省廣州市粵秀山三元宮歷史大略記〉(1943)
復	韓復兆	雍正三年住持	〈廣東省廣州市粵秀山三元宮歷史大略記〉(1943)
	梁復進		〈廣東省廣州市粵秀山三元宮歷史大略記〉(1943)
教	郁教甯	乾隆四十五年住持	〈鮑姑祠記〉(1780)、〈重修斗姥殿碑記〉(1785)、〈重修頭門三元殿碑記〉(1795)、〈廣東省廣州市粵秀山三元宮歷史大略記〉(1943)
永	黎永受	乾隆五十四年住持	〈重修斗姥殿碑記〉(1785)、靈官殿棟木(1786)、〈重修頭門三元殿碑記〉(1795)
圓	楊圓炯	乾隆五十八年住持	〈重修頭門三元殿碑記〉(1795)、《玉皇宥罪錫福寶懺》(1794)

字輩	姓名	身份	出處
明	黃明薰	嘉慶十六年住持	《九天應元雷聲普化天尊玉樞寶經》(1811)
	黃明治	道光十七年住持	〈重修三元宮碑記〉(1837)
	鍾明振	光緒元年住持	靈官殿棟木 (1875)
宗	黃宗性	同治元年住持	呂祖殿棟木 (1862)、三元殿棟木 (1868)、〈重修三元宮碑記〉(1869)、〈重修廣州三元宮碑銘〉(1870)、〈重修三元宮碑記〉(1944)
	梁宗琪	光緒二十八年住持	〈重修呂祖殿碑記〉(1902)、齋堂棟木 (1903)、〈廣東省廣州市粵秀山三元宮歷史大略記〉(1943)
	陳宗華		〈重修呂祖殿碑記〉(1902)
	張宗潤	民國八年住持	〈重修呂祖殿碑記〉(1902)
	徐宗源		〈重修呂祖殿碑記〉(1902)
	麥宗光	民國十六年住持	〈廣東省廣州市粵秀山三元宮歷史大略記〉(1943)
	周宗朗	民國三十三年住持	〈重修三元宮碑記〉(1944)、〈廣州市道教會會員名冊〉(1947)
	戴宗榮		〈廣州市道教會會員名冊〉(1947)
誠	梁誠泰		〈重修呂祖殿碑記〉(1902)
	蔡誠英		〈重修呂祖殿碑記〉(1902)
	何誠端	民國二十三年住持	〈重修三元宮碑記〉(1944)、靈官殿楹聯 (不知年份)、〈廣州市道教會會員名冊〉(1947)
	郝誠伯		〈重修三元宮碑記〉(1944)
	陳誠聖		〈重修三元宮碑記〉(1944)
	鄭誠德	民國二十三年住持	〈重修三元宮碑記〉(1944)、〈廣州市道教會會員名冊〉(1947)
	禤誠讓		〈重修三元宮碑記〉(1944)、〈廣州市道教會會員名冊〉(1947)
	唐誠靜	民國三十五年住持	〈重修三元宮碑記〉(1944)、〈廣州市道教會會員名冊〉(1947)
	陳誠英		〈重修三元宮碑記〉(1944)、〈廣州市道教會會員名冊〉(1947)
	王誠紹		〈重修三元宮碑記〉(1944)
	范誠佑		〈重修三元宮碑記〉(1944)、〈廣州市道教會會員名冊〉(1947)
	唐誠鶴		靈官殿楹聯 (不知年份)、〈廣州市道教會會員名冊〉(1947)
	林誠俊		〈廣州市道教會會員名冊〉(1947)
	庾誠修		〈廣州市道教會會員名冊〉(1947)
	李誠煜		〈廣州市道教會會員名冊〉(1947)
	馮誠晦		〈廣州市道教會會員名冊〉(1947)

字輩	姓名	身份	出處
信	張信綱		〈重修三元宮碑記〉(1944)、〈廣州市道教會會員名冊〉(1947)
	江信才		〈重修三元宮碑記〉(1944)
	何信寶		〈重修三元宮碑記〉(1944)
	李信湝		〈重修三元宮碑記〉(1944)、〈廣州市道教會會員名冊〉(1947)
	謝信之		〈重修三元宮碑記〉(1944)
	李信榮		〈重修三元宮碑記〉(1944)
	涂信妙		〈重修三元宮碑記〉(1944)、〈廣州市道教會會員名冊〉(1947)
	伊信霞		〈重修三元宮碑記〉(1944)
	黃信虔		〈重修三元宮碑記〉(1944)
	孔信芬		〈重修三元宮碑記〉(1944)、〈廣州市道教會會員名冊〉(1947)
	鄭信文		〈重修三元宮碑記〉(1944)、〈廣州市道教會會員名冊〉(1947)
	何信卿		〈重修三元宮碑記〉(1944)
	盧信森		〈重修三元宮碑記〉(1944)、靈官殿楹聯(不知年份)、〈廣州市道教會會員名冊〉(1947)
	張信德		〈重修三元宮碑記〉(1944)、靈官殿楹聯、〈廣州市道教會會員名冊〉(1947)
	何信宏		〈重修三元宮碑記〉(1944)
	陳信輝		〈重修三元宮碑記〉(1944)
	張信德		靈官殿楹聯(不知年份)
	何信湖		靈官殿楹聯(1947)
	蘇信華		〈廣州市道教會會員名冊〉(1947)、中庭鼎銘(1985)
	吳信祥		〈廣州市道教會會員名冊〉(1947)、中庭鼎銘(1985)
	劉信臣		〈廣州市道教會會員名冊〉(1947)
	甘信榮		〈廣州市道教會會員名冊〉(1947)
	張信宗		〈廣州市道教會會員名冊〉(1947)
	吳信達		中庭鼎銘(1985)
崇	霍崇熾		〈重修三元宮碑記〉(1944)
	歐崇一		〈重修三元宮碑記〉(1944)
	嚴崇明		〈重修三元宮碑記〉(1944)
	梁崇庚		〈重修三元宮碑記〉(1944)
	歐陽崇寶		〈重修三元宮碑記〉(1944)
	阮崇三		〈重修三元宮碑記〉(1944)
	劉崇凱		〈重修三元宮碑記〉(1944)
	何崇壽		〈重修三元宮碑記〉(1944)
	吳崇勵		〈重修三元宮碑記〉(1944)

字輩	姓名	身份	出處
崇	何崇燊		〈重修三元宮碑記〉(1944)
	陳崇才		〈重修三元宮碑記〉(1944)
	蘇崇航		〈重修三元宮碑記〉(1944)
	劉崇齊		〈廣州市道教會會員名冊〉(1947)
	潘崇賢	現今三元宮住持	〈鮑姑寶殿序〉(2017)、「三元宮」牌坊對聯(2017)、〈越秀山三元宮重建眾善功德碑記〉(2018)、〈重修廣州三元宮鮑姑祠碑記〉(2018)
	楊崇基	現今三元宮知客	2019年廣州三元宮提供
	陳崇陽	現今三元宮海巡	2019年廣州三元宮提供
	李崇炯	現今三元宮巡寮	2019年廣州三元宮提供
	梁崇聰	現今三元宮庫頭	2019年廣州三元宮提供
	倫崇善	現今三元宮都廚	2019年廣州三元宮提供
	李崇澤	現今三元宮道長	2019年廣州三元宮提供
	馮崇仁	現今三元宮道長	2019年廣州三元宮提供
	陳崇學	現今三元宮道長	2019年廣州三元宮提供
高	譚高朗		〈重修三元宮碑記〉(1944)
	張高忠		〈重修三元宮碑記〉(1944)
	陳高榮		〈重修三元宮碑記〉(1944)
	鄧高澤		〈重修三元宮碑記〉(1944)
	余高彬		〈重修三元宮碑記〉(1944)
	崔高強		〈重修三元宮碑記〉(1944)
	陳高傑		〈重修三元宮碑記〉(1944)
	朱高和		〈重修三元宮碑記〉(1944)
	陳高慧	現今三元宮都管	2019年廣州三元宮提供
	馮高雄	現今三元宮主翰	2019年廣州三元宮提供
	楊高晉	現今三元宮道長	2019年廣州三元宮提供
	劉高識	現今三元宮道長	2019年廣州三元宮提供
	葉高正	現今三元宮道長	2019年廣州三元宮提供
	彭高喬	現今三元宮道長	2019年廣州三元宮提供

第二節　歷代住持

- 康熙三十九年(1700)，傳說三元宮住持為全真龍門派第十二代傳人杜陽棟。[1]

- 雍正三年(1725)，三元宮住持為全真龍門派第十四代傳人韓復兆、梁復進。[2]

- 乾隆四十五年(1780)，三元宮越岡院住持為全真龍門派第十七代傳人郁教甯。[3]

- 乾隆五十年(1785)，三元宮住持為全真龍門派第十八代傳人黎永受，其師為郁教甯。[4]

- 乾隆五十八年（1789），三元宮住持為全真龍門派第十九代傳人楊圓炯，其師為黎永受。[5]
- 嘉慶十六年（1811），三元宮住持為全真龍門派第二十代傳人黃明薰，字越塵。
- 道光十七年（1837），三元宮住持為全真龍門派第二十代傳人黃明治。[6]
- 同治元年（1862）至同治九年（1870），三元宮住持為全真龍門派第二十二代傳人黃宗性，字佩青。[7]
- 光緒元年（1875），三元宮住持為全真龍門第二十代傳人鍾明振。[8]
- 光緒二十九年（1903），三元宮住持為全真龍門第二十三代傳人梁宗琪。[9]
- 民國八年（1919），三元宮住持為全真龍門第二十三代傳人張宗潤。[10]
- 民國十六年（1927），三元宮住持為麥宗光，字星階。[11]
- 民國二十三年（1934），三元宮住持為第二十四代傳人何誠端、鄭誠德。[12]
- 民國三十二年（1943），三元宮住持為全真龍門第二十三代傳人周宗朗、全真龍門第二十四代傳人何誠端。[13]
- 民國三十五至三十七年（1946–48），三元宮住持為全真龍門第二十四代傳人唐誠靜、全真龍門第二十五代傳人李信潛。[14]
- 1982年，三元宮住持為鄭信文。
- 1989年，三元宮住持全真龍門第二十五代傳人吳信達。[15]
- 1992年，三元宮住持全真龍門第二十五代傳人蘇信華。
- 1995至2016年，三元宮住持全真龍門第二十五代傳人吳信達。
- 2016年12月至今，三元宮住持為全真龍門第二十六代傳人潘崇賢。

第三節　道士小傳

一、韓復兆、梁復進

全真龍門派第十四代傳人，雍正三年（1725）擔任三元宮住持，並樹碑記事。

二、郁教甯

全真龍門派十七傳。乾隆四十五年（1780）孟夏，通判史巖澤主持修建了鮑姑祠，讓三元宮恢復了供奉東晉道教女仙鮑姑的傳統。[16]當時郁教甯自稱為越岡

院住持，並為修建鮑姑祠之事撰寫了碑記——〈鮑姑祠記〉。該碑記紀錄史巖澤建祠尊奉鮑姑的義舉：「而越岡之建祠以尊奉鮑姑，則自史公始。」乾隆五十年（1785），郁教甯羽化而去，由弟子黎永受繼續擔當重修三元宮其他殿堂的大業。[17]

郁教甯曾在乾隆四十三年（1778）為鶴臞子《唱道真言》作〈跋〉，記稱：「乾隆戊戌夏仲越岡郁教甯薰沐著敬跋。」[18]《唱道真言》為青華帝君降乩之語，由鶴臞子筆錄，雍正元年（1723）吉水金牛洞全真弟子萬清和續加刊佈。此書闡發「煉心」之大旨，傳經啟教，是丹家之指南。[19]郁教甯在跋中說，丁酉年春天，一位故友來到他處，問他可有讀過《唱道真言》，郁教甯從友人那裡得到了這本書，讀後頗有啟發進益，故為之作〈跋〉：「余焚香九拜，開誦恍然，如夢方覺。」[20]這篇跋文對於我們了解《唱道真言》在清代的刊刻、傳播，具有一定的史料價值。

三、黎永受

師承郁教甯，全真龍門第十八傳，郁教甯生前，黎永受是他的得力助手，在郁教甯羽化後，繼任三元宮之住持。乾隆五十四年（1789）由兩廣總督福康安發起的這次重修，黎永受擔起了主持重修的重任。他為三元宮更換磚石，從此靜攝修養得地。又在院前西偏的地方，創立了惜字亭[21]，在三元殿前建造一座禮拜亭，並且用剩下的材料建造了齋堂和祖堂，又將老君殿和北極殿互換位置，並且修建了鮑姑祠。黎永受和文人的關係也非常密切，藩侯李公曾為他修建惜字亭一事作記，[22]而廣東文人蕭雲漢和他關係密切，曾目睹斗姥殿建成，為此書寫〈重修斗姥殿碑記〉。

四、楊圓炯

全真龍門第十九傳，黎永受之徒。在黎永受後，繼任住持。乾隆五十四年（1789）福康安發起的重修工作，到了乾隆五十八年（1791），在楊圓炯手中終於達成這一偉業。從此三元宮的規模擴大，較之先前宏敞，廟貌也壯觀起來。[23]楊圓炯為這次曠日持久的重修，邀請蕭光惠作文，為之立〈重修頭門三元殿碑記〉記錄。[24]乾隆五十九年（1794），楊圓炯亦重刊了三元宮藏的《玉皇宥罪錫福寶懺》（一卷）。

五、黃明薰（一作熏）

　　字越塵，全真龍門派第二十傳，嘉慶七年（1802）任三元宮住持，工詩、能書、善琴、精奕及繪山水畫。與廣東著名文人吳嵩梁、謝蘭生、黃培芳交好。[25]並與黃培芳、張維屏、黃喬松、林伯桐、段佩蘭、譚敬昭、孔繼勳等於廣州白雲山濂泉之間合築一所雲泉山館。黃明薰總負責建築一事。伊秉綬（1754–1815）撰有〈雲泉山館記〉：「白雲濂泉之間有宋蘇文忠公之遊跡焉，盤谷樂獨峿臺懷開，孰若雲泉。大清嘉慶十七年（1812），香山黃培芳，番禺張維屏、黃喬松、林伯桐，陽春譚敬昭，番禺段佩蘭，南海孔繼光脩復故蹟，道士江本源、黃明熏董其役，拓勝境二十，靡金錢若干。次年閩人伊秉綬適來，觀成迺為之記。而繫以銘，銘曰：南園興焉，七子詩壇，傳百千年。」嘉慶十六年（1811）黃明薰重刊有《九天應元雷聲普化天尊玉樞寶經》一卷，經尾下款記稱：「嘉慶辛未初秋穀旦住持黃明熏敬刊。」

六、黃明治

　　全真龍門派第二十傳，道光年間任三元宮住持。道光十七年（1837），雲南儲糧道鄧士憲發起，住持黃明治募化、督工、重修。[26]這次重修，共修建了頭門、齋堂、香亭、三官殿、靈官殿、雨仙殿、觀音殿、祖堂、新客廳、山舫各處。[27]

七、黃宗性

　　全真龍門第二十三傳，字佩青，曾在同治年間任三元宮住持。他曾短暫離開三元宮，跟隨黑旗軍劉永福在安南和法軍作戰，屢建功勳。[28]在咸豐十一年（1861），黃宗性回歸三元宮，見三元宮在第二次鴉片戰爭的浩劫中，已經損毀得不成樣子，於是黃宗性深為感慨，決心重修以振興三元宮。[29]於是黃宗性四處廣結善緣，募化資金，重新修建三元宮，[30]在同治八年（1869）正式開始重修。黃宗性還從肇慶尋覓來青牛跡古石，放置在呂祖殿的臺階之下。[31]重修完畢後，眾人推舉黃宗性擔任住持，黃宗性認為自己資歷不夠，故而推脫，想功成身退，但眾人都說，這個非常時期，重建三元宮是大功勞，住持應當由有才能者擔任，因此黃宗性正式繼任三元宮住持。這次重修得到了兩廣總督瑞麒的大力支持。[32]

黃宗性和文人交流也很密切，朱用孚在同治八年(1869)曾居住三元宮習靜，和黃宗性朝夕往來，時常共同講論，探討古今成敗大事，也因此被黃宗性邀請，寫作〈重修三元宮碑記〉。又邀請汪瑔作〈重修廣州三元宮碑銘〉，這是三元宮碑刻裡唯一一篇駢文，對仗工整，言辭精美，十分具有藝術價值。

八、鍾明振

全真龍門第二十傳，光緒年間曾任住持，曾在光緒元年(1875)主持重修靈官殿。[33]

九、梁宗琪

全真龍門第二十三傳，在光緒年間擔任三元宮住持，光緒二十八年(1902)募化重修，光緒二十九年(1903)慷慨捐出田產實業六百二十三畝，興辦時敏學堂，是我國最早創辦的新式學堂之一，吸引了兩廣乃至外省的大量學子前來求學，為近代中國的發展培養了諸多人才。也因此，三元宮獲得光緒帝欽賜的「葆光勵學」四字匾額，懸掛在殿前，光緒三十三年，又獲得欽賜的「護國佑民」匾額，懸掛於頭門。[34]他還在光緒二十八年(1902)主持重修了呂祖殿。[35]此前，三元宮依靠出租田地收入維持宮內基本生活，而現在梁宗琪將田產捐出，無法再以此為生，於是在那之後，三元宮敞開宮門，道眾的日常開銷，都依靠香火醮務的收入，而別無其他。[36]依靠香油、功德的收入也頗為豐厚，建國前每月平均收入基數可達三千餘元。[37]

十、張宗潤

全真龍門第二十三傳，曾在民國年間擔任住持，民國八年(1919)發起了一次三元宮重修。[38]

十一、麥宗光

字星階，全真龍門第二十三傳，曾在民國十六年(1927)年擔任住持，曾帶領三元宮向廣州市政府抗議借出三元宮為廣州市立美術學校。後於1929年遷移香港，出任蓬瀛仙館首任主持。

十二、鄭誠德

全真龍門第二十四傳，民國二十三年（1934）任住持，1930年《香港華字日報》的〈三元宮道士請保全古蹟〉一篇，報道了他竭力爭取保全三元宮古蹟的事跡。[39] 1947年，廣州市道教會成立時，鄭誠德67歲，當選為監事。

十三、何誠端

全真龍門第二十四傳，民國三十二年（1943），當時與周宗朗同擔任三元宮的住持，在三月二十一日辰時卜吉，發起募化重修，這次重修，主要修復了後山、玉皇寶殿、祖堂、祿位堂等處，並且礦刻了唐代吳道子的觀音畫像，這幅畫像碑現在存於三元宮之碑廊。[40] 1947年，廣州市道教會成立時，何誠端53歲，當選為理事。從1949年至1966年文化大革命開始為止，何誠端和鄭信文同擔任為三元宮住持。

十四、周宗朗

字朗山（1874–1952），全真龍門第二十三傳。民國二十六年（1937）避居香港，出任香港蓬瀛仙館住持。1943年，周宗朗出任三元宮住持，貢獻巨大，領導在抗日戰爭中遭受破毀的三元宮的重修工程。1947年11月5日，周宗朗被選入廣州市道教會的理事會，成為理事。周宗朗於1949年之後因為大陸政權的易改，又再次避居香港。1952年，周宗朗仙遊，後葬於蓬瀛仙館後山。（參本志第十二章〈三元宮與香港蓬瀛仙館〉）

十五、郝誠伯

全真龍門第二十四傳，民國三十二年（1943）年重修三元宮時，募化督工，修建五老洞遺跡、經堂、花園等。[41]

十六、張信綱

全真龍門第二十五傳，民國三十三年（1944）出資修建三元宮西隅鮑姑虯龍井舊址，並且修建了一間虯井古屋，用來記錄鮑姑在此得道的仙跡。[42] 並在同年

撰寫了〈重修三元宮碑記〉，記錄了這一次三元宮重修的盛舉。[43]1947年，廣州市道教會成立時，張信綱68歲，當選為候選理事。

十七、唐誠靜

全真龍門第二十四傳，民國三十五（1946）至三十六年（1947）和李信潛一起擔任住持。[44]這兩位三元宮住持並聯繫廣州道教界人士，於民國三十六年（1947）11月10日在三元宮舉行會員大會，成立廣州市道教會。該年，唐誠靜52歲。

十八、李信潛

全真龍門第二十五傳，民國三十六年（1947）任住持。[45]與唐誠靜合力成立廣州市道教會。時年，李信潛59歲。

十九、鄭信文

全真龍門派第二十五傳，其父為鄭誠德，並拜唐誠靜為師。1947年，廣州市道教會成立時，鄭信文亦為會員，時年23歲，已為三元宮道士。從1949年至1966年文化大革命開始之間，鄭信文與何誠端同擔任為三元宮住持。1982年，三元宮恢復開放，鄭信文擔任住持。

二十、蘇信華

全真龍門派第二十五傳，1944年拜唐誠靜為師。1947年，廣州市道教會成立時，鄭信文亦成為會員，時年27歲，已為三元宮道士。1982年，三元宮恢復開放，蘇信華與吳信祥、謝宗暉、吳信達等老道長被召回宮，參與復建工作。1992年至1995年間，擔任三元宮住持。在1993年的廣州市道教第三屆代表大會，蘇信華被選為廣州市道教協會會長。

二十一、吳信達

民國後期，在三元宮入道，是時住持為唐誠靜。1945年，抗戰勝利，廣州光復之後，吳信達受唐誠靜推薦，曾到羅浮山沖虛觀為道士四年。1949年大陸政權改易，再返回三元宮工作，後來拜褟誠讓為師（案：1947年廣州道教會成立時，褟誠讓亦為三元宮道士，當年74歲；謝宗暉、吳信祥亦是褟誠讓的弟子）。1982年，三元宮恢復開放後，鄭信文為首任住持，繼後，吳信達接任住持之職。其後從1995年至2016年為止，出任三元宮住持，建樹甚多。

二十二、潘崇賢

1983年，在三元宮入道，隨後於1984年7月，被派送至北京中國道教協會舉辦的第二期專修班（1990年中國道教學生院在北京正式開辦）。1985年學習結束，重回三元宮，負責殿主的工作，並正式拜吳信祥為師。1998年，轉去廣州純陽觀工作，從2001年起至今，一直擔任純陽觀住持。2009年至今，亦為廣州市道協會長。2016年起，更接替吳信達，擔任三元宮住持，並主持重修三元宮的工作及積極推動由三元宮舉辦的道教文化與社會公益活動。

第六章

信道文士

　　三元宮位於廣東省會主山越秀山南麓，此山鍾靈毓秀，古蹟名勝眾多，景色優美宜人，多次入選歷代代表廣州城市風貌的「羊城八景」。[1] 越秀山乃嶺南文人雅聚悠遊之佳處，書院擇地之優選。明代黎貞〈羊城八景序〉有云：「秋月揚輝，世界若瓊瑤，登粵王臺，舉杯酌太白，萬里一色，其喜洋洋矣。」[2] 透露出文人登臨是山之悠樂。

　　越秀山「雖在城市，而有山林深寂之趣」，[3] 文士忙裡偷閒，雅集於此，暫時擺脫俗世塵氛，悠享自然之美，尚有「勝懷吾不淺，臨眺欲忘歸」之感。[4] 清代中後期以來，有學海堂、菊坡精舍、應元書院等建築於此，[5] 這些書院既在省城，便於士子應試、取友、買書，又能卻避塵囂，靜心讀書，加之山林幽勝，士子的文章自然能得奇秀。而山中的鐘鼓魚磬、裊裊香煙，每每能喚起慕道之心。「香火始盛千有餘年」，「榕棉深鎖，人稱福地」的三元宮，[6] 也成為這些文人學士雅遊聚會的佳處，於是翰卿墨客、緇流羽士、逸老散人等匯聚一堂，詩琴雅樂，愜意自在。可謂是城市山林，壺中天地。

　　與三元宮有緣的文人、士紳、官員、商人眾多，他們和道教的緣份深淺不同：有的黃冠入道、有的信道修真、有的好道談玄、有的仰慕道風、有的尊重道門。同時，三元宮在他們人生軌跡留下的痕跡，以及他們或顯或隱的道心，也被各種形式的文學作品記錄下來。通過鉤沉這些吉光片羽，我們能從中窺見，道教這一中國土生土長的傳統宗教，已經滲透進文士的日常生活，具有一定的精神影響力，在不少廣東名士、寓粵文人的生命歷程中有著不可或缺的意義和價值，無論是祈福起願、宴會雅集、遊覽賞景、讀書明理、養生求道，還是靜思感悟。而作為穗城道教信仰中心的三元宮更是粵中道觀之翹楚，文士必訪之琳宮。

第一節　文人書信、日記中的道緣

一、龔蓴〈寄黃越塵〉

浙江會稽的龔蓴，活躍於清代乾隆至道光年間，長期擔任幕僚。其親自選編的《雪鴻軒尺牘》，與袁枚的《小倉山房尺牘》、許思湄的《秋水軒尺牘》齊名，同為清代尺牘名作。[7]《雪鴻軒尺牘》在民國年間被多次重刊，[8]並附有今譯，可見頗受讀者歡迎。

在《雪鴻軒尺牘》卷二第四類「感謝」中，有一篇名為〈寄黃越塵〉，是龔氏寫給廣州三元宮道士黃明熏的信件，表達出對黃道士深切的謝意。龔氏在信中說，一向敬重黃明熏，惜無機緣會面，前幾天從珠江返航，才得在觀裡相見，又因俗事拖累，不能聆聽高論。羨慕道長神仙般的生活，更感謝道長照顧「家兄」——在觀裡生活多年，客居他鄉的窮書生。

信中提到的黃明熏，號越塵，廣東新會人，為越秀山三元宮住持道士。在當時的廣東文人群體中，頗負名聲，琴、棋、書、畫樣樣精通，[9]在詩歌方面，黃培芳稱其：「能詩五言，如『澗幽雲氣重，風急鳥聲沉。曉露滋新竹，殘雲戀遠山。』七言如『好山常恐被雲封，纔見桃花欲問津。』『藕花風裡淡斜陽』具見雅人深致。」[10]黃明熏性格沖淡可人，好施與、重氣誼，[11]從龔氏信裡陳述他對寒門學子的幫助可見一斑。

此外，如同龔蓴之兄一般，借居三元宮讀書的學子不少。據陳璞（1828–1887）《擬廣東儒林傳》記載，[12]鄧淳（字粹如，號樸庵，東莞茶山人，1776–1850）「少有高志，讀書郡城北之三元宮。」[13]鄧氏生長於一個四世皆舉人的書香家庭，其父親鄧大林為乾隆二十六年進士，官至禮部郎中。鄧淳於嘉慶二年（1797）為庠生。道光元年（1821）辟舉孝廉方正。道光十三年（1833），粵督盧坤聘其主持龍溪書院（在東莞石龍）。鄧氏著述豐富，尤以編有《嶺南叢述》六十卷著稱，此書可以說是道光年間廣東的百科全書。

讀書山林寺觀，至少在唐代以來，一直為文士所崇尚。[14]一是山林清幽的環境，能陶冶士人的情趣與審美；二是寺廟道觀的經濟可觀，能為貧寒的士人提供價格低廉，甚至是免費的膳食與住宿；三是寺廟道觀有豐富的藏書，還有一些學養豐富、藝文造詣精深的高僧名道，能相互增進，傾談交心。[15]

二、謝蘭生《常惺惺齋日記》

謝蘭生（1760–1831），字佩士，號澧浦、里甫，別號理道人，廣東南海人，景卿（？–1806）次子。[16] 清乾隆五十年（1785）恩科副貢生，五十七年舉人，嘉慶七年（1802）進士，選翰林院庶吉士，先後掌教粵秀、越華、端溪、羊城等書院。嘉慶年間，兩廣總督阮元（1764–1849）修《廣東通志》時（約1818–1822），[17] 與陳昌齊（1743–1820）、[18] 劉彬華等為總纂。[19] 著有《常惺惺齋文集》四卷、《常惺惺齋詩集》四卷、《北游紀略》二卷、《常惺惺齋書畫題跋》二卷、《游羅浮日記》一卷、《常惺惺齋日記》等。[20]

從現存的嘉慶二十四年（1819）至道光九年（1829）的《常惺惺齋日記》（缺道光七年〔1827〕），即謝蘭生五十九歲至六十九歲，可知謝氏晚年好道，常出入道教宮觀，與多位道士、道友往來，研讀多部道經，如《乾坤秘竅》、《參同契》、《悟真篇》、《唱道真言》、《性命圭旨》等。其中，他與三元宮的關係頗為密切，在這九年的日記中，有十三條的日記記錄與三元宮有關，活動包括禮拜神明、求籤、與三元宮道人往來、會友、赴宴等。

在叩拜神明、求籤方面，有如叩禮斗神、拜求斗姥籤，己卯（1819）三月初七日的日記云：

> 五鼓起，黎明至三元宮叩禮斗神，⋯⋯ 祈靈籤一紙。三元宮斗姥籤中平：「矢志堅貞無咎戾，片言消盡保安全。如聞霹靂渾無思，定仗神明庇在前。」解曰：「求官遲吉，捕亡終遇。財有不多，六甲坤位。行人信阻，婚姻自遂。凡有求謀，都宜見貴。」

斗神即斗姥，又稱斗姆、斗姥元君、紫光夫人、九天雷祖大帝大梵先天乾元巨光斗姥紫光金尊聖德天后圓明道母天尊等，據《太上玄靈斗姆大聖元君本命延生心經》，斗姥原為龍漢年間國王周御的玉妃，曾發願生子，以輔佐乾坤造化天地萬物。一日，斗姥沐浴於九曲華池，忽有一炁攝入其體內，最後化成「北斗九皇星君」，因此斗姥被尊崇為北斗眾星之母。[21] 禮斗，亦云拜斗。道教朝禮北斗七星，謂之禮斗，以祈消災解厄，保命延生。道藏中有「北斗七元燈儀」與「北斗本命延壽燈儀」。[22]

上文提及的三元宮住持黃明熏也與謝蘭生往來密切，相互拜訪，[23] 謝氏還稱黃道士為「黃越塵尊師」、「越塵師」。蘭生也曾在三元宮回訪來自羅浮九天觀的隱泉道人。[24] 除了與黃明熏論道談玄，謝蘭生還與道友黎楷屏等在三元宮會面，

道光元年一月十四日日記載：「楷屏來，同上三元宮會李、潘、葉、沈諸君」。黎氏與謝蘭生過從甚密，名應鍾，字楷屏（又作「平」），號步蒙子，順德人（一說嘉應）。大約生於乾隆晚期，卒於道光初年，據《常惺惺齋日記》，嘉慶廿四年至道光二年（1822）間，謝、黎二人長相往來，在穗城一同出入宮觀壇場、論道談玄、出遊會友等，還相伴同遊羅浮。例如謝蘭生日記云：己卯（1819）十一月十八日，「是日讀楷屏所得白真人乩語，只拈『窮神知化』四字所引證，不外宋五子語，又從漢槎處讀真人五經解，甚精奧，可刻。」辛巳一月十七日，「楷屏來，同上雲泉山館，赴段紉秋之約。」辛巳（1821）九月廿四日，「楷屏自羅浮還，晚到院中住宿，實不意其猝還，談至三鼓乃寢。」[25]「嘉慶乙亥年（1815）十二月廿三日 放舟珠江，與步蒙子、默遲子結羅浮之遊。」[26]然而，從道光三年（1823）開始，謝氏再無提及楷屏，或其已辭世，或為游宦。黎楷屏曾於江西為官數載，其友趙均言其「骨格蹁躚，飄然有出塵想」，素有山水癖，向來嚮往羅浮之境。由於丁母艱治喪歸粵，才有機會遂初願遊羅浮，並在羅浮酥醪觀後的「山背水」自闢「艮泉十二境」，[27]遍請友人繪圖題詩，其中就包括謝蘭生，還有惲敬（1757–1817）、[28]湯貽汾（1778–1853）、[29]石韞玉（1756–1837）、[30]黃培芳、張維屏、葉夢龍（1775–1832）、[31]潘正煒（1791–1850）等名士。[32]

在往三元宮赴宴等方面，謝蘭生日記記錄了其出席廣州十三行行商伍國瑩四子秉鈞於三元宮舉行的齋宴，[33]亦曾為科舉主考的官員向三元宮借紫翠軒，並陪他們登山遊覽。[34]

第二節　詩文中的三元宮

文士官紳前來三元宮叩禮神明、遊覽宴飲，大致由信仰、習俗或人情等因素所驅動。同時，信道者在參拜之後會得到精神的慰藉，尊道者入觀感受道教文化氛圍、享受其環境的清幽雅靜，進而有感而發，將豐盈充沛的情感升華為詩文。

一、題詠

1. 宋・唐庚題鮑姑井

唐庚（1071–1120），字子西，眉州丹稜（今屬四川）人。早年即有詩名，宋哲宗紹聖（1094–1098）年間，登進士第，為州縣官。至徽宗大觀（1107–1110）中，

稍遷為宗子博士。張商英薦其才，除舉京畿常平。商英罷相，庚亦貶官，安置惠州，會赦北歸，復官承議郎，提舉上清太平宮，歸瀘南，道卒於鳳翔。游宦半生，寫山川風物之作，頗有成就。唐氏論詩主張學杜甫，錢鍾書認為他「在當時可能是最簡練、最緊湊的詩人（《宋詩選註》）。」其詩文收入《眉山唐先生文集》。[35]

唐氏有〈送客之五羊二首〉，其中「廢臺樛女後，遺井鮑姑時」一句，可見鮑姑井及其故事在北宋的南粵地區已廣為人知，甚至游宦惠州的唐庚也有所了解。

2. 宋·方信孺題鮑姑井

方信孺（1177–1222），字孚若，號好庵。興化莆田（今屬福建）人。以父崧卿蔭補番禺縣尉。開禧年間，自蕭山丞召赴都，以朝奉郎出使金國，以口舌力折強敵。尋知韶州，累遷淮東轉運判官兼提刑，知真州，至廣西漕。詩存一百餘首，多為遊賞名勝古蹟之作。有詞一首。有《觀我軒集》一卷、《南海百詠》一卷。其《南海百詠》，取南海古蹟，每一事為七絕一首，每題之下，各註其始末，所引之書，多不傳；故其不僅文辭清麗，寄意幽遠，而且於考證歷史地理、風俗人情也大有裨益。[36]

方氏的《南海百詠》裡有詩題為「鮑姑井」，其詩註提及了鮑靚、葛洪以及崔煒的傳說，然從詩和註中可知當時的鮑姑井已湮廢。

3. 清·杭世駿題三元宮

杭世駿（約1695–1773），字大宗，號董浦，晚曾號秦亭老民，浙江仁和人。乾隆元年（1736）舉博學鴻詞科，授編修，官至御史，因上書直言而罷歸。晚年主講廣州粵秀書院、揚州安定書院。學識淹博，工詩文。曾校勘《十三經》、《廿四史》，著作有《諸史然疑》、《道古堂文集》、《道古堂詩集》等。[37]

杭世駿有〈三元宮用杜少陵憶昔行韻〉一詩，該詩約作於乾隆十八年（1753）。前一年三月，應粵撫蘇昌的邀請，赴穗主講粵秀書院。[38]

4. 清·張九鉞題鮑姑井

張九鉞（1721–1803），字度西，號紫峴山人，又號陶園、梅花夢叟。張垣之子，湖南湘潭人。乾隆二十七年（1762）舉人，二十八年（1763）明通進士，[39]歷官江西南豐、峽江、南昌及廣東始興、保昌、海陽知縣等。尋以海陽案牽連落職。此後，遍遊嵩（嵩山）、洛（洛陽）、偃（偃師）、鞏（鞏縣），寄情吟詠。晚歸

湘潭，主講昭潭書院。有《紫峴山人全集》、《陶園文集》、《晉南隨筆》等。[40]

張氏亦曾作〈鮑姑井〉詩，詩註云當時鮑姑井已湮沒，詩中鮑姑的傳説與其父鮑靚、其夫葛洪在羅浮的仙蹟相得益彰。

5. 清．沙琛題鮑姑井

沙琛（1759–1822），字獻如，號雪湖，又號點蒼山人，雲南太和（今大理）人。「少負異才，長益刻苦自勵」，乾隆四十五年（1780）舉人，後歷任安徽懷遠、懷寧、建德、合肥、霍邱等縣令，官至六安知州。姚鼐（1731–1815）謂其以循吏而兼詩人之高韻逸氣，幽潔之思，雋妙之語，峰起迭出。著有《點蒼山人詩鈔》八卷。[41]

沙氏曾到廣州遊覽，寫下〈廣州雜詠〉，其中有〈鮑姑井〉一詩，他還題寫了其他廣州的著名景點與風物等，像「五仙廟」、「鎮海樓」、「蒲澗寺」。

6. 清．童槐題三元宮

童槐（1773–1857），字晉三，一字樹眉，號萼君，晚號萼叟。浙江鄞縣人。嘉慶十年（1805）進士，官至通政使副使。熟諳典章，工書能畫。先後掌教寧波月湖、慈湖書院及陝西關中書院、江西鵝湖書院、廣州學海堂。著有《今白華堂集》、《眉叟筆記》、《從政筆記》等。[42]

其〈觀音山十詠（之三）〉即描寫三元宮，認為是滿開紅棉花的仙闕。是詩約作於道光四年（1824），恰在童氏為阮元幕僚，閱學海堂課卷期間。[43]

7. 清．岑澂題鮑仙姑祠

岑澂，字清泰，號鐵泉，廣東南海人。居西樵山支山葸蓩山，因而自號「葸蓩山人」。屢試不第，中年後遨遊山水，於山川、風俗皆以詩記之。隨黃培芳學詩，最工近體詩，畢生苦吟，家貧詩富。有生壙在西樵白雲洞。著有《葸蓩山人詩集》十卷。[44] 其〈鮑仙姑祠〉一詩，簡述了鮑姑仙傳與其以艾為民治病的傳説。

8. 清．樊封題三元宮

樊封（1789–1876），字昆吾，清廣州駐防漢軍正白旗人。少倜儻，博覽群書。同治九年（1859）庚午鄉試，恩賜副貢生。光緒元年（1875）三月補廣州學海堂學長。著有《駐粵八旗志》、《三朝御製詩註纂》、《南海百詠續編》、《海語閣日

記》、《樸庵筆記》、《樸學山房文集》、《轍北帆南櫓尾詩集》等。[45] 樊氏的《南海百詠續編》中有詩以「三元宮」為名，其詩描繪榕樹紅棉叢中的三元宮，以及正月十九邱祖誕香客絡繹不絕的熱鬧情景。

9. 清‧丘逢甲題三元宮雨仙孫真人

丘逢甲 (1864–1912)，譜名秉淵，字仙根，號蟄仙，晚號倉海君，生於臺灣府淡水廳銅鑼灣 (今苗栗縣銅鑼鄉竹森村)，祖籍廣東省嘉應府鎮平縣 (今梅州市蕉嶺縣)。光緒十五年 (1889) 進士，被任命為工部虞衡司主事，以「親老需侍」為由返臺，曾任臺中「衡文書院」主講，又在臺南和嘉義舉辦新式學堂。甲午戰敗，清廷割讓臺灣予日本，逢甲反對並倡立民主國，出任臺灣民主國義勇軍統領。後日軍登臺，守軍不敵，逢甲攜家眷內渡回廣東嘉應。先後主講潮州韓山書院、潮陽東山書院、澄海景韓書院，創辦嶺東同文學堂。1896年首次到廣州，拜見廣東巡撫許仙屏等人；1904年再赴廣州，擔任廣東學務公所參議，1908年被推為廣東教育總會會長。1909年，廣東咨議局成立，當選為議員，後被推舉為副議長。並積極支持反清革命運動。[46] 此詩應作於其在廣州活動期間。

丘氏的〈說潮 (五古二十首之三)〉中有「夜半三元宮，朝天騎文螭。潮人說孫仙，感德非徵奇。」兩句，所指的即是三元宮中雨仙孫真人的靈驗之事。

二、雅遊

1. 清‧張維屏

張維屏 (1780–1859)，字子樹，號南山，別號松心子，廣東番禺人。嘉慶九年 (1804) 舉人，道光二年 (1822) 進士，歷任湖北黃梅、松滋、廣濟，江西泰和知縣，官至江西南康知府。道光十六年 (1836)，辭官歸里，賃居廣州花地潘氏別業「東園」，其子祥瀛為築「聽松園」於花地之東，以為著述之所。後人匯集其著作為《張南山全集》。[47]

南山有〈九日粵秀山登高 (同集者顧劍峯、胡香海、周伯恬、李紹仔、江石生、周南卿、王香谷，主人方伯曾公)〉一詩，約作於嘉慶十七年 (1812)，是日同遊者有召集者廣東布政使曾燠 (1760–1831，江西南城人)，曾氏幕客顧日新 (1763–1823，江蘇吳江人)、胡香海 (名森，湖北南城人，進士)、周伯恬 (1777–1846，名儀暐)，李紹仔 (名述來，字紹籽，江蘇武進人)、江石生 (名之紀，婺源人)、周南卿 (仁和人)、王香谷 (行敬)。

2. 清 · 吳嵩梁

吳嵩梁（1766–1834），字子山，一字蘭雪，號石溪漁老，江西東鄉人。嘉慶五年（1800）舉人，以內閣中書官貴州黔西知州，並兩充鄉試同考官，一度為白鹿洞書院山長。詩學蔣士銓，才能出眾，被高麗使者稱為「詩佛」。著有《香蘇山館詩集》、《香蘇山館文集》、《石溪舫詩話》、《東鄉風土記》、《粵游日記》等。[48]

吳氏有兩首詩描寫遊覽三元宮之事，其一為〈三元宮〉，主要描寫三元宮附近優美的景色與身處其中意欲成仙的念頭，並惜歎晚了到三元宮遊覽，錯過了紅棉簇擁的花期。其二為〈白雲山附近廣州名與羅浮相亞，十一月十一日，同李春湖副憲登粵秀山，憩三元宮，聽道士黃越塵彈琴。春湖先歸，余與儀子墨農乘興入山，夜抵雲泉館，踏月蒲磵，清吟徹曙。明晨謁鄭仙祠，由丹臺、鶴頂峰、雲巖至白雲寺觀、九龍潭，陟摩星嶺而歸，宿山中二夕，得詩凡十三首〉，詩中與吳氏同登越秀山的是李宗瀚（1769–1831），字公博、春湖，江西臨川人，生於桂林。乾隆五十七年（1792）舉人，次年中進士，歷任國史館協修、侍講學士、湖南學政等職。[49]同遊白雲山的為儀克中（1796–1838），字協一，號墨農，別號羅浮山樵等，廣東番禺人。道光十二年（1832）舉人，為巡撫祈貢記室。有《劍光樓詞》一卷。[50]

3. 清 · 譚瑩

譚瑩（1800–1871），字兆仁，號玉生，廣東南海捕屬人。少讀書於學海堂，常受阮元讚譽，以優行生入貢，道光二十四年（1844）舉人。先後為肇慶府學教授、博羅院學教諭、嘉應州學和化州州學訓導等職，任粵秀、越華、端溪等書院院監。還受十三行富商伍崇曜邀請，整理校刻粵地文獻，計有《嶺南遺書》三百四十三卷、《粵十三家集》一百八十二卷、《楚庭耆舊遺詩》七十四卷、《粵雅堂叢書》千餘卷及《輿地紀勝》二百卷等。[51]

譚氏有〈北郊游春雜詩〉，是詩約作於咸豐六年（1856）春。其中「開遍刺桐愁亢旱，三元宮禱雨仙祠」一句，為作者到三元宮祈雨記錄。而乾隆三十五年至咸豐九年（1770–1859），正好是廣州地區乾旱的多發期。[52]

4. 清 · 桂坫

桂坫（1867–1958），字南屏，南海人，桂文燦之子。早年入讀廣雅書院和學海堂。光緒十七年（1891）舉人，光緒二十年（1894）進士，入翰林院，授檢討，曾任國史館撰修官、浙江嚴州知府。1915年任廣東通志館總纂，先後參加纂修

《南海縣志》、《恩平縣志》、《西寧縣志》、《廣東通志》和《廣州人物志》，並著有《晉磚宋瓦實類稿》、《科學韻語》、《説文簡易釋例》等。[53]

桂氏的〈三元宮賞春錄奉甲安先生正之〉刊登在民國十六年（1927）二月二十五日的《藝林叢刊》（第三十六期），詩中提及的甲安先生即莊甲安，名謙，初名夢蝶，字穀遜，自號笠湖散人。毗陵人。通詩書。[54]

5. 清末民國・梁廣照

梁廣照（1877–1951），號長明，番禺人，慶桂子。光緒二十二年縣生員，派充端溪書院監院，二十五年報捐主事，簽發刑部。旋留學日本，肄業東京法政速成科。歸國後，官刑部主事、法部（前刑部）典獄司主事、宥恤司司副、舉敍司員外郎，以主事員外郎總督提牢，總辦秋審。曾奮起具摺力爭中國自辦粵漢鐵路，請諭令廣東實行禁賭等。民國改元，應唐山鐵路學堂聘任國文教員，亦在香港自設灌根、長明中學兩所，並歷任香港漢文中學及廣州知用中學、國民大學等教席。中年後以詞章自娛。遺著有《中庸撮鈔》、《柳齋詞選》、《柳齋遺集》行世。[55]

梁氏作有〈三元宮呂祖廟記〉一文，應作於日本侵華戰爭之後，從此記文可知梁氏熟識道教經典，如《性命圭旨》、《道德經》、《靈飛符》、《參同契》，而且熟知歷代仙真，像魏伯陽、廣成子等，並十分了解呂祖的生平、仙蹟。對三元宮的歷史以及現狀亦了然於心。並認為三元宮是環境優美的桃源仙境，是偷得浮生半日閒，覽觀劫後城市一隅之佳處。梁氏曾在舉行齋醮時上奏章，恍惚間聽聞重兵賜福之語。文末還表達了世事功名皆虛無的出世之感。

三、雅集

文人雅集的地點，除了書齋園林，還有佛寺、道觀，以其幽潔敞朗。當然，集中雅士亦多有宗教信仰。譬如唐代張説（667–730）於開元五年（717）參加在洞庭湖畔的雅集，作有〈岳州九日宴道觀西閣〉一詩，末有「留題（一作淹留）洞庭觀，望古意何深」，[56] 蘊味無窮。又如，元代倪瓚（1301–1374）早年讀書的玄文館，[57] 亦成為其與詩文好友雅集之佳處，[58] 倪氏友人張雨（1277–1348）有〈玄文館省郎牛仲庸諸賢雅集籌韻賦詩得綠陰生晝寂第三字〉、〈午日烏蜀山人鄭石門子元祐小集玄文館分韻得照字〉等詩述説集會的情狀。[59] 作為粵中名觀的三元宮，自然是文人雅集賦詩之佳選。

1. 清‧黎簡

　　黎簡（1747–1799），原名桂錦，字簡民，又字未裁，號二樵，順德弼教村人。曾祖、祖父均為國子監生，其父改行經商，性喜風雅。黎簡幼受熏陶，十歲能詩，語出新峭。乾隆五十四年，充選貢生，以父憂，未赴廷試。性好遊，屢至羅浮、西樵、七星巖和鼎湖山。耿介孤傲，素有狂名，雖足蹟不逾嶺海，鉅公來粵，俱折節與交，曾拒見袁枚。詩、書、畫、印皆有造詣，著有《五百四峰堂詩鈔》、《五百四峰堂文鈔》、《藥煙閣詞鈔》、《芙蓉亭樂府》等。[60]

　　黎氏〈十一日韓大夫東老是升、林上舍哲侯浚復置酒，以予足軟，移讌三元宮，與汪、孫、許、李諸公作〉一詩作於乾隆五十六年辛亥（1791），其另外一詩名為〈九日許孝廉周生（慶宗）置酒觀音山，同韓東老、汪竹東、林哲侯、孫平叔、李東田作歌〉，而且〈寄懷平叔〉中「永憶重陽動琴酌，暮愁橫海郁人煙」有自註云：「辛亥重陽節」，[61]三首詩均描寫了同一群文人在同年同月的兩次聚會，與黎氏同集的文士有韓是升（1735–1826，字東生，號旭亭，江蘇元和人，貢生）、[62]林浚（哲侯）、汪昌榮（竹東）、孫爾準（1770–1832，字平叔、萊甫，號戒庵，江蘇金匱人，嘉慶十年〔1805〕進士，官閩浙總督）、[63]許宗彥（1768–1818，字積卿，號周生，浙江德清人，嘉慶四年〔1799〕進士）、[64]李士楨（字廣成，號東田，廣東番禺人，嘉慶六年〔1801〕拔貢生，游幕四方）。[65]

2. 清‧黃釗

　　黃釗（1788–1853），字香鐵，又字谷生，廣東鎮平人。嘉慶二十四年（1819）己卯科舉人，充國史館繕書，曾任潮陽縣教諭、翰林院待招。工詩文，著有《讀白華草堂詩集》、《首葺集》、《詩紉》、《石窟一徵》等。[66]

　　香鐵有〈家尹虹邀集三元宮即事賦呈同集諸君〉一詩，約作於道光五年（1825）六月。此次雅集的召集人尹虹即黃允琨，常與香鐵有詩書往來，生平暫不詳。

3. 清‧黃培芳

　　黃培芳（1778–1859），字子實，號香石，自號粵嶽山人，別署九天仙客，廣東香山縣人。出身書香世家，以明代先祖黃瑜（正統九年〔1444〕舉人）、黃畿（1465–1513）、黃佐（1490–1566）聲名最著。祖父黃冕、父親黃紹統學術均有精深造詣。少好學能詩，受翁方綱（1733–1818）、馮敏昌（1747–1806）等學士器重，與張維屏、譚敬昭並稱為「粵東三子」。嘉慶八年副貢生，補武英殿校錄，道光十年（1830）授乳源、陵水縣教諭，升肇慶府訓導，得賞內閣中書銜。曾授徒於

應元道院，晚年主講羊石書院。著有《嶺海樓詩鈔》、《香石詩話》等。[67]

　　黃氏有〈秋日過三元宮山館，聽越塵道人彈琴（時越塵擬游羅浮）〉一詩，其中的越塵道人即黃明薰，黃培芳曾於《香石詩話》中提到：「近日遊方之外者，余得交二道人：酥醪觀江瀛濤，三元宮黃越塵也。」

4. 清・鄭獻甫

　　鄭獻甫（1801–1872），字小谷，號存紵，自號識字耕田夫，廣西象州人。道光五年（1825）舉人，十五年（1835）進士，官刑部主事，以「親老乞養」為由辭官而不復出。咸豐十年（1860）至廣州，總督勞崇光延請為越華書院掌教，課士極嚴，性情高朗耿介，汪瑔仿敖寄孫作詩評謂：「如蓬島散仙，目無塵世」。後歸里，掌教榕湖、孝廉書院等。他大半生在兩廣從事教學，被譽為「兩粵宗師」。廣東巡撫郭嵩燾曾薦其於朝廷，郭氏以年老辭。同治六年（1867），清廷以其「孝友廉潔守正不阿」賞給五品卿銜。著有《四書翼注論文》、《愚一錄》、《補學軒文集》、《補學軒詩集》等，並纂修有《象州志》。[68]

　　鄭氏作有〈春初登觀音山三元宮道士黃宗性置酒與吳慎甫同年小飲〉一詩，作於同治元年壬戌（1862），[69]道士黃宗性，字佩青，在第二次鴉片戰爭後重振三元宮，並於同治年間任三元宮住持，與官員文人等交往密切。吳慎甫，即吳裕徵，廣西昭平人，道光十五年拔貢，咸豐五年（1855）署任廣東仁化縣知縣，咸豐八年（1858）署任廣東潮陽縣知縣。[70]鄭獻甫曾在其〈丁巳（1857）流徙記〉中提及：「至冬十月十四日夷人入城（廣州），居人出城，……泝流至韶州，欲繞道至郴州，從此返其鄉。而同年吳慎甫大令先宰韶之仁化，適相晤，因於韶州邀至仁化。」[71]可見在第二次鴉片戰爭期間，鄭獻甫攜家出城避難時，在韶州與吳氏相遇並得其款待，鄭氏嘗有句云：「身退愁參新貴坐，塗窮輕受故人恩。」[72]

5. 清・林昌彝

　　林昌彝（1803–1876），字蕙常，又字薌溪，號硪砳山人、荼叟、五虎山人等，福建侯官人。道光十年（1839）舉人，屢次上京會試不第，遍游大江南北。咸豐三年（1853），由進呈所著《三禮通釋》，得賜七品教授職銜，司教福建建寧、邵武兩府。同治元年（1862）遊歷粵地，為廣東巡撫郭嵩燾延聘入府課子。續受廉州知府戴肇辰之請，掌教海門書院。晚年往來於閩粵二地，以教職終生。著有《小石渠閣文集》六卷、《射鷹樓詩話》二十四卷、《海天琴思錄》八卷、《海天琴思續錄》八卷等。[73]

其〈鄭小谷比部獻甫招飲三元宮，並惠詩文集及鷄酒豬鴨，口占三首奉謝(時比部掌教廣州粵華書院)〉約作於同治元年(1862)，酬謝的對象鄭小谷比部，即鄭獻甫。

6. 清·方濬頤

方濬頤(約1815–1889)，字子箴，號夢園，安徽定遠人。道光二十四年(1844)進士，選翰林院庶吉士，散館授編修。歷任御史、給事中、廣東南韶兵備道、兩廣鹽運使、兩淮鹽運使等職。光緒二年(1876)，升任四川按察使。後辭官，於揚州開設淮南書局，專心治學，校勘群書。曾應聘纂修《續揚州府志》，另著有《二知軒文存》、《二知軒詩鈔》、《韻詁》、《述學校勘記》、《夢園叢說》、《夢園書畫錄》、《夢園子》、《夢園賦概》、《題襟館唱和集》等。[74]

其〈重修鄭仙祠一百韻〉中「招邀過閬院，指點惜荒榛」一句註云：「今年八月蕓湖招飲三元宮」。蕓湖即馬儀清，字蕓湖，廣東高要人。道光二十四年(1844)甲辰科進士，選庶吉士，散館授編修，官至江蘇候補道。以書法見長。[75]此詩作於同治四年(1865)年末，[76]是年方氏在廣州的生活並不如意，〈寄子聽〉有「嶺南近狀不須問」句，又有〈自嘲〉一詩：「催租尚聞敗興，仰屋能不生嗟。須乞洞賓一指，漫勞飛卿八義。」早在咸豐辛亥(1851)春，方氏曾遊嶺南，以詩卷請教張維屏。

第三節　文人逸事

一、呂祖靈籤

顏嵩年[77]《越臺雜記》載：「三元宮呂祖師籤語，奧妙變化不測，問科名最靈驗。番禺李麟閣，名奇，本名佐清。少工舉業，授徒自給。及門多獲雋，而己垂老諸生。欲改名應試，祈籤得『春風桃李姓名奇』句。更今名，中壬辰舉人。請京職，授國子監學錄。」[78]

上文提及的籤句出自《呂祖靈籤》第三十九籤「三顧草廬」，原文為：「鞭策長安路，天仙第一班。已及時，春風桃李姓名奇。一枝獨佔花魁上，次第春風到草廬。三十六宮春，上國定觀光。」[79]呂祖籤的文采頗佳、用語雅麗，籤詩用長短句似歌，而且其中談功名的籤文頗多，吸引了眾多參加科舉的士子前往祈取。而且從李氏的逸事中可見，廣州三元宮的呂祖籤頗為靈驗，以問科舉之事最為著

名，他果然如籤中吉語所言，高中舉人，不用以「諸生」的科名終老，遺憾得以補全。《呂祖警世文》也提及廣州三元宮呂祖之靈驗：「（呂祖）飛鸞顯聖，精靈常存於宇宙，而粵東三元宮呂祖廟，尤為靈應。」[80]

二、改易黃冠

何藻翔（1865–1930）曾作〈過光孝寺〉一詩，[81]中有「回途訪故人，去年易黃冠。離家已兩月，唪經朝三元。」兩句，下有註云：「訪楊敦甫不遇，其家人云：往三元宮誦經，歸無定期也。」[82]

詩註中的楊敦甫（約1856–1914），[83]即楊裕芬，字惇甫，南海人。光緒戊子（1888）解元，甲午（1894）進士，戶部主事，調吏部。張文襄公督兩湖時，聘任兩湖書院經學主講。歷充兩廣、端溪、八旂明達、順德鳳山、羅定文昌各書院院長，菊坡精舍、學海堂學長。辛亥後，當道禮聘不復出。所著《遜志堂經說文集》進呈御覽，賞「經明行修」匾額。[84]

是詩約作於民國元年（1912）至民國二年（1913）之間，恰處於鼎革之際，作為晚清遺老的楊氏不復出仕，寄身道門，以唪經為事。楊氏曾為三元宮旁邊兩所書院的學長，和三元宮的緣分早已結下。而此詩的作者何氏也「有時道服有時緇」，[85]不過早在光緒壬辰年（1892），何氏就接受其同年——羅浮酥醪觀住持張其淦（1859–1946）寄贈的度牒，法名永高，[86]與道有緣，身邊也有頗多友人、學生入道，如溫肅、陳伯陶、[87]汪兆鏞、[88]伍銓萃、[89]李淵碩、[90]鄧爾雅等。[91]

三、雲衣有道

同治十三年四月十三日（1874年5月28日）《申報》（上海版）第三頁有一則「選錄香港中外新聞」，題為「雲衣道人」：

「雲衣道人者，廣州名諸生也。少操舉業，蜚聲庠序。奈文章憎命，屢困場屋，妻死子亡，乃託其後事於弟李黼堂。遁跡黃冠，拜雲涯道士為師，尚恬退，不與儕輩伍。曾棲丹於粵秀山之三元宮。」隨後遊羅浮，登飛雲頂，感悟太虛，下山時尚覺雲氣滿身，乃改號雲衣道人。後來隨師雲涯周遊，至武昌，雲衣不再前行，以茅結廬而居，師傅捨之以去。有宦遊此地的粵人，願授資供其建房舍，雲衣辭不受，隨遇而安，無惑於人事。後來，粵官再至此地，廬存而道人已羽化，後廬亦遭焚毀。粵官為其封堆植樹，並在今年（同治十三年〔1874〕）二月

歸粵時詳敍其事，而道人之弟李蠡堂也已辭世。撰文者認為雲衣道人是有道行之人。蓋其人不談世事、不語功利，恬淡從容、清高脫俗，頗有仙家風範。

第四節　碑文楹聯中的文士

文士官紳不但抒寫詩文記錄他們於三元宮行跡，而且還在三元宮留下他們手書的楹聯、匾額，纂寫的碑記等，將這份道緣銘刻進歷史。

一、李棲鳳撰〈修建三元殿記〉（順治十三年〔1656〕）

李棲鳳（1594–1664），字瑞梧，廣寧（今遼寧北鎮）人。原為明代諸生，後降歸皇太極，供職文館，隸漢軍鑲紅旗。歷官湖廣右布政使，安徽巡撫，廣西巡撫、兵部尚書、兩廣總督。清軍入關後，率兵平定安徽寇亂，擊敗明桂王軍，克復廣東諸州縣。順治末年告退。[92]

二、蕭雲漢撰〈重建斗姥殿碑記〉（乾隆五十年〔1785〕）

蕭雲漢，南海人。

三、蕭光惠撰〈重修頭門三元殿碑記〉（乾隆六十年〔1795〕）

蕭光惠，新會人。乾隆三十五年（1770）萬壽恩科舉人，曾任河南新蔡知縣。（見【光緒】《廣州府志》卷四十四〈選舉表十三‧舉人〉）

四、鄧士憲撰〈重修三元宮碑記〉（道光十七年〔1837〕）

鄧士憲（1771–1839），字臨智，號鑒堂，南海西樵大坑村人。嘉慶四年（1799）考充左翼（即鑲黃、正白、鑲白、正藍四旗）宗學教習，得授內閣中書。嘉慶七年（1802）進士，選庶吉士，補兵部職方司主事、員外郎，升武選司郎中。歷官雲南臨安、大定、普洱府知府，雲南糧儲道。因養母告歸，聘為羊城、越華兩書院主講，總纂道光版《南海縣志》。著有《慎誠堂集》四卷。[93]

五、朱用孚撰〈重修三元宮碑記〉（同治八年〔1869〕）

朱用孚，字穎白，浙江山陰人。道光、咸豐年間遊幕廣東，先後任高州府經歷、南海縣黃鼎司巡檢等職，隨肇羅道沈棣輝鎮壓三合會起義。著有《摩盾餘談》回憶錄（同治十一年〔1872〕）。[94]

六、汪瑔撰〈重修廣州三元宮碑銘〉（同治九年〔1870〕）

汪瑔（1828–1891），字玉泉，一字芙生，號穀庵，晚號越人。原籍浙江山陰，寄籍廣東番禺。先後為劉坤一、曾國荃幕僚，籌劃海防、洋務。著有《隨山館全集》、《松煙小錄》、《旅譚》等。與葉衍蘭、沈世良並稱「粵東三家」。[95]

七、伍銓萃撰〈重修呂祖殿碑記〉（光緒二十八年〔1902〕）

伍銓萃（1863–1930），字選青、榮建，號叔葆，廣東新會人。肄業於廣雅書院，為梁鼎芬高弟，光緒十五年己丑恩科舉人，十八年壬辰科進士，授翰林院編修，充廣西鄉試副考官。張之洞督兩湖，隨宦鄂渚，官湖北鄖陽府知府。民國後，粵當局修省志，聘為廣東全省修志局總纂。曾寄跡羅浮山酥醪觀為住持，道號永登。[96]

八、游顯廷書「三元古觀，百粵名山」聯

三元宮山門的石門兩旁有石刻對聯一副，聯文為：「三元古觀，百粵名山」，款云：「同治二年（1863）歲在癸亥仲秋，翰林院庶吉士游顯廷敬書」。用筆厚重，雄渾典雅，應為同治初年三元宮重修時所書，[97]彰顯了三元宮悠久的歷史，及其在嶺南道教叢林中的重要地位。游顯廷為廣東順德人，道光二十九年（1849）舉人，咸豐二年（1852）壬子恩科進士，欽點翰林院庶吉士。[98]

九、華振中題「虬龍古井」碑

在如今的道醫館左旁，有一進院落，歷史悠久的鮑姑井就坐落其中。[99]井旁立有石碑，其上刻「虬龍古井」楷隸四字，筆畫蒼勁有力，並鐫有「華振中題」行

楷款文。此井名或許和「鮑姑與崔煒的傳說」中井裡的白龍有關，白龍溫順善良，曾救崔煒出井。[100] 三元宮內有楹文暗含此井名，如鮑姑殿內的楹聯「妙手回春虬隱山房傳醫術，就地取材紅艾古井出奇方」(1987)，又如鮑姑亭上的對聯「粵秀靈山藏有虬龍井，越崗紅艾妙手眾回春」(1992)。

華振中 (1892–1979)，字強素。廣東始興人。廣東黃埔陸軍小學第八期、武昌陸軍第二預備學校、保定陸軍軍官學校第六期步科及南京陸軍大學將官班第六期畢業，民國十六年東渡日本留學。歷任粵軍第十九路軍六十一師參謀長、第七旅旅長、福州政府參軍處參軍兼民團總指揮、陸軍少將、陸軍中將等職；先後參加民國二十一年上海一・二八抗戰，二十二年福建事變，二十六年淞滬、南京會戰，二十七年武漢會戰等。並於二十八年，任潮汕警備司令、第十二集團軍獨立第九旅中將旅長，率部與日軍激戰。三十年，日軍進攻香港時，華振中率獨立第九旅，連破日軍數道防線。三十五年，任廣州行營中將副參謀長，三十七年為廣東省政府委員兼民政廳廳長。1949年移居香港，後遷居馬來西亞。[101] 據其生平，此碑或許是在華氏任職於廣州期間所書。

以上列舉的與三元宮結緣的二十多名文士官紳，自然以粵人為多，尤其是南海、番禺縣兩地的人士，約佔三分之一。而外地士紳，主要是宦游嶺南、被延為幕賓、執教於粵地書院，或如吳嵩梁般以「粵中山水雄麗，甲天下」，[102] 而到廣東遊覽。

此外，三元宮的碑文中還記錄了歷年文士官紳對三元宮的建築、重修等方面的資助，如郁教諭〈鮑姑祠記〉(清乾隆四十五年〔1780〕)記載溧陽史公巖澤，在任通判期間，致力於越崗西側建祠設像供奉鮑姑；也如蕭雲漢〈重建斗姥殿碑記〉(清乾隆五十年〔1785〕)載廣東左翼鎮臣金弘振主持擴建三元宮廟宇，[103] 修建大殿供奉三官大帝；〈廣東省廣州市粵秀山三元宮歷史大略記〉載同治年間，兩廣總督瑞麟 (？–1874) 為重修發起捐俸等等。[104]

由此可見，三元宮的興盛離不開信道尊道的文士官紳的支持和襄助，正如鄧士憲所言：「幸藉宰官紳士，樂善好施，宏不捨之檀，集成裘之腋。」[105] 而三元宮文化的保留和傳揚，也離不開歷代文人詩文的記錄和題詠，光耀此仙真靈佑、玄風和暢、榕棉深鎖的福地。

第七章

科儀文獻

　　清初以來，廣州三元宮一直秉持全真教的清修煉養傳統，但亦發展成為傳承廣東道教科儀的中心，例如目前所見最早的三元宮科儀書為乾隆六年（1741）刊刻的《玉皇功行宥罪錫福寶懺》。根據現在保存下來的由三元宮刊刻的清代科儀本，我們可了解三元宮道教科儀的內涵和特色。本章將根據道經、懺儀本、幽科本及吉事科本之分類來介紹三元宮的科儀傳統。

　　本志共收集了十一部三元宮在清代刊印的經書和科儀書的刻本，最早的為乾隆六年（1741）刊刻的《玉皇功行宥罪錫福寶懺》，最晚是同治四年（1865）重刊的《太上玄門功課經》。這些清代經書和科儀書的來源有二：其一是從英國倫敦大學亞非學院圖書館之「馬禮遜中文藏書」（The Morrison Collection of Chinese Books）裡搜集得到的道書。蘇格蘭基督教傳教士馬禮遜（Robert Morrison，1782–1834）從嘉慶十二年（1807）至道光三年（1823）的十六年間在廣州和澳門書坊收集大量漢文古籍藏書。在這批近萬本的藏書中，其中有七部明確與廣州三元宮有關，皆為清初至清中葉時期的道教經書和科儀書。除了上述提及的乾隆六年的《玉皇功行宥罪錫福寶懺》，還有：乾隆七年（1742）的《元始天尊說三官消災滅罪懺》、乾隆三十七年（1772）的《太上玄靈北斗本命延生真經》、乾隆五十九年（1794）的《高上玉皇本行集經》與《玉皇宥罪錫福寶懺》、嘉慶三年（1798）的《玉清天雷上相純陽孚佑帝君度世證真心懺》和嘉慶十六年（1811）的《九天應元雷聲普化天尊玉樞寶經》。[1]本志收集三元宮科儀書的另一來源是澳門吳慶雲道院所藏的刻有三元宮藏板的清代科儀本，共有四部，皆為同治初年由住持黃宗性領導所刊印出來的，包括同治元年（1862）刊刻的《玉皇宥罪錫福寶懺》與《濟煉全科》，及同治二年（1863）的《東嶽謝罪往生普福證真法懺》和同治四年（1865）的《太上玄門功課經》。

這些藏本可以分為道經、懺科本、早晚課科本和幽科本。道經有三部，包括《太上玄靈北斗本命延生真經》、《高上玉皇本行集經》、《九天應元雷聲普化天尊玉樞寶經》；懺科本有六部，包括《玉皇宥罪錫福寶懺》（乾隆六年、乾隆五十九年及同治元年三種）、《元始天尊說三官消災滅罪懺》、《玉清天雷上相純陽孚佑帝君度世證真心懺》和《東嶽謝罪往生普福證真法懺》。此外則有《太上玄門功課經》和屬於普施幽科的《濟煉全科》。

除了上述十一部清代經書和科儀書外，是次編志還特意收集了一部三元宮近代刊印的《上供朝禮科》。1982年三元宮重新開放後，當時謝宗暉道長將原來三宮使用的《上供朝禮科》憑記憶抄錄下來。本志收錄的2004年《上供朝禮科》，便是來自謝道長八十年代的手抄本。這是一部在神明賀誕、朝禮、獻供時使用的科儀本。（見附錄二：三元宮之科儀本列表）

這些三元宮科儀藏本有不少是與明代《正統道藏》所收入的版本相同，也有部分來自《續道藏》或《道藏輯要》。這些科儀本的源頭更可追溯至宋代以後的上清靈寶、神霄、清微等古老道教科儀派別的傳統。而科儀本中所載的「懺謝」、「轉經」之科法，更是接源六朝古靈寶齋儀的懺罪謝愆之傳統。早期靈寶經已有一些定期齋的記載，例如「歲六齋」：正月、三月、五月、七月、九月、十一月，一歲六齋；「月十齋」：每月一日、八日、十四日、十五、十八日、二十三日、二十四日、二十八日、二十九日、三十日；又會在本命日、庚申日、甲子日、八節日定期舉行齋戒。其中早期靈寶經《元始五老赤書玉篇真文天書經》更稱：「天上元始靈寶五老等尊神，一歲六會，而諸天的天帝、使者等便周行天下，糾察功過，搜擇種人；故此，當此之時，天上眾仙、地下道民也要執齋持戒」。《太極真人敷靈寶齋戒威儀諸經要訣》更記載在「日夕各三時燒香」的儀式中加入禮懺十方儀（或稱為禮十方、十方願念），使懺謝儀成為齋儀的主體部分，且強調在三官考校之日道民修齋以達到悔過求赦的作用。此外，《太極真人敷靈寶齋戒威儀諸經要訣》記載「轉經」的科法，指出「轉經說法，象古真人教化時也」。因此，可說靈寶齋確立了以禮懺和轉經成為其齋法的核心內容。劉宋時（420–479），陸修靜（406–477）在《洞玄靈寶五感文》（DZ1278）提出靈寶齋有九法，不過，不論九法的功用、規格及儀制如何有異，其科儀的主要核心內容依然是懺謝和轉經。

至唐杜光庭（850–933）時，道教齋法仍然是以隨方禮懺為基礎，但其結構更臻完備。在繼承陸修靜齋法結構的基礎之上，杜光庭提倡的靈寶齋儀的的固定格式依序是宿啟儀（齋儀前一天的啟告）、正齋儀（正齋三天各三時行道〔早、午、晚三朝〕）、言功散壇儀，以及新增了齋後設醮儀。[2]宋代以後，在正齋晚上的儀

式更發展出還有攝召、沐浴、施食、鍊度等科目環節，使齋儀濟度的重心由白天的懺謝儀式擴展至晚上對亡魂的施食鍊度。[3]

三元宮的懺儀科本並非憑空發展出來的，而是延續了自六朝靈寶齋發展出來的懺謝、轉經傳統。而《濟鍊全科》則更直接繼承了南宋以來的水火鍊度亡魂之法。[4]現時三元宮在每年的農曆七月也會舉行「中元超幽薦祖法會」，其儀式結構也是脫胎自宋代以來的黃籙齋，這包括上午的朝、懺儀式，以及下午的度亡儀式。現今流傳下來的《濟鍊全科》一直在中元法會中使用。例如戊戌年（2018年）的五天「中元超幽薦祖法會」，其中第三天禮誦《中元懺》（《三元懺》之卷中）、第四天禮誦《玉皇懺》，以及最後一晚施演《濟鍊全科》。

另外，三元宮這批科儀本的底本有不少源於《正統道藏》。然而，對比《道藏》本，這些三元宮的科儀本更明確地顧及實際施演時的儀式需要，例如這批科儀本大多在正文前加入了「開經」、「開懺」儀式。乾隆七年（1742）的《元始天尊説三官消災滅罪懺》在原《道藏》本上就是加入了「朝禮三元懺法」；又如乾隆三十七年（1772）《太上玄靈北斗本命延生真經》在《道藏》本前加入了由淨心神咒、淨口神咒、安土地咒、淨天地解穢咒、祝香咒等咒文組成的啟經儀式。

雖然現在無法完整地還原這些科儀本在清代、民國時的具體施演情況，但是從清中葉時傳教士所可能搜羅得到的例子又可側面印證了其流行的程度。同治四年（1865）的《太上玄門功課經》除了刻記藏版於三元宮之外，更在科本底頁記稱此為三元宮弟子的用本：「大清國廣東省廣州府南海縣粵秀山三元宮焚修弟子，恭逢某年月日良辰，暨領合宮道眾人等臨寶殿奉演仙經」。此外，根據現任住持潘崇賢道長和高功道士楊崇基道長的講述，在解放前，《上供朝禮科》已為三元宮道士使用的吉事科儀本，用於神明賀誕、祝壽、朝禮、獻供，以至承接善信的祈福法事；而其中的讚頌、神明寶誥等會根據不同的法事場合和儀式需要而靈活施用。

最後，據三元宮高功道士的介紹，現存三元宮法事佈壇的特色是採用「先天八卦壇法」。概括而言，先天八卦壇，為乾南坤北，東離西坎四正卦。太極分兩儀，兩儀生四象，四象生八卦。殿內壇場東西兩邊，各設三行台暗藏坎離卦象在內以為用，合地六之數。中央一台代表天心（也代表天一生水），陰陽之純且中者居四正，雜且偏者居四隅。天位乎上，地位乎下，乾坤定子午之位。日出於東，月生於西，坎離列卯酉之門，先天為體，後天為用。以至山鎮西北，澤注東南，風起西南，雷動東北，悉合造化自然法象。因此，行儀道士出壇時由東面領經（二手）先出，次到西面表白（三手）跟進，再次東面護經，然後西面護懺，東

面倍丹（護法），西面倍丹餘此類推，無不合陰陽之數。東面全部都是奇數，而西面無一不是偶數。上午早課出壇圍繞中心台由東向西轉動，下午晚課出壇圍繞中心台由西向東轉動。自乾一兌二離三到震四，自巽五坎六艮七到坤八，三陽三陰，自相消息中間，不見坎離交位。然日往月，月往日來，其間進退消息，莫非坎離妙用，以應陰陽變化。而出日入月，升降上下，全賴斗柄斡旋其間，璿璣玉衡，則以象周天之運旋。例如早晚功課儀中的七位或十三位道士的入壇次序，中央為加持，兌位二手先出，次巽位三手跟進。再次兌位護經先出，再次巽位護懺跟進。然後到離位倍丹出，坎位倍丹跟進。又到離位倍丹出，坎位倍丹跟進。最後震位倍丹出，艮位倍丹跟進。又到震位倍丹出，艮位倍丹跟進。

第一節　懺本（見圖版 5.1–5.31）

一、《玉皇宥罪錫福寶懺》

1.《玉皇功行宥罪錫福寶懺》一卷，經折裝，版心題「玉皇懺」

清·乾隆六年（1741）中秋梁成刻本
倫敦大學亞非學院圖書館馬禮遜藏書

2.《玉皇宥罪錫福寶懺》一卷，經折裝，版心題「忉」

清·乾隆五十九年（1794）五月楊圓烱刊本，粵秀山三元宮藏板
倫敦大學亞非學院圖書館馬禮遜藏書

3.《玉皇宥罪錫福寶懺》一卷，經折裝，版心題「忉」

清·同治元年（1862）孟春（正月）刊本，粵秀山三元宮藏板
澳門吳慶雲道院藏

　　乾隆六年（1741）本《玉皇功行宥罪錫福寶懺》卷末題記「南邑弟子梁成敬梓。高上玉皇功行寶懺全部流通，募緣區聖聰。乾隆六年歲次辛酉中秋之吉。」該題記表明是由梁成付梓，區聖聰募捐，於乾隆六年八月十五日刊印。版心題「玉皇懺」。
　　乾隆五十九年（1794）本《玉皇宥罪錫福寶懺》卷末題記「乾隆五十九年歲次甲寅蒲月吉旦，玄門弟子楊圓烱敬刊。板藏粵秀山三元宮。」該題記表明是由全

真龍門派第十九代弟子楊圓烱（三元宮住持）於乾隆五十九年五月刊印。其版心題「忉」，懺後附有「玉皇本願經跋」，顯示該懺與《高上玉皇本行集經》合刊。

同治元年（1862）版卷末記有「廣東廣州府番禺縣伍流光堂李氏偕孫福如東海，曾孫壽比南山，敬梓於羊城粵秀山三元宮虔造施送。同治元年孟春吉旦。」版心題「忉」。此版本也有「玉皇本願經跋」。

除了卷前的扉畫及懺後的題識，乾隆五十九年本與同治元年本的《玉皇宥罪錫福寶懺》的版式相同，並且也同樣保留有署名「青華洞天嗣派翼教無極都雷府主牘金闕巡行御史毅忍真人臣程澄一，俗名文斌」之「玉皇本願經跋」，故估計兩者皆來自同一底本。而乾隆六年本《玉皇功行宥罪錫福寶懺》沒有程澄一之跋，但懺本內容與《玉皇宥罪錫福寶懺》相同。

《玉皇宥罪錫福寶懺》，簡稱《玉皇懺》，收入明《正統道藏》洞真部威儀類，題有「雷霆猛吏都督辛漢臣著」。其內容與上述三個版本的《玉皇宥罪錫福寶懺》及《玉皇功行宥罪錫福寶懺》幾近完全相同。《道藏通考》認為《道藏》本《玉皇宥罪錫福寶懺》出自十四世紀的清微派的懺儀。[5]

《玉皇宥罪錫福寶懺》稱，憑此懺法，而致力悔思，可「斷障以消愆」，「禳災而集福」。此懺本內有懺文八章，各章格式相似，都是讚頌昊天玉皇大帝的寶號——玉皇大天尊玄穹高上帝，並懇請宥罪賜福。《玉皇宥罪錫福寶懺》開首部分包括啟讚、入意及念偈章，其中啟讚禮請神明，並記載了玉皇上帝本生降世聖蹟，出自《高上玉皇本行集經》卷上「清微天宮神通品第一」。而懺本正文可分為七大部分：讚歎、除罪、斷障、消災、集福、滿願和成真，各部分均有啟聖、申意（懺悔文）、志心朝禮及志心皈命禮節次，透過反覆懺罪，以祈消災賜福。最後以結意及回向作結。

此部歷史悠久的懺本在道教懺悔信仰及科儀中佔重要地位，至今仍在各地道觀普遍使用。廣州三元宮在玉皇誕，甚至中元法會這些賀誕或大型醮會中，都會舉行「玉皇懺」與「玉皇朝」的儀式活動。

二、《元始天尊説三官消灾滅罪懺》

《元始天尊説三官消灾滅罪懺》三卷，經折裝

清・乾隆七年（1742）桐月（三月）刻本，敬梓於羊城粵秀山

倫敦大學亞非學院圖書館馬禮遜藏書

乾隆七年（1742）本《元始天尊說三官消災滅罪懺》分上、中、下三卷，末頁附記「廣東廣州府番禺縣弟子王舜章仝緣張、梁氏，偕男福如、東海、壽比、南山、五福敬梓於羊城粵秀山。三元宮虔造送施經□部。乾隆柒年桐月吉旦。」

《元始天尊說三官消災滅罪懺》三卷分別出自《正統道藏》之《太上靈寶上元天官消愆滅罪懺》、《太上靈寶中元地官消愆滅罪懺》及《太上靈寶下元水官消愆滅罪懺》。

三元宮乾隆七年的刻本在原來道藏本前加入「朝禮三元懺法」，云向「無上至真三天三寶上帝」等四十組天上仙真啟奏入意，恭望仙真親臨賜福。而懺本正文記有元始天尊分別在「長桑林下暘谷之壇」、「九土無極世界」、「金靈洞陰之館」宣演說法，指世人因為前世造作惡業，而受諸般苦厄，欲要開度，要延請高上道士依科陞壇行道，燃燈燒香，朝禮上元、中元及下元共三百六十天尊聖號，懺悔自無始以來至今天所作之罪惡，免諸苦惱，罪愆消除，九玄七祖俱獲超昇，同登道岸。

此外，香港雲泉仙館藏有同治元年（1862）三元宮刊刻的《元始天尊說三官消災滅罪懺》舊版，其版式與此乾隆七年版相同，相信兩者來自同一底本。而現時在香港道堂流行使用的《元始天尊說三官消災滅罪懺》，皆在科本起首加入開壇琳瑯讚、淨天地咒、三元讚、吊掛、大讚等部分，與乾隆七年本已加入的「朝禮三元懺法」組成開經儀式。

道教傳統向三官請罪、懺悔罪愆的信仰源自東漢末年的天師道，是道教信仰極為重要的傳統。這部懺本經常在現代醮會中持誦。已故香港青松觀侯寶垣道長在〈重刊三元懺本跋〉（1976）中云：每當啟建祈恩功德與度靈法會，均以虔修三元經懺為主。而廣州三元宮在三元三官的節誕日，均舉行三元懺儀，例如在五天的中元超幽薦祖法會中，第三天持誦「中元懺」（即《元始天尊說三官消災滅罪懺》卷中），為陰陽兩界眾生所犯的眾惡向三官懺悔求恕。

三、《玉清天雷上相純陽孚佑帝君度世證真心懺》

《玉清天雷上相純陽孚佑帝君度世證真心懺》三卷，經折裝

清‧嘉慶三年（1798）三月莊仲方重刊本，板存粵秀山三元宮
倫敦大學亞非學院圖書館馬禮遜藏書

嘉慶三年（1798）莊仲方本《玉清天雷上相純陽孚佑帝君度世證真心懺》三卷，下卷末題記「嘉慶戊午三月，秀水弟子莊仲方捐資重刊。」表明這版本的《玉清天

雷上相純陽孚佑帝君度世證真心懺》是於嘉慶戊午（三年，1798）三月，由秀水弟子莊仲方捐資重刊。

另外，懺本以「鍾離祖師序」開首，記為壬寅年四月十五日降筆；而經末也有壬寅年九月七日之「純陽祖師跋」，署名回道人（呂洞賓）。跋後也有乾隆乙卯（六十年，1795）正月初七日「仁和弟子屠紹理」的識語，記其將此懺本付梓。故此嘉慶三年之懺本應是據乾隆六十年本重刊。此外，懺本之卷上及卷中末頁均有記載「板存廣東省城粵秀山三元宮」。

此《玉清天雷上相純陽孚佑帝君度世證真心懺》起首記授道弟子萃英子羅愿先恭叩請「玉清天雷上相純陽孚佑帝君」，然後記述純陽帝君之顯化事蹟。懺本的主體部分為隨著八進真香而念誦的八篇懺文，以了斷俗世之八種緣分，包括夙昔緣、花月緣、文字緣、富貴緣、骨肉緣、丹藥緣、道法緣、師弟緣，每進一篇懺文後，皆誦呂祖寶誥（最後一進懺文為鍾離權正陽寶誥），並志心朝禮仙真。正如懺本署名回道人的「純陽祖師跋」記載：「【羅愿】因闡發吾之意旨，以『了緣』二字，作成懺文。一片慈悲，不厭反復。須知道藉因緣而得，不終因緣而成」。而跋後屠紹理於乾隆六十年之題識云此懺本乃仙筆無疑，現將其付梓，願與世之信道者共希受度；又認為黃粱夢之盧生，乃「羅生」（羅愿）之訛。

四、《東嶽謝罪往生普福證真法懺》

《東嶽謝罪往生普福證真法懺》一卷，經折裝

清．同治二年（1863）季夏（六月）重刊本，板藏越秀山三元宮觀內
澳門吳慶雲道院藏

同治二年（1863）本《東嶽謝罪往生普福證真法懺》一卷，末頁附記「同治二年季夏立。信紳馬仲清全緣司徒氏捐資重刊。板藏越秀山三元宮觀內。」表明此版本由三元宮信士於同治二年（1863）六月捐資重刊。

《東嶽謝罪往生普福證真法懺》一般簡稱為《東嶽懺》。《正統道藏》有《東嶽大生寶懺》，但與《東嶽謝罪往生普福證真法懺》沒有明確關係。

此懺本稱東嶽聖帝為「東嶽泰山天齊大生仁聖大帝」，簡稱「仁聖大帝」宋真宗大中祥符元年（1007）十月十五日，詔封泰山神為「東嶽天齊仁聖王」。祥符四年（1011）加封尊號為「東嶽天齊仁聖帝」。元代至元二十八年（1291），元世祖又加封東嶽聖號為「天齊大生仁聖大帝。」《東嶽懺》也記述東嶽聖帝「彌仙母夢日

光生紫府聖人東華帝，昔建功於長白，始受封於羲皇，初號太華真人。漢封泰山元帥，唐會崇恩聖帝，聖朝敕封大生。位鎮坤維，功參乾造……」此處稱元朝為「聖朝」，可推論此東嶽懺本最早可能成書於元代。另外，《東嶽懺》部分段落最晚也有可能在明代定型。例如起首經本演示緣起和東嶽聖帝的描述，在《續道藏》之《元始天尊說東嶽化身濟生度死拔罪解冤保命玄範誥呪妙經》也有相應的段落，只是後者略為詳盡。

除了起首元始天尊演經垂法，介紹東嶽聖帝的出身、敕封和司掌外，《東嶽懺》的主體部分為十段志心朝禮和志心皈命禮：元始天尊認為眾生愚痴，不識罪福，不知修省，故示下懺悔十惡障的懺悔文，以冀一切眾生永斷惡業、脫離輪迴。

第二節　經本

一、《太上玄靈北斗本命延生真經》
《太上玄靈北斗本命延生真經》一卷，經折裝

清‧乾隆三十七年 (1772) 仲秋 (八月) 郁教甯刻本，三元宮藏板
倫敦大學亞非學院圖書館馬禮遜藏書

乾隆三十七年 (1772) 本《太上玄靈北斗本命延生真經》一卷，末頁附記「乾隆壬辰年仲秋日敬刊，玄門弟子郁教甯捐金奉刻，三元宮藏板」，顯示這科本刊於乾隆壬辰 (三十七年，1772) 仲秋 (八月)，由三元宮住持郁教甯 (全真龍門派第十七代傳人) 捐資刻印。

《太上玄靈北斗本命延生真經》，簡稱為《北斗真經》，出自《正統道藏》之《太上玄靈北斗本命延生真經》。《道藏通考》指出《北斗真經》約成書於宋代，然書中的部分內容可能出現更早，經過歷代增纂。[6]

此三元宮乾隆三十七年本《北斗真經》在原來《道藏》本前加入淨心神咒、淨口神咒、安土地、淨天地解穢咒、祝香咒、金光神咒及開經偈，合成了持誦《北斗經》的開經儀式；《北斗真經》後又加有斗姥誥和讚文。

《北斗真經》正文講述太上老君在東漢桓帝永壽元年 (155) 正月七日，在太清境上太極宮見世人億劫周迴於生死，故化身下降於蜀都，授與天師此經，以廣宣

要法，普濟眾生。關於北斗與人福禍之關係，《北斗真經》記載北辰垂象，眾星拱之，這便成為造化之關鍵、人神之主宰，統御萬靈，判人間善惡之期，司陰府是非之目，因此北斗也有迴死注生之力，消災解厄之功。故若於本命之日及諸齋日修齋設醮，啟祝北斗，便能薦福消災；又可念大聖北斗七元真君名號，使罪業消除，災衰洗蕩，福壽資命；有急難也可焚香誦經，尅期安泰。

《北斗真經》記載了若屆本命之限期，可念誦本命星君名號以延生注福，又云凡人性命五體，悉屬本命星官所主掌。但是，此乾隆三十七年本與原《道藏》本最大的分別是沒有記載不同出生干支與本命星君的配屬。

二、《高上玉皇本行集經》

《高上玉皇本行集經》三卷（上卷缺），經折裝

清·乾隆五十九年（1794）蒲月（五月）黃嘉祥刊本，粵秀山三元宮藏板
倫敦大學亞非學院圖書館馬禮遜藏書

乾隆五十九年（1794）本《高上玉皇本行集經》卷末題記「乾隆五十九年歲次甲寅蒲月（五月）吉旦，閩漳弟子黃嘉祥敬刊。板藏粵秀山三元宮。」此三卷本之《高上玉皇本行集經》今藏於倫敦大學亞非學院圖書館，現只存卷中及卷下，缺卷上。此外卷中及卷下的末頁也記「信女黃門莊氏敬送」。

乾隆五十九年三元宮本《高上玉皇本行集經》卷上雖佚失，但卷中、卷下的四品內容分別為「太上光明圓滿大神咒品第二」、「玉皇功德品第三」、「天真護持品第四」和「報應神驗品第五」，這與明《正統道藏》本之《高上玉皇本行集經》卷中及卷下的四品內容完全相同，可以估計此乾隆五十九年本原來也是三卷五品，佚失的上卷為「清微天宮神通品第一」。此外，乾隆五十九年《高上玉皇本行集經》五品後，再附有《無上玉皇心印妙經》，通篇為四言韻文，共五十句；與《正統道藏》收錄之《高上玉皇心印經》全然相同。關於《正統道藏》收錄的《高上玉皇本行集經》和《高上玉皇心印經》的成書時間，學界討論多有分歧。施舟人在《道藏通考》主張兩者皆為清微派經典，前者年代不會早於南宋末，而後者則大概為南宋作品。[7]

另外，此經在《高上玉皇本行集經》和《無上玉皇心印妙經》後，再錄有一段志心皈命禮及回向懺悔文，最後更以稽首稱念太上大道眾聖作結。這可視之為轉經儀式的收結部分。這也可進一步估計佚失的卷上在經文前也收錄有開經儀式，此乾隆五十九年本是一部用於持誦《高上玉皇本行集經》的轉經科儀本。

這部歷史悠久的經本至今仍廣為流行，更是道門於日常功課及齋醮科儀中經常持誦的經典，而玉皇朝儀及玉皇懺儀也以此為依據。

三、《九天應元雷聲普化天尊玉樞寶經》

《九天應元雷聲普化天尊玉樞寶經》一卷，經折裝

清‧嘉慶辛未（十六年，1811）七月黃明熏刊本，粵東三元宮藏板

倫敦大學亞非學院圖書館馬禮遜藏書

嘉慶十六年（1811）本《九天應元雷聲普化天尊玉樞寶經》卷末題記「信女潘譚氏潘李氏捐金，嘉慶辛未初秋穀旦住持黃明熏敬刊。粵東三元宮藏板。學院前心簡齋處刊。」顯示這版本由信女潘氏出資，三元宮住持黃明熏（全真龍門派第二十代傳人）刊印，是嘉慶辛未（十六年，1811）七月的刊本。卷首有佔兩頁的扉畫，繪畫了九天應元雷聲普化天尊的正面座像，前有麒麟，左右有天將、使者和侍女。

《九天應元雷聲普化天尊玉樞寶經》，簡稱《玉樞寶經》，其底本來自《正統道藏》之《九天應元雷聲普化天尊玉樞寶經》。施舟人在《道藏通考》指出這為神霄派早年的作品，估計約成書於北宋末至南宋初年。[8]此部嘉慶十六年本在原來《正統道藏》本前加入淨心神咒、淨口神咒、淨身神咒、安土地咒、解穢神咒、五星護身咒、祝香神咒、金光神咒、玄蘊神咒及開經神咒，組成淨壇、安土地、解穢、護衛、祝香等啟經儀式。

而經本的正文後，此版本又加入了一段志心皈命禮及雷祖小讚。該段「志心皈命禮」見於《正統道藏》之《九天應元雷聲普化天尊玉樞寶懺》。另外，經後附錄了十五種與課誦《玉樞寶經》果效相通的符篆，其符文出自元朝玄陽子撰集，並題海瓊真人白玉蟾註、祖天師張陵解義、五雷使者張天君釋、純陽帝君呂洞賓讚之《九天應元雷聲普化天尊玉樞寶經集註》。

《玉樞寶經》記載了九天應元雷聲普化天尊在玉清天中向十方諸天帝君及仙眾論述至道及氣數，指出智愚、清濁皆為稟受道之不同。又記載了十五種課誦《玉樞寶經》之功效，如求道希仙、召身中九靈三精、解五行九曜剋刑等，並云若念九天應元雷聲普化天尊之名號，天尊便能化形十方，使稱名者如願以償。

四、《太上玄門功課經》

《太上玄門功課經》二卷，經折裝

清‧同治四年（1865）孟秋（七月）重刊本，三元宮藏版
澳門吳慶雲道院藏

　　同治四年（1865）本《太上玄門功課經》，分為《太上玄門早堂功課經》和《太上玄門晚堂功課經》二卷，下卷末頁附記「　同治四年歲次乙丑孟秋穀旦重刊。今將捐資芳名列左（芳名缺）」；卷前扉頁以篆體記「五羊城嶺南福地三元宮藏版」。顯示這是同治四年（乙丑，1865）孟秋（七月）重刊本，三元宮藏版。經中也有上奏用語證實此為三元宮弟子用本：「大清國廣東省廣州府南海縣粵秀山三元宮焚修弟子，恭逢某年月日良辰，暨領合宮道眾人等登臨寶殿奉演仙經」。

　　《太上玄門功課經》，簡稱為《早晚功課經》。除了同治四年三元宮版外，現時常見的《早晚功課經》還有：一是嘉慶二十年（1815）北京覺源壇《清微宏範道門功課》，包含早、午、晚三壇功課，收錄於《道藏輯要》）；二是嘉慶二年（1797）北京白雲觀之《太上全真功課經》；三是光緒丁亥（十三年，1887）北京白雲觀一清道人撰序的《太上全真功課經》；四是光緒三十二年（1906）成都二仙庵之《太上玄門功課經》，收錄於《重刊道藏輯要》。此外，值得一提的在廣東，現存另有一部嘉慶癸亥年（八年，1803）的《太上玄門功課經》，記由信士心誠堂、明德院同梓，板藏南海九江上西（今廣東省佛山市南海區九江鎮上西村）。

　　同治三元宮本《早晚功課經》以琳琅讚、淨心神咒、安土地神咒、開經玄蘊咒等讚咒作為起首開經部分，然後是禮誦諸品真經，包括早課課誦的《太上老君說常清靜經》、《太上洞玄靈寶昇玄消災護命妙經》及《無上玉皇心印妙經》，晚課課誦的《太上洞玄靈寶救苦拔罪妙經》、《元始天尊說生天得道真經》。誦經之後，接著是諸真寶誥，早晚課合共有二十五種寶誥，包括玉清號、上清號、太清號、彌羅號、天皇號、星主號、后土號、神霄號等。之後是懺悔文和發願文，最後結經。

　　《早晚功課經》序記：「功課者，課功也。課自己之功，修自身之道……非科教不能弘揚大道，非課誦無以攝伏身心。誦之誠者，則經通而法驗；悟之得者，則道契而仙成。是住叢林者之規範也。」這指出了功課即考核功行；而課誦經典，則能攝伏身心，更能使經通法驗，最後與道契合而成仙；這亦是全真道叢林的修道規範。事實上，早晚功課至今也是三元宮早晚修持的活動，分別於早上八時半及下午四時課誦。

第三節 幽科本

《濟煉全科》一卷，經折裝

清‧同治元年（1862）十月刻本，粵秀山三元宮藏板

澳門吳慶雲道院藏

此《濟煉全科》內封底頁印有「同治元年歲次壬戌孟冬月立，住持黃宗性募化敬刊，羊城粵秀山三元宮藏」。由此可見，此科本是由當時廣州三元宮住持黃宗性（全真龍門派第二十二代傳人）募化集資刊印於清代同治元年（1862）十月（孟冬月）。

有關《濟煉全科》的源流，其與蘇州正一派使用之《太極靈寶祭煉科儀》關係密切；但同時又不能忽略《濟煉全科》吸收了清代全真派一些施食科儀的內容，其中好些內容與源於北京白雲觀之《青玄濟煉鐵罐施食全集》有不少對應，故這或為三元宮道士經過吸收與改造《太極靈寶祭煉科儀》後，再增加其他施食傳統科儀，以造構出一部屬於廣東全真宮觀傳統的科本。

《濟煉全科》中所記的並不止於煉度科儀，而是屬於南宋時出現的「祭煉」之法──南宋的「祭煉」是包括了破獄、沐浴、施食等濟度幽魂的環節，內容貴其簡易，是脫離了黃籙齋儀而行的煉度之法。《濟煉全科》記載了變神、請聖、破獄、攝召、天醫、施食、水火煉度、傳戒等環節，以求「全面」地對幽魂進行「祭煉」。當中的「祭」是指「設飲食以破其飢渴也」，即請幽魂到壇場，接受幽衣、紙錢、淨飯，這稱為「斛食」或「施食」，是救贖幽魂之開始。以「施食」解決了幽魂身體飢餓之苦後，便以水火煉形重塑真身：這是要求高功法師以「真水」、「真火」交煉幽魂，使之能化為嬰兒，變形更生，最後得獲超度，往生仙界。

此外，《濟煉全科》中有與全真科本《青玄濟煉鐵罐施食全集》相類的「嘆骷髏」段落，內容是南華真人遊楚國見一骷髏而勸其早悟，莫貪戀富貴功名。這與前文「志心召請」一段相類，也是希望點化良將功臣、文章秀士、醫家相士、漁人樵夫等二十類各階層、職業的幽魂，請其早日受度。這未嘗不是一種透過宗教儀式而施行的善行教化。

除此以外，此科本中亦有不少插畫，當中包括神像、地獄、手訣等。這也是行濟煉科儀時，高功掐手印及存想之用。

《濟煉全科》約在上世紀二十至四十年代傳至澳門及香港。1923年及1933年澳門鏡湖醫院因風災和遷義莊啟建萬緣法會，當時廣州三元宮道士也有參與，這

也促使三元宮的科儀傳統、唱腔、音樂和科儀本在澳門道教界流傳。而香港雲泉仙館也藏有《濟煉全科》之木印版，這應是四十年代開始輾轉由廣東南海茶山慶雲洞傳入。事實上，現今香港道堂廣泛流行的《先天斛食濟煉幽科》，大都源於香港青松觀於1974年影印此同治元年廣州三元宮刻板之《濟煉全科》，其只是在《濟煉全科》之上增添了「呂祖寶誥」和「呂祖師救劫咒」。

第四節　吉事科儀本

《上供朝禮科》一卷，經折裝

2004年據謝宗暉手抄本複印，三元宮藏

《上供朝禮科》卷首題「天運甲申年吉月吉日。上供朝禮科。三元宮珍藏。」指出這為甲申年 (2004年) 之版本。

根據廣州市道教協會會長潘崇賢道長及廣州市三元宮楊崇基道長口述，三元宮重新開放後，當時任都管的謝宗暉道長將原來解放前已在三元宮使用的《上供朝禮科》憑記憶抄錄下來。此2004年的版本，便是根據謝宗暉道長的手抄本複印。

《上供朝禮科》的結構主要分為朝禮及上供兩部分。科儀先行祝香、灑淨，然後上啟三清四御、十方靈寶天尊、南極長生大帝、斗姆，以及眾天帝君、諸星君、諸真人等；之後誦讀表文，再念土地咒將表文送呈。至上供部分，便依次將香、花、燈、水、果志心奉獻予天上眾聖真。最後科本列出兩個神明寶誥：三官誥及星主號，並以收經讚作結。另外，此2004本《上供朝禮科》在朝禮及上五供環節中間加插了仙家樂讚，這不屬於原來謝宗暉道長的手抄本。

上供朝禮科是吉事科儀，用途廣泛，三元宮在神明賀誕、祝壽、朝禮、獻供，以至承接善信的祈福法事，也會經常使用上供朝禮科。事實上，科本所展示的仙家樂讚、神明寶誥等會根據不同儀式而靈活施用，例如可以只做前面的朝禮部分；賀誕、祝壽科會加入仙家樂讚一節；而不同神明賀誕，又會使用相應的寶誥，如上元、中元、下元祈福法會時會使用「三官誥」；而又稱為「星主誥」、「紫微誥」的「星主號」則用於北斗、南斗星君法會或一些朝禮科儀。

附錄一　三元宮己亥年（2019）正月十五上元節法會紀略

一、簡介

正月十五日元宵節是農曆新年慶祝節慶的尾聲，在道教信仰當中，這一天同時也是上元節。上元節是天、地、水三官中天官的神誕日。天官又稱上元一品九炁天官紫微帝君，《太上太玄女青三品誡拔罪妙經》載：「總主上真自然玉虛高皇上帝，諸天帝主、上真真仙，及國主、大臣、皇后、皇妃、諸王、太子、百官眷屬、天下人民，一切貴賤罪福之由。其中神仙官僚，皆稟自然之氣而為體也，若非金闕玉簡記名得道之人，莫能見也……三府總計三十六曹，各領官僚九千萬眾，並於上元之夕，考較大千世界之內，十方國土之中，一切生死罪福緣對報應之由，眾等虔誠，人各恭敬。」[9]可見天官是洞察人間功過，賜福罰罪的神祇。天官在正月十五這天下降人間，來檢校人間的功過禍福。《太上洞玄靈寶三元玉京玄都大獻經》云：「所言三元者，正月十五日為上元，即天官檢勾。七月十五日為中元，即地官檢勾。十月十五日為下元，即水官檢勾。一切眾生，皆是天地水三官之所統攝。所以正月十五日為上元，天官校錄者。十一月一陽生，正月三陽生，三陽成乾。乾者，天之用也。正月天道數成，故一切天官主當校錄」。[10]

廣州三元宮的祭祀三官的傳統，大致可以清順治十三年（1656）廣州欽差巡撫李棲鳳集修觀音山三元殿為開端，到現在已有三百多年的歷史。[11]每逢三官大帝的神誕日，三元宮會舉行相關的法會，如此次的上元誕、天官賜福法會，農曆七月的中元超幽薦祖法會、中元誕，以及農曆十月十五日的下元水官寶誕祈福解厄法會。

此次三元宮上元誕的活動從正月十四日（2月18日）晚開始，到正月十五日（2月19日）中午結束；十四日晚間10點，三元宮舉行上元誕的慶祝活動，行《上供朝禮科》的科儀，朝拜天官及諸位神明；十五日上午舉行天官賜福法會。

二、正月十四日上元誕

1. 壇場佈置

2月18日晚8點50分左右，道士及工作人員在為科儀做準備，白天的小雨此時已經停止，不少信眾已來到三元宮內，燒香祭拜各位神明，等待儀式的開始。

此次科儀的壇場設在三元宮主殿的三官神像前。由內而外，壇場設有一長方

形的米陣，米陣以紅布為地，上面擺著若干小紅燭，俯視該陣，最上端左右兩個角各畫有月與日，下有三個相互連結的節點，象徵著三台星；米陣左邊的圖案代表北斗，右邊的圖案代表南斗，中間被南北斗星辰包圍的部分則是三個字型的圖案，由上而下分別象徵著天官、地官、水官。米陣最末端設有香爐及供品。一張雕花漆木的供桌設於米陣前，供桌上放著主科道士主持科儀所需的法器。

另有八張供桌較窄，作三排列於壇場。前兩排在壇場左右各設一供桌，第一排左側的供桌有太陰與太陽的神像，右側是救苦救難太乙天尊的神像。第二排左側設有鍾離渡（度）呂的畫像，右側是金蟬仙的畫像，最後一排在左右角各設兩張供桌從左到右分別是南北星君、諸位星君、葛仙煉丹的畫像，此外桌上還擺有若干在科儀中使用的法器。三元宮的楊崇基道長表示，壇場的設置原想按照八卦的方位來排布，但因為場地限制，未能實現。面對道壇，右上角是此次科儀的奏樂區域，擺放著揚琴、鼓等樂器。

儀式開始前，主科道士來到壇場，做最後的檢查和準備工作，有的善信不時向道士問好，詢問科儀相關的安排，並且祝願此次科儀能夠順利進行。負責演奏的道士為樂器做最後的調試，等待著科儀開始。

2. 上供朝禮科

晚上10點，隨著一陣鼓聲響起，科儀即將開始，道士進入內壇，五位陪壇經生站在第三排供桌後，手持科儀所需的法器；高功法師手持朝笏，站在香案前。此外，還有一些為三官神上供的善信代表也進到內壇當中，共同參與這次科儀。在引磬、磬、鐺、鼓的節奏帶領下，主科和壇內經生、善信一同向三官和四方神明行禮。行禮後，陪壇的道士點燃了一束香，遞給高功法師，法師接過香後，在香案前拜了三下，將香又遞回陪壇道士手中，由他們將香分給壇內的善信。善信們每人手持一炷香，在主科的帶領下行禮。行禮過後，陪壇的道士們將香收回，插在香案上的香爐中。此時主科再次拿起朝笏，對三官行三次朝禮。起身後，高功用手沾取水盂中的清水，在笏板上做書寫狀，閉上眼，雙手持笏板，口中持咒，上奏神明。再拜過三官後，樂聲響起，主科和經生們開始唸誦科本。

此次科儀所用的科本《上供朝禮科》是三元宮珍藏的科本，上供朝禮科作為一門吉事科儀，常在神明賀誕、祝壽、朝禮、獻供時使用，幫助善信做祈福法事時，也會用到此科，《上供朝禮科》主要分為上供和朝禮兩部分內容。在不同的儀式中，科本中的不同環節能夠靈活組合實施，如「仙家樂」、「三官誥」、「星主號」等環節就可根據不同的節誕和科儀需求而靈活運用。

(1) 朝禮

在朝禮中，道士會先祝香、灑淨、啟請各方神明。此次科儀中，在主科的帶領下，經生們一齊誦了「祝香咒」；誦畢後，道士們吟誦了科本內吊掛的內容，共八句，四句為一節，每節吟誦完後，主科跪拜行禮。接著，主科吟誦經文開始灑淨的儀式，他左手拿起桌上的淨水杯，右手持令牌，沾取杯中水在香案上畫符，畫後又將符收入杯中；重複三次後，主科手持淨水杯和令牌在壇場內各個神位前停留了一下，回到壇前，放下令牌，用一片樹葉將淨水杯內的水灑向內壇的四方。壇外有的善信打開雙手，迎接主科所灑的水，並將接到的水塗抹在臉上，以求好運。

灑淨結束後，主科回到壇前，放下淨水杯，手持朝笏。在樂器敲擊的節奏中，主科不緊不慢地向三官行禮，頗具威儀，壇內的善信代表們在主科的帶領下一齊跪拜行禮。跪拜三次後，主科跪在壇前，手持笏板，吟誦了一段科本內容，陪壇經生也一齊附和。在奏樂的節奏下，道士誦完一段經文，會俯身跪拜，經生與內壇的善信也跟著一齊俯身跪拜。

吟誦過後，樂聲停止，經生開始誦讀表文，主科跪在壇前行儀。此次表文的主要內容是樂善捐助者的姓名，因捐助者眾多，由兩名經生同時宣讀，宣讀過程中，經生不時擊磬，以通神明。表文結尾部分則是各位神明的尊號，經生在宣讀每個尊號後都會擊磬通報。宣讀完畢後，主科起身宣布表文讀畢，轉身面向天，引領眾人念土地咒送呈表文。

念畢土地咒後，主科轉身面向三官大帝，行禮三次，重複念誦「上元賜福天尊，南宸北斗星君」。樂聲中，五位經生走出內壇，繞壇行進，主科、善信跟隨其後。壇外的善信們在這個環節也參與到儀式當中，形成一支繞壇的隊伍。繞壇兩圈後，經生、主科、上供代表回到內壇。

(2)「仙家樂」

此次科儀所使用的《上供朝禮科》科本是2004的版本，根據八十年代謝宗暉道長的手抄本複印而來，科本中在朝禮和上供科儀中間，新加入了兩頁電腦打字的「仙家樂」的內容，神明賀誕、祝壽的科儀會加入此環節。這在此次的科儀當中也有所體現。朝禮的環節結束後，主科帶領內壇眾人向三官跪拜行禮三次起身，主科開始吟誦「仙家樂」，經生們一齊附和。仙家樂的頌詞每句都以「壽」字開頭，內容以祝壽為主題，一共八句，最後以「大有仙家樂」收尾結束。整個環節在科儀中所佔時間雖然不長，道士們伴著樂聲婉轉地吟誦祝詞，這也體現了三元宮的特色。

(3) 上供

「仙家樂」環節後，主科帶領內壇善信再次行禮跪拜後邊退到一旁，壇內的上供代表一一來到壇前，在陪壇道士的幫助之下，向天官上供。配合道士們吟誦的內容，上供代表將香、花、燈、水、果依次誠心奉獻於上元天官，此次共有五名男士作為上供代表參與此環節。上供完畢後，二手經生宣布上供圓滿完成。上供代表回到原位，主科回到壇前。

(4)「三官誥」

主科跪在壇前，在木魚緊湊的敲擊聲中，主科和經生一齊誦「三官誥」，至此整場科儀的所有環節已經完畢，最後，道士們吟誦「收經讚」，主科向三官行禮後，經生們依次走出內壇，主科跟隨其後，整場科儀到此結束。

三、正月十五天官賜福法會

正月十五日早晨9點40分左右，法會尚未開始，此時已有許多善信來到三元宮，拜祭宮內供奉的神明。此次來參加法會的善信有500人左右，三元宮內熙熙攘攘，香火鼎盛。此次天官賜福法會的壇場和十四日的上元朝相同，道士們不用額外再做佈置，壇場內，道士將此次法會需要用到的供品準備齊全，點燃米陣上的小紅燭，樂師們也在調適樂器。法會即將開始，主科道士和經生進入內壇就位，也有一些上供代表進入內壇，參與到科儀當中。其他的善信們聚集在了壇場外部，將整個壇場圍住，十分熱鬧。

此次天官賜福法會使用的科本是《玄門朝科》當中的「三元朝」，《玄門朝科》顧名思義，是道教科儀中朝禮用到的科儀本，其中收錄了「玉皇朝」、「文帝朝」、「武帝朝」等朝科。根據科儀本的內容來看，「三元朝」是朝科，儀式相對單調。此次科儀在「三元朝」的內容基礎上，加入了「三寶香」、「土地咒」、「送化讚」、「焚化讚」、「五供」、「志心皈命禮」的環節，使整場法會的形式更加豐富，也為善信提供了參與儀式的機會。

1. 玄門朝科 —— 三元朝

(1) 開壇、誦「三寶香」

儀式開始，隨著鑼鼓聲，主科道士手持笏板，在壇前跪拜行禮，壇內的上供代表們也紛紛隨著主科一齊行禮。陪壇的道士點了一束香，將香分到上供代表手

中，代表們持香鞠躬，向三官行禮過後，道士將香收回，統一供奉在香爐之中。再次行禮之後，在主科的帶領下，道士們開始唱誦科本。道士們先吟誦了《玄門朝科》當中「三元朝」的科本。在吟誦中，主科道士手持笏板面對香案，吟誦完「吊掛」部分後，儀式進入到「三寶香」的環節。在這個環節，主科拿起一炷香，跟隨著吟誦聲，行了幾步後，又回到壇前鞠躬行禮。進香行禮過後，主科將香遞給了一旁的陪壇道士，供於香爐中，接著，主科帶領壇內的上供代表一同跪拜行禮。這個過程重複三次後，「三寶香」的環節完成。

（2）灑淨

二手和三手經生在吟唱祝香的經文後，儀式進入「灑淨」的環節，主科左手持淨水杯，右手持令牌，在經生們吟誦經文的聲音中，於壇場內繞圈而行。他用令牌在淨水杯的上方畫符，以賦予杯內的水法力。隨後，主科放下令牌，用手沾取杯中水灑向東南西北四方，又取樹葉沾取杯中水，向壇場內外灑淨。此時壇場外的善信們紛紛伸出雙手迎接灑進的水滴。

（3）請神

灑淨過後，主科道士將手中的淨水杯放下，重新拿起笏板，跪在壇前行禮三次。禮畢後，主科在樂聲的配合下開始唸誦。主科先說出自己的所屬的法派和職位，接著一一念出所請神明的稱號。請神明來到壇場接受供奉。請神時，每唸誦一節，經生都會擊磬示意。在請神後，道士們一齊吟誦大讚。

（4）宣讀表文、誦「土地咒」、「送化讚」、「焚化讚」

在宣讀表文之前，主科先誦讀科本的內容，向神明通告。接著，經生們分別朗誦表文不同部分的內容，在誦完主家姓名時，經生不時擊磬示意。主家姓名宣讀完畢後，經生們還宣讀了表文中神明的稱號。每宣讀一個稱號，經生都擊磬示意，以通神明。在宣讀表文過程中，主科一直跪在壇前行禮，壇內的上供代表們也隨主科一同跪著，時不時向三官行禮。表文宣讀完畢，主科、經生與善信們起身，轉身面對壇外天地。在樂聲中，道士們齊誦「土地咒」、「送化讚」、「焚化讚」，在唸誦過程中，主科在每句的節點都會跪拜行禮，壇內的上供代表們也紛紛跟著行禮。

唸誦完後，大家轉身回來面對壇場，向三官神像行禮。主科和經生們重複唸誦「上元賜福天尊」的尊號，經生們此時依照次序走出壇場，主科行禮過後，跟

隨隊伍走出去，上供代表們跟在主科後面。這支隊伍圍繞著壇場行進了一圈後，回到了壇場內。

(5) 五供、誦「至心皈命禮」、「結贊」

回到壇場後，主科、經生們紛紛回到了自己的位置上，主科站在壇前行禮過後，便開始「五供」的環節，此次五供和前一日的上供大體相同：上供代表在主科的幫助下，分別將香、花、燈、水、果上供給天官。此處不再贅述。上供完畢後，在木魚聲的敲擊中，道士們一齊誦「至心皈命禮」。誦畢後，樂聲響起，道士們最後誦讀了「結贊」的內容。整場科儀到此全部完成。

四、結語

此次三元宮上元旦的法會，道士們運用科本中的不同環節組合起來，以形成朝拜上元天官的科儀特色。此外，科儀中心加入的「三寶香」、「土地咒」、「至心皈命禮」等環節，充分展現了三元宮獨特的科儀特色。在科儀之外，上元旦活動的舉辦，吸引了許多善信來到三元宮參拜神明，在新年伊始之際，祈求得到天官的護佑。這一點在科儀中也有所體現，上供代表不是儀式的旁觀者，而是親身參與到整個儀式當中，這也體現了道士和信徒之間的良好互動關係。

附錄二　三元宮之科儀本列表（按出版年份排列）

序號	科本名稱	卷數	出版年份	題識	序／跋	刊印者	捐資者	收藏地
1	玉皇功行宥罪錫福寶懺	一卷	乾隆六年（1741）中秋	末頁記： 南邑弟子梁成敬梓 高上玉皇功行寶懺全部流通　募緣區聖聰 乾隆六年歲次辛酉（1741）中秋之吉	／	南邑弟子梁成敬梓	募緣區聖聰	倫敦大學亞非學院圖書館馬禮遜藏書
2	元始天尊說三官消災滅罪懺	三卷	乾隆七年（1742）桐月（三月）	末頁記： 廣東廣州府番禺縣弟子王舜章仝緣張梁氏 偕男福如東海壽比南山五福敬梓於羊城粵秀山三元宮虔造送施經　部 乾隆柒年（1742）桐月吉旦	／	廣東廣州府番禺縣弟子王舜章仝緣張梁氏偕男福如東海壽比南山五福敬梓於羊城粵秀山三元宮	／	倫敦大學亞非學院圖書館馬禮遜藏書
3	太上玄靈北斗本命延生真經	一卷	乾隆壬辰年（三十七年，1772）仲秋（八月）	末頁記： 乾隆壬辰年仲秋　日敬刊 玄門弟子郁教甯捐金奉刻 三元宮藏板	／	玄門弟子郁教甯捐金奉刻	玄門弟子郁教甯捐金奉刻	倫敦大學亞非學院圖書館馬禮遜藏書
4	高上玉皇本行集經	三卷（缺上卷）	乾隆五十九年（1794）歲次甲寅蒲月（五月）吉旦	下卷末記： 乾隆五十九年（1794）歲次甲寅蒲月吉旦閩漳弟子黃嘉祥敬刊 板藏粵秀山三元宮 中卷、下卷末記： 信女黃門莊氏敬送	／	閩漳弟子黃嘉祥敬刊	／	倫敦大學亞非學院圖書館馬禮遜藏書
5	玉皇宥罪錫福寶懺	一卷	乾隆五十九年（1794）蒲月（五月）	末頁記： 乾隆五十九年歲次甲寅（1794）蒲月吉旦 玄門弟子楊圓烔敬刊 板藏粵秀山三元宮	玉皇本願經跋，署名青華洞天嗣派翼教無極都雷府主牘金闕巡行御史毅忍真人臣程澄一俗名文斌	玄門弟子楊圓烔敬刊	／	倫敦大學亞非學院圖書館馬禮遜藏書

序號	科本名稱	卷數	出版年份	題識	序/跋	刊印者	捐資者	收藏地
6	玉清天雷上相純陽孚佑帝君度世證真心懺	三卷	嘉慶戊午（三年，1798）三月	上卷、中卷末記：板存廣東省城粵秀山三元宮 下卷末記：嘉慶戊午（三年，1798）三月秀水弟子莊仲方捐資重刊	鍾離祖師序，回道人跋，乾隆乙卯（六十年，1795）屠紹理識語	秀水弟子莊仲方捐資重刊	秀水弟子莊仲方捐資重刊	倫敦大學亞非學院圖書館馬禮遜藏書
7	九天應元雷聲普化天尊玉樞寶經	一卷	嘉慶辛未（十六年，1811）初秋（七月）穀旦	末頁記：信女潘譚氏潘李氏捐金 嘉慶辛未（十六年，1811）初秋穀旦住持黃明熏敬刊 粵東三元宮藏板 學院前心簡齋處刊	/	（三元宮）住持黃明熏敬刊	信女潘譚氏潘李氏捐金	倫敦大學亞非學院圖書館馬禮遜藏書
8	玉皇宥罪錫福寶懺	一卷	同治元年（1862）孟春（正月）	末頁記：廣東廣州府番禺縣伍流光堂李氏偕孫福如東海曾孫壽比南山敬梓於羊城粵秀山三元宮虔造施送 同治元年（1862）孟春吉旦	玉皇本願經跋，署名青華洞天嗣派翼教無極都雷府主牘金關巡行御史毅忍真人臣程澄一俗名文斌	廣東廣州府番禺縣伍流光堂李氏偕孫福如東海曾孫壽比南山敬梓於羊城粵秀山三元宮	/	澳門吳慶雲道院藏
9	濟煉全科	一卷	同治元年（1862）歲次壬戌孟冬月（十月）立	卷末題：時同治元年（1862）歲次壬戌孟冬月 立 住持黃宗性募化敬刊 羊城粵秀山三元宮藏	/	住持黃宗性募化敬刊	/	澳門吳慶雲道院藏
10	東嶽謝罪往生普福證真法懺	一卷	同治二年（1863）季夏（六月）立	末頁記：同治二年（1863）季夏 立 信紳馬仲清仝緣司徒氏捐資重刊 板藏越秀山三元宮觀內	/	信紳馬仲清仝緣司徒氏捐資重刊	信紳馬仲清仝緣司徒氏捐資重刊	澳門吳慶雲道院藏
11	太上玄門功課經	二卷	同治四年（1865）歲次乙丑孟秋（七月）穀旦重刊	晚堂功課經末頁記：時同治四年（1865）歲次乙丑孟秋穀旦重刊 卷前以篆體記：五羊城嶺南福地三元宮藏版	早堂功課經前有序，無署名	/	/	澳門吳慶雲道院藏
12	上供朝禮科	一卷	天運甲申年（2004）吉月吉日	首頁記：天運甲申年（2004）吉月吉日 上供朝禮科 三元宮珍藏	/	謝宗暉手抄本	/	三元宮藏

第八章

文 物

　　香港蓬瀛仙館現收藏有廣州三元宮八幅三元宮弟子笑仙所繪的八大神明畫像及八件原屬三元宮的壇場法器，另有一法印為私人收藏。香港蓬瀛仙館一直以廣州三元宮為其龍門派道脈的源頭，稱三元宮為「祖庭」。該館首任住持麥星階（道號宗光）為三元宮全真龍門派的二十三傳弟子，民國十六年（1927）擔任三元宮住持之職。麥宗光在民國十七年之後移居香港，出任蓬瀛仙館首任住持。在仙館草創階段，麥氏與同門道侶竭力籌劃於粉嶺雙魚洞山麓購地興建一所龍門正宗道院。本志推測八幅三元宮弟子笑仙所繪的八大神明畫像及八件原三元宮法器文物都是在蓬瀛仙館創館時，由三元宮餽贈的。（參本志第十二章〈三元宮與香港蓬瀛仙館〉）

第一節　神明畫像（見圖版 2.17–2.24）

　　香港蓬瀛仙館共藏有八幅三元宮弟子笑仙所繪的八大神明畫像，分別是大梵先天斗姥紫光金尊聖像、太乙救苦天尊青玄上帝聖像、北極真武玄天上帝聖像、九天應元雷聲普化天尊聖像、天后聖像、天姥聖像、太乙風神聖像和龍母聖像，這些聖像原應是作為觀中殿堂供奉的畫像。

　　此八幅畫像為民國年間信道弟子張統所作，張氏又署名笑仙。畫作以淺絳設色，素雅清淡；而且筆法古樸，神像衣紋均使用傳統的釘頭鼠尾描法，並用不同的墨色及淡赭描繪、鋪染衣飾，面部的勾勒及設色渲染則能表現凹凸明暗的立體效果，粗中有細，以突出各具姿態的神明或慈祥和藹、或肅穆莊嚴、或平和安寧、或嗔怒可怖的神情。

一、三元宮弟子繪大梵先天斗姥紫光金尊聖像　蓬瀛仙館藏（1930年）

此畫有文字題跋「大梵先天斗姥紫光金尊聖像，笑儷薰沐敬寫」，畫款下二印被挖走。

「大梵先天斗姥紫光金尊」即「斗姥」，也稱「斗母」、「斗姆」。據《玉清無上靈寶自然北斗本生真經》中記載，斗姥原本是龍漢年間國王周御的玉妃，號為「紫光夫人」……在塵世劫難中發下誓願，要生出聖子輔佐江山。在一個陽光明媚、百花爭艷的春日，紫光夫人於後園遊玩洗浴時，忽然有所感應，金蓮花溫玉池裡的九朵蓮花應時綻放，化生為九位聖子，分別為天皇大帝、紫微大帝，其餘七幼子為貪狼、巨門、祿存、文曲、廉貞、武曲、破軍之星。在玉池中經過七日七夜，九子結為光明，飛居中極，化為九大寶宮，二長帝君居紫微垣太虛宮，為眾星之主領，……紫光夫人亦號為北斗九真聖德天后、道身玄天大聖真后，應眾生機緣而現身上天南嶽，是名慶華紫光赤帝之尊。信男善女若虔誠供奉，能消釋劫罪冤報，常誦九光真經者，智慧福壽受用不盡。稍後的《太上玄靈斗姆大聖元君本命延生心經》稱「斗姆上靈……為北斗眾星之母，斗為之魄，水為之精」，名號為「九靈太妙白玉龜臺夜光金精祖母元君」，顯示出與《墉城集仙錄》中名為「九靈太妙龜山金母」的西王母有一定關聯；並明確其具有北辰北斗的神職功能。[1]

元末明初《道法會元》中收錄的《先天雷晶隱書》將斗姥變為雷法經文中的法主及主法者，而且其名號也與佛教密教的摩利支天結合為一，並引入了密教摩利支天經文中的部分咒法，也對斗姥的形象進行了描述：「三頭八臂，手擎日月、弓矢、金鎗金鈴、箭牌寶劍，著天青衣，駕火輦，輦前有七白豬引車，使者立前聽令，現大圓光內。」《道法會元》的另一部涉及斗姥的經文是《玉音乾元丹天雷法》，其中斗姥的形象有些許不同：「三頭六臂，兩手捧日月，兩手持弓箭，兩手降魔鈴杵，遍身雷電，下有金色烏豬七箇御輦。」之後的道經進一步完善了斗姥信仰和科儀，並有一定程度的變更改造，如《先天斗姥煉度金科》描述其形象為四頭八臂，四頭中正面為觀音相，左天王相，右金剛相，後為豬首相；八臂則二手托日月，二手執弓矢，二手執鈴杵，二手執劍戟，上有黃幡書「九天雷祖大帝」等。[2]

與道教經典中的斗姥形象、信仰等內容的發展演變相對應，其畫像也大致歷經了三個階段的變化：第一階段的斗姥圖像還是頭戴道冠的元君相，以明正統四年（1439）《太上玄靈斗母元君本命延生心經》卷首畫像為代表；第二階段集中於明代後期，即變為三頭八臂密教摩利支菩薩的忿怒相，或為身披袈裟的佛教菩薩形象等，較早的畫像是明隆慶二年（1568）泥金寫本《道教經文（延生真經）》扉頁

畫中三頭八臂的斗姥形象；[3] 第三階段以清代為主，延續上一階段多頭多臂的密教菩薩形象，形象表現上更為穩定，最具代表性的是北京白雲觀所藏的四幅斗姥畫像，均為三頭（正面為莊嚴相，左面豬面、右面男性怒相）多臂，手持物有日月、弓矢、寶杵等，其中的日月最為常見並成為突出特徵。[4]

此畫中的斗姥形象為三首八臂，項後有光，光似火焰。正面為天女形象，右側為豬面，左側為憤怒形象。正面形象華冠瓔珞，赤足，結跏趺坐，兩手結印，坐在九朵蓮花的車輦上，四豕拉車輦，在雲氣之中。手裡分別持日月、寶劍和金杯、手珠和金印。與斗姥畫像第三階段多頭多臂的密教菩薩形象相近。

二、三元宮弟子繪太乙救苦天尊青玄上帝聖像　蓬瀛仙館藏（1930年）

此畫有文字題跋「太乙救苦天尊青玄上帝聖像，笑儒張統薰沐敬畫」，下有兩方印章，分別為「笑仙」朱文印和「張統民印」白文印。

太乙救苦天尊，也作「太一救苦天尊」，又稱「尋聲救苦天尊」、「十方救苦天尊」、「東極青玄上帝」、「青華大帝」。雖有多種名號，但其主要意涵離不開「救苦」二字，《太一救苦護身經》有云：「東方長樂世界有大慈仁者，太一救苦天尊，化身如恒沙數，物隨聲應，或住天宮，或降人間，或居地獄，或攝羣邪，或為仙童玉女，或為帝君聖人，或為天尊真人，或為金剛神王，或為魔王力士，或為天師道士，或為皇人老君，或為天醫功曹，或為男子女子，或為文武官宰，或為都大元帥，或為教師禪師，或為風師雨師，神通無量，功行無窮，尋聲救苦，應物隨機。……忽見帝君班中有童子一人，步步躡於蓮花，稽首至天尊前，奏曰：『臣乃太一，為我師開化說法。臣集相聚形，聽宣妙音，天中快樂一時，地下動經萬劫，三界之中，羣生受苦，高聲叫喚，苦哉苦哉。』……天尊曰：『此聖在天呼為太一福神，在世呼為大慈仁者，在地獄呼為日耀帝君，在外道攝邪呼為獅子明王，在水府呼為洞淵帝君。汝是吾之氣，吾是汝之根……』」[5]

於三界尋聲應現、變化救生的太乙救苦天尊在道教神系中有舉足輕重的地位。南朝陶弘景的《洞玄靈寶真靈位業圖》載其屬於第一等級的「先天尊神」。唐、五代，太乙救苦天尊被尊為東宮教主，其重要職能是救世間疾苦、解救亡魂出離地獄。宋代以後東極青華大帝（化身為太乙救苦天尊）與中天紫微北極大帝、南極長生大帝、勾陳上宮天皇大帝共同組成四御神，成為三清神和昊天至尊玉皇上帝之下最重要的神祇之一。太乙救苦天尊還出現在黃籙大齋祈請神祇的名單中，是為拔度亡魂的主要朝拜對象，亦是五方天尊中的中央主天尊。[6]

至於其形象，唐朝杜光庭所編的《道教靈驗記》卷一〈城南文鍊臺驗〉中說，太乙救苦天尊「立於金蓮花上，左執瓊椀，右執柳枝，金冠鳳履，身逾三丈，通身有五色之光，上連天表，照曜一川。」[7]卷五〈張仁表太一天尊驗〉曰：「天尊坐五色蓮花之座，垂足二小蓮花中，其下有五色獅子九頭，共捧其座，口吐火焰，繞天尊之身。於火焰中，別有九色神光，周身及頂光中，鋒鋩外射，如千萬鎗劍之形，覆七寶之蓋，後有鸞木寶花，照曜八極。」[8]又，《太一救苦護身經》有云：「童子化一天尊，足躡蓮花，圓光照耀，手執柳枝淨水，九頭獅子左右從隨，乘空而去；又見天尊化一帝君，足躡蓮花，手執如意，圓光照耀，九頭獅子左右從隨，乘空而去；又見帝君化一真人，足躡蓮花，手放神光，上通九天，下通九地，九頭獅子左右從隨，乘空而去；又見真人化一女子，身著火錦襯衣，披髮跣足，躡於蓮花，手執金劍，圓光照耀，九頭獅子口吐火焰，遶於身形，乘空而去。」[9]

此畫作主像太乙救苦天尊，身後隨一道童。主像身著寬袖道袍，頭戴蓮花冠，冠上插如意，項後有光，面有三目，鬚垂於胸前，一手執柳枝，一手捧水盂，騎乘為獅子，道童應為九光童子，手持繪有雲龍紋的長幡。與道書記載均有相合之處。

三、三元宮弟子繪北極真武玄天上帝聖像　蓬瀛仙館藏（1930年）

此畫有文字題跋「北極真武玄天上帝聖像，中華民國十玖年（1930）笑儸敬寫」，下鈐「笑仙」朱文印和「張統武印」白文印。

北帝，又稱玄武、真武、玄天上帝等，其信仰起源於古代星宿 —— 北方星神的信仰，與東方青龍、南方朱雀、西方白虎合為四靈，並為二十八宿中北方七宿的總稱。唐宋以後，由於受到皇朝的尊崇和道教傳說的神話塑造，北宮玄武由星神逐漸演變為北方武將。《宋朝事實》載：大中祥符五年（1012），宋室聖祖趙玄朗降臨延神（恩）殿，為了避諱，玄武被改稱真武。自宋真宗（997–1022）始，真武的神格地位由「將軍」上升為「真君」，並得到宋朝後續皇帝的相繼加封。據元代劉道明《武當福地總真集》稱，宋代真武封號累加到二十四字：「北極鎮天真武佑聖助順靈應福德仁濟正烈協運輔化真君」，可見宋室對真武的尊崇。至元代，元成宗大德八年（1304），加封玄武為「玄天元聖仁威上帝」，簡稱「玄帝」，民間對「玄帝」的廟祀更為普遍。而明代崇祀玄武，比宋元更甚，明成祖即把玄武提升至明朝國家保護神的崇高地位，一方面成祖在玄帝修煉和顯聖的武當山大

規模修建宮殿，另一方面，明代御用的監、局、司、廠庫等衙門中都建有真武廟，玄帝信仰在全國得到普及性推廣。

而北帝崇拜是明清時期珠江三角洲地區最主要的民間信仰之一。清初屈大均（1630–1696）在《廣東新語》卷六稱：「吾粵多真武宮，以南海佛山鎮之祠為大，稱曰祖廟。其像披髮不冠，服帝服而建玄旗，一金劍豎前，一龜一蛇，蟠結左右。」同治十一年（1872）《南海縣志》裡記載的北帝（真武）廟，就有二十四座之多。[10]

圖中主像真武玄天上帝披髮黑衣，面目清晰莊重，鬍鬚垂胸，身著龍袍，腰佩玉帶，左手指天，右手扶腰間玉帶，項後有光，跣足踏雲。主像左前站立一童子，一手持戟，一手拿銅鈴。主像身後站立一武士，身披甲，手執旌。玄天上帝神像造型常見的是右手拿七星劍，象征掌管北方七宿，握斬魔大權，左手之印訣為一指向天，代表圓道之意。常見的形象為黑衣、披髮、跣足、腳踏龜蛇，有降妖除魔之意。

四、三元宮弟子繪九天應元雷聲普化天尊聖像　蓬瀛仙館藏（1930年）

此畫有文字題跋「弟子笑儼□□薰沐敬繪於粵秀三元古觀」，下有兩方印章，分別為陽刻和陰刻，陽刻印章為「笑仙」，陰刻印章為「張統民印」，由此可推測畫作題跋應為「弟子笑仙張統薰沐敬繪於粵秀三元古觀」。「薰沐」即薰香和沐浴，表示虔敬之意。「粵秀三元古觀」是嶺南現存歷史較長、規模較大的道教宮觀，坐落在廣東省廣州市越秀山南麓。

在道教中，有一個被稱為「雷部」的雷神群，其使命與組織據《無上九霄玉清大梵紫微玄都雷霆玉經》有云：「大帝曰：雷霆者，主天之災福，持物之權衡，掌物掌人，司生司殺，檢押啓閉，管籥生成。上自天皇，下自地帝，非雷霆無以行其令；大而生死，小而榮枯，非雷霆無以主其政。雷霆政令，有所隸焉。隸雷霆之政令者，各有攸君，今皆為爾一一解說，咸用遵奉，以敬以寅。大帝曰：三清上聖，所以雷霆之祖也；十極至尊，所以雷霆之本也；昊天玉皇上帝，所以號令雷霆也；后土皇地祇，所以節制雷霆也。大帝曰：吾為高上神霄玉清真王長生大帝，其次則有東極青華大帝、九天應元雷聲普化天尊、九天雷祖大帝、上清紫微碧玉宮太乙大天帝、六天洞淵大帝、六波天主帝君，可韓司丈人真君、九天採訪真君，是為『神霄九宸』。」「神霄九宸」是天庭雷部的最高長官，底下還有左右侍中、左右僕射、五雷院等諸司天神，[11]其中為有名的是鄧、辛、龐、劉、畢等幾位元帥。

畫作主要分為前後兩個部分，前一部分為主神雷聲普化天尊，黑面虬髯，額有三目，頭戴天丁冠，項後有圓光，身著鎧甲，左手執竹節鋼鞭，騎一麒麟之上，麒麟四足踏雲。《玉樞寶經集註》曰：「元始天尊生九子，玉清真王化生雷聲普化天尊。天尊以歷劫應化，隨時示號，本元始祖劫，一氣分真，一月四辰，監觀萬天，浮游三界，九洲萬圓，賞善錄愆，是為普化至貴也。道家以為總司五雷，又以六月二十四日為天尊出示之日。」[12]而此主神的形象與《封神演義》的描述相近：「雷部正神，乃聞仲也。額有三目，中目一睜，發出白光一道，計長二尺餘。商紂朝拜，相稱太師。嘗騎黑麒麟周遊天下，霎時可行千里。」[13]

　　後一部分為雷神：臉如猴，下顎尖，頭戴天丁冠，雙臂袒露，背插兩翅，左手執楔，右手執槌，雙足踏雲，由遠處往下沖狀。雷神的形象，清光緒年間黃斐默輯的《集說詮真》第四冊有云：「按今俗塑雷神像，若力士裸胸袒腹，背插兩翅，額具三目，臉赤如猴，下頦長而銳，足如鷹鷁，而爪更厲，左手執楔，右手持槌，作欲擊狀。……」[14]與此畫作的雷神形象基本吻合，然又稍有差異，更像是小說中的「雷震子與雷公的綜合體；[15]取小說中雷震子之外形，去其第三隻眼，再取雷公的法器『斧鑿』，而去其從『鼓』的形象。」[16]

五、三元宮弟子繪天后聖像 蓬瀛仙館藏（1930年）

　　此畫有文字題跋「天后聖像，笑儺敬畫」，下有兩方印章，分別是「笑仙」朱文印、「張統國印」白文印。「天后」是清代朝廷給予海神媽祖的封號，媽祖是由歷史上真實人物變化而來的神明，原為福建興化郡莆田縣湄洲島人，生前是一位女巫，死於北宋初年，後來受到各朝代的封賜，從順濟廟神上升為南宋的「夫人」、「妃」，如「靈惠昭應崇福善利夫人」（淳熙十一年〔1184〕）、「靈惠顯濟嘉應善慶妃」（景定三年〔1262〕），元明的「天妃」，如「　國庇民廣濟明著天妃」（延祐元年〔1314〕）、「護國庇民妙靈昭應弘仁普濟天妃」（永樂七年〔1409〕），清代的「天后」。[17]

　　傳世文獻中關於媽祖較早的記載，如南宋初廖鵬飛撰的〈聖墩祖廟重建順濟廟記〉：「墩上之神，……不知始自何代，獨為女神人壯者尤靈，世傳『通天神女』也。姓林氏，湄洲嶼人。初以巫祝為事，能預知人禍福；既歿，眾為立廟於本嶼。」[18]繼而有若干詩文、筆記、方志記錄其事蹟。到元代，關於媽祖生平、家世、神蹟等方面的說法紛繁，如程端學〈靈濟廟事蹟記〉云：「神姓林氏，興化莆田都巡君之季女，生而神異，力能拯人患難，居室未三十年而卒。宋元祐間，邑人祠之，水旱癘疫、舟航危急，禱輒應。宣和五年，給事中路允迪以八舟使高

麗，風溺其七，獨允迪舟見女人降於檣而免事，聞於朝，錫廟，額曰『順濟』。」[19]並歷數自宋代紹興二十六年（1156）到元代延祐元年（1314），前後十八次媽祖顯靈和朝廷的褒封更變。

明代永樂、宣德年間，媽祖信仰已經得到顯揚，而鄭和七下西洋的壯舉正是推動其流行重要原因，鄭氏曾在宣德六年與王景弘等人撰立《通番事跡碑》，並鐫嵌於瀏家港天妃宮（今瀏河天妃宮）牆壁之上，以感念天妃於驚濤駭浪中的多次保佑，碑文云：「敕封護國庇民妙靈昭應弘仁普濟天妃神，威靈布於巨海，功德著於太常尚矣。和等自永樂初，奉使諸番，今經七次，每統領官兵數萬人，海船百餘艘，自太倉開洋，由占城國、暹羅國、爪哇國、柯枝國、古里國，抵於西域忽魯謨斯等三十餘國，涉滄溟十萬餘里。……海洋之狀，變態無時，而我之雲帆高張，晝夜星馳，非仗神功，曷可康濟？直有險阻，一稱神號，感應如響，即有神燈燭於帆檣，靈光一臨，則變險為夷，舟師恬然，咸保無虞，此神功之大概也。及臨外邦，其蠻王之梗化不恭者，生擒之；寇兵之肆暴掠者，殄滅之。海道由是而清寧，番人賴之以安業，皆神之助也。」[20]明清時期，還出現了《天妃顯聖錄》、《敕封天后志》、《天后昭應錄》、《天后聖母聖績圖志全集》等關於媽祖信仰的著作，媽祖也多次獲得朝廷的褒封，例如康熙年間（一般的說法是康熙二十三年 [1684]）施琅平定臺灣後，清廷敕建神祠並加封天后。至同治十一年（1872），加「嘉祐」封號，封號多達六十餘字。[21]

天后信仰本身帶有濃厚的道教色彩，明代《正統道藏》中的《太上老君說天妃救苦靈驗經》載其於天尊道前說的十五個誓言，即天后濟救眾生、保護民眾的十五個方面：「一者，誓救舟船，達於彼岸；二者，誓護客商，咸令安樂；三者，祛逐邪祟，永得消除；四者，蕩滅災迍，家門清淨；五者，搜捕奸盜，屏跡潛形；六者，收斬惡人，誅鋤強梗；七者，救民護國，民稱太平；八者，釋罪解愆，離諸報對；九者，扶持產難，母子安全；十者，庇護良民，免遭橫逆；十一者，衛護法界，風雨順時；十二者，凡有歸向，保佑安寧；十三者，修學至人，功行果滿；十四者，求官進職，爵祿亨通；十五者，過去超生，九幽息對。」並附有「天妃救苦靈符」，前呪言：「齊天聖后，北斗降身。三界顯跡，巨海通靈。神通變化，順濟稱名。三十二相，相貌端成。隨念隨應，至聖至靈。」[22]《三教源流搜神大全》也將其列入道教諸神之中，列於元帥神之前。[23]

此畫像分兩個部分，前為主像「天后」，頭戴平帽式的冠帽，項後有光。手持笏板，雙手於腹前交握，寬闊的衣袖在腹部前面圍成半圓狀，雙手藏於寬袖內，只於左臂上方露出笏板，形象文靜和藹。身著團花連身衣，裙腳為水紋，坐

在車輦上乘水而來。後為兩名怪神，應是嘉應和嘉佑二怪。相傳湄洲有嘉應和嘉佑二怪，經常出沒危害百姓。後被天后降服，收為水闕仙班。二怪手持兵器在海上作瞭望狀。

天后在宋時的海神形象是「服朱衣」，元代增加「席海而行」的新內容，到清代變為「乘席渡海，常衣朱衣，飛翻海上」。又因明初出現《太上老君說天妃救苦靈驗經》，民間信仰的海神形象遂一躍而成戴珠冠穿雲履，飾玉珮持寶圭，穿緋衣戴青綬，乘龍車坐鳳輦，佩劍持印的輔斗真人和齊天聖后，受道教最高的三清尊神之一太清道德天尊的派遣來到民間，此幅畫像即呈現這種形象。此外，天后還有「身現雲中，著旗幟，軍士勇張，凱奏以還」抗金平寇的戰神形象等。[24]

六、三元宮弟子繪天姥聖像　蓬瀛仙館藏（1930年）

此畫有文字題跋「天姥聖像，笑儞敬寫」，下有兩方印章，分別為朱文印「笑仙」，白文印「張統民印」。「天姥」是神話傳說中的王母，王母又稱西王母、王母娘娘，是中國古代神話中的女神。仙居（位於今浙江省台州市）屬於天姥信仰的最早發源地之一，據南朝孫詵的《臨海記》記載：「眾山之最高者韋運，舊經曰韋運山，亦名天姥，在仙居縣，東連括蒼」。《太平御覽・卷四十七》記載：「天姥山與括蒼山相連。石壁上有刊字蝌蚪形，高不可識。上有石室戶牖，春月，樵者蕭鼓笳吹之聲耳」。

此畫主像為天姥，盤髮鬢白，身著中式雲龍紋長衣，外披錦帶，手持笏，腳踏龍身，乘龍浮於水浪上，項後有光，目視前方。天姥身後有一侍者或稱道童，雙手執長柄掌扇，以助威儀。

七、三元宮弟子繪太乙風神聖像　蓬瀛仙館藏（1930年）

此畫有文字題跋「太乙風神聖像，笑儞敬繪」，畫款下二印被挖走。風神，又稱風伯、風師、箕伯，為司風之神。其中，風伯之名較早見於《山海經・大荒北經》：「蚩尤作兵伐黃帝，黃帝乃令應龍攻之冀州之野。應龍畜水。蚩尤請風伯雨師，縱大風雨。」風神信仰起源很早，有以神鳥為風神，[25]有以山谷為風神。[26]漢人以為風神是天上的星宿，東漢蔡邕的《獨斷》說：「風伯神，箕星也。其象在天，能興風。」箕星是二十八宿之一，屬東方蒼龍七宿，故後世稱風神為「箕伯」。唐宋以後，又傳說風神是女神，稱為「風姨」或「風后」，但認為風神是男神

的信仰比較普遍，一般稱為「風伯」。[27]《三教源流搜神大全》對風伯神的描述為：「飛廉是也，應劭曰：飛廉神禽，[28]能致風氣，身似鹿，頭似爵，有角，尾似蛇，大如豹，風伯之神也。」[29]「《藝苑巵言》引《事物別名》：『風伯方道彰。』《雲笈七籤》：『風神名吒，號長育。』」[30]

而此畫作主像太乙風神為一老者，身後隨一道童。風神坐車輦之上，身著寬袖道袍，頭戴髮冠，項後有光，三目，白鬚垂於胸前。雙手從丹田托起，三目直視前方，雲氣騰起，似做法狀。身後道童雙手持幡，幡隨雲氣飄起，幡帶上有雲紋八卦圖樣，可看到的為乾卦和坤卦，乾卦代表天，坤卦代表地。《集說詮真·風伯雨師》云：「……按今俗塑風伯像：白鬚老翁，左手持輪，右手執箕，若扇輪狀，稱曰風伯方天君。……好事者，圖茲幻像，以為風由老翁所扇。」[31]所述與此圖像類似。

八、三元宮弟子繪龍母聖像　蓬瀛仙館藏（1930年）

此畫有文字題跋「龍母聖像，笑儞張統沐手敬畫」，下鈐有兩方印章，一方是「笑仙」朱文印，另一方為「張統武印」白文印。

傳說龍母是珠江（一說西江）流域深具影響力的一位神祇。人們崇拜龍母，以祈求風調雨順，人畜安康。龍母事跡較早見於記載者，為唐代劉恂的《嶺表錄異》：「溫媼者，即康州悦城縣媚婦也。績布為業。嘗於野岸拾菜，見沙草中有五卵，遂收歸置績筐中。不數日，忽見五小蛇殼，一斑四青，遂送於江次，固無意望報也。媼常濯浣於江邊，忽一日，魚出水跳躍，戲於媼前，自爾為常。漸有知者，鄉里咸謂之『龍母』，敬而事之。或詢以災福，亦言多徵應。自是媼亦漸豐足。朝廷知之，遣使徵入京師。至全義嶺，有疾，卻返悦城而卒。鄉里共葬之江東岸。忽一夕，天地冥晦，風雨隨作，及明，已移其塚，並四面草木，悉移於西岸矣。」[32]宋代吳揆賜額記有唐天佑初年（904）封龍母為永安郡夫人，天佑二年改封為永寧夫人。龍母的事跡，從有記載到有封號，大概均在唐代，可以說是龍母傳說的成立時期。入宋之後，龍母的傳說更為詳細，事跡也更為神奇。由於宋熙寧九年（1075），宋軍敗交趾兵於富良江，風波平息、舟運無虞，元豐元年（1076）龍母再被封為永濟夫人，列什祀典，委官增修悦城廟貌，樓居宏壯。又大觀二年（1108），詔「孝通」為額，取卜地移墳之意，墳祠俱在悦城北岸，舟人往來，蠲潔祭享，訖無驚波怒濤覆溺之患，每以水旱疾疫祈禳，悉隨叩隨應。龍母事跡在元明間亦見諸文人學士的題詠，並於明洪武

九年(1356)封為護國通天惠濟顯德龍母娘娘，掌握風雲電雨嶽瀆山川，考較人間功過福善福淫，上奠神京之帶礪，下佑普天之蒼生。到清代康熙年間，龍母的傳說更為詳悉，如有盧崇興的〈悦城龍母廟碑記〉、程鳴重刊的〈孝通廟舊志〉等。[33]

　　是畫主像身著華麗袍服，身佩金鎖項圈，頭戴鳳冠，項後有光，手執圭，上有象徵三台星的圖案。龍母乘坐於龍上，龍的樣式為龍頭魚身。主像左側前方站立一女侍者，侍者手執扇，扇邊繪雲紋，她亦站立在龍身上。

第二節　法器供品 (見圖版 2.8–2.16)

　　據目前所知，香港現有原三元宮文物九件，蓬瀛仙館藏有八件，其中五件是於拜表、煉度、施食等儀式中，列於神壇上用以供奉神明的五種獻祭品，即「五供」，又被稱為「五獻」——香、花、燈、水、果。事實上，這種為神明獻祭供奉的禮儀起源於中國古代祭祀，人們在奉祀祖先或神明時必須在祭壇上安置供品，不僅供品的數量相當龐大，而且還有嚴格的等級區別。早期道教主要在東漢社會的弱勢群體中創立和發展，一方面為百姓爭取到祭祀天地的權利，另一方面禮儀簡單，並沒有關於獻祭的記載。[34] 宋代道士白玉蟾說：「古者交神之道，誠敬為先。後之誠敬不足，乃備物以為儀。苟使將誠，果能備物，猶可言也。物且未備，瀆莫甚焉。」[35] 由此可見，供奉在道教儀式中是極為重要的，與供養人的誠信和敬意密切相關，如果供奉不足，對神明來說就是莫大的褻瀆。後來在佛教供奉觀念的影響下，道教也逐漸形成了較有規制的供奉模式，演變為今天的「五供」。在道教信仰者看來，如果將這五種事物獻祭給神明，在神明面前志心懺悔，就可以超度亡者，早升仙界，因此「五供」也被賦予了強烈的象徵意義：香能夠上達鈞天，下周九地；花能夠舞動陽氣，熏沐金容；燈能夠灼透幽冥，照開泉路；水能夠灑滌冤魂，恢復真形；果能夠結從象蒂，早升仙果。[36] 其他三件則是道教儀式中常用的奏樂法器——振鈴、鐺子和鑔。此外，最後一件所知的原三元宮文物——呂祖法印「燮元贊運警化孚佑帝君之寶」，為香港私人收藏家珍藏。法器是道教宮觀以及科儀中使用的各種器物的總稱，既包括道士供養使用的器具，如殿堂中的鐘磬、帳座、幡蓋等，也包括道士個人使用的日常用具，如塵拂、如意等；另一類則是道士在進行科儀活動時必不可少的專門用器，包括令旗、法劍、法尺以及演奏道樂的樂器如鈴、鼓、鐃鈸、木魚等。[37] 在《洞玄靈寶

三洞奉道科戒營始》中，法器被置於供養之先，稱作「威儀之本」，是道士女冠於道觀或私房內使用的不可或缺之物。[38]

一、香供 蓬瀛仙館藏

此香供器具為阿拉伯文筒式銅爐，上半部分為木胎髹黑漆鏤空雲紋爐蓋和葫蘆形頂，[39]爐腹部有三組海棠形開光，內鑄有阿拉伯文「清真言」，其大致內容是「穆罕默德是安拉的使者」等，[40]下有三如意形足，配有木製底座，是儀式中用來焚香的器具。[41]

祭祀焚香起源於西周時期，周人以香氣降神，焚香使香氣達於空中，供神靈歆饗。西周宗廟的祭祀焚香使用香蒿粘上油脂，與黍稷拌合燃燒，讓香氣瀰漫神廟空間，使神靈聞到香氣以後降臨。漢代已通行使用香爐進行焚香祭祀，漢武帝祭祀太一時也使用了香燈。道教產生之後，繼承了古代焚香祭祀的習俗，成為醮壇中與神明交流的信物。[42]

在道教看來，香是溝通天地、傳達訊息的媒介，所以在齋醮法事中，三上香成為儀式的重要環節，而香供養也成為表達崇敬、與神明相通的重要途徑，如《登真隱訣》中說：「香者，天真用茲以通感，地祇緣斯以達言，是以祈念存注，必燒之於左右，特以此煙能照玄達意，……」[43]除了通感神靈之外，焚香也是表達誠心的象徵，如甯全真《上清靈寶大法》中所說：「道香者，心香清香也。德香者，神也。無為者，意也。清淨者，身也。兆以心神意身，一志不散，俯仰上存，必達上清也。洗身無塵，他慮澄清。曰自然者，神不散亂，以意役神。心專精事，穹蒼如近君，凡身不犯諱。四香和合，以歸圓象，何慮祈福不應。妙洞者，運神朝奏三天金闕也。靈寶慧者，心定神全，存念感格三界，萬靈臨軒，即是超三界外，存神玉京，運神會道，不可闕一，即招八方正真生氣，靈寶慧光，即此道也。以應前四福應於一身，以香焚火者，道德無為之純誠也。以火焚香者，誠發於心也。」[44]焚香可以清淨身心、集中精神、辟邪除穢、與人祈福等等，道教中的香也因此而種類繁多，就像太真天香就包括了道香、德香、無為香、自然香、清淨香、妙洞真香、靈寶慧香、超三界香等。道教齋醮用香也比較講究，可以焚百和香、降真香，不可以燒檀香、安息香、乳香等。[45]

在焚香的過程中，需要使用的器具就是香爐。道教中香爐的製作和式樣有很多，根據《洞玄靈寶三洞奉道科戒營始》記載，造香爐的材料有十五種，一者

雕玉，二者鑄金，三者純銀，四者鍮石，五者鑄銅，六者柔鐵，七者七寶，八者雕木，九者彩畫，十者純漆，十一者瓷作，十二者瓦作，十三者石作，十四者竹作，十五者時作，其大小隨意，但都是精雕細琢，大多刻滿龍鳳雲霧的花紋，香爐的足也可以是三足、六足、九足、獨足。[46]

二、花供　蓬瀛仙館藏

　　此花供為青黃釉瓶，直口圓唇，短頸折肩，腹下略收，肩部兩側對稱嵌獸形銅雙耳銜環，瓶腹上半部分以白釉為底，飾青花「福」、「壽」篆體二方連續紋，下有木製底座。供養時，會將鮮花插入瓶內，以敬奉神明。

　　中國古代祭祀禮儀並無以花獻祭的記載，這可能與黃河流域氣候條件限制，鮮花生長季節不長有關。而且早期道教並無以花作為供品的記載，道教使用鮮花作貢品可能受到佛教的影響。[47]花在道教中表示祥瑞的徵兆，而且以其自身的燦爛光澤和勃勃生氣成為智慧光芒的象徵。《道門通教必用集》中提到，奉獻諸天異境奇花，有九靈太妙真花、五靈小妙奇花、碧蕊黃金艷花、黃蕊紫金耀花、閬苑青瓊瑤花、瓊林流光寶花，花光燦爛，照映十方。[48]由此看來，藉助花供這一形式，既可以將神奇和美好獻給神明，又可以彰顯道法傳揚的無邊廣大。不僅如此，花落結果的自然現象也成為勸誡修行的隱喻，因此有「果因花結，當資種植之功；心靜道生，必假栽培之力」[49]的說法，將靜心向道比作開花結果，將修行的力量比作種植的功績。

　　現今道教科儀中用作供品的花會根據地區和季節的不同而有差異，大致上分為鮮花和人造花。鮮花多為中國產的草本、無刺類花卉，人造花又有紙質、絹質和塑料類，其種類與鮮花相似。[50]中國古代有時也用雕刻的花作為供品，如《天皇至道太清玉冊》所說，「用桐木刻以靈芝，以表仙瑞之物也。牡丹一莖而花五色，高九尺，飾以金縷，以按韓湘子頃刻之花，自成五色，仙瑞之應也」。在道教的科儀中，讚文經常稱讚香花供養，並伴有獻花詞，成為祈福請真的基本禮儀之一，就像全真派的儀範總集《廣成儀制》中的獻花詞所言「夫此花者，千蕚吐瑞，萬葩飄花。梅蓮桂菊，各占四時之景；棠榴桃李，群開五色之華。」並且有頌云「閬花吐奇芬，仙品絕倫。剪金碎玉綻華英，玉女獻時香馥郁，瑞靄神京，瑞靄神京。」[51]

三、燈供　蓬瀛仙館藏

　　此燈供為鏤雕圓形玉璧，作祥雲繞羊的圖案，羊上還雕刻有一枚桃子，象徵長壽，玉璧下有木製鏤空雲紋底座。因玉石光潔亮麗，且三元宮地處羊城廣州，羊即陽的諧音，象徵著光明，因此將之用來作為燈供。

　　在祭祀中，燃燈起源於周代，最初是為了照明，其後則帶有宗教冥界照幽以及昇入神仙世界的意涵。漢代道教延續其意，將燃燈用於禳災治病、延生求壽，以及用於照破幽冥、薦度亡魂等，形成了專門的「燈儀」，[52]如《正統道藏》中提到的《北斗本命延壽燈儀》、《南斗延壽燈儀》、《三官燈儀》、《黃籙破獄燈儀》等。

　　據《靈寶玉鑒》所説，死去的魂魄沉淪幽暗地獄，在漫漫長夜之中，如果沒有光明的照耀，是很難被拯救出來的，所以點燃燈火的主要目的是用光明遍照三界，讓幽禁的魂靈可以乘光而出，而不是藉助「焰焰熒煌，為觀美也」。[53]換言之，如果想薦拔陰靈、照破幽暗，就必須藉助燈火之光，正如《上清靈寶大法》所言，通過點燃燈火，可以「諸天悉開耀，地獄皆朗明」，而且對於自己來說「我身亦光徹，五臟生華榮」，[54]因此可以用於禳災、延壽、度亡。

　　當然，燈壇的鋪設也需要法天象地，要上法日月星辰之懸象，下佈八卦九宮之方隅，以上接九天陽光，從而開明幽暗，使亡魂得度。[55]燈中所使用的燈油也有講究，需用芝麻油，因為其香氣撲鼻，是供奉神明的最佳選擇。[56]明代道教的祭壇曾經懸掛過日月燈，「凡殿兩楹之間，必用魚魷為燈，以雲霞覆之。高聳於楣枋之間，左用紅以象日，右用白以象月」，[57]這樣的燈燭製作精良，顏色艷麗，普通油燈不可與之相提並論。如此精心的供奉，就像《廣成儀制》中所言：法壇之燈燭「明宗離德，餤稟陽精。色絢紅黃之彩，彩彩成章；光分日月之華，煒煌著象。無枝無葉，凝珠蓋以揚晶；有質有文，丽雲空而煥景今。……（祝文曰：）太上降慧光，華燭通精誠。諸天皆明燿，地府悉開明。兆身亦光徹，五臟生華榮。炎景照太無，遐想通玉京。」[58]三元宮使用玉石代替燃燈，既可以散發出燈火一樣的光輝，實現燈火在儀式中的作用，同時也體現出三元宮自身的特色。

四、水供　蓬瀛仙館藏

　　此水供為平唇、直口、弧腹白碗，下有木製透雕底座。供奉時，向碗中注入清水或茶水，以示清潔的崇奉之心。

道教稱為「水」的供品，在宋代至少包括一般意義上的水、茶、酒三類。在早期的中國祭祀禮儀中，通常是用酒作為供品，也有用茶作為供品的，「如供茶，當沃以沸湯，次以新焙焙乾，臨期供獻」。[59] 道教認為，壇場處於塵世，受到了凡間的污染，不用水是無法清除的。醮壇中供奉的水，稟陽明之正氣，凝太陰之真精，故能吸濁以揚清，也可以除氛而解穢。通過三次灑淨，一可以使天無氛穢，二可以使地絕妖塵，三可以使壇場內外潔淨清澈，為神明的安座提供條件。[60] 因此在很多科儀中，道士需要先取水灑淨壇場，才可以迎請神明降臨。另一方面，「上善若水，水善利萬物而不爭」，水能養育萬物，隨緣應化，「非世間尋常之藥可比」。[61]《道門通教必用集》將水視為混沌未開的「一壺靈液」，認為「倘飲三杯，必通大道」，因此要為諸天奉獻七種寶漿 ——「日精寶漿、月華寶漿、星光寶漿、甘露寶漿、金液寶漿、靈光寶漿、玉匱寶漿」。[62]

五、果供　蓬瀛仙館藏

此果供為圓雕玉石，刻作蔓葉圍繞果實，下有木製透雕底座，以代替新鮮瓜果供奉神前。

中國古代祭祀禮儀中就有以果供作為供品的，但是早期道教並無在禮儀中以果物作為供品的記載。大約在魏晉南北朝時期，隨著道教禮儀逐漸完整，果物也開始作為供品使用。由於南北的地域差異和時令變化，各地道教宮觀和齋醮禮儀中供奉的果物也有很大不同，大致上可以分為鮮果和乾果兩類。鮮果一般使用不沾泥土的，乾果則用易於保存而不易腐爛的。[63] 在供奉時，人們通常使用各種時新瓜果，而且講究新鮮潔淨，如《上清靈寶大法》提到，人們供奉的瓜果應當是「時新果實，切宜清潔」[64]。而且每逢建齋之時，每天都要更換供果，不用石榴、甘蔗及有穢泥植物，以剛摘下的帶枝葉的淨果為佳。供奉用的瓜果也不能是不義之財，否則是對神明不誠實，不能感動神明。[65]

另一方面，果象徵著修成正果，升入仙界 。如果內心瑩潔，則果實繁榮；如果內心荊棘叢生，則根苗枯槁，終無所成。《道門通教必用集》列舉了奉獻給諸天的珍果 ——「空洞靈瓜，萬歲仙桃，金紫交梨，元光素棕，赤靈火棗，飛丹紫榴」等，這些珍果「香氣布濃，食之無盡」。[66]

從明代開始，也有以呈果品的形狀的雕塑來做供品的，如《天皇至道太清玉冊》中所說的「供果當用木雕，壽桃、交梨、火棗、玄圃梅、昆侖瓜」[67]。而三元宮以玉石雕刻成瓜果，既熠熠生輝，同時又永生不腐，時時常新。

六、振鈴　蓬瀛仙館藏

此振鈴為銅製五股杵柄式樣，手柄上還留有鍍金，鈴碗外表紋飾傳統的浮雕獸面紋口銜流蘇相連的圖案，[68]鈴碗內垂小墜錘。

道教的振鈴，又名三清鈴、帝鐘、法鈴等，其手柄一般呈「山」字形，一種說法是象征道教三清。明代朱權的《天皇至道太清玉冊》卷五稱：「黃帝會神靈於昆侖之峰，天帝授以帝鐘。道家所謂，手把帝鐘，擲火萬里，流鈴八衝是也。天丁之所執者，又謂之火鈴。」[69]

道士單手持鈴柄搖動，鈴舌撞擊鈴壁，可以發出清脆的聲響。通過有節奏地搖動振鈴，道士可以延請神明、召請亡魂，比如《上清靈寶大法》所說的「師當於建獄之所，同道眾振鈴吟偈，旋繞三匝，念隱語，以淨水灑獄中，如細雨密霧紛紛而下，請真炁灌注獄內，燒解穢符，……」[70]道士一邊振鈴，一邊吟誦偈語，旋轉三圈之後用淨水灑在獄中，如此一來，真炁也就隨著注入到獄內。

在道教儀式中，道士三次搖動振鈴，意為將亡魂請到壇前聞經聽法，如粵東太和道院所藏清光緒庚辰（1880）重刻的《玉山淨供幽科》所說：「主持鐘三匝，先舉振鈴咒。以此振鈴申召請，孤魂聞召願來臨。仗承三寶力加持，此日夜今時臨法會」，[71]主科的法事手持鐘轉三圈，先念誦振鈴咒語，再振鈴召請，在外流落的孤魂聽到振鈴的聲音就會發願降臨，法師在受到三寶力量的加持後，便會將遊魂召喚至法會上來。

七、鐺子　蓬瀛仙館藏

此鐺子有木質手柄，中央是直徑約10釐米的圓形銅片，三邊鑿有小孔，用細繩綁在圓形邊框上，以槌子敲擊，中間的鐺面因常年敲擊而光滑明亮。

鐺子又稱單音、銅鼓，是敲打板式用的法器，道士用小槌敲擊圓形銅片，發出悠揚的響聲。如果將十面鐺子懸掛在同一木架敲擊演奏，古稱雲鑼或雲璈。其起源相對較早，據《道書援神契》說：「古者祭祀有樂，此傚之也，手執者象天樂，可遊行而奏也，故道士用之。」[72]由此可見，鐺子是一種相當古老的樂器。

儀式進行的時候，一般由監齋法師（俗稱「三手」）負責，與負責木魚的都講法師（俗稱「二手」）互相配合，可以掌握眾位道士誦經的節拍和速度。

八、鑔　蓬瀛仙館藏

此鑔由兩枚圓盤形的銅片組成，中心部分隆起呈碗形，四周鑔面較平，碗頂中心的小孔內有紐，用紅色布條繫結。

鑔又名鐃鈸、鈸、銅缽，有大小之別：大的稱為鐃鈸、鬧鈸、大鈸，直徑約30釐米；小鈸則稱為鑔，直徑約13釐米。使用時，道士以兩手各持一面鈸的布條，互相撞擊，發出明亮的響聲，也可將一面鈸置於圓形的凹狀布墊上，用另一面擊打。

在壇場上，鑔通常和鐺子配合使用，是一對不可分離的配對法器，起著陰陽相顧、清濁相融、聲韻交織的作用，其板式是整個儀式樂隊起伏變化的主旋律。在道教儀式中，鐃鈸一般不用於殿堂內的日常誦經，而是常用於出壇及其他科儀，且一般都有其特定的板式，如天尊板、天下同等；用於常規經韻時則不全程入奏，只入奏下板、剎板和過板部分，以增強法事的威武氣勢。[73]此外，因鐃鈸敲擊時的聲音響亮且穿透力強，被認為可以用來驅邪除魅，如《天皇至道太清玉冊》在介紹鐃鈸時說：「蚩尤驅虎豹與黃帝戰，黃帝擊鐃鈸以破之，虎豹畏鐃鈸之聲故也，況亦驚逐魔怪。」唐代武則天時期，僧人懷義也提出在法事中使用鐃鈸驅邪：「凡建齋用之，以為驚逐魔怪之器。」[74]所以鑔在道教中不僅僅是一種樂器，已經成為道教儀式中驅魔除魅的法器。

九、呂祖法印　香港私人藏

此枚法印為柱紐朱文方印，紐上有精美的雲龍紋飾。印材是青田石，石質溫潤瑩亮。印文內容為「變元贊運警化孚佑帝君之寶」，印側有隸書款「同治元年（1862）仲夏之月，主持黃宗性置。潘石朋敬刊。」印文字體為隋唐以後盛行的官印常用的九疊篆，[75]印邊寬大，筆畫整飭，屈曲盤回地填滿印面，線條排列勻稱，空間疏密得當。

法印是道家宮觀壇場和科儀中常用的法器，指的是科儀文檢上加蓋仙聖名號和靈寶醮壇的各種印鑒。早期道教已經開始使用，作為道派傳承的信物；大約在南北朝時期，道教科儀也開始使用法印。南宋《上清靈寶大法》云：「中古以降，慢真日益，正道日晦，邪偽交馳，上下返覆，於是出法以救其弊，表章以達其忱，付降印篆以為信志。」道教用印除了通達幽冥，還為了檢束自己，《無上玄元三天玉堂大法》卷一稱「行法以印，因以檢束心身，後世無知，故心勞力屈。蓋

古人印心，今人印木。立之法印，以統法職，庶執印而有所皈依，下印而有所屬隸」。[76]

「燮元贊運警化孚佑帝君」是純陽呂祖的聖號。北宋初期以來，神仙呂洞賓顯化度人事蹟開始廣泛流傳，及至元代婦孺皆知，而且呂洞賓神仙信仰進入由全真教道士和信徒推動的新發展階段。元世祖至元六年(1269)敕封全真教五祖為「真君」，呂洞賓被尊為「純陽演正警化真君」，武宗至大三年(1310)被加封「帝君」，尊稱「純陽演正警化孚佑帝君」。到明中葉以後，呂祖信仰又發展至另一個階段，即呂祖降乩度世的信仰；而從順治到嘉慶的一百六十多年間，呂祖扶乩信仰在各地廣泛流行，有大量呂祖降示的道經出現，並通過乩壇的信仰建構，呂祖在玉清天的神格地位不斷上升，至嘉慶九年(1804)，清廷把清河縣清江浦呂祖廟列入官方祀典，呂祖也受敕封為「燮元贊運純陽演正警化孚佑帝君」。[77]

黃宗性是清咸豐、同治年間的三元宮住持，主持多次重修宮觀、葺繕殿宇的工程，並注重科範儀軌，重刻科儀經典，如在同治元年(1862)募化修繕呂祖殿、同治九年(1870)完成三元宮的重修，同治元年十月募化刊刻《濟煉全科》等。[78] 在其為住持期間，三元宮最為興旺，常駐道士四十餘人。[79] 相信這一枚法印是在重修呂祖殿時所添置的法物。法印是道士行法事時所使用的印鑑，一般刻有天神仙者之名，據稱有驅邪鎮鬼的功效，《洞玄經》云：「法印照處，魅邪滅亡。」[80]

而潘石朋是當時著名的刻工，連陳澧(1810–1882)這位對刻碑要求極高，[81] 甚至可以說是苛刻的嶺南大儒，也請他為粵秀山學海堂摹刻「琅耶(琊)臺秦篆」（又稱「琅琊臺刻石」），款云：「琅耶(琊)臺秦篆，同治七年(1868)摹刻於粵秀山學海堂，陳澧題記，潘石朋刻」；[82] 潘氏也為廣東學政何廷謙(1814–1879)刻《重修廣東督學署記》，[83] 碑記款為「同治十有二年歲次癸酉(1873)仲冬上浣，工部左侍郎前日講起居注官詹事府詹事廣東提督學政定遠何廷謙撰並書，潘石朋刻字。」[84]

此枚法印歷經各種動盪，輾轉流落香港尖沙咀一家古玩店。20世紀80年代初，馮燊強先生巧遇是印，並購入收藏。[85]

第九章

藝 文

　　本章介紹現今能蒐集到的三元宮歷代匾額、楹聯，以及與三元宮相關的名流詩文，以展示三元宮的風雅傳統和承續。信眾感念，悟道存真，頌揚神祇仙真慈惠濟世之神聖超凡；名賢所過，流風餘韻，猶足令古觀增色添雅。

第一節　匾額楹聯

一、分佈

　　三元宮現存楹聯、匾額等八十七條，其中楹聯（包括刻聯六十四條），匾額（包括題刻）二十二條，從三元宮外的牌坊到三元宮各座殿宇，都有匾額或楹聯存世。除這些之外，鮑姑亭井戶內還有一條刻在石柱上的文字。遍觀各殿楹聯與匾額的數量，以呂祖殿所存最多，從殿門進去，懸掛楹聯的木柱錯落其間，總計有楹聯十八條、匾額四條；較大的殿宇，如正殿三元殿，及獨居別院的鮑姑殿，均十分寬敞，各有十四條楹聯和匾額；而遠知堂、道德館等新修的殿宇往往是一匾二聯；其餘規模較小的殿宇，如財神殿、觀音殿、文昌殿、地母殿、關聖殿、天后殿等則通常只有一塊匾額，僅書殿名及捐贈者、書寫者的姓名。

　　這些楹聯和匾額多數於 1980 至 1995 年間由信士捐贈。自 2017 年以來的重修工程，不僅撤換了一些受損程度較高的部分，也為新修建的殿宇加上許多嶄新的楹聯匾額。其中歷史最早的當屬鑴刻在山門外，由翰林院庶吉士游顯廷在同治二年（1862）所書的楹聯：「三元古觀」、「百粵名山」，在靈官殿內亦有書寫於光緒八年（1882）和民國三十六年（1947）的楹聯，皆是由宮內道士所捐，上面寫明了

捐獻者及書寫者的姓名和身份，對於我們研究三元宮在不同時期的道俗關係及道士的修行情況具有較高的歷史價值。此外，據記載，光緒二十年（1895），因住持梁宗琪捐獻田產辦學之故，光緒帝欽賜「葆光勵學」四字匾，原掛於三元殿，後於文革中被毀。[1]

1980年前後，宗教活動逐漸恢復正常，道士返回宮內並開始修繕三元宮，重建被毀壞的殿宇，為了紀念重修的過程、表達捐資信眾對神明的崇敬，三元宮也新懸掛了許多楹聯和匾額，因此其數目在1980–1995年間伴隨著重修的進程而迅速增加。根據日本學者蜂屋邦夫等人對三元宮的調查，[2]從1982至1993年，三元宮在每年的對各殿重修中都會增加新的楹聯和匾額，僅1991年就於三元殿、鮑姑殿、老君殿、呂祖殿各處共增加了十八條。截止至1993年，所有殿宇所懸掛的楹聯和匾額總數達到了一百一十條左右，以三元殿和呂祖殿最為壯觀，每殿皆為三十條左右。進入二十一世紀以後，在闔宮道士的維持下，三元宮舊有殿宇的楹聯和匾額基本保持了1993年的原貌。在2016年出版的《越秀史稿》中，仍有大量篇幅對它們進行了描述。此時的三元宮比起十幾年前，已經新建了土地廟、天后殿、觀音殿、財神殿等殿宇，為每座神殿分別懸掛了兩條楹聯。此外，靈官殿也新增了信士捐贈的數條匾額，三元宮的楹聯和匾額數量在此時達到最多。[3]

根據2019年對三元宮楹聯和匾額現存情況的調查，2017–2019年重修期間，三元宮對既往的楹聯和匾額裁汰了五十多條，其中僅三元殿和老君殿就清走了楹聯、匾額等二十二條，且因為將原有殿宇改建為其他用途的建築，其原有的匾額和題刻也不再使用，只保留了較多由文人題寫或本宮道士捐贈、較具歷史和文物價值的部分，同時為新修的殿宇和建築重新懸掛了二十三條楹聯和匾額，多由當代著名書法家題寫，融觀賞性與藝術性為一體，成為三元宮獨特的文化景觀。

二、涉及的人物與組織

這些楹聯和匾額的書寫者，上可追溯到同治年間的翰林院庶吉士游顯廷，下至當代書法家陳偉權、陳榮偉、陳永正、陳永鏘、梁君令等人，以書法的形式呈現出三元宮深厚的歷史文化底蘊。而這些楹聯和匾額的捐獻者，既有本宮道士，也有觀外的信士，他們經常會在上面留下自己的名字和捐獻日期，將其視同為神而作的功德。

在三元宮修行的道長參與到歷次修繕的過程中，並在重修後為殿宇捐贈楹聯。透過這些楹聯，我們可以看到這一時期三元宮常住道士的情況，如靈官殿背

後的楹聯是光緒八年（1882）由張信綱、唐誠鶴、何誠端、盧信森、張信德、歐陽霖等道長刊刻而成的；靈官殿另有一副楹聯是民國時期何信湖道長刊刻的；三元宮外的牌坊則是現任住持潘崇賢道長所立，這些道長都為三元宮的建設和發展貢獻了自己的力量。

　　三元宮的重修也離不開信士的幫助，信士們往往集全家之力為三元宮捐施財物，希望可以福佑家人，所以在楹聯和匾額的落款處會寫明某某闔家、某某全家的字樣，有時也會列舉每一個家庭成員的名字，比如陳果全家、曹劍奇全家、楊素卿合家、梁智華黃信宜梁錦昊梁允希闔家等。他們當中也有來自香港的人士，比如香港信士劉大牛炳堂一家捐獻了超過十二條楹聯和匾額，可見三元宮之名傳遐邇，澤被內外。

　　當然還有一些社會組織和道教宮觀也為三元宮幫助頗多，比如為老君殿捐贈了兩條楹聯的合敬堂與眾勝堂、為靈官殿捐贈題字的道源仙館等。值得一提的是，香港的道堂在三元宮重修的過程中發揮了極大的助力，壁碑中記載蓬瀛仙館和雲泉仙館皆為其捐資甚眾，三元殿楹聯「三元宮古百粵山靈合發應天人寥寂希夷永闡玄玄妙道，萬彙恩沾千秋典盛重光輝日月清寧安泰長依靄靄慈雲」是由香港道教聯合會、青松仙觀、雲泉仙館、元玄學院、省善真堂一起贈送的，匾額「綱維三界」則是由省善真堂贈送的，這些楹聯和匾額共同記錄並見證了三元宮與海外宮觀的密切關係。

三、信仰內涵

　　三元宮現存楹聯與匾額的主要內容當然是圍繞著道教展開的，或是烘托三元宮所處環境的優美靈秀，或是向神明表達景仰與感恩、讚美神的事跡，或是悟道，或是勸誡，這些關於宗教的內容構成了不同於道經和法事的宣教媒介。

1. 洞天福地

　　三元宮正門之外，坐落在應元路上的是一座牌坊，牌坊正面題刻「三元宮」三個大字，左右兩邊是一對刻聯，上聯是「穗城福地」，下聯是「羊城洞天」，由三元宮現任住持潘崇賢道長撰語，書法家李卓祺先生手書。「穗城」、「羊城」都是指廣州，出自五仙人騎五色羊降臨，給廣人留下穀穗的傳說；[4] 而「福地」「洞天」則被認為是神仙的居住之地，也是道教徒的修煉之所，既與天界相通，又可煉氣長生[5]。這副刻聯渲染出一種超凡的神話色彩，強調了三元宮的神聖性。

與此相類似的楹聯還有很多，主要內容是讚美三元宮建築古樸脫俗以及所處粵秀山之人傑地靈，以渲染道士修道的氣氛。這些楹聯大多處於三元宮建築群的外圍部分，香客一踏入三元宮區域便可率先見到，比如山門外同治二年由翰林院庶吉士游顯廷所書的刻聯：「三元古觀」、「百粵名山」，從歷時和共時兩個角度描述了三元宮建築群悠久的歷史和所處粵秀山的名氣遠播。

　　原建於山門東南側的重簷山亭入口處也有兩副對聯，正面上書四字「幽林勝境」，上聯是「三元勝境留仙影」，下聯是「古觀幽林覓鶴蹤」，背面上書「嶺南福地」，上聯是「身居鬧市紅塵外」，下聯是「宮在名山福地中」。三元宮建於廣州北郊的粵秀山下，之前是與菊坡精舍、學海堂等連成一片，林木茂盛，庭園秀美，遠離喧囂；[6]同時也引入了「福地」的概念，體現了三元宮清幽靜謐與適宜修行的特點。

　　進了山門，可以看到民國三十六年由何信湖道長所立的楹聯「地接玉山百粵靈光高北斗」「水迎珠海千秋道氣洽南溟」，這副對聯首先寫明了三元宮的地理位置——上接粵秀山麓，下迎珠海碧波，正處於山水之間；而且在道教中「北斗」象徵著長壽延生，[7]三元宮則匯集了粵地的靈耀之光可以直衝北斗，其歷經千年所聚斂的大道真氣也可以與南方的大海相融合，[8]從高度和廣度上賦予三元宮蓬勃的宗教力量。其將道教的北斗信仰與《莊子》中提到的鵬飛南溟融入對聯，不僅氣勢宏闊，而且蘊藏著來自道教的神力與暗示。

2. 神靈顯跡

　　向內而行，穿過供奉不同神祇的殿宇，所懸掛的楹聯則不再是對三元宮修道氣氛的渲染，而是大多是圍繞著神的職能與顯靈事跡，有些還是通過道教經典改寫而成的，其主題則根據神的身份有所變化。

　　鮑姑殿是為奉祀鮑姑而建的，其中由吳信達、吳信祥、蘇信華、謝宗暉四位道長於一九八五年合立的楹聯「仙跡在羅浮遺履燕翱傳史話，醫名播南海越崗井艾永留芳」，取材自傳說中鮑姑用艾灸為世人治病的故事，因為三元宮初名越崗院，其建立者即為鮑姑之父南海太守鮑靚，所以鮑姑殿所懸掛的楹聯數量較多，基本圍繞著鮑姑以艾行醫的故事書寫，像陳永鏘先生書寫的「活人妙手三年艾，濟世關心萬古名」等。[9]其中鮑姑殿的楹聯中時常提到一口井，如陳永正先生書寫的「越井仙醫傳灸艾，羅浮大藥拯群生」，其他信士捐贈的「妙手回春虬隱山房傳醫術，就地取材紅艾古井出奇方」等，則是與鮑姑殿南側鮑姑亭中的「虬龍古井」有關，據傳該井為鮑姑汲水之處，原名「鮑姑井」，而唐傳奇中曾講述了崔煒得鮑姑授艾，在井中以艾灸蛇得以入南越王墓的故事，據此來看「虬龍古井」

可能由此得名。[10]這些神話傳說構成了鮑姑殿楹聯的主要內容，信眾們通過對鮑姑傳說的頌揚和改寫，傳達出對鮑姑這一類救苦神靈的追憶、景仰以及對其羽化登仙後世上再無鮑姑的遺憾，如「鮑氏慈懷懸壺濟世消頑疾」、「仙姑施藥靈丹一帖起沉疴」、「南海建醫功未就衣冠隨蝶化」、「東樵證仙籍長留委羽伴鵝峰」等，體現了鮑姑濟世救人的神異之舉與慈悲之心及其背後所隱含的信眾的渴望。

靈官殿前的楹聯是「三界無私糾察靈官虎首貔貅兵百萬」、「一炁神君先天主將麟牙鳳嘴將三千」，其實是改寫了〈王靈官寶誥〉中描述王靈官神職、封號的內容，以對仗的形式描繪了王靈官統率神兵、神姿英發的形象。

三元殿作為三元宮的正殿，其所存楹聯包括表明三官來歷及身份、讚頌三官神韻、祈求福佑生靈等內容，如「玄黃始判分天地人三才以立極」、「宇宙初開混上中下三界而為元」、「堯帝天官舜帝地官禹帝水官聖德昭彰逾日月」、「上元一品中元二品下元三品神恩浩蕩遍乾坤」，表明了「三元」其實是宇宙初開之後混成了上中下三元之氣，而三氣代表的三官則分別是上古的聖君堯舜禹，這就清晰地向信眾解釋了「三元」的具體內涵。而「三元宮古百粵山靈合發應天人寥寂希夷永闡玄玄妙道」、「萬彙恩沾千秋典盛重光輝日月清寧安泰長依靄靄慈雲」、「道法自然永闡玄玄奧秘」、「台星普照長叨靄靄慈雲」、「太上道君立德立言祥光垂萬世」、「三清方士存仁存孝瑞氣祝千秋」等楹聯則是彰顯了道教教義的永恆性，描繪了神明們慈祥和藹的面貌，並藉此希望得到神明的保佑。

老君殿的楹聯主要是圍繞著《道德經》的內容以及尹喜見老子的傳說而書寫的，如「一氣判陰陽闢地開天窺造化」、「三才澄宇宙調風節雨育蒼生」、「紫氣東來千秋留哲理」、「祥龍北廓萬古慶長春」，既包含了「道生一一生二」的理念，又讚頌了老子撰寫道德五千言的功德。

呂祖殿現存楹聯為諸殿最多，因其傳下來的靈驗事跡豐富，而且於明清時期受到人們的熱烈尊崇。呂祖的傳說故事見於《呂祖全書》卷二記錄下來的靈應事跡，如「純陽演教孚佑帝君詩酒劍」、「碧水丹山修行有術渡蒼生」中「詩酒劍」是與呂祖事跡中與漫遊題詩、混於酒肆、仗劍天涯等橋段有關；「玉清殿內鍊丹砂顯仙跡於雲洞」、「黃鶴樓頭留勝跡存道像於岩祠」則體現出了呂祖隨處顯現神跡，宣揚修煉內丹的事跡，而且《呂祖寶誥》中的「玉清內相」的稱號及在黃鶴樓題詩的典故也被修改成對仗的語言，在這副楹聯的前半部分出現，其他類似的還有「杯前三尺青蛇仙會恍遊蓬島路」、「笛外一聲黃鶴我來由記洞庭秋」、「發跡在玄門度盡眾生還素願」、「顯靈於塵世方知感應確非常」等。除此之外，呂祖殿的楹聯也借呂祖的事跡表達道教徒的修行決心以及希望得到呂祖的庇佑，如「道斷

塵緣砍斷塵緣施慧劍」、「既修功行仙修功行下真心」、「精誠團結宏揚大道仙家樂」、「虔心一念普渡眾生壽延長」、「帝德巍峨恩澤普施環宇」、「慈光高照福臨積善人家」等。

3. 證悟啟示

三元宮的楹聯中也存在許多蘊藏道教教義的證悟啟示之語，事實上是以楹聯的形式表達道教經典中的哲理、表達道教徒在修行過程中體悟到的心得或對世人進行告誡和警示。

新修建的道德館門外懸掛了一副四字短聯：「道能啟智」、「德可立身」，首字取於《道德經》中的「道德」二字，強調道與德可以啟迪人的智慧、使人可以於世上立足。這樣的楹聯短小精悍，啟發世人去追尋道與德的目標。

從道德館出來，可以看到靈官殿背面由安徽婺源的信士齊彥勳書寫，三元宮中的道士張信綱、唐誠鶴、何誠端、盧信森、張信德、歐陽霖等人於光緒八年刊刻的「數十年俯仰流光興廢存亡恍若過眼煙雲蜃樓幻境」、「溯曩代陰陽造化忠奸報應真覺青天日月犀照無遺」，表達了道教徒在幾十年的修行中經歷了風波坎坷、陰陽造化，遍識忠奸報應後獲得的感悟——時間易逝，一切如過眼雲煙；人事更迭，善惡自有蒼天知。與此類似，遠知堂外懸掛的「居戶而知天下遠」、「齋心以覺物情虛」也是在修行過程中的對天下萬物的體悟。

當信眾離開三元宮時，一定會經過牌坊，看到背面的刻聯「山門內外分清濁」、「心念正邪定吉兇」。鐫刻這樣一副對聯，正是為了告誡信眾出了山門就要離開清靜之地，踏入世俗的污穢中，心正則事吉，心邪則事兇，一切造化，全憑自己。

除了楹聯，現存的牌匾有一些是寫明殿宇的名稱，也有一部分同樣是按照這一思路來書寫的，比如「道洽猶龍」、「道辟乾坤」是說明大道高深奇妙、開闢天地，為修道提供理由；「綱維三界」、「南粵名流」、「岳陽分跡」則是針對三官、鮑姑、呂祖的事跡來書寫的；像「請君回頭」則是勸說信眾回頭是岸。這些楹聯與匾額隨殿分佈，有柱則有聯，有門則有匾，相互參照，彼此關聯，向每一個踏入三元宮的人宣揚道風，陳述神跡，將三元宮的歷史與信仰傳承下去。

總的來說，這些楹聯和匾額出現在三元宮這一既是名勝古蹟，又是宗教場所的區域內，已經不僅僅是值得遊人琢磨賞玩的某種文體，它們上承先賢道風，下延時輩傑作，既有雅正之格，又是庶民之語，運用對仗、隱喻等手法賦予三元宮濃重的文化氣息，引導進入三元宮的人們進入到道教修行的妙境；同時，它們通

過描述神明事跡，不僅向信眾傳播神明的信仰，激起信眾的崇奉之心，以安心受到神明庇佑，同時捐贈這些內容的楹聯和匾額也是對神明做出的讚歎和功德，是可以獲得福報的行為；楹聯也是教義進入民眾生活的媒介，楹聯的創作者藉助這些語句宣揚哲理、告誡世人，以一種親切、和諧的面貌使人們得到道教教義的熏陶，成為教化的重要形式。因此，三元宮的楹聯和匾額不僅是各座殿宇的風景名勝，更是集歷史價值、文學價值、宗教價值為一體的文化寶藏。

第二節　詩文作品

　　三元宮坐落於風光秀美、文化古蹟豐富的廣州城北越秀山，歷代文人慕名前來，或登臨題詠，或雅集酬唱，留下了眾多的妙作佳句，有讚美自然和廟宇，有記錄仙蹟傳說，有稱頌神靈，有傳揚道義，……不少詩文還蘊含了豐富的人生哲理。

　　本節收錄關於三元宮的歷代詩文23篇，以清代詩文為主，共分四個主題，一為仙蹟流芳，共四首詩，均描寫了傳說中鮑姑遺留的仙蹟——鮑姑井；二為琳宮勝境，共八篇詩文，有四首直接讚詠三元宮，兩首與鮑姑祠中的鮑姑傳說有關，其餘一首讚美雨仙——孫道者，一篇與三元宮中的呂祖廟相關；三為悠遊賞景，共四首詩，為文人於春、秋、冬三季登覽越秀山，並涉及三元宮的記錄；四為雅集會友，共五首詩，分別記錄了不同文人及群體於三元宮中的雅聚，他們把臂同飲，情比桃花潭水深；此外，還有一封會稽文人龔蕚寫給三元宮道長黃越塵的感謝信。其中，最早的詩是北宋唐庚所寫的〈送客之五羊二首〉，詩中提及了鮑姑遺井；最晚的是民國時期梁廣照所作的〈三元宮呂祖廟記〉。

一、仙蹟流芳

1. 宋·唐庚（1071–1121）〈送客之五羊二首〉[11]

　　不到番禺久，繁雄良自如。江山禹貢外，[12] 城郭漢兵餘。
　　圓折明珠浦，[13] 旁行異域書。五羊雖足樂，雙鯉未宜踈。
　　　　　　　　　　　又
　　建國今陳迹，遊人合賦詩。廢臺樛女後，遺井鮑姑時。
　　客去通星漢，僧來自月支。[14] 憑君黃木口，為致海祠碑。[15]

是詩約作於北宋政和二年(1112)，第二首詩中的「廢臺樛女後，遺井鮑姑時」提及了今天位於三元宮內的鮑姑井，廢臺指越王臺，據《史記·南越列傳》載，趙佗之孫趙胡，為南越王時，遣太子嬰齊入宿衛在長安，娶邯鄲樛氏女，生子趙興。興代立，樛女為太后，欲內附漢朝。丞相呂嘉反叛，殺太后，漢派兵入南越誅之，國滅。其後約東晉年間，在越王臺西南有鮑姑井，[16]相傳為鮑姑汲水之處。鮑姑，名潛光，為南海太守鮑靚之女，晉散騎常侍葛洪之妻。靚字太玄，陳留人，少有密鑒，洞於幽元，沉心冥肆，人莫知之。靚及妹並先世累積陰德，福逮於靚，故皆得道。姑及小妹也並登仙品。[17]鮑靚還為女兒鮑姑修建了越岡院，作為修真成道之所。清代宋廣業曾在〈懷仙十三首·鮑姑〉中云：「晚歸採靈藥，晨起餐沆瀣。行灸南海隅，仙蹤混闤闠。」[18]描述了鮑姑起早貪黑採藥行醫，濟世救人的辛勞。

2. 宋·方信孺(1177–1222)〈鮑姑井〉[19]

> 鮑姑即靚女，葛仙翁妻也，與供偕隱羅浮山，[20]行灸於南海。有神艾，唐崔煒嘗得之，療疾有奇效。其井今在彌陀寺、菖蒲觀，然皆湮廢，未知二者孰是。《圖經》云景泰寺亦有井，[21]今已不見。
>
> 為覓丹砂到海濱，空山廢井已生塵。
> 不將一滴蘇焦槁，神艾虛傳解活人。

　　此詩出自宋代方信孺的《南海百詠》，是編乃其官番禺漫尉時所作。厲鶚《宋詩紀事》載劉後邨序信孺詩文云：「宮羽協諧，經緯麗密」，於此著作中亦可見。[22]鮑姑行醫於南海，善以艾灸贅疣。刊於《太平廣記》的唐代裴鉶《傳奇·崔煒》便講述了唐人崔煒得鮑姑贈艾，入墓穴為任囂治疣、落井中為玉京子進行艾灸的歷險經歷，最後獲賜、成仙的故事。[23]

　　在方氏所處的宋代，鮑姑井已淹沒無聞，而且不知原在何處，據傳彌陀寺、菖蒲觀、景泰寺均有鮑姑井。元代吳萊的《南海古蹟記》載：「越井崗在南海南，一曰趙佗井，一曰鮑姑井。」[24]可知在元代，井又復現。明代李賢《明一統志》載：「鮑姑井，在府城內，相傳晉鮑靚女，葛洪妻所汲處。」[25]到清代仇巨川《羊城古鈔》有載：「南海越秀山左有鮑姑井，猶存。」[26]可見，此井於宋時湮廢，至遲在元代得到疏浚。

3. 清·張九鉞（1721–1803）〈鮑姑井〉[27]

> 井在越臺前，葛洪妻鮑姑洗藥處，今湮。
>
> 峨峨越臺傍，云是鮑姑井。鮑姑洗藥處，照見雙鬢影。
> 南來勾漏令，海上求丹砂。丹砂尚未就，得婦顏如花。
> 婦翁仙太守，來往一飛燕。朝看井欄花，暮與羅浮見。
> 君騎烏犉牛，妾荷金鴉鋤。君聽搗藥禽，妾汲丹蟾蜍。
> 昨宵跨玉鵝，來返舊井宅。風吹五色裙，化作彩蝴蝶。
> 行人不見井，猶聞仙艾香。遙望遺履軒，桃花水徜徉。

此詩約作於乾隆三十七年（1772），亦是關於鮑姑遺井，及鮑姑、鮑靚和葛洪的傳說，不過，詩序認為此井是鮑姑洗藥之處，並稱當時已經湮沒。「南來勾漏令，海上求丹砂」中的「勾漏令」即指葛洪，字稚川，自號抱朴子，丹陽句容人。尤好神仙之道，修養之法。歷仕晉朝，留意仙道，乃求為勾漏令，欲就丹砂之便，修煉大丹，冀得成就。得鄭隱傳授上清三洞靈寶中盟諸階秘、九丹指要。後攜妻子鮑姑登羅浮山立壇，昭謝天地，服餌大丹，舉室升仙。[28]「風吹五色裙，化作彩蝴蝶」一句也是關於葛洪的傳說，羅浮山雲峰巖下有蝴蝶洞，古木叢生，四時出彩蝶，大者徑尺，相傳為葛洪遺衣所化。[29]又據陳璉《羅浮志》，羅浮山的蝴蝶是麻姑彩衣所化。[30]張氏另作詩句云：「葛仙五銖衣，郁郁藏不得。麻姑五色裙，翩翩不可擲。散入蓬萊第七天，化作如輪彩蝴蝶。」[31]此外，羅浮山中還有許多葛洪的仙蹟，據載葛洪煉丹之處，後世建有觀宇：白鶴觀傳為東庵；黃龍洞為其西庵，有七星壇，為葛氏憩息之所；酥醪觀故址，為其北庵，觀源洞是葛洪洗藥處；沖虛觀為南庵，內有葛洪祠和丹竈。[32]

而「婦翁仙太守，來往一飛燕」引用了《歷世真仙體道通鑑》中關於鮑靚的傳說：「（葛）洪居羅浮，（鮑）靚晝臨民政，夜嘗往來山中，或語論達旦。人見其來，門無車馬，獨雙燕往還，怪而候之，則雙履也。」[33]即鮑靚用靴子化為一雙燕子，便於其往來於府衙與羅浮之間，而不需車馬。末句中的「遺履軒」即是這雙燕子被人在石巖逮住之後，變回鮑氏的靴子，後人據此修築並命名紀念，其上還有亭名「雙燕」。[34]此外，張氏還記載了當時的鮑姑井湮廢無聞的狀況。

4. 清·沙琛（1759–1822）〈廣州雜詠 鮑姑井〉[35]

> 一泓泉水鮑姑遺，本與貪泉事兩歧。
> 南漢不容人汲飲，可憐據得幾多時。

是詩約作於嘉慶二十二年至二十四年 (1817–1819) 之間，首句指出此井中的清泉與鮑姑有密不可分的關係，據說鮑姑用該井之水為藥引，以越井岡的紅腳艾為醫方，為百姓炙贅瘤，效如桴鼓，活人無數。[36]而在廣州西北郊十五公里的石門，有泉名「貪泉」，雖然也清澈澄明，但飲之者皆貪得無厭。[37]傳說昔日有人誤墮酒杯於越臺井，遂流出石門，[38]陳朝江總 (519–594)〈別南海賓化侯〉有句云：「石門通越井，蒲澗邇靈洲。」[39]或許因此作者認為鮑姑井與貪泉二者一脈相通。[40]

第二句「南漢不容人汲飲」是指五代十國時期南漢高祖劉龔稱此井為玉龍泉，[41]禁止百姓汲取，妄圖獨佔，引起百姓的激烈抗爭，沙氏以「可憐據得幾多時」諷刺了這一行徑。而宋代蘇軾遊嶺南時，也抨擊了有權勢者企圖壟斷此井水的惡劣行為。清初平南王尚可喜曾在越王井四周築起磚牆，派兵把守，獨霸井水十年，亦不得長久。[42]據明代黃諫《廣州水記》的記載，當時廣州「城中井水多咸苦，江隔城不得日汲，居人謂大北門內九眼井甘甚，予乃日汲之。」[43]九眼井即玉龍泉，其水質優良可見一斑，無怪會引來歷代豪強獨佔。

二、琳宮勝境

1. 清 · 杭世駿 (約 1695–1773)〈三元宮用杜少陵憶昔行韻〉[44]

琳宮拔地雁展翅，挨傍紛如貼輕舸。
心驚危棧出槎枒，膽歷烟梯怯么麼。
集靈縹緲謁帝歸，奇鬼猙獰向人坐。
鳥衝旌節步虛過，松奏笙鏞半空墮。[45]
丹房有月燭幽陰，石洞無雲關關鎖。
堅屯殿壁拓弓弦，夜浦推窗見漁火。
火鈴龍毛搖扶蘇，[46]綬帶霞衣側婀娜。
吹簫駕迴鳳難期，薦菊盤空泉亦可。
青苔白石不逢人，鐵券銅符誰贈我？
采金鑄鼎跡已荒，立茅受印計終左。
金波浪說竊靈藥，碧海何曾結仙果。
烟鐘催客踏斜陽，獨向寒江看側柂。

附：

杜甫〈憶昔行〉

憶昔北尋小有洞，洪河怒濤過輕舸。

辛勤不見華蓋君，艮岑青輝慘么麼。

千崖無人萬壑靜，三步回頭五步坐。

秋山眼冷魂未歸，仙賞心違淚交墮。

弟子誰依白石屋，盧老獨啟青銅鎖。

巾拂香餘搗藥塵，階除灰死燒丹火。

玄圃滄州莽空闊，金節羽衣飄婀娜。

落日初霞閃餘映，倏忽東西無不可。

松風澗水聲合時，青兕黃熊啼向我。

徒然咨嗟撫遺跡，至今夢想仍猶佐。

秘訣隱文須內教，晚歲何功使願果。

更討衡陽董煉師，南浮早鼓瀟湘舵。

〈憶昔行〉原是杜甫 (712–770) 的詩題，宋代趙次公《杜詩先後並解》云：「憶昔者，追憶往昔也。」兩字出自鮑照 (約414–466) 的〈代少年時至衰老行〉：「憶昔少年時，馳逐好名晨。」宋代郭知達《九家集註杜詩》言：「止摘兩字為題，然必目之所親見，身之所親歷。」「公在關塞時有『昔遊』篇，與今篇大相應，更相發明。」「公往尋華蓋君而不見，故前篇謂之『昔遊』，今篇謂之『憶昔』。」清代楊倫《杜詩鏡詮》曰：「公素有訪道之志，今董師在衡陽，去荊南不遠，決思一訪，以遂夙願」。華蓋君即司馬煉師，居黃河北岸王屋山艮岑小有洞。金代元好問《通仙觀記》云：「直王屋縣治之北八里所，其地名八仙岡。丘阜連屬，於華蓋峰為近，而紫谿之水所從出。仙人燕君舊井在焉。開元中，敕置陽臺宮，以居司馬鍊師，近世乃於宮之左別為通仙觀。」[47]

是詩約作於乾隆十八年 (1753)，杭世駿寫此詩，與杜詩敘述在繼「辛勤不見華蓋君」後，決心於衡陽訪董煉師稍有不同，杭氏往三元宮尋道人不遇，感嘆空有求仙之志。此外，杭詩還由遠及近地描寫了三元宮，遠望宮觀建築氣勢巍峨，以「心驚」、「膽歷」等詞誇張地表現了其高聳之態。進入宮殿見到香霧縹緲、神像森嚴，殿外法幢旌節徐拂，鳥鳴松濤一一入耳。道士搖著法器聲動山林，衣帶飄逸姿態優雅。展現了三元宮的雄偉蕭穆與清幽雅致。

2. 清・童槐（1773–1857）〈觀音山十詠 之三〉[48]

> 三十六天宮，虹梁宛轉通。
> 蓬萊仙赴闕，一隅海雲紅。

童氏此詩將三元宮比作天上之宮殿，[49]有虹橋飛駕相連互通，可見三元宮殿貌巍峨，氣勢撼人。同時，也將前往三元宮的自己比作蓬萊的仙人，喜見一片紅棉花開，花隅如連綿的艷紅雲海，展現了三元宮木棉深鎖的福地形象。是詩約作於道光四年（1824）。

3. 清・岑澂〈鮑仙姑祠〉[50]

> 明粧如畫越岡頭，颯颯靈旗玉座幽。
> 兩世成仙傳父女，一生偕婿住羅浮。
> 棉花檻外春低雨，艾葉簾前冷送秋。
> 終古活人香井水，年年依舊傍雲流。

此詩約作於乾隆時期，讚美了越秀山南麓越井岡風景秀美，鮑仙姑祠裡靈旗飄揚、神像安閒肅穆。而東晉南海郡太守鮑靚與其獨女鮑姑兩代人皆修煉成仙，鮑靚曾將女兒許配給仙翁葛洪，又攜女婿往羅浮隱居而成佳話。紅棉、艾草年復一年地盛放、生長在此道場福地，虯龍古井中的泉水也帶著的鮑姑活人的傳說繼續流淌。

4. 清・樊封（1789–1876）〈三元宮〉

> 淺碧稠青拂不開，紅棉花裡現樓臺。
> 胡麻一飯清涼界，[51]為訪長春燕九來。

都門每正月十九，羣遊西頂白雲觀，以謁長春真人邱處機，名曰「燕九」。自元迄今，習俗相沿。兩藩將卒，皆北產，亦於是日共登三元宮，以當「燕九」。香車寶馬，絡聯若雲，撤藩後此風稍息。康熙四十三年，提督金宏鎮修葺之，且置觀產以贍羽流，遂以九月朔建九皇會，凡九晝夜，亦沿為風俗也。[52]

是詩敘述了作者為禮拜參神而來三元宮，宮觀殿宇被榕棉深鎖，如同仙境一般。

5. 清・吳嵩梁（1766–1834）〈三元宮〉[53]

> 百尺高臺擁粵華，棋聲幡影認誰家？
> 呼鸞道廢雲初合，騎鶴人歸月未斜。
> 嵐翠潑衣如過雨，天風吹我欲乘槎。
> 俊游可惜來偏晚，不見紅棉照海花。

是詩首聯的「棋聲幡影」借司空圖「棋聲花院閉（靜），幡影石壇高」句，[54]寫三元宮的清幽寧靜。頷聯「騎鶴人」指代仙人，這裡應指道士，傳說仙人王子喬成仙時騎鶴而去。[55]頸聯的「乘槎」，即指乘仙舟升天，語出晉張華《博物志》卷三：「舊説云：天河與海通。近世有人居海渚者，年年八月有浮槎，去來不失期。……」[56]尾聯「不見紅棉照海花」中「照海花」出自蘇軾〈和蔡景繁《海州石室》〉中「坐令空山出錦繡，倚天照海花無數」一句，[57]以之形容三元宮紅棉盛放的燦爛醉人，從中表達詩人對錯過花期深感遺憾，更凸顯被紅雲錦繡般的紅棉襯托的琳宮之魅。詩中的三元宮的幽境美景，確使人心曠神怡，快意的遊賞，更讓人有成仙之願。

6. 清・丘逢甲（1864–1912）〈説潮　五古二十首之三〉[58]

> 神泉生神童，實祀鄉賢祠。
> 乃復有仙童，化作雲雨師。
> 神童不得見，吾見神童詩。
> 仙童不得見，石有仙跡遺。
> 牛背明斜陽，想見橫笛吹。
> 至今聖者庵，背笠短髮披。
> 禱雲雲即生，禱雨雨即施。
> 飛霖沛五羊，靈寢仙來嬉。
> 夜半三元宮，朝天騎文螭。
> 潮人説孫仙，感德非徼奇。
> 人生無後名，老死將何為。
> 生而不濟物，高官慚牧兒。

此詩描寫了揭陽的兩位神童，一位是明朝惠來的蘇福（1359–1373）；另一位即廣州三元宮中奉祀的雨仙，宋朝揭陽的風雨聖者——孫道者（1173–1185）。詩中的「神童」即蘇福，他年少才高，曾於洪武十八年（1385）赴京應童子科，朱元璋甚為賞識，但因年幼未錄用，不幸在歸途時病亡，之後鄉人在神泉內建蘇福祠以表紀念。[59] 而「仙童」則指孫道者，其為海陽人，父早喪，由兄撫養。十二歲時，潮州府大旱，官禱雨弗應，乃自薦禱雨，即刻雨降城中。十三歲於寶峰山牧牛，忽不見，世傳由樟木上飛昇。後獲朝廷敕封「靈感風雨聖者」，潮人建廟崇奉。事跡見於乾隆《揭陽縣正續志》、[60] 道光《廣東通志》、[61] 光緒《海陽縣志》等。[62]

除了「孫道者」、「靈感風雨聖者」，清代文人筆記還稱其為「風雨使者」，乾隆五十四年（1789）海陽縣知縣韓義〈新修孫雨仙廟碑記〉稱「雨仙」，民間多稱「雨仙爺」、「仙爺」、「仙爺公」，有的地方又稱「者爺」，某些孫氏宗族聚居的鄉村逕稱「祖叔公」。[63] 其廟遍佈揭東、榕城、潮州、廣州各地。[64] 其神像一般為背笠騎牛牧童樣，即詩中所云：「牛背明斜陽，想見橫笛吹。至今聖者庵，背笠短髮披。」

據光緒《海陽縣志》，乾隆五十一年（1786），潮州地區大旱，兩廣總督孫士毅（1720–1796）親自在潮州恭迎雨仙像，[65] 禱雨即應。且默禱平復臺灣起義事，亦應。[66] 翌年，孫督敬刻一尊雨仙像，供奉於廣州三元宮，[67] 即今日三元宮雨仙殿中雨仙塑像的來由。因而是詩中有「飛霖沛五羊，靈寢仙來嬉。夜半三元宮，朝天騎文螭」兩句。

7. 清 · 丘逢甲〈鮑姑祠〉[68]

滿目江山海氣陰，鮑姑祠畔客登臨。
欲尋越井岡頭艾，多恐神龍病已深。

一個「陰」字，奠定了全詩的基調，沉鬱的氣息滿佈，對家國遭受外侮的憂愁瀰漫。「神龍」意指中國，當時清廷積貧積弱，飽受列強欺凌，因言之「病已深」，並反用鮑姑以艾灸活人的典故，認為即使有鮑姑神艾恐怕也難以救回。此詩作於光緒二十二年（1896）。

8. 清末民國 · 梁廣照（1877–1951）〈三元宮呂祖廟記〉[69]

竊以《性命圭旨》，[70] 道家修養之言，變化靈通，神仙顯功之著。《道德經》註留五千言，《靈飛符》存授十二事。[71] 魏伯陽撰《參同契》，[72] 約弟子以入山。

崆峒君鍊外內丹，勤修省而訪道。列真之誥，由來久矣。

呂祖誕自晚唐，在五季迄宋時，化迹丕烈溯八仙。在人歷史悠長，一夢黃梁，遇雲房而得度；千年丹篆，留鶴觀之題詩。受劍法於天仙，得九九數；聞要道于都散，極元元言。以至下士效步虛聲，[73]仰純陽號；國威聞警告語，仰回道人。久彪列於古今，實了然於記載。

吾粵三元宮，創自清初，年載屢更，嚴壁無改，立廟象貌，有仙則靈。堂高於垣者一尋，門下於砌者百級。隆樓傑閣，繞以回廊，後院前楹，尚餘隙地。爾乃振衣入座，[74]藉草為茵，細談穗城兵災，笑說桃源仙境。鍾魚鼓磬，鏗鏘逾時，城市山林，忙暇異致，偷閒半日，視垣一方，亂後所遭，此為最適。爾日青詞上奏，[75]恍聞重甲錫祜之言。[76]異時玉室有名，[77]或獲久視長生之術，[78]又何必借邯鄲之枕，[79]志在功名，到昆明之池，灰辨末劫也哉。[80]

梁氏此文以三元宮呂祖廟為主要描寫對象，先述道家修養之經典靈通顯著、神仙人物傳說由來已久，接而言說誕生於晚唐的呂祖，其經歷、神話彪列古今，最後記述三元宮莊嚴雄偉的外觀，並稱此地是仙境，是忙裡偷閒，與友人雅聚之佳所。最後道出不必呂仙點化，已悟人生如夢，畢竟兵災遺蹟歷歷在目，功名不過石火光中，轉眼灰燼。

文中「細談穗城兵災」，雖云「笑說」，反有悲苦無奈之情。清末民國內亂外患迭起交侵，三元宮也歷經炮火，鴉片戰爭、日本侵華戰爭等皆對之造成破壞。梁文所述的「亂後所遭」，其中的「亂」應是指二十世紀三、四十年代的日本發動的侵華戰爭。

三、悠遊賞景

1. 清‧張維屏(1780–1859)〈九日粵秀山登高(同集者顧劍峯、胡香海、周伯恬、李紹仔、江石生、周南卿、王香谷，主人方伯曾公)〉[81]

夜聞花塔風鈴語，明日天當不風雨。
曉來萬里無纖雲，倒挽澄江洗天宇。
岌岌南城公，有似古歐陽。
山水之間得真樂，春秋佳日可以對客傾壺觴。

我時抱病伏閭里，公來招我翠微裡。

坐我越岡之側楚庭之巔，吹我以五仙觀上之靈風，

滌我以鮑姑井中之甘泉，酌我以鵝黃鴨綠之美酒，

示我以瑤繩金檢之奇篇，使我沉憂得釋煩痾得釂。

左把稚川袖，右拍安期肩，飛觥脫帽，銀海眩斗，覺南溟雲氣浮樽前。

五羊城中十萬戶，下視漠漠蒼蒼然。

有人山下一矯首，望見酒龍詩虎皆神仙。

不知今日海內名山百千億，幾人高會羅羣賢。

朝臺安在哉，歌舞亦消歇。王宏頗解事，長房莫饒舌。

茱萸之囊繫臂求長生，何似菊花之酒長不竭。

百壺欲盡醉兀兀，風馬雲車去飄忽。

山頭客散山不孤，一片飛來漢時月。

陳永正先生評此詩云：「雜言詩，長短句交錯，一氣呵成，意態豪縱，雖仿效李白的風格，但仍有詩人自己的面目。詩中寫嶺南風物，很有地方特色。」重陽節諸雅士依俗登高，於越秀山巔飽覽羊城美景，珠江及城中萬戶皆入眼簾，花塔風鈴聲聲入耳，仙觀靈風輕輕拂面。酒酣之際，飄然欲仙，似與仙人葛洪、安期生把臂共遊，煩勞頓消。

詩中「滌我以鮑姑井中之甘泉」，可見雅集中所飲清泉為三元宮鮑姑井之水。明代黃諫（1412–1471）《廣州水記》載：「因暇登粵秀山，轉西行，憩悟性寺（即今三元宮）中，東苑一井頗佳，視九眼井殊勝。……嘗以廣州諸泉品之，學士泉味最清美，經晝夜色且不變，宜居第一。九龍、泰泉第二，蒲澗簾泉第三，悟性寺泉第四，……」[82] 可見鮑姑井的水質優良，歷來為文士所鍾愛。此詩約作於嘉慶十七年（1812）。

2. 清‧吳嵩梁〈白雲山附近廣州名與羅浮相亞，十一月十一日，同李春湖副憲登粵秀山，憩三元宮，聽道士黃越塵彈琴。春湖先歸，余與儀子墨農乘興入山，夜抵雲泉館，踏月蒲磵，清吟徹曙。明晨謁鄭仙祠，由丹臺、鶴頂峰、雲巖至白雲寺觀、九龍潭，陟摩星嶺而歸，宿山中二夕，得詩凡十三首〉其一及其二[83]

歌舞岡前路，層臺又夕暉。

江光浮地動，雲勢挾山飛。

策蹇攜瓢酒，驂鸞借羽衣。
勝懷吾不淺，臨眺欲忘歸。

紺宇結雲林，高榕覆院陰。
慧香三界滿，空翠一樓深。
及聽松風操，冷然海雪音。
刺船人不見，誰與證仙心。

此二詩約在嘉慶二十四年(1819)創作，先描寫登越秀山所見的歌舞岡、越王臺美景，之後轉而描寫三元宮殿宇高聳，綠陰覆蓋的景象。隨後的「慧香三界滿」是指燃香騰空供養，運信上達，通天界諸真。燃香在道教齋醮等活動中不可或缺，而且道經中多有記載，香聞達十方無極世界，靈通三界，是通真達靈的信物。[84] 三界即是天、地、水三界。「松風操」指〈松風曲〉，為古琴曲名，即〈風入松〉的別稱。唐代劉長卿的〈聽彈琴〉五絕云：「泠泠七弦上，靜聽松風寒」以水聲來形容古琴的幽雅清越，聽者移情而黯然，吳氏的「及聽松風操，冷然海雪音」與之描寫的情境類似。[85] 而「刺船」原指撐船。春秋時，伯牙學琴於成連先生，三年學成後，成連借故留伯牙於蓬萊山感悟自然、陶冶性情，自己划船離去，伯牙終成操琴高手。[86] 後以「刺船人」指代擅長彈琴的人，在詩中指道士黃越塵。「誰與證仙心」一句透露出黃道士在其修道之路上的重要性。

3. 清‧譚瑩(1800–1871)〈北郊游春雜詩〉[87]

形勝熙朝百戰收，四方臺對五層樓。[88]
尚言牛角山河事，[89] 花自飄零水自流。

難覓劉王舊殿基，[90] 玉欄金柱昔年時。
黃花塘又三元里(並鄉名)，[91] 一路紅棉叫畫眉。

附郭人家足穀宜，伯勞飛又勸耕時。
可能積貯無豐歉，不藉西江與島夷。[92]

嶺南容易落紅天，苦楝花開穀雨前。
大寶紀年人不識，[93] 村農耕得永嘉甎。[94]

一渠春水浴鴛兒，商署分秧雨稍遲。
開遍刺桐愁亢旱，三元宮禱雨仙祠。

鳴軋春城畫角聲，總憑社學答昇平。[95]

（昇平社學道光辛丑冬建）

西村南岸（亦村名）炊煙紫，十萬人家昔被兵。

偶坐橋邊賣餅家，山花無數炫晴霞。

依然兒女青紅鬧，差喜千村遍稻花。

魚苗水長種魚苗，花塢繁華久寂寥。

過客偶然談古迹，狀元橋（在北門內）又探花橋。（在東門外）

果武陵源可避秦，散衣危帽遍城闉。

嫣然夾水桃花放，願作漁郎懶問津。

是詩作於兩次鴉片戰爭的間隙，大概是咸豐六年（1856），開首即言「形勝熙朝百戰收」。[96]此時雖然清平安寧，但詩中多處或明示或暗喻昔日粵地的戰亂以及當下旱情初現，透露出作者的隱隱憂心。最後兩句援引東晉陶淵明《桃花源記》的典故，並化用宋末謝枋得的〈慶全庵桃花〉詩，[97]表達了隱居避世之想。

而與三元宮相關的「開遍刺桐愁亢旱，三元宮禱雨仙祠」一句，其中的「雨仙」即是上文提及禱雨靈驗的孫道者。當年二月，順德已現旱情，米價上升，曲江、博羅、羅定、香山等地亦乾旱。咸豐七年（1857），旱災更為嚴重，由乾旱引發糧食減產，導致南海、鶴山等地斷屠，東莞、新會、海豐等地出現饑荒。[98]

4. 清 · 桂坫（1867–1958）〈三元宮賞春錄奉甲安先生正之〉[99]

春回艸綠越岡游，眾妙參前酒滿甌。[100]
雲散半空黃鶴去，[101]濤來一綫白鵝浮。
登高欲訪呼鑾道，望遠還尋鎮海樓。
我愛誅茅謀隙地，[102]青門瓜熟可能收。[103]

是詩記錄的大約是民國十五年（1926）春於三元宮賞春之事。春回大地，萬物復甦，生機勃勃，是為眾妙，於此眾妙簇擁中歡飲，令人陶醉。在三元宮中觀天光雲影、江流如練，附近並有呼鑾道、鎮海樓等越秀山誘人的景點，頓生在此造屋隱居的想法。

四、雅集會友

1. 清‧黎簡（1747–1799）〈十一日韓大夫東老是升、林上舍哲侯浚復置酒，以予足軟，移讌三元宮，與汪、孫、許、李諸公作〉[104]

> 昨日高遠多悲心，花露酒痕并淚襟。
> 江山眼老今古潤，溟渤氣大風雲深。[105]
> 今日開筵接平野，平蕪山陰澹瀟灑。
> 瑤笙石磬靜白晝，落葉飛禽亂秋瓦。
> 黑橫雙塔壓長影，[106] 瘦削兩峯勝一把。
> 昨暮清泠上界鐘，[107] 復此因依舊遊者。
> 七人三日兩追陪，七人明年能復來。
> 天青白雲一鴈哀，稻梁滿地鳩作媒。[108]
> 饑鴉鬼眼秋更碧，叫風嘯火焚大槐。[109]
> 諸公鴻冥何纂哉，[110] 抒憂作達戀餘杯。
> 別後眼前同有懷，他時東西南北夢。
> 共此日月金銀臺，[111] 夕陽滿面風滿袖。
> 琳宮宴罷羣仙廻，秋崖冷花明不開。

此詩前五句寫景抒情，感時傷懷，黎氏的多愁善感傾注於山川、落葉、飛禽、高塔等事物中，眼中所見皆蒙上了一層悲傷所致的灰濛暗淡。昨日「上界鐘聲下界聞」，[112] 聽到的上界鐘聲清越動人，而且其所在的神仙之境慰藉了詩人心中的失落，因而再度與友人重遊。「七人三日兩追陪」點明是年重陽節在三日內聚會了兩次，共有七人參加，與〈九日許孝廉周生（慶宗）置酒觀音山，同韓東老、汪竹東、林哲侯、孫平叔、李東田作歌〉、〈寄懷平叔〉二詩相呼應。[113] 下一句說出明年再續的期望，可見彼此相談甚恰，惺惺相惜。詩人又恨今日君子郁郁有不得之志，小人遍地各有所謀，陰陽錯行。更歎息會中各位雖同心，而難長聚。最後還以「共此日月金銀臺」把三元宮比作仙人居所，「琳宮宴罷羣仙廻」將集中諸人喻為神仙。是詩作於乾隆五十六年（1791）。

附：

(1)〈九日許孝廉周生（慶宗）置酒觀音山，同韓東老、汪竹東、林哲侯、孫平叔、李東田作歌〉[114]
張筵勢高萬象出，深杯行雲匝簫瑟。

十年茲山兩重九，秋色蒼蒼此風日。

樹梢仄景平案光，人間卓午（即正午）塵頭黃。

當胸颯爽風雲氣，入眼窈冥滄海涼。

海涼何自自扶桑，萬里上洶君衣裳。

君衣易警心易傷，七人五人非故鄉。

林生感調為春陽，木葉無言抽暖芒。

江南楓樹夢中綠，江水春心愁未央。

寧知客裹百里糧，嗣宗出門老更狂。

兩回重九吾畏說，今日此山君勿忘。

背人灑淚遺千古，落照悲風起大荒。

忽然萬井烟海白，星河瀰漫燈火碧。

浮屠離立懸空虛，餘霞大橫劃西北。

良時旦暮吁可惜，此身哀樂生有極。

肩輿仰面月露寒，樓閣沈沈浮夜色。

（萬井炊烟渺漫如海，人家燈火時出烟中。寺塔雙懸，餘霞千里）

(2)〈寄懷平叔〉[115]

裘葛三更別四年，遠途趨夢病趨眠。

離心盍雨盲風夜，一角蟬鳴荔熟天。

永憶重陽動琴酌，暮愁橫海鬱人煙。（辛亥 [1791] 九月粵山）

於時一哭悲秋後，秋在黃門白髮邊。

（當時七人，平叔各有所擬，擬韓東老白香山、[116] 許周生沈休文、[117] 予潘黃門，[118] 餘不復憶。）

2. 清‧黃釗（1788–1853）〈家尹虹邀集三元宮即事賦呈同集諸君〉[119]

琳宮疊重碧，珠海摺輕黛。
山光仰樓堞，塔影俯闠闤。[120]

眼塵一以清，汗潮倏而退。
丹房掃落葉，靜境成淡對。（余與香石先至）

浩浩兩詩心，貯此冰壺內。
主客形已忘，巾縰禮可廢。

朋來各疏散，酒至互敬愛。

知新起積慼，感舊寄微慨。

（尹虹為在菴仲子，往常以文質余；徐孟舒庶常為在菴薦卷門生）

所喜今雨佳，足令火雲淬。

懷哉山水情，永與芷蘭佩。[121]

是詩作於道光五年（1825），先描述清幽景美的三元宮也讓人忘卻塵囂，心歸簡靜。再描寫了一場賓客互敬互愛的宴會，舊雨新知齊聚，樂在山水之間，喜與君子為友。此外，詩註指出聚會主人黃尹虹為黃玉衡（1777–1820）次子，[122]黃丹書（1757–1808）孫。[123]與會者除黃釗外，還有黃培芳和黃玉衡薦卷門生徐孟舒等。[124]

3. 清・黃培芳（1778–1859）〈秋日過三元宮山館，聽越塵道人彈琴（時越塵擬游羅浮）〉[125]

越岡之麓屋數椽，蕭疏草樹涼娟娟。

青山一角橫竹牖，殘陽半壁聞風蟬。

高秋過此不忍去，道人招手何歡然。

棲心早歲游物外，風姿俊爽神高騫。

道書愧我未曾讀，石室且喜來談玄。

清琴妙得沈夫子，飯罷為我彈五弦。

平沙古調最清越，恍惚雁落涼風天。

遲迴更奏漢宮秋，和平幽怨情意傳。

聞師正有羅浮興，抱琴好坐飛雲巔。

黃龍白鶴在眼前，[126]琪花瑤草紛巖邊。

石樓三更日已縣，鐵橋縹緲來羣仙。

此時，左顧白玉蟾，右挹葛稚川。

何必海上呼成連，[127]嗟余安得躡屐從，師往四百峯頭吹篴眠。[128]

是詩先狀寫重陽時節三元宮蕭疏清涼的景色，接著寫風姿颯爽、興致高舉的越塵道人迎面而來。黃培芳自謙云喜談玄，愧未曾讀道書，其實他撰有多部關於道經的註解，如《參同契匯要》、《陰符經註》等。[129]黃氏留在三元宮晚膳，道人並於飯後為其彈琵琶。「清琴妙得沈夫子」即將越塵道人喻作宋代歐陽修極為稱頌的兼善琴技的太常博士沈遵，來稱美其琴藝高超，歐陽修曾作有〈贈沈遵〉、

〈贈沈博士歌〉等詩作。[130]道人彈的平沙古調清越動人，讓黃氏忽生懷才不遇的悲涼，畢竟其兩入京城，「寄食聊為客，傳經愧作師」，[131]鴻鵠之志難展，而道人所奏的〈漢宮秋〉亦幽怨感人。隨後，二人傾談，黃氏得知道人將往羅浮，其熟知羅浮，[132]在詩中展開了道人在羅浮如仙般生活的想像。

4. 清‧鄭獻甫（1801–1872）〈春初登觀音山三元宮道士黃宗性置酒與吳慎甫同年小飲〉[133]

重新高閣此山巔，又裹丹爐昔日煙。
曾見地中鳴鼓角，[134]幾忘天下有神仙。
一堂閒嘯虎溪客，[135]千劫怕談龍漢年。[136]
叱石初平能置酒，[137]羽衣蘿帶共流連。[138]

此詩作於第二次鴉片戰爭之後的同治元年（1862）春，兩年前（咸豐十年〔1860〕）鄭氏應兩廣總督勞崇光之聘至廣州執教於越華書院，至是年秋才返桂林定居。[139]當時黃宗性正募化經費重修三元宮，並重振此在戰爭中遭到嚴重破壞的穗城主山琳宮。[140]從是詩首聯可見，此時的三元宮已基本恢復日常。雖然戰爭已經結束，但是洋人堅船利炮帶來的陰影還未驅散，大家還是怕談起此次劫難。雅集於三元宮的鄭、吳、黃三人聚飲甚歡，如同當年惠遠、陶淵明、陸修靜共話，相談甚契，惠遠不覺破其誓約送客踰虎溪一般愉快。

5. 清‧林昌彝（1803–1876）〈鄭小谷比部獻甫招飲三元宮，並惠詩文集及鷄酒猪鴨，口占三首奉謝（時比部掌教廣州粵華書院）〉[141]

詩婢牛牆話舊聞，十年心折鄭康君。[142]
（康成亦稱康君。見《高密志》不其山碑文。）[143]
異方把臂真何幸，[144]飫讀郎鄉駮鄘文。[145]
（鄭上駁許未重《五經異義》書，僅見于《山堂肆考》。）[146]

不事濃粧不鬬奇，不彈俗調足多師。
蕶姑結束非凡艷，[147]欲侍仙班學畫眉。

已嘗公瑾鷄兼酒，又饟東坡鴨與猪。[148]
卻笑老饕深醉倒，馨香時挂齒牙餘。

此詩約同治元年（1862）作，主要敘述了作為他鄉異客的作者，對三元宮宴會主人鄭獻甫招飲的感激，他們同掌教於粵華書院，往來密切，一同飽讀作者所心折的鄭玄之書。而且獻甫的詩文超凡脫俗，十分值得他學習。最後把獻甫稱為「老饕」，把他比作愛好美食的宋代文人蘇軾，蘇氏曾作〈老饕賦〉云：「蓋聚物之天美，以養吾之老饕」。[149]

6. 清‧方濬頤（約1815–1889）〈重修鄭仙祠一百韻〉[150]（節錄）

招邀過閬院，指點惜荒榛。

（今年八月雲湖招飲三元宮，始與予議重修仙祠）

是詩雖然不是描寫三元宮，但其詩註記錄了一次馬儀清作主，邀請方濬頤等文士在三元宮的聚會，商討重修白雲山鄭仙祠的事宜。之後，馬氏還於鄭仙祠舉行雅聚。[151]此詩創作的時間在同治五年（1866）或之前。

五、其他

清‧龔萼〈寄黃越塵〉[152]

夙仰仙風，未親揮塵。日前珠江返棹，始獲拜識於琳宮。一接清輝，實屬三生有幸！惜緣俗氣所累，旋赴龍川，不克暢聆道德五千言也。

比想吾師起居晉福，興至超凡。飄然詩興凌雲，宛爾琴聲流水。引瞻講座，如海上神仙，可望而不可即，何羨如之！

家兄久託枝棲，渥承廈庇。天涯寒士，得寄跡於碧城十二樓中，飯啖胡麻，書窺瓊笈，又不知幾生修到耳！其為感激，何可言喻！肅此申謝，靜候文祺。伏維法鑒不宜。

此封書信主要表達了龔氏對三元宮的越塵道人，長期招顧在三元宮讀書的家兄的感激之情。以及他對宮觀內修道生活的嚮往，可惜苦於塵俗世事，不能聆聽道人講道，亦沒有福分在觀內生活。

以上詩文不僅貫注了文人豐富的情感，細膩的思緒，而且記錄了文人對三元宮的印象和認識，他們與三元宮的聯繫，亦暗含了三元宮的歷代變遷。首先是鮑姑井主人——鮑姑及其父鮑靚、其夫葛洪的仙蹟傳說，尤其是鮑姑以越井岡之艾草活人的故事，融合了文人的情思而各有寓意；而且加上其他文獻記載，可

以粗略地梳理出宋代以來鮑姑井存廢的狀況，即曾在宋代湮廢，至遲於元代得到疏浚，而清代又一度湮而無聞；還有鮑姑井水質甘甜優良，歷來為文士所鍾愛，明代廣州府判黃諫即將其位列廣州井泉佳者之第四位。

其次，三元宮清幽的環境深得文人的喜愛，多有意欲成仙之歎，而且在紅棉盛放映襯下的琳宮更是不能錯過的佳景。此外，其廟宇建築的恢宏，亦多被贊詠。於是，不少文人來此遊覽、舉辦雅集，而精通琴棋書畫的黃越塵道長更與多位文人往來密切。同時，這些詩文透露出雅士們對道經、神祇、仙人的熟識。憂慮家國的文人還從雅游中慨歎歷代兵災對殿宇建築、城市、百姓的巨大傷害。

再者，就是觀內的神明靈驗，例如被丘逢甲稱讚為「禱雲雲即生，禱雨雨即施」的雨仙孫道者。還有三元宮的法會節慶，譬如被沿為風俗的九皇會。歷代的文人詩文寫下了三元宮在他們心中的印象，也弘揚了此省會主山琳宮之悠遠深厚的文化。

附錄一　三元宮現存楹聯及匾額（2019年，按坐落順序排列）

牌坊 (6)
- （正題刻）三元宮
- （右刻字）穗城福地　潘崇賢敬撰
- （左刻字）羊城洞天　李卓祺書　歲次丁酉仲秋吉旦
- （反題刻）請君回頭　丁酉年吉旦　梁君令敬書
- （右刻字）山門內外分清濁　潘崇賢道長立
- （左刻字）心念正邪定吉兇　丁酉年吉旦　梁君令敬書

靈官殿 (10)
- （題刻）三元宮
- （匾額）道洽猶龍　三元宮重修紀念　陳果合家敬奉
- （右刻字）三元古觀　同治二年歲次癸亥仲秋
- （左刻字）百粵名山　翰林院庶吉士游顯廷敬書
- （上聯）地接玉山百粵靈光高北斗　民國丁亥季冬吉旦
- （下聯）水迎珠海千秋道氣洽南溟　玄門弟子何信湖敬刊
- （上聯）三界無私糾察靈官虎首貔貅兵百萬
- （下聯）一炁神君先天主將麟牙鳳嘴將三千
- （上聯）數十年俯仰流光興廢存亡恍若過眼煙雲蜃樓幻境
      光緒八年歲次壬午孟冬月下元節穀旦
- （下聯）溯曩代陰陽造化忠奸報應真覺青天日月犀照無遺
      沐恩弟子安徽婺源齊彥勳薰沐叩首謹撰並書
      張信綱　唐誠鶴　何誠端　盧信森　張信德　歐陽霖敬刊

鮑姑亭 (4)
- （井戶石柱）虬龍古井　華振中題
- （匾額）鮑姑亭　壬申年金秋重修鮑姑亭紀念
      親父李時英　親母鄧灶環　兒子李兆添　兒媳甘禮裕
- （上聯）粵秀靈山藏有虬龍井　壬申年金秋立
      壬申年金秋重修鮑姑亭紀念
- （下聯）越崗紅艾妙手眾回春
      親父李時英　親母鄧灶環　兒子李兆添　兒媳甘禮裕敬送

遠知堂 (3)
- （匾額）遠知堂　歲在丁酉吉旦於羊石望江樓　君令
- （上聯）居戶而知天下遠
- （下聯）齋心以覺物情虛　丁酉年吉誕於羊石望江樓　梁君令書

財神殿 (1)
- （匾額）財施天下　羅哲飆　歐敏敬奉

文昌殿 (1)
- （匾額）文昌帝君　余東文　陳紅浩　江海衡敬奉

觀音殿 (1)
- （匾額）慈航道人　丁酉夏月　吳雲碧　黃瑞珍闔家敬奉　國城書

道德館 (3)
- （匾額）道德館　陳永鏘題
- （上聯）道能啟智
- （下聯）德可立身　丁酉秋　陳永鏘撰書

鮑姑殿（14）	（匾額）南粵名流 歲次丁酉年之吉誕敬書於望江樓 君令
	（匾額）鮑姑寶殿 楊素卿合家 郭秋嫻合家敬奉 丁酉秋楚雄題
	（上聯）越井仙醫傳灸艾 歲次丁酉仲夏吉旦
	（下聯）羅浮大藥拯群生 嶺南陳永正並書
	（上聯）活人妙手三年艾
	（下聯）濟世關心萬古名 丁酉陳永鏘書
	（上聯）仙跡在羅浮遺履燕翔傳史話
	一九八五年歲次乙丑孟秋重建鮑姑寶殿留念
	（下聯）醫名播南海越崗井艾永留芳
	三元宮常住道侶吳信達 吳信祥 蘇信華 謝宗暉敬立
	（上聯）妙手回春虬隱山房傳醫術
	（下聯）就地取材紅艾古井出奇方
	（上聯）鮑氏慈懷懸壺濟世消頑疾
	（下聯）仙姑施藥靈丹一帖起沉疴
	（上聯）南海建醫功未就衣冠隨蝶化
	（下聯）東樵證仙籍長留委羽伴鷲峰
月老殿（1）	（匾額）月老殿 戊戌年冬梁鼎先書 高耿合家敬奉
三元殿（14）	（匾額）三元寶殿
	（匾額）綱維三界 天運壬戌仲冬 香港省善真堂恭懸
	（上聯）闡五千言涵谷光輝九九玄章開紫府
	（下聯）歷十一朝滄桑興替三三啟泰護丹臺
	（上聯）太上道君立德立言祥光垂萬世
	（下聯）三清方士存仁存孝瑞氣祝千秋
	（上聯）道法自然永闡玄玄奧秘
	（下聯）台星普照長叨靄靄慈雲
	（上聯）堯帝天官舜帝地官禹帝水官聖德昭彰逾日月
	（下聯）上元一品中元二品下元三品神恩浩蕩遍乾坤
	（上聯）玄黃始判分天地人三才以立極
	（下聯）宇宙初開混上中下三界而為元
	（上聯）三元宮古百粵山靈合發應天人寥寂希夷永闡玄玄妙道
	（下聯）萬彙恩沾千秋典盛重光輝日月清寧安泰長依靄靄慈雲
功德堂（1）	（匾額）功德堂
天后殿（1）	（匾額）天后娘娘 丁酉夏月 梁曉莊書 楊春洪 楊燁聖
	楊榮洋 蔡祥珍 肖江華 楊沅堃 楊玉堯 楊楚琳闔家敬奉
關聖殿（1）	（匾額）關聖帝君 丁酉年仲夏 陳錫朝 黃敏鈺 陳列坤
	丘曉 陳列榮 袁濤萍闔家恭奉 梁君令敬書
老君殿（5）	（匾額）老君寶殿 梁智華 黃信宜 梁錦昊 梁允希 闔家敬奉
	丁酉陳永鏘書
	（上聯）一氣判陰陽闢地開天窺造化
	（下聯）三才澄宇宙調風節雨育蒼生
	（上聯）紫氣東來千秋留哲理
	（下聯）祥龍北廓萬古慶長春

呂祖殿 (22)	(題刻) 呂祖寶殿
	(題刻) 岳陽分跡
	(匾額) 呂祖寶殿　辛未孟春吉旦
	香港曾德堅‧陳麗霞敬送　端州盧有光書
	(匾額) 道辟乾坤
	(上聯) 純陽演教孚佑帝君詩酒劍
	(下聯) 碧水丹山修行有術渡蒼生
	(上聯) 道斷塵緣砍斷塵緣施慧劍
	(下聯) 既修功行仙修功行下真心
	(上聯) 玉清殿內鍊丹砂顯仙跡於雲洞
	(下聯) 黃鶴樓頭留勝跡存道像於岩祠
	(上聯) 精誠團結宏揚大道仙家樂
	(下聯) 虔心一念普渡眾生壽延長
	(上聯) 帝德巍峨恩澤普施環宇
	(下聯) 慈光高照福臨積善人家
	(上聯) 杯前三尺青蛇仙會恍遊蓬島路
	(下聯) 笛外一聲黃鶴我來由記洞庭秋
	(上聯) 發跡在玄門度盡眾生還素願
	(下聯) 顯靈於塵世方知感應確非常
	(上聯) 肘傳丹篆千年乘
	(下聯) 口誦黃庭兩卷經
	(上聯) 洞天福地春常在
	(下聯) 賓眾如潮奉劍仙

附錄二　至2019年已不存的楹聯與匾額

重簷山亭 (6)	(正題刻) 幽林勝境
	(上聯) 三元勝境留仙影
	(下聯) 古觀幽林覓鶴蹤
	(反題刻) 嶺南福地
	(上聯) 身居鬧市紅塵外
	(下聯) 宮在名山福地中
土地廟 (2)	(上聯) 公公十分公道
	(下聯) 婆婆一片婆心
靈官殿 (3)	(匾額) 洞府重開
	(題刻) 廣州市三元宮寶觀
	梁二基女子劉澤健弟子劉澤湘弟子劉江溢弟子敬奉
	(題刻) 王靈官殿　一九八二年重修紀念　道源仙館敬奉
	(匾額) 王靈官殿　辛未年孟春吉旦梁二基劉澤湘劉澤健叩送

辦公室（2）	（上聯）占得仙家詩酒興
	（下聯）閑吟煙月憶蓬壺　摘唐新羅國崔致遠句　陳榮偉敬書
抱一草堂（3）	（匾額）抱一草堂
	（上聯）爐煙成白鶴
	（下聯）松氣養丹砂
鉢堂（3）	（匾額）鉢堂
	（上聯）水流花放觀天趣
	（下聯）魚躍鳶飛長道心　集莊有恭詩句　陳偉權書
財神殿（2）	（上聯）財星高照樂善人家多受納
	（下聯）神明正直奸邪鼠輩遁無遺
觀音殿（2）	（上聯）大慈大悲超拔眾生離苦海
	（下聯）觀音大士普引善信上慈航
齋堂（3）	（匾額）齋堂　智生書
	（上聯）掃來竹葉烹茶葉
	（下聯）劈碎松根煮菜根
鼓樓（1）	（題刻）鼓樓
鐘樓（1）	（題刻）鐘樓
鮑姑殿（2）	（上聯）禍福無門惟人自召
	（下聯）善惡之報如影隨形　集太上感應篇句　陳榮偉敬書
三元殿（15）	（匾額）葆光勵學
	（匾額）萬古長春　高廣民高廣強敬奉　陳偉權書
	（匾額）護國佑民　一九八二年歲次壬戌孟冬三元宮重修紀念
	沐恩弟子（八名略）敬送　余信昌書
	（匾額）道炁長存　一九八三年癸亥三元宮重修紀念
	（匾額）風調雨順　三元宮重修誌慶　辛未年仲春吉旦
	（匾額）國泰民安　三元宮重修誌慶　辛未年仲春吉旦
	弟子顏禮・顏權興・顏振宇□□叩送
	（匾額）一帆風順　重修三元寶殿誌慶　辛未年仲夏吉旦
	（匾額）從心所欲　重修三元寶殿誌慶　辛未年仲夏吉旦
	（匾額）道辟乾坤
	（匾額）道法自然
	（上聯）帝德巍峨在志成而可格
	（下聯）聖恩浩蕩惟精潔以能通
	（上聯）葆光勵學育賢豪老安少懷大地群生歌聖德
	三元宮重修誌慶　歲次丙寅季冬下浣吉旦恭懸
	（下聯）護國佑民匡社稷風調雨順普天眾庶頌神恩
	（上聯）風調雨順
	（下聯）國泰民安
客堂（1）	（題刻）客堂　己巳年季夏立
功德堂（1）	（匾額）功德堂
天后殿（2）	（上聯）天佑善良祖種福田留厚德
	（下聯）後人信仰一帆風順報平安

老君殿 (7)	(匾額) 護國佑民　重修太上老君殿
	辛未年仲春吉旦　曹劍奇合家敬送
	(匾額) 道君感應　重修太上老君殿
	辛未年仲春吉旦　曹劍奇合家敬送
	(匾額) 風調雨順　重修太上老君誌慶
	葉永紅‧胡家康合家‧葉潤枝‧葉潤強合家敬送
	(匾額) 國泰民安　重修太上老君誌慶
	葉永紅‧胡家康合家‧葉潤枝‧葉潤強合家敬送
	(匾額) 老君寶殿　梁二基‧劉澤湘‧劉澤健叩送
	(楹聯) 龍章三卷諷誦皇經天現瑞　老君殿重修紀念
	甲子年孟冬吉日立
	(楹聯) 鳳篆五品敬談玉典地呈祥
	合敬堂合敬堂眾勝堂合敬堂　何琴等同仁恭懸

第十章

碑　刻

第一節　碑刻總論

一、碑刻概述

　　三元宮可考碑刻共計21通，現存13通，剩下8通原碑不存，僅能通過各種方志文集及舊照片輯錄整理。在年代上，最早的一通為清順治十三年（1656）李棲鳳所撰的〈修建三元殿記〉，最晚的則是2018年的〈重修廣州三元宮鮑姑祠碑記〉，時間跨度362年。其中，清代碑刻共計10通，民國時期碑刻共計2通，1949年至今的碑刻7通，另有兩通碑刻年代不詳，估計為1980年之後所刻。

二、碑刻存世狀況

　　現存碑刻13通，分別為乾隆五十一年（1786）盛世掌延請畫工所繪之〈吳道子觀音像碑〉、乾隆六十年（1795）蕭光惠所撰之〈重修頭門三元殿碑記〉、同治八年（1869）正月朱用孚所撰之〈重修三元宮碑記〉、光緒二十八年（1902）伍銓萃所撰之〈重修呂祖殿碑記〉、民國三十二年（1943）〈廣東省廣州市粵秀山三元宮歷史大略記〉（不詳撰人）、民國三十三年（1944）張信綱所撰之〈重修三元宮碑記〉、1982年〈三元宮重修樂助芳名錄〉（不詳撰人）、1983年仲夏〈三元宮重修樂助芳名錄〉（不詳撰人）、2017年孟夏潘崇賢所撰之〈越秀山三元宮重建眾善功德碑記〉、2017年仲夏呂君愾所撰之〈鮑姑寶殿序〉、2018年7月30日〈重修廣州三元宮鮑姑祠碑記〉（不詳撰人）、2018年3月葉崇寧所撰之〈三元宮殿宇重修記〉以及〈三元殿呂祖殿老君殿樂助芳名〉（年代撰人皆不詳）。現存碑刻中，清代碑刻共

計5通，其中3文2圖，民國時期2通，剩下的7通則為1949年後之作品，可考的年代上迄1980年代，下至近年，而2010年之後的碑刻多達4通。

如今已不存的碑刻共計7通，分別為順治十三年（1656）八月李棲鳳的〈修建三元殿記〉、乾隆四十五年（1780）孟夏郁教甯所撰之〈鮑姑祠記〉、乾隆五十年（1785）仲夏蕭雲漢所撰之〈重建斗姥殿碑記〉、道光十七年（1837）十一月鄧士憲的〈重修三元宮碑記〉、同治九年（1870）汪瑔的〈重修廣州三元宮碑銘〉、1982年的〈香港雲泉仙館經募三元宮重修聖像神龕寶座長聯樂助善長芳名〉（不詳撰人）以及〈蓬瀛仙館樂助重修王靈官殿〉（撰人年代均不詳）。其中，清代共計5通，80年代1通，年代不詳者1通。〈修建三元殿記〉、〈鮑姑祠記〉、〈重建斗姥殿碑記〉、〈重修三元宮碑記〉4通碑文，從各地方志中輯錄而來，〈重修廣州三元宮碑銘〉在汪瑔《隨山館叢稿》卷三亦有收錄，宣統《番禺縣續志》據此收錄，也成為本書的底稿之一。

三元宮之碑刻大部分為文字，亦有圖像碑刻，分別為乾隆五十一年（1786）盛世掌的〈吳道子觀音像碑〉和嘉慶十七年（1812）邱鳳山的〈修真圖碑〉。

三、碑刻內容

碑刻內容主要有以下五類，一是記錄整體的重修情況，二是記錄某一座特定殿宇的重修狀況，三是重修中捐贈資助的名單，四是神明畫像，五是大事記，六是修真圖譜。

蕭雲漢的〈重建斗姥殿碑記〉、蕭光惠的〈重修頭門三元殿碑記〉、鄧士憲的〈重修三元宮碑記〉、朱用孚的〈重修三元宮碑記〉、汪瑔的〈重修廣州三元宮碑銘〉、張信綱的〈重修三元宮碑記〉和葉崇寧的〈三元宮殿宇重修記〉，分別記載了歷史上七次三元宮整體的重修狀況：1.乾隆五十年黎永受主持重修翻新斗姥殿，並修建禮拜亭、齋堂、祖堂、鮑姑祠、惜字亭等建築，又將老君殿和北極殿互換位置[1]，2.郁教甯、黎永受師徒在乾隆五十四（1789）至乾隆五十八年（1793）主持重修東西包臺、斗姥殿、北極殿、五祖殿、呂祖殿、鮑仙祠、祖堂、客堂、山門等，並翻新神像[2]；3.道光十七年（1837）在住持黃明治的主持下，重修頭門、齋堂、香亭、三官殿、靈官殿、雨仙殿、觀音殿、祖堂、新客廳、山舫各處之事[3]；4.同治八年（1869），因為第二次鴉片戰爭三元宮被毀，黃宗性歸來主持重修，並因此擔任住持[4]；5.同治九年（1870），記載的亦是黃宗性主持重修之事[5]；6.民國三十三年（1944）廣州市立美術學校、仁愛善堂將所借三元宮之房舍歸還後，在周

宗朗、何誠端的主持之下，重修了後山斗姥、北帝、鍾祖、武侯、天后各殿，東隅祖堂、西隅大客廳、玉皇寶殿、祖堂、祿位堂等建築，並附捐款名單[6]；7. 葉崇寧記載的2017年三元宮翻修事件，此次共計翻修三元大殿、純陽殿、老君殿、關帝殿、天后殿、地母殿、鮑姑殿、慈航殿、文昌殿、財神殿、靈官殿、福德祠，並新築抱樸書院、藏經閣、道德館、道醫館等處建築，2月28日興工，10月28日竣工，歷時八月。[7]這七次重修，工程都較為全面，不但翻新了舊的殿宇，也有新建的情況。

另有幾通碑文記載的是特定殿宇的重修歷史，有李棲鳳的〈修建三元殿記〉（順治十三年）、郁教甯的〈鮑姑祠記〉（乾隆四十五年）、伍銓萃〈重修呂祖殿碑記〉（光緒二十八年）、呂君愾〈鮑姑寶殿序〉（2017）、及2018年三元宮管委會所立的〈重修廣州三元宮鮑姑祠碑記〉；可見作為獨立殿宇，單篇碑文記載最多的是鮑姑祠，另有三元殿、呂祖殿。清代有兩通碑文專門記載三元殿重修，[8]鮑姑祠則分別有清代一通、當代兩通記載。[9]此外，呂祖殿的翻修事宜，也有一通碑文記錄。[10]這種情況也非常合理，三元殿為三元宮的根本，是三元宮得名的原因，而三元宮為鮑姑越岡院舊址，上承了鮑姑自東晉以來源遠流長的道風，相傳這裡留下了鮑姑井（又稱虬龍古井）等重要的仙跡，所以鮑姑殿和相關仙跡也為觀方所特重，呂祖殿單獨重修立碑，也體現了呂祖信仰在清代廣東地區的流傳和備受重視。

歷次重修都會得到廣州各界的捐資幫助，例如官員、士紳、商人、商戶（公司）、道眾、信士。一部分碑刻雖無正文，但詳細記載了所有捐助者的名單。分別是：〈三元宮重修樂助芳名錄〉（1982）、〈三元宮重修樂助芳名錄〉（1983）、〈三元殿呂祖殿老君殿樂助芳名〉（年代不詳）、〈香港雲泉仙館經募三元宮重修聖像神龕寶座長聯樂助善長芳名〉（1982）、〈蓬瀛仙館樂助重修王靈官殿〉（年代不詳）。此外，蕭光惠〈重修頭門三元殿碑記〉（乾隆六十年）、張信綱〈重修三元宮碑記〉（民國三十三年）、潘崇賢的〈越秀山三元宮重建眾善功德碑記〉（2017）、〈重修廣州三元宮鮑姑祠碑記〉（2018），也都在碑文之外加上了捐款者名單。由此可見，三元宮的歷次重修都得到了各界的廣泛支持。

〈廣東省廣州市粵秀山三元宮歷史大略記〉（簡稱〈大略記〉）（民國三十二年）和潘崇賢的〈越秀山三元宮重建眾善功德碑記〉（2017），則記載了歷史上各時期三元宮重修的大事件。〈大略記〉記載了明末清初到民國三十二年間歷次大事，包括了重修、新建、捐資助學等等。而潘崇賢的〈功德碑記〉，則記錄1980年之後落實宗教政策後三元宮重修情況，並附1980年代之後各殿宇之捐助名單，可

以說是新中國成立後的三元宮大事記。這兩通碑刻較為連貫地向讀者展示了從明末清初到21世紀三元宮整體發展的脈絡與軌跡，具有較高的宏觀參考價值。

在文字碑文之外，另有兩通碑刻以圖像形式呈現，一是乾隆五十一年（1786）盛世掌的〈吳道子觀音像碑〉和嘉慶十七年（1812）邱鳳山造的〈修真圖碑〉。〈吳道子觀音像碑〉記載盛世掌於廣州郡署之露香堂與朋友談及觀音大士，當晚夢見大士若有所諭，第二天見大士法像在裱肆，於是延畫工熏沐摹寫泐碑。〈修真圖碑〉是煙蘿子人體圖和《難經》註本的基礎上發展起來的內丹修煉圖，此碑包含了內丹修煉的圖像和文字，包括碑額、兩段緒論，六段六臟配六神之法、落款、人體圖。兩通圖像碑刻，一為神靈畫像，一為內丹修煉相關的圖譜。根據戴思博（Catherine Despeux）對〈修真圖〉的研究，她一共掌握了七個修真圖的版本，而三元宮的〈修真圖碑〉是最早的一種。[11]《修真圖碑》也為道教內丹學說的發展提供了重要圖像資料。

四、涉及人物

三元宮碑刻所記載人物甚多，主要有道士、文人、官僚三大類。

三元宮道士是碑文記載的最主要人物，碑刻中記載了許多三元宮道士主持重修的事跡，他們的身份多為住持，可以由此復原一些三元宮的道脈傳承譜系。可考的最早住持是雍正年間的韓復兆、梁復進，曾在光緒年間樹碑記事，[12]而此碑今日已無考。之後可考的住持是郁教甯，根據全真字輩「一陽來復本，合教永圓明」，他和韓復兆、梁復進之間還有「本」字輩和「合」字輩兩代，目前並無相關資料顯示。郁教甯之後，住持由黎永受繼承，而後黎永受傳位給楊圓炯。前後三代繼繼繩繩，乾隆年間對三元宮進行了一次大規模的重修。乾隆四十五年（1780），史巖澤在越岡建立了鮑姑祠，郁教甯為之寫作〈鮑姑祠記〉，乾隆五十年（1785），黎永受主持重修，此次建立禮拜亭和齋堂、祖堂、惜字亭，將老君殿和北極殿交換位置，又翻新鮑姑祠，[13]乾隆五十四年（1789），福康安捐俸發起，郁教甯、黎永受、楊圓炯相繼督工，主持重修，黎永受在這次重修過程中羽化，由楊圓炯繼續主持，至乾隆五十八年（1793）竣工。[14]起初，黎永受是郁教甯的得力助手，在郁教甯退老後他便獨力主持重修之事，而楊圓炯又在黎永受羽化後力擔起重任，讓這次重修圓滿竣工。楊圓炯之後，有住持黃明治在道光十七年（1837）主持重修頭門、齋堂、香亭、三官殿、靈官殿、雨仙殿、觀音殿、祖堂、新客廳、山舫各處。[15]黃明治之後，「至」、「理」二輩無考，自同治至民國，住持由黃宗性、

梁宗琪、張宗潤、周宗朗、麥宗光、何誠端依次擔任。第二次鴉片戰爭後，黃宗性見三元宮殿宇嚴重被毀，遂主持重修，也因此被推舉為住持，[16]梁宗琪是黃宗性的師弟，在光緒二十八年(1902)募化重修呂祖殿，[17]之後捐出田產興辦時敏中學，並獲賜匾額。[18]民國八年(1919)，張宗潤任住持，主持重修。到了民國三十二年(1943)，住持周宗朗、何誠端發起在宮募化，歐陽霖鼎力襄助，重修後山，修復玉皇寶殿、祖堂、祿位堂，在堂前右廡將唐吳道子觀音像真跡嵌於壁間。另有郝誠伯募化督工修復五老洞遺跡、後山餘地、經堂、花園。張信綱在虬龍井舊址修復虬井古屋一間，並修建藏經閣。

　　碑文所涉及之文人官僚，主要捐俸發起重修以及為三元宮寫作碑文。順治年間，李棲鳳和尚可喜、耿繼茂等一起集建太上三元寶殿，[19]之後總督金弘振又捐俸發起重修，擴建山門，並建立殿宇供奉三官大帝。[20]而鮑姑祠的興起和重修，則多虧通判史巖澤的主持。[21]乾隆年間，總督福康安捐俸發起，並帶動大批官員捐資襄助，讓郁教甯、黎永受、楊圓炯完成了三元宮這次曠日持久的重修工作。[22]道光年間，雲南儲糧道鄧士憲發起，住持黃明治達成了三元宮的重修工作。[23]另一部分文人官員，則是以旁觀者的身份，見證了三元宮的歷次重修，並為之立言以紀念。如蕭雲漢曾經目睹了乾隆年間的重修經歷，並為之寫作〈重建斗姥殿碑記〉；乾隆三十五年(1770)萬壽恩科舉人，曾任河南新蔡知縣的蕭光惠，也為這次重修寫了〈重修頭門三元殿碑記〉。鄧士憲不僅僅在道光十七年捐俸發起重修，更為這次重修撰寫了〈重修三元宮碑記〉，以記錄相關事宜。朱用孚和黃宗性交遊深厚，因此受邀書寫了〈重修三元宮碑記〉。此外，汪瑔是廣東著名文人，伍銓萃是清末廣東重要的官員學者，他們也都為三元宮撰寫了〈重修廣州三元宮碑銘〉、〈重修呂祖殿碑記〉兩通碑文。

五、內容特色

1. 三元宮道教特色

　　三元宮有著悠久而多樣的道教傳統，一是古越岡院，越岡院和鮑姑及鮑姑艾灸的傳說有關，因此供奉鮑姑也是三元宮歷來的傳統和特色；二是斗姥殿，乾隆五十年(1785)記載重修之事的碑刻，就題為〈重建斗姥殿碑記〉，這篇碑刻亦記載了每年九皇真君聖誕外地道友來朝的盛景；三是全真龍門派的清修煉養傳統，從三元宮的相關記載來看，全真龍門譜系最早可以追溯到「復」字輩且傳承至今。[24]

三元宮現今以全真教龍門派十方叢林為人所知。清初的順治十三年之後，王常月將北京白雲觀作為全真龍門派正宗，公開為全國道士傳戒。三元宮接續了全真龍門派傳統，體現了全真道脈在廣東境內的流傳。三元宮最早記載的住持，是雍正三年（1725）的韓復兆、梁復進，之後便是乾隆四十五年（1780）的住持郁教甯，字輩上，三元宮的道法傳承已然採用了全真譜系。從這可以看出，三元宮至晚從雍正三年起，就進入了全真龍門的傳統。根據黎志添教授的研究，全真教於康熙二十七年（1688）至康熙三十九年（1700）開始在廣東省境內傳播，那時羅浮山的道觀變為全真教道觀。[25] 三元宮進入全真道體系，也在這一時期，為全真道在廣東的傳播、發展提供了佐證。

三元宮主殿為三元殿，根據李棲鳳的〈修建三元殿記〉，最早在城北觀音山之南，商議修建的是「三元寶殿」，可見當今為人所知的三元宮的發端正是從三元殿開始的。顧名思義，三元宮供奉的主神為三元大帝，每年的正月十五、七月十五和十月十五的三元日，三元宮都會舉行盛大的科儀活動，供民眾消災祈福，這也是三元宮道教的重大特色。

三元宮的重要建築還有呂祖殿，呂祖殿位於大殿的東北方向，供奉的是純陽帝君呂祖，呂祖殿增修於乾隆五十八年（1793），重修於光緒二十八年（1902），[26] 呂祖殿的興修和受到重視，也體現了呂祖信仰在廣東的傳播。

2. 歷史事件

從三元宮的碑刻中，可以看到許多歷史事件對於三元宮歷史、甚至廣東道教的一些影響。這些歷史事件又以戰爭居多。比如三元宮的興起，從李棲鳳〈修建三元殿記〉的記載來看，是因為平南王尚可喜、靖南王耿繼茂在廣州開府，於是商議在城北觀音山之南，集資修建三元寶殿。然而事實上，由尚可喜、耿繼茂率領的清軍南下廣東，史稱「兩藩南征」，攻陷廣州後清軍對廣州進行了屠城，死傷達十萬之巨。[27] 三元宮的建立，在當時背景下應有安撫民心創痛的作用，可謂是改朝換代下宗教作用與命運的一種縮影。第二次鴉片戰爭時，英法聯軍入侵廣州，於1856年12月29日佔領觀音山，12月31日佔領全廣州，之後大肆毀壞建築，將觀音山附近的房屋全部拆除，三元宮也因此蒙難。[28] 因此黃宗性（佩青）回歸三元宮，看到戰後破敗的景象，廣化善緣，歷時多年終於重修並復興三元宮，黃宗性也因此被推舉為住持。1937年日本全面侵華，1938年10月中國第4戰區部隊在廣州灣地區與日本第21軍展開了防禦戰役，史稱「廣州戰役」，最終廣州淪陷、國軍撤出武漢，抗日戰爭進入相持階段。在廣州戰役後，三元宮也因此

風雨飄搖，三元、太上、鮑姑、呂祖、靈官各殿，並頭門、鉢堂、客堂、齋堂一帶保存尚好，而斗姥、文昌、北帝、鍾離、武侯、天后各殿，一連六座，以及東西包臺房屋多間在戰亂中被毀壞、盜拆，房屋也因此崩頹，損失極其慘重，[29] 到了1943年，住持周宗朗、何誠端發起在宮募化，得到了護法歐陽霖、郝誠伯、張信綱等人的極力襄助，修復了原有建築，並新刻了吳道子觀音像、新建藏經閣等等。三元宮的興衰和歷史大事息息相關，特別是清代以來廣州經歷的三次重大戰爭，給三元宮帶來了深重災難，也是幾次大修的直接原因。

3. 慈惠助學

三元宮歷來非常注重社會責任，積極參與辦學等慈惠活動。1898年，在康梁變法的大潮之下，鄧家仁、鄧家讓、陳芝昌組成的時敏學會，創辦時敏學堂，是為廣東最早開辦的新式學堂，除教授經史文學之外，更尤其注重新興的理科和外文，亦注重體育教育，為中國培養了許多新式人才，然而在清末尚屬保守的社會背景之下，許多人對時敏學堂仍有偏見。1903年，時任三元宮住持的梁宗琪捐出宮內田產623畝，贊助興辦時敏中學堂，以培養人才，為新學在廣州的發展做出極大貢獻，也因此獲得光緒帝御賜的匾額「葆光勵學」，將之懸掛於殿前。1907年又獲賜「護國佑民」的匾額，並被懸掛在頭門。從此之後，三元宮道士四十多人，所需花費全部依靠香火醮務的收入，以度生活。由此視之，三元宮雖然是方外宮觀，但特重社會責任，在清末維新變法的時代浪潮中，毅然捐出了大量土地資助興辦新式學堂，為教育改革提供了援助，並得到了官方的肯定。

4. 文學價值

三元宮碑刻不少出自著名文人之手，比如鄧士憲曾為羊城、粵華兩書院的主講，著有《慎誠堂集》，又如汪瑔，善詩詞，精通書法，著有《隨山館詩》十二卷、文四卷、詞一卷、《無聞子》一卷、《松煙小錄》六卷、《旅譚》五卷、《尺牘》二卷，呂君愒出自嶺南著名詞人、詞論家朱庸齋門下，是當代廣州著名的詩詞家和書法家。另有幾通碑文出自三元宮道士之手，體現了宮內道士不少人都具有較高的文化素養和創作水平。

在體裁上，碑刻多是散文形式，只有汪瑔同治九年 (1870) 的〈重修廣州三元宮碑銘〉是一篇四六駢文，該篇辭藻華麗，氣勢磅礡，用典博贍而貼切，生動記載了第二次鴉片戰爭給廣州和三元宮帶來的災難，以及黃宗性如何重振道風的過程，是一篇具有較高文學價值的作品。

三元宮的碑刻也從一個側面，展示了清代廣東的文人生活。從中可知，三元宮的道士和廣東文人來往十分密切，甚至亦有文人居住在三元宮清修習靜，如朱用孚曾經居住在三元宮東偏，和黃宗性關係密切，日夜講論，因此受邀給三元宮的重修寫作碑記；亦有不少文人和三元宮關係密切，比如蕭雲漢見證了乾隆年間三元宮的重修過程；亦有人直接發起捐俸，並為之作記，如鄧士憲道光十七年發起重修，又寫作了〈重修三元宮碑記〉。由此也可以看到清代廣東文人和道教的密切關係，以及他們的宗教生活。

　　三元宮碑刻數目眾多，內容涵蓋自明末清初到當代以來三百餘年的漫長時間，從中不但能看到宮觀興衰、建築沿革、重修境況，也保存下來了大量道士、文人和官員的相關資料，更有關於第二次鴉片戰爭、日本侵華戰爭這樣的民族創痛的側寫，亦有道教內丹修行、神仙畫像的相關圖像內容，是我們了解三元宮歷史和廣東道教史不可或缺的材料。

第二節　碑刻原文

一、清・李棲鳳：修建三元殿記（清順治十三年〔1656〕）

【碑刻信息】

存址：原在粵秀山麓三元宮內，清宣統年間尚存。[30] 今原碑已不存。

碑額：修建三元殿記，楷書。

來源：碑文輯錄自清・梁鼎芬倡修，丁仁長等總纂：宣統《番禺縣續志》卷三六〈金石志四・國朝〉。[31]

【碑文】

南越穗城之次，上應牛女[32]，表山躡海，朝幻蜃樓[33]，夕飛翠幰[34]，蓋古所稱靈宅[35]也。自仙人駕五色羊[36]而後，浮邱[37]麥石[38]，流風[39]相繼，虎龍鉛汞[40]，大地丹爐，蔥然蓬島瓊宇，迥麗乎一氛中矣。然當張文獻鑿嶺[41]以來，垂數百年，為冠蓋蟬聯之會，農商輻輳[42]之區。五方萬姓，雜杳紛華；眾妙獨元，沈淪刧藪。時際平、靖兩王[43]，提師駐蹕[44]，救民水火，應運廓清[45]，川嶽效順。則凡禮、樂、兵、政脩舉，大昭於天下。而茲靈州道氣之秀，異雲粉[46]棗瓜[47]，泂為往事

之難遇也。夫身入塵寰，神棲福地，未逢緣法，必具戒心。於是議城北觀音山之陽，集建太上三元寶殿。登高極目，烟火蒼茫，引眾善之攸歸也；入廟瞻崇，莊嚴輪奐[48]，攝百念之思敬也。且以神道設教[49]，而必皈奉三元大帝者，有能樹德務滋[50]，生生不息，天將斂時五福而錫之矣[51]。悔過遷善，坦坦蕩蕩，蓋取諸貞地之義。至於無平不陂，無往不復[52]，苟明斯義，克濟剛柔，是亦何厄須解哉？太上忘形[53]，其次樂業；顧名思義，即境全眞，盡東粵大地。而將納諸仙臺，胡麻[54]遍野，桃源比封，兩王風化，山高水長，又何止玉巖銀井。垂名紀勝，為聖殿成立石，余樂得而為之序。

欽差巡撫廣東等處地方提督軍務兼理糧餉鹽法兵部右侍郎兼都察院右僉都御史加一級李棲鳳頓首拜撰。

龍飛順治十三年歲次丙申秋八月吉旦。

【白話譯文】

南越廣州這個地方，在天上對應牽牛、婺女的分野，覆蓋著山巒緊貼大海，早晨幻化著海市蜃樓，傍晚飛舞著翠色的簾幕，這就是古代所謂的有靈氣的所在了。自從仙人騎著五色羊來到這裡之後，葛洪在浮邱修煉，煮石為糧，神仙的風氣流傳繼承下來，龍虎、鉛汞相配，大地作為丹爐，郁郁蔥蔥的蓬萊仙島與美麗的仙宮，在一炁之中是那樣卓然美麗。自從唐代張九齡開鑿大庾嶺以來，歷經幾百年，這裡成為了達官貴人相繼匯聚之所在，農夫商人匯聚雲集的地方，民眾從五方而來，紛亂又繁華熱鬧；而玄道眾妙，歷經沉淪萬劫變遷。當時正值平南王尚可喜、靖南王耿繼茂帶領軍隊駐扎在此，拯救百姓於水深火熱當中；順應時勢肅清亂局，山川河岳間都願效力歸順。於是禮教、樂教、兵事、政事都得到興復，向全天下昭示。而這個靈氣匯聚的地方，具有秀美的道氣，不在於產出雲粉和棗瓜，實是基於過去難逢之往事。身在塵世之中，精神卻存於洞天福地，在未遇到緣法之時，也必定要具備戒心。因此大家商議在城北觀音山的南邊，集眾人之力興建太上三元寶殿。登上高處極目遠望，看到煙火茫茫蒼蒼，可以引導眾善都歸於此地；進入宮觀瞻仰崇高的殿宇，建築莊嚴美輪美奐，可以吸引眾多思慕、敬仰的念頭。並且，接受神聖道德的教化，而皈依、供奉三元大帝的人，能向百姓樹立恩德，務必使其更加普遍，生生不息，上天也將聚集五福而賜予他。悔改過錯轉而向善，坦坦蕩蕩，本是取之於地之貞義。至於凡事沒有始終平順不遇到險阻的，也沒有始終向前不遇到反復的，但只要明白了這個道理，就能剛柔

相濟，這樣的話又有什麼災厄需要解除呢？最上等的境界是忘記形體，其次則是安於職守，顧名思義，這就到了全真的境界，（希望「全真」）能遍及東粵大地。而將收入到神仙樓臺，胡麻遍地生長，桃源緊鄰疆界，二位王爺的德風教化，就像山一樣高、水一樣長，又哪裡止於在玉巖銀井流傳姓名呢？聖殿落成立石紀錄勝事，我非常欣喜地為之做序。

【碑文考釋】

李棲鳳（1594–1664），廣寧人，原籍陝西武威，曾在順治年間擔任廣東總督，其父為明代總兵李維新，李棲鳳以諸生身份降於皇太極，入漢軍鑲紅旗，曾任山東東昌道、湖廣右布政使、安徽巡撫等職。順治四年（1647）和尚可喜、耿繼茂合軍，攻克雷州、廉州，順治十年（1653）擊敗李定國，順治十五年（1658）加封兵部尚書，六月升為兩廣總督，十八年（1661）分設廣東、廣西兩總督，李棲鳳任廣東總督，同年十二月告老，卒於康熙三年（1664）。寫作此碑文時，李棲鳳任廣東巡撫。

本篇碑文主要記載了順治年間在廣州城北觀音山之陽修建三元宮的緣起，廣州本有悠久的道教傳統，古時曾有仙人駕五色羊而來，賜予先民穀穗，又有浮邱山、浮邱石等仙跡，自從張九齡開鑿梅嶺，為廣東打開通路以來，廣州也成為著名的商業都會。而清朝建立之初，廣東地域久苦於兵災，平南王尚可喜、靖南王耿繼茂平定抗清力量、在此地開府之後，遂商議集資在城北的觀音山南面建立三元寶殿，供奉三官大帝，以期讓人們好善奉道，繼承發揚廣州的道教傳統，這就是後來的三元宮之由來。「顧名思義，即境全真」之語，也體現了三元宮全真派的傳承。

二、清·郁教甯：鮑姑祠記（清乾隆四十五年〔1780〕）

【碑刻信息】

存址：原在粵秀山麓三元宮內，清宣統年間尚存。[55] 今原碑已不存。

碑額：鮑姑祠記，楷書。

來源：碑文輯錄自清·梁鼎芬倡修，丁仁長等總纂：宣統《番禺縣續志》卷三七〈金石志五·國朝〉。[56]

【碑文】

鮑姑[57]，東晉元帝時南海太守鮑諱靚[58]之女，葛仙翁[59]之配也。太守公既以仙真而官南海，姑亦早證仙班，緣契越岡。卽越岡天產[60]之艾，以灸人身贅瘤，一灼卽消除無有。歷年久而所惠多，傳記所詳述者，尤崔生一事[61]。茲因同志諸君子贊[62]修《越岡志》，已錄入《鮑姑傳》中。別駕[63]史公，名嚴澤，原籍溧陽[64]，僑居穗城郡。知鮑姑尚無祠也，爰[65]力任建祠設像於岡巔之右[66]，以資敬禮。衲計元帝迄今，已一千三百餘歲，而越岡之建祠以尊奉鮑姑，則自史公始。謹敘端委[67]，刊石以編於壁，凡諸善信得以觀焉。

乾隆四十五年歲次庚子孟夏之吉，越岡院住持道衲郁教甯敬述。

【白話譯文】

鮑姑，是東晉元帝時期南海太守鮑靚的女兒，葛仙翁葛洪的妻子。鮑靚以仙真的身份而在南海做官，鮑姑也早就名列仙班，和越岡結緣深厚。就拿越岡天然出產的艾草，用來熏炙人身上的贅疣，只要灼燒一下，贅疣就消除不見了。鮑姑在此多年，施加恩惠極多，傳記所詳細記載的，特別是唐代崔煒的事。現因諸位同仁君子幫助修編《越岡志》，已將這些傳記錄入《鮑姑傳》中。通判史公，名叫嚴澤，籍貫溧陽，客居廣州。他知道鮑姑還沒有祠廟供奉，於是著力在越岡之巔的西側建立祠廟、樹立神像，以供大家崇敬禮拜。我算來晉元帝到現在，已經一千三百多年了，但越岡建立祠廟供奉鮑姑，則從史公才開始。僅此敘述始末原委，銘文刻石編次在牆上，所有善男信女，都可以藉此觀看。

【碑文考釋】

本篇作者郁教甯，全真龍門派道士，乾隆年間曾任三元宮住持，弟子黎永受、再傳楊圓炯，皆參與主持三元宮重修之事。

本篇主要記述了在越岡建立鮑姑祠的事件。鮑姑是東晉南海太守鮑靚的女兒，葛仙翁葛玄的妻子，曾經跟隨鮑靚赴任廣東，並在越岡修道，用越岡所產的艾草為人艾灸，救人無數，廣佈醫德。本文開頭詳述了鮑姑相關的仙跡傳說，且提到了《太平廣記》所引《傳奇》一書中崔煒和鮑姑的故事，崔煒有次看見一位老嫗因打碎酒甕被人毆打，於是以衣代償，這位老婦就是成仙後的鮑姑，她為了報答崔煒，特地送給他越岡艾草且傳授給他艾灸之法。郁教甯同時就有諸位同志齊修《越岡志》。碑文中提到，鮑姑祠由通判史嚴澤主持修建，史嚴澤原籍溧陽，

僑居廣東，知道鮑姑尚且無祠廟供奉，便主持在越岡之巔的西側建立鮑姑祠，這也是從晉元帝以來，越岡首次立祠供奉鮑姑。

而後三元宮屢經重修，仍有鮑姑寶殿傳承香火至今，既上承了東晉以來的鮑姑信仰和道醫傳統，也是此次修建鮑姑祠所帶來的道風流傳。

三、清・蕭雲漢：重建斗姥殿碑記（清乾隆五十年〔1785〕）

【碑刻信息】

存址：原在粵秀山麓三元宮內，清宣統年間尚存。[68] 今原碑已不存。
來源：錄自清・鄭蓁等主修，桂坫等總纂：宣統《南海縣志》卷十三〈金石畧二・國朝〉。[69]

【碑文】

今夫果負特出之才，隨地皆可以建勳，何分廊廟[70]山林哉？績著廟堂，則薄海[71]蒙休[72]，蒼生受福，此憑權藉勢者之所為也。若託迹[73]山林，存眞以老，卽其現在所居之位而圖之，功績所垂，亦無不可。以昭來許[74]。經營慘淡，比之銘鐘銘鼎，有窮達，無難易焉。粵秀山三元宮，古越岡院也，六朝已有之，至明萬曆而更其名。國朝總戎金公[75]獨事擴闢，山門內前結殿，以奉三官大帝，此觀所由名歟？歷東西包臺拾級而登，則斗姥殿在焉，老君、五祖，兩殿左右夾輔。顧名號僅存，規模卑狹，非所以示尊崇也。且歲九皇聖誕，好善之紳士及遠方羽客[76]雲集而皈奉者不下數百人，登降無階，拜羅暴露，毋乃[77]褻甚。永受足不下山，選材鳩工[78]，宏厰華麗，視昔有加。觀者無不嘆為巍然煥然。殿前搆禮拜亭一所，更以餘材造齋、祖二堂。蓋先世之所憑依，與朝夕之所餬口，不修且圮[79]，非如賓客坐談之處可以少緩須臾者也。夫老君為道教之宗，宜獨奉以表特尊。與北極殿互相易位，一轉移間而輕重釐然[80]矣。乃自有觀以來，落落數百載，未聞有起而遷之築之者，非有待於後之人耶？殿後枕朝漢臺[81]，鮑姑祠旣增修加麗，左留小巷，鑿戶通連。週築藩垣[82]，逶迤[83]百丈，梅竹濃陰，登高憑眺，趙佗[84]故事悠然得之目睫，未始非懷古者之一助，豈徒取包裹之義哉！且夫道與釋分途[85]，其潛修淨土，一而已矣。面壁觀心[86]，釋之教也；煉氣歸神[87]，道之要也。北極舊殿，東廳額顏[88]，虹隱架木，屑[89]列明窗，方池曲檻，遊人憩玩焉。永受曰：「飾觀瞻則有餘，處修養則未善。」纔入觀，請諸教宵，易以磚石。自是靜攝[90]得

地，與五祖洞後先輝映，安見今必異於古所云耶？又能推廣道心，創惜字亭於院前西偏，藩侯[91]李公紀其事最悉。計永受自受教於教甯，中間所以創興者、擴大者，修其頹而葺其壞者，蓋去金公已百有餘歲矣，歷久必壞，踵事增華[92]，斯二者皆勢也。教甯未退老[93]之前，則力助其事；教甯羽化後，遂獨肩其任。說者謂山門之靈，若或啟翼，使彼及時而生，得以增修興創，次第畢舉，不然一介道人，絕無權勢，院中數十人朝夕仰給，已苦支撐，又何暇大興土木之役哉？雖然，永受具特出之才，苟置身通顯[94]，功業當大有可觀，區區墜興廢舉[95]，山門利賴[96]，特全豹一斑耳。予忝方外契，覩斯落成，既嘆其經營慘淡之苦，又以慶後之仔肩[97]門戶者，得坐享其逸也。故詳為之序。

南海蕭雲漢撰。

欽命鎮守廣東將軍陞黑龍江將軍宗室內大臣奉恩輔國公永、欽命廣東等處承宣布政使司陞廣西巡撫部院姚、信官兩廣鹽運司經廳候補分府黃、信官三水縣左堂王、信官兩廣鹽運司庫廳童、信官大洲柵王、信官雙恩場儀、信官兩廣鹽運司經廳常、信官兩廣鹽運司西匯關朱、信官小靖內場楊、信官墩白場巴、信官海矬場漆、信官兩廣鹽運司批驗廳楊、信官東莞縣左堂胡、信官淡水場李、信官香山場周、信官海甲場程、長白信官完顏景福、江蘇通洲信官曹學琳、長白信官陳明阿、長白信官長慶、兵部武選司員外郎潘

乾隆五拾年歲次乙巳仲夏穀旦立石。

【白話譯文】

　　現在如果真的身負出眾的才能，到處都可以建功立業，又哪裡區分在朝或者在野呢？身處廟堂，那麼靠近海邊的地方也能獲得美好的恩德，讓芸芸蒼生沐浴福祉，這是憑藉權勢的人可以做到的。如果寄身山林，保留天真直到老去，憑他現在所處的地位而希望留傳功績，也不是不可光耀後人。費心謀劃、精心構思，相對於建立功勛、把姓名銘刻在鐘鼎之上，雖有顯達和窮困的區別，而沒有難易之分。粵秀山的三元宮，是古代的越岡院，六朝時便已經存在了，到了明朝萬曆年間則更改了名字。本朝提督金弘振獨立主持擴建廟宇，在山門之內的前端修建大殿，供奉三官大帝，這就是本觀名字的由來吧？經過東西包臺沿著臺階登上去，斗姥殿便在那裡，老君殿和五祖殿，分別位於左右，呈夾輔之勢。不過只是保存了名號，但規模狹小，並不能以此來表示尊敬崇奉。而且每年九皇大帝聖誕，樂善好施的士紳和遠道而來的道士都雲集在此，皈依、敬奉的人不下數

百，但是上山下山沒有臺階，祭拜行禮都暴露在外，這未免過於褻瀆。永受腳不下山，選擇材料召集工人，宏大敞亮華美的程度，看上去比過去更甚。看的人沒有不讚歎高大壯觀、煥然一新的。大殿前修建了一座禮拜亭，又用剩餘的材料修建了齋堂和祖堂。先人所憑藉依靠的和每天用來餬口的地方，不維修而任其塌圮，不像賓客座談之處，可以稍微延遲一些時日。老君是道教的宗祖，應該單獨供奉以表示特殊的尊崇，讓老君殿和北極殿互相換位，在這一轉移間二者的輕重就十分清楚了。自從這座宮觀存在以來，浩浩蕩蕩幾百年，從來沒聽說過搬遷建築、重新修建的人，難道不是留給後來人去做的嗎？殿後倚靠著朝漢臺，鮑姑祠已經重新擴修裝飾，左邊留下小巷，鑿開門戶以便連通。周遭修建了圍墻屏障，綿延百丈之長，梅樹修竹灑下濃陰，登高遠眺，趙佗故事悠然便在眼前，未嘗不是給懷古者的一點襄助，哪裡是只有囊括古蹟的意思呢！而且道教和佛教分向不同的路徑，但是在淨土之上潛心修行，這一點是一致的。面壁觀心，這是佛教的教法；煉氣歸神，這是道教的精要。北極殿的舊殿宇，東廳的匾額，架木像虬龍一樣潛藏，明窗整齊排列，方正的池塘、曲折的欄杆，遊人在這裡小憩遊玩。永受說：「裝飾觀賞的程度已經有餘，但在修行養氣的層面則還不夠。」他才進入觀內，就請示郁教甯，要更換磚石。從此有了安靜修養的地方，與五祖洞一前一後，交相輝映，哪裡見得現今必須和古代所說的不一樣呢？又可以推廣向道之心，於是在院前偏西的地方設立惜字亭，藩侯李公記載此事最為完備。從永受受教於教甯開始算起，其中有興建、擴大的，又有修葺傾頹和毀壞的，距離金弘振已經過去一百多年了，時間久了會壞掉，繼續以往的事業將其發揚光大，這二者都是事情發展的自然之勢。在教甯退休之前，就盡力襄助這事，在教甯羽化後，永受就一人肩負了這件大事。議論的人說也許是山門之靈庇佑，讓他及時出現，不是這樣的話，一介道士，無權無勢，道院中幾十個人每天都指望他供給，已然是苦力支撐，又哪裡有功夫大興土木呢？雖然這樣，永受具備出眾的才幹，如果置身顯達之所，也應當能建立不世之功，復興廟宇、成為宮觀所依靠這樣的小事，不過是全豹的一斑罷了。我忝列方外，目睹廟宇建成，既歎息他慘淡經營的辛苦，又慶幸執掌門戶的後輩，可以坐享其成。因此詳細為此事作序。

【碑文考釋】

蕭雲漢，南海人，生平不詳。

這篇碑文先講述了三元宮的歷史，根據碑文記載，三元宮前身是古代越岡院，建於六朝時期，明代萬曆年間更名（三元宮），這一說法和李棲鳳的記載矛

盾，而後的《廣東省廣州市三元宮歷史大略記》也採用了這一說法。到了清朝，總兵金弘振主持開闢了三元宮，供奉三官大帝，這也是這座宮觀名字的由來。

本文詳細記述了乾隆五十年（1785）那次重修的情況，主要分為三個方面，一是建築情況，二是師徒傳承，三是宗教風俗。

重修前，斗姥殿居於東西包臺臺階之上，兩邊則是老君殿和五祖殿，但是規模十分狹小，黎永受選擇材料、集合工匠，足不下山，在擴建和翻新原有建築的基礎上，又修建了禮拜亭、齋堂、祖堂，翻新鮑姑亭，廣植樹木，觀瞻遊玩已盡善，黎永受又創立惜字亭，用以推廣道心。

黎永受是郁教甯的弟子，在郁教甯退老之前，是他的得力助手，在郁教甯羽化之後，則一人肩負重任，支撐門戶，主持重修大事，這次重修雖然是黎永受主持，但是許多事務亦由郁教甯決斷，比如黎永受在郁教甯的指示下更換磚石，從此靜攝修養得地。

此外，這篇碑文中也能看出當時的一些宗教習俗，比如三元宮在九皇聖誕時會吸引各行各業、遠道而來的信徒香客，雲集於此不下數百人之多，也為我們提供了清代廣東道教的一個側寫。

四、清·蕭光惠：重修頭門三元殿碑記（清乾隆六十年〔1795〕）

【碑刻信息】
存址：存於廣州三元宮三元殿兩側。
碑題：三元宮重修三官殿頭門碑記，楷書。
碑額：重修頭門三元殿碑記，篆書。
尺寸：三元殿左側碑高207.5釐米，寬82釐米；三元殿右側碑高210釐米，寬82釐米。
來源：據原碑錄入。

【碑文】
羊城三元宮，由山門拾級而登，仰見峻宇[98]，聳於虛空，皈奉三官大帝。其地踞粵秀之麓，層巒拔起，支隴蜿蜒，雕楹文磶，插入崖腹。前瞰珠江，淳泓[99]萬狀，遠則扶胥[100]浴日，近則石門返照[101]，若拱若揖，若環若抱。其下則古木參天，濃陰漏日，法花忍艸，幽蘭翠竹，長苴繽紛，乃吾粵之福地也。創自六朝，迄元明至本朝，李大中丞、金大總戎擴而新之。日以垣牆剝蝕，郁師教甯與其徒

黎子永受，經理籌度，重修東西包臺及斗姥殿、北極殿、五祖殿、呂祖殿、鮑仙祠、祖堂、客堂、山門、首進，營建宏廠，百事具興，足不下山，紳士信施，如恐不及。惟三官殿原搆卑淺，且歲以神像漸就剝落，黎子永受於乾隆五十四年冬月[102]復謀重新，無何經營伊始，遽返[103]蓬萊。法嗣楊圓烱念其師功德未完，深以廢墜為憂，而是纘[104]是述，乃相材運甓[105]，至伍拾八年菊月[106]而工告成焉。列楹數間，深廣崇殺，各協其則，翼翼嚴嚴[107]，若湧若化，就中塽[108]三官大帝神像，形容睟盎[109]，纓絡交加。其外則曲檻迴廊，週遮擁衛，與諸道衲虔奉道教，重規疊矩[110]，法戒肅然，粵中道場，得未曾有。揚子曰：「是殿之成，所以承師志而示後人也，不可以不記。」乃屬光惠為之，光惠稽首而言曰：「韓子有言：『莫為之前，雖美弗彰；莫為之後，雖盛弗傳。』[111]」此殿之創始於六朝，不知幾經劫火，而巋然尚存。雖福曜之區，諸神擁護，然歷千百餘年，而山門猶然未盛，由其乏賢哲之徒為之後起，所謂人事不齊也。迨[112]入國朝，李中丞、金總戎為之振興，至郁師、黎師又從而更新之。於是縉紳道流，填委畢集，凡此皆賴後人之振作，故歷以而後盛也。今楊圓烱能上承師志，以完其功德，使山門之盛，如日升月恒，豈不甚善哉？然而成壞相仍，世相如是，以郁師、黎師之賢，猶勞後人之繼述，則千百世後，寧無荒廢之虞？所賴後有作者知其孔艱，亦體楊子之志，繼繼繩繩[113]，俾勿隕墜，是余之厚望也乎？

御前大臣經筵講官太子太保內大臣議政大臣協辦大學士吏部尚書兼兵部尚書督察院右都御史總督兩廣軍務兼理糧餉鹽課一等嘉勇公福
廣東布政使司許 廣東按察使司姚 署兩廣鹽運司高廉兵俻道秬 廣東督糧道吳 撫標中軍參府慶
高廉兵俻道韓 廣州府正堂張 南海縣正堂毛 番禺縣正堂張
香山縣正堂李 原署番禺縣正堂嚴 候補同知陳 番禺縣左堂和
保昌縣正堂姚 新會縣正堂侯 新寧縣正堂夏 新寧縣左堂顧
署南海縣左堂許 南海縣分駐九江副堂蕭 候補府經廳鄭 番禺縣捕廳揭

新會蕭光惠敬撰 顯鄉陳廣和書鐫
乾隆六十年歲次乙卯正月穀旦全真龍門正派住持道人楊圓烱建立

重修頭門三元殿碑記
今將僉助題名開列於左

信官曹學琳 莊士昂 張廷錫 毛輔亭 景抑莘 張象亭 毛式郇 張朝棟 張百朋 金監堂

張 謝廷選 俞浚 信紳胡黃文 黎元爵 吳英 杜朝棟 沈鑑 盛世掌 豹蔚堂趙 信士簡鎮綱 袁京安 慈壽堂吳 尹汝祿 胡宣臣 陳貽幸 伍釗 馬廣遠 周于懷 吳昭平 潘致祥 謝經南 王九河 潘宗顯 信商潘同文行 林泰來行 念德堂李 石而益行 友于堂陳 伍源順行 楊隆和行 蔡萬和行 吳豐泰行 陳源泉行 仁安堂倪 怡和行伍 義成行 東生行 鹽務總局 雙峯堂湯 李克振 增城埠商范 埠商婁 中和當 聯興當 南興當 集成當 德孚當 達成行 盧廣利行 順興當 信士許莊思 蔣應元 方明華 李添壽 郭耀誥 信士曹沛然 杜祖闔 萬隆店 李觀桓 陳豎尊 王建恒 龔國禎 鍾祖福 蕭聲和 許世法 張裕榮 唐作新 岑廣章 杜省善堂 黃鈺 吳不易堂 顏式章 李大馨 黎兆岐 杜炳崙 張廷俊 何洛思 吳維華 左惜陰堂 林樂 倪大學 吳德參 杜鑑堂 胡樟球 羅霖 朱錦堂 王愷脩 陳士善 東滙閡 信士沈 正源號 梁元顯 鄭鴻圖 余文烈 陳廷翰 俞珽璋 薛元錫 吳琳 張霈宙 楊鳳岐 汪德潤 上元堂眾信 陳彩章 顏鐘瓚 劉進招 种淇聲 桐鳳堂張 樹德堂茹 熊文耀 顏斯穆 天和號 潘朝翰 黃埔口子眾信 長豐號 富昌號 余肇紀 錢廷楚 何香凌 傅以信 杜滙子 杜福子 杜國謀 李挺君 凌德慶 蔣瑞 區相振 梁熙相 吳國柱 懷德堂林 箴慎堂曹 萬隆店 保慶堂梁 任永錫 鄭秉鎬 吳聚伍 吉士元 樊以增 邱悅明 黃藕 費宗孝 董文彩 增城縣戶司 承發房 祗譽堂 金陵會館 梁日新 戶右 倉房 庫房 戶左 吏房 工左 工司 兵左 禮左 兵司 順成店 怡昌店 正和店 永興店呂 吳國棟 李士元 蔡巨昌 寶素堂 吳珍 譚華秀 陳章嵩 羅雲友 陳經濟 陳懷宗望 陳宏濟 陳章松 吳帝保彩 蔡天漢 就成店 歐陽秀 悅利店 陳生 梁載浩 何玉林 潘振儀 胡義方 馬俊 李空璧 玄門弟子陳空烚 潘在文 誥封宜人倪門黃氏 信女黃門李氏 蕭門倪氏 蔡門倪氏 天河堡譚門張氏 俞氏 梁門蔣氏 張門黃氏 張門郭氏 張門劉氏 張門葉氏 高門黃氏 羅門楊氏 潘門譚氏 潘門麥氏 潘門李氏 潘門石氏 潘門杜氏 潘門富姑 蔣門羅氏 周門張氏 潘門許氏 陶門陳氏 楊門張氏 陳趣姑 胡門韓氏 葉氏 呂氏 吳門黃氏 沈藏養 沈門吳氏

乾隆六十年歲次乙卯正月吉旦仝立石

【白話譯文】

　　廣州三元宮，從山門拾級而上，抬頭便可以看到高大的殿宇，高聳於天空，供奉三官大帝。它的位置在粵秀山山麓，層層山巒拔地而起，支脈蜿蜒，精美的柱子和礎石，插入山崖之內。前面可以俯瞰珠江，水深萬狀。遠處的樹木沐浴在日光裏，近處的石門映出傍晚的夕陽，好像拱衛又好像揖讓，好像環繞又好像懷抱。下面則古樹參天，濃密的樹蔭漏下日光，花草樹木、幽蘭翠竹，長短不一、繽紛多彩，是我們粵地的福地。三元宮創建於六朝，經過元明

到了本朝，李棲鳳中丞、金弘振總兵擴建翻新。時間久了牆體剝蝕，郁師教宥和他的徒弟黎永受經管籌劃，重修了東西包臺和斗姥殿、北極殿、五祖殿、呂祖殿、鮑仙祠、祖堂、客堂、山門、首進，修建得宏偉敞亮，百事都興盛了起來。黎永受足不下山，士紳布施，如恐不及。三官殿原來的構造簡陋，且年代久遠神像慢慢剝落，黎永受在乾隆五十四年十一月重新規劃重修，沒有多久便去世了。法嗣楊圓炯掛念其師功德尚未完成，害怕中道而止，於是繼承遺志，遂挑選材料、艱苦運營，到了乾隆五十八年九月竣工。排列數間房屋，深廣崇高，各自符合於建築的規則，威嚴無比，如海水湧出又造化生動，裡面塑造三官大帝神像，樣子威嚴有德，纓絡加身，外面則是曲檻迴廊，遮蔽周遭、護衛道場，與諸位道人虔誠供奉道教，法度嚴整，戒律肅然，廣東的道場，從不曾如此宏大。楊圓炯說：「這座殿宇建成，是用來繼承師父遺志，並且展示給後人的，不可以不記錄下來。」於是囑咐光惠撰寫記文，光惠說：「韓愈說：『莫為之前，雖美弗彰；莫為之後，雖盛弗傳。』」這座殿宇創始自六朝，不知道經歷多少劫難，還巍然留存。雖然是有福之地，諸神護衛，但是歷經千百年，山門仍然沒有興盛，由缺乏賢哲之人來做「後起」之事，這就是所說的人事不齊。到了本朝，李中丞、金總戎振興三元宮，到了郁師、黎師為之翻新，於是士紳道士，雲集畢至，凡是這些都依賴後人振作，所以經歷久遠而後來興盛。現在楊圓炯上承師父遺志，完成他的功德，讓山門的興盛，如同日月那樣恆久，難道不是非常好的嗎？但是成就和敗壞互相繼承，世相本就如此，以郁師、黎師的賢德，尚且需要後人的記錄，那麼千百世以後，難道就沒有荒廢的危險嗎？幸好後面的作者知道當時巨大的困難，也能體察楊圓炯的志向，傳承不已，不要隕墜，這就是我的厚望了。

【碑文考釋】

作者蕭光惠，廣東新會人，乾隆三十五年（1770）萬壽恩科舉人，曾任河南新蔡知縣，生平不詳。

本文主要記錄了乾隆五十四年（1789）至乾隆五十八年（1793）的這次重修，從蕭雲漢〈重建斗姥殿碑記〉可以看出，乾隆五十年（1785）時三元宮已由郁教宥主持，完成過一次重修，而乾隆五十四年的重修由兩廣總督福康安捐俸發起，先由時任住持黎永受主持，但是沒過多久，黎永受便羽化了，由其弟子、繼任住持楊圓炯主持大任，歷時四年而告竣。

這次重修的重點在三元殿，大殿的規模得到極大擴充，「列楹數間，深廣崇殺」，並重塑了三官大帝的神像，威儀堂堂，且重修了大殿之外的迴廊等周邊建築，使之法戒儼然。

這篇文字在記錄重修情況之外，也為我們展現了道士文人交遊的狀況、三元宮內道脈的傳承，以及地方官員對於三元宮的重視。本文作者蕭光惠受楊圓炯邀請作文記錄，並引用韓愈的話語，對楊圓炯的功業表示了極大的讚同。文中一併記敘了自六朝而起的創觀過程，著重記錄了李棲鳳、金弘振的振興之功，和郁教甯、黎永受的重修大業，認為楊圓炯繼承了師志，讓山門蒸蒸日上，也希望後人能夠繩其祖武，將三元宮發揚光大。最後，從捐助名單來看，兩廣總督福康安為首的地方官員給予這次重修極大支持，也體現了三元宮和地方政府的良好關係。

此外，蕭光惠在文中提到郁教甯、黎永受時曾使用措辭「郁師」、「黎師」，可見他或許為三元宮的在家弟子。

五、清·鄧士憲：重修三元宮碑記（清道光十七年〔1837〕）

【碑刻信息】

存址：原在粵秀山麓三元宮內，清宣統年間尚存。[114] 今原碑已不存。

碑額：重修三元宮碑記，篆書。[115]

來源：此碑錄自清·鄭葵等主修，桂坫等總纂：宣統《南海縣志》卷十三〈金石畧二·國朝〉。[116]

【碑文】

粵秀山之三元宮，為嶺嶠[117]之巨壇，擅海邦之勝境。址基創自前代，香火盛於今茲。惟閱歷有年，規模非舊，棟宇摧殘乎風雨，土木朽腐乎蠹蟲，而且堂鮮一畝之寬，屋仍三間之陋。使無以增其式廓，將何以壯厥觀瞻？緣既往之因循，亟乘時而振作。幸藉宰官紳士，樂善好施，宏不捨之檀[118]，集成裘之腋。彙交住持，經手脩進，感逾籠戴[119]之重，荷比蚉負[120]之難。爰將頭門、齋堂、香亭、三官殿、靈官殿、雨仙殿、觀音殿、祖堂、新客廳、山舫各處，或加以補葺，或始事經營。費用不貲[121]，工程非一；竭盡綿力，克告成功。廣世界於三千[122]，現金身於丈六；巍宮輪奐[123]，赫乎有光；寶相莊嚴，儼然可畏。冠裳[124]雅會，彌昭對越之忱[125]；裙屐[126]清遊，益切憑依之念。固宜英光永燦，厥歲常新矣。雖施無望報之心，而福有攸歸之實。用是勒石紀功，垂名列左。

誥授中憲大夫雲南儲糧道前翰林院庶吉士南海鄧士憲撰文，

例授文林郎揀選縣知縣丙子科舉人番禺劉光熊書丹，

道光十七年歲次丁酉十一月吉日，全真龍門正派住持道人黃明治建立。

【白話譯文】

　　粵秀山的三元宮，是嶺南的重要道觀，處在臨海風水極佳的地方，原址於前代創立，而香火在現今興盛起來。只是經過了漫長年代，規制、模樣已經不是過去的樣子了，樓宇在風雨中被摧殘，土木也被螻蟻所腐蝕。而且殿堂都難有一畝這麼大，屋宇也只有幾間這麼簡陋。如果不擴建、增加殿宇的規模，又怎樣能夠讓觀瞻更加壯美？遵循著過去的因緣，正好趁著現在的時機立馬翻新。幸運地憑藉官宦士紳的力量，他們樂善好施，布施了許多錢財，就像集腋成裘一般。將這些捐助匯集起來，交給住持，經他之手主持重修，這種感動勝過巨鰲頭頂大山的重量，任務沉重彷彿蚊子背負大山那麼艱難。現在將頭門、齋堂、香亭、三官殿、靈官殿、雨仙殿、觀音殿、祖堂、新客廳、山舫各個地方，有的加以修理、修補，有的則剛剛開始運作。費用花費巨大，所建的工程也不一樣；竭盡綿薄的力量，最終宣告成功。將世界擴大成三千大千世界，讓神靈的金身重現在丈六法相上：巍峨的殿宇美輪美奐，明亮顯著好像有光芒照耀；神明的塑像莊嚴肅穆，嚴肅莊重讓人心生敬畏。官宦士紳的雅集，越發彰顯了報答頌揚的赤誠；富家子弟的清賞遊玩，讓士民憑依的想法更加深切。（三元宮）自然應當光華永遠燦爛，歷經年年卻能常常保持煥然一新的樣子。雖然布施的人沒有指望獲得報答的心思，但是福報一定會降臨，這是事實。所以用這些銘刻石碑，來紀錄功勛，讓聲名流傳後世，列在左側。

【碑文考釋】

　　鄧士憲（1771–1839），字臨智，號鑒堂，廣東南海人，乾隆五十四年（1789）舉人，嘉慶四年（1799）考充左翼宗學教習，嘉慶七年（1802）得中進士，選庶吉士散館，補兵部職方司主事、員外郎，後升任武選司郎中，嘉慶二十一年（1816）任雲南臨安府知府，二十三年（1818）調任貴州大定府知府，後調雲南開化府知府，尚未到任，又調任雲南普洱府知府，兼迤南道署等職。道光九年（1829）署儲糧道，因母親老邁告歸。還鄉後受聘為羊城、越華兩書院主講，總編纂道光《南海縣志》四十四卷，故去後族人收集遺稿，編成《慎誠堂集》四卷。

本篇碑文記載了道光十七年的重修狀況，這次重修主要由作者鄧士憲發起，是時他已告歸，居住廣東。他從士紳那裡募集到經費，由住持黃明治主持重修，歷經困苦終於修成。這次重修十分全面，共計重建、修復了頭門、齋堂、香亭、三官殿、靈官殿、雨仙殿、觀音殿、祖堂、新客廳、山舫各處，一可知當時三元宮建築涵蓋甚多，規模已十分宏大，二可知當時觀中除三元大帝之外，亦供奉有雨仙、靈官、觀音等神靈。

此外，這篇碑文由發起者鄧士憲撰寫，番禺舉人劉光熊書寫，住持黃明治募化督工，黃明治是全真龍門派道士，從字輩來看，郁教甯傳黎永受，黎永受傳楊圓炯，黃明治當是楊圓炯的傳人，這也充分體現了全真道脈在廣州三元宮的傳承有自。

六、清・朱用孚：重修三元宮碑記（清同治八年〔1869〕）

【碑刻信息】

存址：今存於三元宮碑廊。

碑額：重修三元宮碑記，篆書。

碑題：重修三元宮大殿碑，楷書。

尺寸：碑高179釐米，寬79釐米。

來源：據原碑。

【碑文】

重修三元宮大殿碑

山陰朱用孚譔并書丹。

蓋聞興廢之理存乎數，成敗之機繫於人。在數者不可知，在人者我可得而操之。所操者何？才與志而已。故制事以才，非才不理；精進以志，無志不成。吾於三元宮之興廢而深有悟焉。是觀居越臺[127]之西，為黃冠[128]清修之所，其教則老子清靜之學，中奉三皇，其建始則前人備載之矣。咸豐丁巳，為異端所毀，瓦礫傾圯，道眾散之四方。眾咸曰：「觀其廢矣。」辛酉歲，道士佩青歸，而慨然欲興之。人皆以為誕而莫之許也。歸謀諸侶，無應之者。道士奮然曰：「有志者事竟成，惡知其不可為耶？」遂往結茆[129]而居焉。念此舉非萬金不辦，乃具懸河之

口，說生公之法[130]，廣布金之地[131]，結眾善之緣，士大夫憐其志，皆各有所助。版築[132]鳩工[133]，不數月而綿蕞[134]。已[135]定，求道侶居其中，乃奉身而退，告眾曰：「昔以一念之興，不計成敗，今廢者已[136]舉，固數也。然此山為叢林之一，烏可以年少者主持？且此山自有主者，功成而居，人其謂利而據之矣。當求齒德[137]者共事之。」諸道長皆曰：「觀之興皆子之力，雖然規模已[138]定，而殿宇尚未巍峨如故也，願終其志。且時平則尚齒，時艱則論功，其無多讓。」佩青曰：「諸公以大義相責，曷敢違？」於是經營者累年，而大殿成，廣於昔者尋丈[139]，共費白金萬餘兩。士大夫之遊覽名勝者，莫不歎其才，而佩青之名大噪。同治歲次己巳正月，余以習靜[140]，處於東偏，朝夕過從，與談古今成敗，精悍之色見於眉間。因與余言是觀興廢之由，而請記於余。且言觀後數楹未葺，於心歉然，願無諉辭。吁，佩青其黃冠之雄乎！夫士君子上則治國家，下則成事業，莫不以得才而理，非才而廢。舉重若輕，游刃而有餘者，才也；期而必至者，志也。唯天下為才志之士，乃可以言事功，可以言興廢成敗。嗟乎，若宏其才，勵其志，得其遇，偉其功業，為救時之良，使治國家如建宇，必大有可觀。而顧以黃冠終老，何為哉？爰為記其始末，而感慨係之。道士黃姓，名宗性，佩青其號也。成佩青之志者，諸士大夫之力也。是為記。

大清同治八年歲次己巳壬月中浣勒石。

【白話譯文】

　　聽說興廢的道理在於運數，成敗的機會則取決於人。在運數的東西無法得知，但是在人為的事，我就可以掌控并努力爭取。能掌控的是什麼？只是才能和志向罷了。所以需要用才能來處理事情，不是有才之人不能處理；要精進則需要擁有進取之志，沒有毅力就不能成功。我從三元宮興廢的情況中，得到了很深的感悟。這所宮觀在越臺的西邊，是道士們清修的地方，奉行的教法是老子的清靜之學，中間供奉三皇，有關它的發端和建成，前人的記載已經非常完備了。咸豐丁巳（1857）年間，廟宇被英法聯軍所毀，建築坍塌，道士流散到各地。人們都說：「這座宮觀大概要荒廢了。」辛酉（1861）這年，道士佩青回到這裡，十分感慨，想重振三元宮。人們都認為這種想法很荒唐，於是沒有人認可他。他回來後和道侶們商量，卻沒有人響應。佩青奮然說道：「有志向的人，做事終究會成功，誰又知道這件事做不成呢？」於是前往當地，用茅草蓋起簡陋的房子居住。他意識到重修這事，沒有重金無法辦成，於是他用敏捷而滔滔不絕

的口才，像竺道生一樣生動地說法，擴建廟宇，四處廣結善緣，士大夫敬愛他的志向，都各自提供了幫助。修築建築、集合工匠，沒有幾天經營創建的制度就建立起來。讓道士們居住其中，然後佩青引退，對眾人說：「過去我因為一個念頭的興起，不計較成敗（來重修三元宮），現在荒廢的地方都重新恢復了，固然是運數決定的。但是這座名山是道教叢林之一，怎麼可以讓年輕的人住持？況且這座宮觀本來有主持的人，現在我大功告成就以管理人自居，其他人會說我因為利益而佔據了它。應當讓年高德劭的人來共同管理它。」諸位道長都說：「宮觀的復興都是因為你的貢獻，雖然規模已經定下，但是殿宇還沒有像過去一樣巍峨雄偉，希望你能達成志向。況且時局平靜時就推崇年長者，時局艱難時則應推崇有功勞者，希望你不要再多謙讓了。」佩青說：「諸位以大義來勸說我，我又怎麼敢違抗？」於是經管、營建了好幾年，而大殿建成，比過去還寬了一丈左右，總共耗資一萬多兩白銀。來遊覽名勝的士大夫，沒有人不讚歎佩青的才幹，而他的名聲也因此大為響亮。同治己巳年（1869）正月，我因為靜養清修，居住在廟宇東部，每天和他來往，和他談論古今成敗之事，精悍的神色就顯現在眉間。由於和我談論這座宮觀興廢的緣由，故而請我為之寫作碑記。又說宮觀後面還有幾根柱子沒有修葺，在心底十分愧疚，希望我不要寫作阿諛吹捧之辭。唉，佩青也是道士中的佼佼者了。士大夫君子，上則治理國家，下則成就事業，沒有一件事不是因為有才幹的人得到處理，缺乏有才之人就會荒廢。舉重若輕，游刃有餘的能力，就是才幹；期許的目標一定要達成的決心，就是毅力。只有天下的有才有志的人士，才能夠談論事跡功勳，也能夠談論興廢成敗。唉，如果能弘揚他的才幹，激勵他的志向，讓他有好的機遇，使得功業更加宏偉，成為拯救時危的賢良之才，讓治理國家像修建屋宇一樣，必然大有可觀之處。而看他卻願意以道士之身終老，這又是為什麼呢？因為幫他記載相關事件始末，而有所感觸，感慨不已。道士姓黃，名叫宗性，佩青是他的號。達成佩青志向的，是諸多士大夫的助力。因此為之作碑記。

【碑文考釋】

朱用孚，浙江山陰人，道光、咸豐年間遊幕廣東，先後任高州府經歷、南海縣黃鼎司巡檢等職，隨肇羅道沈棣輝鎮壓三合會起義。

本篇碑文講述了咸豐十一年（1861）三元宮的重修狀況。咸豐六年（1856），第二次鴉片戰爭爆發，英法聯軍入侵廣州，三元宮遭到極大破壞，宮中道眾也因此流散，讓三元宮一度凋敝不堪。咸豐辛酉年（1861），黃宗性（號佩青）回歸三元宮，

見宮觀敗落，於是立志要重修宮觀，此舉初不被人看好，而黃宗性廣結善緣，募化經費並主持重修，至同治九年(1870)才落成。黃宗性也因此被推舉為住持。

除了重修狀況外，本篇也展示了清代三元宮道士和文人的交遊情況。同治八年正月(1869)朱用孚居住在三元宮習靜，和黃宗性朝夕相處，有了深入了解的機會，因此知道了黃宗性主持重修的種種不易，深為感佩，朱用孚對黃宗性的行為頗為推舉，認為他是「黃冠之雄」，不居功而推辭住持之位，修繕的功業可以和治國齊家相提並論，因此受邀為此次重修寫作碑文記錄。可見當時有在家文人居住三元宮清修，並和宮觀道士有密切往來。

七、清·汪瑔：重修廣州三元宮碑銘(清同治九年〔1870〕)

【碑刻信息】

存址：舊在三元宮，然宣統年間當已佚。

來源：碑文輯錄自清·汪瑔《隨山館叢稿》卷三。[141] 碑文又見清·梁鼎芬倡修，丁仁長總纂：宣統《番禺縣續志》卷四一〈古蹟·寺觀〉[142]，乃從汪瑔集輯入。

【碑文】

夫上德若谷[143]，道靡閒於虧成；大方無隅[144]，理詎資於崇飾。虛白吉祥之室，[145] 非有樞機；又元眾妙之門[146]，本無關鍵。然而金暉耀日，迺集羣真；銅柱淩雲[147]，各開治所。尹軌傳經之地，樓觀猶存[148]；茆君鍊石之區，祠壇不改[149]。其有刦灰[150]乍煽，八威之策[151]俱熸；靈宇[152]重興，五嶽之圖[153]彌煥。至教墜而不失，勝業闕而復全。張皇道眞，潤色炎徼[154]，不有所紀，後何傳焉？廣州三元宮者，地接賁隅[155]，天開霄度。崇基始啟，當順治之初元；素友[156]遙臨，衍羅浮之別派。[157] 案《三元品戒經》曰：「九氣初凝，三光發明，結青、黃、白之氣，置上元三宮。」[158] 宮所由名，殆徵於此矣。是後恢崇基域，聿至再三；緜[159]歷歲年，殆將二百。挹三山之絕境，開百粵之勝因。凡夫懸根咽液之儔、錄氣思神之士[160]，望崖爭赴，驗海知歸。八朗白光[161]，鍊形得訣；三庭赤印[162]，濯景分功。每當鈴肅晨齋，鐙然夜醮，颷室守庚申之戒[163]，露臺奏子午之章[164]。授受內文，太素三奔之道[165]；弆藏崧籍，大黃九轉之篇[166]。固已跡擬玉華[167]，名參金牖[168]。會咸豐丁巳，島夷犯我[169]，廣州兵氣接於城闉[170]，氛祲[171]侵於道寓。羠羊[172]竄囿，白鹿潛轍；祆鳥巢門，青鸞戢翼[173]。迨至姎徒[174]就款，法侶言歸，已驚松柏之為薪[175]，但見荊榛之沒徑。佩中黃[176]而返，魑魅雖逃；占太白之躔[177]，兵

塵甫息。山圖可按，屋宇全非。時則黃子佩青以徒眾所推，住持於此，感壖臺之已廢，朱紫房空；悲瑤殿之云頹，丹青蓋偃。遂生宏願，廣募眾貲。秉抱一[178]之貞心，信孚海眾；過試三之上業[179]，誠契山靈。聽請風從，輪將雲委[180]。黃金布地[181]，詎煩釋氏之緣；白雪為銀，不假女真之術[182]。於是練時占日，徵匠庀材[183]，揮郢客之斧斤，[184]傭徒霧集；喻蒙莊[185]之梃植，[186]瓴甓[187]坻隆。就故址以程工，廓曩基而繼事。大暉制度，先崇太極之居；流逸規模，彌重上清之境。至若三官主籙、八治分曹[188]、北斗神光、東華眾聖，莫不各嚴祀事，咸肅靈樞。瑤闕華房，鈿階文坒[189]。琳霄作室，清虛小有之天[190]；玉誕成都，泱漭太無之戶[191]。繚垣[192]四屬，列舍百區。赴功[193]而五版[194]爭謳，揆景而二靈垂曜[195]。平臨珠海，氣連聚鳳之洲；近倚玉山，勢接呼鸞之道。珍林繞舍，八桂[196]遙分；瑤草盈階，九芝[197]相映。加以揆張[198]鴻寶[199]，肹飾[200]象文[201]，誡律爰申，隱書[202]互授。紫毛持節[203]，三十七氣之光芒；白羽為旌，四十九人之軌範。璇題耀日，摹飛白以揚文；玉札書雲，共大丹而著錄。蓋經始於咸豐辛酉[204]某月，至庚午[205]某月始落成焉。時將一紀，費及萬緡。劫燼[206]以圖，勩劬[207]無悔。遂使巋然結構，彌擴前規；煥若神明，頓還舊觀。其事可謂難矣，其勤可謂至矣！嶺南離方[208]絕徼[209]，坤極奧區[210]，爰在混茫，未聞靈異。自峽開中宿，帝子棲真[211]；山號浮邱，仙人昇舉[212]。安期澗畔，嘗生九節之蒲[213]；高固庭前，忽萃五莖之穀[214]。葛稚川[215]之作宰，雅慕丹砂；鮑太守[216]之全家，爭披青籙[217]。埜人[218]採藥，來往於鐵橋；羽客著書，遨遊於瓊管。逮於今日，彌暢元風[219]。勝地爭傳，何獨酥醪之觀[220]；炎州[221]相望，無非華玉之堂。茲宮處都會之中，為道流所集，洞宮三十六所[222]，近接朱明[223]；太霄百二十宮[224]，宏開紫館。雖暫逢於刧會，詎無待於振興？則其開拓金城，恢崇玉局，豈獨南宮校籍[225]，增九琳日月之輝；亦將東壁鐫經[226]，壯五管[227]山川之色。黃子既成瑤寓，將刻琅書，具述源流，乞為銘記。昔張超起觀[228]，世讚因以製碑[229]；徐則刊山[230]，孝穆為之作頌[231]。輒援前例，謹述新銘。銘曰：

龍漢[232]遐年，鳳真至教。始建靈樞，式彰元妙。大戒三百[233]，真文五千[234]。道其所道，元之又元。金洞既傳，琳堂斯啟。闕聳霞標，門連霧市。惟茲南海，遠擬西瑤。五羊萃止，九曜崔嵬。地古蕃禺，峯高越秀。式迓飆輪[235]，久崇雲構。修三命侶[236]，守一尊聞[237]。蕊丹[238]得訣，尤序飛文。道無隆污，迹有興廢。魔軼丹城[239]，袄生白彗[240]。紅羊罷劫[241]，白鶴來歸。日月逾邁，人民已[242]非。迺有真侶，式宏誓願。更歷歲時，黽劬興建。勤不言勞，道無中止。經之營之，美

矣備矣。西那玉國 [243]，東井華林 [244]。簹楹纚屬，洞室陰岑 [245]。靈宇既成，貞珉斯泐 [246]。南洞碑刊，西元柱刻。隱銘可佩，道機相引。紫宙 [247] 不窮，元風無盡。願言鳳璽，永奠麟洲。雲霞五色，棟宇千秋。

【白話譯文】

最高尚的道德如同山谷，所以道在虛和成之中沒有間隔；最大的空間沒有角落，所以至理又何須輝煌的裝飾。沒有雜念的心靈，並無任何機巧；玄之又玄的眾妙之門，本就沒有任何關鍵。但是金色的日光光耀太陽，於是群仙匯集；昆崙山天柱高聳入雲，他們各自開闢洞天治所。尹軌傳經的地方，樓觀台至今仍然存在；茅君煉石的地方，依然有祠廟供奉。劫灰剛剛燃起，八方神靈都閃耀發光；廟宇重新翻修，五嶽圖像更加煥然一新。至高的教化一度墮落卻沒有迷失，偉大的事業一度欠缺終究回復周全。彰顯真正的道，為南方偏遠之地潤色，如果沒有記載，怎麼能（將偉業）傳給後人？廣州三元宮，地理上連接番禺，與天空雲霄相接。偉大的基業開始發端的時候，正是順治初年；杜陽棟遠道來住持，在這裡開創了羅浮山道教的別派。《太上洞玄靈寶三元品戒功德輕重經》說：「先天九氣剛剛凝結，日月星三光開始照耀，結合青、白、黃三氣，就有了上元三宮。」三元宮名字的由來，大概就是源於這裡吧。之後恢弘、擴充地基和面積的事，有過好幾次；經歷的時間，也差不多有二百年了。牽引三山的仙境，開闢百越之地的名勝。大凡懸根咽液、錄氣思神的修煉之士，望著山崖就爭相而來，看到海域就想回歸。月中之精能讓人煉形，三庭赤印可以濯景易氣。每當鈴聲使晨齋嚴肅，燈火在晚上的醮儀燃燒，在有風的室內守庚申，有露水的平臺上奏子午章。傳授、接受內文，修煉太上三奔之道；收藏的典籍，記載了大黃九轉成丹的功法。固然已經要身登仙界，名字也到了神仙之前。正逢咸豐丁巳年，英法聯軍侵略我國，廣州城內都是兵氣相連，妖氣瀰漫在道路和房屋之間。野羊在院子裡流竄，白鹿就消失了蹤跡；鵋鳥在門上做巢，青鸞因此收起了翅膀。等到我們和道友回來的時候，詫異松柏都變成柴火，只見荊棘掩蓋了路徑。佩戴中黃之篆歸來，鬼怪雖然逃走了；占卜太白星的軌跡，發現兵災剛剛平息。雖然地圖還能夠追尋，但是房屋已經完全不是原來的樣子了。當時黃佩青被眾人推舉，在此擔任住持，他感慨城牆樓閣都已經荒廢，華美的房子都已經空了；悲傷殿宇像雲一樣傾頹，畫著丹青的屋頂都坍塌了。於是他生出了宏大的願望，廣泛地向眾人募集資金。秉持守真不二的心，讓眾人信服於他；通過仙人的種種測試，以誠摯和山中的神靈達成契約。追隨他的人就像風一樣多，捐贈的財物如雲委地一樣堆積。用黃金

鋪滿園林的地面，哪裡僅僅是佛家的緣法；白雪成為銀子，不必假借女仙的道術。於是選擇良辰吉日，征集工匠，收集材料，運用精湛的技藝，做工的人像霧一樣集合起來；就像莊子對埏植之器的比喻一樣，磚塊堆得高高的。順著舊址在上面施工，在原有地基上擴建。光耀儀制法度，先把老君殿移到最尊崇的地方；擴建規模，更加重視上清之境界。至於三官、八治、北斗、東華等神靈，沒有不各自莊嚴供奉的，都嚴肅地整理好神座。有美麗的宮闕、華貴的房屋，和漂亮的臺階。美玉一樣的天宇做成房屋，是清虛小有之天的洞府；玉產出的美好地方，就是蒼茫的太無境界。四周建立圍牆，蓋起許多房屋。建立功業於是各方信件爭相歌頌，管理景物而日月共同照耀。面朝出產珍珠的大海，佳氣連接聚集鳳凰的水洲；近靠著出產美玉的山，地勢連接呼喚鸞鳳的道路。珍奇的樹林圍繞房舍，桂林八樹遙遙分野；仙草圍繞著臺階，芝草相映生輝。加上高談道教經籍，整飭裝飾文字，申飭戒律，互相授受道書。紫毛作為手持之節，有三十七氣的光芒；白羽成為佩旌，是四十九人的儀範。美好的題書光耀太陽，臨摹飛白以弘揚文采；仙家的信件書寫著雲篆文字，共同追求大丹至道而著書立說。重建之事始於咸豐辛酉年某月，到了庚午某月才落成，時間接近十二年，費用花費萬緡。謹慎以圖後效，勤勞困苦卻無怨無悔。於是讓宮觀結構更加恢弘，越發擴充了之前的規模；像神明一樣煥發光芒，頓時回歸了舊日的樣子。這件事可以說是很難了，所付出的辛勞也可以說是極致了！嶺南是南方的邊塞之地，是地域的腹地，本來屬於混沌之地，從來沒聽過靈異之說。自從軒轅兩個兒子在中宿峽隱居，仙人在浮邱山飛昇成仙。安期澗旁，曾經生出了九節菖蒲；高固庭前，仙羊銜著穀莖而來。葛洪在此做官，卻一直仰慕丹砂之術；太守鮑靚全家，爭相披閱道教典籍。山野之人採藥，在鐵橋來來往往；道士著書立說，在仙樂間遨遊。到了今天，玄風更加和暢。爭相流傳的勝地，又何止酥醪觀；南方相互遙望，無非都是裝飾美玉的華堂。這座宮觀處在都會之中，道士們在此雲集，三十六洞天，接近太陽；一百二十座天上星宿，開闢了宏大的仙館。雖然暫時遇到了劫難，又怎樣不等待振興？則他開拓堅固的城池，讓棋盤更加恢弘，又豈單獨是尚書省校對典籍，增加了日月星辰的光輝；也將在東壁文章之所鐫刻經典，讓嶺南山川更加壯麗。黃佩青已經修好了美麗的殿宇，即將刊刻琳瑯的書籍，想完備地敘述起源經過，於是請我來寫作銘文作為記載。昔日張楷在山谷中隱居，蕭綱為此刻碑；徐則隱居天台山，徐陵為他作誦。於是援引前例，僅此寫作新的銘文。（銘文白話釋文略，請參見原文）

【碑文考釋】

汪瑔（1828–1891），字玉泉，號芙生（一曰字芙生）。因所居為穀庵，人又稱穀庵先生。廣東番禺人。先後為劉坤一、曾國荃幕僚，籌劃海防、洋務。善詩詞，精漢隸書。著有《隨山館詩》十二卷、文四卷、詞一卷、《無聞子》一卷、《松煙小錄》六卷、《旅譚》五卷、《尺牘》二卷。

本碑文記載了同治九年重修終於落成的情況，這次重修也就是朱用孚〈重修三元宮碑記〉中所記載的那次，時間跨越自咸豐十一年（1861）至同治九年（1870），歷時九年終於落成。

這篇碑文以駢體作成，四六工整，用典博贍，文辭華麗，記述了三元宮因英法聯軍入侵廣州而破敗的緣由，以及隨之而來的黃宗性主持重修的玉汝於成，作者借用葛洪和鮑靚的典故，形容重修落成後的盛況，既點明了廣東道教的源遠流長，也體現了三元宮和鮑姑的淵源。

這篇碑文也可以看出一些有關三元宮道脈來源的訊息。「崇基始啟，當順治之初元；素友遙臨，衍羅浮之別派」一句，可見作者汪瑔認同杜陽棟自羅浮山來，成為三元宮開山祖師的說法，也體現了廣東省內道脈流傳的淵源。此外，本文也體現了住持黃宗性和文人的密切來往，除了和朱用孚朝夕過往，請他作記之外，也特地請汪瑔寫作此篇碑文。最後，文中提到「黃子既成瑤寓，將刻琅書」，可見黃宗性除了重修之外，也有刻書的行為。

八、清・伍銓萃：重修呂祖殿碑記（清光緒二十八年〔1902〕）

【碑刻信息】

存址：今存於三元殿後長廊。
碑額：重修呂祖殿碑記，楷書。
尺寸：碑高165釐米，寬58.5釐米。
來源：據原碑。

【碑文】

粵秀山三元宮呂祖殿募捐疏

粵秀山踞郡城之勝，自摩星嶺[248]、白雲峰蜿蜒而來。其間奇草異木、煙嵐怪石磅礴鬱積，固濂泉、蒲澗[249]、能仁[250]、彌勒[251]、諸名剎在焉。凡夫仙人之所窟宅，

羽客之所遊息，布功德水[252]，宏利濟之路，邈哉，邈乎！其靈蹟可得而窺也。若三元宮者，佩清道人[253]募化精修，經營已以，草創鴻業，輝煌金碧，既稱大備[254]，聿觀厥成。至如呂祖舊殿，廢而未興，闕如，有風雨剝蝕，隆棟[255]漸推，其何以標靈笈[256]於七籤[257]，顯奇符於兩藏[258]，闡揚寶籙，揮綽丹經，紹進士之遺蹤[259]，廣純陽之大教乎？今其師弟佩經欲繼前型，大興土木，思集千狐之腋，為一木之支，伏望長者發心，宰官捨願，以金布地[260]，廣結善緣，則見眾擎易舉，喜琳宮梵宇以重新，萬姓蒙麻[261]，與丹竈經壇而并壽，仙風烏奕[262]，道衍宏敷，庶幾福不唐捐[263]，世宗元契云爾。

賜進士出身花翎五品銜翰林 國史編修官歷充雲南廣西鄉試副考官允州伍銓萃序

茲將捐助工金芳名列左

信官李先義捐銀壹百両正 信官張殿琦捐銀五十大元 信官張記廷捐銀五十大元 信紳伍銓萃捐銀五十大元 信紳何應榜捐銀五十大元 信官李祥輝捐銀壹百両正 信官許國榮捐銀壹百大元 蔡壽萱堂捐銀五十大元 周郭氏男正槊捐銀三十大元 本宮梁誠泰捐銀五十大元 信官王鍾齡捐銀式十大元 信官陳小邨捐銀式十大元 信紳馬仕清捐銀式十大元 金貽翼堂捐銀式十大元 徐輝山堂捐銀式十大元 弟子馮國慈捐銀壹十両正 信士孫仕珩捐銀壹十大元 弟子蔡就嵩捐銀壹十大元 弟子梁蔭瓊捐銀壹十大元 本宮徐宗源捐銀壹十大元 本宮陳宗華捐銀壹十大元 本宮麥宗光捐銀壹十大元 本宮蔡誠英捐銀壹十大元 信官李鷹揚捐銀八大元 靜女鄧妙準捐銀壹十両正 信女董鄭鍾氏全捐銀壹十両正 王公瑞堂捐銀六大元 信紳黎榮耀捐銀六大元 弟子馮應瑨捐銀五大元 弟子馮應瑭捐銀五大元 弟子呂元照捐銀五大元 弟子祥聚捐銀五大元 弟子蔡麒芳捐銀五大元 弟子張澤濤捐銀五大元 李福明堂捐銀五大元 信女王張氏捐銀五大元 金仁山堂捐銀四大元 信官蔣星熙捐銀四大元 信官高冠蘭捐銀四大元 信官任玉衡捐銀四大元 弟子孫承根捐銀四大元 弟子劉繼昌捐銀四大元 弟子陳福騏捐銀四大元 曹廣發堂捐銀四大元 許純德堂捐銀四大元 俞天保堂捐銀四大元 信女徐梁氏捐銀四大元 信女徐朱氏捐銀四大元 信女孔李氏捐銀四大元 信女楊溫氏捐銀四大元 陳宗耀 茹計洪 王世倫堂 敬馨堂 邵公館 劉敬真 楊道鼎 謝龍銓 謝詩正 謝詩福 謝鏞禮 謝鏞濬 謝鏞地 嚴德濂 嚴德銘 嚴德甫 嚴湛淩 黃澤堅 嚴李氏 以上捐銀三大元 張善譜 關吉祥 無名氏 李其康 錢永典堂 吳榮業堂 方積善堂 游存厚堂 區中翰第 錢塘許寓 馮承蔭堂 劉琛 禤耀堂 鄒敬和 陳秉瑞 沈杰 沈熊 張登綏 何子階 任高行 湯建中 錢祖培 譚培元 潘宅 勞宅 董花女 張謝氏 俞陳氏 孫伍氏 莊周氏 林潘氏 周沈氏 鍾蔡氏 敦仁堂 安定堂 以上捐銀式大元

白宅 龔宅 李仁 楊格 何杏 李紹恭 譚從慶 植萬發 謝東樵 郭煜乾 楊勝昌 陳料玉 何壽銘 陸福祥 葉慧文 廖吉祥 包濟柏 慈蔭堂 劉裕鈞 章弟子 范瑞麟 周耀榮 大不用 龐聯茂 邵留生 徐句香 蘇慶記 麥柏鄰 何桂芬 有名氏 謝汝霖 朱雄樑 益安店 許禧榮 唐啟瑞 周秉樞 朱廣譽 陳澤初 黃花仔 胡文光 郭錦新 潘炳榮 筱龍園 陳廷華 梁志和堂 朱積裕堂 張指南堂 周伯和堂 章吉善堂 梁春輝堂 張親善堂 鄒公館 黃敬致堂 勞宅 梁宅 無名氏 張黃氏 朱余氏 甘張氏 崔黃氏 黃李氏 鄧陸氏 徐呂氏 陳楊氏 徐張氏 馮趙氏 莊張氏 許邱氏 盧淨女 吳淨女 葉氏 潘五姝 以上捐銀壹大元

光緒二十八年歲次壬寅孟陬上元節日住持梁宗琪敬立

【白話譯文】

　　粵秀山是雄踞郡城的勝地，從摩星嶺、白雲峰蜿蜒而來，其中奇異的草木、煙霧怪石，磅礡重疊，本就有濂泉寺、蒲澗寺、能仁寺、彌勒寺等，諸多名剎都建立於此。凡仙人居住的地方，修道之人遊覽、棲息的地方，廣布功德水，弘揚利世濟民的大道，這是多麼遠大又高邈的事情啊。他們的靈蹟可以由此一見了。比如三元宮，是佩清道人募化重修，經營時日已久，草創偉業，金碧輝煌，已經可以稱得上是非常完備，壯麗的景觀也最終完成。至於舊的呂祖殿，卻荒廢已久並未振興，風雨侵蝕，高大的棟宇漸漸傾頹，這又用什麼為仙道靈笈標上七籤，為兩藏彰顯奇符呢，又如何闡揚、發揮寶籙和丹經，延續呂祖的遺蹟，弘揚純陽祖師的大道呢？現在黃宗性的師弟佩經準備繼承呂祖殿本來的形制，大興土木，想通過集腋成裘的方式來匯集資金，來用於一石一木的開支，因此期望有德長者發心，士紳官員捨願，用黃金鋪滿園林地面，廣結善緣，則能看到集中眾力辦事便容易成功，欣喜壯美的殿宇能夠重新翻新，讓眾多世人得到庇護，和丹竈、經壇一同不朽，仙人之風流傳不息。然而傳承、弘揚大道，這樣才不會白白失去福氣，這就是世宗元契了。

【碑文考釋】

　　作者伍銓萃（1863–1932），字選青，號叔葆，廣東新會人，光緒十八年（1892）進士，光緒二十四年，授翰林院編修，光緒二十七年任廣西鄉試副考官，後調任湖北鄖陽府知府。曾創辦廣漢專門學校，任校長，且精通書法，著作有《北遊日記》、《玉雁樓筆記》等。

　　本文主要講述了光緒二十八年（1902）梁宗琪重修呂祖殿的情況。梁宗琪，號佩經，是黃宗性的師弟，繼任住持，此前三元宮已由黃宗性主持重修，已然

蔚為大觀，但是呂祖舊殿卻仍破敗不堪，於是梁宗琪繼承了重修的事業，募集資金，得到了各界士紳的援助，重修了呂祖殿，弘揚了純陽大教，也足見得呂祖信仰在嶺南地區的號召力。

從碑文所附的捐助名單可以看出來，這次重修得到了士紳官僚的大力支持，宮內弟子也多有助力。

九、廣東省廣州市粵秀山三元宮歷史大略記[264]（民國三十二年〔1943〕）

【碑刻信息】

存址：今存於三元宮碑廊。

碑題：廣東省廣州市粵秀山三元宮歷史大略記，楷書。

尺寸：碑高135釐米，寬66釐米。

來源：據原碑。

【碑文】

三元宮在粵秀山麓，東晉時南海太守鮑靚[265]建，名越岡院，明萬曆及崇正重修，更今名（《廣東通誌》）。謹案《寰宇記》[266]，天井岡下有廟甚靈，土人祈年，謂之「北廟」，今三元宮適當其地，而別無所謂北廟者，疑此即古北廟故基也（同上）。鮑姑[267]，鮑靚女，葛洪之妻，與洪相次仙去（已詳見《南海》）。越秀山右有鮑姑井猶存（《羊城古抄》），其井名虹龍，有贅艾即紅腳艾，藉井泉及紅艾為醫方，活人無算。鮑姑昇仙後，三元宮設祠供奉，然代遠年湮，幾經荒廢。迨至明季清初，本宮開山始祖龍門正宗十二世玄嗣杜公諱陽棟字鎮陵[268]，山東萊州府濰縣人也。廣東巡撫李棲鳳[269]、平南王尚可喜[270]、總鎮[271]金弘振[272]等來宰是都，所見宮內塵俗之輩，並無羽流，有失名勝實際，用錢遣去。天旱禱雨，在羅浮聘到杜公[273]登壇，果應甘霖，因而任為本宮住持。至於重修之事，歷代皆有。順治十三年，李棲鳳捐俸重修三元殿並鐘皷二樓，尚可喜捐鑄大鐘。康熙三十九年，金弘振捐俸發起，杜陽棟督工重修，開為道觀叢林，板梆傳飧，玄方雲遊道侶藉為留丹棲息之所。雍正三年，住持韓復兆、梁復進[274]豎碑紀事。乾隆五十四年，總督嘉勇公福[275]捐俸發起，住持郁教甯[276]、黎永受[277]、楊圓炯[278]師徒相繼募化、督工，至乾隆六十年完竣，從此規模宏敞，廟貌壯觀。道光十七年，雲南儲粮道鄧士憲[279]發起，住持黃明治[280]募化、督工、重修。咸豐六年，因兵事破壞[281]。同治八年，兩廣總督瑞麟[282]捐俸發起，住持黃宗性[283]募化重修。由肇慶得青牛

跡古石，設置扵呂祖殿前階下。光緒二十八年，住持梁宗琪[284]募化重脩。光緒二十九年，梁宗琪將本宮田產實業六百二十三畝盡數撥出，興辦時敏中學校，培育人材，欽奉敕賜「葆光勵學」四字匾額，恭懸扵殿前。光緒三十三年，又奉敕賜「護國佑民」四字匾額恭懸頭門。從此本宮道侶四十餘人給養之資，別無挹注[285]，只靠香火醮務，以度生活，所賴神靈運化，免受饑寒。民國八年，住持張宗潤[286]重脩一次，至二十七年[287]，世界翻新。三元、太上、鮑姑、呂祖、靈官各殿，並頭門、鉢堂、客堂、齋堂一帶，尚屬堅固，且餘後座。斗姥、文昌、北帝、鍾離、武侯、天后各殿，一連六座，以及東西包臺房屋多間，風雨飄搖，管理不到，匪人乘機盜拆，墻垣崩頹。民國三十二年，住持周宗朗、何誠端[288]發起在宮募化，護法歐陽霖等極力贊助，謹扵是年癸未三月二十一日辰時卜吉，重脩後山，脩復玉皇寶殿，東隅脩復祖堂、祿位堂，春秋兩祭，並在堂前右廡，將唐吳道子觀音像真跡砌扵壁間，以誌景仰。至扵五老洞遺跡及後山餘地，恢復經堂，脩設花園，乃郝城伯募化督工。又西隅虬龍井舊址，張信綱備資脩葺虬井古屋一間，紀鮑姑在此得道之仙跡。建設藏經閣，搜集古代聖賢著作之書，保存國粹而已。今者述其大略，紀念前賢，練實儲華，期無改乎初度。撫今追昔，竊有感扵斯文，端牘申毫謹為之記。

【白話譯文】

　　三元宮在粵秀山山麓，是東晉時期南海太守鮑靚修建，名叫越岡院，明代萬曆和崇禎年間重修，改成了現在的名字（《廣東通志》）。按照《寰宇記》的記載，天井岡下有座廟，十分靈驗，當地人在此祈求豐年，稱為「北廟」，現在三元宮恰好在這個地方，而且沒有其他稱作北廟的廟宇，懷疑這就是古代北廟的舊基（同上）。鮑姑是鮑靚的女兒，葛洪的妻子，與葛洪相繼成仙而去（詳情記載於《南海志》）。越秀山西邊有鮑姑井尚存（《羊城古鈔》），這井名叫虬龍井，產有贅艾，即紅腳艾，鮑姑藉助井泉水和紅艾作為醫方，救活無數人。鮑姑成仙飛昇後，三元宮設立鮑姑祠供奉，然而年代久遠，幾度荒廢。到了明末清初，本宮開山始祖龍門正宗十二世玄嗣杜陽棟，字鎮陵，是山東萊州府濰縣人。廣東巡撫李棲鳳、平南王尚可喜、總鎮金弘振等來管理這座都會，看見宮內都是凡俗之人，並沒有道士，不配名勝應有的實際情況，於是用錢遣散了他們。天旱求雨，在羅浮山請到了杜陽棟登壇行法，果然降下甘霖，因而任命杜陽棟為本宮住持。至於重修的事情，歷代都有。順治十三年，李棲鳳捐出俸祿，重修三元殿和鐘鼓二樓，尚可喜捐鑄大鐘。康熙三十九年，金弘振捐贈俸祿發起，杜陽棟督工重修，

將三元宮開闢為道觀叢林，敲起板梆傳遞飯菜，道門雲遊的道士能藉助此地為修行、棲息的場所。

雍正三年，住持韓復兆、梁復進豎立石碑，紀錄重修的事。乾隆五十四年，總督福康安捐俸發起，住持郁教甯、黎永受、楊圓炯師徒相繼募化、督工，到乾隆六十年完工，從此後三元宮廟貌宏大，規模也壯觀起來。道光十七年，雲南儲糧道鄧士憲發起重修，住持黃明治募化、督工、重修。咸豐六年，因為戰爭被破壞。同治八年，兩廣總督瑞麟捐俸發起，住持黃宗性募化重修。從肇慶獲得青牛跡古石，放置在呂祖殿前臺階下。光緒二十八年，住持梁宗琪募化重修。光緒二十九年，梁宗琪將本宮地產實業六百二十三畝全部撥出，興辦時敏中學，培養人才，獲得欽賜「葆光勵學」四字匾額，恭敬地懸掛在殿前。光緒三十三年，又獲得欽賜「護國佑民」四字匾額，恭敬地懸掛在頭門。從此本宮道士四十多人生活資金，再沒有其他的來源，只靠香火、醮務的收入，用來度過生活，依賴神靈庇佑，免於挨餓受寒。民國八年，住持張宗潤重修一次，到了二十七年，日本侵略廣州。三元、太上、鮑姑、呂祖、靈官各殿，以及頭門、鉢堂、客堂、齋堂一帶，尚且堅固，還剩餘了後座。斗姥、文昌、北帝、鍾離、武侯、天后各殿，一連六座殿宇，以及東西包臺房屋多間，風雨飄搖，無法管理周全，匪徒乘機私自拆除，牆壁圍牆都倒塌了。民國三十二年，住持周宗朗、何誠端在宮內發起募化，護法歐陽霖等極力襄助，在這一年三月二十一日辰時占卜吉日良辰，重修後山，修復玉皇寶殿，東邊修復祖堂、祿位堂，春秋分別舉行祭祀，又在堂前右邊的走廊，將唐代吳道子的觀音像真跡刻在牆壁上，以表達景仰之情。至於五老洞遺跡和後山剩餘的地方，恢復經堂，修建花園，是郝城伯募化、督工。又西邊虬龍井舊址，張信綱籌集資金修葺虬井古屋一間，紀念鮑姑在這裡得道成仙的事跡。建立藏經閣，搜集古代聖賢的著作，用來保存國粹。現在敘述大概情況，紀念前賢，挑選時機儲存精華，希望不改原始的規度。看著現狀追憶往昔，私下對這篇文章有所感觸，於是端正紙牘、舒展筆鋒，恭謹地寫下這篇記文。

【碑文考釋】

本文作者不詳，但從文中「本宮」一類的措辭來看，本文應當是當時三元宮的道士所撰。

本篇碑文撰於民國三十二年，即公元1943年，因為日本侵華戰爭的緣故，三元宮建築大量被毀，並被匪徒盜拆，在這一年住持周宗朗、何誠端在宮內發起募化，並得到了護法歐陽霖的鼎力贊助，重修了後山、玉皇寶殿、祖堂、祿位堂、經堂、花園，新建了虬井古屋和藏經閣，並礦刻了唐代吳道子的觀音畫像。

本篇詳細梳理了從六朝到民國時期三元宮的發展和重修歷史，作者認為三元宮始於東晉元帝時期南海太守鮑靚所修的越岡院，明代萬曆、崇禎年間重修，更名為三元宮。作者將清代三元宮的道統追溯到杜陽棟，認為杜陽棟是三元宮的開山始祖，由廣東巡撫李棲鳳、平南王尚可喜、靖南王耿繼茂從羅浮山聘來祈雨，因此升為三元宮住持。之後，分別記載了順治十三年、康熙三十九年、雍正三年、乾隆五十四年、道光十七年、同治八年、光緒二十八年、民國八年和民國三十二年的九次重修。這些重修，有些有碑文記載佐證，如順治年間李棲鳳住持的重修，或是乾隆五十四年郁教甯、黎永受、楊圓炯相繼主持的重修，亦有未被碑文記載的，如雍正三年住持韓復兆、梁復進樹碑記事，而目前並無此碑留存，這篇碑文也給我們提供了一個了解歷代重修狀況的佐證。

除了重修情況和建築沿革之外，本文也提供了一些慈惠方面的相關訊息。比如三元宮曾經有捐資興辦新學的事跡，比如在光緒二十九年捐出田產，興辦時敏中學之事；此外，也記載了受朝廷表彰的情況，比如光緒二十九年因為捐資助學獲賜「葆光勵學」匾額，光緒三十三年獲賜「護國佑民」匾額；同時，本文亦記載了經濟方面的情況，如記載光緒三十三年之後，宮內一應開支只依靠香火醮務，自給自足。

總之，這篇文章立足於民國時期，詳細整理了三元宮歷史上的大事記，為我們了解三元宮的歷史提供了一個完備的視角。

十、民國·張信綱：重修三元宮碑記（民國三十三年〔1944〕）

【碑刻信息】
存址：今存於三元宮內碑廊。
碑題：重修三元宮碑記 本山弟子張信綱撰書，楷書。
尺寸：碑高134.5釐米，寬67釐米。
來源：據原碑。

【碑文】
竊以華屋良田，變遷有數；名山勝境，歷劫長存。爰思本宮，迺悟靜去殘、元君鮑仙[289]得道之所，千年來崇奉三官大帝、列位聖神，故名三元宮也。位居羊城北廓粵秀山麓，山川鍾秀，氣蘊神靈，幾經興廢，巍然獨存。自美術學校、仁愛

善堂借用小部分，相繼交還本宮原有地址。後山：斗姆、北帝、鍾離、武侯、天后各殿，東隅祖堂、西隅大客廳，並及東西包臺各處一帶房舍，經前代祖師募捐，建築鞏固周全，代有重修，厥功甚偉。至民國二十七年，省會事變[290]，而殿宇房舍多被匪人乘機盜拆，杉桷[291]俱失，牆壁崩頹。民國三十二年，本宮住持周公宗朗、何公誠端，謹於是年癸未三月廿一日辰時卜吉重修，迺得十方善信、好道群公踴躍簽題[292]，同勷美舉，完成工料，在後山高極之處修復玉皇寶殿，在東隅修復祖堂、祿位堂，以垂久遠。茲以捐助芳名，勒石永留紀念，當與名山同為不朽也。謹序。

歐陽明甫五千元 歐陽王氏 歐陽霖壹千五百元 周宗朗壹千四百元 陳華 李蔭南 梁家幹 何林雅 李輔群 馮維德壹千元以上 有名氏八百元 何信卿六百元 何誠端 張信綱 周耀祺 李超群 張沛 王渭波 勞桂南 羅耀宸五百五十元 張氏 何甘霖五百元以上 何信寶 歐陽崇寶 醬園工會 阮崇三 蔡昌德三百元以上 歐陽光 盧信森 張信德 梁五潘淑儀 王芳林 有名氏 郝誠伯 譚高朗 歐崇一 裕興農場 雷季然式百元以上 嚴崇明 謝信之 歐陽黃氏 李康成 陳文優 劉崇凱 陳高傑壹百五十元以上 吳崇勵 陳宣德 歐景生 蘇崇航 李美芳 禤熾而 潘永睦堂 張高忠 唐誠靜 江信才 招立卿 鄧高澤 馮壽如 莫存義堂 余高彬 劉焯志 何崇壽 何崇燊 何信宏 陳崇才 朱高和 陳漢威 陳彥才 王金氏 歐陽佩金 歐陽佩銀 王根 馮壽 歐陽遂心 黃衍澤 黃輝澤 何卓如 冼錦興發 馮仲文 勞九宅 歐陽可祺 歐陽壽年 陳信輝壹百元以上 關標 關國基 羅炳南七十元以上 易功朝 張基 梁崇庚 施長境 黃月生 伊信霞 黃信虔 劉永源 譚耀生 錢德生 黎兆林 王福康 潘九皋 黃笑文 余亮洲 李安宇 陳智鈿 陳高榮 黃昌 何漢儔 吳永和堂 李少泉 李桂祥 無名氏 崔高強 周黎氏 楊孫惠 馮潔貞 崔紹奇 江根記 馮牛 馮紹蘇 馮紹天 陳念訢 陳念讓 廖黃氏 謝廖氏 陳祖芬 李信榮 林炳燊 林觀生 羅潔莊 霍業廷五十餘元以上 葉文章 譚德成四十餘元以上 濟世堂 葉文寶 黃耀才 陳誠聖 霍崇熾 何朗如 馮歐陽氏 鄺禮甜 鄺黃氏 馮鄺氏 冼羅氏 冼元春 冼國材三十餘元以上 歐陽佩蓮 郭林 李森泉 陳業生 楊鶴齡 楊公祥 楊公明壹百元以上 馮順興 馮林興 馮富興五十元 鄭誠德 禤誠讓 李信湝 陳誠英 涂信妙 王誠紹 孔信芬 鄭信文 范誠佑 五元以上六名 十元以上卅一名 二十餘元以上四十一名 名存緣簿恕不勒石

中華民國三十三年歲次甲申五月穀旦 本宮住持道人龍門正宗二十三、二十四 傳法嗣 周宗朗、何誠端 敬立

【白話譯文】

　　私以為華貴的房屋、富饒的田地，變遷有著一定的運數；名山洞府、風景優美的地方，卻能歷經劫數長久存在。思及本宮觀，是悟靜去殘、元君鮑仙得道的地方，千年以來崇奉三官大帝、諸位聖神，所以名叫三元宮。位置在廣州北部粵秀山山麓，山川凝聚了秀美，佳氣蘊含著神靈，幾度興廢，仍然巍然地獨自留存。自從美術學校、仁愛善堂借用本宮小部分地產，相繼交還本宮原來的地址和後山：斗姥、北帝、鍾離、武侯、天后各殿，東隅祖堂、西隅大客廳，以及東西包臺各處一帶的房屋，經過前代祖師們募捐，鞏固得非常周全，歷代都有重修，他們的功勛非常偉大。到了民國二十七年，日軍入侵廣州，因此殿宇房屋大多被匪徒乘機私自拆走，屋椽等全部丟失，牆壁崩塌頹敗。民國三十二年，本宮觀住持周宗朗、何端誠，在這年的癸未三月二十一日辰時占卜良辰吉日重修，於是得到十方善信、好道諸公踴躍為書籍題跋，共同襄助這一美好的行為，收集工料，在後山最高的地方修復玉皇寶殿，在東邊修復祖堂、祿位堂，以期流傳後世。現在將諸位芳名刻在石碑上，永遠留作紀念，應當和名山一同不朽。僅此作序。

【碑文考釋】

　　本文作者張信綱，民國時期三元宮道士，全真龍門第二十五代弟子，曾在民國三十三年備資修葺虬龍井舊址，並修葺虬井古屋一間，紀念鮑姑升仙得道之事，又修建藏經閣，安放歷代典籍。

　　此文的撰寫背景是民國三十二年的一次重修，由周宗朗、何誠端在當年三月二十一日發起卜吉重修，得到多方捐款，遂成重修之舉。這次重修主要修復的是玉皇寶殿、祖堂和祿位堂。

　　同時，本文還記載了三元宮原有建築，計有斗姥、北帝、鍾離、武侯、天后各殿，東隅祖堂、西隅大客廳，並及東西包臺各處一帶房舍，可見在民國時期，三元宮建築已然蔚為大觀，供奉神靈也十分全面。

　　此外，從文中也可見得日軍侵華戰爭給廣州道教界帶來的災難，在廣州淪陷之後，房屋被匪徒趁機盜拆，建築崩頹，這也是在第二次鴉片戰爭之後，三元宮又一次因為戰亂而蒙難，這次重修也是因此而起。

　　三元宮亦出借土地給仁愛善堂、美術學校，在這次重修前亦全部交還。由此可以窺見三元宮對於社會事務的參與。

　　本文之後附有此次重修的捐助名單，從名單可見，除了宮內道士鼎力合作之外，社會各界對三元宮亦大力支持，共同達成此次重修。

十一、香港雲泉仙館經募三元宮重修聖像神龕寶座長聯樂助善長芳名（1982年）

【碑刻信息】

存址：原存於三元宮。

碑題：香港雲泉仙館經募三元宮重修聖像神龕寶座長聯樂助善長芳名，楷書。

來源：據原碑照片。

【碑文】

省善真堂樂助壹萬伍仟元正 道教青松仙觀樂助壹萬元正 圓玄學院樂助壹萬元正香港雲泉仙觀樂助壹萬元正 旭照有限公司叁仟元正 陳欽樂助叁仟元正 吳耀東樂助叁仟元正 紫霞圓樂助式仟元正 李鶴旋 陳輝 李培良 何寶道 黎文（以上各樂助壹仟元正）

陳彭鈞樂助陸百元正 劉盈修 黃廷榮 郭文添 盧大榮 李燦溶 溫玄尚 伍三妹 中建水電 畢家儀 梁惠怡 梁宅 何清泉 王玄秋 黃青携 李結祿 劉松飛 方真讓（以上各樂助伍佰元正）

吳平邦 區振良 陳天諾 崔顯記 唐肖霞 周洪（以上樂助叁佰元正）

莫濟賓 丘雅言 戴紹燊 戴施鳳笙 戴麗娟 戴年英 戴銘修 戴名珍 戴梁雪玲 戴卓華戴時珍 戴穎儀 盧華生 董福蔭堂 英慶堂 陳旺珠 盧帝立 吳帝雅 梁身德 張緣理 羅坤 陳耀棠（以上各樂助式佰元正）

曾鈺馨 吳潤顏 李智慧 陳杏甜 陳悌賢 黃上來 陳修允 梁闡甄 龐結群 胡廣厚 劉葉旺 梁少文 劉葉紅 李闡金 梁闡荷 吳秀華 黃惠貞 高鳳 張鑽添 梁台仙 崔結惠 崔結冰 丘寶瑤 區就 區翠 韋珍 黎愛珍 林丹月 高廣義 莫成達堂 黃仲文 劉潤森 區洪樂梁漢林 李方沛 劉鈞球 廖城禧 崔錦波（以上各樂助壹佰元正）

另樂助五十元或以下者二十四柱銀七百元正

總結合共樂助銀捌萬零捌佰元正（功德無量）

上列均樂助港幣 · 芳名恕乏稱呼。

壬戌季冬香港雲泉仙館 吳耀東恭錄

十二、三元宮重修樂助芳名錄（1982年冬）

【碑刻信息】

存址：今存於碑廊。

碑題：三元宮重修樂助芳名錄，楷書。

尺寸：碑高171釐米，寬81釐米。

來源：據原碑。

【碑文】

陳偉龍 USA 葷海口 USA 易克勤 关柱坤 郑森安 简丽霞 陳賽美 唐汝佳 陳家權 何有等 徐炘等 游志明 游志雄 蒙惠英 罗铭照等 罗炳佳等 袁丽贞 章志君 章整君 罗顺群 杜群英 温锦雄 曾伟国 莫紹琼 卢庆云等 钟日浩 李玉婷 梁秀文 鄒静 蒲鏡 吳法龍 褐錦懷合家 苏兆浩 朱文 伍执定等

黄敏光 李詠香 陳鏡泉 苏勤强 梁润生 何昌 林佳钊 陳添 何宝岑 李喜添 楊善信 罗浩 潘文科 周广权 蓝啟穗 梁锦章 陳宅 关宝梅 沈德有等 区炳鉴 鄧炳賢 邓源何氏等 廖張丽珍 馮志成 龙秀珍 余广年 梁美 梁开辉 何九等 李传德 杜美琼 陳瑞美 常明居士 李健德 歐陽召昌 陳灼 陳丽霞 楊秀珍 李浩敏 陳桂贞 肖明合家 邝敏强 陳妙玉 高廣民 高广强 徐周氏 邓丽冰 霍凯圻 楊汉光 何国华 陳妹 罗国汉 陳玉蓮 余卓贞 朱紫丁妇人 梁志堂 廬成毅 張远文等 叶光阳 楊佩芳 蒙迠國 蒙迠爱 邓翠 吳国华 吳汝标 歐强 胡容 刘惠芳 周旺九姑 歐陽召华 区少华 宋錦培 何家紹 邓昌成 譚国文 黄伍 潘景流 冼深 陸明吉 菁敏賢 菁釗华 周秀菊 胡賽琴 潘寬月等 歐陽佩霞等 于凤仪 钟娇 伍合兰 陳超群 陳漢 郭成标 吳氏霍氏 郭金合家 陳志强等 余爱屏 李全合家 張宅合家 李永添 李永權 廖和蘭 卢庆满 李妹 雷炳强 雷綺文 夏廣權 陳少鈺 林世鴻 陳紅梅等 陳九妹 叶永煜 群众 范钜勝 梅玉清 陳携娣 趙运好 郭珍妮 合成等人 周松新 張淑芬等 刘门陈氏 蔡月娴 蔡月间 邝惠珍等 尹東海 周信明 李世光 馬燕媚 李毅潮合家 邝平 陳賽英等 馮美娟 馮美娥 何三妹 陳波 合勝堂 李海 彭壁輝 侯寶垣 吳耀東 吳宗海 戴慧 李振华 趙小玲 朱惠芳 張淑芳 邝錫添 曾荣光 卢啟錫 无名氏 周思荣 曾庆梅 周小玉 周小平 張錦培 馮多伦 張玉珍 黄文伟等 廖孙合家 苏桂芳 黎友鏑合家 棠吉代表善信 黄有等 苏威霞 徐文柱等 何笑娥 陳志明等 卢瑞棠 菁志雄 古先生等 王德沛等 郑国勳 吳凤霞常德 馮玉嫦 麥正智合家 黎傑荣 陳景瑜 邓玉英 何国輝 刘波 杜立高 馮家伟 伍雄佳 袁永昌 罗蓮香 黄琼芳 云明娟 歐阳英 罗英招 关佩珍 何衍檅 冼兆池 何曼韶 霍湘合家 西樹丁群众 曾

钰馨 何泉石 江基成等 李播坤等 李播明 合成堂 卓天来等 黄燕珍 朱兴华 何荣基等 辛伟球等 郭镜溪合家 黄銅翰 梁永忠 冼宅 黄女 陈荣操 霍显荣 許權梔 傅洪生 林庆 譚桂芳 何鑑培 殷永丰 刘铨珍 王容 招月明 胡汉乾 朱成乐 叶秀容 叶秀英等 雷炳林 伍广莳宅合家 曾星辉 朱平峰合家 宋守思合家 罗初合家 黄德富 文九合家 梁思婷 梁艺夷等 霍志良合家 趙信新等 順德大塱善信 順德路洲善信 王惠貞 唐伟雄 吳灶 梁正益 黄玉英 陳娥 刘惠珍 林樹荣 陳立松 梁柳棣 梁柳燕 梁柳珍 林理夏 梁鑑衡 梁柳群 梁汝衡 梁桂衡 梁澤衡 梁伯佳 黄肖寬 劉滿 蔡松昆合家 李炜芳合家 陆有枝 王志强合家 甘志良 鐘敏貞 張艳卿等 張国輝 茅岗善信 廖雄志 廖雄輝 林家順 郑淑英 刘特深 王富机 黄雨春 刘道英 伍吉成等 黄国香 苏子鳳合家 張大漂合家 陳妙玉 陳门何氏 郑继忠等 黄舜英 黄桂琼 曹润球 彭錫源 周氏合家 黎昌明 梁秀施 郑彩娴 韓利 洪荣佳等 叶錦修 庚志全 苏希莲 陳宏堂 陳明仁 雷一艳 邓国材 黎錦安 黄永沅 劉槐植合家 賀德英 馮进明合家 韦啟洛 招金水合家 潘寬育等 譚福兰 王迏成 王迏强 周啟光 黄陶 李润芳合家 馮门俊卿 邱乾成合家 朱迏成 龍万合家 許群 邱儀静 李林 梁宗礼 蔡均松 譚耀德 梁绮文 黄玉英 譚迏庭 彭德明 李詠等 王大姑 無名氏 江荣 刘啟炎 雷洪 雷炳林 邓弘熙 馮春同 邓丽霞 張远文 卢夭女合家 何庆钧等 何汝光 何庆光 何庆文 李三苏 吳吉銘等 钟静香合家 黄应强 謝天明 許佩琼 許雪霞 刘爾波 李禮漢 李禮晃 李滔炎 李少芬 李發合 吳焯林 吳淑金 周迪生 吳三合家 朱桂芳等 鄧丽霞 卢培南 刘醒球 李伟新 劳永豪 劳永祥 吳焯鉻 吳淑美 羅蘇 朱林佳 黄惠洪合家 何文生 梁洪開 龍彩霞合家 李養志合家 余兆年 唐万章 方新合家 谭女士 許群 盧興光合家 陳苏 五勝堂 陳明仁 刘啟炎 蔡卓文 潘其章 伍灵玲 刘郭惠琼 郭锦荣 戴国勳 郑小基 卫耀华 陳鳴仁 林炳權 謝仲文 馮美娟 何三妹 邓仲宁 香港雲泉仙館 香港省善真堂 香港青松仙觀 香港蓬嬴仙館 余宅 温乃成合家 陳广池合家 关家楨 陳细英 陳门何氏合家 李氏 寿志强 吳宝强 欽宅 岑太 戴黄秀芳 郭烈犧 陳道心 王永澄 鄔志强 谢耀安 麦丽卿 林宗江 洪进 傅烘生 駱瑞銀 郑明娇 麦莲貞 汪浩樑合家 邝荣达 朱兰彬 高玉萍合家 毕富臣 陳松江 曹绍球等 汤永标 李月卿 温细华等 龚吉昌 王苏等 池国鹏等 何清邦 何定邦 郑烘灼等 黄昌 朱潘桂珍 林金女 洪兴 何华斌 余寬侣 邓弘熙 罗振成 廖鑑泉合家 李宅合家 黄丽群 詹添福 柯宅合家 关洪陆 谭瑞玲 文江犧 陳家光 刘佩群等 馮国標 駱瑞意 張富沅 荔湾四印厂戢工 谭樹勳 朱兰旎 陳少林 邝荣達 郑国輝 何乐安合家 麦順强合家 黎耀汉合家 陳丽珍合家 麦莲珍合家 郭意娣 何国明 黄蔡卿 郑丽卿 王永澄 黎德明 李秋成 史灿开 黎添合家 賴倩君 潘瑞鵬 何元 馬艳嫦 温賜 陳桂琼 李朝昌 司徒劭弘 刘妹 钟宅合家 唐应坚 吳永犧 邱木龙合家 梁崇礼 曾瑞娟 張巧萍 李

棣华 李家舜 李惠卿 胡性聪 胡泽庆 翁荣标 岑英梅 梁俏卿 楊花好 陳景全 刘炳球 黎永枝 高伟德合家 黃耀杨 陳三 黃耀华 黃耀遠 陳就 黃耀 黃容 陳宝琴 林焜 蒲世光 陳少林 李光成 郑丽莲 黃蔡卿 郑继忠 張天富 陳煥賢 吳錦华 吳錦全 顏漢萍 胡貴鴻 林伟明 陳美卿 溫世華 溫喜萍 溫喜琴 黃玉婵 姜亚华 刘海明 吳錦胜 吳錦明 苏桂馨 刘润明 刘润林 陳景超 何錦全 李明亮 趙汝就 李金陵 陳錦松 黃耀杨 蒲世忠 蒲群芳 和栈 霍全合家 伍鳳青年 何氏合家 郑晃

一九八二年歲次壬戌季冬仝立碑

十三、三元宮重修樂助芳名錄（1983年仲夏）

【碑刻信息】
存址：今存於碑廊。
碑題：三元宮重修樂助芳名錄，楷書。
尺寸：碑高171釐米，寬81釐米。
來源：據原碑。

【碑文】
三元宮常住暨工作人員

吳信達 黃信金 吳信祥 苏信华 謝宗輝 黃誠通 余信昌 周启光 羅应强 范海云 吳丽生 襠錦懷 司徒松寬 李秀絢 園[293] 玄学院 旭照公司 中迖水電 陳欽 紫霞園 李鶴旋 陳輝 李培良 何宝道 黎文 陳彭鈞 刘盈修 黃連荣 郭文添 卢大荣 李燦溶 溫玄向 伍三妹 毕家仪 梁惠怡 梁宅 何清泉 王玄秋 黃清携 李结禄 刘松飛 方真让 吳平邦 区振良 陳天諾 崔显記 唐肖霞 周洪 戴施凤笙 區就 高鳳 黃惠貞 吳秀华 梁闸荷 李闸金 李闸殿 梁少文 刘叶红 刘叶旺 胡广厚 罗结祥 梁闸殿 陳修允 黃上未 陳悌賢 陳香甜 李智慧 吳润顏 曾鈺馨 陳耀棠 張綠理 罗坤 梁身德 吳帝雅 卢帝立 陳旺珠 卢奉生 英庆堂 董福荫堂 戴穎仪 戴黎彐玲 戴時珍 戴卓华 戴名珍 戴丽娟 吳焯鉻合家 刘尔波合家 吳学忠 沈厚賢 陳揿絮 黎惠池 叶有诚 黃觉栋 聖济坛 关宅合家 陳丽英 梁肖棣 司徒永源 李惠芳等 張桂华 張桂雄 馮小明 王文棉合家 袁有顺 麦貞华 麦伟仪等 梁汉林 區洪 刘润森 黃仲文 莫成达堂 高广义 林丹月 黎爱珍 韋珍 區翠 丘宝琼 崔结冰 崔结惠 張鑽添 梁台仙 何亚群合家 罗顺良等 梁家炎合家 黎丽

高等 李坤姐 雷星輝 徐少华 颜四妹 范瑞娟 丁宅合家 余冠鵬 周月等 馮家伟 王植林等 王爱容 叶君珠 林焯輝 胡力敏 謝琪乐等 黄培正 何曼韶 梁乃超 李叔怀合家霍志良等 梁艺夷 徐光祖等 梁思婷 胥彬 梁润萍 鈡汉等 林复耀 張順枝 李伟成 陳炳光合家 李啟熹 黄色宜 張兴英等 邓丽霞 梁振华 刘杏爱 刘楊保栋 卫子祥 邝惠芳 邝永涣 卢振福 关啟軒 矿德 庞佩珠 鈡敬賢 黄德維 吳弥甜 何惠貞 朱桂芳 严德森 馮宝业 潘国銘 陳玉婵 范苏合家 陆展豪 霍賴崧 黄国賢 范鎮明 李铸芳 叶盛 梁蔓斯 梁兴福 骆福生 黄坛灿 伍广等 邓达云 陳秀珍 潘樞鈞合家 麦成源 謝浩鵬 蒲少兰 郭惠华 骆穗銀 骆瑞銀 郑明娇 汪浩樑合家 朱兰彬 谭树勳 李炜芳合家 梁大多 張志祥 李玉昆 李錦輝 袁秀文等 刘伟强等 朱国国 陳志祺 朱香卿 謝耀安 黎德明 高玉萍合家 汤永标合家 苏迠昌 苏植鴻 冼一陶 莫爱莲 胥荣招 黄如琴 黎容英李淑谦 趙永足 陳然 鄒秀英 刘特深 張富源 蔡松均等 陳家光 刘佩群合家 汤国樑駱瑞意 王志强合家 文江檥 关洪陆 谭瑞玲 鄧宅合家 何宅合家 何杏玲合家 颜植兴徐仲昌 錢海波 張金喜 李芳女 張新彩 林宗江 麦丽卿 王永澄等 洪荣佳 李秋成 李月卿 苏栢鴻 唐莲翠 谭文德 陸合 欧源 張穗貞 何松宁 陳巨源 汤强等 黄少仪等 刘熙 刘十一 何冰持合家 梁门李氏合家 林樹珍 蕭桂貞 宋双鴻 陳庭麟 陳宗傑 黄润棠 潘汉炽 張宅 林少珍 陳泸麟 馮多伦 韦启洛 張錦培 叶秀英 朱成乐 欧陽佩霞等胡汉乾 胡月明 王容 刘郭□□ 郭多淪等 李子基合家 陳宅等 梁福添 筒正德合家文宝常等 卢国华 刘门陈氏 張淑芬等 苏植鴻等 梁照华 麦成 朱軍 霍意好等 謝陳江合家 招宅合家 欧陽春 張纯一 莫汉荣合家 林妙婷 李志建 刘金维 何观林 謝南李妹 薛玉娥 吳门霍氏合家 郭全合家 陳志强等 余爱屏 李全合家 張宅合家 李永添李永祺 雷艳艳 張玉珍 池国鹏等 林金女 洪兴 何华斌 罗振成 李宅合家 郭烈权 何文公合家 刘汉賢 黎永鎏 区有富 李樹芬 張海濂合家 梁志堅 曾檥合家 何庆元等李俊业等 張永华 李志仪 陳細英 陳景林 邓玉英 叶日銀 陳艺 陳錦成 袁志鹏合家高廣强 高廣民 郭校文 梁澤合家 何賢合家 刘家翔 刘迠翔 姚门蔡氏 伍耀南 趙濬德等 梁以谦 吳坤仪 何九根 迠华行 徐國荃等 何芳 陸田 彭成标 周耀华 孙焕琼 陳重景 梁声 謝宅 彭智雪 陳漢明 王肖芬 周葉文桂合家 陳吳韻琴合家 賴苑琼 楊轉萍 陳元錦 苏植鴻 苏栢洪 吳銘 庞润寬 鄧玉英 陳彤 王錦萍合家 李坤 孔国华 孔玉卿 刘泰山 方富珠 刘培智 李喜洪 刘有爱 胡伟国 胡伟忠 胡伟民 吕惠强合家 何菁郭桂 刘河江 何雪芳 李信全合家 黎漢忠 唐玉貞 李國全 宋佩賢 宋本良 淩礼康 范永业 王笑霞 張紹文 黄丽卿 黄張氏合家 陳凤卿 葉宜君 笪桂貞 莫漢荣 林樹珍 卢沛廉 張淦英 黎峥嵘 吳坤貽 陳景林 陳日初 賀德英 陳婉章合家 陳漢明 潘紀綱 欧苏 江成基十三人 梁鉅文 潘洽本 梁雄斌 郭九 梁发 馬區宅 王爱容 張玉堂 陳吉宁

黄美娟 谭丽琼 鄧家驅 鄧耀光 鄧啟燊 方振宏 鍾順遠合家 黃桂林 曾耀荣 陳擎天 吳錫联合家 何祖 郑次佳 郑永华 鍾木松 高亚容 鍾水泉 余国健 梁兆雄 張淦英 黄敬修 何伟明 黄釗玲 高熾坤 駱樹森 何炳坤 譚勝 陳家強 麦錦华 梁珠女 刘燕 李潜林雪英合家 吳筱珍合家 卢兴堯 黃伍 林炳耀 李国安 陳超羣 黃根玉 黃根源 黃根响 黃根发 黃根养 黃根基 鄧惠英 王淑娴 駱沅福 温□□ 何厚炬 龍氏女 黃奇光 陸秀莲 郭惠华 □□□ 朱□□ □□□ □□ 倪□□ 潘海□ 叶□□ 叶□□ 叶□□ 叶□□ 叶□□ 老□□ □振□ 廖□□ 黃錫霞 孔国华 馮□雄 □永□ 李可白 李仲华 陳□□合家 馬錫厚 李艳□合家 梁女合家 布惠珍合家 李華合家 梁笑英合家 布橋合家 張子權合家 麦建浩 馮祝斌 黃□□ □□清 □尚 □ □□□ 崔□ 湯□ □□□ 陳□□ □以□□ □□ □清 □□□ □□□ 易鳳珍 □□□ 陳宅 霍雅□ 何善威 古□ 陳继荣 陳继棠 陳三妹 區文強 李永祺 关宝海 梁献瑞 邝燕珍 陳细英 張世浓 范福娣 周美玲 梁炳佳 李詠忠 陳汝□合家 李卓□合家 張伟强 兰月仙 □□荣 □□□合家 □□喜合家 鄧英枝 鄧国雄 鄧勇 盧淑□ 何少霞 黃□珍合家 馮文□ 謝金全 □迁 黃瑞森 謝煥明 陳永康 符秀芳 李炳坤 陳梅芳 王娴 余带弟 陳鏡泉

一九八三年歲次癸亥仲夏立碑紀念

十四、越秀山三元宮重建眾善功德碑記（1995 年至 2016 年，2017 年重刻）

【碑刻信息】
存址：今存於三元殿後長廊。
碑題：越秀山三元宮重建眾善功德碑記，行楷。
尺寸：碑長 3,031 釐米，高 105 釐米。

【碑文】
越秀山三元宮重建眾善功德碑記

百越名山，三元古觀。晉代鮑姑行醫而鼎建，清初杜公演而中興。雄峙十餘朝，香火千七載，向為穗市人文名勝、南粵道教祖庭。惜五十年前遭逢浩劫，殿堂被佔，道侶驅離，竟使玉冠蒙塵，黍珠委地。迨至公元一九八二年歲次壬戌季夏，政府落實宗教政策，本宮得以重光。當此之時，善信歡呼，玄流稱慶。唯修建之

事，頗歷艱辛。募化四方，善緣沙聚。幸得神恩庇佑，眾信虔誠，踴躍捐施，分毫不吝。每修復新建一殿，輒就其處，立碑書名，永記功德。歷時三十餘載，克成如斯規模。今至新世紀，国運昌隆。小康將達。而廣州道教，亦正遇千載難逢之發展良機。崇賢謬承黨政委任、同門推選，而忝列主事之職。每以振興教門、闡揚道業為念，戰兢夙夜，未敢懈怠絲毫；謀劃肝腸，何惜竭殫精慮？竊思文而載道，物以弘玄，欲廣道教文化之流傳，非籍精造文化器物而何為。故將一整舊觀，圖呈新貌，破蔽者除之，雜亂者整之。多構楹聯壁畫，以重文化之氛。適置花本假山，益有生機之趣。今將原分置各殿之功德芳名碑，匯於一處，重勒而陳之。一不失銘旌之莊；二者庶增美觀之效。全宮規整之計，亦將逐步展開。不出數年必將煥然一新也。

道曆四七一四 公元二零一七年歲次丁酉孟夏

廣州市道教協會會長 三元宮管理委員會主任 潘崇賢謹識

十五、呂君愻：鮑姑寶殿序（2017年）

【碑刻信息】

存址：今刻於三元宮鮑姑寶殿。

尺寸：碑主體部分高132釐米，全碑高225釐米，寬132釐米。

來源：據原碑。

【碑文】

鮑姑者，東晉元帝時南海太守鮑靚之女也。初，父攜之履任羊城，視越秀山南麓地瑞氣和，遂築環堵[294]而闢越崗院，鑿虬龍井以通泉，立虬隱山房，住修道之所。姑幼穎悟，盡得其父道學醫學心法，及長，與其德配葛洪，偕隱羅浮山沖虛古觀，堅心苦志，闢穀餐松，日飲菖蒲之露，夜伴丹砂之爐，凡三十餘載，嘗遍訪名山，尋芝採藥，治病濟世，慕學神僊。姑親採越崗天產之艾，製為絨以灼贅疣，一柱而愈。夫始乎沖漠[295]者，乃造化之神妙；達乎高明者，極中庸之閫奧。鮑、葛二公，早證僊班，姑以一介民醫，受老氏清靜無為之法，懷仁抱樸，恬淡中和，草衣糲食[296]，持善濟人，亦夤緣[297]得道，世尊之為鮑僊姑。大哉！道之大也，混混、茫茫、空空、窅窅[298]，非片語可狀其萬一。若身不行，云何布德；若終不言，云何興教？自晉代始，眾人感姑之德，斧斤[299]埏埴[300]，塑像垂

慈,修越崗院為鮑姑殿,敬香跪拜,祈福消災。千餘年來,歷代俱修葺擴達,明萬歷年間擴為三元宮,供奉道教諸神,百年香火不斷。夫天地開闢,運乎鴻樞[301];日月出入,經乎黃道,為興之故,蓋有數存,能無俛仰[302]今昔之感哉?古云:「人道興則神道立」,今者金碧丹膜[303],輪奐翬飛[304],穆清壇宇,鶴駐琳宮,胼虱[305]來集,導迎景覒,靡有窮期。

丁酉仲夏嶺南呂君愺謹序

歲在丁酉年仲夏廣州市道教協會會長三元宮管委會主任道末潘崇賢率眾立
李卓祺沐手敬書「李卓祺印」(白文方印)

【白話譯文】

　　鮑姑是東晉元帝時南海太守鮑靚的女兒。當初,其父鮑靚帶著她來廣州赴任,看見越秀山南麓地形祥瑞、氣韻和暢,於是修築房屋,開闢了越崗院。開鑿虯龍井用來連通泉水,建立虯隱山房,住進修道的場所。鮑姑幼時聰慧有悟性,全部學到了其父的道學醫學的心法,等到長大了,和她的丈夫葛洪一起隱居在羅浮山的沖虛古觀,鑒定心性、磨礪志向,修煉辟穀,以松柏為食,白天飲用菖蒲上的露水,夜晚則與煉丹爐為伴,就這樣三十多年來,曾經遍訪名山,採集靈芝和藥材,治病救世,仰慕神仙。鮑姑曾經親自摘採越崗天然出產的艾草,製成絨來灼燒贅疣,只要一柱就能痊愈。始於清虛恬淡的,是造化的神奇奧妙;達到高明境界的,是窮極中庸的境地。鮑靚、葛玄二位,早已得道升仙,鮑姑以一位民間醫師的身份,受教於老子的清靜無為之法,懷著仁愛保持純樸,恬淡中和,穿著樸素的衣服,吃著粗糧,懷著善心接濟世人,這不是用隻言片語可以形容其萬分之一的。如果不身體力行,又用什麼廣佈大德;如果到最後也不說話,又用什麼來興揚教化?從晉代開始,眾人感念鮑姑的恩德,為她修建廟宇,雕刻神像,讓慈悲流傳世間,修建越崗院為鮑姑殿,敬香跪拜,祈福消災。一千多年來,歷朝歷代都修葺擴建,明朝萬曆年間擴建為三元宮,供奉道教諸神,幾百年來香火不斷。天地開闢,在中央運轉;日月出入,則沿著黃道運行,因為道教興起的原因,所以一直有留存,怎麼能沒有今昔一瞬千年的感慨?古人說「人道興則神道立」,現在油漆金碧輝煌,建築美輪美奐,壇宇肅靜清朗,仙鶴棲息在仙境般的宮觀,聲音香氣瀰漫,導引信眾往來,祈求神靈賜福,這一切將永遠流傳。

本文作者呂君愻，生於1939年，曾求學於嶺南著名詞人、詞論家朱庸齋門下，後擔任《詩詞》報責任編輯、中山大學中國古文獻研究所特聘研究員、廣州書畫專修學院教授、中華吟誦學會副理事長，是當代廣州著名的詩詞專家、書法家，著有《格律詩詞常識、欣賞和吟誦》等。

本篇主要記載了鮑姑的仙跡和修建鮑姑寶殿的歷史。鮑姑即鮑仙姑，是東晉南海太守鮑靚的女兒，葛洪的妻子。鮑姑從小跟隨父親學道學醫，結婚後和葛洪一起隱居沖虛古觀，日夜清修，用越崗上出產的艾草製作艾灸，用來治病救人。碑文高度讚揚了鮑姑濟世的行為，認為她此舉深得道之精髓，並且身體力行地弘揚了大道教化。本文接著追溯了修建鮑姑寶殿的歷史，指出從晉代開始，人們就在越崗修建祠廟，後來更是改越崗院為鮑姑祠，到了明代萬曆年間，鮑姑祠則擴建為三元宮，成為一座興盛的道教宮觀，撫今視昔，不由讓人有一瞬千年之感，並祈願這一切能永遠流傳。

十六、三元宮殿宇重修記（2018年）

【碑刻信息】

存址：今存於福德祠之左。

碑題：三元宮殿宇重修記，楷書。

尺寸：碑高348.2釐米，寬133.6釐米。

來源：據原碑。

【碑文】

竊聞神之在天，如水之在地，無所往而不在也。況三官大帝，乃嶺南最靈，越崗延祀，禺山至精。而其慈雲應瑞，福地呈祥，故建廟貌於勝地，榜其名曰三元宮，俾神之憑依在此矣。自有廟以來，粵人被其惠澤者，如天之高；蒙其鴻恩者，如地之厚。上善若水，潤物無聲，近光遯聽，全受其福。溯自壬戌年維修以來，經卅多載，神壇聖像，剝落敗杇。因丙申年底崇賢接手住持以來，職是之故，肅然思動，遂倡議重修。喜有弟子眾人，踴躍捐資，樂捨善財，誠心合放，偉構得舉。於是召匠庀材，選良監督，殫精竭慮，集思廣益。果蒙三官扶持，眾神加庇，闔廟殿堂，神龕聖像悉新。計有三元大殿、純陽殿、老君殿、關帝殿、天后殿、地母殿、鮑姑殿、慈航殿、文昌殿、財神殿、靈官殿、福德祠等。善信

弟子得薦以馨香，朝夕燃燈，俾獲綿其福澤。而新增建置山門、牌樓、碑廊、邱祖懺悔文碑、道德經碑、鮑姑聖跡圖碑、道德館、抱樸書院、藏經閣及道醫館等。香客游人，可觀摩領略。尊道貴德，庶幾沾其恩光。自丁酉年二月廿八日興工，迨十月廿八日報竣，歷時八個月整。製從其樸，料置其堅。總期廟貌長存，垂諸永遠。隆享祀之報，善美利之庥，神靈也。而民福寓之，是則余之所厚望者耳。茲因規模，用誌緣起。並將發心捐資弟子姓名開列於左，泐石以記不朽，同頌善功。天運戊戌年三月吉日 弟子葉崇寧謹撰 梁君令沐書

廣州市道教協會會長 三元宮住持 潘崇賢 率眾立石

黄少荣 胡灼辉 潘家锋 霍兆 胡恭伯 张伟权 陈鑑忠 许兆祥 陈球恩 冯建国
樊亨鑫 叶全实 萧宅 陈怀嘉 张国勳 冯敏 胡鹤龄 梁二基 刘泽湘 梁秀芳 刘光辉 刘月卿 刘泽恭 刘泽健 邹宅 杜史存 谭栢雄 刘喜耀 潘瑞英 麦金华 林玉冰 柳昌（滿火）[306] 方树成 邬秀红 庞振东 张旭 黄启机 无名氏 朱文灼 麦兆威 梁北炎 冼顺甜 郭胡明 朱耀恩 黄成耀 罗慧玲 姚华伟 萧承 罗倩雯 何德浩 刘树根 周启华 何惠东 胡芳 麦兆威 陈蓓蓓 郭焕好 卢启标 潘国樑 刘初焕 刘伟雄 麦琼珍 林敏 常洁 殷凤英 梁钟琦 梅宅 黄永忠 冯立根 董满辉 张国强 陈细妹 被辱叟 朱佩霞 阮世怡 萧永庭 游联彪 区用平 何超雄 陈耀洪 李淑明 梁伟銮 陈巨林 刘镇国 陈汉运 卢志华 李全安 张月开 蒋少龙 陈伟文 梁仲文 樊结嫦 刘元金 陈彦博 林剑来 麦金华 徐志球 邓汝坤 吴荣章 张振夫 戴志强 吴荣佳 代兴顺 冯建彬 游振田 刘柔君 李秀芬 陈怡 陈荣昌 谭忠贤 翁楚德 梁二基 劳翠容 谢新福 杨强 薛巧仪 陈锦基 刘远庭 郭爱琼 吕国珍 叶丽珍 李永南 刘纬浩 苏智明 朱丽云 黄丽芳 梁泽暖 赵汉明 林贤卿 张玉珍 陈锦萍 郭中兴 曾超律 李秀芳 张焕贞 陈慧贤 程光成 沈燊 陈锦绍 陈桂芬 许均荣 游联彪 谢兆生 梁应基 唐惠贞 张金 郭伟荣 谢川勇 吕惠强 陈俊彪 关春雪 林明细 刘迅芬 袁成鑑 张澄宜 林景琳 陈圣达 吴勤生 陈炎辉 蔡汉明 万良胜 陈明沛 毕家贤 朱秀清 陈浩 安吉祥 陈志强 陈洪标 陈健伟 林振雄 卢锦华 郭惠芳 梁镜荣 何嘉玲 林镇城 任先成 杨少娟 王华玲 何永安 徐国良 卢少佳 林泰松 林泰松 梁念慈 李洪泰 黄雪冰 杨伟安 郭惠芬 周锦彬 梁镜恒 周勇强 黄顺香 卢少佳 张伟成 王禾菁 彭仕凌 黄杏芳 林泰松 丁正明 林泰松 饶石 世纪皮具厂 无名氏 苏伟文 朱家婵 潘文超 李秉瑜 彭如新 钟润光 无名氏 邓富英 董锦流 黄佩文 张智娟 陈景光 张炳林 邓志雄 萧永庭 叶明贵 刘美珍 陈志明 骆迺雄 危淑美 林锦璘 刘达飞 萧永庭 梁渭源 冠翠英 陈碧云 曾镜波 秦小燕 董汉文 范志兴 戴丽霞 陈卫海 白少红 麦汉徐来荣 叶信佳 张少君 陈炳坤 陈沛伟 梁玉明 高进辉 胡焕超 刘美珍 余文萱 梁永佳

董波 陆飞 黄小燕 郑志邦 李转好 陈建良 郑美英 无名氏 黄冬梅 苏润富 刘影 周权 张桂枝 郑国荣 黄锦文 孔庆章 梁华景 余桂华 陈舜强 莫常贞 戴丽霞 梁伟 韩雪霞 袁励豪 曾庆海 胡达炳 邓鹏飞 刘元金 周志雄 莫森 曾镜波 伍玉成 康丽芬 方玉华 叶宗达 陈德新 戴秀钧 陈嗣雄 何汉波 高进辉 张美兰 曾德坚 戴镜英 朱洁卿 刘美 珍 冯健生 何嘉玲 李瑞莲 李琪芬 陈国樑 廖运强 叶祖华 苏景昌 王耀忠 梁荣锵 宋 子贤 黄播荣 陈耀棠 梁宅 郭诰元 梁华景 梁延光 梁伟雄 谭耀明 马植堂 黄朋华 何 丽贤 陈德根 任先成 李洁城 赖宅 翁文彬 刘克章 刘克明 刘克成 彭光伟 刘喜耀 邓 志荣 雅士鞋厂 欧阳月萍 苏李盛超 容德荣敏 大益五金有限公司 蓬瀛仙馆 竹林仙 馆道众 关民健 戴丽霞 区健立 吴松照 李国兴 余鑑坤 黄冠珍 周韦锦官成 谭喜 张 朝钧 陈浦昌 陈树江 许国基 吴飞 冯丽萍 冯联窝 陈福文 石金泉 黄敬端 罗志光 黎 国源 胡卓辉 苏吴财 曾昭铭 新世界 卢嘉 李伟杰 何捷莹 徐国华 施府 黄丽璋 高鸿 卿 许国雄 苏富祈 丹丽玉 邝淑仪 黄庆强 高鑑 庄春好 高淑贤 李耀强 潘展球 唐应 坚 区耀生 梁炳辉 许宝祥 谭宏如 梁荣锵 罗源欣 谢炳泉 赵耀辉 刘福泉 曾莲仕 宋 宅 郭坤仪 麦丽清 刘洪英 施府 蔡向东 何永雄 黄振荣 林江华 符力 林泰松 刘文英 林振雄 许宝祥 陈绮萍 陈健伟 张澄宜 陈志强 邱茂国 林泰松 李国兴 区泳强 马淑 燕 林振雄 林婉明 陈慎毅 蓝黛时装店 刘廖伟兰 林木治 杨瑞云 李玮璔 龙启灶 马 传福 何伟雄 汤德良 林文杰 刘幸玲 陈洁红 胡钟霖 梁小燕 程丽娟 罗志雄 梁志荣 徐春莲 李焜桓 杨沅堃 潘海国 方明治 林江华 陈柏锜 杨春洪 林云星 张少伟 叶国 宣 麦红嫦 邓益瑜 蔡榜营 廖秉兴 梁国成 陈洪标 吴楷明 罗志雄 刘麟 梁志荣 赵善 榕 李洁 陈鉴深 郑志忠 肖洁云 黄丕加 郑志忠 陈明沛 林惠山 李玮璔 林木治 广州 旺旺食品公司 方少溥 卢少佳 陈麟 叶金丽 吕双岳 邓建成 潘道雄 梁万忍 林树标 李国兴 陈麟 潘建和 林喜柒 潘道雄 黄杏芳 伦绍铭 冯兆芳 王周鹏 姚福真 王宝玉 黄志勇 陈琴声 吴洪富 林江华 叶洵 杨沅堃 曾文丰 陈镇标 刘伟栋 黄乃芹 王周鹏 李惠娟 林泰松 侯家瑜 林泰松 李琛淇 曾桂棠 陈兆雄 钟丽英 刘忠诚 黎明锋 曾友 李西林 林江华 毕伟民 朱中华 毕志东 林美君 陈明沛 梁伟民 肖培忠 林江华 王招 鸿 卢广彪 陈志强 林智珣 郑志忠 肖洁云 刘喜耀 吴代弟 梁伟雄 刘少霞 陈兴昌 李 家励 杨春洪 陈志强 何家宁 广州城东水产发展公司 伦董小贤 司徒建林 陈延 徐 国良 许德荣 梁国意 何泽明 李国弟 林泰松 雷莲 吴海燕 马丽娟 林志东 屈永南 郑 志忠 丁正明 胡伟祥 谢海波 黄建军 林泰松 孔庆章 王氏兄弟 卢广彪 张月亭 卢霄 林 梁绍联 李家伟 张敬清 翟仲洪 陈浩 吴袁毅 杨春洪 雷莲 胡伟祥 郑志忠 黄少壮 郭栋恒 徐国良 林奕强 陈洪标 卢炽辉 杨建展 曾上庆 徐国良 叶凯云 张擎宁 黄建 军 黄甘莹 黄镇生 黄纯娜 陈晓峰 陈志强 广州市东海水产 侯家瑜 余遇梅 何永安

林泰松 曾承 张伟成 梁斌 林婉明 周大鑫 余松青 邓淦荣 侯家瑜 林泰松 刘三昌 孙君 梁万忍 吴海燕 饶石 林婉明 林振雄 卢少佳 李国弟 郑永坚 蔡惠群 余亮 纪少杰 薛湘衡 姚汉金 李国弟 黄静 梁晓明 张伟成 阮奋中 詹强 陈志强 卢少佳 郑镜波 董锦永 李耿忠 卢少佳 善信 梁浩海 杜伟祥 邱琪骅 谢其道 饶济扬 林婉明 侯家瑜 张伟成 高琪峰 张继明 陈明沛 马淑燕 吴嘉伟 徐昌华 陈明沛 吴伟衡 林翠媚 马淑燕 黄惠珠 吴隽杰 周金銮 罗金培 吴海燕 马淑燕 张钦加 潘丽华 刘奕标 卢少佳 叶凯云 张盛浩 黎智和 何弘遇 杨烨圣 林振雄 钟连芳 何文雄 邓霄 张增才 梁皓钧 黎沛通 林大洲 张卓明 林敏莹 张绮华 钟耀权 何恩捷 马淑燕 黄丽萍 吴建勇 梁继明 张继明 林泰松 张嵩 邓浩杰 马淑燕 李深璧 陈志权 杜达讳 刘丽贞 吴嘉伟 郑秀玉 高晓耿 詹强 陈丽仪 吴隽杰 刘楚娟 陈嘉琪 林少明 吴嘉伟 马淑燕 林振雄 吴嘉伟 吴隽诗 叶宝树 李小洁 姚沛金 陈雷莲 马淑燕 西方生 火云珠 田明 关惠霖 叶天朗 吴嘉伟 朱朝奉 何文生 梁柏超 万里马公司

丁酉年三元宫维修功德芳名

捐助八十万元 王伟
捐助二十二万元 罗丽明
捐助二十万元 罗哲飙 欧敏
捐助十一万八千元（朱海军 朱锦香）合家（朱洪涛 朱耀炯 朱洪光 朱金铃）合捐
捐助九万元 香港竹林仙馆
捐助八万元（陈志强 雷莲 陈柏锜）合捐
捐助五万八千元 高晓耿 合家
捐助五万元 敖海英 郭澄波 合家（上官子龍 蔡蘇青）合捐（程霞 龙光惠 杜英）合捐 谢艳欢 蔡氏姐妹（澳洲悉尼 曾棋年）合家
捐助四万八千元（薛伟光 杨珍夫妻）合捐
捐助四万元（广东学苑教育发展有限公司〔林兰 陈鲲羽 李星妮 陈南熹〕全家）合捐
捐助三万元（梁智仁 梁掌泰 梁佩嫦 梁佩美 梁佩贤 李月颜 谢婉华 谢秋庆 阮彦华 关润贤）合捐
捐助两万九千元 霍兆发 霍智鹏 李惠芳 杜翠兰 霍虹烨 霍彦瑾
捐助两万元 朱海军 合家
捐助一万六千元 赵创毫 方泽燕 合家

捐助一万零八十元 洪泽桐 柯明兰 合家

捐助一万元 广州市吉润恒餐饮管理有限公司 广州源海实业有限公司 莫海声 卢赛兰 梁少文 洪妃梅合家

捐助八千元 梁柏起 方新 游鸾鸾 方锦 方钰 王平 陈爱娇 梁庆滔 王嘉瑶 霍兆发 霍智鹏 李惠芳 杜翠兰

捐助七千元 陈钦常

捐助五千元 陈丽影 合家 香港道教省善真堂

捐助二千及以上芳名

陈帝日合家 王飞合家 易明合家 张茂君合家 黄菊芳合家 潘华松合家 黄圣松合家 邓添文合家 吴志强合家 林运畅合家 王泽鑫合家 张恒志合家 赖少雄合府 徐云清合家 杜达讳合家 王成圃合家 严子轩合家 周乐群合家 徐丹华合家 吴水权合家 侯家瑜合府 王燕珍合家 田志强合家 杜进明合家 张益冯合家 叶继贤合家 邱武生合家 王宇冲合家 苏炎林合家 陈伟东合家 何志荣合家 赖天宇合家 黄建辉合家 颜建光合家 郑小萍合家 黄伟健合家 杨锦泉合家 何永基合家 张海莉合家 侯艳文合家 陈电明合家 杨文江合家 黄彩云合家 林绍驹合家 刘荣标合家 张华合家 张智泉合家 洪亮合家 刘丽娜合家 曾树光合家 许英亮合家 黄加合家 周宇健合家 黄文清合家 黄文花合家 赵亮合家 李广丰合家 吴志刚合家 潘自立合家 雷瑞庆合家 冯喜建合家 庄儒灼合家 陈健平合家 黄斌合家 郑志忠合家 郑永河合家 罗少明 侯爱嫦合家 郑文钦 唐丽英合家 孙辉 徐云清合家 姚雨标 吴春燕合家 张宏丰 卢升鸿 罗京文 李海棠 高晓阳 吴隽杰 陈栢枝 莫利宣 李梅云 刘道敬 高晓秋 霍智鹏 叶颖芝 吴文 林志东 罗婉华 罗婉玲 罗云 罗飞 陈富芳 刘萍桂 张志恒 罗健钟 赵创毫 方泽燕 罗銮妹 梁皓钧 韩银盛 纪少杰 叶颖芝 林翠媚 吴柏谦 黄晓军 苏伟健 吴宴雪 刘曜明 徐玄 廖炳春 劳思诚 姚子正 黎凯锋 陈嘉成 范丽华 陈合卿 莫锡坤 陈德雄 叶宝树 杨颖东 叶毅飞 卢美健 叶天朗 戴谦 戴绍燊 黄国俊 梁柏超 陈先生 刘婉娴 肖希真 肖希平 谢玉焕 马辉朋 林创鑫 戴谦 戴绍燊 李美欣 叶颖芝 何家权 林妙颜 西兴广告有限公司 黄龙古观 广州市越秀区珍友缘工艺品店 广州市铧裕贸易有限公司 願誠園有限公司

十七、重修廣州三元宮鮑姑祠碑記（2018年）

【碑刻信息】

存址：今存於三元宮碑廊。

碑題：重修廣州三元宮鮑姑祠碑記，楷書。

尺寸：碑高149.5釐米，寬73釐米。

來源：據原碑。

【碑文】

鮑姑者，晉朝南海太守鮑靚之女、道醫葛洪之妻也。因其醫術精湛，遍採嶺南之紅腳艾草，獨創艾灸療法，蒙其救治者，不單病癒，且益康健，受惠者成千上萬，故被尊為鮑仙姑。後人為紀念仙姑之功德，於穗城越秀山南麓三元宮（古稱越岡院）內，修設鮑姑祠供奉。內建鮑姑亭、鮑姑井、鮑姑艾灸館等。從古至今，瞻仰朝拜者絡繹不絕，人皆敬之念之。歲月悠悠，鮑姑祠飽經風霜，容顏蒼老，天地無情，人間有情。我會謹以鮑姑修道行醫、濟世度人、惠澤黎庶之初心，宜大力弘揚，冀以造福社會、不忘使命，遂有重修仙姑祠之構想。在三元宮潘崇賢住持呼籲倡導下，虔誠善士陳國平、葉興耀諸君，深為仙姑之仁德仁心所感，欲仰其為楷模，矢志以眾生安康為念，積極響應，俾弘揚仙姑之善行，普潤天下。陳葉兩君身體力行，慷慨解囊，並廣邀親朋好友，共襄善舉，仙姑祠遂得以重新修葺。於今鮑姑亭、鮑姑井等舊貌換新顏，而艾灸醫館，環境更添幽美，設施更臻完善，實系嶺南獨一無二之療養勝地。既普惠眾生，亦使仙姑之仁德可世代相傳，誠功德無量之善舉哉！為表彰捐款之仁人善士，特將其芳名勒石以志之，俾萬世流芳。

廣州 三元宮管委會 敬立 天運戊戌年七月卅日

捐助伍仟圓 漢灸中醫 陳國平 廣州艾上艾 麥永錫 國際灸法大會 紀凱
　　　　　曾健 南陽漢醫艾絨 柏華卿 大連合德正堂 王虹劍

捐助貳仟圓 葉興耀 潘勇 周生平 盧永權 包德華 艾滿天下 NATALIA PAVLIKHINA

捐助壹仟圓 劉桂煥 陳靜 陳晟 徐麟 李睿盈 譚志軍 歐德梅 李怡恩 劉俊玲
　　　　　廖孝媛 劉素華 鄭傳輝 魏林楠 周爽 喻穎 霍展毅 游莎 王玉軍
　　　　　劉志堅 張莉萍 李蘭花 李森林 胡巧珍 李順 郭建華 鐘小梅 譚燕玲 孔
　　　　　令剛 徐正陽 謝躍華 張春紅 劉鋒 盧芳 張旭升 劉路璐 張筱涵 曾憲強
　　　　　林冬虹 曾慶維 黃菊香 周桂枝 蔡秀文 王志剛

【碑文考釋】

　　本篇記錄了2018年三元宮重修鮑姑祠的事跡。先講述了鮑姑的出身、修道，以及在晉代治病救人的仙跡，後人在此修建鮑姑亭、鮑姑井、鮑姑艾灸館等紀念，然而歷時已久，建築凋零，三元宮管委會為了弘揚鮑姑濟世度人的精神，在住持潘崇賢的呼籲下，眾多善信踴躍捐款襄助，得以重修鮑姑祠。碑文後附捐款名單，以記錄眾人的功德。

十八、三元殿呂祖殿老君殿樂助芳名（當代）

【碑刻信息】

存址：今存於碑廊。

碑題：三元殿呂祖殿老君殿樂助芳名，楷書。

尺寸：碑高169釐米，寬81釐米。

來源：據原碑。

【碑文】

王超明 李仲元合家 楊廣漢 梁美珍合家 李卓榮 邵伯泉 黃慧芳 黎開泰合家 溫連有 張國良 黃宅 程琳琳 邓志輝 叶右成 張妙新 周湛 周廣忠 周廣林 周廣鋆 边城企业公司 韓利 洪荣佳 朱秀卿 洪俊 朱寶峯 薛玉娥 朱志成 刘华贤 卢香兰 陳福荣 梁雪娟 王鑄洪 吳荣佳 蒙叶芳 蔡月间 譚財 譚巧 邓炳成 李正科 陳金娣 傅福進 傅德進 黃利貞 龔炽強 周巧芳 陳鳳 陳錦桃 吳强 蕭坤澤合家 馬廣耀合家 劳玉珍 吳志伟 吳志成 唐伟全 列桃欢 李錦開 刘德 崔旺兴 周照明 叶宜岩 卢慧兰 卢秉仁合家 王大拈 潘慧仪 梁生元合家 岑鏡华合家 劉佐強 邓劑 歐陽家樑 羅植槐合家 陳玉麟合家 朱学文 朱振邦 胡漢烈 梁沛賢合家 屈貴芳 屈錦垣合家 黃壯合家 唐月娴合家 何啟良合家 馮伟明 馮伟良 馮綺文 何活合家 卢鏡合家 梁健基 梁靜仪 梁福添 何惠醒 歐陽淑娴 歐陽仲珩 歐陽輝權 歐陽奕兰 歐陽艳兰 刘礼源 霍惠娴 王勳文 吳步玲 何平記 張鈺雲 馬糖 李润芳 沈桂心 陳艳冰 刘佑蘊 張玉梅 朱浩荣 黎應滔 何萬昇 陸志堅合家 吳松伟 雷紹祺合家 朱惠卿 王錦恩 吳啊发 周少英 吳伯雄 周栻然 刘厚錫 卢鈞堯 卢伟堯 卢敬堯 馮莫泉合家 梁海泉 叶兆明合家 吳秀琼合家 吳卓雯 羅景強合家 李美群 麦美群 合众堂 陳国銓合家 何強合家 梁勤合家 謝鳳霞合家 潘伟雄 卢燕来 何筠霞 伍國仁 黃鎮強 黃健英 卢啟輝 麦丹添 譚佩雲 洪金九 周永東 朱绍鳴 陳承鎮 刘梅桂 孫吉樂 梁露薤 苏炽鸿 苏善鸿 林友仁 骆波 梁棉球 傅

康進 傅福進 傅德進 陳燕文 張嘉合家 庾灵辉 黄懷基 邓星源 徐少群 傅洪生 傅鎮生合家 陳傑荣 歐陽丽英 梁佩玲合家 張健 岑偉權 馮利強 黄志平　　張標 黑岩公子合家 黑岩富一合家 吳培 陳汝平 合勝堂 陳中 區裕华合家 區添合家 刘福 陳群 伍碩丰 伍碩辛 陳錦初 馮文千 馮日初 蔣謙华 詹鋒 罗要隱 張振林 區祥添 區祥浩 區祥斌 曾桂明 胡連 高有好 刘添合家 陳松 梁金胜 馮满根合家 陳芳 卢虾 李敬全 莫可亮 黎惠卿 梁迪生 邓炳秋 卢五妹 吳世要 吳细要 陳燦荣 歐陽玲 黎柳华 黎友鏑 廖洪輝 廖洪生 吳光 徐丽容 李细秋 吳少南 林秀珍 吳福祥 黄雪梅合家 陸绍彬合家 曾庆祥 谭宇詞合家 鏄洪生合家 岑永相 岑啟煊 五鍵 郭学玄 李祝明 六隊外线 陳兴昌 谢成合家 唐伟民 关丽萍 苏仲彬 周植联 董耀洪合家 馮永常合家 馮曼玲 司徒炳添 陳何氏 陳景林 合胜堂 郭福生 黄海明 崔錦华 黄雲龙 杜伟洪 刘永昌 傅鎮生 陳意基 郭美容合家 張国安 邓志國 邓炳志 李正科 陳金娣 楊紹基 冼崇潔 伍俊修合家 馮国合家 林玉顔合家 馮胜合家 司徒鉄 林伟成 陳錦荣 何沛林 曹全 張玉堂 胡迁 胡熾芳 魏標灼合家 黄少強 許英叶 林燕端合家 朱国英合家 潘伟雄 梁海泉 楊廣汉合家 合胜堂 吳福祥合家 黎开泰合家 伍胜堂 刘芳林 吳培惠 區培合家 吳伯雄 吳栻然 刘厚錫 威鴻制衣厂 荔湾印刷四厂職工 朱嘉华合家 周巧芳 龚炽強 黄利貞 徐汉泉 黄福平 潘景流 陳德新 刘斯慧 周英 林美娇 黎兆光 黄永洪 无名氏 雷家 何蓮合家 五胜堂 梁宅合家 鐘錦流 吕迲和 苏景昌合家 陳桂雄 关庆 陳樹新 郭家成 温明京 伍嘉豪 卢侨光 黄北合家 趙濬德合家 刘教益 李三妹 罗錦新 陳伟雄合家 陳伟強合家 陳伟和合家 張玉珍 吳江 徐景端 黄振彪 張根 張汉 曾廣強 周教倫 何樂垣合家 潘婉仪 龚攀英 叶瑩合家 叶包波合家 吳鎮煥合家 梁丽珍合家 邓慧珠合家 邓慧珍合家 卢泽志合家 刘四妹 邢福群合家 倫善長 周仲成 張國雄合家 麦定祥 陳来 黄诗注 梁如珠 何鳳 李秀儀合家 曾又卿合家 陳容 谭璧玉 張永標 麦貞球 甘瑩玉 李佳 潘燕玉 郑以勤 馮鑑和 方富珠 沈明 谭子雄 曾達坤合家 谭桂珍 梁崇禮 廖景光 勞鑑堯 馮錫樞合家 利华公司 建华行 張国輝 梁涧清 林美娇 馮汝润 林友根 林友仁 林友鐦 林友彬 林友 林瑞冰 纪国平 陳振強合家 罗達勳 陳泳康合家 陳泳忠 刘华賢 卢秀兰 陳福荣 梁雪娟 李凤婵合家 楊耀合家 李賢合家 黄永祥合家 潘婉玲 趙玉鳳 李禮 蔡少顔 陳美余 林瑞玲 林瑞萍 林瑞群 周永富 林春如 伍達云 何素如 名人氏 林金 林柏荣 張其安 劳果珍 梁大伟 梁雪梅 梁惠宗 張家灝 簫愛蓮 高洪強 林儉祥合家 谢耀梅 郭耀雄 陳倫合家 賴荣鐘 邱木龍 蔣宅 簫鏡潮 莫松順 陳錫球 合众堂 馬盘超 李国斌 梁根新 陳信員 何九 龚英 李妹 何黄 陳何氏 罗嘯波 郑克光合家 邱廣森 李輝合家 胡宅 梁宅 陳碧霞 梁金海 吳笑湧合家 蔣倉甫合家 歐英合家 刘燕 秦順娥 陳其正 徐笑群 黄湛棠合家 陳慧玲 李達文 李国

全 杜苏女 黄景洪 周美玲 溫宅合家 叶炳東合家 罗德宁 李细路合家 刘毅成 范少群 陳樹基 黄燕文合家 合胜堂 何惠貞 陸苑茜 熊伟洋 賴廣龙 黄诗注 宋景光 袁永昌 黄卓荣 張远維 李志邦 趙貴合家 鐘妹 馮荣清 何海麟 方子珍 麦啟汉 吳金 方振丰 霍顯培 李道华合家 陳国林合家 無名善長 郑丽珍 李孫坤 郑国勳 文超平 黄增灿 梁迠明 黄廣儀 程国昌 官美玲 楊迠明 趙柏光 佘伟仁 黎汉良 黎汉怀 陳火英 朱振平 洪惠明 何植 湯国樑 陳瑞珍 馮宅 林伟民 林乃森 譚国聰 李元强 鄧耀祖 楊欽茂 伍聚珍 楊葛崇 李嘉輝 黄樹湛合家 陳迠生 蔡福新 蔡福生 楊秀粧 刘鴻升 蔣宅 吳宅合家 邱庆伟 邱庆文 熊月梅合家 王民沾 高丽娟 陳佩英 陳国銓 鄺泳漁 張兴强合家 吳金胜 成鴻製衣廠 朱始宗 朱蓮宗 梁秋发合家 林苏 叶露 李文强 刘开荣 潘敬中合家 林苏合家 梁乐棠叶 趙瑞香 梁孟屏 陳细婵 周拾 梁艳嫦 林錦耀 何嘉鳴 潘啟波 黎学华 刘绍祥 刘秀英 苏桂珍 王月仙 刘永应 岑樹鴻 許浩釗 周德鴻 鄧財合家 馮迠伟合家 傅洪生 罗俊卿 區祝合 郭家成 陳巨林 王民沾 陳志旗 存真 陳伟强 謝志雄 陳伟雄 文江权 李滿滏 王宝华合家 潘耀棠合家 麦安明 溫乃康 黎美琼 梁伟强 五胜堂 简志坚 薛宅合家 徐杞光 潘进 黄英 陳仲强 李志鴻 李影华 任贊霖 馬偉森 譚景雲 廖愛玲 楊項泉 黎应滔 李沃才 梁钻 許文杰 朱敏球 張仕航 孫月娥 唐駿南 何婉玲 何志平 李富瑜 周滿根 周煥燕 邓烔耀 周煥娴 高馬 余啟明 叶三女 郭凌峰 李国全 罗德宁 徐笑群 陳其正 梁鉅章 傅洪生 黄惜玉 陳流庄 郭耀雄

十九、蓬瀛仙館樂助重修王靈官殿（當代）

【碑刻信息】

存址：原存於三元宮。

碑題：蓬瀛仙館樂助重修王靈官殿，楷書。

來源：據原碑照片。

【碑文】

蓬瀛仙館樂助重修王靈官殿

人民币式萬元正

　　　　　　　　懺衣一套

霓裳有限公司陳宅樂助 法衣一套

　　　　　　　　经枱一張

胡婉仪 胡伟文 陳国勳 麥箕邦 王桂巧 王維常 張俊文合家 張巧君合家 徐超 歐阳玲 杜錫光 余琼芳 袁娥 金淑芬 梁惠玲 甘宇瑩 陳长盛 麥迼文 罗德章 楊燕群 胡桂珍 潘德雲 区国基 區穎傑 五胜堂 黄銳强 周茉 丁凱华 关丽萍 苏變順 梁昌 陳偉英 甘柱煊 徐天亮 叶國樑 黄賽明合家 周泽铎 顔幸平 关浩兰 余富强 邓啟燊 温永槐 温良基 張錦荣 張錦萍 董佩賢 何伟林 吳燕森合家 刘通俊合家 李宣照 梁有好 張迼候 湯桂海 蔣李强 卢伟森 王淑香 李永堅 建华行 苏汉昌 黄权 邝德 程士經 麦順技 陸燕屏 黄松芬 黎龙华 許福甜 周家銘 黎雄 歐陽贊堯 区惠本 苏仲彬 崔北持 崔雄煒 崔雄炎 崔雄益 崔雄燦 关瑞珠 荔湾四印刷廠 何宝琴 周銀 林中浩 袁娥 彭連城 姚満强 大順工程公司 何淑娟 張熾 黄惜玉 馮満堂 合胜堂 陳星光 賴浩然 陳潤芝 吕翠冰 梁胡 陳伟羣 梁九 楊継慈 陳秀珍 林燕端 唐仪海合家 鐘国森 梁如珠 金淑芬 李永堅 陳秀珍 区日熠 黄珠女 馮炳佳 陳珈鈞合家 梁兆松 郭慧明 陳启明 馮源溪 潘宝华合家 梁瑞丁合家 譚煒頌合家 趙荣均合家 李兴合家 符标星 王叶雯 郭慧明合家 黎翠真合家 郭凤儀合家 郑作岗 郑秀鑾合家 方善照 潘迼滔 陳開 林叶唐福 潘丽珠 王丽香合家 謝宏海 胡杏容 刘光雄 刘容 彭宅合家 简伟文 廖炳华 无名氏 区日熠 張素芳 朱少珍 刘益雄 明豪電子实业有限公司 馮炳雄 邱庆文 蔡叶啟入 江正修 关冠兴 馮蔓玲 張国輝 張国强 李操培 李來发 顔瑞海 陳俊达 彭国运 戚苏 区秀珍印尼 林宅合家 莫大燦 何鴻鈞 陳文 黄椿 曾群英 蒲日鏡 何汝恩 何汝錦 何汝炳 林康怡 林康濂 黄鳴凤合家 李永基合家 唐續佳 区凤英 招智伟 进利堂 黄創如 黄黄淳 黄海明 梁宝玲 徐汉泉 黄珠女 唐应堅 陳宝荣 陳志昌 何汝景 何汝珊 何汝华 馮仕明 严春秋 朱兆逮 何汝明 朱国良 朱慧明 何穗英 張巧玲 曾群英 麦箕邦 邱国輝 黄秋明 郑同安 黄劍如 朱志行 玄园学院 歐陽玲 王梅香合家 陳珈鈞 梁熾生 黎灿明合家 胡宝文 陳苏虾 温玉清 高永添 楊应杜 梁耀 黎暁明 郑同安 陳少娣 朱志行 崔北持 黄宇华 李树标 馬惠华 郭汝楷 黄素莲 何紹雄 胡熾芳 梁志荣 罗浩 吳弥甜 苏巨机 范泰殻 謝秀敏 黎李雁 李四女 区順合家 伍云好 刘宅合家 陳仕欽合家 叶新泉合家 陳育珠 張艳馨 刘汝标 傅洪生合家 黄智佳 罗德宁 余德徒 曾国輝合家 无名氏 胡柏勤 吳玉笑 胡婉芳

附錄一　清·盛世掌：吳道子觀音像碑（乾隆五十一年〔1786〕）

唐吳道子筆

吉水劉鋤洲久客滇中，後復來粵。余於丙午孟秋聚首廣州郡署之露香堂。偶爾談及觀音大士降生得道之所在雲南賓川州。或云口地即上古天竺國妙莊王建都處也。前唐吳道子繪口法像時，大口顯聖，以手指畫峭壁上，即成聖蹟。予於是夜即夢見大士半在雲霞中，若有所諭，覺後不解其故。明日於市中裱肆，見大士法像在焉，即夢中所見也，並有賓川州印文可驗。叩其肆主，不知何人攜裱。蓋大慈悲感應救濟眾生，由來已久，亦無待再為表揚。而真像遠在滇南口之者鮮。余乃延畫工熏沐摹寫泐碑，以垂永久云。

乾隆丙午（1786年）孟秋浙西秀水弟子盛世掌謹識。

圖一：吳道子觀音像碑（拓片，今存於三元宮碑廊）
乾隆五十一年（1786）

附錄二　清·邱鳳山：修真圖（嘉慶壬申年〔1812〕）

1. 碑額：

悲迷夜濟津，剖紋質天真。

似昧層中層，寧識身外身。

行舟道人（白文方印）

邱鳳山造叩印（朱文方印）

2. 正文：

（1）第一段

人之一身，有三百六十骨節，八萬四千毛孔。後有三關：尾間[307]、夾脊、玉枕也。尾間[308]在夾脊之下盡頭處，關可通內腎之竅；從此關起，一條髓路，号曰漕溪，又名黃河，乃陽升之路，直至兩腎對處為夾脊，又上至腦為玉枕，此三關也。前有三田：泥丸、土釜、玉池是也。泥丸為上丹田，方园[309]一寸二分。虛關一竅，乃藏神之所，眉心入內正中之處。天門入內一寸為明堂，再入一寸為洞房，再入一寸為泥丸。眉心之不[310]謂之鼻柱，又名雷霆府。金橋下至口中有兩竅連喉，謂之鵲橋喉，是頸骨，乃內外之氣所由出入者也。後有軟喉，謂之咽，乃進飲食，通門胃者也。其喉有十二節，号曰重楼，直下肺竅，以至於心。心上有骨，名為鳩尾。心下有穴，名曰絳宮，乃龍虎交会之處。直下三寸六分，名曰土釜，黃庭宮也，乃中丹田。左有明堂，右有洞房。無英居左，肝也；白元居右，肺也。亦空一寸二分，乃藏氣之所，煉氣之鼎。直下至臍三寸六分，故曰天上三十六，地下三十六。自天至地，八万四千里；自心至腎，有八寸四分。天心三寸六分，地腎三寸六分，中有丹田一寸二分，非八寸四分而何口臍門号曰生門，有七竅通於外腎，乃精神漏洩之竅，名曰偃月炉，即任脉。下有九竅，即地獄酆都是也，又曰氣海。稍下一寸三分，曰玉池，又曰下丹田，乃藏精之所，採藥之處。左明堂，右洞房，亦空一穴，方园[311]一寸二分，此處有二竅通於內腎。腎中有竅，通於尾間[312]，由尾間[313]通兩腎堂，以至膝下三里穴，再下至湧泉穴。此人身相通之關竅也。

(2) 第二段

天有九宮，地有九州，人下丹田有九竅，以象地之九州。泥丸竅有九穴，以按天上九宮。腦骨八片，以應八方，一名弥羅天，又名玉帝宮，又名純陽天宮。中空一穴，名玄穹主，又名元神宮，口內有舌，舌內有金鎖關，與舌相對，又名鵲橋鼻。鼻下人中穴與金鎖關相對。其間有督脉，乃是人之根本，名上九竅，一名性根，口名玉泉，又号華池。舌下有四竅，二竅通心為液，両竅通腎為津，寔我神室。泥丸九竅，乃天皇之宮，中間一穴，形如雞子，狀似蓬臺，崑崙是也。釋曰：修真之子，不可不知也。

(3) 六段六臟配六神之法

a) 肝神形如青龍，名龍煙，字舍明，象如懸匏，小近心，左三葉，右四葉。胆附短葉下，重四斤四両，為心母，為腎子。肝中有三塊[314]，名曰：爽灵、白光、幽精。目為之宮，左目為甲，右目為乙。男子至六十肝炁衰，肝葉薄，胆漸減，目即昏。在形為筋，肝脉合於水，魂之藏也。於液為淚，腎邪入肝，故多淚。胆為肝之[腑]，胆與胆[315]合也。《黃庭経》云：和制魂魄津液平，外應眼目日月精。百病所鍾存無英，用同七日自充盈。

b) 胆者，金之精，水之氣。其色青，附肝短葉下。胆者敢也，胆天者必不將。神名耀，字威明，如黿蛇混形，其象如懸袋，重三両三脉[316]，為肝之腑。若據胆，當不在五臟之內，應歸於六腑，因胆亦変水氣與坎同道，又不可同於六腑，故別立胆臟，合於膀胱，亦辜毛髮。《黃庭経》曰：主諸氣力捔虎兵，外應眼瞳鼻柱間。腦髮相扶亦俱鮮，九色錦衣綠華裙。

c) 腎属北水，於封[317]属坎，形似玄鹿，兩頭，名玄冥，字育嬰。銀如園[318]，孕生对脐，墜腰脊，重一斤一両，主分水氣，灌注一身，如樹之有根，左曰腎，右曰命。生炁之府，死炁之。如守之則存，甲[319]之則竭，為肝母，為肺子，耳為之宮。天之生我，流氣而変，謂之精，精氣往來，為之神。神者，腎藏其情智，左属壬，右属癸。在辰為子亥，在氣為吹，在液為[唾]，在形為骨，经於上有，荣於中焦，[衛]於下焦。《黃庭》云：腎部之宮玄關園[320]，中有童子名上玄，主諸穴[321]腑九液源，外應兩耳百液津。

d) 心神形如朱雀，象如倒懸運[322][革]，[能][變][水][為][血]也。神名丹元，字守灵，重十二両，對鳩尾下一寸，色如縞映絳，中有七孔三毛。上智之人心孔通明，中智

之人五孔心穴通炁，下智無孔炁明不通，心為肝子，為脾母，舌為之宮，腰竅通耳。左耳為丙，右耳為丁。液為肝腎，邪悉[323]則汗溢，其味甘。小腸為之腑，與心合。《黃庭経》曰：心部之宅蓮含花，下有童子丹元家。童子即心神也，心下為絳宮。

e) 肺神形如白虎，象如懸磬，居五藏[324]之上，對胞若覆盖，故為華盖。神名浩華，字虛成。重三斤三両，六葉両耳。捴計人[325]葉。肺為脾子，為腎母，內藏七鬼，如嬰児，名曰尸拘[326]、伏屍、雀陰、吞賊、非毒、除穢、辟臭，乃七名也。鼻為之宮，左為庚，右為辛，在炁為咳，在液為涕，在形為皮毛也。上通炁至腦，下通炁至脾中，是以諸炁属肺，肺為呼吸之根。《黃庭》云：喘息呼吸依不快，急存白元和六氣。

f) 脾属中央十一[327]，旺於四季，為黃神，形如鳳，象如覆盆，名常在，字蒐庭，正掩脐上，橫覈於胃，坤之炁，土之精也。居心下三寸，重一斤二両，濶三寸，長一尺。脾為心子，為肺母，外通眉，口為之宮，其神多嫉。肺無定形，生土陰也，故脾為五臟之樞，開竅於口，在形為煩，脾脉出于隱白，乃內之本意，虞也。《黃庭経》云：治人百病消谷粮，黃良紫帶龍鳳章。

嘉慶壬申年（1812），石碑存留洋城粵秀山三元宮，行舟邱鳳山造叩。

圖二：修真圖碑修真圖碑（拓片，今存於三元宮碑廊）
嘉慶十七年（1812）

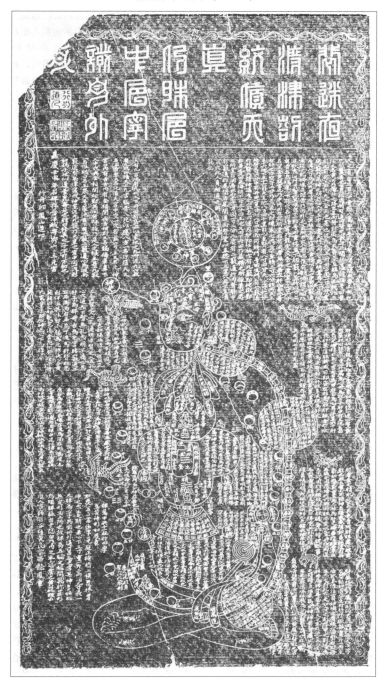

附錄三　歷代碑刻列表

編號	年代	碑題	撰碑者	保存狀況
1	順治十三年 (1656) 八月	修建三元殿記	李棲鳳	不存
2	乾隆四十五年 (1780) 孟夏	鮑姑祠記	郁教甯	不存
3	乾隆五十年 (1785) 仲夏	重建斗姥殿碑記	蕭雲漢	不存
附錄一	乾隆五十一年 (1786)	吳道子觀音像碑	盛世掌	存於碑廊
4	乾隆六十年 (1795)	重修頭門三元殿碑記	蕭光惠	存於三元殿兩側
附錄二	嘉慶十七年 (1812)	修真圖碑	邱鳳山	存於碑廊
5	道光十七年 (1837) 十一月	重修三元宮碑記	鄧士憲	不存
6	同治八年 (1869) 正月	重修三元宮碑記	朱用孚	存於碑廊
7	同治九年 (1870)	重修廣州三元宮碑銘	汪瑔	不存
8	光緒二十八年 (1902) 孟陬 (正月) 上元	重修呂祖殿碑記	伍銓萃	存於三元殿後長廊
9	民國三十二年 (1943)	廣東省廣州市粵秀山三元宮歷史大略記	不詳	存於碑廊
10	民國三十三年 (1944)	重修三元宮碑記	張信綱	存於碑廊
11	1982年	香港雲泉仙館經募三元宮重修聖像神龕寶座長聯樂助善長芳名	不詳	不詳
12	1982年季冬	三元宮重修樂助芳名錄	不詳	存於碑廊
13	1983年仲夏	三元宮重修樂助芳名錄	不詳	存於碑廊
14	2017年孟夏	越秀山三元宮重建眾善功德碑記	潘崇賢	存於三元殿後長廊
15	2017年仲夏	鮑姑寶殿序	呂君愊	存於三元宮鮑姑殿
16	2018年3月	三元宮殿宇重修記	葉崇寧	存於福德祠之左
17	2018年7月30日	重修廣州三元宮鮑姑祠碑記	不詳	存於碑廊
18	不詳	三元殿呂祖殿老君殿樂助芳名	不詳	存於碑廊
19	不詳	蓬瀛仙館樂助重修王靈官殿	不詳	不詳

附錄四　〈重修呂祖殿碑記〉碑文所見之
玄門弟子、信士名錄（光緒二十八年〔1902〕）

姓名	身份	出處
伍銓萃	信紳	重修呂祖殿碑記
李先義	信官	重修呂祖殿碑記
張殿琦	信官	重修呂祖殿碑記
張記廷	信官	重修呂祖殿碑記
李祥輝	信官	重修呂祖殿碑記
許國榮	信官	重修呂祖殿碑記
王鍾齡	信官	重修呂祖殿碑記
陳小邨	信官	重修呂祖殿碑記
李鷹揚	信官	重修呂祖殿碑記
蔣星熙	信官	重修呂祖殿碑記
高冠蘭	信官	重修呂祖殿碑記
任玉衡	信官	重修呂祖殿碑記
馬仕清	信紳	重修呂祖殿碑記
何應榜	信紳	重修呂祖殿碑記
孫士珩	信士	重修呂祖殿碑記
黎榮耀	信紳	重修呂祖殿碑記
董鄭鍾氏	信女	重修呂祖殿碑記
徐梁氏	信女	重修呂祖殿碑記
王張氏	信女	重修呂祖殿碑記
徐朱氏	信女	重修呂祖殿碑記
孔李氏	信女	重修呂祖殿碑記
楊溫氏	信女	重修呂祖殿碑記
蔡就嵩	弟子	重修呂祖殿碑記
梁蔭瓌	弟子	重修呂祖殿碑記
馮應瑠	弟子	重修呂祖殿碑記
馮應瑭	弟子	重修呂祖殿碑記
呂元照	弟子	重修呂祖殿碑記
祥聚	弟子	重修呂祖殿碑記
蔡麒芳	弟子	重修呂祖殿碑記
張澤濤	弟子	重修呂祖殿碑記
孫承根	弟子	重修呂祖殿碑記
劉繼昌	弟子	重修呂祖殿碑記
陳福騏	弟子	重修呂祖殿碑記
馮國慈	弟子	重修呂祖殿碑記

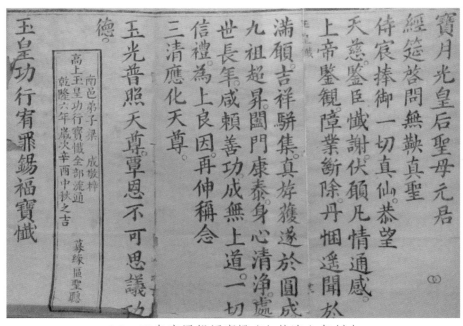

玉皇功行宥罪錫福寶懺

其位臣某等謹虔誠上啟

說經教主元始天尊
抱送玉帝靈寶天尊
流演聖教降生天尊
萬天至尊玉皇上帝
光嚴妙樂國王聖父天尊
寶月光皇后聖母元君
經筵啟問無缺真聖
侍宸捧御一切真仙恭望

5.1　玉皇宥罪錫福寶懺（1）乾隆六年刻本

寶月光皇后聖母元君
經筵啟問無缺真仙恭望
侍宸捧御一切真仙恭望
上帝鑒觀障業斷除丹悃遙聞於
天慈鑒臣懺謝伏願凡情通感
滿願吉祥駢集真旂獲遂於圓成
九祖超昇閤門康泰身心清净處
世長年咸賴善功成無上道一切
信禮為上良因再伸稱念
三清應化天尊
玉光普照天尊覃恩不可思議功
德。

玉皇功行宥罪錫福寶懺

南邑弟子梁　成敬梓
高上玉皇功行寶懺全部流通
乾隆六年歲次辛酉中秋之吉
蔡緣區聖聰

5.2　玉皇宥罪錫福寶懺（2）乾隆六年刻本

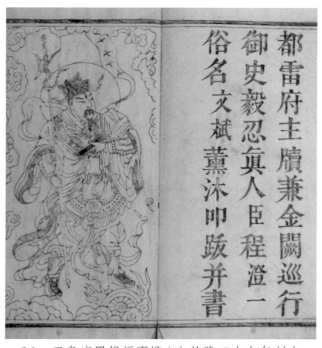

都雷府主牘兼金闕巡行
御史毅忍真人臣程澄一
俗名文斌薰沐叩跋并書

5.3　玉皇宥罪錫福寶懺（1）乾隆五十九年刻本

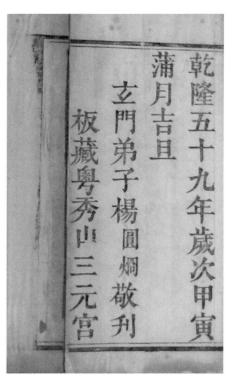

乾隆五十九年歲次甲寅
蒲月吉且
玄門弟子楊圓烔敬刊
板藏粵秀山三元宮

5.4　玉皇宥罪錫福寶懺（2）乾隆五十九年刻本

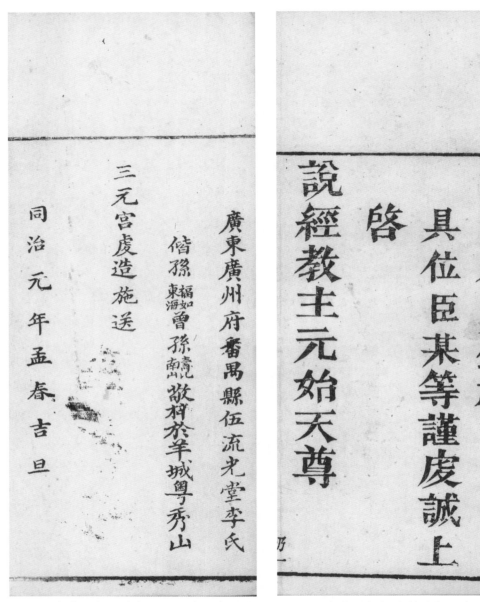

5.5　玉皇宥罪錫福寶懺(1)同治元年刻本　　5.6　玉皇宥罪錫福寶懺(2)同治元年刻本

5.7　朝禮三元懺（1）乾隆七年刻本

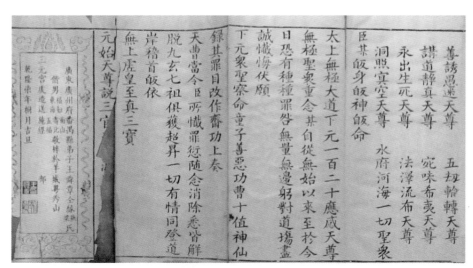

5.8　朝禮三元懺（2）乾隆七年刻本

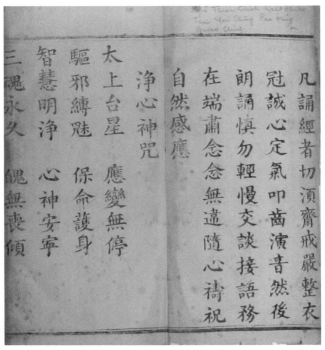

5.9　太上玄門北斗延身保命真經（1）乾隆三十七年刻本

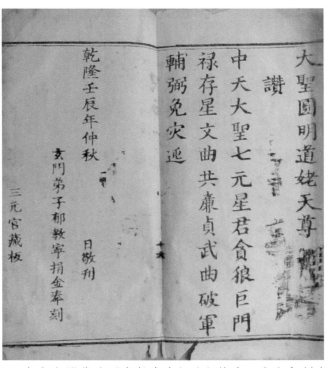

5.10　太上玄門北斗延身保命真經（2）乾隆三十七年刻本

高上玉皇本行集經卷中
太上大光明圓滿大神咒
品第二。
爾時天地始祖五老上帝稽
首長跪白
天尊言伏聞
高上玉皇慈念蒼生普放神
光照燭法界六凡四聖普叩
道廣竊以凡夫短景劫運將
終。正道宜行以濟兆民使修
真之子有期輕舉末代烝民
俱獲壽考自昔
元始洞玄靈寶赤書玉篇真
文生於元始之先空洞之中
天地未根日月未光幽幽宴
寅無祖無根無宗無氣無象無色

5.11　高上玉皇本行集經（1）乾隆五十九年刻本

輪普慶群品為如上緣稽首
稱念
太上無極大道
至真無上三十六部尊經真
文寶符
太上三尊十方眾聖
立中大法師
玉皇赦罪大天尊玄穹高上
帝
玉經中無鞅數眾神仙不可
思議功德
高上玉皇本行集經懺悔文
乾隆五十九年歲次甲寅蒲
月吉旦
信女黃門莊氏敬送
閩漳弟子黃嘉祥敬刊
板藏粵秀山三元宮

5.12　高上玉皇本行集經（2）乾隆五十九年刻本

玉清天雷上相純陽孚佑帝君
度世證真心懺
授道弟子萃英子羅愿誠
惶誠恐稽首頓首恭叩
玉清天雷上相純陽演正警化
孚佑帝君興行妙道天尊座下
伏惟
林檎降跡金色面凝。
鍾離祖投道而還
顯化人間。
鶴嶺談元錦文舌絡自皇覃　音秦氏
　　下生之後泪　音悶
證功天上。
立教以儒為本忠孝是其大
端
度世以道為宗夷惠不妨兼

5.13　玉清天雷上相純陽孚佑帝君度世證真心懺（1）嘉慶三年刻本

天尊。志心朝禮祖師純陽演正警化孚佑帝君興行妙道天尊。

呂祖心懺上卷終　板存廣東省城粵秀山三元宮

呂祖心懺中卷　第四進了富貴緣弟子伏爲飯依衆等粵念五福歛錫雲可蹄身一德

永祈金能潤屋褐衣乍釋尚想田間紗帽常烏漸忘野處懸龜金而魚玉顧盼殊常侍宸紫與扉黃步趨

5.14　玉清天雷上相純陽孚佑帝君度世證真心懺（2）嘉慶三年刻本

天尊。志心朝禮演正警化孚佑帝君興行妙道天尊。

呂祖心懺中卷終　板存廣東省城粵秀山三元宮

呂祖心懺下卷　第七進了道法緣弟子伏爲飯依衆等粵念證眞成道先務驅魔役鬼

召神端應鍊法祖罡煞莫輕呼吸朱書謁帝之符天地人一旦貫通青紙登

5.15　玉清天雷上相純陽孚佑帝君度世證真心懺（3）嘉慶三年刻本

有仙翁褊省鍾離祖及純陽帝師董石礬盧生倚枕像理自庚戌歲薄遊燕趙幾度經過徘徊祠宇令人作出世想茲得此懺文始知盧生乃羅生之訛前有

鍾離祖序後有呂祖跋以明師弟授受之由語皆元妙的眞仙筆無疑潦倒半生黃粱將

熟仙枕無緣徒深帳望羨爲付梓願與世之信道者共希

慈度云爾。

5.16　玉清天雷上相純陽孚佑帝君度世證真心懺（4）嘉慶三年刻本

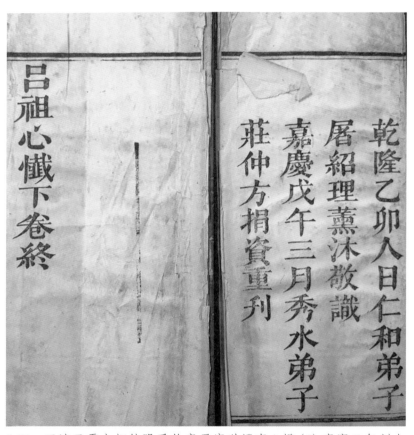

呂祖心懺下卷終

乾隆乙卯八日仁和弟子
屠紹理薰沐敬識
嘉慶戊午三月秀水弟子
莊仲方捐資重刊

5.17　玉清天雷上相純陽孚佑帝君度世證真心懺（5）嘉慶三年刻本

玉樞寶經

爾時

九天應元雷聲普化天尊在玉
清天中與十方諸天帝君會於
玉虛九光之殿鬱蕭彌羅之館
紫極曲密之房閬太幽碧瑤之
笈考洞微明晨之書交頭接耳
細議重玄諸洞章多陪臣左右趺踏
天尊宴坐朗誦洞章諸天帝君
長吟步虛絳女仙姝散花旋繞
後相引領遊戲翠宮群仙導前
先節後鉞龍旂鷥輅飄颻太空
並集於玉梵七寶層臺時有雷
師皓翁於仙衆中越班而出向
天尊前顥顑作禮勃變長跪

上白

天尊言天尊大慈天尊大聖為
群生父為萬靈師今者諸天咸
此艮覿適見
天尊閬寶笈考瓊書於中秘牘

5.18　玉樞寶經（1）嘉慶十六年刻本

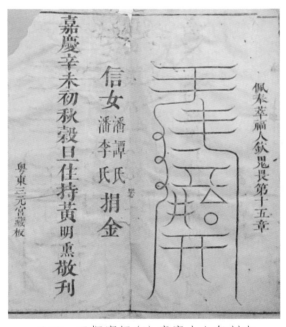

嘉慶辛未初秋穀旦住持黃明熏敬刊

信女　潘譚氏　潘李氏　捐金

佩奉華祿人欽毘長第十五章

粵東三元宮藏板

5.19　玉樞寶經（2）嘉慶十六年刻本

十方靈寶三界諸天神光會照
燭無邊四生出九泉六道消
宛十類早昇遷
大慈　大悲愍眾生
至道　至仁濟寒食
相好　光明本自然

済煉全科
終

鸞鶴迎歸碧落天
奉送雲程回御輦
福留後裔承綿綿

5.20　濟煉全科（1）
同治元年刻本

5.21　濟煉全科（2）
同治元年刻本

5.22　濟煉全科（3）
同治元年刻本

同治元年歲次壬戌孟冬月
住持黃宗性募化敬刊
羊城粵秀山三元宮藏
立

東嶽謝罪往生普福證真法懺
士同眾舉步虛
元始弘真乘　雲文錫九光
玄英傳少海　至德應青陽
位鎮尊中界　減權統萬方

臣今皈命禮　珊慧慶綿長
志心敬禮十方三界無量道經
師三寶　聞道深清淨至善爲
宗習染漸深遠分叔懇禍福由
斯感召幽明遂徑殊途統橋準

向來禮懺功德上奉
高真普度天人證
無上道一切信禮志心稱念
威權自在天尊不可思議功德
東嶽謝罪往生普福證真法懺
終

同治二年季夏　立
刊
信紳馬仲清仝緣司徒氏捐資重
板藏越秀山三元宮觀內

5.23　東嶽謝罪往生
普福證真法懺（1）
同治二年刻本

5.24　東嶽謝罪往生
普福證真法懺（2）
同治二年刻本

5.25　東嶽謝罪往
生普福證真法懺（3）
同治二年刻本

5.26　東嶽謝罪往
生普福證真法懺（4）
同治二年刻本

5.27　太上玄門早堂功課經（1）　5.28　太上玄門早堂功課經（2）　5.29　太上玄門早堂功課經（3）
　　　同治四年刻本　　　　　　　　　同治四年刻本　　　　　　　　　同治四年刻本

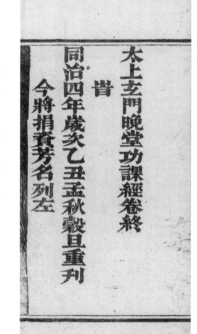

5.30　太上玄門晚堂功課經（1）　5.31　太上玄門晚堂功課經（2）
　　　同治四年刻本　　　　　　　　　同治四年刻本

6.1　吳道子觀音像碑
（乾隆五十一年〔1786〕）

6.2　重修頭門三元殿碑記
（乾隆六十年〔1795〕）

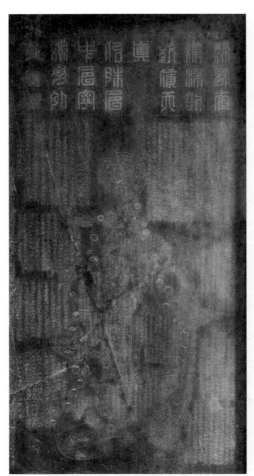

6.3　修真圖碑（嘉慶十七年〔1812〕）　6.4　重修呂祖殿碑記（光緒二十八年〔1902〕）

6.5　廣東省廣州市粵秀山三元宮歷史
　　大略記（民國三十二年〔1943〕）

6.6　重修三元宮碑記
　（民國三十三年〔1944〕）

6.7　三元宮重修樂助芳名錄（1982年）　　6.8　三元宮重修樂助芳名錄（1983年）

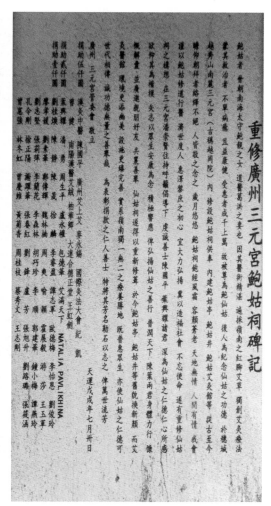

6.9　三元殿呂祖殿老君殿樂助芳名（當代）　　6.10　重修廣州三元宮鮑姑祠碑記（2018年）

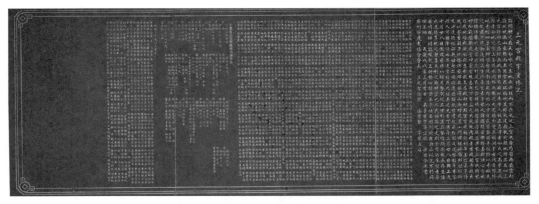

6.11　三元宮殿宇重修記（2018年）

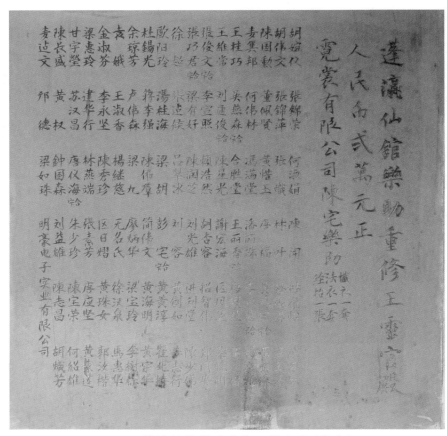

6.12　蓬瀛仙館樂助重修王靈官殿（當代）

第十一章

慈惠活動

第一節　各類慈惠活動

　　廣州三元宮秉持道教之傳統，弘揚道教文化，提供科儀服務，以滿足民眾的信仰需求；並盡道觀之所能，與廣大市民保持密切聯繫，以福澤人群，如贈醫施藥、捐款救災、護老扶弱、興學育人等。三元宮既有宮觀本身的慈惠活動，亦注重與其他社會團體合作，從而更好地服務大眾。本章以條目的形式分類摘錄三元宮發佈的與慈惠相關的活動，讓讀者直接了解三元宮對社會公益的貢獻。

一、捐資扶弱

1. 建國之初，贈衣捐款

　　近代中國，屢遭戰火。建國之後，三元宮據道教「唯善為寶，唯善是親」的優良傳統，從社會公德的立場出發，多年來先後向社會各界捐資，惠澤民眾。歷經半個世紀之內外戰火，至二十世紀五十年代建國初期，中國社會百廢待興，工業生產力較低，三元宮雖自身亦舉步維艱，但仍不忘道教「度己度人，為善是親」之信念，發揮宮觀濟世救民之使命。據《廣州市宗教處檔案》記錄，建國之初，三元宮道士募捐寒衣共人民幣642元，並捐助100元用以防洪抗災。[1]雪中送炭，盡顯三元宮克己度人，同舟共濟之精神，展現宮觀護老扶弱、福澤人群之能事。

2. 敬老扶幼，關愛弱勢

　　三元宮秉持社會公義，多次捐資捐物幫扶各種社會福利組織。據記載，三元宮於1988年曾向殘疾人福利基金會、敬老院、兒童福利院捐款共計3萬餘元，幫

助福利院改善設施，惠澤院內弱勢群體。同年，三元宮還向北京殘疾人基金會捐款 1 萬元，幫助北京殘疾人基金會運行和發展。

1990 年 4 月 10 日，為倡導社會文明，秉持互助相幫之社會公德，三元宮開展「學雷鋒樹新風」活動，舉行一天義賣，所得利潤 1,660 元全部捐給廣州市殘疾人基金會。[2]

據不完全統計，在 1982 年到 1990 年間，三元宮為社會公益事業捐款已逾人民幣 12 萬元，為社會各福利組織的發展提供有效幫助，竭盡所能，惠及社區。

3. 濟貧助困，致力慈善

隨著社會的前行與三元宮自身的進步，三元宮福澤大眾的各種扶貧濟困活動亦得到發展。2012 年 6 月 21 日廣州市民族宗教界「廣東扶貧濟困日暨廣州慈善日」捐贈活動，三元宮作為廣州市道教協會中的重要宮觀，亦參與了捐贈活動。捐贈儀式在廣州大廈舉行，副市長貢兒珍、市政府副秘書長趙南先、市委統戰部副部長、市民族宗教管理局局長林建新、市民間組織管理局局長唐國平及民族宗教界愛心人士等約 200 人出席了捐贈儀式。捐贈儀式由市民族宗教管理局副局長汪茂鑄主持。在捐贈儀式上，廣州市民間組織管理局唐國平局長介紹了近年廣州市開展「廣州慈善日」、「廣東扶貧濟困日」活動情況和今年「廣東扶貧濟困日暨廣州慈善日」活動的主要內容；市民族宗教管理局林建新局長通報了市民族宗教界踴躍參與 2012 年「廣東扶貧濟困日暨廣州慈善日」活動捐款情況；貢兒珍副市長和趙南先副秘書長共同接受市民族宗教界愛心人士的捐贈支票，捐款總額達 259 萬元。貢兒珍副市長發表講話，對市民族宗教界一直以來關心支持廣州慈善事業的發展，尤其是近年來踴躍參與「廣東扶貧濟困日暨廣州慈善日」活動表示感謝。廣州市道教協會各宮觀踴躍捐獻，在此次慈善日捐款活動中，三元宮共捐款 25 萬元，為慈善事業做出了貢獻。[3]

4. 定期送暖，福蔭社區

在 2019 年元旦即將來臨之際，為了關愛和幫助生活困難的弱勢群體，2018 年 12 月 29 日，三元宮、武當太極文化傳承會、象崗山社區居委會聯合主辦的首期送溫暖愛心活動在三元宮舉行。

此次活動主要面向象崗山社區，以認領的方式來籌集物資，共籌集盤錦大米 5 公斤裝 91 袋，金龍魚花生油 5 公升裝 71 桶，雞蛋面 30 箱，三元宮、純陽觀合印掛曆 30 本，武當太極文化傳承會環保袋 30 個。上述物資無償捐贈給 30 戶家

庭。除了部分受捐家庭代表到現場領取外，對那些不便來到三元宮的受捐家庭，三元宮道人在象崗山社區居委會人員的帶領下，將受捐物資逐戶送上門去。

首期「送溫暖、獻愛心」活動深受社區弱勢群眾認可，為再度幫助社會弱勢群體、關愛生活困難家庭，2019 年 1 月 9 日，三元宮、純陽觀、廣州市人大常委會機關工會、武當太極文化傳承會聯合舉辦第二期送溫暖愛心活動。

此次活動是對廣州市人大常委會機關工會對口扶貧單位清遠市太平鎮中南村 36 戶家庭進行幫扶，每戶 1 份捐助物資（兩袋米、一桶油、一床棉被、一套暉春）。除了大部分受捐家庭代表在現場領取外，對個別不便來到清遠市太平鎮中南村扶貧產業發展樓的受捐家庭，三元宮、純陽觀、廣州市人大常委會機關工會、武當太極文化傳承會的道人和工作人員，又一次將受捐物資逐戶送上門。

繼 2018 年 12 月 29 日、2019 年 1 月 9 日舉辦「送溫暖，獻愛心」活動後，2019 年 1 月 28 日下午，三元宮和下轄的鮑姑艾灸館的道人及工作人員在宮觀廣場再次舉辦了「迎新春，送溫暖，獻愛心」活動。三元宮所在的街道即六榕街道辦事處組織近百名困難群眾到現場領取了慰問物品，每人一桶食用油和一袋大米。這些困難群眾或身患重病，或身體殘疾，或屬於孤寡老人，有的則屬於低保戶，有的年齡偏大無固定工作。此項活動彰顯了道教濟世利人的傳統美德，弘揚了幫貧扶弱的正能量。

5. 捐資捐物

三元宮的慈惠捐資甚眾，本節以列表形式展現三元宮從二十世紀中期至 2016 年 7 月的各項慈惠公益捐贈項目。

1953–2010 年[4]

年份	名稱
1953	道士募捐寒衣
1953	道士募捐防洪救災款項
1988	捐款殘疾人福利基金會、老人院、兒童福利會
1988	捐款北京殘疾人基金會
1988	為大興安嶺滅火捐款
1989	捐款廣州市教育基金會
1989	捐款西藏救災義演
1989	購買電力債券、鐵路債券
1989	購買電力債券、鐵路保值公債
1990	捐款北京中國道協興辦「道學院」
1990	捐款廣州市老人院

1990	贊助越秀區維護治安獎勵基金會
1990	舉行「學雷鋒樹新風」活動義賣，所得利潤全部捐給廣州市殘疾人基金會
1992	為廣州市教育基金籌款

2010年

月份	名稱
1	捐款春節慰問困難家庭 (六榕街)
3	捐款雙百愛心行動
4	六榕街維穩綜治工作經費
4	捐款職工濟難基金會 (市總工會)
4	捐款青海玉樹地震救災款
6	捐款幸福工程 (六榕街)
6	捐款青海玉樹地震 (廣州市慈善會)
8	捐款梅州市五華縣龍村鎮扶貧款
9	捐款六榕街貧困家庭中秋節慰問物品
9	捐款越秀區中醫院購置儀器
10	亞運安保經費 (六榕街)
10	捐款環衛節 (六榕街)

2011年

月份	名稱
1	六榕街貧困家庭春節慰問金
3	六榕地區維穩及綜治經費
5	捐款支持殘疾軍人
5	樂助香油款，武漢長春宮等
5	捐款「幸福工程」(市幸福工程辦公室)
6	扶貧 (六榕街)
6	廣東扶貧濟困日捐款 (廣州市慈善會)
6	支持雙到扶貧捐款
7	廣東扶貧濟困日暨廣州慈善日 (越秀區慈善會)
8	捐款六榕街貧困家庭中秋節慰問金
8	幫扶六榕街單親家庭

2012年

月份	名稱
4	捐款「雙百」愛心扶貧款 (增城學生1對1)
5	捐款「幸福工程」(六榕街)
3	維穩經費 (六榕街)
7	捐款「廣東扶貧濟困日暨廣州慈善日」六榕街
7	捐款「廣東扶貧濟困日暨廣州慈善日」
9	三伏天免費為六榕街貧困戶做天灸治療
9	捐款六榕街貧困家庭節日慰問金

2013年

月份	名稱
1	六榕街貧困家庭慰問金
1	市婦聯單親家庭困難母親
4	四川雅安地震捐款
5	資助殘疾軍人
7	清泉街扶貧濟困日
8	越秀區中醫院合作天灸
9	市宗教界公益慈善周
10	六榕街環衛工人節

2014年

月份	名稱
1	六榕街貧困家庭慰問金
1	市婦聯單親家庭困難母親
5	樂助香油款，黃龍觀、元妙觀
6	捐款「幸福工程」（六榕街）
6	捐款市宗教界公益慈善聯合會
7	捐款扶貧濟困日暨廣州慈善項目
8	三伏天免費為六榕街貧困戶做天灸治療
9	樂助沖虛觀香油款

2015年

月份	名稱
1	捐款幫扶貧困婦女兒童（市婦聯）
6	廣州市宗教界慈善公益扶貧捐款
6	捐款「幸福工程」（六榕街）
8	捐助六榕街孤兒學費
9	三伏天免費為六榕街貧困戶做天灸治療
10	捐款環衛工人節經費

2016年

月份	名稱
1	捐款幫扶貧困婦女兒童（市婦聯）
7	廣州市宗教界慈善公益扶貧捐款
	捐款「幸福工程」（六榕街計生）

二、祈福救災

1. 祈福追薦，汶川災民

2008年5月12日下午2時28分，中國四川省阿壩藏族羌族自治州汶川縣發生大地震，此次地震的面波震級達8.2級、矩震級達8.3級，破壞地區超過10萬平方千米，地震烈度達11度。這場突如其來的大地震奪去了近7萬人的生命，摧毀了無數人的家園。

地震之災牽動廣州市宗教界人士的心。為深切哀悼汶川地震遇難同胞，三元宮秉承「仙道貴生，無量度人」的道教宗旨，發揚「一方有難，八方支援」的華夏民族傳統美德，分別於2008年5月13日上午、19日下午，為汶川地震災區舉行祈福和追薦法會。

法會上，廣州市道教協會會長、三元宮住持吳信達道長拈香禮拜，高功法師踏罡步斗，全體道長口誦道經，道場莊嚴，祈願地震災厄消解，亡者早日超度，傷病者盡快康復。[5]

2. 捐款救濟，雅安災區

2013年4月20日（星期六）上午8時02分，四川省雅安市蘆山縣龍門鄉馬邊溝強烈地震，造成四川雅安、成都、廣元、綿陽、德陽、南充、廣安、遂寧、內江、樂山、自貢、宜賓、達州、資陽、巴中、眉山、阿壩、甘孜和涼山19個市州115個縣199萬餘人受災，193人死亡，12,211人受傷。

2013年4月24日，農曆三月十五日，三元宮舉行為雅安災區人民祈福法會暨捐款活動。法會結束後開始捐款儀式，宮觀職員與善信紛紛排隊至捐款箱，捐獻款項，救助災民。此次捐款活動三元宮捐款共計10萬元用於雅安救災。[6]

3. 同心同行，祈福大運會

第26屆世界大學生夏季運動會於2011年8月12日至2011年8月23日在中國深圳市舉行。為預祝大運會圓滿成功，廣州道教界在2011年8月6日，組織三元宮、純陽觀、黃大仙祠、仁威祖廟、都城隍廟等觀道士與信眾，分別在三元宮和黃大仙祠隆重舉行「和諧大運，同心同行」祈福法會。

8月6日上午9時，三元宮、黃大仙祠鐘鳴鼓響，經誦四起，高功法師帶領30多位道長，按照道教的傳統和科儀，誦念經文，拈香禮拜，為深圳大運會祈

福。祝願第26屆世界大學生運動會平安順利、圓滿成功地舉行，同時也祝願社會和諧、祖國昌盛。期間有近百名信眾參與祈福活動。[7]

三、興學宣道

1. 興辦學校，培育人才

三元宮慣有捐資興學之傳統。據民國三十三年刻之〈廣東省廣州市粵秀山三元宮歷史大略記〉載，早在清代光緒二十九年(1903)時，時任三元宮主持梁宗琪就曾將三元宮田產實業六百二十三畝盡數捐出，興辦時敏中學，用以教書育人，培育人才。此事得到當時政府的肯定，欽奉敕賜「葆光勵學」之四字牌匾，恭懸殿前。[8]

2. 捐資辦學，惠及教育

除了自行興辦學校之外，三元宮亦多次捐資參與相關機構的辦學活動。1990年5月，三元宮為資助中國道教協會辦學捐獻25,000元。[9]

1992年10月9–11日，廣州道教協會與香港蓬瀛仙館在三元宮聯合舉辦「祈求全世界和平暨消災解厄萬緣勝會」，為廣州市教育基金籌款，將籌得的人民幣174,825元和港幣299,630元全數捐給廣州市教育基金會。[10]

3. 宣道培訓，弘揚文化

三元宮承繼玄門道風，傳播道學思想，不斷提高道職人員整體素質，弘揚宗教文化。為此，三元宮協同其他機構，舉辦道教知識與道教文化培訓班。

2005年11月9日，在廣州市民宗局的支持和幫助下，廣州市道教協會在三元宮內舉辦了「第二期道教道職人員學習培訓班」。廣州市五所宮觀的全體道長和工作人員，以及部分信眾共十五人參加了培訓學習。市民宗局一處鍾向陽處長、謝安平助理調研員等十分關心這次培訓學習，親自參加和協助安排培訓班有關事宜。

這次培訓班分別由中山大學歷史系萬毅教授、中山大學博士生吳羽、中山大學博士生郭智勇、佛山市博物館館長肖海明博士分別就「敦煌的道教與道經」、「道教藝術」、「莊子的新理解」、「從民間神到道教神 —— 以玄武神為例」作了專題講座。通過這次學習和培訓，學員們開拓了視野，激發了學習熱情。這次的培訓班也為進一步提高道長、道職人員的整體素質提供了實踐平臺。[11]

4. 重光古觀，籌建「道德館」

為積極構建和諧社會，弘揚時代精神，重光千年古觀，展現道教文化的獨特魅力，三元宮管委會還積極籌備建立「道德館」。

2017年11月13日上午，關於推進三元宮「道德館」建設工作會議在三元宮會議室召開。廣州市民宗局宗教一處林雲青副處長，市道協符劍副會長兼秘書長、張濤主任，越秀區文聯梁培龍主席，海珠區文聯任桂森、黃穗中，鳳陽文化站秦建中站長以及廣州梅社書畫院張森霖院長等書畫家代表出席了創作研討會。會議主要內容是討論「道德館」內有關「書」、「畫」題材的搜集整理與創作，與會人員提出了很多寶貴意見，對推動「道德館」建設有重要啟發意義。

「道德館」將道教文化與廉政文化建設有效結合，突出地域特色，古為今用，彰顯優秀傳統文化的現代價值，增強廉潔文化的吸引力、滲透力和影響力。「道德館」並以道教「尊道貴德」思想為主題，在道德觀念引導下，結合道家思想及道教文化，充分挖掘資源，打造道德教育基地，讓廣大信眾能從中接受道德文化薰陶，弘揚傳統優秀文化。根據「道德館」籌建工作方案的要求，關於「書」、「畫」方面可分為言道溯源、悟道言廉、廉德興道、道化玄岳等章節的題材進行創作，內容參考五羊傳說的故事，將五仙解救眾生慈悲度人、鮑姑嶺南行醫救人等典故與「道德」相結合。[12]

5. 參與研討，專研道學

2013年11月15日上午，第三屆廣東道教文化節暨第七屆惠州國際（休閒養生）旅遊節系列活動啟動儀式在惠州羅浮山隆重舉行。啟動儀式上，有廣東道教學院籌建辦揭牌、羅浮山遊客服務中心廣場啟用揭幕、《山水釀惠州》宣傳冊首發等活動舉行。同時，來自全省各道教宮觀的高道大德，聯袂舉辦了一場祈福大法會，共同祈禱世界和平、國泰民安。廣州市道教協會參與祈福大法會的宮觀有三元宮、純陽觀、黃大仙祠、仁威祖廟、都城隍廟。

11月15日下午至16日上午，各界人士齊聚惠州羅浮山，召開了道教文化與生態文明研討會。來自海內外的數十名高道大德、專家學者就「道教文化與生態文明」主題進行研討，深入挖掘道教優秀文化內涵，積極探索道教文化服務經濟社會建設的新途徑。廣州市道協潘崇賢會長，純陽觀的吳高逸、雷高承、鄧沖等道長在研討會發表了相關論文並參與研討。[13]

6. 舉辦夏令營，關愛少年

2017年7月9日，三元宮順利舉辦首期武當功夫夏令營。此次夏令營為期7天，配備4名老師，共招收了20名學員。夏令營活動在提高學員自身身體素質的同時，積極宣揚了道教優秀傳統文化。本次夏令營活動，面向全社會招收6到18歲的孩童及青少年學員，教授武當武術，帶領學生讀誦國學經典、靜坐休養，並輔導暑假作業；向他們展示國學經典、傳統禮儀、音樂、養生常識等文化，帶領學員領略道法自然、上善若水、為而不爭等道家優秀思想，讓學員在思想上培養「慈、儉、讓」的高尚品格與自強不息的武術精神，在實踐上體驗傳統文化精髓。

2017年7月15日，三元宮首期武當功夫夏令營在大家共同努力下，學員完成所有課程順利結業，並為家長們進行匯演。不少學生家長表示，孩子在此次活動中獲益匪淺，既強健了體魄，又加深了對傳統文化的瞭解，希望今後三元宮多舉辦類似的文化活動，為社會服務，為廣州的發展充分發揮正能量。[14]

7. 開設課程，裨益大眾

2018年10月27日下午，「首屆公益武當八段錦」課程在三元宮開展。公益課程共設六個課時，授課時間為每週六下午3時至4時半，課程由楊智杰道長執教。楊道長為武當三丰派第十六代傳人，武當太極文化傳承總會教練，擅長太極十三式、道家兵器及道教養生氣功功法等，現任廣州市道教三元宮武當太極文化傳承會總教練，傳授武當太極養生功法。「首屆公益武當八段錦」課程教學內容從站樁、抱拳禮、基本步法開始，然後再到八段錦的系統學習。課程安排循序漸進，樸實易學，吸引了無數熱愛養生和太極文化的社會各界同仁參與。簽到現場，人頭攢動。先習道家子午訣，混元樁功。參與者由20歲到65歲。

基於2018年「首屆公益武當八段錦」課程的成功經驗，三元宮於2019年3月2日又開展了第二期「公益武當八段錦」課程。第二期課程同樣由楊智杰道長執教，亦分為六個課時，在每週六下午3時到4時半開課。武當山八段錦是一套簡單易學的全身保健氣功運動。內煉精神，外煉筋骨，動作柔和舒緩、輕鬆自如、圓潤連貫、展合大方，練習此功時全身關節肌肉得到活動，內外協調及動靜結合，呼吸和動作舒適自然，既可減壓及防治失眠，更可達保健養生、防治疾病、化解脂肪及美容之效。第二期「公益武當八段錦」課程吸引諸多信眾與普通市民參與，有效促進宮觀與大眾的聯繫。

四、贈醫施藥

1. 捐贈灸藥，功德大眾

　　2012年7月8日，三元宮內舉行首次「冬病夏防，天灸有奇效，造福為民，社會更和諧」慈善公益活動。此次活動，由三元宮出資，邀請廣州市中醫院專業醫生，向廣大信眾、越秀區六榕街道街群眾等近千人免費貼灸藥。這一活動受到市民群眾一致的好評。此次活動，不但傳承了三元宮贈醫施藥的文化傳統，還增進了三元宮與信眾、鄰近街坊的交流，為進一步做好慈善公益活動積累了經驗。[15]

2. 舉辦義診，弘揚醫道

　　繼承鮑仙姑治病救人的優良傳統，踐行道教服務社會的理念，2017年3月30日，在農曆「三月三」鮑姑誕當天，三元宮聯合南方醫科大學珠江醫院、廣州市海珠中大紡織產業商會、廣州市富仁堂健康諮詢有限公司、廣州年青保健科技有限公司、廣州粵華製藥有限公司，以「關注健康，守護生命，弘揚醫道，服務社區」為主題，在三元宮內為民眾舉行義診服務。

　　此次義診活動內容包括骨科、耳鼻喉科、肝膽一科、心內科、內分秘科、呼吸科、神經內科、皮膚科、風濕免疫科、中醫科。服務專案包括免費健康諮詢、免費檢測血壓、血糖，此外還有贈施藥品、派送福米等活動。據統計，本次義診活動受益人數約1,000人。[16]

　　基於2017年「三月三」鮑姑誕義診活動的成功經驗與熱烈反響，2018年4月13日，建有「鮑姑寶殿」的三元宮又一次聯合南方醫科大學珠江醫院，於上午九時至十一時在三元宮舉行「關注健康，守護生命，弘揚醫道，服務社區」義診服務，義診活動期間，信眾絡繹不絕，善信諮詢、就診甚眾，義診活動取得圓滿成功。

3. 開講益智，倡導保健

　　鮑姑是晉代廣東南海太守鮑靚之女、醫家葛洪之妻，精通灸法，是我國醫學史上第一位女灸學家，隨夫葛洪在廣東羅浮山行醫、採藥。鮑姑醫術精湛，尤其擅於灸法，以治療贅瘤與贅疣而聞名。鮑姑因地制宜，就地取材，用當地盛產的紅腳艾對眾多病患進行灸治，取得顯著療效，因此被嶺南人民尊稱為鮑仙姑。廣州市道教三元宮是醫學史上第一位女灸學家鮑姑懸壺濟世的祖地，在2018年

九月初九，即10月17日上午，隆重舉行了鮑姑艾灸館復館祈福法會及頌天火儀式，積極面向大眾，提供熱情服務，同時普及艾灸知識，推廣中醫養生，以讓鮑姑艾火世代相傳。

2018年10月21日下午2時，三元宮首屆鮑姑艾灸館艾灸公益大講堂系列活動在廣州市道教三元宮三樓會議室正式開始，由國家高級艾灸師、鮑姑艾灸館特聘副館長葉興耀主講，來自廣州市約六十名中醫養生愛好者、中醫艾灸養生創業者及亞健康患者參加。此次活動，普及了艾灸知識，推廣了中醫養生，在社會上反應積極。因此，三元宮鮑姑艾灸館陸續舉辦此類活動。2018年11月11日下午2時，三元宮鮑姑艾灸館在三樓會議室舉辦第二期艾灸公益大講堂系列活動，由國家高級艾灸師、鮑姑艾灸館特聘副館長鄭傳輝主講，主題為「道醫雜談」。11月25日下午2時，三元宮鮑姑艾灸館在三樓會議室舉辦第三期艾灸公益大講堂系列活動，由副主任醫師、易筋歸一道法自然療法創始人王偉主講，主題為「易筋歸一道法自然學術思想及其臨床應用」。

2019年3月17日下午，三元宮鮑姑艾灸館在抱樸書院又一次舉辦公益大講堂系列活動 ——「小兒春季助長益智調養」，由廣州市淨慧恒緣營養健康諮詢有限公司負責人、中國民族醫藥學會艾灸分會理事、國家康復理療師、中醫小兒推拿保健師、2016及2017年全國百強小兒推拿師羅婉滋主講，來自廣州各地的三十多位年輕父母帶著孩子參加了講座。

諸場講座皆深入淺出，言及養生、助長、益智之關鍵處，同時普及「食療」之重要性。食療是中醫藥文化的重要組成部分，也是中華飲食文化的一枝奇葩，其歷史源遠流長，繽紛璀璨。中國素有「藥食同源」的說法。傳統中醫學認為，食即是藥，或者說相當於藥，因為它們同源、同用、同效。成人體格康健，兒童正常生長發育，合理的食養必不可缺。

第二節　相關合作團體

三元宮極盡道觀之力，施惠濟世，慈惠活動眾多。在眾多的慈惠活動中，有三元宮一家之力的善舉，更多的是三元宮與其他相關團體合作，集眾家之力，成利民之義舉。根據合作團體的性質，與三元宮合作共濟慈惠活動的團體，可分為相關宗教組織、社會機構與專業團體三類。

一、宗教組織

1. 廣州市道教協會

廣州市道教協會位於廣州市三元宮，現以潘崇賢為會長，行信明、黃學良為常務副會長，段國良、周啟光、陳建良為副會長，符劍為秘書長。廣州市道教協會的前身為「廣州市道教會」。「廣州市道教會」的成立與三元宮密切相關。1946年時，報刊刊登三元宮將被改作忠烈祠。為保護三元宮不被侵佔，該宮住持唐誠靜、李信湝與道侶商議，決定爭取官方的支持，吸收部分官方要人入會，並授予名譽職務。1947年11月正式成立「廣州市道教會」，會址設在三元宮。該會制定嚴密的組織章程，設有辦公室負責日常事務。經道教會努力，三元宮得以保存，忠烈祠另選地址。[17]因建國之初宗教政策的限制，「廣州市道教會」在廣州解放後自動解散。1982年以後，宗教政策得以重新落實，經市政府批准，恢復了三元宮和純陽觀，信徒和香客逐漸增多。廣大道士信徒強烈要求成立自己的群眾團體，1987年5月23日，廣州市道教代表會議召開，會上正式成立了廣州市道教協會，選舉產生了由15人組成的第一屆理事會，並推選謝宗暉為會長，吳信達、吳信祥、黃誠通為副會長，周信明為秘書長，潘金漢、吳崇強為副秘書長，並決定道教會會址設在三元宮。廣州市道教協會成立後，協助政府貫徹宗教信仰自由政策，收回被占的道教房地產，對道教發展起積極意義與作用。

因位於宮觀之內，廣州市道教協會與三元宮交流甚密，合作眾多，在三元宮的各項慈惠活動中，由廣州市道教協會組織、協會與三元宮共同組織或協會參與的包括：

第一，1992年10月9日至11日，「祈求全世界和平暨消災解厄萬緣勝會」；

第二，2005年11月9日「第二期道教道職人員學習培訓班暨道教文化學習」；

第三，2008年5月13日上午、19日下午，為汶川地震災區舉行祈福和追薦法會；

第四，2011年8月6日，為第26屆世界大學生夏季運動會舉行「和諧大運，同心同行」祈福法會；

第五，2012年6月21日「廣東扶貧濟困日暨廣州慈善日」捐贈活動；

第六，2013年4月24日，為雅安災區人民祈福法會暨捐款活動；

第七，2013年11月15日至16日，第三屆廣東道教文化節暨第七屆惠州國際(休閒養生)旅遊節系列活動。

2. 純陽觀

純陽觀建於清道光六年（1826），位於今廣州市海珠區五鳳村漱珠崗。宮觀原有山門、靈官殿、大殿、華陀先師亭、朝斗臺以及亭、廊、廳、閣等建築二十多間，佔地面積約萬餘平方米。現僅存山門、靈官殿、拜亭、大殿、朝斗臺。1987年大殿、靈官殿、拜亭等建築先後重修。昔日純陽觀，因環境清幽，住持李明徹博學，吸引騷人墨客，留下不少珍貴文物古蹟，如道光九年（1829）李明徹刻〈鼎建純陽觀碑記〉，言及該觀創建緣起、經過及規模，留下珍貴的一手材料。碑已無存，拓本今藏於廣州市文物管理委員會。宮觀大門上有「純陽觀」篆書石額，及清代富商潘仕成題「靈山松徑古，道岸石門高」石刻聯。純陽殿前有談經石，在談經石上有道光十年（1830）「介節為儔」石刻、民國年間的「梅社」等石刻。

同為廣州道觀，信念一致，勠力同心，共為慈惠，純陽觀與三元宮共同主辦及參與的慈惠活動包括：

第一，2005年11月9日「第二期道教道職人員學習培訓班暨道教文化學習」；

第二，2011年8月6日，為第26屆世界大學生夏季運動會舉行「和諧大運，同心同行」祈福法會；

第三，2012年6月21日「廣東扶貧濟困日暨廣州慈善日」捐贈活動；

第四，2013年11月15–16日，第三屆廣東道教文化節暨第七屆惠州國際（休閒養生）旅遊節系列活動；

第五，2019年1月9日「送溫暖、獻愛心」活動。

3. 黃大仙祠

黃大仙祠始建於1899年，位於今廣州市荔灣區芳村古祠路，為香港黃大仙祠的原祠所在，為廣東第一間供奉黃大仙的道教宮觀，梁仁庵道長為首任住持。祠觀分為主殿、側殿以及後面的庵堂等建築。黃大仙祠1958年被徹底清拆，僅存一些石刻對聯、浮雕石柱、石門楣及齋堂等遺物，斷碑殘篆。2015年8月，清代建造的殘存遺蹟被列為廣州市第八批文物保護單位。

今廣州黃大仙祠是在20世紀90年代復建的。1995年，廣州市政府邀請香港加拿大置地有限公司與芳村新荔枝灣實業發展有限公司合作，復建黃大仙祠。經2年策劃和設計，於1997年11月9日正式動工，1999年2月6日完成第一期工程並開放予公眾參觀。二期工程亦於2004年12月完成。黃大仙祠與三元宮亦有合作的慈惠活動，包括：

第一，2011年8月6日，為第26屆世界大學生夏季運動會舉行「和諧大運，同心同行」祈福法會；

第二，2013年11月15–16日，第三屆廣東道教文化節暨第七屆惠州國際（休閒養生）旅遊節系列活動。

4. 仁威祖廟

仁威祖廟始建於北宋皇祐四年（1052），原建築於元代末年被焚毀，明初洪武五年（1372）重建，位於今廣州市荔灣區泮塘路，面向荔灣湖泮塘池區，仁威廟坐北朝南，原來有三路五進建築，中路依次為頭門、正殿、中殿、後殿、後樓，東路和西路為配殿。現僅存三路四進建築，佔地2,000多平方米，是繼三元宮、黃大仙祠和純陽觀之後，廣州市內恢復的第四間道教活動場所。仁威廟保留了大量清代的嶺南特色建築及裝飾工藝，1983年8月，市政府把該廟列為廣州市重點文物保護單位。

仁威祖廟與三元宮合作的慈惠活動包括：

第一，2011年8月6日，為第26屆世界大學生夏季運動會舉行「和諧大運，同心同行」祈福法會；

第二，2013年11月15–16日，第三屆廣東道教文化節暨第七屆惠州國際（休閒養生）旅遊節系列活動。

5. 都城隍廟

都城隍廟始建於明朝洪武三年（1370），是明朝時期嶺南最大的城隍廟。廟宇現址位於越秀區中山四路忠佑大街，為清康熙年間遷建。1920年市政當局拓闊惠愛路（今中山四路），城隍廟大部分建築被清拆。1949年後，城隍廟一度被用作被服廠，1956年被用作廣州市材料試驗機廠，直至2001年才將使用權交還越秀區房管局。2009年8月都城隍廟開始修復，並於2010年10月底完工。廟宇建築群坐北面南，在其中軸線上原有外門、中門、拜亭和大殿等建築物，左右兩側建廊廡、齋宿、廳房、羽士房和省牲所等。都城隍廟與三元宮合作的慈惠活動包括：

第一，2011年8月6日，為第26屆世界大學生夏季運動會舉行「和諧大運，同心同行」祈福法會；

第二，2013年11月15–16日，第三屆廣東道教文化節暨第七屆惠州國際（休閒養生）旅遊節系列活動。

6. 香港蓬瀛仙館

蓬瀛仙館由何近愚、陳鸞楷、麥星階、蘇耀宸及周朗山諸位道長於1929年創立，位於香港新界粉嶺，是香港主要的道教廟宇。蓬瀛仙館源於三元宮，得名於傳說中渤海深山「蓬萊」和「瀛洲」。基於三元宮與蓬瀛仙館間的深厚歷史淵源，兩座道觀於1992年10月9–11日聯合舉辦「祈求全世界和平暨消災解厄萬緣勝會」，為廣州市教育基金籌款，並將籌得的人民幣174,825元和港幣299,630元全數捐給廣州市教育基金會。

二、社會機構

1. 六榕街道及所轄象崗山社區居委會

居民委員會是基層群眾自治組織，與之共辦慈惠活動，可有效聯絡群眾，精準接觸幫扶對象。三元宮所在的街道為廣州六榕街道，六榕街道2013年由原東風街道和六榕街道合併而成。轄區總面積0.87平方公里。有戶籍人口48,690人。六榕街道所轄社區眾多，包括將軍東社區、舊南海縣社區、文園巷社區、稻穀倉社區、興隆東社區、盤福社區、清泉社區、蘭湖里社區、雙井社區、象崗山社區、流花湖社區、四方塘社區、德坭新村社區、盤松苑社區、彭家巷社區、第一津社區、涼亭坊社區、司馬坊社區、迎壽里社區、嘉和苑社區和駟馬涌社區。三元宮與六榕街道辦事處及其所轄象崗山社區居委會多次合作，共辦慈惠活動，彰顯道教濟世利人的傳統美德，弘揚幫貧扶弱的正能量。這些慈惠活動包括：

第一，2018年12月29日，廣州市道教三元宮、武當太極文化傳承會、象崗山社區居委會聯合主辦首期送溫暖愛心活動。此次活動主要面向象崗山社區，以認領的方式來籌集物資，並將所集物資無償捐贈給30戶家庭。除了部分受捐家庭代表現場領取外，對不便來三元宮的受捐家庭，三元宮道人在象崗山社區居委會人員的帶領下，將受捐物資逐戶送上門。

第二，2019年1月28日下午，三元宮和下轄的鮑姑艾灸館的道人及六榕街道辦事處工作人員在宮觀廣場舉辦「迎新春，送溫暖，獻愛心」活動。街道辦事處組織近百名困難群眾領取了慰問物品。

2. 廣州市人大常委會機關工會

工會屬基於群眾職工共同利益而自發組織的社會團體。三元宮與廣州市人大常委會機關工會於2019年1月9日合辦「送溫暖，獻愛心」活動，是次活動對廣州市人大常委會機關工會對口扶貧單位的清遠市太平鎮中南村36戶家庭進行幫扶。大部分受捐家庭代表到現場領取物資，對個別不便來到清遠市太平鎮中南村扶貧產業發展樓的受捐家庭，廣州市道教三元宮、廣州市道教純陽觀、廣州市人大常委會機關工會、武當太極文化傳承會的道人和工作人員，將受捐物資逐戶送上門。

3. 武當太極文化傳承會

會址在三元宮的武當太極文化傳承會秉承為民眾提供精神文化和養生健康服務之精神，以傳承與發揚中華民族傳統文化，培養太極文化優質傳承人為宗旨，多次與三元宮合辦慈惠活動。2018年12月29日及2019年1月9日，武當太極文化傳承會兩次與三元宮及其他機構合作，舉辦「送溫暖，獻愛心」活動，關愛和幫助生活困難的弱勢群體，彰顯了道教濟世利人之精神。

同時，武當太極文化傳承會亦與三元宮開設合辦課程，裨益大眾。2018年10月27日與2019年3月2日，武當太極文化傳承會與三元宮合作開設「公益武當八段錦」課程。是次課程由武當太極文化傳承會總教練楊智傑道長執教，主要教授一套簡單易學的全身保健氣功運動八段錦。課程安排循序漸進，樸實易學，吸引了無數熱愛養生和太極文化的社會各界同仁參與，參與者年齡由20歲到65歲不等。

三、專業團體

1. 廣州市中醫醫院

廣州市中醫醫院始建於二十世紀三十年代，1956年經市政府命名為「廣州市第三人民醫院」，1960年更名為「廣州市中醫醫院」，是一所集醫療、科研、教學、預防保健於一體的綜合性中醫醫院。2012年7月8日，由三元宮出資，邀請廣州市中醫院專業醫生，向廣大信眾、越秀區六榕街道街群眾等近千人免費貼灸藥，舉行「冬病夏防，天灸有奇效，造福為民，社會更和諧」慈善公益活動。通過此次活動，三元宮與廣州市中醫醫院共同傳承了贈醫施藥的文化傳統，同時也增進了三元宮與信眾、鄰近街坊的交流。

2. 南方醫科大學珠江醫院

南方醫科大學珠江醫院傳建於1947年，是一所集醫療、教學、科研和預防保健為一體的大型綜合性教學醫院。2017年3月30日及2018年4月13日，三元宮聯合南方醫科大學珠江醫院，舉行「三月三鮑姑誕」義診服務。此次義診活動以「關注健康，守護生命，弘揚醫道，服務社區」為主題，內容包括骨科、耳鼻喉科、肝膽一科、心內科、內分秘科、呼吸科、神經內科、皮膚科、風濕免疫科、中醫科。服務專案包括免費健康諮詢、免費檢測血壓、血糖，此外還有贈施藥品、派送福米等活動。義診活動受益人數約1,000人，廣受社會群眾好評。

第十二章

三元宮與香港蓬瀛仙館

　　香港蓬瀛仙館的地址在新界粉嶺百福村[1]（今粉嶺百和路66號），是二十世紀初在香港創建的早期道觀之一，至今已屹立香港九十年。該館一直秉持承傳道教全真龍門派的法脈，尤以廣州三元宮為其龍門派道脈的源頭，故又稱三元宮為「祖庭」。[2]本章概述三元宮與蓬瀛仙館創建的歷史及交往的密切關係，以證廣東全真教道觀對二十世初香港道堂肇源的貢獻和影響。

第一節　香港蓬瀛仙館的創建與廣州三元宮的道脈關係

　　蓬瀛仙館的創建與三元宮頗有淵源，其一是該館首任住持麥星階（番禺人，道號宗光，1855–1932？）曾任三元宮住持。麥宗光為三元宮全真龍門派的二十三傳弟子。光緒二十八年，三元宮〈重修呂祖殿碑記〉的捐金者名單中已記有「本宮麥宗光捐銀壹十大元。」[3]可知麥宗光在1902年時已為三元宮道士，該年麥47歲。1931年1月的〈本地風光‧蓬瀛仙館〉記載有黃佩佳於1930年底偶訪蓬瀛仙館（案：1930年仲夏，恭奉太上道祖及純陽呂祖師的玉清寶殿草創落成）並同住持麥宗光見面的經過，云：「麥君，番禺人，學道已三十餘年，前曾住持越秀山麓的三元宮」及「麥君現年已七十五歲。」[4]據此記載，可推論麥宗光生年為咸豐五年（1855）。然而在民國十六年（1927）以前，麥宗光卻是一直擔任三元宮住持之職。

　　據本書第二章所考，民國十六年三月廣州市立美術學校呈請廣州市市長孫科，要求批准「將三元宮上下全座撥作市立美術學校校舍之處」。民國十六年九月《廣州市市政公報》第269期載有麥宗光代表三元宮提出反對廣州市立美術學校

之呈請的記錄：「現據本市三元宮住持麥星階呈稱為古觀，完全私產，慘被劃出強借，請令市政廳查案保存，以維名勝，而固業權等情。」[5]大約兩年之後，即民國十八年，麥宗光遷往香港，為蓬瀛仙館首任住持，直至民國二十一年(1932)。據1950年〈蓬瀛仙館創建道董題名記〉載：「歷任主持芳名：麥星階，民十八年至二十一年」，並指出「粉嶺之有蓬瀛仙館，道源於民十八年。」[6]據此，麥宗光應是在民國十七年(或不晚於民國十八年)之後移居香港，出任蓬瀛仙館首任住持。在仙館草創階段，麥氏與同門道侶竭力籌劃於粉嶺雙魚洞山麓購地興建一所龍門正宗道院。1937年〈創建粉嶺蓬瀛仙館記〉記述民國十八年寒冬時麥宗光參與創建蓬瀛仙館的經過：「時值殘臘，天氣嚴寒，麥星階、蘇壽祺、李道明呵凍勘地，從事經營，至庚午仲夏，草創落成。」[7]

第二位曾擔任三元宮住持而又與蓬瀛仙館的初創歷史有直接關係的是周紹光(番禺人，字朗山，道號宗朗，1874–1952)。周宗朗曾於1940年為蓬瀛仙館的住持[8]，及後在1943年又返回廣州出任三元宮住持[9]。在本節未詳述周宗朗在廣州和香港的活動事跡之前，筆者還要特別介紹周宗朗於1937年為記敘蓬瀛仙館創建經過所撰的碑記——〈創建粉嶺蓬瀛仙館記〉。作為當年的親身經歷和見證，周宗朗在碑記中詳細記敘了最初從廣州來遊香港的麥宗光、何近愚(道號宗愚)和陳鶯楷(宗楷)這三人如何發起在粉嶺創建蓬瀛仙館的經過。何宗愚和陳宗楷都不是三元宮道士，但從其龍門派字輩的道號來看，或會是三元宮的入道弟子，這尚待進一步查證。周宗朗則稱何、陳二人為「自修龍門正宗道人何近愚、陳鶯楷。」[10]

1937年〈創建粉嶺蓬瀛仙館記〉載：「自修龍門正宗道人何近愚、陳鶯楷與三元宮主持麥星階同遊香港，訪粉嶺安樂村本立園主人李道明，少住勾留，遙見崇山三疊翠，環繞萬松，其名為雙魚洞，於朝曦初照時，半山中有五色祥雲浮起，真有天然仙境焉，遂與李君暢談時事，感世道之淪胥，悵吾身之遲暮，非尋得淨土，無以助潛修，非提倡道宗，無以挽頹俗，因發起創修龍門正宗道院之議，擬購該山麓之片土興建仙館。」[11]雖然碑文沒有提及麥宗光等三人是哪一年同遊香港及何時往訪粉嶺安樂村本立園主人李道明(道號宗長)，但是，碑文提及了蓬瀛仙館從初創至落成的幾個關鍵日期，即：「始于己巳(1929年)」、「至庚午(1930年)仲夏，草創落成」、「成于癸酉(1933年)」。另外，碑文亦證實這些來自廣州的三元宮道侶於1929年冬已經展開勘地建館的工程，不及一年的經營，「庚午仲夏，草創落成」。據此推論，麥星階等人應是在1928年至1929年間與李道明共議籌謀，決定在雙魚洞山麓創建道院，然後覓地、購地、籌款、集資、規

劃，1929底開展施工，至1930年仲夏，道院「草創落成」，取名「蓬瀛仙館」[12]。

　　根據〈創建粉嶺蓬瀛仙館記〉載，最初所購之地原屬創館道董馮宗耀的親戚朋友擁有：「道友馮耀卿戚友，讓得雙魚洞山麓，建築道院。」馮耀卿，原名馮柏燎，道號宗耀，廣東鶴山人，光緒二十一年 (1895) 被父親 (馮傑時) 送到香港皇仁書院 (創辦於1862年) 學習。畢業後，馮耀卿曾留在皇仁書院當教師，兩季後離開香港返回廣州，初期在李道明設在廣州的寶興磁莊 (瓷器商店) 工作。1906年11月，馮耀卿與李道明合資，創辦了利豐公司 (Li & Fung Co.)，是為中國第一家由本地華商直接從事對外貿易的華資出口公司。1932年利豐已在香港開設分行。[13]李道明和馮耀卿都是蓬瀛仙館的創館道董。而1929年蓬瀛仙館之所以能夠創建於粉嶺雙魚洞山麓，得益於這兩位利豐公司創辦人的提議和協助，而購得這片山麓的淨土，建設仙館。雖然筆者仍未能確證李、馮二人是否早在蓬瀛仙館創建之前已入道於廣州的三元宮，但是基於他們的道號屬於龍門字派二十三傳弟子，而又因為支持麥宗光、何近愚等道侶從廣州來香港創建一座「龍門正宗道院」的理想，因此，可推測李道明和馮耀卿或在廣州從商之時已經入道三元宮，與住持麥宗光相契。

　　除了三元宮住持麥宗光和周宗朗，以及道侶李道明和馮耀卿之外，本節將繼續探索其他在1929年參與創建蓬瀛仙館的道侶之道教背景及其與三元宮的道脈關係。周宗朗撰的〈創建粉嶺蓬瀛仙館記〉提及麥星階、何宗愚、陳宗楷三位來港下榻於粉嶺安樂村本立園李道明家中，並和李道明商議決定在雙魚洞山麓創建龍門正宗道院之後，就返回廣州向「同道」、「道友」籌款，湊集資金：「旋省後，即約同道伍叔葆、汪憬吾、王達堂、蘇壽祺、蘇耀宸、梁綺湄、孔公豁、梁伯雅、羅壽堂、阮禪興、周朗山、陳坦君等創議籌款，購地建設道院。一時風起雲湧，湊集巨資，向道友馮耀卿戚友讓得雙魚洞山麓，建築道院，取名蓬瀛仙館。」這裡提及了在廣州省城的同道共有十二人。其中可考生平事跡的有伍叔葆 (道號永登)、汪憬吾 (道號永覺)、蘇耀宸 (道號宗耀)、孔公豁 (道號宗度)、阮禪興 (道號宗潛)、周朗山 (道號宗朗) 等著名的官商文士。以下，本節以伍叔葆、孔公豁、周朗山三人為例，說明他們具有三元宮弟子的身份而成為蓬瀛仙館創館的道董。

　　伍叔葆 (1863–1932)，即伍銓萃，字選青，號叔葆，室名葆庵，廣東新會人，出身於富商大家族，少年時肄業於廣州廣雅書院。光緒十八年 (1892) 壬辰科進士，名列二甲十二名，授官翰林院庶吉士。與後來的北大校長蔡元培是同科進士。光緒二十七年 (1901)，充廣西省鄉試副考官；宣統元年 (1909) 年，曾遊

歷日本考察學務，之後回來出任湖北省鄖陽府知府。辛亥革命後，與一些廣東籍的前清翰林進士例如陳伯陶、張學華等隱居香港。伍銓萃與三元宮往來的直接例證是其為該宮於光緒二十八年（1902）重修時所撰的〈重修呂祖殿碑記〉。伍銓萃在該碑的下款自署為「賜進士出身花翎五品銜翰林 國史編修官歷充雲南廣西鄉試副考官允州伍銓萃序」。碑文中，伍銓萃推崇三元宮為「凡天仙人之所窟宅，羽客之所遊息，布功德水，宏利濟之路，邈哉，邈乎！其靈蹟可得而窺也。」[14] 當時三元宮住持是梁宗琪，而伍氏與梁住持必然相知，而被邀撰書重修碑記。伍銓萃如上所述，在〈重修呂祖殿碑記〉的捐金者名單中，記有「本宮麥宗光捐銀壹十大元。」據此，或可推測伍銓萃與道士麥宗光在光緒二十八年已相識。另據後來1950年〈蓬瀛仙館創建道董題名記〉，伍銓萃為創建道董之一，道號永登，龍門字派十八傳弟子。由於其道號的字輩屬「永」字輩，而三元宮在乾隆年間已傳承至該字輩了，因此，同治二年出生的伍銓萃應該不是在三元官入道，而其入道的宮觀相信是羅浮山酥醪觀，並且據說「（伍銓萃）曾寄跡羅浮山酥醪觀為住持」。[15]伍銓萃與酥醪觀的結緣應是由於他和陳伯陶為相知。光緒十八年，陳伯陶與伍銓萃同屬廣東籍壬辰科進士，前者更在殿試中獲一甲第三名（探花）。陳伯陶（1855–1930）道號永燾，其父親陳銘珪（1824–1881，道號教友）於同治四年（1865）入山住持酥醪觀，自稱「醪酥洞主」。[16]光緒末，陳永燾和道士張永豫接任酥醪觀住持，一直至民國十九年（1930）為止。張永豫〈重修酥醪觀碑銘〉記：「余與子礪師兄〔按：陳伯陶字子礪〕住持斯觀也，四十餘年矣。」[17]

孔公豁，即孔昭度（1883–1952），別字貞和，別號公豁，道號宗度，生於南海縣孔氏望族。其族伯祖孔繼勛太史（1792–1842），於嘉道年間與張維屏（1780–1859）、黃培芳（1778–1859）、譚敬昭（1774–1830）諸廣東詩人結社廣州白雲山，建有雲泉山館。其時廣州南關孔氏有三十三萬卷書樓之設，藏書之富，甲於南方。孔公豁武官出身，一生官職顯赫，兩粵將校多及其門。[18]1904年（光緒三十年），孔公在廣東武備學堂第一期學習尚未畢業，即獲得所在省府官費保送日本留學，1907年11月畢業於日本陸軍士官學校第六期步兵科。1909年會考東西洋留學生，成績優異，賞步兵科舉人，授「協軍校」，任廣東督練提調。民國成立後，於1912年2月任北京政府中央陸軍第七混成旅第二團團長。1914年底返粵，就任廣東省陸軍第一師司令部參謀長，後調任廣東陸軍速成學校校長。北伐時期，歷任粵軍部隊重要職位，如粵軍總司令部高級參謀、國民革命軍第六軍第十八師司令部參謀長、第八路軍總指揮部參事等。1930年5月免軍職，後相繼任新興縣、饒平縣、花縣、陽春縣縣長。至於孔公豁在廣州的入道經歷及其與三

元宮的關係，目前缺乏資料可供考證。然而，孔有詩文證其與周朗山和何近愚相交。上世紀二十年代，周朗山與陳樹人（1884–1948）、高劍父（1879–1951）、張純初（1869–1942）等日本留學歸國的廣東著名文人在廣州組織了一個論詩作畫的雅集團體——「清游會」（1924年元旦創立），推動新國畫運動，以「折衷中西、融合古今」為宗旨。[19] 陳樹人曾於1930年代為周朗山繪畫像，並有趙少昂補等補敘事跡：「紹光先生字朗山……曩居廣州，與樹人、劍父、奇峰、先師澤闓、純初、仲生、蕙生、冠天諸前輩組清游會。」孔公豁為清游會會員的證據，可以孔詩〈中秋後清游會全人游羅浮登華首臺畫師高劍父得靈芝一株詩以紀之〉及〈書懷並呈清游會諸君〉為憑證。[20] 此外，孔公豁另撰有一首詩懷念何近愚和梁漪湄（道號誠慧／宗慈【據蓬瀛仙館永思堂龍門宗派本館羽化道侶神位】）[21]，他們兩位是廣州龍門字派的弟子及1929年蓬瀛仙館的創建道董：〈懷蓬瀛仙館同道何近愚梁漪湄〉。[22] 何近愚、梁漪湄與三元宮住持麥宗光同為道友，而孔公豁道號宗度，為龍門派第二十三傳弟子，又與周宗朗、何近愚相交，因此之故，縱使未能確證是否入道於三元宮，但可相信他與廣州三元宮有關連。

周朗山（1874–1952），道號宗朗，既曾是三元宮住持，又曾為蓬瀛仙館住持。因此可說，周宗朗是麥宗光之外又一在道脈傳承上連結三元宮與蓬瀛仙館這兩座穗港兩地道教全真龍門派宮觀的重要橋樑。同治十三年，周宗朗出生於官宦之家，其祖輩均為清正廉潔之官。據《嶺南名詩畫家周朗山先生紀念集》的介紹：「（周朗山）本人在民國初年，亦曾任廣西百色縣縣官，為官清正，頗有美名。周朗山在青少年時代曾在居廉門下習畫，與高劍父、陳樹人同門，隨後，赴東瀛深造，在早稻田大學攻讀法學、繪畫與文學，學成歸國後，任南京國民政府大理院高級律師……與當時的律師葉夏聲、杜之杕齊名。」[23] 及後又辭官返回廣州執業及營商。1947年11月5日，以三元宮道士為核心的廣州道教界人士成立的廣州市道教會，在其會員名冊紀錄裡有周紹光，報稱：「道號：宗朗，年歲：七十二，籍貫：番禺人，職業：律師，教育：專門，黨員：否，住址：舊倉巷廿三號」。[24] 據此登記資料，可確知周宗朗的專業為律師。周被廣州道教會選舉為九位理事之一，可見其在廣州道教界的重要地位和頗具影響力。

關於周宗朗在三元宮入道的時間，可推算為其前赴東瀛留學之前，即上世紀二十年代（案：清游會創辦於1924年，周宗朗已歸國，成為會員）。1928年至1929年間，麥宗光、何宗愚等與李道明商議決定在粉嶺雙魚洞山麓創建龍門正宗道院之後，便返回省城與同道倡議籌款，而周宗朗是12位支持者之一。因此，可以說周宗朗在1920年代不僅是廣州著名律師、畫家，又是三元宮道侶。

關於周宗朗信奉道教的時間，本志不同意一般的説法，稱：「周朗山晚年信奉道教，入道修行。」[25]因為其道號為宗朗，是龍門派第二十三傳弟子，即周氏與麥宗光和何宗愚屬同一輩道友。根據民國三十二年（1943）〈廣東省廣州市粵秀山三元宮歷史大略記〉（不知撰碑人者）的記載：「民國三十二年，住持周宗朗、何誠端發起在宮募化……重修後山，修復玉皇寶殿，東隅修復祖堂、祿位堂，春秋跡及後山餘地……。」1943年，周宗朗出任三元宮住持，貢獻巨大，領導在抗日戰爭中遭受破毀的三元宮的重修工程。而以其能成為住持，可確證説周宗朗實屬三元宮的弟子。

作為龍門派三元宮的弟子，周宗朗參與蓬瀛仙館的具體館務和殿宇建設的年份應從他於1937年（民國二十六年）避居香港之後開始。[26]1937年「七七」事變後，日本發動大規模侵華戰爭，同年8月31日日本軍機首次空襲廣州。1937年遷居香港之後，周宗朗與家人住於九龍染布房街四號樓上，並在香港美術院校教授國畫。[27]1937年初，何宗愚仍為蓬瀛仙館的主持（1933年至1937年[28]）。周宗朗避居香港之後，即積極參與蓬瀛仙館的事務，首先是在1937年5月為該館撰寫創館碑記——〈創建粉嶺蓬瀛仙館記〉。該碑建立的日期為「中華民國二十六年歲次丁丑仲夏四月吉日」，據此日期，可知周宗朗應是在1937年初已避居香港。他在〈創建粉嶺蓬瀛仙館記〉裡記述了於1929年草創蓬瀛仙館的宗旨和目的、籌備經過，以及建成之後至1937年，最初將近十載的發展。總結而言，該碑保存了一群廣州道侶在香港創建一座龍門正宗道院的最初約十年篳路藍縷的艱辛經歷。例如記云：「時值殘臘，天氣嚴寒，麥星階、蘇壽祺、李道明呵凍勘地，從事經營，至庚午仲夏，草創落成。」〈創建粉嶺蓬瀛仙館記〉在結尾記錄了1937年時蓬瀛仙館當屆主持（1人）、總司理（1人）、司理（4人）及幹事（9人）的名單：「當年主持何宗愚，總司理蘇宗耀，司理蘇宗祺、梁宗慈、黎宗德、王誠達，幹事李宗長、周宗朗、陳宗賢、梁宗卿、黃宗立、陳宗達、李宗普、羅宗虛、周宗朋同泐石。」據此名單，又可知周宗朗於1937年遷居香港之後，就以三元宮弟子的身份極參與蓬瀛仙館的館務工作，並成為當屆管理會幹事。

周宗朗對蓬瀛仙館最重要的貢獻是在民國二十九年（1940）擔任該館創館以來的第四任住持（任期只有一年）。目前未有文獻資料可了解其擔任住持的一年裡蓬瀛仙館的變化。不過，在這期間，周宗朗撰有傳誦一時的詩作——《蓬瀛仙館八詠》，成為該館傳承道教文人嚮往仙道修煉的宗旨，例如：「山青水秀彩雲間，蓬瀛僊館滌塵寰。誠心脩道多行善，福有攸歸樂清閒」（第四詠）、「蓬瀛雅集喜嚶鳴，養性修心盡逸情。繪畫誦經皆樂事，風傳清磬悟天聲」（第五詠）。

另外，最後一詠則是提及蓬瀛仙館的宗脈是源自正宗的龍門派：「龍門一脈正宗傳，太上老君為至尊。三聖祖師同供奉，蓬瀛仙館結玄緣。」

1941年12月25日香港淪陷，進入日據時期，一直到1945年8月15日日本戰敗投降為止。周宗朗任蓬瀛仙館住持僅一年，相信其原因在於當時日軍佔領香港，周氏與其家人再遷回廣州。如上已述，1943年，周宗朗出任三元宮住持，並主持重修。張信綱〈重修三元宮碑記〉（1944）記有「民國三十二年，本宮住持周公宗朗、何公誠端，謹于是年癸未三月廿一日（即陽曆4月25日星期日）辰時卜吉重修。」據此碑記，可證周宗朗於1943年4月之前已遷回廣州居住；又在1947年11月5日，周宗朗被選入廣州市道教會的理事會，成為理事，從這條信息可知周宗朗在1949年10月中華人民共和國成立之前，仍在廣州居住，並參與三元宮的事務。1951年春，蓬瀛仙館理事會議決「增建樓宇，推定籌建委員主其事，將左方客堂改建，按其方位，定名西齋。」[29]在1952年6月建立的〈粉嶺蓬瀛仙館增建西齋捐款題名記〉裡，捐款芳名包括有周朗山，這可證明周朗山於1949年之後因為大陸政權的易改，又再次避居香港。1952年，周宗朗仙遊，後葬於蓬瀛仙館後山[30]，並與麥宗光、梁綺湄、王達堂等於1929年創館時來自廣州的道侶之墓地相距不遠，同眠於他們創建的龍門正宗修道院附近。

綜合以上對二十世紀上半葉廣州三元宮弟子為創建香港粉嶺蓬瀛仙館所付出的努力和心血的認識，本志先作以下的總結。首先，蓬瀛仙館的創建經過、創建成員及創建目的都與廣州三元宮的道派傳承有密切關係。無庸置疑，該館的創立是以三元宮為其道脈所宗。不過，在道脈繼承方面而言，又可補充一點，蓬瀛仙館的創建不應看作三元宮在廣州以外地區創立的分枝別館。實際上，可能是出於三元宮住持麥宗光等弟子對三元宮未來處境的擔憂，因為當時三元宮正處於廣州市政府要撤觀為校的危機中。因此，他們希望在香港粉嶺雙魚河山麓再建立一座以三元宮清修傳統為宗旨的新的龍門正宗道院。其次，從1929年到1950年蓬瀛仙館創建的第一個階段而言，該館是以提供道侶潛修為宗旨而建立的一所傳承正宗龍門派的道院。正如周宗朗在〈創建粉嶺蓬瀛仙館記〉裡提出的創館宗旨：「非尋得淨土，無以助潛修，非提倡道宗，無以挽頹俗。」另一通同樣撰於1937年的〈創建粉嶺蓬瀛仙館引〉的碑記（筆者推測亦是出於周宗朗所撰）也提出創建蓬瀛仙館的宗旨為「尋斯淨土，彌助潛修，此所以創建蓬瀛仙館之舉。」[31]至於「蓬瀛」、「仙館」的意思，可以以創建道董阮禪興的一副對聯作為解說：「蓬瀛以外即塵俗，仙館之間忘世情。」[32]總結而言，廣州道教叢林三元宮和香港粉嶺蓬瀛仙館同宗同源，這是因為二者的道脈都是建立在以全真教龍門正宗的心性修煉為

立觀宗旨的基礎之上。因此之故，「在創館初期，蓬瀛仙館主要是同門道侶研經修養之所。」[33] 此時的蓬瀛仙館館舍，雖然設備簡樸，但卻成為修真養生之所，修行道眾為發揚全真信仰，清虛自守，務求簡約，力崇節儉。落在雙魚洞這塊福地的蓬瀛仙館，自有脫俗凡塵的步虛神韻。

第二節　廣州三元宮對蓬瀛仙館科儀的影響

　　從1929年至1940年之間，以麥宗光、周宗朗等為代表的諸位三元宮住持、道侶都構成創建和發展蓬瀛仙館的重要力量。一方面，他們不僅對早期蓬瀛仙館的神壇殿宇和靜室的佈局和設計給予建議，另一方面，為建立館內的科儀傳統，他們亦借助了三元宮科儀的資源。目前，蓬瀛仙館仍珍藏著一些由三元宮傳留下來的經懺科本和法器。[34] 大約在上世紀五十年代以前，許多香港道堂法事儀式仍是以釋家儀式的經懺和禪腔為主流，例如誦唸《大悲咒》、《金剛經》、《心經》、《經生咒》等。[35] 因此，蓬瀛仙館成為當時僅有的能夠依據和施演純正廣東全真教科儀經書的道觀，也為以後香港道堂能夠真正建立在歷代道教科儀傳承基礎之上的面貌，貢獻了十分重要的力量，以至有這種「現時流行一種論述習慣地把現今香港道堂所使用的科儀經書都說成是從廣州三元宮請來的」說法。[36] 例如，在一系列《青松觀藏科儀經書注》之〈前言〉裡提及：「青松觀所藏並實際使用的科儀經書，內容十分豐富，種類也極為繁多。大凡道教科儀常用的齋、醮、懺一應俱全。這些經書，由已故觀長侯寶垣道長於二十世紀五、六十年代從廣州三元宮請來，一直沿用至今。」[37] 關於青松觀侯寶垣重刊三元宮科書的來歷和蓬瀛仙館的關係，下面另有交待。

　　本志第八章已詳細介紹了蓬瀛仙館現藏的原三元宮科儀法器，共有八件，其中的五件是在拜表、煉度、施食等儀式中，列於神壇上用以供奉神明的五種獻祭品，即「五供」。其他三件則是道教儀式中常用的奏樂法器——振鈴、鐺子和鈸。另外，該館亦收藏有八幅與儀式佈壇有關的神像畫，包括九天應元雷聲普化天尊聖像、大梵先天斗姥紫光金尊聖像、天姥聖像、天后聖像、太乙風神聖像、太乙救苦天尊青玄上帝聖像、北極真武玄天上帝聖像及龍母聖像。這八幅神明畫像都有題跋，稱由「三元宮弟子笑仙張統」於1930年繪畫。雖然，未能證明這八幅神像畫傳留給蓬瀛仙館是為祝賀該館於1930年仲夏在粉嶺雙魚洞山麓草創落成，但是可推測或是由麥宗光等三元宮道侶從廣州攜帶來香港的。

三元宮對蓬瀛仙館傳承廣東全真科儀傳統的最大助益是前者傳來豐富的科儀經本。本書第七章已經介紹了11種三元宮在清代從康熙至同治年間刊刻過的科儀經本，包括有乾隆六年（1741）的《玉皇功行宥罪錫福寶懺》、乾隆七年（1742）的《元始天尊説三官消災滅罪懺》、乾隆三十七年（1772）的《太上玄靈北斗本命延生真經》、乾隆五十九年（1794）的《高上玉皇本行集經》與《玉皇宥罪錫福寶懺》、嘉慶三年（1798）的《玉清天雷上相純陽孚佑帝君度世證真心懺》，嘉慶十六年（1811）的《九天應元雷聲普化天尊玉樞寶經》，同治元年（1862）的《玉皇宥罪錫福寶懺》與《濟煉全科》、同治二年（1863）的《東嶽謝罪往生普福證真法懺》和同治四年（1865）的《太上玄門功課經》。

　　至於蓬瀛仙館，迄今仍藏有三元宮版印的清代科儀經本，包括有：《高上玉皇宥罪錫福寶懺》（刻有「同治元年（1862）粵秀山三元宮藏板」）[38]、《東嶽謝罪往生普福證真法懺》（刻有「同治二年（1863）季夏立信紳馬仲清全緣司徒氏捐資重刊板藏於粵秀山三元宮觀內」，和《先天斛食濟煉幽科》（原名《濟煉全科》，刻有「同治元年（1862）羊城粵秀山三元宮藏板」，後經增改由青松觀於1974年重刊）。另外，蓬瀛仙館藏有《太上慈悲道場滅罪水懺》和《元始天尊説三官消災滅罪懺》兩部屬於癸卯年（1963）的舊版科儀經書（案：三元宮於乾隆七年已刻印《元始天尊説三官消災滅罪懺》）。本書相信這些板藏於三元宮並由該宮刊刻的科儀經本是在1930年至1940年期間，由三元宮道士帶來蓬瀛仙館的。

　　對於蓬瀛仙館把三元宮的科儀經書外傳到香港其他道堂的經過，以及青松觀已故觀長侯寶垣稱其觀所使用的科儀經書是「於二十世紀五、六十年代從廣州三元宮請來，一直沿用至今」的説法，我們相信與侯寶垣於1950年代中期曾於蓬瀛仙館與館內道侶一起修習經懺儀式有直接關係。據蓬瀛仙館的記載，「侯寶垣和鄧九宜兩位香港高道，均曾先後於蓬瀛仙館傳經。1950年代中期，侯寶垣道長在館內小住數月，期間與蓬瀛仙館弟子周道之道長、史仲山道長及麥炳基道長等共修經懺。十九世紀60年代末起，鄧九宜道長擔任（蓬瀛仙館）經懺主管。兩位道長都培訓出不少經生，如梁德華、黃大漢、梁福榮等道長，都曾於蓬瀛仙館研習科儀經懺。」[39]後來，侯寶垣和鄧九宜都成為一代宗師，對香港道堂科儀經本的傳承和經懺人材的培訓作出十分重大的貢獻。[40]然而，從歷史脈絡的發展源頭來説，早期香港道教的科儀傳承不能脱離1930年以後蓬瀛仙館承接廣州三元宮科儀傳統的淵源。這即是説香港道堂科儀的淵源和早期傳承的經歷都與廣州三元宮的全真科儀存有關連。

　　總結而言，蓬瀛仙館脈承全真，派宗龍門，源自廣州三元宮，一直傳承着廣

東地區全真龍門派的道統、科儀。時至今日，該館每日例行早晚功課，兜率宮內鳴鐘擊鼓，經師虔誦《全真早壇功課經》和《晚壇功課經》。依期朝賀仙真聖誕和啟建法會，每逢太上道祖師、純陽呂祖師、長春邱祖師、觀音大士和九皇寶誕，啟建道場朝賀仙真。春秋時節，慎終追遠，拜祭羽化先賢和附祀列姓宗親。農曆七月中元節舉辦中元法會，為先人解冤拔罪，為善信謝愆消災，祈願陰陽兩利。同時，每月諏吉鋪設瑤壇，禮斗拜懺，並於農曆正月初三及九月初九舉行讚星行大運，普為道侶和善信集福迎祥。及至歲晚，啟建道場，朝供諸天，酬神謝恩，感謝祖師和仙真一年的加庇。蓬瀛仙館創館初期只招收乾道，後來發現道侶女眷亦慕道殷切。因此在1966年，梁德華道長、余虎文道長、周道之道長、關秋道長等本於「求道者無分男女」的理念，修改章程，從「崇」字派開始兼收女弟子，此後乾坤兩道同習經懺，入壇誦經。時至今日，坤道已經成為本館經懺團隊的骨幹。蓬瀛仙館宗脈傳承有序，培養經生眾多，為傳承香港道教全真科儀作出了重要貢獻。

第三節　蓬瀛仙館與三元宮的交流活動

　　蓬瀛仙館由廣州三元宮道長參與創建，建館以來，與祖庭三元宮交流密切，互訪頻繁。兩座宮觀在粵港地區各施其責，取長補短，共同為道教文化事業發展作出貢獻。

　　1987年，時任蓬瀛仙館理事長黎顯華道長率團參訪廣州三元宮，並與三元宮眾道長和工作人員交流訪談，參訪團與三元宮諸道眾在三元宮大門前留影，相片刊登於《蓬瀛仙館創館70週年》。

　　1988年，蓬瀛仙館在農曆新年正月初八日起舉行一連三日的廣州外訪活動，共有三十多名館員參與，行程中參訪了廣州三元宮及純陽觀。[41]同年9月12日，時任廣州市宗教處長曾銳，率領三元宮住持與廣州市道教協會會長一行數人到訪香港蓬瀛仙館。蓬瀛仙館諸道長熱情接待三元宮住持及其他來訪人員，雙方深入細緻地交流與穗港道教文化相關的事宜，亦商討了有關重修純陽觀的事項。並於蓬瀛仙館大殿前留影紀念。[42]

　　1992年10月9日至12日，蓬瀛仙館與廣州三元宮聯合舉辦「祈求世界和平暨消災解厄萬緣勝會」。農曆壬申年九月十四日啟壇，十七日圓隆。由蓬瀛仙館負責一切支出，收入全部捐給廣州教育基金。為籌備有關事務，七月十三日黎顯華

館長、丘福雄監事長、唐漢司理、梁德華、杜文海、葉脉主任等回穗籌備，至七月十五日方行回港。是次法會是廣州三元宮在重新恢復後第一次舉辦的大型公眾法會。[43]

1994年10月6日至9日，蓬瀛仙館與廣州市道教協會聯合舉辦法會，法會在純陽觀內舉行。是次聯合法會的收益捐贈予廣州市慈善會。[44]

2003年11月，蓬瀛仙館成員再次參訪祖庭廣州三元宮。蓬瀛仙館一眾到訪者與三元宮道長和工作人員對兩地道教文化的傳承與發展問題進行了深入探討，並於廣州三元宮大門前留影，留影相片刊登於《蓬瀛仙館創館75週年 (1929–2004)》。

2005年6月18日至20日，香港蓬瀛仙館永遠館長黎顯華道長、館長唐漢道長以及理事等一行25人到廣州三元宮參訪、考察。廣州市道協會長、三元宮住持吳信達道長親臨三元宮外迎接，隨後與參訪團在協會會議室舉行了座談會。

2011年3月28日至29日，香港蓬瀛仙館第二十屆理事會成員以馬梓才理事長為團長，一行17人組成訪問團，參訪廣州市三元宮。廣州市道教協會會長潘崇賢道長陪同訪問團參觀、訪問三元宮，並與訪問團舉行座談會，座談會結束前，潘崇賢會長和馬梓才理事長還互相贈送了紀念品。

2012年11月4日至6日，蓬瀛仙館公關主任葉脉理事、藍新任理事和行政總裁兼經懺導師梁德華道長帶領的經生團，一行39人到廣州三元宮謁祖朝真。經生團遊覽宮觀、考察典籍，了解三元宮與蓬瀛仙館的歷史與現狀。經過此次謁祖參訪，團員對三元宮與蓬瀛仙館之道脈源流有更清晰、深刻的認知。

2016年5月14至15日，蓬瀛仙館名譽團長洪少陵理事長、團長葉滿棠財務主任及5位理事帶領80餘名學員組成舉辦「廣州道教仙跡兩日遊」養生團，參觀、訪問三元宮，並進行太極氣功及文化交流。養生團團員與吳信達、車高飛等道長親切交流。此次訪問，養生團團員對穗港兩地道教文化及三元宮與蓬瀛仙館之道脈淵源，有更為深厚的認識。

2016年9月10日，蓬瀛仙館梁德華副理事長及林赤有副理事長與一眾理事及職員，前往廣州三元宮敬賀住持吳信達道長百歲壽辰。梁副理事長等人代表蓬瀛仙館致送榮壽金牌，對吳信達道長表示衷心祝福，隨後一行人參與三元宮祈福科儀，為吳道長祈福延壽，賓主盡歡，並合影留念。

附錄一　創建粉嶺蓬瀛仙館引（民國二十六年〔1937〕）

【碑刻信息】

存址：原在香港粉嶺蓬瀛仙館辦事處內，[45] 今原碑已不存。

碑題：創建粉嶺蓬瀛仙館引（又名創建粉嶺蓬瀛仙館公啓）。

來源：據1967年7月9日通過的《新界粉嶺蓬瀛仙館章程》封面內頁〈創建粉嶺蓬瀛仙館公啓〉。

【碑文】

蓋聞靖節逃蓮社之禪，貞白創華陽之館，泊夫抽簪辭老，賀季真作道士於鏡湖；彈琴賦詩，王摩詰結道盟於輞水。此元章所以向晚年而入道，白傅所以結香火而為緣者，良有以也。況塵俗紛紛，知機貴先於知止；人慾逐逐，養生莫先乎養心。同人等用是感世道之淪胥，悲吾身之遲暮。雖豐功偉績，反成萬劫紅羊；華屋山邱，終剩一坏黃土。勞形鎮日，孽障徒增；奔走半生，靈池益涸。欲闢叅空之覺路，必除六賊之迷津。維彼各區，足資保障；尋斯淨土，彌助潛修。此所以創建蓬瀛仙館之舉，皆同道捐助而成焉。惟地屬香港，基磐粉嶺。既擅園林之勝，足供遊憩之方。豈獨水月松風，別饒聲色；鳶飛魚躍，靜悟機緘而已哉！然而枕流漱石，非敢謬託清高；庶幾放鶴馴猿，藉以潛收慾壑。況相摩而善，尤資攻錯於他山；同道為謀，願賦詩歌於伐木。茲因館以落成，尚須推廣善舉。尤望他山之助，以圖永久之基。敢希同志共入道盟而廣善緣，請署芳名以資勒石，是為引。

創辦道董

伍銓萃	麥星階	阮禪卿	羅壽堂	駱熾南	霍行之	張學華	汪憬吾	陳鸞階
林藉存	黎心如	蘇維武	張篤初	黃宣廷	柳祿生	鄧念農	譚卓文	湯尹舉
蘇耀宸	馮敬修	周朗山	莫麗山	梁端甫	黃鐵真	孔昭度	王孝問	莫竹卿
馮少之	陳敏功	譚美臣	何近愚	鄧瑞貞	吳鏡明	李強邦	葉聯笙	歐陽竹朋
陳玉階	陳壽樨	楊玉崑	余季熙	李文樞	楊孝修	蘇壽祺	林有恆	楊達三
林文熾	何麗生	梁超凡	梁綺湄	王仁榮	王少白	鄧秉倫	黃自立	李樂民
王建堂	羅心泉	張世良	周堃卓	劉子江	劉冕卿	李道明	陶少菴	梁伯雅
何偉南	陳澄石	黎拾義	馮耀卿	陳垣君	王玉珊	何毓秋	鄧衍榮	黎翼雲
梁組卿	門佐臣	黃椒蕃	周頌朋	周頌庭	黎麗生	劉子奏	羅耀宸	

附錄二 創建粉嶺蓬瀛仙館記（民國二十六年〔1937〕）（見圖版4.1）

【碑刻信息】

存址：原存於香港粉嶺蓬瀛仙館太上老君大殿前石階左欄壁。

碑題：創建粉嶺蓬瀛仙館記，楷書。

來源：據原碑照片錄入。

【碑文】

原夫七真出家，宗派以龍門派為正宗。山東棲霞邱長春真人，創龍門派之祖師也。自修龍門正宗道人何近愚，陳鶯楷與三元宮主持麥星階同遊香港，訪粉嶺安樂村本立園主人李道明少住勾留。遙見崇山疊翠，環繞萬松，其名為雙魚洞。於朝曦初照時，半山中有五色祥雲浮起，真有天然仙境焉。遂與李君暢談時事，感世道之淪胥，恨吾身之遲暮。非尋得淨土，無以助潛修；非提倡道宗，無以挽頹俗。因發起創修龍門正宗道院之議，擬購該山麓之片土，興建仙館。旋省後，即約同道伍叔葆、汪憬吾、王達堂、蘇壽祺、蘇耀宸、梁綺湄、孔公豁、梁伯雅、羅壽堂、阮禪卿、周朗山、陳坦君等創議籌款，購地建設道院。一時風起雲湧，湊集巨資，向道友馮耀卿戚友，讓得雙魚洞山麓，建築道院，取名蓬瀛仙館。時值殘臘，天氣嚴寒，麥星階、蘇壽祺、李道明呵凍勘地，從事經營。至庚午仲夏，草創落成，再由何近愚各道董，湊墊款項，加以修飾，供奉太上老君、純陽祖師等事。雖有規模，而應支竭蹶，得阮禪卿助以巨款，為之潤色，故建紀念堂，以報扶助仙館之功。又得蘇耀宸助以巨款，在院之右旁，獨資建築靜室，以為修道之所，輝映點綴，相得益彰。斯院也，始于己巳，成于癸酉，規劃建設，全仗何近愚主持其事。至於襄辦各務，以何、王、蘇、梁四君之力居多。同人等喜仙館之成功，幸藏修之得所，將見雲開五色，松蔭萬株，福有攸歸，神人共慶。以後踵事增華，正未有艾也。紹光不文，謹述原起，而為之記。

道董宗朗周朗山敬述

道董宗愚何近愚敬書

道董宗耀蘇耀宸捐建

中華民國二十六年歲次丁丑仲夏四月吉日立

當年主持何宗愚，總司理蘇宗耀，司理蘇宗祺、梁宗慈、黎宗德、王誠達，幹事李宗長、周宗朗、陳宗賢、梁宗卿、黃宗立、陳宗達、李宗普、羅宗虛、周宗明同泐石。

附錄三　蓬瀛仙館創建道董題名記（民國三十九年〔1950〕）

（見圖版4.2）

【碑刻信息】

存址：原存於香港粉嶺蓬瀛仙館太上老君大殿前石階左欄壁。

碑題：蓬瀛仙館創建道董題名記，楷書。

碑額：庚寅年第一屆監事幹事同人建立，楷書。

來源：據原碑照片錄入。

【碑文】

昌黎韓子有言：莫為之前，雖盛不彰；莫為之後，雖美不傳，誠以創業之與守誠，固相得益彰，而相須甚殷也。粉嶺之有蓬瀛仙館，道源於民十八年（1929），賴各同人熱心發起，盡極大之努力，奠定今址。嗣後道侶日眾，捐助益多，繼長增高，發揚光大，始蔚為巨觀，所謂後先輝映者非耶？民國三十五年，丙戌四月，頌廷忝任主持，開來繼往，職責所在，何敢後人。差幸數年間，黽勉從事，尚無負所托。今者瓜代有期，以諸道董慷慨劇資，護道之功，不可忘也。爰將創辦各道董，及歷任主持芳名勒碑，以留紀念，而垂不朽。曩者主持周君朗山，於民二十六年，曾為文以紀其源起，頌廷踵而行之，亦份所應爾。其餘繼續損助之道侶，以篇幅所限，則恕未附入焉。

創辦捐助道董芳名

張學華永闡 黃宣廷永通 伍銓萃永駐 汪憬吾永覺 阮禪卿宗潛 麥星階宗光 孔昭度宗度 何近愚宗愚 黃椒蕃宗蕃 王仁榮宗仁 陳坦君宗賢 羅心泉宗靜 劉子江宗安 駱熾南宗熾 何麗生宗華 黃鐵真宗真 王玉珊宗珊 陳玉階宗緣 羅耀宸宗虛 劉子奏宗蔭 柳祿生宗祿 何偉南宗璞 黃自立宗立 王少白宗白 陳鸞楷宗楷 羅壽堂宗壽 劉冕卿宗經 門佐臣宗志 何毓秋宗敏 李道明宗長 王達堂誠達 陳敏功宗敏 黎翼雲宗鵬 譚美臣宗達 霍行之宗行 周朗山宗朗 李樂民宗民 王孝問宗清 陳澄石宗澄 黎麗生宗疇 譚卓文宗廣 葉聯笙宗浩 周頌廷宗基 李強邦宗邦 楊孝修宗修 梁綺湄誠慧 黎心如宗慰 莫竹卿宗善 潘壽樺宗元 周堃卓宗圖 李文樞宗文 楊達三宗澹 梁伯雅誠福 黎拾義宗德 莫麗山宗基 吳鏡明宗明 周頌朋宗朋 鄧念農宗熙 楊玉崑宗浦 梁端甫宗芳 林有恆宗恆 馮耀卿宗耀 陶少菴誠海 蘇耀宸宗耀 鄧瑞貞宗瑞 張篤初宗初 梁超凡宗凡 林文熾宗文 馮少之誠柏 余季熙誠熙 蘇壽祺宗祺 鄧衍榮宗衍 張世良

宗良 梁祖卿宗卿 林籍存宗修 馮敬修宗修 湯尹舉宗舉 蘇維武宗維 鄧秉倫宗倫 歐陽竹朋宗秀

歷任主持芳名：

麥星階宗光，民十八年至二十一年

何近愚宗愚，民二十二年至二十五年

陳玉階宗緣，民二十六年至二十八年

周朗山宗朗，民二十九年

吳禮和宗傑，民三十年

馬壽如宗如，民三十一年至三十四年

周頌廷宗基，民三十五年至三十九年

副主持：陸本良宗廣、高廣宗常

副主持：阮秋明宗明、李希燊宗燊

民國三十九年庚寅四月本館主持宗基周頌廷謹誌

附錄四　粉嶺蓬瀛仙館建立西齋碑記（1952年）（見圖版4.3）

【碑刻信息】

存址：原存於香港粉嶺蓬瀛仙館太上老君大殿前石階右欄壁。

碑題：粉嶺蓬瀛仙館增建西齋捐歀題名記，楷書。

碑額：建立西齋碑記，楷書。

來源：據原碑照片錄入。

【碑文】

蓋聞博大精微之道，歷歲久而彌光；高深宏遠之規，賴眾擎而易舉。溯本仙館由崇奉道教同人於公曆一九二九年開基於粉嶺雙魚洞山麓，設殿供奉太上老君、呂純陽祖師於正座，左為客堂，右列廡宇。方締造伊始，力崇簡約，修養研經，斯為苟完矣。迨一九五零年秋，同人議決，改訂章程，採用理監事制度，由眾推舉理監事，復由理事互選正副主持及義務各兼職，任期兩年，將以薈萃群才，恢宏前緒，果也氣求聲應，雲合景從，期道教之昌明，圖善基之廣闢。迺於一九五一年春，復由同人議決，增建樓宇，推定籌建委員主其事，將左方客堂改建，按其方位，定名西齋，而以右方樓宇為東齋。去冬，羅宗虛道長自動將其靜

室之上蓋建築等物，讓回本館，則又更名為南齋。凡此建設，自春徂冬，始觀厥成。方西齋之籌建也，由全體理監事動其議，由全體同人決其計，並分組任事，且獲同人鼎力捐輸，親友熱誠贊助，幸告成功，爰照捐冊定章，勒碑刻名，以誌景仰，並勵來茲。然以捐建匪易，美善未臻，規模待拓，所望後賢繼起，次第擴展，則闡揚道教，廣結善緣，洵無量之功德也已。

茲將捐款芳名列後：

陳鑑坡 趙宗潔 趙協廷 李希燊 以上每名捐助五百元

鄭誠厚 捐助四百元

余虎文 鄧逸楠 陳太煊 陳金寧 黃廣明 吳維泰 吳裕光 梁源初 劉佐衡 董仲偉 以上每名捐助三百元 陸沛芹 李鑑泉 何善衡 張玉階 伍宜孫 以上每名捐助二百五十元

唐澄浦 李若梅 陸本良 馮壽如 黃伯勤 盧旭初 伍時琨 羅偉鈞 黎賷子 邱貴立 霍朗生 馮慈 周道之 陳若文 黃建勳 周頌廷 何東成 唐大年 黃涉川 郭潤霖 陳發 區子禮 陸吟舫 黃汝春 黃舜 佘公正 阮維熊 鄺銘基 陳澤康 周鴻標 李浩添 李國基 陳庭英 蔣偉光 盧國棉 蘇炳光 歐慧川 周有 黃錦棠 李公健 陳仲池 陳南昌 劉攝生 王倫 何景初 易鈞元 張福申 梁培 李聖亦 程栢山 陸憲章 李鴻業 李福山 繆文偉 李就 鄧衍榮 陳德明 司徒佐 鄧開 梁清泉 馮森源 莫德明 謝汝池 梁東海 吳耀 譚躍雲 吳偉文 麥浚宸 馮耀華 黎福 趙渭初 馮錫籌 廖輝亭 簡靄雲 陳欽 楊志雲 鄧漢文 胡渭泉 崔淦垣 關壽年 羅喜生 朱問泉 陳理卿 唐六吉 溫達明 梁祖卿 方蔭庭 史仲山 黎海屏 嚴裔平 麥耀森 盧章玲 梁世材 麥榮章 容冠文 陳輝南 倫爾霖 阮德福 李煜森 黎昌榮 關梅 謝舜良 以上每名捐助二百元

李樂民 百億堂 吳湛輝 崔溢文 劉蘇素謙 梁植偉 龔康冠 吳松 梁聖栢 郭妹 萬合成 王克成 以上每名捐助壹百元

永義和 德祥 黃依平 以上每名捐助六十元

黃景良 唐黎顏 庾培 陳瑞昌 李平章 陳君重 梁惠南 黃光漢 黃耀華 譚先生 朱惠正 唐守汎 何君祥 黃興 林鑑泉 陳銘 李仰朋 陳匯 潘林生 崔林 利源長 鄭連 梁福林 葉宅 劉振玉 吳華 羅祖耀 黃桂 程祖濂 楊成 司徒聲卓 劉志達 霍佩孫 李添 劉焙然 徐成 常啟康 馮儉生 以上每名捐助五十元

李三 歐林 龍朗軒 鄒棣 泰安押 榮安押 錢昌 陳佐乾 陳志民 劉明清 李炳 余啟江 彭碧輝 鄺鉅鴻 以上每名捐助三十元

麥仲爽 永協成 潘有能 陸宇初 陸海東 陸志德 陸少德 陸國楨 彭二 阮秋明 孫利 歐偉中 石日明 彭耀文 陳典 林俠菴 鄺展鴻 恭和押 協和押 唐樞 王禮強 周朗山 朱家樂 周恕存 杜鑑燾 李常春 陳耀 歐陽耀 梁四聰 姚文長 勞植庭 歐陽鴻 盧沛 蔡健亨

羅珠 盧偉才 梁炳基 章昇 吳偉孫 司徒惠 謝偉 鄧志清 符年 李永鴻 陳佩珍 陳淑英
以上每名捐助二十元

吳汝良 捐助十五元

鍾子橋 鄺藻祥 羅端 潘逸民 劉湛 曾國燊 黃有群 陳鎮 黎鑑壎 鄺鑑 黎盧氏 陳灶 黎
鑑樞 黎朗秋 黎陰甫 黃笑馨 符秀容 符秀英 黎有靜 彭國成 周永 朱樂仙 鄭源 朱廣
宜 朱廣盛 林建恆 周少微 彭子康 麥汝就 碟四 周其榮 梁波 劉毓芸 陳發 梁植農 特
信號 周意心 譚芬 馬榮念 梅華 林肇光 黃允孚 梁培 楊漢樑 鄧榮 梁伯壎 司徒德 李
若谷 周顯 朱五根 朱廣定 梁雅超 何鑑 以上每名捐助十元

公曆一九五二年六月吉日，粉嶺蓬瀛仙館當年正主持陳宗鑑、副主持趙宗潔敬立

附錄五　周宗朗道長蓬瀛仙館八詠[46]

崇山疊翠繞萬松，雙魚祥雲現天空。人間仙境潛修地，創建蓬瀛賴眾功。
青山如錦彩繽紛，古木千叢映白雲。殿閣亭臺僊境似，人間天上亦難分。
蓬萊仙境勢氣虹，瀛寰普照萬松中。人間歲月如春夢，宏揚聖道業昌隆。
山青水秀彩雲間，蓬瀛僊館滌塵寰。誠心脩道多行善，福有攸歸樂清閒。
蓬瀛雅集喜嚶鳴，養性修心盡逸情。繪畫誦經皆樂事，風傳清磬悟天聲。
青山隱隱徑芳幽，雲繞高峯水自流。鳥語花香清靜界，蓬瀛福地耀千秋。
粉嶺雲開日漸紅，金光絢爛耀長空。登臨聖域同參道，福至心靈樂永融。
龍門一脈正宗傳，太上老君為至尊。三聖祖師同供奉，蓬瀛仙館結玄緣。

第十三章

三元宮與港澳臺及海外的往來[1]

第一節　互訪交流[2]

　　道教承傳太上正宗，教義純正，歷史悠久，奉教修道之人，遍布四海，各大宮觀與社會團體、個人聯絡緊密，為道教文化發展與傳承貢獻良多。三元宮作為廣州歷史最為悠久的道教宮觀之一，多年來以弘揚道教信仰為己任，秉持宮觀互助之精神，與海外宮觀、社會團體、修道個人皆有眾多聯繫。本章以條目的形式分類摘錄三元宮發佈的與港澳臺及海外往來的官方信息，讓讀者直接了解三元宮對外的交流及合作。

一、三元宮與香港地區道眾的往來

1. 1987年蓬瀛仙館成員參訪廣州三元宮

　　蓬瀛仙館與廣州三元宮一脈相承，兩座宮觀交往頻密，蓬瀛仙館成員參訪三元宮活動眾多。1987年，時任蓬瀛仙館理事長黎顯華道長率團抵達廣州，一眾到訪者參觀訪問了廣州三元宮，並與三元宮眾道長和工作人員交流訪談，雙方於三元宮大門前留影，留影相片刊登於《蓬瀛仙館創館70週年》。[3]

2. 1988年蓬瀛仙館道眾歡慶春節遊三元宮

　　1988年1月8日，蓬瀛仙館舉辦三天旅遊，外訪廣州歡慶春節。是日清晨，仙館工作人員及香港道眾一行30餘人從紅磡火車站出發，先遊肇慶鼎湖山七星岩，後到惠州羅浮山參觀，最後參訪廣州三元宮，團員考察三元宮眾多殿宇，並與三元宮道長訪談、交流。是次參訪三元宮，加深了穗港道眾的相互了解。

3.1988年三元宮住持到訪香港蓬瀛仙館

1988年，時任三元宮住持吳信達道長與廣州市道教協會主席曾銳一同到訪香港蓬瀛仙館。三元宮住持與蓬瀛仙館諸道長與工作人員交流資訊，對兩地道教發展與傳承等問題交換意見，並於蓬瀛仙館大殿前留影，留影相片刊登於《蓬瀛仙館70週年特刊》。[4]

4.1994年三元宮邀香港道眾參訪廣州，品荔枝佳果

為加強穗港道教宮觀間的聯絡，增進兩地道眾情感，1994年夏天，時值羊城荔枝成熟之季，三元宮、廣州市宗教局向香港道眾發出誠摯邀請，誠邀香港道眾抵穗品嘗荔枝。應三元宮、宗教局之邀，1994年7月2日，香港道眾一行34人，在蓬瀛仙館館長、司理協同南洋輸出入商會會長等嘉賓與理事的帶領下，抵達羊城，於各大宮觀參觀考察，並前往從化品嘗荔枝。廣州三元宮諸道長與來訪香港道眾皆表示以後應多舉辦此類活動，加強穗港道教界的互訪、合作，以更好為道教文化的發展與傳承做出貢獻。

5.2003年蓬瀛仙館成員再訪三元宮

2003年11月，因宮觀交流的需要，蓬瀛仙館成員再次參訪廣州三元宮。蓬瀛仙館一眾到訪者與三元宮眾道長和工作人員對兩地道教發展問題做深切交流，雙方又一次於廣州三元宮大門前留影，留影相片刊登於《蓬瀛仙館創館75週年（1929–2004）》。[5]

6.2005年蓬瀛仙館館長率團考察廣州三元宮

2005年6月18日至20日，香港蓬瀛仙館永遠館長黎顯華道長、館長唐漢道長以及理事等一行二十五人到廣州參訪、考察。以唐漢館長為團長的參訪團首先參觀了三元宮，廣州市道協會長、三元宮住持吳信達道長親臨三元宮外迎接，隨後與參訪團在協會會議室舉行了座談會。

會上，吳會長向各位來賓介紹了廣州道教在宮觀管理、科儀經懺、重建重修、社會公益等方面的近況，雙方進行了深入交流。隨後參訪團參觀了純陽觀、仁威廟。接待期間，市民宗局王德坤局長代表市民宗局設宴款待參訪團，並向參訪團成員們贈送了紀念品。

是次接待活動，為粵港兩地道教界提供了交流的平臺，而且又一次體現粵港兩地道教界同宗同脈的密切關係。

7. 2006年香港道教聯合會主席率領香港道教聯合會成員拜訪三元宮吳信達道長

2006年2月24日，香港道教聯合會主席湯偉奇先生率領香港道教聯合會成員一行18人，專程前往廣州三元宮，拜訪廣州市道教協會吳信達會長。雙方進行了友好的交談。湯偉奇主席首先代表香港道教聯合會祝吳信達會長新春快樂、健康長壽。湯主席還向吳會長介紹了香港道教聯合會的有關情況。吳會長對香港道聯的拜訪表示感謝，並介紹廣州道教在自身建設、制度建設、宮觀建設、人才培養和社會公益方面取得的成績。吳信達會長對香港道教界在宮觀建設方面給予的大力支持和幫助表示感謝。湯偉奇主席認為道教是根植於中國本土的宗教，香港與大陸的道教同根同宗。改革開放以來，隨著宗教信仰自由政策的不斷貫徹落實，香港與大陸道教界的交往日趨密切，不但互相學習，還增進了友誼與感情。隨後雙方表示，希望今後穗港兩地道教界能進一步加強聯繫，共同為弘揚道教文化而努力。

8. 2007年香港中文大學道教文化研究中心參訪三元宮

2007年5月17日，香港中文大學道教文化研究中心主任黎志添教授率團參訪廣州三元宮。團員除了黎教授本人之外，還有游子安教授、吳真博士、黃敬安先生及法國的高萬桑教授（Prof. Vincent Goossaert）、中山大學鍾東教授及廣東省宗教研究所夏志前博士。是次參訪活動，目的是著重瞭解廣州三元宮的宮觀歷史與現狀。

香港中文大學道教文化研究中心參訪團首先拜訪了三元宮吳信達道長，雙方在廣州道教協會會議室進行了友好的座談會。會上，吳信達會長先代表道教協會對黎志添主任等人的來訪表示熱烈歡迎，並向參訪團介紹了廣州道教及三元宮的歷史文化和現在的發展狀況，回答了來賓們關於道教方面的提問。

據住持吳信達道長和參與座談會暨參訪活動的李炯道長介紹，是時三元宮有七位住觀道長，兩位道長屬「信」字輩，其他大多是「崇」字輩。宮觀的管理模式按照傳統組織，分為八大職事，均由道士充任。三元宮平時設有定期法會，有五小時的度亡道場，亦有長達五天的中元法會。道教科儀的主要內容有開壇、設醮、散花、幽科等，這些緊貼民生的道教科儀吸引了眾多善信。在經唱方面，吳

道長還演示了三元宮古拙雄強的唱法。在訪問中，參訪團紀錄了修真圖、修廟記兩通重要的道教石刻。

9. 2007年廣州道教界三元宮承壇經團赴港參加太上金籙羅天大醮法事活動

　　為慶祝香港回歸十週年，香港道教聯合會於2007年11月13日至24日在香港圓玄學院舉行明朝以來，海內外規模最盛大、醮期最長及參與宮觀最多的、以「祈禱世界和平國泰民安消災解厄陰陽兩利慶祝香港回歸十週年安定繁榮社會和諧太上金籙羅天大醮」為主題的大型法事活動。

　　廣州市道教協會應香港道教聯合會邀請，由各宮觀道職人員和工作人員共27人，組成廣州三元宮承壇經團，於11月15日至19日赴港參加羅天大醮法會。

　　為確保圓滿完成此次承壇任務，廣州三元宮經團的經師們早在赴港前兩月，就在三元宮日夜刻苦練習道教科儀。在醮會期間，三元宮經團分別在圓玄學院法場的玉皇殿和青玄壇進行玉皇朝、三元寶懺、三元朝、太乙朝、呂祖懺、關燈散花以及早晚課等法事活動。此次法會不僅是粵港以及全國各地乃至世界各地道教界的一次交流活動，更是對外展示廣州市道教道風道貌的平臺。

10. 2008年香港天主教聖神修院神哲學院參訪團訪問三元宮

　　2008年3月25日下午，香港天主教聖神修院神哲學院師生一行40人組成參訪團，來穗參訪三元宮。廣州市道教協會會長、三元宮住持吳信達道長熱情接待了來訪客人，並在協會會議室與客人進行了友好座談。座談會上，吳信達道長向客人們詳細介紹了廣州道教和三元宮的歷史及今後的發展情況，並就客人提出的關於道教教理、教義和神仙信仰等問題一一進行作答。

　　隨後，客人們在吳信達道長的陪同下興致勃勃參觀了這座廣州最古老道觀——三元宮，並與吳信達道長於宮觀前合影留念。來訪客人紛紛表示這次參訪活動讓他們近距離接觸和瞭解道教，不僅開拓了視野，增長了見識，還加深了與廣州道教界人士的友誼。參訪團成員同時對吳信達道長的熱情接待表示衷心的感謝。

11. 2011年香港蓬瀛仙館訪問團參訪三元宮與廣州市道協

2011年3月28日至29日，香港蓬瀛仙館第二十屆理事會成員以馬梓才理事長為團長的一行17人訪問團，前來參訪廣州市道教協會及屬下三元宮等宮觀。在潘崇賢會長的陪同下，參訪團先後到廣州都城隍廟、三元宮、純陽觀進行參觀訪問，並在廣州市道協會議室進行友好座談。座談會上，潘會長向參訪團介紹了市道協的情況和發展思路，並就如何進一步弘揚傳統道教的優良文化，發展道教事業與參訪團進行了深入的交流和討論。雙方希望進一步加強來往，增進友誼，共同為弘揚道教優秀文化作出貢獻。座談會結束前，潘崇賢會長和馬梓才理事長互相贈送了紀念品。

12. 2012年香港蓬瀛仙館經生團羊城謁祖參訪三元宮[6]

2012年11月4日至6日，在公關主任葉脉理事、藍新任理事和行政總裁兼經懺導師梁德華道長的帶領下，蓬瀛仙館39人經生團一行來到廣州三元宮謁祖朝真。經生團詳細遊覽、考察了三元宮諸建築，追本溯源，了解三元宮與蓬瀛仙館聯繫之種種。同時，一行人還拜會了三元宮住持吳信達道長，雙方展開熱誠交流，並一同觀賞有關經韻之影片。經此參訪，團員對三元宮與蓬瀛仙館之道脈源流有更深刻的認識，對穗港道教的合作共榮更具信心。

13. 2013年香港道教省善真堂組團到訪三元宮

2013年1月10日，香港道教省善真堂道眾200人在陳滿副主席的帶領下，前來廣州市三元宮進行參訪。三元宮住持吳信達道長熱情接待，親自陪同香港道眾參觀三元宮，並向到訪道眾介紹三元宮的概貌、設施與發展。在座談中，吳信達道長向省善真堂道眾詳細介紹了三元宮的歷史以及三元宮與香港道教界的淵源，並與省善真堂道眾一起學習、交流道教經懺深義。最後，香港道教省善真堂向三元宮贈送了紀念品，並在三元宮山門前合影留念。

14. 2015年蓬瀛仙館第22屆理事會廣州三元宮謁祖、交流

蓬瀛仙館道脈源自廣州越秀山三元宮。自中國改革開放以來，仙館積極與廣東省及廣州市道教界開展合作交流。為了加強聯繫與促進友誼，蓬瀛仙館第22屆理事會組織訪穗團，於2015年6月12日至13日訪問廣州，專程拜會廣東省民族宗教事務委員會、廣州市民族宗教事務局、廣州市道教協會。6月13日，蓬

瀛仙館諸位理事來到祖庭三元宮謁祖朝真，以示飲水思源，不忘前人創館之功勳。隨後一行人還拜訪了友好宮觀赤松黃大仙祠、仁威祖廟，親身感受廣州道教的風采。

15. 2016年蓬瀛仙館養生團參訪三元宮[7]

為使道場活動部學員加深對道教及養生文化的認識，蓬瀛仙館養生團舉辦「廣州道教仙蹟兩日遊」，於2016年5月14至15日，由名譽團長洪少陵理事長、團長葉滿棠財務主任及5位理事帶領班組學員參觀三元宮、純陽觀及白雲仙館，並進行太極氣功及文化交流。

5月14日，蓬瀛仙館養生團一行80多人出發前往廣州，在車高飛道長的帶領下，參觀廣州一系列道教宮觀，並詳細了解宮觀歷史及建築特色，及後更與當地道長交流太極氣功心得，獲益良多。5月15日，團員拜訪蓬瀛仙館祖庭三元宮，得三元宮吳信達住持接待，並由宮內梁道長帶領，遊覽正殿三元殿、呂祖殿、鮑姑殿、天后殿等地。梁道長詳細介紹了宮內珍貴文物，如三清圖、修真圖及虬龍古井。

16. 2016年蓬瀛仙館同仁到訪三元宮，慶賀吳信達道長壽誕[8]

2016年9月10日，是廣州三元宮住持吳信達道長的百歲壽辰。為表敬賀，蓬瀛仙館梁德華副理事長及林赤有副理事長與一眾理事及職員，專程前往廣州向吳道長賀壽。仙館同人下午抵達廣州三元宮拜會吳道長，與吳道長交流近況，並致送榮壽金牌以表祝賀。隨後同仁參與廣州三元宮祈福科儀，為吳道長祈求增福延壽，並於晚上出席吳道長壽宴。

17. 2017年香港道眾參訪三元宮

2017年10月18日，香港道教聯合會王有德、曾忠南，香港省善真堂黃漢翰等一行20多名香港道友參訪廣州市道教三元宮。廣州市道教協會會長、三元宮管委會主任潘崇賢道長向來訪的道友們詳細地介紹了近期三元宮維修整治，以及道教文化發展建設等方面的工作情況。

曾忠南主席參觀之後表示三元宮很好地發揚了嶺南道教文化，同時非常期待三元宮維修建設的成果，希望維修完成後三元宮能夠更好地服務前來參拜的信眾。

18. 2018 年香港國際道教文化協會參訪三元宮

2018 年 6 月 23 日，香港國際道教文化協會參訪團到廣州道教三元宮參觀。三元宮諸道長及相關工作人員接待了參訪團。各位道長帶領參訪團成員參觀三元宮，並詳細介紹了三元宮歷史與現狀，及三元宮近期和今後的修繕、發展等相關情況。

參訪團成員與三元宮諸位道長、工作人員和信眾交談，雙方表示以後要更密切地聯絡與交流，加強彼此合作，共同為弘揚道教文化添磚加瓦。會談之後，香港國際道教文化協會參訪團與三元宮道長、信眾和工作人員於宮觀前合影留念。

19. 2018 年穗港澳道教文化研討會嘉賓參訪廣州三元宮

2018 年 9 月 13 日至 16 日，由廣州市民族宗教事務局、香港民政事務局、中國道教協會指導，廣州市道教協會、香港道教聯合會、澳門道教協會主辦，穗港澳三地道教宮觀及團體承辦的「道緣珠江，善行天下 —— 穗港澳道教文化研討會」系列活動在廣州、香港兩地隆重舉行。

9 月 13 日下午，參加研討會的中國道教協會會長李光富道長，中國道教協會副會長、四川省道教協會會長唐誠青道長，中國道教協會副會長、上海市道教協會會長吉宏忠道長，原國家宗教事務局一司副司長李寒穎，原國家宗教事務局外事司三處處長李明等帶領部分港澳地區嘉賓參訪了廣州道教三元宮，並對正在舉辦的「道宇光影攝影大賽獲獎作品展」及新修建的「鮑姑亭文化浮雕牆」、「鮑姑艾灸館」予以高度評價。

20. 2018 年香港嗇色園黃大仙祠「廣州花都宮觀拜訪團」參訪三元宮

2018 年 11 月 30 日下午，香港嗇色園黃大仙祠「廣州花都宮觀拜訪團」一行數人參訪了三元宮，廣州市道教協會會長、三元宮管委會主任潘崇賢道長全程陪同。

潘崇賢道長詳細介紹了三元宮的悠久歷史和目前的發展情況，並特別說明三元宮源於晉代醫學家鮑姑修道的越岡院，是整個廣州市唯一紀念鮑姑的場所。潘崇賢道長表述，三元宮今後會不斷傳承鮑姑濟世利人、關愛蒼生的高尚精神，更好地服務信眾、服務社會，彰顯中華傳統優秀文化的獨特魅力。

拜訪團成員參觀了道德館、三元大殿、呂祖殿、老君殿、關帝殿、天后殿、鮑姑殿、鮑姑亭文化浮雕牆、鮑姑艾灸館，並希望以後能進一步加強香港和內地的道教交流，共同促進道教的繁榮昌盛。

二、三元宮與澳門地區道眾的往來

1. 2006年澳門宗教界訪粵團參觀廣州道教三元宮

應廣東省民族宗教事務委員會邀請，以天主教澳門教區黎鴻昇主教為團長，由40名澳門道教、佛教等宗教界人士聯合組成的澳門宗教界負責人訪粵團，於2006年9月22日下午參觀訪問了廣州道教三元宮，並在廣州道教協會會議室進行了友好座談。會上，廣州市道教協會會長、三元宮住持吳信達道長對澳門宗教界首次聯合組團訪粵表示歡迎，並向訪粵團介紹了自改革開放以來，廣州道教事業的發展情況。

澳門宗教界負責人訪粵團副團長葉達道長代表訪粵團高度評價廣州道教所取得的成績，希望穗澳兩地道教界進一步加強聯繫，促進交流，增進友誼。隨後，澳門宗教界負責人訪粵團在吳會長的陪同下，參觀了廣州道教三元宮。

2. 2013年 澳門道教協會參訪團到訪三元宮

2013年8月17至18日，澳門道教協會應廣州道教協會邀請，前往廣州進行聯誼交流活動。澳門道協以吳炳鋕會長為團長，組成參訪團一行34人，先後對三元宮、仁威祖廟、純陽觀進行了參觀訪問，並開展了友好的座談交流。

通過交流，廣州道教道眾瞭解到，澳門道協自成立以來，就致力於弘揚道教優秀文化，大力開展社會公益慈善事業，不斷加強對外交往，並取得較好的成績。在隨後舉行的歡迎晚宴上，澳門道教協會向廣州市民族宗教事務局、廣州市道教協會發出邀請，並互相贈送了禮品。經過兩天的交流訪談，穗澳道教界雙方皆表示，彼此從道歷史悠久，因緣深厚，今後要繼續加強學習交流，增進友誼，共同為發展壯大道教事業、服務人群、服務社會做出更大的貢獻。

三、三元宮與臺灣地區道眾的往來

1. 2006年臺灣「太一宗」宗師黃史道長率團參訪廣州道教三元宮

2006年8月16日上午，臺灣「太一宗」宗師黃史道長率領的「太一宗」道教參訪團來道教三元宮進行參觀、朝拜，並與廣州道教協會會長、三元宮住持吳信達道長在協會會議室進行了友好交流。

會上，吳會長首先向黃道長介紹了三元宮的歷史，以及近年來三元宮在宮觀建設、道風道貌建設、道教人才培養、社會公益方面所取得的成績。經此參訪，臺灣道眾對大陸的宗教信仰自由政策有更進一步的瞭解。雙方希望加強穗臺兩地道教界的聯繫，互相增進友誼，共研道家思想。

2. 2009年臺北土城市三元宮謁祖團參訪廣州道教三元宮

2009年11月9日上午，由臺北議員黃永昌先生帶領的臺北縣土城市（今新北市土城區）三元宮謁祖團一行26人，前往三元宮進行參訪和謁祖活動。廣州市道教協會名譽會長、三元宮住持吳信達道長、段國良副會長、周啟光副會長、符劍秘書長等廣州道教界相關人士熱情招待了來訪客人，雙方在協會會議室進行了友好交流。會上，大家一致認為，道教是中華民族共有的傳統宗教，兩岸道教同根同源，一脈相承，並希望今後兩地道教界能加強交往，以增進兩岸道友之間的情誼，為弘揚中華文化、道教文化共同努力。

3. 2018年由臺灣新北市蘆洲護天宮迎地母

2018年1月28日上午，穗城福地三元宮恭迎地母慈尊聖像，舉行安座開光儀式。廣州市道教協會會長、三元宮管委會主任潘崇賢會長領全體常住道侶，在臺灣新北市蘆洲護天宮地母廟管理委員會李益義主任、香港青松觀董事局黃健榮主席、葉長清總務主任、大德善信及各方善信等見證下，恭迎地母慈尊安座三元宮，享香火供養。

地母慈尊由臺灣新北市蘆洲護天宮地母廟分靈而來，三元宮進行迎奉安座並開光，譜寫了穗臺道教交流的新篇章，展現了兩岸中華文化的同根同源與文化互動的勃勃生機。

四、三元宮與海外地區道眾的往來

1. 2007年溫哥華三清觀訪問團參訪三元宮

2007年11月3日，來自加拿大溫哥華三清觀一行40人的訪問團，在三清觀觀主陳誠康道長的帶領下，前往三元宮進行友好參訪。廣州市道教協會會長、三元宮住持吳信達道長接待了這批來自海外的客人，雙方進行了友好交流、座談。在座談會上，吳道長首先代表廣州道教界歡迎溫哥華道友們的來訪，並詳細介紹了三元宮的歷史和發展、道教人才培養、社會公益、弘揚道教文化等方面所取得的成績。隨後，吳道長陪同來訪客人參觀三元宮，詳細介紹三元宮的特色與發展。期間，陳誠康道長還與吳道長在經懺、科儀方面作了親切交流。陳誠康道長表示，看到廣州道教的蓬勃發展，內心欣喜萬分，希望雙方在今後能進一步加強交流合作，增進彼此之間的友誼，勠力同心，共同為道教的發展與傳承做出貢獻。

2. 2011年美國駐廣州總領事參訪三元宮

2011年7月26日上午，美國駐廣州領事館總領事高來恩一行在廣州市民宗局汪茂鑄副局長與廣州外事辦鄧榮明副巡視員的陪同下參觀、訪問廣州三元宮。美國駐廣州領事館一行人為三元宮的悠久文化深感讚歎。隨後，美國駐廣州領事團與廣州道教界人士在市道教協會辦公室會議室舉行座談。陳建良副會長就三元宮的歷史及廣州道教的現狀，向與會人員詳細介紹，並對高總領事所諮詢的相關情況進行解答。高總領事對此表示謝意，並向廣州道教發出邀請，希望雙方能夠保持及加強溝通和交流。最後，他們在三元宮住持吳信達道長的陪同下參觀了三元宮並在山門前留影。

3. 2018年廣州市道教協會應邀組團赴馬來西亞參訪交流

為深化交流合作，促進文化繁榮，學習知識經驗，推動廣州道教學術研究，展現廣州道教新形象，廣州市道教協會應馬來西亞道教總會的邀請，組成以三元宮潘崇賢會長為團長一行10人的廣州市道教協會代表團，於2018年3月20日至4月2日赴馬來西亞吉隆坡參加了為期4天的參訪交流。代表團參加了道祖太上老君聖誕千秋奉神儀式、第五屆花車遊行、馬來西亞道教總會慶祝第22屆道教界晚宴等活動，並進行友好座談。

道教在馬來西亞不但歷史悠久，而且深刻而廣泛地滲透到馬來西亞華人的生活習俗之中，從而成為馬來西亞華人文化的重要組成部分。廣州市道教協會自成立以來，極為重視與馬來西亞道教界的文化交流，多次與馬來西亞道教聯合會分享研究成果與管理經驗，彼此取長補短。此次活動意義重大，通過幾天的參訪交流，增進了廣州道教界與馬來西亞道教界的友誼，促進了廣州與吉隆坡道教文化的交流。同時，馬來西亞道教總會在道學研究、文化傳播、服務社會和舉辦道教活動等方面給代表團留下深刻的印象，使協會獲益匪淺。

第二節　慈善捐贈

三元宮作為廣州地區歷史悠久的道觀，歷來有諸多信眾的捐贈。宮觀整修、保養、發展，皆有道眾勠力扶持，如今存於廣州三元宮碑廊之碑刻〈廣東省廣州市粵秀山三元宮歷史大略記〉就有載：「順治十三年，李棲鳳捐俸重修三元殿並鐘鼓二樓，尚可喜捐鑄大鐘。康熙三十九年，金弘振捐俸發起，杜陽棟督工重修，開為道觀叢林，板枒傳飱，玄方雲遊道侶藉為留丹棲息之所。」清道光十七年 (1837年) 之〈重修三元宮碑記〉亦有「或加以補葺，或始事經營。費用不貲，工程非一；竭盡綿力，克告成功」的記錄。踏入20世紀中後期，三元宮與港澳臺、海外道眾交流漸密，所受捐贈亦大有增長。據廣州市道教協會1987年5月編印的《廣州市道教第一次代表會議專刊》[9]記錄，從1982年7月到1987年3月，香港道教界人士，港澳、海外及內地道眾前來三元宮參拜，所捐贈款項已達人民幣100多萬元。

一、1982年香港雲泉仙館經募三元宮重修聖像神龕寶座[10]

20世紀80年代，廣州三元宮籌謀修復，百廢待興，急需資源和財物重建宮觀，復興香火。香港雲泉仙館聞訊後，予以支持，於1982年舉辦籌募活動，為三元宮重修聖像神龕寶座招募善款。此舉得到香港諸多機構與廣大道眾的積極響應，眾人紛紛解囊，捐資助建，此次募捐共籌得善款80,800元整，樂助善人芳名立碑銘記。捐資者名單，見本志第十章。

二、2017年香港道教省善真堂、香港竹林仙館捐資三元宮殿宇重修

三元宮殿宇重修工程牽動穗港道眾之心，聞訊重建工程，香港道眾紛紛解囊相助，為三元宮殿宇重修工作貢獻力量。其中，香港道教省善真堂、香港竹林仙館捐贈數目為碑刻所記。據今存於三元宮福德祠之右的〈三元宮殿宇重修記〉碑文記錄，2017年，香港竹林仙館即捐資90,000元，協助三元宮重修工程。香港道教省善真堂亦捐資5,000元，作為三元宮修繕之費用。穗港道眾同心，宮觀整修日漸完善。

三、香港蓬瀛仙館樂助三元宮重修王靈官殿（年份不詳）

據碑刻〈蓬瀛仙館樂助重修王靈官殿〉現存照片記載，在三元宮重修王靈官殿之時，香港蓬瀛仙館曾捐資人民幣200,000元，以協助重修。在蓬瀛仙館與其他道眾的支持下，三元宮重建王靈官殿工程進展順利。王靈官殿經重修而煥然一新，展現出宮觀的新時代風采。

第十四章

大事活動

第一節　清代

時間	事件	出處
1628–1644（明萬曆及崇禎年間）	東晉時南海太守鮑靚建，名越岡院，明萬曆及崇禎重修，更今名。	乾隆六年《南海縣志》
1656（順治十三年）	尚可喜、耿繼茂、李棲鳳在城北觀音山之南面，集資建立三元寶殿並鐘鼓二樓，尚可喜捐鑄大鐘。	順治十三年李棲鳳〈修建三元殿記〉
1706（康熙四十五）	左翼提督金宏鎮捐俸發起重修斗姥殿重修。	乾隆二十四年《廣州府志》；乾隆五十年蕭雲漢〈重修斗姥殿碑記〉
1725（雍正三年）	雍正三年，住持韓復兆、梁復進豎碑紀事。	1943年〈廣東省廣州市粵秀山三元宮歷史大略記〉
1780（乾隆四十五年）	別駕史巖澤，原籍溧陽，僑居穗城郡。知鮑姑尚無祠也，爰力建祠、設神像於越岡巔之右（三天宮內），以資敬禮，住持郁教甯為之作記。	乾隆四十五年郁教甯〈鮑姑祠記〉
1785（乾隆五十年）	住持黎永受主持重修，此次建立禮拜亭和齋堂、祖堂、惜字亭，將老君殿和北極殿交換位置，翻新鮑姑祠，增修加麗。觀者無不嘆為巍然煥然。	乾隆五十年蕭雲漢〈重建斗姥殿碑記〉
1789（乾隆五十四年）	乾隆五十四年冬月，總督嘉勇公福康安，捐俸發起重修，住持郁教甯、黎永受、楊圓炯師徒相繼募化、督工，至乾隆伍拾八年菊月而工告成焉。	乾隆六十年蕭光惠〈重修頭門三元殿碑記〉
1837（道光十七年）	雲南儲糧道鄧士憲發起，住持黃明治主持重修，爰將頭門、齋堂、香亭、三官殿、靈官殿、雨仙殿、觀音殿、祖堂、新客廳、山舫各處，或加以補葺，或始事經營。鄧士憲為此事作記，黃明治立碑，劉光熊書。	道光十七年鄧士憲〈重修三元宮碑記〉

時間	事件	出處
1856–1857 （咸豐六年－咸豐七年）	第二次鴉片戰爭爆發，英法聯軍入侵廣州，嚴重毀壞三元宮，道士四散。	同治八年朱用孚〈重修三元宮碑記〉
1861 （咸豐十一年）	咸豐十一年，道士黃宗性回歸三元宮，見宮觀敗落，遂募金重修，因此被推舉為住持。咸豐十一年開始重修，至同治九年修成。重修後，大殿廣於昔者尋丈，共費白金萬餘兩。 現存呂祖殿棟木記云：同治元年歲次壬戌初秋住持道士黃宗性募化重修敬立。	同治八年朱用孚〈重修三元宮碑記〉；同治九年汪璪〈重修廣州三元宮碑銘〉
1869 （同治八年）	同治八年，由肇慶得青牛跡古石，設置於呂祖殿前階下。	1943年〈廣東省廣州市粵秀山三元宮歷史大略記〉
1870 （同治九年）	瑞麒捐俸發起，黃宗性募化重修，蓋經始於咸豐辛酉某月，至庚午某月始落成。	同治九年汪璪〈重修廣州三元宮碑銘〉
1874 （光緒元年）	住持鍾明振募化重修。現存靈官殿棟木記云：「大清光緒元年歲次乙亥仲春吉旦全真住持道人鍾明振募化重修」。	靈官殿棟木
1902 （光緒二十八年）	光緒二十八年，住持梁宗琪募化重修呂祖殿。伍銓萃立碑記錄其事。現存呂祖殿棟木記云：「光緒二十八年歲次壬寅仲春穀旦住持道人梁宗琪募化重建敬立」。	光緒二十八年伍銓萃〈重修呂祖殿碑記〉
1903 （光緒二十九年）	光緒二十九年，梁宗琪將本宮田產實業六百二十三畝盡數撥出，興辦時敏中學校，培育人材，欽奉敕賜「葆光勵學」四字匾額，恭懸於殿前。從此本宮道侶四十餘人給養之資，別無挹注，只靠香火醮務，以度生活。	1943年〈廣東省廣州市粵秀山三元宮歷史大略記〉
1919 （民國八年）	民國八年，住持張宗潤重修一次。	1943年〈廣東省廣州市粵秀山三元宮歷史大略記〉
1938 （民國二十七年）	日本發動侵華戰爭，廣州淪陷，三元、太上、鮑姑、呂祖、靈官各殿，並頭門、鉢堂、客堂、齋堂一帶保存尚好，而斗姥、文昌、北帝、鍾離、武侯、天后各殿，一連六座，以及東西包臺房屋多間在戰亂中被毀壞。殿宇房舍多被匪人乘機盜拆，杉桷俱失，墻壁崩頹。	1943年〈廣東省廣州市粵秀山三元宮歷史大略記〉；1944年張信綱〈重修三元宮碑記〉

時間	事件	出處
1943 (民國三十二年)	民國三十二年，住持周宗朗、何誠端發起在宮募化，護法歐陽霖等極力贊助，廼得十方善信、好道群公踴躍簽題，謹於是年癸未三月二十一日辰時卜吉，重修後山，修復玉皇寶殿，東隅修復祖堂、祿位堂，春秋兩祭，並在堂前右廡，將唐吳道子觀音像真跡礪於壁間，以誌景仰。至於五老洞遺跡及後山餘地，恢復經堂，修設花園，乃郝誠伯募化督工。又西隅虬龍井舊址，張信綱備資修葺虬井古屋一間，紀鮑姑在此得道之仙跡。張信綱又建設藏經閣，搜集古代聖賢著作之書，保存國粹而已。	1943年〈廣東省廣州市粵秀山三元宮歷史大略記〉；1944年張信綱〈重修三元宮碑記〉

第二節　民國

時間	事件	出處
約1913–1916年	滇軍龍濟光統治廣東時，把越秀山腳三元宮附近一帶劃為軍事禁區，禁止行人往來，將九眼井關岳廟前之閘門堵塞，使行人不能由此逕進三元宮，致三元宮香火全無。宮內道士由四十餘人走剩十人左右。道士亦減少。應元宮下昭真菴之比丘尼，及應元宮之火居道士，刻下均須遷移別處居住。	《三元宮純陽觀修元精舍史料》，廣州市檔案，1953年；《廣州宗教志資料匯編》第二冊(道教)，1995年；《申報》(上海版)，1916–01–05，第六版。
1916年(民國五年)9月	龍濟光現將北路防軍陸續收束，李次皐、梁金文所部濟軍，一律奉調回城，駐紮於三元宮一帶，聽候改編。	《申報》(上海版)，1916–09–09，第六版。
1916年(民國五年)10月	陸督親廣東陸督軍抵署後，對各軍派遣出防已分佈置。以三元宮地方遙控西北關係要衝，著譚浩明師長派軍隊一連駐紮，並將二百四響之水機關砲一尊運往安置。	《申報》(上海版)，1916–10–24，第六版。
1922年(民國十一年)4月	城北如粵秀山三元宮、應元宮，均為一般粵軍駐所，軍隊之多，幾如前年粵軍返旆時也。	《申報》(上海版)，1922–04–24，第七版。
1923年(民國十二年)4月	廣東省公署公佈觀音山不許駐兵，三元宮劃入籌設公園範圍，佈告云：「案查廣州市開闢馬路，規畫市政，先經擇勘各地，以便建設公園。其市內觀音山原有關作公園之議，茲經詳加察勘，所有觀音山及毘連之應元宮、三元宮、關帝廟，均劃入籌設公園範圍。另觀音山以西，從前總統舊府，	《申報》(上海版)，1923–04–05，第十版。

時間	事件	出處
	亦一併留作辦公地點。惟從前間有軍隊借駐，現在所駐之桂軍，業由桂軍沈總司令着令即日遷移。嗣後無論何項軍隊，對於上列各該地方，勿再遷入，以便籌畫，而利進行。誠恐未及週知，致有誤會，合行佈告，一體遵照。此佈，三月二十七日省長徐紹楨。」	
1927年（民國十六年）3月	三元宮撥作市立美術校舍案（一）：廣州市觀音山麓有三元宮上下全座，地頗寬廣幽靜。廣州市教育局請將三元宮上下全座，收歸市有，撥作市立美術校舍，並發給執照，以資修改，而便遷移，將逐漸擴充。	廣州市政府市政公報（公牘教育），1927年第255期，頁47–48。
1927年（民國十六年）4月11日	廣州市革命軍遺孤教養院請撥借三元宮、應元宮及附近空地為教養院地址。	廣州市政府市政公報（公牘總務），1927年第258期，頁36–37。
1927年（民國十六年）8月1日	（廣州市政府批工務局、教育局據工務局劃出三元宮一部分為市美學校臨時校址，並勘得三元宮內，除道士室及神位外，其餘各處現暫駐有國民革命第四軍教導團二營兵士及軍醫處。	廣州市政府市政公報（公牘教育），1927年第265期，頁34–35。
1927年（民國十六年）8月8日	三元宮住持麥星階呈請保全三元宮不准劃出、三元宮撥作市立美術校舍。	廣州市政府市政公報（公牘教育），1927年第265期，頁35。
1927年（民國十六年）8月12日	廣州市教育局呈請代理市政委員長林雲陔，再劃出三元殿及東廂一帶房舍為市美禮堂及校舍之用。因為「據工務局所測繪三元宮平面圖，僅允劃出三元殿後面神位、房舍以為職校校舍，其前面中央為三元殿神像所在，西廂為道士住室，東廂為第四軍教導團第二營第五六連兵士所居，均不在劃借範圍之內，似此情形，無論將劃出之房舍按照職校下學年擴充計劃約需禮堂、實習室、講授室、辦事室、成績室等等大小共不下四十餘間，即細為間格，使無尺寸之餘地，亦只能敷用一半耳！此因地方過狹而妨礙設施者，一也；查教育事業最稱神聖，學校所在宜絕喧擾，三元宮地非甚寬而楹連揀接，隙地甚稀，依工務局所擬區劃，則一宇之內職校職教員、學生將日與兵士、道士星卜者、參神婦女、遊覽閒人等等雜然穿插其間，而其喧囂騷擾，影響於職校教學諸事，必更有甚於前年本市市立商業學校假觀音山關帝廟一部分以為校舍時之景象也。此因校舍密邇神殿及兵士住房而妨礙教學者，二也；職校增科招生，現已實行下學年，應有學生六班共二百餘人，	廣州市政府市政公報（公牘教育），1927年第266期，頁40–43。

時間	事件	出處
	餘人,而紀念週演唱會等重要行事,自非有廣大禮堂無以容納。有眾查三元殿位於三元宮中央,怪誕神像羅列其內,愚民惑眾,此為罪藪。若撥歸職校,改為禮堂,化醜惡為真善,革命事業應勿遺此,此因三元殿之仍得保留而致助長神權,妨礙黨國教化者,三也。有此三因,用敢據情呈請。」	
1927年(民國十六年)(1927)8月17日	市立美術校學生會林沭汗等為請工務局將三元宮前座再行酌撥為本校校舍。	廣州市政府市政公報(公牘教育)1927年第266期,頁43。
1927年(民國十六年)8月27日	代理市政委員長林雲陔批工務教育局據工務局呈再劃出三元宮內再劃三元殿及東廂一帶房舍撥與市美術學校禮堂及校舍之用。	廣州市政府市政公報(公牘教育),1927年第268期,頁45。
1927年(民國十六年)9月14日	廣東省政府飭令三元宮不得以私產為詞,須遷出予市立美術學校借用:「前據該住持麥星階以同情據呈來廳,當以三元宮亦屬市內寺觀庵廟之一,自經民國十二年收歸市有後,即不能以私產為詞,至謂民國九年十年間曾納有地基等稅,此不過盡一分子納稅義務,不獨該三元宮為然。現以市立美術學校一時未覓得適當校址,仍須遷出,本屬無礙,乃該住持喋喋不休,似屬不合」。	廣州市政府市政公報(公牘教育),1927年第269期,頁28。
1927年(民國十六年)9月19日	代理市政委員長林雲陔批教育局據呈請分函工兵教導團及禁煙處廣東戒煙留醫院將三元宮東西面一帶房舍交還市美學校接收,以便早日遷校開課。	廣州市政府市政公報(公牘教育),1927年第269期,頁28–30。
1927年(民國十六年)10月17日	教育局奉省令制止市美學校壇將三元宮原有建築物拆毀。	廣州市市政公報補編(公牘令),第二七〇號至第二七九號合刊本(1928年4月),頁59。
1928年(民國十七年)1月	西江桂軍及十三師部隊,1月29日入駐廣州。……桂軍第八團即抵石圍塘,隨渡河至黃沙,沿西村而入觀音山三元宮紮防。	《申報》(上海版),1928–01–06,第六版;
	李濟琛統轄之第八路南路軍徐景唐部第三十八團李務滋部駐北門三元宮。	《申報》(上海版),1928–01–07,第十版。

時間	事件	出處
1929年（民國十八年）12月26日	三元宮在粵秀山公園範圍之內，市長林雲陔訓令工務局令將三元宮先行接收。	廣州市政府市政公報（公牘工務），1930年第351期，頁78–79。
1930年（民國十九年）2月13日	廣州市教育局呈請准將三元宮撥歸本局管理，為美術館館址。	廣州市政府市政公報（公牘工務）1930年第355期，頁154。
1930年（民國十九年）2月15日	《香港工商日報》報導廣州市教育局為籌設市立美術館一所，請撥三元宮為市立美術館址，且無須另籌建築經費。至該宮後座，及東偏房室，則擬撥歸市立美術學校，所有餘地，亦經由工務局收管。	《香港工商日報》，1930–02–15，第七版。
1930年（民國十九年）3月	《香港華字日報》報道三元宮道士請保全古蹟：「本市粵秀山麓之三元宮，邇經市政府訓令工務局派員接收，撥作美術館址之用。現派宮道士鄭誠德等，特聯請廣州特別市政府保全古蹟，以維道教，並設法安置，俾免流離。」	《香港華字日報》，1930–03–10，第二張第二頁。
1931年（民國二十年）	教育局派員通知三元宮要短期交出全間地方交由教育局改建廣州美術學校。幸得陳濟棠之岳母的幫忙，僅將三元宮後山之八仙殿山邊棲霞洞及五老洞撥給該校使用，並在三元宮門口左側山邊另闢一條通路上落。該校至抗日戰爭時期亦結束遷走。	鄭信文《廣州三元宮史料簡介》（手稿），見《廣州宗教志資料匯編》第二冊，1995年。
1934年（民國二十三年）	三元宮分出一部分為市立美術學校校舍，一部分駐有軍隊，該殿及一小廳房為辦事地方，道士三十餘人，住持為鄭誠德。	《廣州市名勝古蹟古物調查表》，民國二十三年十一月製表，見《廣州宗教志資料匯編》第二冊，1995年。
1934年（民國二十三年）9月起	陳濟棠於粵秀山麓三元宮故址，組設仁愛善堂，向百姓施醫贈藥，經費由政府負擔。1934年9月15日遷入辦公；10月7日召開同人大會。	《仁愛旬刊》，創刊號，頁6；《仁愛月刊》，第一卷第一期，頁1–3。
1935年（民國二十四年）2月18日	三元宮上元誕。2月19日《香港工商晚報》報導：「昨（十八）日，為陋俗中之上元佳節，婦女佞神，較往年為盛。前先從十七（即農曆十四）晚說起，查是晚一般投機小販，以婦孺輩赴三元宮參神者必多。而蓮塘路、九龍街、德宣路、杜菓樹街，及粵秀街一帶，為必經之孔道，故紛紛在各該街道兩旁，臨時擺設攤位，販賣香燭紙寶運盤，貴人、風車等物，以應需求。其價格雖比平日昂貴數倍，然固不因此而減其銷路，統計販香燭攤位不下二百餘檔。再從九龍街逕入三元	《香港工商晚報》，1935年2月19日，第2版。

時間	事件	出處
	宮內視察,則神壇之前早已佈置一新,紅燭與電炬交輝,儼同白晝,階下以長繩橫間其中,分成上落道路,魚更三躍,參神者已蒞臨,徹夜不絕。至昨(十八)晨更形擠逼,鬢影衣香,極一時之盛,簽筒聲與人聲相和,香烟瀰漫神前,如放烟幕。」	
1935年(民國二十四年)6月	廣州市立美術學校搬離三元宮,仁愛善堂接收其在三元宮內的舊校舍,修葺而成廣東仁愛善堂第一留醫院。	《仁愛月刊》,第一卷第十期及十一期合刊。
1936年(民國二十五年)2月7日(農曆元月十五日)	上元天官誕日,前往三元宮參神者數達十餘萬人。	《越華報》,民國二十五年二月八日,第三版;《廣州宗教志資料匯編》第二冊,1995年。
1936年(民國二十五年)11月28日(農曆十月十五日)	下元水官神誕日,善男信女前往參神者極為擠擁。《天光報》報導:「「昨廿八日,為舊曆十月十五日俗傳是下元誕。廣州市觀音山腳之三元宮,每屆是日,一般善男信女前往參神者極為擠擁。昨日由晨至暮,德宣路、應玄(元)路上,萬頭攢動,沿三元宮一帶,途為之塞。而更有投機小販,於是晨紛紛前往該處擺賣香燭,藉謀升斗,於是『買香參神呀』、『參神買香呀』之叫聲與嘈雜說笑之聲混成一片,倍形熱鬧。計終日前往三元宮及順赴關帝廟膜拜之男男女女,不下數萬餘人,而販賣香燭者,亦達百檔以上。」	《天光報》,1936年11年29日。
1937年(民國二十六年)10月21日	1937年8月31日日本軍機首襲廣州,至1938年10月21日廣州淪陷。抗戰期間,三元宮門庭冷落。據1937年8月23日《香港工商晚報》題為「中元誕三元宮冷靜」。	《香港工商晚報》,1937年8月23日。
1938年(民國二十七年)5月30日	1938年5月30日9時25分至12時,日機60架,分5批襲擊廣州,三元宮亦受日軍空襲投彈所毀。據1943年〈廣東省廣州市粵秀山三元宮歷史大略記〉的描述,1938年日本佔據廣州之後,當時三元宮殿宇被破壞狀況是:「至二十七年,世界翻新。三元、太上、鮑姑、呂祖、靈官各殿,並頭門、鉢堂、客堂、齋堂一帶,尚屬堅固,且餘後座斗姥、文昌、北帝、鍾離、武侯、天后各殿,一連六座,以及東西包臺房屋多間,風雨飄搖,管理不到,匪人乘機盜拆,牆垣崩頹。」	《申報》(上海版),1938年5月31日,第1版;1943年〈廣東省廣州市粵秀山三元宮歷史大略記〉。

時間	事件	出處
1943年（民國三十二年）4月25日	三元宮兩位住持道士周宗朗和何誠端得到歐陽霖等善信弟子的襄助支持，發起為重修破毀殿宇的募捐。據1943年〈廣東省廣州市粵秀山三元宮歷史大略記〉的記載，重修工程的範圍其實包括了三項：其一，是修復了後山六座殿宇，以及玉皇寶殿，而在東邊則修復了祖堂、祿位堂，並又在堂前右邊的走廊，將唐代吳道子的觀音像真跡刻在墻壁上，以表達景仰之情。其二，是由郝城伯募化、督工，把五老洞遺跡和後山剩餘的地方，恢復為經堂，並修建花園。其三，是由道士張信綱籌集資金，修葺虬井古屋一間，以紀念鮑姑在這裡得道成仙的事蹟，以及建立藏經閣，搜集和收藏道教經典和聖賢著作。	1943年〈廣東省廣州市粵秀山三元宮歷史大略記〉。
1945年（民國三十四年）8月15日	抗戰勝利，日本無條件投降。9月16日，廣州日軍投降儀式在廣州中山紀念堂舉行。	《越秀史稿》，第6卷，頁44。
1946年（民國三十五年）11月8日	三元宮下元誕，到三元宮參拜者多至無立足之地。根據1946年11月9日的報導：「真不容易擠進了三元宮，香煙熏得象一層濃霧，熏出眼淚來。妳要燒香禮拜嗎？找不到蒲團，占不得位置，人們只得隨地的跪下去，禱祝、打簽、上香油、化寶。三元宮，每年三元誕：元月十五、七月十五、十月十五，都有一頓熱鬧，宮裡的道士和司祝也靠著這三天的收入吃飯。」	《越華報》，1946年11月9日，第四版；《廣州宗教志資料匯編》第二冊，1995年。
1947年（民國三十六年）11月10日	廣州市道教會成立。會址暫設在本市粵秀山三元宮。會員名冊共87人。廣州市道教會組織章程共六章，二十九條。當天大會，廣州市警察局派指導員梁公武，暨廣州市政府社會局派指導員洗大鵬，廣州特別市黨部派鄧潤棠，德宣分局派出警長羅萍，蒞會指導監選。經由會員大會，將廣州市道教會組織章程分別討論，決議修正通過，隨即依法舉行選舉。道教會理事、監事選舉結果：以會員唐誠靜、李信湝、崔誠卿、王誠超、何誠端、葉宗茂、周宗朗、嚴誠明、蔡誠隆等九人當選為理事；唐誠鶴、蔡誠年、張信綱三人為候補理事；利誠柱、黃誠榆、鄭誠德等三人當選為監事；黃誠文為候補監事。	廣州市檔案館檔案全宗號10，目錄號2，案卷號1494。
1947年（民國三十六年）8月	三元宮被各機關部隊佔駐，唐誠靜、李信湝懇請各佔位機關部隊限期遷出。	廣州市檔案館檔案，全宗號，地政局(13)，目錄號1，案卷號 雜3209。

時間	事件	出處
1948年（民國三十七年）3月1日	機關部隊佔駐三元宮，唐誠靜、李信潛再祈請政府賜予飭遷執行，但俱無結果。	廣州市檔案館檔案，全宗號，地政局(13)，目錄號1，案卷號雜3209。

第三節　1949年至今

時間	事件	出處
1949–1953年	三元宮道士具體情況：三元宮有道士18人，主持：何誠端、鄭信文；內庫：王誠紹；外庫：吳信祥；知客：蘇信華；殿主：吳信達；巡照：孔信芳；文書：王誠紹（兼）。	《三元宮、純陽觀、修元精舍史料》，廣州市宗教局檔案，1953年第3號，總號第15號，見《廣州宗教志資料匯編》第二冊，1995年，頁14。
1949–1953年	三元宮解放後經濟狀況：平均每月收入1689元。其中：法事275元，香油718元，生產（掃把部）696元，平均每人每月收入有60元左右，生活可解決。	《三元宮、純陽觀、修元精舍史料》，廣州市宗教局檔案，1953年第3號，總號第15號，見《廣州宗教志資料匯編》第二冊，1995年，頁14。
1949–1953年	解放後三元宮在政治活動中的表現：購買公債7503.82元；抗美援朝捐獻飛機大炮1605.10元；雙擁勞軍400元；街坊公益736.72元；防洪救災100元；捐募寒衣642元。	《三元宮、純陽觀、修元精舍史料》，廣州市宗教局檔案，1953年第3號，總號第15號，見《廣州宗教志資料匯編》第二冊，1995年，頁14。
1951年7月13日	《大公報》報導三元宮道士開始從事椰衣等生產並交商店代售：「廣州三元宮道士在新社會風氣薰陶感化下，現已覺悟到在封建社會中作僧道尼均係屬長年專靠人家給與香油樂助佈施，以維持其生活，無形中成為不事生產的社會寄生蟲，特由主持召集宮內全體道友會議，檢討過去，策勵將來，各僧侶熱烈發言，決定響應人民政府號召，投入生產戰線，不再做社會寄生蟲。經全體一夜訂定生產計劃，按步實行，	《大公報》，1951年7月13日，第二版。

時間	事件	出處
	決由手工業做起，而至於開荒、種植、生產等方面，做到自給自足，不再仰賴他人迷信的佈施。第一步工作已於十日開始，製作家庭必需品如椰衣、掃帚、掃地拖、葵骨掃把等，每日出產交由商店代售。」	
1951年5月起	三元宮組織道士織造掃把。織造掃把月收入為700元左右，道士每人每月收入約60元。	《三元宮、純陽觀、修元精舍史料》，廣州市宗教局檔案，1953年第3號，第87號，第1–8頁，見《廣州宗教志資料匯編》第二冊，1995年，頁17。
1953年	三元宮每月香油收入700多元，做法事收入170多元。	廣州市宗教局檔案，1953年第3號，見《廣州宗教志資料匯編》第二冊，1995年，頁17。
1955年7月	三元宮有道士18人。	《三元宮、純陽觀、修元精舍史料》，廣州市宗教局檔案，1953年第3號，第87號，見《廣州宗教志資料匯編》第二冊，1995年，頁64。
1960年6月	三元宮和純陽觀有道士25人。	廣州市宗教局檔案，1953年第3號，見《廣州宗教志資料匯編》第二冊，1995年，頁65。
1962年8月	經協商，建設山貨社將佔用三元宮鐘樓、廁所等地歸還三元宮。	《廣州市宗教工作大事記》（初稿）廣州市宗教處1986年10月編，見《廣州宗教志資料匯編》第二冊，1995年，頁17。
1966年8月25–27日	三元宮遭紅衛兵毀壞。	《關於在文化大革命中有關民族宗教方面的情況報告》，廣州市檔案館，全宗號：191，1966年第2號，總號第149號，見《廣州宗教志資料匯編》第二冊，1995年，頁11。

時間	事件	出處
1981年3月26日	廣州市委同意重開三元宮。	市委穗字(1981)19號文,《市統戰工作座談會紀要》,見《廣州宗教志資料匯編》第二冊,1995年,頁11。
1982年6月底	越秀區塑料九廠把三元宮大殿和鼓樓退還道士管理,區文化館拆除了天井的臨建平房,市塑料十三廠退還大殿前的拜亭、鐘樓和部分天井。	1982年《宗教工作簡報》廣州市宗教處編,見《廣州宗教志資料匯編》第二冊,1995年,頁18。
1982年7月	有關單位退還三元宮大殿和部分場地後,三元宮即時修繕,於7月局部恢復開放。	1991年4月13日劉向明實地調查三元宮調查記錄,見《廣州宗教志資料匯編》第二冊,1995年,頁18。
1982年7月–1987年3月	相關道教界人士、港澳同胞、海外僑胞和國內群眾參拜訪問時捐贈款項合人民幣一百多萬元。	《廣州道教活動問題的調查報告》,廣州市宗教處檔案,案卷號:1987年長期(一),見《廣州宗教志資料匯編》第二冊,1995年,頁19。
1983年春節前	三元宮舉行開光儀式。	1991年4月13日,劉向明實地調查三元宮調查記錄,見《廣州宗教志資料匯編》第二冊,1995年,頁18。
1983–1984年	三元宮逐步收回靈官殿、老君殿和呂祖殿,並新塑神像。	1991年4月13日,劉向明實地調查三元宮調查記錄,見《廣州宗教志資料匯編》第二冊,1995年,頁18。
1985年	三元宮重建鮑姑殿。	1991年4月13日,劉向明實地調查三元宮調查記錄,見《廣州宗教志資料匯編》第二冊,1995年,頁18。

時間	事件	出處
1986年7月–1987年5月	三元宮接待國際友人港澳同胞六批，八十多人次。	《廣州市道教第一次代表會議專刊》，廣州市道教協會1987年5月編印，見《廣州宗教志資料匯編》第二冊，1995年，頁19。
1987年5月22–23日	廣州市道教第一次代表會議召開，成立道教協會（會長謝宗暉，副會長吳信達、吳信祥、黃誠通），會址設在三元宮。	《廣州市道教第一次代表會議專刊》，廣州市道教協會1987年5月編，第15頁，見《廣州宗教志資料匯編》第二冊，1995年，頁81–86。
1987年7月	廣州市道教三元宮重修後，正式對外開放。	《廣州市道教第一次代表會議專刊》廣州市道教協會，1987年5月25日版，見《廣州宗教志資料匯編》第二冊，1995年，頁11。
1987年	三元宮修復了功德堂、齋堂、庫房、抱一草堂，翻新牆壁，逐步恢復原貌。	《廣州市道教第一次代表會議專刊》，廣州市道教協會1987年5月編印，見《廣州宗教志資料匯編》第二冊，1995年，頁19。
1987年	香港蓬瀛仙館黎顯華理事長率團訪問廣州三元宮。	1999年《蓬瀛仙館創館70週年》，頁133。
1988年	廣州市道教協會主席曾銳暨三元宮住持到訪香港蓬瀛仙館。	1999年《蓬瀛仙館創館70週年》，頁129。
1989年2月20日	1989年2月24日《大公報》報導：「元宵節，廣州市數萬市民前往三元宮進香朝拜許願。至下午五時半止，到三元宮朝拜的人數達五萬多人。在門外排隊進宮的人流一直延續到解放北路人行天橋上，不少人就在馬路邊上面向三元宮的方向朝拜。」	《大公報》，1989年2月24日，第二版。

時間	事件	出處
1989年8月	三元宮完成修建兩層樓的新客堂。	《廣州市道教協會第二次代表大會專刊》，廣州市道教協會1990年6月編印，見《廣州宗教志資料匯編》第二冊，1995年，頁20。
1990年4月10日	三元宮開展「學雷鋒樹新風」活動，舉行一天義賣，所得利潤1,660元全部捐給廣州市殘疾人基金會。	《廣州市道教協會第二次代表大會專刊》，廣州市道教協會1990年6月編印，見《廣州宗教志資料匯編》第二冊，1995年，頁20。
1990年5月	三元宮為資助中國道教協會辦學捐獻25,000元。	《廣州市道教協會第二次代表大會專刊》，廣州市道教協會1990年6月編印，見《廣州宗教志資料匯編》第二冊，1995年，頁20。
1990年7月	三元宮老君殿重修，9月竣工。	1990年12月，劉向明採訪吳信達口述材料及實地考查三元宮調查記錄，見《廣州宗教志資料匯編》第二冊，1995年，頁20。
1990年10月	三元宮收入報表： 進宮人數6,900人，香油收入68,603元，捐獻收入20,929元，賣香收入1,452元，門票收入13,800元，上供收入11,000元，賣書收入161元，賣章收入3,285元，排位收入5,560元，利息收入4,691元，總收入142,506元，總支出192523元。	廣州市宗教局檔案，1990年，見《廣州宗教志資料匯編》第二冊，1995年，頁70。
1990年11月	三元宮呂祖殿重修，12月竣工。	1990年12月，劉向明採訪吳信達口述材料及實地考查三元宮調查記錄，見《廣州宗教志資料匯編》第二冊，1995年，頁20。

時間	事件	出處
1990年12月	越秀區環保辦遷出,退還佔地200多平方米的兩層樓房給三元宮。	1990年12月,劉向明採訪吳信達口述材料及實地考查三元宮調查記錄,見《廣州宗教志資料匯編》第二冊,1995年,頁20。
1990年12月	三元宮有道士7人	蘇信華口述資料,見《廣州宗教志資料匯編》第二冊,1995年,頁65。
1992年10月9–11日	香港蓬瀛仙館與廣州道教在三元宮聯合舉辦「祈求全世界和平暨消災解厄萬緣勝會」,為廣州市教育基金籌款,將籌得的人民幣174,825元和港幣299,630元全部捐給市教育基金會。	廣州市宗教局教業務處1992年和1994年聯合法會資料,見《廣州宗教志資料匯編》第二冊,1995年,頁73。
2003年11月	2003年11月蓬瀛仙館成員參訪廣州三元宮。	2004年《蓬瀛仙館創館75週年》,頁168。
2005年5月21–22日	由中國道教協會及廣東省道教協會主辦,並由廣州三元宮與香港蓬瀛仙館承辦的第五屆道教音樂匯演在2005年5月21日及22日假廣州星海音樂廳舉行。參與是次匯演的樂團有廣東省道樂團、上海道教樂團、龍虎山天師府經樂團、武當山道教武術音樂團、成都青羊宮道教樂團、香港道樂團、香港至和道教中樂團、臺灣高雄市文化院國樂團、臺灣南投玉皇宮國樂團及新加坡道樂團,陣容鼎盛。	2009年《蓬瀛仙館80週年紀念特刊》,頁120。
2005年6月18–20日	2005年6月18–20日,香港蓬瀛仙館永遠會長黎顯華道長、館長唐漢道長以及理事等二十五人來穗參訪三元宮,市道協會長、三元宮住持吳信達道長親自在山門外迎接,並與參訪團在協會會議室舉行了座談。會上,吳會長向各位來賓介紹了廣州道教在宮觀管理、科儀經懺、重建重修、社會公益等近況,並進行了親切的交流。隨後參訪團還參觀了純陽觀、仁威廟。	《恆道》2005年12月創刊號,頁45。
2005年11月9日	為進一步提高廣州市道教協會道職人員的整體素質,學好道教文化知識,於2005年11月9日,在三元宮內舉辦了「第二期道教道職人員學習培訓班」。	《恆道》2005年12月創刊號,頁46。

時間	事件	出處
2006年2月24日	2006年2月24日，香港道教聯合會主席湯偉奇先生率領香港道敦聯合會成員一行18人，專程拜訪了廣州市道教協會會長、三元宮住持吳信達道長。雙方在協會會議室進行了友好的交談。吳會長表示，在宮觀建設方面，香港道教界在經濟上給予了大力的支持和幫助，在此表示十分感謝。湯偉奇主席說：「道教是根植在中華民族土生土長的宗教，香港與祖國大陸的道教同根同宗，改革開放以來，隨著宗教信仰自由政策的不斷貫徹落實，我們與大陸道教界的交往更加密切，不但可以互相學習，還增進了友誼，增進了感情。」	《恆道》2006年總第2期，頁47。
2006年8月16日	2006年8月16日上午，臺灣「太一宗」宗師黃史道長率領的太一宗道教參訪團來道教三元宮進行參觀朝拜，並與廣州道教協會會長、三元宮住持吳信達道長在協會會議室進行了友好交流。雙方都希望加強穗臺兩地道教界的聯繫，互相增進友誼。	《恆道》2006年總第5期，頁46。
2006年9月22日	應廣東省民族宗教事務委員會邀請，以天主教澳門教區黎鴻昇主教為團長，由40名澳門道教、佛教等宗教界人士聯合組成的澳門宗教界負責人訪粵團於9月22日下午參觀訪問了廣州道教三元宮，並在廣州道教協會會議室進行了友好座談。會上，廣州市道教協會會長、三元宮住持吳信達道長對澳門宗教界首次聯合組團訪粵表示歡迎，並向訪粵團介紹了自改革開放以來，廣州道教事業的發展情況。澳門宗教界負責人訪粵團副團長葉達道長希望穗澳兩地道教界進一步加強聯繫，促進交流，增進友誼。	《恆道》2006年總第5期，頁46。
2006年11月15–16日	2006年11月15–16日，以昆明市民宗局金局長為團長的昆明市民宗局及昆明市道教協會參訪團一行五人來穗進行參訪。廣州市民宗局、廣州市道教協會等有關領導熱情接待了來訪客人。客人們還在廣州市民宗局、廣州道教協會有關領導的陪同下，參觀了三元宮、純陽觀、黃大仙祠、仁威祖廟等宮觀。	《恆道》2006年總第5期，頁46。
2006年11月17日	2006年11月17日上午，陝西省道教協會副會長陳法永道長在廣州市道教協會常務副會長潘崇賢道長的陪同下，參訪了道教三元宮。通過座談，大家表示應加強穗陝兩地道教文化的交流，進一步增進彼此間的友誼。	《恆道》2006年總第5期，頁46。

時間	事件	出處
2007年5月17日	2007年5月17日上午,香港中文大學道教文化研究中心的黎志添教授、游子安教授、吳真博士、黃敬安先生及法國道教研究學者高萬桑教授(Prof. Vincent Goossaert)、中山大學鍾東教授及廣東省宗教研究所的夏志前先生組成參訪團,蒞臨廣州市道教協會,參訪廣州三元宮,拜訪吳信達會長。吳信達會長代表道教協會對黎志添教授等人的來訪表示歡迎,並向參訪團介紹了廣州道教及三元宮的歷史文化和現在的發展狀況,回答了來賓們關於道教方面的提問。	《恆道》2007年總第7期。
2007年11月3日	來自溫哥華三清觀一行40人的訪問團在該觀觀主陳誠康道長的帶領下,於11月3日上午前往三元宮進行友好參訪。在座談會上,吳道長首先代表廣州道教界歡迎溫哥華道友們的來訪,並從三元宮的歷史和發展、道教人才培養、社會公益、弘揚道教文化等方面向客人們作了詳細的介紹。隨後,吳道長陪同客人們參觀三元宮,期間陳誠康道長還與吳道長在經懺方面作親切的交流。陳誠康道長表示,看到廣州道教的蓬勃發展,內心十分高興,並希望雙方在今後能進一步加強交流合作,增進彼此之間的友誼。	《恆道》2007年總第9期,頁47。
2007年11月15–19日	為慶祝香港回歸十週年,香港道教聯合會於11月13日至24日在香港圓玄學院舉行明朝以來,海內外規模最盛大、醮期最長及參與宮觀最多的,以「祈禱世界和平國泰民安消災解厄陰陽兩利慶祝香港回歸十週年安定繁榮社會和諧太上金籙羅天大醮」為主題的大型法事活動。廣州市道教協會應香港道教聯合會邀請,由各宮觀道職人員和工作人員共27人,組成廣州三元宮承壇經團於11月15日至19日赴港參加羅天大醮法會。在醮會期間,三元宮經團分別在圓玄學院法場的玉皇殿和青玄壇進行玉皇朝、三元寶懺、三元朝、太乙朝、呂祖懺、關燈散花以及早晚課等法事活動。	《恆道》2007年總第9期,頁46–47。
2008年3月25日	2008年3月25日下午,香港天主教聖神修院神哲學院師生一行40人來穗參訪三元宮。廣州市道教協會會長、三元宮住持吳信達道長熱情接待了來訪客人,並在協會會議室與客人進行了友好座談。座談會上,吳信達道長向客人們詳細介紹了廣州道教和三元宮的歷史及今後的發展情況,並就客人提出的關於道教教理教義和神仙信仰等問題一一作答。	《恆道》2008年總第11期,頁46。

時　間	事件	出處
2008年5月13日上午，19日下午	2008年5月12日下午2時28分，汶川發生里氏8級大地震，這場突如其來的大地震奪去了近7萬人的生命，摧毀了無數人的家園。這場災難，牽動著廣州市宗教界人士的心。為深切哀悼汶川地震遇難同胞，廣州市道教三元宮秉承「仙道貴生，無量度人」的道教宗旨，發揚「一方有難，八方支援」的中華民族傳統美德，分別於5月13日上午、19日下午，為汶川地震災區舉行祈福和追薦法會。法會上，廣州市道教協會會長、三元宮住持吳信達道長拈香禮拜，高功法師踏罡步斗，全體道長口誦道經，道場莊嚴，祈願地震災厄消解，亡者早日超度，傷病者早日康復，生者福生無量，災禍永消，天佑中華。	《恆道》2008年總第11期，頁44。
2009年11月9日	2009年11月9日上午，由臺北縣議員黃永昌先生帶領的臺灣省臺北縣土城市三元宮謁祖團一行26人，前往三元宮進行參訪和謁祖活動。雙方在協會會議室進行了友好交流。會上，大家一致認為：道教是祖國的傳統宗教，兩岸道教同根同源，一脈相承，並希望今後兩地道教界能加強交往，以增進兩岸道友之間的情誼，為弘揚中華文化、道教文化共同努力。	《恆道》2009年總第17期，頁46。
2010年10月16日	為貫徹落實市委、市政府「迎接亞運會、創造新生活」的要求，在宮觀內大力營造「人人都是東道主，個個都是志願者」的社會氛圍。我會根據市民宗局的工作部署，組織三元宮、純陽觀、黃大仙祠、仁威祖廟等涉亞運場所於2010年10月16日上午分別在宮觀內舉辦了一場「為亞運祝福」法會，用道教的科儀和信眾一起，為亞運祈福，祝願亞運圓滿、平安祥和。	《恆道》2010年總第21期，頁47。
2011年3月29日	2011年3月29日，香港蓬瀛仙館第二十屆理事會成員以馬梓才理事長為團長的一行17人訪問團前來參訪了廣州市道教協會及屬下宮觀。在潘崇賢會長陪同下，參訪團先後到廣州都城隍廟、三元宮、純陽觀進行參觀訪問。	《恆道》2011年總第23期，頁45–46。
2011年7月26日	2011年7月26日上午，美國駐廣州領事館總領事高來恩一行在廣州市民宗局汪茂鑄副局長與廣州外事辦鄧榮明副巡視員的陪同下參訪了三元宮，並在廣州市道教協會辦公室會議室舉行座談。最後，他們在三元宮住持吳信達道長的陪同下參觀了三元宮並在山門前留影。	《恆道》2011年總第24期，頁45。

時間	事件	出處
2011年8月6日	第26屆世界大學生夏季運動會即將在深圳舉行。為預祝大運會圓滿成功，廣州市道教協會在八月六日，組織三元宮、純陽觀、黃大仙祠、仁威祖廟、都城隍廟等，分別在三元宮和黃大仙祠隆重舉行「和諧大運，同心同行」祈福法會。上午9時，三元宮、黃大仙祠鐘鳴鼓響，經誦四起，高功法師帶領30多位道長，按照道教的傳統和科儀，誦念經文，拈香祈福，為深圳大運會祈福。祝願第26屆世界大學生運動會平安順利圓滿、成功舉行，同時也祝願社會和諧，祖國繁榮昌盛。期間近百名信眾也參與祈福活動。	《恆道》2011年總第24期。
2012年6月21日	2012年6月21日下午，廣州市民族宗教界2012年「廣東扶貧濟困日暨廣州慈善日」捐贈儀式在廣州大廈舉行，市政府副市長貢兒珍，副秘書長趙南先，市委統戰部副部長、市民族宗教事務局局長林建新，市民間組織管理局局長唐國平及民族宗教界愛心人士等約200人出席了捐贈儀式。捐贈儀式由市民族宗教管理局副局長汪茂鑄主持。廣州市道教協會各宮觀踴躍捐獻，為慈善事業略盡綿薄之力，三元宮捐款25萬元，純陽觀捐款25萬元，仁威祖廟捐款10萬元，黃大仙祠捐款5萬元。	《恆道》2012年總第28期，頁46。
2012年7月8日	2012年7月8日，三元宮內首次舉行「冬病夏防，天灸有奇效，造福為民，社會更和諧」慈善公益活動。此次活動，由三元宮出資，邀請市中醫院專業醫生，向廣大信眾、越秀區六榕街道街群眾等近千人免費貼灸藥並受到一致好評。通過此次活動，不但傳承了三元宮贈醫施藥的文化傳統，還增進了三元宮與信眾、鄰近街坊交流，為進一步做好慈善公益活動積累經驗。	《恆道》2012年總第28期，頁47。
2013年1月10日	2013年1月10日上午，香港道教省善真堂道眾200人在陳滿副主席的帶領下前來三元宮進行參訪交流活動。三元宮住持吳信達道長熱情接待，並陪同香港道眾參觀三元宮，隨後進行友好座談。	《恆道》2013年總第30期，頁48。
2013年4月24日	2013年4月24日，本著道教「慈悲仁愛，濟世利人」的宗旨，廣州市道教協會各大宮觀分別舉行為雅安災區人民祈福法會暨捐款活動。法會結束後開始捐款儀式，廟內職員與善信們排隊至捐款箱獻出自己的愛心。三元宮、純陽觀、仁威廟、黃大仙祠分別捐款十萬元用於雅安救災。另外純陽觀善信捐獻善款共15萬元。	《恆道》2013年總第31期，頁47。

時間	事件	出處
2013年8月17–18日	2013年8月17–18日，澳門道教協會應廣州市道教協會邀請前來廣州進行聯誼交流活動。澳門道協以吳炳鋕會長為團長，組成參訪團一行34人，先後對三元宮、仁威祖廟、純陽觀進行了參觀訪問，並在純陽觀與廣州市道教協會開展了友好的座談交流。	《恆道》2013年總第32期。
2013年11月15日	2013年11月15日上午，第三屆廣東道教文化節暨第七屆惠州國際(休閒養生)旅遊節系列活動啟動儀式在惠州羅浮山隆重舉行。啟動儀式上，有廣東道教學院籌建辦揭牌、羅浮山遊客服務中心廣場啟用揭幕、《山水釀惠州》宣傳冊首發等活動舉行。同時，來自全省各道教宮觀的高道大德，連袂舉辦了一場祈福大法會，共同祈禱世界和平、國泰民安。廣州市道教協會參與祈福大法會的宮觀有純陽觀、三元宮、黃大仙祠、仁威祖廟、都城隍廟。	《恆道》2013年總第33期。
2015年6月12至13日、19–20日	為加深穗港兩地道教界友誼，促進宗教文化交流，6月30日下午，香港道教聯合會梁德華主席帶領該會第二十五屆理事會成員一行70餘人到穗開展品荔交流座談。訪問團首先參觀和拜訪了三元宮、純陽觀。潘崇賢會長首先代表廣州市道教界對香港道聯會參訪團一行表示熱烈地歡迎，並共同祝願穗港兩地道教事業興旺昌隆。	《恆道》2015年總第39期。
2017年3月30日	為繼承鮑仙姑治病救人的優良傳統，踐行道教服務社會的理念，在「三月三」鮑姑誕當天，廣州市道教三元宮聯合南方醫科大學珠江醫院、廣州市海珠中大紡織產業商會、廣州市富仁堂健康諮詢有限公司、廣州年青保健科技有限公司、廣州粵華製藥有限公司，以「關注健康，守護生命，弘揚醫道，服務社區」為主題，在三元宮內為民眾舉行義診服務。	《恆道》2017年總第46期，頁63。
2017年6月8日	2017年6月8日，廣州市道教三元宮隆重舉行了文昌神像開光暨觀音、財神、王靈官神像重光的盛典法會。此次法會由廣州市道教協會會長、三元宮管委會主任潘崇賢道長主持，羅浮山黃龍觀經樂團和惠州玄妙觀經樂團共同承壇。活動邀請了香港蓬瀛仙館、香港青松觀、香港省善真堂等領導嘉賓以及廣州道教各宮觀住持、廣大善信共同參與見證。	《恆道》2017年總第47期，頁60。

時間	事件	出處
2017年6月29日	三元宮傳承道教全真龍門法派，值千年古觀新氣象，道炁日隆之時，天運丁酉年六月初六日，隆重舉行了皈依徒奉道拜師儀式。上午九時，法鼓三通，十方肅清。三元宮眾經生登壇灑淨，朝禮《三元寶懺》，待皈依弟子隨壇聽經聞法，得聞《元始天尊說三官消災滅罪懺》，咸皆稽首皈依，願懺過往罪愆，更祈皈依道教之福。壇場仙樂齊鳴，人天歡欣，眾善信齊沾法樂。拜懺科儀畢，待皈依弟子再行三官大帝神前獻五供科儀。五供一一虔誠上獻後，法事告隆，開始拜師禮。待皈依弟子隊列於壇右，一一行禮，先於壇中三拜三官大帝，後緩步至主禮潘崇賢道長跟前，行三拜皈依之禮，奉上香茶，潘道長受拜禮，將皈依寶牒授予弟子，師徒之禮成，皈依弟子正式成為道教全真龍門正宗第二十七代皈依弟子。	《恆道》2017年總第47期，頁61–62。
2017年7月9–15日	三元宮舉辦首期武當功夫夏令營。本次夏令營為期七天，配備四名老師，共招收了20名學員。夏令營活動在提高學員自身身體素質的同時，積極宣揚了道教優秀傳統文化。本次夏令營活動，面向全社會招收6到18歲的小孩及青少年學員，教授武當武術，帶領學生讀誦國學經典、靜坐休養，並輔導暑假作業；向他們展示國學經典、傳統禮儀、音樂、養生常識等文化，帶領學員領略道法自然、上善若水、為而不爭等道家優秀思想，讓學員在思想上培養「慈、儉、讓」的高尚品格與自強不息的武術精神，在實踐上體驗傳統文化精髓。	《恆道》2017年總第47期，頁62。
2017年8月21日	2017年8月21日上午，三元宮為重修後的太上老君殿、鮑姑殿、天后殿、關帝殿舉行隆重的重光法事科儀活動。此次法事活動由廣州市道教協會會長、三元宮管委會主任潘崇賢會長主持，是繼文昌殿、財神殿、觀音殿、王靈官殿重光後舉行的第二次神殿重光活動。在重修中，三元宮先後為鮑姑殿、天后殿、關帝殿、太上老君殿四個殿堂進行了牆體維修，為神像重新鋪金，並對牌匾、楹聯等進行重新更換，圓滿地完成了各項維修工作。	廣州三元宮微信公眾號信息
2017年10月19–28日	2017年10月28日九九重陽佳日，天朗氣清，麗日普照。三元宮舉辦首屆九皇勝會修設齋醮科儀，一連九天大法會，朝夕誦經禮懺，到此日功德告隆，圓滿結束。九皇勝會乃道教於陰曆九月初一至初九日，即中天大聖北斗九皇真君聖降日，修設齋筵法壇，望北祈禱，一以祝北斗九皇真君聖壽，再以虔禱國泰民安及在壇	廣州三元宮微信公眾號信息

時間	事件	出處
	眾醮信災消禍去，迎福轉好運。九皇勝會由廣州市道教協會會長、三元宮管委會主任潘崇賢會長率全體道眾、工作人員、義工等修奉，九月初一日上午開壇啟請、啟師科儀，神水蕩穢，而後志心朝禮《九皇朝科》，下午虔誦《北斗經》；初二至初九日，上午朝禮《九皇朝科》，進眾醮信祈願表文，下午虔誦《北斗經》，依科演教，經功回向眾醮信，以祈所求皆成，所作獲福，禍去祥來。九皇勝會為三元宮恢復開放以來，首次擴大舉辦的大型法會，廣獲善信支持，善男信女踴躍參與。	
2017年11月13日	2017年11月13日上午，關於推進三元宮「道德館」建設工作會議在三元宮會議室召開。會議主要討論道德館內有關書、畫題材的搜集整理與創作，與會人員提出了很多寶貴意見，對推動道德館建設有著重要啟發意義。	《恆道》2017年總第49期，頁57。
2017年12月1日	2017年12月1日上午，三元宮土地殿舉行重光法事，常住道長、工作人員以及各方善信參加。	廣州三元宮微信公眾號信息
2017年12月15日	2017年12月15日下午，三元宮三元大殿、呂祖殿重光法會隆重舉行。廣州市民族宗教事務局和越秀區有關領導、廣東省內外及港澳高道大德、廣州市各宗教團體負責人以及各界大德善信等上千人參加法會，法會取得了圓滿成功。三元宮此次重修，除了大殿外還有大門牌坊、道德館、道德經碑牆、會仙橋等工程項目，工程歷時3個多月。在主管部門和相關政府部門的大力支持和指導下，以及各方大德善信一如既往的支持下，得以順利完成。	《恆道》2017年總第49期，頁59。
2018年1月28日	2018年1月28日上午，三元宮恭迎地母慈尊聖像，舉行安座開光儀式。地母慈尊由臺灣新北市蘆洲護天宮地母廟分靈而來，三元宮進行迎奉安座並開光，譜寫了穗臺道教交流的新篇章，展現了兩岸中華文化的同根同源與文化互動的勃勃生機。廣州市道教協會會長、三元宮管委會主任潘崇賢會長領全體常住道侶，在臺灣新北市蘆洲護天宮地母廟管理委員會李益義主任、香港青松觀董事局黃健榮主席、葉長清總務主任、大德善信及各方善信等見證下，恭迎地母慈尊安座三元宮，享香火供養。	廣州三元宮微信公眾號信息

時間	事件	出處
2018年4月13日	三月初三是鮑仙姑誕辰日，三元宮隆重予以祝賀，聯合南方醫科大學珠江醫院，於三月初三即4月18日星期三上午9時至11時在三元宮舉行「關注健康，守護生命，弘揚醫道，服務社區」義診服務。	廣州三元宮微信公眾號信息
2018年4月13日	2018年4月13日下午，由廣州三元宮主辦、廣州獨秀莊刺繡科技發展有限公司協辦的蘇繡長卷《永樂宮壁畫》廣州三元宮展覽會，在廣州三元宮道德館舉行。	廣州三元宮微信公眾號信息
2018年4月19日	2018年4月19日，蘇州市道教協會一行數人參訪廣州市道教三元宮，廣州市道教協會會長、三元宮管委會主任潘崇賢熱情接待。	廣州三元宮微信公眾號信息
2018年9月13日－16日	由廣州市民族宗教事務局、香港民政事務局、中國道教協會指導，廣州市道教協會、香港道教聯合會、澳門道教協會主辦，穗港澳三地道教宮觀及團體承辦的「道緣珠江，善行天下——穗港澳道教文化研討會」系列活動在廣州、香港兩地舉行。參加研討會的中國道教協會會長李光富道長、中國道教協會副會長、四川省道教協會會長唐誠青道長、中國道教協會副會長、上海市道教協會會長吉宏忠道長、原國家宗教事務局一司副司長李寒穎、原國家宗教事務局外事司三處處長李明等帶領部分港澳地區嘉賓參訪了廣州道教三元宮，對三元宮濃厚的道教氛圍讚不絕口，並對正在舉辦的「道宇光影攝影大賽獲獎作品展」及新修建的「鮑姑亭文化浮雕牆」、「鮑姑艾灸館」予以高度評價。	廣州三元宮微信公眾號信息
2018年10月21日／11月11日／11月25日	三元宮在鮑姑艾灸館舉行艾灸公益大講堂系列活動，來自廣州市約60名中醫養生愛好者、中醫艾灸養生創業者及亞健康患者參加。	廣州三元宮微信公眾號信息
2018年10月31日	三元宮開設公益武當八段錦課程。首屆公益課程共設六個課時，授課時間為每週六下午三點至四點半。教學的內容從站樁、抱拳禮、基本步法，然後再到八段錦的系統學習。	廣州三元宮微信公眾號信息
2018年11月19日	2018年11月19日下午，新疆疏附縣宗教人士考察團赴廣州參訪三元宮。在陳高慧道長的現場講解下，考察團參觀了三元宮各大殿堂、道德館、鮑姑亭文化浮雕牆等，對道教所蘊含的中國優秀傳統文化表現出極大的興趣，對三元宮處處彰顯的濃厚文化氛圍表示讚賞。	廣州三元宮微信公眾號信息

後 記

　　這次能夠順利完成體量龐大、任務繁重的修志工作，筆者感到非常欣慰，也十分感恩，再次感謝廣州三元宮的潘崇賢道長、蓬瀛仙館的梁德華理事長和各位提供幫助的道長，以及香港中文大學道教文化研究中心的研究員，此書是大家共同努力的成果。而且這部宮觀志為廣州三元宮整理保存了最完整豐富的歷史資料，相信不僅對三元宮，甚至對廣東道教的歷史文化也有保存和弘揚的積極作用，同時這也是筆者作為道教研究學者的宿願。

　　本書不單單是一部宮觀資料彙編，更是一部有關廣州三元宮歷史研究的專著。其特色是以嚴謹的學術要求來整理和分析材料，從清代直到今天，回顧了近四百年的歷史，作出內容豐富、完整且有深度的研究成果，以推動中國近現代道教宮觀史的研究。

　　不可否認的是，從晚清到民國的一百多年間，尤其是經歷了各種破除迷信的風俗改革運動，道教宮觀的發展遭遇了非常多的曲折、坎坷與破壞，每每回首，無不令人扼腕歎息。道教不僅被標籤為「封建迷信」，甚至被認為是要摒棄的本土傳統文化。筆者通過對三元宮歷史的考究，認為這一百多年裡的三元宮雖然在社會變遷中歷經了諸多磨難，但沒有完全湮沒，並一直是嶺南全真龍門派道觀的代表之一，不能不歸功於歷代三元宮道長的堅持與努力，例如郁教甯、黃宗性、梁宗琪、麥宗光、周宗朗與何誠端等住持道長為保護祖師留下的宮觀而殫精竭慮，實在令人動容。

　　筆者希望讀者通過閱讀本書，能夠對此坐落在中國南方省會城市的宮觀有更深入的了解。同時，可以借古鑒今，反思道教的現在與未來，認識到道教研究不能脫離中國傳統文化的傳承脈絡與區域社會文化史；也應認識到道門人才的匱乏，尤其是缺少現代知識型人才。而且道教這一傳統的中國本土宗教，亟需在新

時代與時俱進，重新煥發生機與活力，這不僅需要玄門弟子與信眾的堅持不懈的努力，也有賴於更多的有心人。

黎志添

記於己亥中秋日

註 釋

第一章

1. 晉‧斐淵《廣州記》:「昔高固為楚相,五羊銜谷,萃於楚庭。」轉引自楊恒平:〈斐淵《廣州記》輯考〉,《中國典籍與文化》,2014 年 01 期,頁 89。

2. 「嶺南」一詞較早見於西漢‧司馬遷著,劉宋‧裴駰集解,唐‧司馬貞索引,唐‧張守節正義《史記》,第 10 冊,卷 129,〈貨殖列傳〉(北京:中華書局,1959),頁 3269。嶺南在史書中有時也被稱為「嶺外」、「嶺表」。由於領是嶺的古字,因此古代史書也把嶺南表述為領南、領外、領表。例如劉宋‧范曄撰,唐‧李賢等注《後漢書》,第 4 冊,卷 86,〈南蠻西南夷列傳〉(北京:中華書局,1973),頁 2837:「徙其渠帥三百餘口於零陵,於是領表悉平。」

3. 唐‧李吉甫撰,賀次君點校:《元和郡縣圖志》,卷 34 (北京:中華書局,1983),頁 885。

4. 西漢‧司馬遷:《史記》第 1 冊,卷 6〈秦始皇本紀〉,頁 253。

5. 明‧黃佐:《廣東通志》,轉引自孫海、藺新建:《中國考古集成華南卷》(鄭州:中州古籍出版社,2005),頁 1047。

6. 徐俊鳴:《嶺南歷史地理論集》(廣州:中山大學學報編輯部,1990),頁 251。

7. 明‧郭棐撰,黃國聲、鄧貴忠點校:《粵大記》,卷 1,〈郡國釋名〉(廣州:廣東人民出版社,2014),頁 1。

8. 徐俊鳴:《嶺南歷史地理論集》,頁 3、14;王育民:《中國歷史地理概論》,下冊 (北京:人民教育出版社,1988),頁 587–588;廣州市越秀區人民政府地方志辦公室、廣州市越秀區政協學習和文史委員會主編:《越秀史稿》,第 1 卷 (廣州:廣東經濟出版社,2015),頁 116–117;廣東歷史地圖編輯委員會編:《廣東歷史地圖集》(廣州:廣東省地圖出版社,1995),頁 177。

9. 據唐‧李吉甫:《元和郡縣圖志》,卷 34,頁 888:「番禺縣,本秦舊縣。故城在今縣西南二里。縣有番、禺二山,因以為名。或言置在番山之隅。隋開皇十年 (590) 改置南海縣,即今縣是也。長安三年 (703),於江南州上別置番禺縣,取漢名。」因此之故,孫吳交州刺史步騭所築的廣州城,在隋唐以後,地屬南海縣。

10. 唐‧李吉甫:《元和郡縣圖志》,卷34,頁887。

11. 徐俊鳴:《嶺南歷史地理論集》,頁14。

12. 唐‧李吉甫:《元和郡縣圖志》,卷34,頁885。

13. 唐‧李吉甫:《元和郡縣圖志》,卷34,頁886–887。另參徐俊鳴:《嶺南歷史地理論集》,頁180。

14. 徐俊鳴:《廣州史話》(北京:中華書局,1963),頁5;另參南宋‧方信孺:《南海百詠》,「任囂城」條。見南宋‧方信孺、明‧張詡、清‧樊封撰,劉瑞點校《南海百詠、南海雜詠、南海百詠續編》(廣州:廣東人民出版社,2010),頁7。

15. 清‧顧祖禹撰,賀次君、施和金點校:《讀史方輿紀要》,卷101,「廣州城」條(北京:中華書局,2005),頁4595:「秦以任囂為南海尉,初居瀧口西岸,俗名萬人城,在今城西二十七里。既乃入治番山隅,因楚亭之舊,其治在今城東二百步,俗謂之任囂城。」

16. 唐‧李吉甫:《元和郡縣圖志》,卷34,頁887。

17. 西漢‧司馬遷:《史記》,第10冊,卷129,〈貨殖列傳〉,頁3268。

18. 北宋‧樂史撰,王文楚等點校:《太平寰宇記》,第7冊,卷157〈嶺南道一〉(北京:中華書局,2007),頁3015。

19. 徐俊鳴:《嶺南歷史地理論集》,頁14。關於最近有關唐代廣州城牆遺址的考古發現,參廣州市文物考古研究所:〈廣州市西湖路光明廣場唐代城牆遺址〉,廣州市文物考古研究所編:《羊城考古發現與研究》(北京:文物出版社,2005),頁171–178。

20. 程存潔:〈唐代嶺南道城市發展論略〉,廣州市文物考古研究所編:《廣州文物考古集》(北京:文物出版社,1998),頁110–119。

21. 曾昭璇:《廣州歷史地理》(廣州:廣東人民出版社,1991),頁64:「甘溪即菖蒲澗水,流下才稱文溪……後世專指未出白雲山的甘溪上源為蒲澗,而甘溪和文溪混稱,一般要入廣州城後才稱文溪了。」

22. 參廣州市地方志編撰委員會主編:《廣州市志》,卷2(廣州:廣州出版社,1998),頁181。

23. 南宋‧王象之:《輿地紀勝》,第3冊,卷89〈廣南東路〉(北京:中華書局,1992),頁2840。

24. 吳宏岐:〈唐番禺縣治所考〉,《中國歷史地理論叢》,第3輯(2007),頁150。

25. 曾新:《明清廣州城及方志城圖研究》(廣州:廣東人民出版社,2013),頁168。

26. 廣州市地方志編撰委員會主編:《廣州市志》,卷2,頁181。

27. 轉引司徒尚紀:〈元代廣州作為建制城市的歷史地理初探〉,《熱帶地理》,第16卷,第1期(1996),頁82。

28. 轉引司徒尚紀:〈元代廣州作為建制城市的歷史地理初探〉,頁82。

29. 轉引司徒尚紀:〈元代廣州作為建制城市的歷史地理初探〉,頁83。另參曾昭璇:《廣州歷史地理》,頁232;張星烺:《中西交通史料彙編》,第2冊(北京:中華書局,1979),頁204。

30. 清．吳蘭修：《南漢紀》，清道光三十年（1850）伍氏粵雅堂刻本，香港中文大學圖書館藏，卷2，頁8。

31. 清．吳蘭修：《南漢紀》，卷2，頁18；南宋．方信孺《南海百詠》「番山」條記載：「國初前攝南海簿鄭熊所作《番禺雜志》云：『番山在城中東北隅，禺山在南二百許步，兩山舊相聯屬，劉龑鑿平之。』」劉瑞點校：《南海百詠、南海雜詠、南海百詠續編》，頁6。

32. 司徒尚紀：〈元代廣州作為建制城市的歷史地理初探〉，頁82–88。

33. 傳統史書評價中的南漢君主多屬窮奢極欲之徒，以《宋史．南漢劉氏》為例，批評南漢君主「性尤酷暴」、「耽於遊宴」，而施政方面則腐敗無道，文稱：「城壁壕隍多飾為宮館池沼，樓艦皆毀，兵器又腐。」見元．脫脫等：《宋史》，卷481（北京：中華書局，1963），頁13919及頁13926。但是，至清末道光朝，一群以廣州學海堂為首的廣東文人（如劉應麟、吳蘭修、梁廷柟等）卻重新考證南漢劉氏王朝在統治嶺南時為地方所作的建設和經營。見清．吳蘭修（1839年卒）：《南漢紀》（五卷）和《南漢金石志》（二卷）（南海伍氏粵雅堂，清道光三十年〔1850〕刻本）。

34. 徐俊鳴：《嶺南歷史地理論集》，頁183。

35. 徐俊鳴：《嶺南歷史地理論集》，頁183。

36. 關於唐代廣州對外貿易的繁盛情況，見〔日〕中村久四郎著，朱耀廷譯：〈唐代的廣東（上）、（下）〉，《嶺南文史》，1983年第1、2期，頁35–43及33–49。至於兩宋時期廣州對外貿易的發展，見全漢昇：〈宋代廣州的國內外貿易〉，《中央研究院歷史語言研究所集刊》，第8本第3分冊（1939），頁303–356。

37. 徐俊鳴：《嶺南歷史地理論集》，頁184。另見元．脫脫等：《宋史》，卷188，〈食貨志下．互市舶法〉，頁4558。

38. 徐俊鳴：《嶺南歷史地理論集》，頁54。參元．脫脫等《宋史》，卷188，〈食貨志下．香〉，頁4537–4538。另參全漢昇：「宋代廣州的國內外貿易」，頁308引清．梁廷柟《粵海關志》卷3引畢仲衍《中書備對》所載神宗熙寧十年外國貿易的統計：「謹按《備對》所言三州市舶司（所收）乳香三十五萬四千四百四十九斤，其內明州所收惟四千七百三十九斤，杭州所收惟六百三十七斤，而廣州所收者則有三十四萬八千六百七十三斤。是雖三處置司，實祇廣州最盛也。」

39. 徐俊鳴：《嶺南歷史地理論集》，頁15、63。另參元．陳大震、呂桂孫纂修：大德《南海志》二十卷，卷8，《續修四庫全書》，第713冊（史部地理類），（上海：上海古籍出版社，1995，據元大德八年〔1304〕刊本影印），頁22。此外，曾昭璇據《宋會要輯稿》等摘出宋代三城從北宋景祐四年（1037）至南宋景定二年（1261）經歷21次修築。見曾昭璇：《廣州歷史地理》，頁294–295。

40. 元．陳大震、呂桂孫纂修：大德《南海志》，卷8，頁21–22記載：1. 北宋慶曆四年（1044）魏瓘修築子城，周環五里；2. 北宋熙寧三年（1070），即州東古城（趙佗城）遺址築東城，廣袤四里；3. 熙寧四年（1071），繼於子城之西增築西城，周十有三里，一百八十步，高二丈四尺，是為三城。

41. 清・仇巨川纂，陳憲猷校注：《羊城古鈔》(廣州：廣東人民出版社，2001)，卷5「陳峴」條，記載：「城以南，戶口繁顆，舊無扞，乃築東西雁翅城以翼之。」見頁339。

42. 徐俊鳴：《廣州史話》，頁7。

43. 北宋・王存、曾肇、李德芻編修，王文楚、魏嵩山點校：《元豐九域志》，卷9 (北京：中華書局，1984)，頁408。

44. 參曾昭璇、曾憲珊：〈宋、明時期廣州市歷史地理問題〉，《嶺南文史》，1985年第1期，頁101；司徒尚紀：〈元代廣州作為建制城市的歷史地理初探〉，頁83。

45. 唐・李吉甫：《元和郡縣圖志》，卷34，頁885。

46. 北宋・王存等編修：《元豐九域志》，卷9，頁408。

47. 梁方仲編著：《中國歷代戶口、田地、田賦統計》(上海：上海人民出版社，1980)，頁147。

48. 元・陳大震、呂桂孫纂修：大德《南海志》，卷6，頁1上。

49. 元・脫脫等：《宋史》，卷173〈食貨志〉，頁4168。

50. 徐俊鳴：《嶺南歷史地理論集》，頁196；另見全漢昇：〈宋代廣州的國內外貿易〉，頁347–348。

51. 南宋・真德秀撰：《西山先生真文忠公文集》，卷15 (上海：商務印書館，1937)，頁253。

52. 曾昭璇：《廣州歷史地理》，頁294–295。

53. 元・陳大震、呂桂孫纂修：大德《南海志》，卷6，頁22上；元・脫脫等：《宋史》，卷303，「魏瓘」條，頁10034–10035。另參清・仇巨川纂，陳憲猷校注：《羊城古鈔》，卷7，「三城考」條，頁484–485。

54. 元・脫脫等：《宋史》，卷12〈仁宗本紀〉，頁232：「〔仁宗皇祐四年〕夏四月……廣源州蠻儂智高反。……〔五月〕圍廣州。」《宋史》，卷495〈蠻夷傳三〉，頁14216：「〔仁宗皇祐〕四年四月番禺縣令蕭注募士丁及海上彊壯士二千餘人，與智高眾格鬥，焚其戰艦，轉運使王罕亦自外至，益修守備。智高知可拔，圍五十七日，七月壬戌，解去。」

55. 元・陳大震、呂桂孫纂修：大德《南海志》，卷6，頁22上及23上。

56. 元・脫脫等：《宋史》，卷333〈張田傳〉，頁10706記：「知廣州，廣舊無外廓，民悉野處，田始築東城，環七里，賦功五十萬，兩旬而成。」

57. 清・仇巨川纂，陳憲猷校注：《羊城古鈔》，頁338。

58. 清・仇巨川纂，陳憲猷校注：《羊城古鈔》，頁490。

59. 見南宋・王象之：《輿地紀勝》，第3冊，卷89〈廣南東路〉，頁2868。

60. 徐俊鳴：《嶺南歷史地理論集》，頁56。

61. 曾昭璇、曾憲珊：〈宋、明時期廣州市歷史地理問題〉，頁102。

62. 清・仇巨川纂，陳憲猷校注：《羊城古鈔》卷5「陳峴」條，頁339記載：「城以南，戶口繁顆，舊無扞，乃築東西雁翅城以翼之。」另參元・陳大震、呂桂孫纂修：大德《南海志》卷8，頁22下。

63. 明・郭棐纂修：萬曆《廣東通志》七十二卷，卷15，四庫全書存目叢書編纂委員會編《四庫全書存目叢書》，第197冊（史部地理類），（臺南：莊嚴文化事業有限公司，1995，據日本內閣文庫藏明萬曆三十年〔1602〕刻本影印），頁369上。

64. 廣州市地方志編撰委員會主編：《廣州市志》，卷2，頁197。

65. 「錄事司」始見於金代，是縣一級的行政區，擁有自己行政管理架構與智能，行政長官正八品，「列曹庶務，一與縣等」，包括戶籍、交通、市容、治安、城市建設、賦稅、教育管理等。見《金史・百官志》，轉引自司徒尚紀：〈元代廣州作為建制城市的歷史地理初探〉，頁83–84。

66. 明代，出於反元氣氛，廣州城建制被取消，廣州錄事司不復存在，廣州城市地域和行政仍歸南海縣和番禺縣分管。參司徒尚紀：〈元代廣州作為建制城市的歷史地理初探〉，頁87。

67. 司徒尚紀：〈元代廣州作為建制城市的歷史地理初探〉，頁86。

68. 中元秀、馬建釗、馬逢達編：《廣州伊斯蘭古蹟研究》（銀川：寧夏人民出版社，1989），頁5；司徒尚紀，〈元代廣州作為建制城市的歷史地理初探〉，頁86。

69. 清・屈大均：《廣東新語》（北京：中華書局，1985），卷14〈食語〉，頁371–372。關於明代廣州對外貿易的研究，參李龍潛：〈明代廣東對外貿易及其對社會經濟的影響〉，收入氏著：《明清廣東社會經濟研究》（上海：上海古籍出版社，2006），頁170–201；章文欽：〈明清時代荷蘭與廣州口岸的貿易和交往〉，蔡鴻生主編：《廣州與海洋文明》（廣州：中山大學出版社，1997），頁284–337。

70. 清・仇巨川纂，陳憲猷校注：《羊城古鈔》，卷7，「濠畔朱樓」條，頁492。

71. 明・郭棐纂修：萬曆《廣東通志》，卷15，《四庫全書存目叢書》，第197冊，頁369上。

72. 關於明初廣州城的擴修經過，參曾昭璇：《廣州歷史地理》，頁345–360，378–380；陳代光：《廣州城市發展史》（廣州：暨南大學出版社，1996），頁111–129。

73. 明・何彥：〈總督吳公築省外城序〉，廣東文徵編印委員會編《廣東文徵》，第三冊，卷12，（香港：香港中文大學出版部，1974），頁124–125。

74. 曾昭璇、曾憲珊：〈宋、明時期廣州市歷史地理問題〉，頁108–111。

75. 冷東、金峰、肖楚熊：《十三行與嶺南社會變遷》（廣州：廣州出版社，2014），頁10。

76. 明・郭棐纂修：萬曆《廣東通志》，卷15，《四庫全書存目叢書》，第197冊，頁368下。

77. 清・張嗣衍主修、沈廷芳總纂：乾隆《廣州府志》，卷4（清乾隆二十四年〔1759〕刻本微縮膠卷），頁1。

78. 〈廣東新築子城記〉，清・阮元等修，陳其昌等纂：道光《廣東通志》三百三十四卷，卷125，《續修四庫全書》第672冊（史部地理類）（上海：上海古籍出版社，1995，據1934商務印書館影印清道光二年〔1822〕年刊本影印），頁1下。

79. 五仙門，明代原稱五羊門，在五羊驛街，驛臨珠江。見明・郭棐纂修：萬曆《廣東通志》，卷1，「廣東省城圖」，《四庫全書存目叢書》，第197冊，頁33下。另參明・

陳子升《中州草堂遺集》〈五羊門詩〉云：「船維五羊驛，車發五羊門。」轉引自曾昭璇：《廣州歷史地理》，頁 358。

80. 清·仇巨川纂，陳憲猷校注：《羊城古鈔》，卷 1，頁 67。

81. 清·阮元等修，陳其昌等纂：道光《廣東通志》，卷 125，《續修四庫全書》第 672 冊，頁 2 下。

82. 見清·李福泰主修，史澄、何若瑤總纂：同治《番禺縣志》五十四卷，首一卷，附錄一卷，《中國地方志集成·廣東府縣志輯 (6)》，（上海書店等，2003，據清同治十年 (1871) 刻本影印），卷 2，〈縣志分界圖〉。陳代光：《廣州城市發展史》，頁 121 稱：「小市街：今解放路，為南海、番禺兩縣分界街。」

83. 清·張嗣衍主修、沈廷芳總纂：乾隆《廣州府志》，卷 4，頁 1。

84. 陳代光：《廣州城市發展史》，頁 119。

85. 清·潘尚楫等修，鄧士憲等纂：道光《南海縣志》四十四卷，首末各一卷，（香港中文大學圖書館藏清道光十五年〔1835〕刻本），卷 6，頁 2 下至頁 3 上。

86. 清·李福泰主修，史澄、何若瑤總纂：同治《番禺縣志》卷 3，《中國地方志集成·廣東府縣志輯 (6)》，頁 2 下至頁 4 上。

87. 曾新：《明清廣州城及方志城圖研究》，頁 140–141。

88. 曾新：《明清廣州城及方志城圖研究》，頁 34。

89. 楊紹權：〈清代廣州駐防漢軍旗的歷史〉，《廣州文史資料》，第 7 輯 (1963)，頁 128 介紹漢軍八旗的歷史由來：「漢軍旗是努爾哈赤佔明代統治關東諸縣的時候開始編制的。」

90. 清·長善等修，劉彥明纂：《駐粵八旗志》，卷 1，《續修四庫全書》第 859 冊 (史部政書類)，（上海：上海古籍出版社，1995，據上海辭書出版社圖書館藏清光緒五年〔1879〕廣州龍藏街韶元閣刻十年增修本影印），頁 664 上。

91. 參陳代光：《廣州城市發展史》，頁 115；曾昭璇：《廣州歷史地理》，頁 359。

92. 清·仇巨川纂，陳憲猷校注：《羊城古鈔》，卷 7，「濠畔朱樓」條，頁 492。

93. 劉正剛：《廣東會館論稿》（上海：上海古籍出版社，2006），頁 222；沈瓊樓：〈廣州市濠畔街和打銅街的變遷〉，《廣州文史資料》第 7 輯 (1963)，頁 2–3；童漱石：〈廣州濠畔街山陝會館的藥材行〉，廣州市政協主編：《廣州文史資料存稿選編》，第 8 冊（北京：中國文史出版社，2008），頁 461–463。

94. 轉引自清·仇巨川纂，陳憲猷校注：《羊城古鈔》，卷 7，「濠畔朱樓」條，頁 492。

95. 清·屈大均：《廣東新語》，卷 14，頁 395 云：「凡食物所聚，皆命曰欄。販者從欄中買取，乃以鬻諸城內外。欄之稱，惟兩粵有之。」

96. 裨治文 (Elijah Coleman Bridgman)：〈廣州城概述〉，龍思泰 (Andrew Ljungstedt) 著，吳義雄、郭德焱、沈正邦譯：《早期澳門史》（北京：東方出版社，1997），頁 259。

97. 曾昭璇：《廣州歷史地理》，頁 379；陳代光：《廣州城市發展史》，頁 119。

98. 清·仇巨川纂，陳憲猷校注：《羊城古鈔》，卷 1，「東西二翼城」條，頁 67。

99. 陳代光：《廣州城市發展史》，頁 118。

100. 陳代光:《廣州城市發展史》,頁119。

101. 裨治文:〈廣州城概述〉,龍思泰:《早期澳門史》,頁260。

102. 陳代光:《廣州城市發展史》,頁122。

103. 曾昭璇:《廣州歷史地理》,頁383解釋「甫」的意思說:「按甫即舖,為明末商人自衛組織。其時黃蕭養起義,西關街圩即自行組織,以防盜賊,在街頭尾立柵,建門樓防守,各甫自建碼頭,稱為『水腳』。」

104. 裨治文:〈廣州城概述〉,龍思泰:《早期澳門史》,頁318。

105. 陳代光:《廣州城市發展史》,頁123;曾昭璇:《廣州歷史地理》,頁387–390。關於清中葉後西關住宅區的發展過程,參廣州市荔灣區地方志編纂委員會編:《廣州市荔灣區志》(廣州:廣東人民出版社,1998),頁80–81。

106. 清‧潘尚楫等修,鄧士憲等纂:道光《南海縣志》,卷6,頁3–4。

107. 倪文君:〈西方人「塑造」的廣州景觀(1517–1840)——以旅行者、傳教士和使團成員的記述為中心〉(復旦大學博士論文,2006),頁32。

108. 裨治文:〈廣州城概述〉,龍思泰:《早期澳門史》,頁320。

109. 裨治文:〈廣州城概述〉,龍思泰:《早期澳門史》,頁260。

110. 廣州市市政廳編:《廣州市沿革史略》(香港:崇文書店,1972),頁59–73。

111. 參曾慶榴:《廣州國民政府》(廣州:廣東人民出版社,1996),頁1。

112. 程天固:《程天固回憶錄》(香港:龍門書店,1978),頁109。

113. 陳予歡:〈民初之廣州市政建設〉,《廣州文史》,第46輯(1994),頁156。

114. 在育賢坊的關帝廟是清代時期廣州府內享國家祭祀的官廟,於嘉慶六年(1801)六月建造,以取代地基淺狹的在城隍廟右旁的關帝廟。道光二年(1822)刻本的阮元《廣東通志》記載:「嘉慶四年三月,據南番兩縣稟稱,省會禺山武廟地基淺狹,逢朔望及春秋祭祀,各憲臨詣,每虞擁擠。先經詳明各憲,將〔育賢坊〕舊提督行署拆卸改建。」見清‧阮元等修,陳昌齊等纂:道光《廣東通志》卷145,《續修四庫全書》第672冊,頁242下。

115. 李宗黃:《新廣東觀察記》(上海:商務印書館,1922),頁16。

116. 陳予歡:〈民初之廣州市政建設〉,頁157。

117. 廣州年鑑編纂委員會編:《廣州年鑑》(廣州:廣州年鑑編纂委員會,1929),頁258–259。另見陳代光:《廣州城市發展史》,頁135。

118. 陳代光:《廣州城市發展史》,頁132。

119. 陳代光:《廣州城市發展史》,頁129–132。

120. 李宗黃:《新廣東觀察記》,頁2引〈廣州市暫行條例〉第一章第三條稱:「廣州市為地方行政區域,直接隸屬省政府,不入縣行政範圍。」另參陳予歡:〈民初之廣州市政建設〉,頁156;金炳亮:〈孫科與廣州市政建設〉,《嶺南文史》,1991年第4期,頁30–36。

121. 廣州市統計局、廣州市公安局、廣州市民族事務委員會、廣州市計劃生育委員會編:《廣州人口志》(廣州,1995),頁10、30。

122. 廣州市統計局等編：《廣州人口志》，頁 20。

123. 廣州市調查人口委員會編：《廣州市廿一年人口調查報告》（出版地不詳，1933），
頁 31–39。另參廣州市統計局等編：《廣州人口志》，頁 30–31。

124. 廣州市調查人口委員會編：《廣州市廿一年人口調查報告》，圖表，缺頁碼。

125. 廣州市調查人口委員會編：《廣州市廿一年人口調查報告》，圖表，缺頁碼；另參廣
州市統計局等編：《廣州人口志》，頁 31。

126. 陳代光：《廣州城市發展史》，頁 142–143。

127. 陳代光：《廣州城市發展史》，頁 179。

128. 清・崔弼初輯，陳際清續輯：《白雲越秀二山合志》，卷 2，收入陳建華、曹淳亮主
編《廣州大典》，第 34 輯（史部地理類）第 13 冊（總第 222 冊）（廣州：廣州出版社，
2008），頁 35 下。

129. 清・崔弼初輯，陳際清續輯：《白雲越秀二山合志》，卷 2，頁 35 下。

130. 廣州市越秀區人民政府地方志辦公室、廣州市越秀區政協學習和文史委員會：《越
秀史稿》，第 1 卷（廣州：廣東經濟出版社，2015），頁 68。

131. 清・檀萃：《楚庭稗珠錄》（清乾隆三十八年〔1773〕刻本，香港中文大學圖書館 1976
年複印出版），卷 2，頁 14 上。

132. 清・屈大均：《廣東新語》，卷 17，頁 461。

133. 元代羊城八景為：扶胥浴日、石門返照、粵臺秋月、白雲遠望、大通煙雨、蒲澗濂
泉、景泰僧歸、靈州鰲負。參陳澤泓：〈從羊城八景演變看明清廣州城市變遷〉，收
入氏著：《廣州古代史叢考》（北京：中央編譯出版社，2017），頁 315–323。

134. 清・崔弼初輯，陳際清續輯：《白雲越秀二山合志》，卷 5，頁 59 下。

135. 南宋・祝穆編，南宋・祝洙補訂：《宋本方輿勝覽》，卷 34（上海：上海古籍出版
社，2012），頁 325 下。

136. 《越秀史稿》，第 1 卷，頁 73。

137. 清・穆彰阿、潘錫恩等纂修：嘉慶《大清一統志》，第 10 冊，卷 441，〈廣州府一・
山川〉（上海：上海古籍出版社，2008，據四部叢刊續編本影印），頁 425 下。

138. 清・陳夢雷著，蔣廷錫等校：《古今圖書集成》，第 163 冊，卷 1299〈廣州府部匯
考・廣州府山川考〉（臺北：鼎文書局，1977），頁 37。

139. 轉引自清・屈大均：《廣東新語》，卷 4，頁 156。

140. 清・屈大均：《廣東新語》，卷 4，頁 156。

141. 清・仇巨川纂，陳憲猷校注：《羊城古鈔》，卷 7，頁 517。

142. 明・李賢等：《大明一統志》，下冊，卷 79（西安：三秦出版社，1990，據明天順五
年〔1461〕原刻本影印），頁 1211 上。

143. 清・樊封：《南海百詠續編》，劉瑞點校：《南海百詠、南海雜詠、南海百詠續編》，
頁 28。

144. 元・吳萊：《淵穎吳先生文集》，卷 9，《四部叢刊初編集部》2277 卷（上海：商務印
書館，1919），頁 96 上。

145. 清·王永瑞纂修:《新修廣州府志》,卷8,《北京圖書館古籍珍本叢刊》第39冊(史部地理類)(北京:書目文獻出版社,1988,據清康熙抄本影印),頁70下。

146. 清·仇巨川纂,陳憲猷校注:《羊城古鈔》,卷7,頁486;曾昭璇:《廣州歷史地理》,頁406。

147. 清·任果、常德主修,檀萃、凌魚纂修:乾隆《番禺縣志》二十卷,卷4,故宮博物院編《故宮珍本叢刊》第168冊(海口:海南出版社,2001,據清乾隆三十九年〔1774〕刊本影印),頁36下。

148. 清·李士禎:〈重修鎮海樓記〉,冼劍民、陳鴻鈞編《廣州碑刻集》(廣州:廣東高等教育出版社,2006),頁1056。

149. 清·崔弼初輯,陳際清續輯:《白雲越秀二山合志》,卷2,頁54下。

150. 廣州市地方志編撰委員會主編:《廣州市志》,卷2,頁235。

151. 《越秀史稿》,第5卷,頁273。

152. 《越秀史稿》,第3卷,頁99。

153. 清·崔弼初輯,陳際清續輯:《白雲越秀二山合志》,卷10,頁92上。

154. 《越秀史稿》,第3卷,頁99。

155. 嶺南:〈應元宮訪道記〉,《海潮音》,1920年第10期,〈雜記〉,頁1。

156. 葉宗茂:〈為呈請再定日期察看秉公交還管業事〉,廣州市檔案館,全宗號地政局,案卷號雜35–38,1948年12月3日。

157. 《越秀史稿》,第3卷,頁101。

158. 見清·李福泰主修,史澄、何若瑤總纂:同治《番禺縣志》,卷16,〈建置略三〉,《中國地方志集成》廣東府縣志輯第6冊,頁178上。

159. 官課,由總督、巡撫、藩司、臬臺、鹽運使、糧道委派官員挨次出題,週而復始。

160. 廣州市越秀區地方志辦公室、廣州市越秀區政協學習文史委員會編:《廣州越秀古書院概觀》(廣州:中山大學出版社,2002),頁129–131、134。

161. 梁耀樞高中狀元之後,先後充任湖北鄉試考官、提督湖北學政等;又入值南書房、侍讀學士等職,卒於山東學政任內。

162. 廣州市宗教志編纂委員會編:《廣州宗教志資料匯編》,第2冊(道教)(廣州:廣州宗教志編輯室,1995),頁53–54。

163. 有關廣州學海堂的研究,參 Steven B. Miles, "Rewriting the Southern Han (917–971): The Production of Local Culture in Nineteenth–Century Guangzhou," *Harvard Journal of Asiatic Studies 62* (2002): 39–75;陳澤泓:〈學海堂辦學之初〉,收入氏著:《廣州古代史叢考》,頁336–346。

164. 廣州市越秀區地方志辦公室等編:《廣州越秀古書院概觀》,頁91。

165. 《越秀史稿》,第3卷,頁103:「學海堂址佔地頗廣。在今吉祥路以西……應元路以北,今越秀山孫中山紀念碑正南面百步梯地一帶。」

166. 何國華:〈清代嶺南的高等學府 —— 廣東學海堂〉,《廣東史志》,1994年第2期,頁51。

167. 參於梅舫：《學海堂與漢宋學之浙粵遞嬗》（北京：社會科學文獻出版社，2016），頁68–77。

168. 清·阮元：〈海學堂集序〉，轉引自廣東省地方制編纂委員會編：《廣東省志（教育志）》（廣州：廣東人民出版社，1993），頁61.

169. 清·張鑑等撰，黃愛平點校：《阮元年譜》，卷6（北京：中華書局，1995），頁146。

170. 容肇祖：〈學海堂考〉，《嶺南學報》，第3卷，第4期（1934），頁19。

171. 清·張鑑等撰，黃愛平點校：《阮元年譜》，卷6，頁147。

172. 容肇祖：〈學海堂考〉，頁19–21。

173. 容肇祖：〈學海堂考〉一文對55位學海堂學長有詳細考述，頁23–60。

174. 李國鈞：〈清代考據學派的最高學府──詁經精舍與學海堂〉，《嶽麓書院通訊》，1983年第1期，頁57–60。

175. 陳澤泓：〈學海堂考略〉，《廣東史志》，2000年01期，頁33–38。

176. 《越秀史稿》，第2卷，頁299。

177. 清·潘尚楫等修，鄧士憲等纂：道光《南海縣志》，卷7〈輿地略三〉，頁3。

178. 《越秀史稿》，第3卷，頁112。

179. 《越秀史稿》，第3卷，頁115。

180. 參見《廣州市文物志》編委會編著：《廣州市文物志》（廣州：嶺南美術出版社，1990），頁217；廣州市國土資源和規劃委員會、廣州市嶺南建築研究中心編：《嶺南近現代優秀建築1911–1949廣州》（廣州：華南理工大學出版社，2017），頁184–193。

181. 清·樊封：《南海百詠續編》，劉瑞點校：《南海百詠、南海雜詠、南海百詠續編》，頁222。

182. 《越秀史稿》，第3卷，頁101。

183. 《越秀史稿》，第3卷，頁101。

184. 清·任果、常德主修，檀萃、凌魚纂修：乾隆《番禺縣志》，卷8，《故宮珍本叢刊》第168冊，頁112。

185. 參黎志添：〈清代道光年間廣州城區祠廟的空間分佈及其意涵：以道光十五年「廣州省城全圖」為考察中心〉，《香港中文大學中國文化研究所學報》，第63期（2016），頁191–200。

186. 《越秀史稿》，第3卷，頁99。

187. 《越秀史稿》，第3卷，頁102。

188. 黎志添、李靜編著：《廣州府道教廟宇碑刻集釋》（香港：三聯書店（香港）有限公司，2013），頁932–933。

189. 清·李士傑〈重建關帝廟頭門碑記〉，清康熙六十年（1721），黎志添、李靜編著：《廣州府道教廟宇碑刻集釋》，頁945–946。

190. 黎志添、李靜編著：《廣州府道教廟宇碑刻集釋》，頁949。

191. 《越秀史稿》，第5卷，頁272。

192. 民國三十七年九月九日越秀山清泉街關帝廟值理坊眾代表交送廣州市政府地政局長的投訴狀,《廣州市檔案館》,全宗號 13,目錄號 1,卷號 110,頁 316–323。

193. 越秀區:https://baike.baidu.com,2019 年 4 月 17 日搜尋。

194. 廣州市越秀區地方志編撰委員會編:《廣州市越秀區志》(廣州:廣東人民出版社,2000),頁 45。

195. 越秀區:https://baike.baidu.com,2019 年 4 月 17 日搜尋。

196. 廣州市越秀區地方志編撰委員會編:《廣州市越秀區志》,頁 2。

197. 廣州市越秀區地方志編撰委員會編:《廣州市越秀區志》,頁 2。

198. 1918 年《廣州市圖》,廣州市規劃局、廣州市城市建設檔案館編:《圖說城市文脈——廣州古今地圖集》(廣州:廣東省地圖出版社,2010 年),頁 97。

199. 廣州市規劃局、廣州市城市建設檔案館編:《圖說城市文脈——廣州古今地圖集》,頁 116。

200.《越秀史稿》,第 5 卷,頁 271。

201.《越秀史稿》,第 5 卷,頁 272。

202.〈廣東仁愛善堂章程〉,《仁愛旬刊》,1935 年 1 月 1 日,頁 1。

203.《越秀史稿》,第 5 卷,頁 271–272。

204.〈募建孫中山紀念堂開會紀〉,《廣州國民日報》,1925 年 3 月 31 日第 3 版,轉引自盧潔峰:《廣州中山紀念堂鈎沉》(廣州:廣東人民出版社,2003),頁 12–13。

第二章

1. 對於王常月與龍門派中興之說,參陳兵:〈清代全真龍門派的中興〉,《世界宗教研究》,1988 年第 2 期,頁 84–96。

2. 根據清·閔一得:《金蓋心燈》〈龍門正宗流傳支派圖〉,胡道靜等編《藏外道書》,第 31 冊 (成都:巴蜀書社,1992–1994),頁 166:龍門派系譜自第四代周大拙 (約卒於 1450) 後,分為律師和宗師二岔。

3. 關於王常月的傳記資料,見清·閔一得:《金蓋心燈》〈王崑陽律師傳〉,《藏外道書》,第 31 冊,頁 183–184 及清·完顏崇實:〈昆陽王真人道行碑〉,收入小柳司氣太編:《白雲觀志》,《中國道觀志叢刊》,第 1 冊 (南京:江蘇古籍出版社,2000),頁 198–199。

4. 莫尼卡 (Monica Esposito) 持不同的觀點,她認為龍門派的發展並不僅出於王常月一人的影響。實際上除北京白雲觀王常月的一支系統之外,自明末至清初龍門派在各地已有其他各自傳承的系統,例如在明末有華山龍門派、嶗山孫玄清嶗山派及伍守陽的龍門派。Esposito 的觀點對清初各地龍門派各支派的歷史研究具十分重要的參考價值。參 Monica Esposito, "Longmen Taoism in Qing China: Doctrinal Ideal and Local Reality," *Journal of Chinese Religions* 29 (2001): 191–231 and "The Longmen School and Its Controversial History during the Qing Dynasty," in John Lagerwey ed., *Religion and Chinese*

Society, vol. 1 (Hong Kong: The Chinese University Press and École française d'Extrême–Orient, 2004), pp. 621–698。另參森由利亞：〈全真教龍門派系譜考〉，收入道教文化研究會編：《道教文化への展望》（東京：平河出版社，1994），頁180–210。

5. 清‧閔一得：《金蓋心燈》，《藏外道書》，第31冊，頁183–184。

6. 參尹志華：《清代全真道歷史新探》（香港：中文大學出版社，2014），頁45。

7. 根據Vincent Goossaert, "The Quanzhen 全真 Clergy, 1700–1950," in John Lagerwey ed., *Religion and Chinese Society*, vol. 1, pp. 699–771，清代全真教龍門派道觀的地域網絡可劃分為四大區域：一、北方河北、山東和遼寧一區；二、江南上海、寧波、常州、杭州一區；三、西南西安、成都、漢陽、武昌一區；四、廣東羅浮山、惠州府、廣州府一區。

8. 吳亞魁：《江南全真道教：以六府一州道觀為重心的考察 (1271–1911)》（香港中文大學博士論文，2005），頁152–153詳列了三十一座全真教道觀，有：龍門靜室、古梅花觀、開化院 (以上湖州)、大德觀、天柱觀、宗陽宮、鶴林道院、機神殿、松晟觀、福星觀、半持庵、洞霄宮、三元宮、登雲觀 (以上杭州)、純陽道院、回真道院、朗吟谷、小桃源、女貞觀、老君堂、全真道院、太徵律院、來鶴道院、長春宮、正氣庵、斗姥閣 (以上蘇州)、崇道宮、松塵道院、長春宮 (以上嘉興)、萬壽道院 (松江)、鶴梅館 (太倉)。

9. 陳銘珪生於道光四年 (1824)，卒於光緒七年 (1881)，年五十八，關於其生平，參民‧葉覺邁修、民‧陳伯陶總纂：《東莞縣志》，卷72，《中國方志叢書》第52號 (臺北：成文出版社，1967)，頁2770–2772。及清‧賴際熙：〈羅浮酥醪洞主陳先生像贊〉，收入清‧陳銘珪：《長春道教源流》（臺北：廣文書局，1975），頁1–2。

10. 清‧陳銘珪：《長春道教源流》，卷6，《藏外道書》，第31冊，頁113。除特別說明以外，本文以下所引《長春道教源流》均以《藏外道書》之版本為依據。

11. Vincent Goossaert, "Counting the Monks: The 1736–1739 Census of the Chinese Clergy," *Late Imperial China*, vol. 21, no. 2 (2000): 60–61.

12. 清‧陳銘珪：《長春道教源流》，卷7，《藏外道書》，第31冊，頁137。

13. 同上註。

14. 廣東省政府廣東年鑑編纂委員會編：《廣東年鑑》（廣州，1942），頁167。

15. Lai, Chi–tim, "Hong Kong Daoism: A Study of Daoist Altars and Lü Dongbin Cults," *Social Compass* 50 (2003): 459–470。另參黎志添、游子安、吳真：《香港道教：歷史源流及其現代轉型》（香港：中華書局，2010）及游子安：《道風百年：香港道教與道觀》（香港：利民出版社，2002）載各間香港道觀對其自我道脈源流的介紹。

16. 清‧陳銘珪：《長春道教源流》，卷7，《藏外道書》，第31冊，頁137。

17. 清‧陳銘珪：《長春道教源流》卷7收載酥醪觀的道士資料，包括有曾一貫、柯陽桂、童復魁、江本源、賴本華及余明志等。

18. 陳伯陶生於咸豐五年，1911年辛亥革命，避於香港，寄居九龍紅磡，自號「九龍真逸」，卒於1930年，年七十六，清末帝溥儀聞悼，賜謚「文良」。關於其生平，見張

學華：〈江寧提學使陳文良公傳〉，收入民‧陳伯陶：《瓜廬詩賸》卷上（民國二十年〔1931〕刻本2冊線裝，香港中文大學新亞圖書館藏）。

19.　明‧陳璉撰：《羅浮志》（明永樂八年〔1410〕修，清道光三十年〔1850〕粵雅堂刻本2冊線裝，廣東省中山圖書館藏）。另收入《叢書集成初編》（上海：商務印書館，1936）。此外，明‧陳璉撰，民‧陳伯陶補：《羅浮山志補》（民國九年〔1920〕增刻本4冊線裝，香港中文大學圖書館藏）。

20.　民‧陳伯陶：〈羅浮補志述略〉，收入明‧陳璉撰，民‧陳伯陶補：《羅浮山志補》，第4冊，頁25。〈羅浮補志述略〉後亦有單行本刊行，書名為《羅浮指南》。

21.　清‧陳銘珪錄注：《浮山志》，《藏外道書》，第32冊，頁592。

22.　民‧陳伯陶：〈羅浮補志述略〉，頁8。

23.　Yoshitoyo Yoshioka, "Taoist Monastic Life," in Holmes Welch and Anna Seidel eds., *Facets of Taoism* (New Haven: Yale University Press, 1979), p.230.

24.　廣州市越秀區人民政府地方志辦公室、廣州市越秀區政協學習和文史委員會：《越秀史稿》，第1卷（廣州：廣東經濟出版社，2015），頁147；陳建華主編：《廣州市文物普查彙編‧越秀區卷》（廣州：廣州出版社，2009），頁182。

25.　蜂屋邦夫編著：《中國の道教：その活動と道觀の現狀》（東京：東京大學東洋文化研究所，1995），頁570。

26.　清‧蕭雲漢：〈重建斗姥殿碑記〉，清乾隆五十年（1785），錄自清‧鄭蓁等主修、桂坫等總纂：宣統《南海縣志》卷13〈金石畧〉，《中國地方志集成》廣東府縣志輯，第30冊（上海：上海書店，2003，據清宣統三年〔1911〕刻本影印），頁328下至329下。

27.　見清‧仇巨川輯：《羊城古鈔》，卷8，〈崔煒傳〉（清嘉慶十一年〔1806〕刻本，大賚堂藏板，香港中文大學崇基學院圖書館藏），頁5–11；以及清‧任果、常德主修，檀萃、凌魚纂修：乾隆《番禺縣志》二十卷，卷5，故宮博物院編《故宮珍本叢刊》，第168冊（海口：海南出版社，2001，據清乾隆三十九年〔1774〕刻本影印），頁53，「鮑姑井」記有鮑姑遺越井岡艾予崔煒之事。

28.　廣州市宗教志編纂委員會編：《廣州宗教志》（廣州：廣東人民出版社，1996），頁96。

29.　清‧魏綰重修，陳張翼匯纂：乾隆《南海縣志》二十卷，卷13（清乾隆六年〔1741〕刻本微縮膠捲本），頁15上及下。

30.　清‧張嗣衍主修，沈廷芳總纂：乾隆《廣州府志》六十卷，卷17（清乾隆二十四年〔1759〕刻本微縮膠卷），頁42–43。

31.　例如見明‧郭棐纂修：萬曆《廣東通志》七十二卷，卷67，四庫全書存目叢書編纂委員會編《四庫全書存目叢書》，第198冊（史部地理類）（臺南：莊嚴文化事業有限公司，1995，據日本內閣文庫藏明萬曆三十年〔1602〕刻本影印），頁639下至641下；明‧劉廷元修、王學曾等纂：萬曆《南海縣志》十三卷，殘存卷1至4、11至12卷（明萬曆三十七年（1609）刻本，廣東省立中山圖書館藏）。

32. 廣州市宗教志編纂委員會編:《廣州宗教志資料匯編》,第2冊(道教)(廣州:廣州宗教志編輯室,1995),頁12–13。另參龍加林、劉向明:〈三元宮史話〉,《羊城古今》,1991年第4期,頁52–53。

33. 例如見清·金光祖纂修:康熙《廣東通志》三十卷,卷25(清康熙三十六年〔1697〕刻本,五十二年〔1713〕增補本,廣東省立中山圖書館藏),頁4–5。

34. 清·趙爾巽等:《清史稿》,卷234(北京:中華書局,1998),頁9411記:「順治七年,靖南王耿繼茂、平南王尚可喜兩藩將士圍廣州城合十月而攻下。」

35. 清·李棲鳳:〈修建三元殿記〉,清順治十三年(1656),收入清·梁鼎芬倡修、丁仁長總纂:宣統《番禺縣續志》,《中國地方志集成·廣東府縣志輯(7)》(上海:上海書店,2003,據民國二十年〔1931〕本影印),頁474。

36. 謝宗暉:〈廣州市三元宮〉,《中國道教》,1988年第4期,頁52記平南王之鐵鐘於文革期間被毀。

37. 清·樊封:《南海百詠續編》,卷2,劉瑞點校:《南海百詠、南海雜詠、南海百詠續編》(廣州:廣東人民出版社,2010),頁209。

38. 清·蕭雲漢:〈重建斗姥殿碑記〉。

39. 清·蕭雲漢:〈重建斗姥殿碑記〉。

40. 清·郁教甯:〈鮑姑祠記〉,收入清·鄭蓁等主修,桂坫等纂:宣統《南海縣志》,卷13〈金石畧〉,《中國地方志集成·廣東府縣志輯(7)》(上海:上海書店,2003,據清宣統三年〔1911〕刻本影印),頁508下。另參楊莉:〈鮑姑火傳遠——鮑姑艾傳説及其民間文化土壤〉,收入黎志添主編:《香港及華南道教研究》,頁334–357。

41. 《越秀史稿》,第1卷,頁143。

42. 廣州市文物志編委會編著:《廣州市文物志》(廣州:嶺南美術出版社,1990),頁190–191。

43. 清·蕭光惠:〈重修頭門三元殿碑記〉(清乾隆六十年〔1795〕,據原碑)。

44. 清·蕭光惠:〈重修頭門三元殿碑記〉。

45. 關於杜陽棟的生平,見民·陳伯陶〈羅浮補志述略〉,頁23:「杜陽棟,字鎮陵,濰縣人,入道於靈山乾元宮。康熙庚午(二十九年,1690)來遊羅浮。戊寅(康熙三十七年,1698)為沖虛觀住持。嘗與梁佩蘭論養生,引義玄暢。佩蘭贈詩,有「庚申夜常守,子午陽當壯,心凝水火交,骨屹山岳狀」語。乙酉(四十四年,1705),惠州旱,官紳請之禱,即雨。西湖玄妙觀道士王守拙曰:『杜公立玄門柱石也。』遂請為住持。後復創歸善之南天觀。修廣州之三元宮。年七十六,於三元宮內坐化。」另參黎志添:〈清初廣東全真道教——杜陽棟與曾一貫考〉,《2006道文化國際學術研討會論文集》(高雄:國立高雄師範大學經學研究所,2006),頁951–974。

46. 龍加林、劉向明:〈三元宮史話〉,頁52。另見謝宗暉:〈廣州市三元宮〉,頁51;余信昌、黃誠通:〈鮑靚,鮑姑與廣州三元宮〉,《道協會刊》,1984年第15期,頁74;《越秀史稿》,第1卷,頁143。

47. 民·陳伯陶:〈羅浮補志述略〉,頁23。

48. 民‧陳伯陶：〈羅浮補志述略〉，頁8。

49. 廣州市宗教志編纂委員會編：《廣州宗教志》，頁96。陳伯陶雖言杜陽棟修廣州三元宮，並於宮內羽化，但是，陳伯陶沒有提及杜陽棟為「三元宮第一任住持」，或說他是三元宮全真叢林的「開山祖師」。

50. 謝宗暉：〈廣州市三元宮〉，頁51。

51. 清‧李棲鳳：〈修建三元殿記〉。

52. Monica Esposito, "The Longmen School and Its Controversial History during the Qing Dynasty," p. 671.

53. 清‧樊封：《南海百詠續編》，卷2，劉瑞點校：《南海百詠、南海雜詠、南海百詠續編》，頁209。

54. 史孝進、劉仲宇主編：《道教風俗談》（上海：上海辭書出版社，2003），頁130。

55. 小柳司氣太編：《白雲觀志》，頁93–94。

56. 明‧劉侗、于奕正著，孫小力校注：《帝京景物略》（上海：上海古籍出版社，2001），頁199。

57. 吳曉蔓：〈清代筆記小說中所見廣東道教〉，《嶺南文史》，2006年第4期，頁41稱：「如果說北京白雲觀的燕九還算得上名實相符的話，那麼廣州的三元宮與邱長春卻並無多大的關係。」筆者相信這句話值得商榷，尤其缺乏對三元宮建立全真教傳統的了解。

58. 清‧趙爾巽等：《清史稿》，卷234，頁9414。

59. 廣東省政府廣東年鑑編纂委員會編：《廣東年鑑》（1942），頁167。

60. 清‧閔一得：《金蓋心燈》1.2a，《藏外道書》，第31冊，頁176。《道藏輯要》畢集4.53記邱處機在燕京之東龍山掌教時，立下此龍門派詩。又據清‧陳銘珪：《長春道教源流》，卷6，《藏外道書》，第31冊，頁114：「今龍門派貞作圓，蓋雍正間避廟諱改。」

61. 廣州市宗教志編纂委員會編：《廣州宗教志資料匯編》，第2冊（道教），頁15記云：「原屬三元宮的六百多畝田地未捐出前，三元宮完全是作為道士清修之地，靠收田租足可維持道士們的生活，根本不敢開宮門接待香客，只有當梁宗琪在光緒年間將本宮全部田地捐出後，斷了三元宮道士之生活來源，唯有敞開宮門，靠香油錢維持生計，直至今日。」。

62. 清‧郁教甯：〈鮑姑祠記〉。

63. 清‧蕭雲漢：〈重建斗姥殿碑記〉。

64. 蜂屋邦夫編著：《中國の道教：その活動と道觀の現狀》，頁571。

65. 清‧阮元等修，陳其昌等纂：道光《廣東通志》三百三十四卷，卷230，《續修四庫全書》第673冊（史部地理類）（上海：上海古籍出版社，1995，據1934商務印書館影印清道光二年〔1822〕年刊本影印），頁739下。另，民‧陳伯陶：〈羅浮補志述略〉，頁8記載：「嘉慶初，觀復壞。十三年，住持陳圓瑄募修，改中殿為三清，改諸仙祠為呂祖祠，又移葛仙祠於中座，改其右為祖堂。」

66. 清‧蕭雲漢：〈重建斗姥殿碑記〉。

67. 元‧李道謙：《甘水仙源錄》，卷1，《道藏》（北京：文物出版社，上海：上海書店，天津：天津古籍出版社，1988），第19冊，頁722記載：至元六年（1269），元世祖應全真掌教大宗師張志敬的請求，降詔褒贈全真教五祖七真以尊號，五祖的封號是：「東華教主可贈東華紫府少陽帝君、正陽鍾離真人可贈正陽開悟傳道真君、純陽呂真人可贈純陽演正警化真君、海蟾劉真人可贈海蟾明悟宏道真君、重陽王真人可贈重陽全真開化真君」。

68. 清‧蕭雲漢：〈重建斗姥殿碑記〉。

69. 卿希泰主編：《中國道教史》，第3卷（成都：四川人民出版社，1996，第2版修訂本），頁67。關於北宋鍾呂內丹派的介紹，參卿希泰主編：《中國道教史》，第2卷，頁735–763。現存鍾呂內丹道法，以《鍾呂二仙傳道集》和《秘傳正陽真人靈寶畢法》為代表，分別收入《藏外道書》，第6冊，頁61–102及《道藏》，第28冊，頁350–364。

70. 卿希泰主編：《中國道教史》，第2卷，頁744。

71. 元‧李道純：《中和集》，卷3，《道藏》，第4冊，頁501。

72. 清‧樊封：《南海百詠續編》，卷2，劉瑞點校《南海百詠、南海雜詠、南海百詠續編》頁209。據《先天神后斗姆元尊大道九皇真經》載，北斗九皇星君，掌延生注死之籍，司福善禍淫之權。天子諸侯，公卿士庶，一切生命，均屬斗宮。若身遭老病，種種苦趣，但能悔罪消愆，誠心禮斗，誦此大道經訓，燃點九皇神燈，照護命宮，自然轉禍為福，化祿為祥，所有效驗，不可具述。見元‧張三丰：〈先天神后斗姆元尊大道九皇真經〉，《張三丰先生全集》，《藏外道書》，第5冊。

73. 清‧蕭雲漢：〈重建斗姥殿碑記〉。

74. 清‧鄧士憲：〈重修三元宮碑記〉，清道光十七年（1837），錄自清‧鄭蓁等主修、桂坫等總纂：宣統《南海縣志》卷13〈金石署〉，《中國地方志集成》廣東府縣志輯，第30冊（上海：上海書店，2003，據清宣統三年〔1911〕刻本影印），頁339下。

75. 原文是：「而且堂鮮一畝之寬，屋仍三間之陋。使無以增其式廓，將何以壯厥觀瞻？」

76. 清‧鄧士憲：〈重修三元宮碑記〉。

77. 清‧袁枚著，宋婉琴校：《續子不語》（西安：陝西人民出版社，1998），頁214。

78. 《越秀史稿》，第4卷，頁33–35。

79. 《越秀史稿》，第4卷，頁35。

80. 《越秀史稿》，第4卷，頁40。

81. 麥哲維（Steven Miles）著，沈正邦譯：《學海堂與晚清嶺南學術文化》（廣州：廣東人民出版社，2018），頁236：「同治元年（1862），總督勞崇光（1802–1867）下令，從糧倉管下田畝的年租收入中撥出二百四十兩，以補助學海堂的費用。」

82. 清‧朱用孚：〈重修三元宮碑記〉（清同治八年〔1869〕，據原碑）。

83. 謝宗暉：〈廣州市三元宮〉，頁52。民國三十二年（1943）〈廣東省廣州市粵秀山三元宮歷史大略記〉卻另稱：「光緒三十三年，又奉敕賜『護國佑民』四字匾定恭縣頭門。」

84. 龍加林、劉向明：〈三元宮史話〉，頁53。

85. 見《循環日報》1882年11月1日第2版。

86. 見《循環日報》1883年4月3日第2版。

87. 見《循環日報》1883年6月16日第2版。

88. 《香港華字日報》清光緒二十三年（1897）12月3日第4版：「粵秀山三元宮由來已久，緇流等輩藉此清修，而此道院風霜剝蝕多年。募化重修，大興土木，想十方宰官善信，自必樂意輸誠。」

89. 清‧伍銓萃：〈重修呂祖殿碑記〉（清光緒二十八年〔1902〕，據原碑）。

90. 乾隆六十年蕭光惠：〈重修頭門三元殿碑記〉提及呂祖殿：「重修東西包臺及斗姥殿、北極殿、五祖殿、呂祖殿、鮑仙祠、祖堂、客堂、山門、首進，營建宏敞，百事具興……。」

91. 《越秀史稿》，第1卷，頁144稱：「清光緒二十九年，當時的住持梁宗琪將宮產620多畝捐了出來。」

92. 廣州近代史博物館編：《近代廣州教育軌轍》（廣州：廣州出版社，2008），頁77。

93. 清‧世續、陸潤庠等纂修：《清實錄》，卷563（北京：中華書局，1986），光緒三十二年（1906）八月條，頁457下。

94. 另參謝宗暉：〈廣州市三元宮〉，頁52：「從此本宮道眾四十餘人給養之資，別無挹注，只靠香火及建法事以維持生活。」

95. 見廣州市宗教志編纂委員會編：《廣州宗教志資料匯編》，第2冊（道教），頁15。

96. 《越秀史稿》，第5卷，頁13。

97. 見《申報》1916年9月9日，第6版。

98. 見《申報》1922年4月24日，第7版。

99. 見《申報》1923年4月5日，第10版。另參《越秀史稿》，第5卷，頁25–26。

100. 參胡宇清：〈胡根天與廣州市立美術學校〉，《書畫世界》，2017年第6期，頁11–13。

101. 《廣州市政府市政公報》，1927年8月10日第265期，頁34–35。

102. 陳瑞林：《20世紀中國美術教育歷史研究》（北京：清華大學出版社，2006），頁114–131；周善怡：〈1930年代中期廣州市立美術學校國畫系的教學研究〉，《美術學報》，2018年第1期，頁74–75。

103. 《廣州市政府市政公報》，1927年3月4日第255期，頁47–48。

104. 徐百齊編：《中華民國法規大全》（上海：商務印書館，1936年），頁1186。

105. 見《民俗》，第41、42合期（1929），頁127–130附錄的〈內政部的神祠存廢標準〉。

106. 「廣州市風俗改革委員會」在民國十七年（1928）七月成立，經過七個月工作而結束。十八年（1929）初，中央指示「改革社會惡業直接由黨部及行政機關分別負責辦理」。見蒲良柱：〈風俗改革會工作概況〉，蒲柱良等著：《風俗改革叢刊》，收入國立北京大學中國民俗學會編：《民俗叢書》第131冊〔1930〕（臺北：東方文化書局，1974），頁262。

107. 關於廣州市破除迷信運動大會的報導，《廣州民國日報》，1929年9月18日，頁5。

108. 關於民國時期國民政府對地方傳統民間宗教的改革，參 Duara Prasenjit（杜贊奇），"The Campaigns Against Religion and the Return of the Repressed," in Prasenjit Duara, *Rescuing History from the Nation: Questioning Narratives of Modern China* (Chicago: University of Chicago Press, 1995), ch.3：85–114；三谷考：〈南京政權と「迷信打破運動」(1928–1929)〉，《歷史學研究》No. 455 (1978)：1–14；Poon Shuk Wah, "Refashioning Popular Religion: Common People and the Republican Guangzhou, 1911–1937." Ph.D. diss., Hong Kong University of Science and Technology, 2001.

109. 例如民國四年 (1915) 第 45 期，頁 45 的《司法公報》中〈管理寺廟條例〉第 10 條云：「寺廟財產不得抵押或處分之，但為充公益事項必要之需用，稟經該管地方官核准者，不在此限」。

110. 民國十一年 5 月 22 日《廣州市政公報》，1922 年 5 月 22 日，65 期，頁 19，廣州市檔案館，全宗號：資，目錄號：政，卷 571。有關廣州元妙觀的歷史考述，參黎志添：〈廣州元妙觀考釋〉，《中央研究院歷史語言研究所集刊》，第 75 本，第 3 分冊 (2004)，頁 445–513。

111. 有關五仙觀的歷史，參黎志添、李靜合編著：《廣州府道教廟宇碑刻集釋》上冊 (香港：三聯書店 (香港) 有限公司，2013)，頁 201–203。

112. 三元宮道士麥宗光的名字見於光緒二十八年 (1902) 伍銓萃撰的〈重修呂祖殿碑記〉：「本宮麥宗光捐銀壹十大元。」

113. 見〈蓬瀛仙館創建道董題名記〉(民國三十九年〔1940〕庚寅四月)，收入《香港華文碑刻集》新界編 (一) (香港：顯朝書室，1993)，頁 15：「歷任主持芳名，麥星階宗光，民十八年至二十一年。」

114. 《廣州市政府市政公報》，1927 年第 269 期，頁 28。

115. 《廣州市政府市政公報》，1927 年第 269 期，頁 28。

116. 《廣州市政府市政公報》，1927 年 8 月 17 日第 266 期，頁 42。

117. 胡根天：〈記全國最早一間公立美術學校的創立和發展過程的風波〉，中國人民政治協商會議廣東省廣州市委員會文史資料研究委員會編《廣州文史資料選輯》，第 27 輯 (廣州：廣東人民出版社，1982)，頁 79–80。

118. 《廣州市政府市政公報》，1927 年 9 月 17 日第 269 期，頁 29。

119. 夏巨富：〈慈善「政治化」：抗戰前廣東仁愛善堂的創立及其活動〉，《社會保障評論》，第 2 卷第 2 期 (2018)，頁 100–106。

120. 《廣州市政府市政公報》，1935 年第 492 期，頁 57。

121. 《仁愛旬刊》，第 1 卷第 8 期 (1935 年 3 月 11 日)，頁 33。

122. 《廣州市政府市政公報》，1935 年第 498 期，頁 210。

123. 廣州市市立美術學校編：《美術》創刊號 (1935 年 10 月 1 日)，頁 2。

124. 《廣州市政府市政公報》，1930 年第 351 期，頁 78。

125. 《廣州市政府市政公報》，1930 年第 355 期，頁 154。

126. 《香港工商日報》，1930 年 2 月 15 日，第 7 版。

127. 《香港華字日報》，1930年3月1日，第2張第2頁。

128. 例如見廣州市宗教志編纂委員會編：《廣州宗教志資料匯編》，第2冊（道教），頁15（註明是根據鄭信文手稿《廣州三元宮史料簡介》）：「教育局派員通知三元宮要短期交出全間地方交由教育局改建廣州美術學校。幸得陳濟棠之岳母的幫忙，僅將三元宮後山之八仙殿山邊棲霞洞及五老洞撥給該校使用，並在三元宮門口左側山邊另闢一條通路上落。該校至抗日戰爭時期亦結束遷走。」另參《越秀史稿》，第1卷，頁145。

129. 《仁愛旬刊》，第1卷第1期，創刊號，1935年1月1日，頁2。

130. 《仁愛月刊》，第1卷第10、11期合刊，1936年3月，頁147。

131. 廣東省立中山圖書館編：《老廣州》（廣州：嶺南美術出版社，2009），頁245；《越秀史稿》，第5卷，頁273。

132. 《香港工商晚報》，1935年2月19日，第2版。另見《香港工商日報》，1935年2月19日，第7版。

133. 《香港工商日報》，1936年2月7日，第3版。

134. 《天光報》，1936年11月29日，第2版。

135. 《越秀史稿》，第6卷，頁21。

136. 《越秀史稿》，第6卷，頁27–31。

137. 《香港工商晚報》，1937年8月23日，第2版。

138. 《申報》，1938年5月31日，第1版。

139. 參謝宗暉：〈廣州市三元宮〉，頁52；劉向明：〈民國時期廣州道教〉，《羊城今古》，1992年第5期，頁44。

140. 中國人民政治協商會議廣州市越秀區委員會編：《越秀山風采》（廣州：花城出版社，1987），頁14引吳信祥〈三元宮〉一文，稱：「一九四四年，宮內增建了一座『藏經閣』，藏各種經典。」

141. 見《東鎮鄉報》第64期，1938年9月19日載「大嶺歐陽霖君」。

142. 《越秀史稿》，第6卷，頁45。

143. 廣州市宗教志編纂委員會編：《廣州宗教志資料匯編》，第2冊（道教），頁16；另參廣州市地方志編纂委員會編：《廣州市志》，卷17（社會卷），第2章〈宗教志〉（廣州：廣州出版社，1998），頁370。

144. 《中美週報》，第280期（1948），頁28–29。

145. 見〈廣州市道教會會員名冊〉（廣州市檔案館檔案資料，全宗號7，目錄號5，案卷號24）。

146. 見〈偽廣州市道教會、陶瓷商公會、營造業公會、制釘業公會關於籌備成立的情況□□（附組織章程、會員各冊等資料）〉（廣州市檔案館檔案資料，全宗號7，目錄號5，案卷號24）。

147. 劉向明：〈民國時期廣州道教〉，頁44。

148. 〈廣州市道教會會員名冊〉中，周宗朗登記的職業為律師，住址：「舊倉巷廿三號」。但據〈廣東省廣州市粵秀山三元宮歷史大略記〉和〈重修三元宮碑記〉，1943年時周宗朗已被稱住持，因此，〈廣州市道教會會員名冊〉中三元宮道士人數應該為21位。

149. 《廣州市道教會組織章程》(廣州市檔案館檔案資料，全宗號7，目錄號5，案卷號24)。

150. 1936年7月7日《廣東省政府公報》，第340期，頁14刊載了「各縣設立忠烈祠辦法」，提及公共廟宇改建為忠烈祠的條文。

151. 陳澤泓，胡巧利主編，廣州市地方志辦公室編：《廣州近現代大事典1840–2000年》(廣州：廣州出版社，2003)，頁678；另參廣州市地方志編纂委員會編《廣州市志》，卷17(社會卷)，第2章〈宗教志〉頁379。

152. 謝宗暉：〈廣州市三元宮〉，頁51；另參鄭信文：〈廣州三元宮史料簡介〉(手稿)：「報章上刊登將三元宮改建為忠烈祠，這條新聞一出，三元宮教徒均擔心廣州最大的道教場所從此毀滅。為了渡過這個難關，當時三元宮兩個住持：唐誠靜和李信潛，決定走官方門路，急派道牒給官方要人，承認他們是三元宮弟子並分派名譽職務，隨即付齊名單去社會局立案，成立中國道教會在三元宮。結果忠烈祠就改在紀念堂背後志越秀山腳建立了。」轉引自《廣州宗教志資料匯編》第2冊(道教)，頁76。

153. 1948年3月1日〈唐誠靜、李信潛呈為民產被各機關部隊佔駐〉，見廣州市檔案館，全宗號：地政局號第13，目錄號第1，案卷號：雜2209。

154. 同上註。

155. 廣州市地方志編纂委員會編：《廣州市志》，卷17(社會卷)，第2章〈宗教志〉，頁370。

156. 同上註，頁371。

157. 1930年3月10日《香港華字日報》的一篇〈三元宮道士請保全古蹟〉，報道了住持鄭誠德竭力保全古蹟的事跡。另見廣州市宗教志編纂委員會編：《廣州宗教志資料匯編》，第2冊(道教)，頁16。

158. 廣州市宗教志編纂委員會編：《廣州宗教志資料匯編》，第2冊(道教)，頁14據1955年《廣州市寺庵宮觀調查表》轉引。

159. 例如沈陽太清宮方丈岳崇岱在全國政協第三次全體會議上以〈扭轉消極思想，參加社會活動〉為例的講話說：「道教徒過去在舊社會時候都是消極厭世，抱著獨善其身，與人無患，與世無爭，不問政治的思想。……自解放後，政治轉變了，社會光明了，各地道教徒經過一系列學習，參加社會活動，覺悟也都大大提高了。」見李養正：《新編北京白雲觀志》(北京：宗教文化出版社，2003)，頁34。

160. 謝宗暉：〈廣州市三元宮〉，頁52。

161. 《大公報》，1951年7月13日，第2版。

162. 廣州市宗教志編纂委員會編：《廣州宗教志資料匯編》，第2冊(道教)，頁17據《三元宮純陽觀修元精舍史料》轉引。

163. 廣州市宗教志編纂委員會編：《廣州宗教志資料匯編》，第2冊(道教)，頁11。

164. 根據2018年12月8日筆者於廣州純陽觀與褐錦華的訪談稿。1966年紅衛兵在各處砸爛道教宮觀神像，例如北京白雲觀。李養正：《新編北京白雲觀志》，頁38–39：「1966年6月初，成群結隊的紅衛兵，有的手持寬皮帶與木棍，氣勢洶洶，高呼『砸爛四舊』、『橫掃牛鬼蛇神』、『消滅反動宗教』的口號，衝進了白雲觀。首先是一陣

亂砸，砸爛了殿堂的供器、三清閣上珍貴金明代瓷瓶、四御殿院西陪民殿內的大幅油彩畫《頤和園》以及十八宗師殿、元辰殿、娘娘殿內的塑刻神像，封了三清閣上的經櫃，燒毀了殿堂供案上的經書；批判了觀內道教界上層愛國人士孟明慧（時為中國道協副會長）等，還揪出監院劉之維，施行吊打，肆言晉罵。」

165. 廣州市宗教志編纂委員會編：《廣州宗教志資料匯編》，第2冊（道教），頁11。

166. 李養正：《新編北京白雲觀志》，頁45。

167. 廣州市宗教志編纂委員會編：《廣州宗教志資料匯編》，第2冊（道教），頁18。

168. 根據1987年的一份《廣州道教活動問題的調查報告》，廣州市宗教志編纂委員會編《廣州宗教志資料匯編》，第2冊（道教），頁19載：「1982年7月至1987年3月，香港各界人士、港澳同胞、海外僑胞和國內群眾前來參拜訪問時捐贈的款項合人民幣一百多萬元。」

169. 謝宗暉：〈廣州市三元宮〉，頁52。

170. 廣州市宗教志編纂委員會編：《廣州宗教志資料匯編》，第2冊（道教），頁18。

171. 根據2018年12月7日筆者與潘崇賢道長的訪談記錄。

172. 同上註。

173. 根據2018年12月8日筆者於廣州純陽觀與褟錦華的訪談記錄。

174. 廣州市宗教志編纂委員會編：《廣州宗教志資料匯編》，第2冊（道教），頁18–19。

175. 《大公報》，1989年2月24日，第2版。

176. 廣州市宗教志編纂委員會編：《廣州宗教志資料匯編》，第2冊（道教），頁19。

第三章

1. 「時際平、靖兩王，提師駐蹕，救民水火，應運廓清，川嶽効順。則凡禮、樂、兵、政脩舉，大昭於天下。而茲靈州道氣之秀異，雲粉棗瓜，洵為往事之難遇也。夫身入塵寰，神棲福地，未逢緣法，必具戒心。於是議城北觀音山之陽，集建太上三元寶殿。」清・李棲鳳〈修建三元殿記〉，收入黎志添、李靜編著：《廣州府道教廟宇碑刻集釋》（香港：三聯書店（香港）有限公司，2013），頁40–41。

2. 「國朝總戒金公獨事擴闢山門，內前結殿，以奉三官大帝。」清・蕭雲漢：〈重建斗姥殿碑記〉，收入黎志添、李靜編著：《廣州府道教廟宇碑刻集釋》，頁44–45。

3. 清・郁教甯：〈鮑姑祠記〉，見黎志添、李靜編著：《廣州府道教廟宇碑刻集釋》，頁42–43。

4. 見黎志添：《廣東地方道教研究：道觀、道士及科儀》（香港：香港中文大學出版社，2007），頁120。

5. 清・蕭雲漢：〈重建斗姥殿碑記〉，收入黎志添、李靜編著：《廣州府道教廟宇碑刻集釋》，頁44–45。

6. 見〈廣東省廣州市粵秀山三元宮歷史大略記〉（民國三十二年〔1943〕據原碑）。

7. 見清・蕭光惠：〈重修頭門三元殿碑記〉（清乾隆六十年〔1795〕據原碑）；〈廣東省廣州市粵秀山三元宮歷史大略記〉。

8. 清‧鄧士憲:〈重修三元宮碑記〉(清道光十七年〔1837〕),見黎志添、李靜編著:《廣州府道教廟宇碑刻集釋》,頁47。

9. 見〈廣東省廣州市粵秀山三元宮歷史大略記〉。

10. 呂祖殿同治元年(1862)棟木「同治元年歲次壬戌初秋住持道士黃宗性募化重修敬立」。

11. 三元殿同治七年(1868)棟木「大清同治七年戊辰仲冬全真住持道士黃宗性募化重建吉旦」。

12. 清‧朱用孚:〈重修三元宮碑記〉,見黎志添、李靜編著:《廣州府道教廟宇碑刻集釋》,頁49–50。

13. 見〈廣東省廣州市粵秀山三元宮歷史大略記〉。

14. 靈官殿光緒元年(1875)棟木「大清光緒元年歲次乙亥仲春吉旦全真住持道人鍾明振募化重修」。

15. 清‧伍銓萃:〈重修呂祖殿碑記〉(清光緒二十八年〔1902〕據原碑)。

16. 鄭信文〈廣州市三元宮史料簡介〉(手稿),廣州市宗教志編纂委員會編《廣州宗教志資料匯編》,第2冊(道教)(廣州:廣東人民出版社,1995),頁15。

17. 〈廣東省廣州市粵秀山三元宮歷史大略記〉。

18. 〈廣東省廣州市粵秀山三元宮歷史大略記〉。

19. 〈三元宮撥作市立美術校舍案(五)〉,《廣州市政府市政公報》,1927年第269期,頁29。

20. 見鄭信文《廣州市三元宮史料簡介》(手稿),廣州市宗教志編纂委員會編:《廣州宗教志資料匯編》,第2冊(道教),頁15。

21. 〈為廣東仁愛善堂徵求社員募集基金敬告善眾〉,《仁愛旬刊》第1卷第1期,創刊號,1935年1月1日。

22. 見廣州市宗教志編纂委員會編:《廣州宗教志資料匯編》,第2冊(道教),頁15,1991年4月13日,劉向明採訪吳信達。

23. 〈弁言〉,《仁愛月刊》第1卷第1期。

24. 見〈廣州市名勝古蹟古物調查表〉,民國二十三年(1934)十一月製表,廣州市宗教志編纂委員會編《廣州宗教志資料匯編》,第2冊(道教),頁16。

25. 見民‧張信綱:〈重修三元宮碑記〉(民國三十三年〔1944〕據原碑)。

26. 民‧張信綱:〈重修三元宮碑記〉。

27. 〈廣東省廣州市粵秀山三元宮歷史大略記〉。

28. 見廣州市宗教志編纂委員會編:《廣州宗教志資料匯編》,第2冊(道教),頁14。

29. 見廣州市宗教志編纂委員會編:《廣州宗教志資料匯編》,第2冊(道教),頁17。

30. 見〈香港雲泉仙館經募三元宮重修聖像神龕寶座長聯樂助善長芳名〉(原碑存址不詳,據碑刻相片)。

31. 見潘崇賢:〈越秀山三元宮重建眾善功德碑記〉(2017,據原碑)及葉崇寧:〈三元宮殿宇重修記〉(2018,據原碑)。

32. 見葉崇寧:〈三元宮殿宇重修記〉。

33. 見〈重修廣州三元宮鮑姑祠碑記〉(2018,據原碑)。

第四章

1.　清‧阮元校刻：《十三經註疏》（北京：中華書局，1957），頁1094上。

2.　黎志添：〈天地水三官信仰與早期天師道治病解罪儀式〉，《臺灣宗教研究》，第2卷，第1期（2002），頁1–30。

3.　西晉‧陳壽著，裴松之註：《三國志》，第1冊（北京：中華書局，1959），頁264。

4.　見Kristofer Schipper, "Taoism: The Story of the Way," in Stephen Little ed., *Taoism and the Arts of China* (Chicago: The Art Institute of Chicago, 2000), p. 41.

5.　黎志添：〈天地水三官信仰與早期天師道治病解罪儀式〉，頁15。

6.　北宋‧李昉等編：《太平廣記》第1冊，卷8（北京：中華書局，1961），頁56。

7.　《太上洞玄靈寶三元品戒功德輕重經》，《道藏》（北京：文物出版社，上海：上海書店，天津：天津古籍出版社，1988），第6冊，頁873上。

8.　《太上洞玄靈寶三元品戒功德輕重經》，《道藏》，第6冊，頁875上。

9.　《太上洞玄靈寶三元品戒功德輕重經》，《道藏》，第6冊，頁877上。

10.　《太上太玄女青三元品誡拔罪妙經》，《道藏》，第1冊，頁835中。

11.　《太上太玄女青三元品誡拔罪妙經》，《道藏》，第1冊，頁839中。

12.　《太上太玄女青三元品誡拔罪妙經》，《道藏》，第1冊，頁842下。

13.　見《要修科儀戒律鈔》，卷8，《道藏》，第6冊，頁955上。

14.　見《赤松子章曆》，卷4，《道藏》，第11冊，頁208下。

15.　劉宋‧陸修靜：《陸先生道門科略》，《道藏》，第24冊，頁780上。

16.　《太上洞玄靈寶三元玉京玄都大獻經》，《道藏》，第6冊，頁266下。

17.　《太上洞玄靈寶業報因緣經》，《道藏》，第6冊，頁100中及下。

18.　北宋‧王溥：《唐會要》，卷50（上海：上海古籍出版社，1991），頁1030。

19.　李豐楙：〈嚴肅與遊戲：道教三元齋與唐代習俗〉，收入鍾彩均主編：《傳承與創新：中研院中國文哲研究所十周年紀念論文集》（臺北：中研院中國文哲研究所籌備處，1999），頁36–39。

20.　北宋‧王溥：《唐會要》，卷50，頁1030。

21.　《元始天尊說三官寶號經》，《道藏》，第2冊，頁36上。

22.　《三官燈儀》，《道藏》，第3冊，頁571上。

23.　《三官燈儀》，《道藏》，第3冊，頁571中。

24.　《三官燈儀》，《道藏》，第3冊，頁571中及下。

25.　清‧葉德輝校：《三教源流搜神大全》，清宣統元年（1909）刊本，收入胡道靜編《藏外道書》，第31冊（成都：巴蜀書社，1992–1994），頁747。

26.　相關研究見大淵忍爾著，劉波譯、王承文校：〈論古靈寶經〉，收入陳鼓應編《道家文化研究》，第13輯（北京：三聯書店，1998），頁589。黃海德：〈試論道教「三清」信仰的宗教內涵及其歷史演變〉，《世界宗教研究》，2004年第02期，頁72–79；王承文：〈古靈寶經的三洞思想與東晉南朝之際道教的整合〉，收入氏著：《敦煌古靈寶經與晉唐道教》（北京：中華書局，2002），頁159–319。

27. 王承文:《敦煌古靈寶經與晉唐道教》,頁 171。

28. 《洞玄靈寶自然九天生神章經》,《道藏》,第 5 冊,頁 843 中。

29. 明·白雲霽:《道藏目錄詳注》,《道藏》,第 36 冊,頁 757。

30. 相關研究見胡春濤:《老子八十一化圖研究》(成都:巴蜀書社,2012)。

31. 西漢·司馬遷著,劉宋·裴駰集解,唐·司馬貞索引,唐·張守節正義:《史記》,卷 63(北京:中華書局,1959),頁 2140。

32. 西漢·司馬遷著,劉宋·裴駰集解,唐·司馬貞索引,唐·張守節正義:《史記》,卷 63,頁 2141–2142。

33. 相關研究見丁四新:〈早期《老子》文本的演變、成型與定型 —— 以出土簡帛本為依據〉,《中州學刊》,2014 年 10 期,頁 103–115;及其〈從簡、帛、通行本比較的角度論《老子》文本演變的觀念、過程和規律〉,《人文論叢》,2003 年 11 月,頁 84–97。高明:《帛書老子校註》(北京:中華書局,1996)。李若暉:《郭店竹書老子論考》(濟南:齊魯書社,2004)。王中江:〈北大藏漢簡《老子》的某些特徵〉,《哲學研究》,2013 年 5 月,頁 33–40。

34. 饒宗頤:《老子想爾注校證》(上海:上海古籍出版社,1991),頁 12。

35. 北宋·李昉等編:《太平廣記》,第 1 冊,卷 1,頁 1。

36. 北宋·李昉等編:《太平廣記》,第 1 冊,卷 1,頁 1–2。

37. 梁·陶弘景:《洞玄靈寶真靈位業圖》,《道藏》,第 3 冊,頁 276 上。

38. 北齊·魏收:《魏書》,第 8 冊(北京:中華書局,1974),頁 3048。

39. 北宋·張君房編:《雲笈七籤》,卷 2,《道藏》,第 22 冊,頁 10。

40. 北宋·張君房編:《雲笈七籤》,卷 2,《道藏》,第 22 冊,頁 11。

41. 南宋·謝守灝編:《太上老君混元聖紀》,卷 2,《道藏》,第 17 冊,頁 793。

42. 唐·段成式撰,方南生點校:《酉陽雜俎》(北京:中華書局,1981),頁 16:「老君母曰玄妙玉女,天降玄黃,氣如彈丸,入口而孕,凝神瓊胎宮三千七百年。赤明開運,歲在甲子,誕於扶刀。」

43. 清·邵志琳增輯:《呂祖全書》,卷 64(收入龔鵬程、陳廖安編《中華續道藏》第 20 冊,臺北:新文豐出版公司,1999),頁 8a。

44. 清·劉體恕彙輯:《呂祖全書》,卷 32(清道光三十年〔1850〕刻本,香港中文大學圖書館藏),頁 3b;清·邵志琳增輯:《呂祖全書》卷 64,頁 2a。

45. 孟琪(託):《玉都師相呂聖真君無極度人寶懺》,收入清·蔣予蒲彙輯:《呂祖全書正宗》卷首(清嘉慶十年〔1805〕刊本,日本京都大谷大學藏),寶懺頁 7a–27b。

46. 呂祖(託):〈孚佑帝君純陽呂祖《樵陽經》序〉,《樵陽經》,收入清·傅金銓(濟一子)編《濟一子道書十七種》,第 9 冊,序頁 1b,《藏外道書》,第 11 冊,頁 652。

47. 清·邵志琳增輯:《呂祖全書》,卷 64,頁 5b。

48. 李志鴻:《道教天心正法研究》(北京:社會科學文獻出版社,2011),頁 88。

49. 《九天應元雷聲普化天尊玉樞寶經集註》,《道藏》,第 2 冊,頁 569 中。

50. 清·劉體恕彙輯:《呂祖全書》卷 32,頁 2b。

51. 元・苗善時編：《純陽帝君神化妙通記》，《道藏》，第5冊，頁705上。

52. 清・邵志琳增輯：《呂祖全書》卷59，頁4b–5b。

53. 黎志添：〈識見、修煉與降乩——從南宋到清中葉呂洞賓顯化度人的事蹟分析呂祖信仰的變化〉，《清華學報》，第46卷，第1期（2006），頁41–76。

54. 元・秦志安編撰：《金蓮正宗記》，卷1，《道藏》，第3冊，頁346下。

55. 明《道藏》收錄了一部道教內丹理論經典：《鍾呂傳道集》，《道藏》第4冊，卷14，頁659上。南宋・陳振孫：《直齋書錄解題》卷12明確記有：「《鍾呂傳道記》三卷，施肩吾撰敘，鍾離權雲房、呂巖洞賓傳授論議。」因此，可以確定《鍾呂傳道集》最晚在南宋（1127–1279）期間已流傳。參坂內榮夫著，谷麗萍、董沁園譯，伊永文校：〈《鍾呂傳道集》與內丹思想〉，收入吳光正主編，趙琳、董曉玲、孫穎譯《八仙文化與八仙文學的現代闡釋——二十世紀國際八仙論叢》（哈爾濱：黑龍江人民出版社，2006），頁210–211。

56. 《梓潼帝君化書》序，《道藏》，第3冊，頁292中。

57. 關於「飛鸞闡化」與道教「顯化」意思的關係討論，參謝聰輝：〈南宋道經中「飛鸞開化」出世類型的認知與特質析論〉，收於蓋建民編《開拓者的足跡——卿希泰先生八十壽辰紀念文集》（成都：巴蜀書社，2010），頁133–155。

58. 北宋・陳師道：《後山談叢》（北京：中華書局，2007），卷4，頁78。

59. 南宋・吳曾：《能改齋漫錄》卷18，《景印文淵閣四庫全書》，第850冊（子部雜家類），（上海：上海古籍出版社，1987），頁834上：「呂洞賓嘗自傳。岳州有石刻云：『吾乃京川人。唐末累舉進士不第。因遊華山，遇鍾離權，傳授金丹大藥之方。』」另見南宋・胡仔：《苕溪漁隱叢話後集》，卷38（上海：商務印書館，1937），頁717。至於呂洞賓遊盧山的傳說，見明・楊良弼校刊：《純陽呂真人文集》，《海王邨古籍叢刊》影印明崇禎年間（1628–1644）刊《道書全集》本（北京：中國書店，1990年），頁845上。

60. 參高麗楊：〈《鍾呂傳道集》與《西山群仙會真記》版本考述〉，《中國道教》，2011年第4期，頁28–33；坂內榮夫，〈《鍾呂傳道集》與內丹思想〉，頁210–212。另外，關於施肩吾這個人物的歷史考證，及其與《鍾呂傳道集》的關係，見高麗楊點校：《鍾呂傳道集・西山群仙會真記》〈前言〉（北京：中華書局，2015），頁7–23；詹飄飄：〈（唐）施肩吾生卒年限推斷〉，《寧波教育學院學報》，第14卷第1期（2012），頁42–43、47。

61. 南宋・胡仔：《苕溪漁隱叢話後集》，卷38，頁717。另參馬曉宏：〈《道藏》等諸本所收呂洞賓書目簡注——呂洞賓著作考略之一〉，《中國道教》，1988年第3期，頁34。

62. 見南宋・許翰（？–1133）：〈呂仙翁封妙通真人制〉，收入《襄陵文集・制文》卷2，《景印文淵閣四庫全書》第1123冊（集部別集類），卷二（上海：上海古籍出版社，1987），頁503下。另見元・趙道一編：《歷世真仙體道通鑑》，《道藏》，第5冊，卷45，頁359上。

63. 元·苗善時編：〈純陽帝君神化妙通記序〉，《純陽帝君神化妙通記》，《道藏》，第
　　5冊，頁704中。另參元·謝西蟾、劉志玄：《金蓮正宗仙源像傳》，《道藏》，第3
　　冊，頁367中。

64. 元·苗善時編：《純陽帝君神化妙通記》，《道藏》第5冊，卷1，〈瑞應明本第一
　　化〉，頁705中。

65. 黎志添：〈識見、修煉與降乩——從南宋到清中葉呂洞賓顯化度人的事蹟分析呂祖
　　信仰的變化〉，頁47–48。

66. 根據元代何志淵〈純陽真人渾成集序〉：「夫仙翁之出神入聖，千變萬化，其文散落
　　於人間，殆爾可以兼收而備舉」，馬曉宏認為：「似不曾有呂洞賓詩文著作收入元
　　藏。」（見馬曉宏：〈《道藏》等諸本所收呂洞賓書目簡注——呂洞賓著作考略之一〉，
　　頁34–35。）關於《續道藏》，參柳存仁：〈道藏刻本之四個日期〉，收入酒井忠夫先
　　生古稀祝賀記念會編：《歷史にわける民眾と文化——酒井忠夫先生古稀祝賀記念
　　論集》（東京：國書刊行會，1982），頁1049–1067。

67. 明·郭倫、張啟明編：《呂祖志》三卷一冊，明萬曆三十四年（1606），臺北國家國
　　書館藏，編號9216。

68. 黎志添：〈識見、修煉與降乩——從南宋到清中葉呂洞賓顯化度人的事跡分析呂祖
　　信仰的變化〉，頁65。

69. 見〈呂祖晉秩佽元誥命〉，收入清·劉體恕彙輯：《呂祖全書》，卷13，頁5下。

70. 清·黃誠恕：〈清微三品經序〉稱：「自壬午迄甲申，靈文始就。……壬辰鐫印完備，
　　天工大竣。」見清·劉體恕彙輯：《呂祖全書》卷13，序頁4a。

71. 清·劉體恕彙輯：《呂祖全書》卷13，頁5a。

72. 鄭永泰：〈從民祀到正祀：清代崇封呂祖史事補考〉，《中國道教》，2016年第3期，
　　頁56–61。

73. 鄭永泰：〈從民祀到正祀：清代崇封呂祖史事補考〉，頁56–57。

74. 清·彭潤章修、葉廉鍔纂：《平湖縣志》卷25，《中國方志叢書》華中地方第189號
　　（臺北：成文出版社，1975，據光緒十二年〔1886〕刊本影印），頁2478：「呂仙觀，
　　在東湖栖心寺後，放生院南。嘉慶九年南河總督吳璥創建，大殿三楹，植梅數百
　　本，四圍繚以短垣，名『東南第一觀』。」

75. 清·吳璥：〈浙江平湖縣新建孚佑帝君東南第一觀碑記〉，收入清·蔣予蒲彙輯：
　　《呂祖全書正宗》卷首，祠記頁42a–b。

76. 見黎志添：《廣東地方道教研究：道觀、道士及科儀》（香港：香港中文大學出版
　　社，2007），頁115–124。

77. Barend J. ter Haar, "The Rise of the Guan Yu Cult: the Daoist Connection," in Jan A.M. De
　　Meyer and Peter M. Engelfriet, eds., *Linked Faiths: Essays on Chinese Religions and Traditional
　　Culture in Honour of Kristofer Schipper*, 183–204. Leiden: Brill, 1999.

78. 參李豐楙：〈行瘟與送瘟——道教與民眾瘟疫觀的交流和分歧〉，《民間信仰與中國
　　文化國際研討會論文集》上冊（臺北：漢學研究中心，1994），頁373–422。

79. 參林富士：《中國中古時期的宗教與醫療》（臺北：臺灣聯經出版，2008），頁405–512。

80. 北宋・歐陽修、宋祁：《新唐書》卷15（北京：中華書局，1986），頁378–379。

81. 見王學泰：〈關羽崇拜的形成〉，盧曉衡主編《關羽、關公和關聖》（北京：社會科學文獻出版社，2002），頁72–87。

82. 見鄭志明：〈關公的信仰與善書〉，收入氏著《民間信仰與儀式》（臺北：文津出版社，2010），頁187。

83. 黃壯釗：〈關羽的祖先與後裔：以山西常平關帝祖祠為中心〉，《中國文化研究所學報》，第61期（2015），頁204。

84. 黎志添、李靜：《廣州府道教廟宇碑刻集釋》，頁951。

85. 黎志添、李靜：《廣州府道教廟宇碑刻集釋》，頁929。

86. 見《懺法大觀》卷五〈關帝懺〉，收入清・閻永和、彭翰然重刻，賀龍驤校訂《重刊道藏輯要》第21冊（清光緒三十二年〔1906〕成都二僊庵版刻），頁9416上。

87. 鄭喜夫：〈關聖帝君善書在臺灣〉，《臺灣文獻》，第34卷第3期（1983），頁115。

88. 游子安：〈清代以來關帝善書及其信仰的傳播〉，《中國文化研究所學報》，第50期（2010），頁222。

89. 游子安：〈清代以來關帝善書及其信仰的傳播〉，頁230–237。

90. 參杜贊奇：〈刻畫標誌：中國戰神關帝的神話〉，收在韋思諦編，陳仲丹譯：《中國大眾宗教》（南京：江蘇人民出版社，2006），頁109。

91. 姚秦・鳩摩羅什譯，隋・智顗疏、唐・湛然記、北宋・道威入疏：《妙法蓮華經》（上海：上海古籍出版社，1990），頁445下。

92. 于君方著，陳懷宇、姚崇新、林佩瑩譯：《觀音：菩薩中國化的演變》（臺北：法鼓文化事業股份有限公司，2009），頁301–303。

93. 北宋・李昉等編：《太平廣記》，第3冊，卷111，頁760–761。

94. 本《搜神記》全名為《新刻出像增補搜神記》，由富春堂刊刻於萬曆元年（1573），收錄百餘篇神仙傳記與神仙版畫，後被收入《萬曆續道藏》，然而《續道藏》版本並無收入版畫部分。見萬曆《新刻出像增補搜神記》六卷，《續修四庫全書》，第1264冊（子部小說家類）（上海：上海古籍出版社，1995，據北京圖書館藏明萬曆富春堂刻本影印）。

95. 傅維康：《針灸推拿史》（上海：上海古籍出版社，1991），頁91–92。

96. 楊莉：〈鮑姑火傳遠 —— 鮑姑艾傳說及其民間文化土壤〉，收入黎志添主編：《香港及華南道教研究》（香港：中華書局，2005），頁334。

97. 事載《雲笈七籤》本《墉城集仙錄》〈鮑姑傳記〉，見北宋・張君房編：《雲笈七籤》，判115（北京：中華書局，2003），頁2542。

98. 楊莉：〈鮑姑火傳遠 —— 鮑姑艾傳說及其民間文化土壤〉，頁334。

99. 梁・陶弘景：《洞玄靈寶真靈位業圖》，《道藏》，第3冊，頁280上。

100. 楊莉：〈鮑姑火傳遠 —— 鮑姑艾傳說及其民間文化土壤〉，頁337。

101. 北宋·李昉等編:《太平廣記》,第1冊,卷34,頁216–220。

102. 楊莉:〈鮑姑火傳遠 ── 鮑姑艾傳説及其民間文化土壤〉,頁341。

103. 明·楊慎:《丹鉛續錄》(北京:中華書局,1985),頁84。

104. 明·李賢等:《大明一統志》,下冊,卷79(西安:三秦出版社,1990,據明天順五年〔1461〕原刻本影印),頁1211上。

105. 南宋·方信孺:《南海百詠》,見劉瑞點校:《南海百詠、南海雜詠、南海百詠續編》(廣州:廣東人民出版社,2010),頁28。

106. 江志如:〈鮑姑古井在哪裡〉,《嶺南文史》,第93期(2009),頁32–33。

107. 楊順益:〈晉代女針灸家鮑姑及鮑姑艾〉,《中國針灸》,1989年第2期,頁42–43。

108. 見清·郁教甯:〈鮑姑祠記〉(清乾隆四十五年〔1780〕),收入清·梁鼎芬倡修,丁仁長總纂:宣統《番禺縣續志》,四十四卷,首一卷,第7卷,《中國地方志集成》廣東府縣志輯,第7冊(上海:上海書店,2003,據民國二十年〔1931〕本影印),頁508下;清·蕭雲漢:〈重建斗姥殿碑記〉,(清乾隆五十年〔1785〕,錄自清·鄭葉等主修、桂坫等總纂:宣統《南海縣志》卷13〈金石畧〉,《中國地方志集成》廣東府縣志輯,第30冊,上海:上海書店,2003,據清宣統三年〔1911〕刻本影印)頁328下至329下;〈廣東省廣州市粵秀山三元宮歷史大略記〉(民國三十二年〔1943〕,據原碑)。

109. 見〈廣東省廣州市粵秀山三元宮歷史大略記〉。

110. 北宋·李昉等編:《太平廣記》,第6冊,卷294,頁2337。

111. 梁·陶弘景:〈真誥〉卷10,〈協昌期第二〉,《道藏》,第20冊,頁550。

112. 見「趙元帥」條,佚名:《繪圖三教源流搜神大全(外二種)》,(上海:上海古籍出版社,1990),頁142–143。

113. 明·許仲琳:《封神演義》,下冊(北京:人民文學出版社,1973),頁968–969。

114. 南宋·洪邁:《夷堅志》(北京:中華書局,1981),頁695。

115. 《大惠靜慈妙樂天尊説福德五聖經》,《道藏》,第28冊,頁635下至636上。

116. 明·許仲琳:《封神演義》,下冊,頁962。

第五章

1. 見〈廣東省廣州市粵秀山三元宮歷史大略記〉(民國三十二年〔1943〕,據原碑)。

2. 見〈廣東省廣州市粵秀山三元宮歷史大略記〉。

3. 見〈廣東省廣州市粵秀山三元宮歷史大略記〉;清·郁教甯:〈鮑姑祠記〉(清乾隆四十五年〔1780〕),收入清·梁鼎芬倡修,丁仁長總纂:宣統《番禺縣續志》,四十四卷,首一卷,第7卷,《中國地方志集成》廣東府縣志輯,第7冊(上海:上海書店,2003,據民國二十年〔1931〕本影印),頁508下。

4. 見清·蕭雲漢:〈重建斗姥殿碑記〉,清乾隆五十年(1785),錄自清·鄭葉等主修、桂坫等總纂:宣統《南海縣志》卷13〈金石畧〉,《中國地方志集成》廣東府縣志輯,第30冊(上海:上海書店,2003,據清宣統三年〔1911〕刻本影印)及〈廣東省廣州市粵秀山三元宮歷史大略記〉。

5. 　見〈廣東省廣州市粵秀山三元宮歷史大略記〉。

6. 　見〈廣東省廣州市粵秀山三元宮歷史大略記〉。

7. 　見清‧朱用孚:〈重修三元宮碑記〉(清同治八年〔1869〕,據原碑);清‧汪瑔:〈重修廣州三元宮碑銘〉,收入氏著《隨山館叢稿》四卷,卷3,《續修四庫全書》第1558冊(上海:上海古籍出版社,1995,據中國科學院圖書館藏清光緒刻隨山館全集本影印),頁28下至30上;及廣東省廣州市粵秀山三元宮歷史大略記〉。另,《申報》一則廣州訪事報道提及「前年(光緒廿四年〔1898〕)⋯⋯三元宮住持羽士王佩清」,疑即黃佩青,見〈珠江漁唱〉,《申報》光緒廿六年六月廿六日(1900年7月22日)。

8. 　見靈官殿光緒元年(1875)棟木「大清光緒元年歲次乙亥仲春吉旦全真住持道人鍾明振募化重修」。

9. 　見廣州市宗教志編纂委員會編:《廣州宗教志資料匯編》,第2冊(道教)(廣州:廣州宗教志編輯室,1995),頁15;廣州市越秀區人民政府地方志辦公室、廣州市越秀區政協學習和文史委員會:《越秀史稿》(廣州:廣東經濟出版社,2015),頁144。又見〈廣東省廣州市粵秀山三元宮歷史大略記〉。

10. 見《越秀史稿》,第一卷,頁145。

11. 《廣州市政府市政公報》1927年第269期,頁28。

12. 廣州市宗教志編纂委員會編:《廣州宗教志資料匯編》,第2冊(道教),頁16。

13. 見〈廣東省廣州市粵秀山三元宮歷史大略記〉。

14. 見《越秀史稿》,頁145;〈唐誠靜、李信潛呈為民產被機關部隊佔駐業經呈奉鈞府核准受理並繳驗契證無訛奉批逕往洽領惟無效果謹再祈請賜予飭遷執行發還以保業權由〉廣州市檔案館檔案(全宗號:地政局(13),目錄號:1,案卷號:雜3209)。

15. 廣州市宗教志編纂委員會編:《廣州宗教志資料匯編》,第2冊(道教),頁15。

16. 見清‧郁教甯:〈鮑姑祠記〉。

17. 見〈廣東省廣州市粵秀山三元宮歷史大略記〉。

18. 清‧郁教甯:〈唱道真言跋〉,收入清‧鶴臞子筆錄:《唱道真言》,陳廖安主編:《珍藏古籍道書十種》,下冊(臺北:新文豐出版公司,2001),頁710上。

19. 清‧郁教甯:〈唱道真言跋〉。

20. 清‧郁教甯:〈唱道真言跋〉。

21. 見清‧蕭雲漢:〈重建斗姥殿碑記〉。

22. 見清‧蕭雲漢:〈重建斗姥殿碑記〉。

23. 見〈廣東省廣州市粵秀山三元宮歷史大略記〉。

24. 見清‧蕭光惠:〈重修頭門三元殿碑記〉。

25. 見清‧彭蘊璨:《歷代畫史彙傳》,卷32,盧輔聖主編《中國書畫全書》第11冊(上海:上海書畫出版社,1997,據清道光(1782–1850)刻本),頁262下。

26. 見〈廣東省廣州市粵秀山三元宮歷史大略記〉。

27. 見清‧鄧士憲:〈重修三元宮碑記〉(清道光十七年〔1837〕),收入清‧鄭蘂等主修,桂坫等總纂:宣統《南海縣志》二十六卷,末一卷,卷13,《中國地方志集成》廣東

府縣志輯，第30冊（上海：上海書店，2003，據清宣統三年〔1911〕刻本影印），頁339下。

28. 見謝宗暉：〈廣州市三元宮〉，《中國道教》，1988年4月，頁52。

29. 見清・朱用孚：〈重修三元宮碑記〉。

30. 見清・汪瑔：〈重修廣州三元宮碑銘〉。

31. 見〈廣東省廣州市粵秀山三元宮歷史大略記〉。

32. 見謝宗暉：〈廣州市三元宮〉，頁52。此文還說瑞麒因此賜給黃宗性「護國佑民」牌匾，但在〈廣東省廣州市粵秀山三元宮歷史大略記〉中，此匾是光緒三十三年賜給住持梁宗琪的，姑且存此一說。

33. 見靈官殿光緒元年（1875）棟木「大清光緒元年歲次乙亥仲春吉旦全真住持道人鍾明振募化重修」。

34. 見〈廣東省廣州市粵秀山三元宮歷史大略記〉。

35. 見清・伍銓萃：〈重修呂祖殿碑記〉（清光緒二十八年〔1902〕，據原碑）。

36. 見廣州市宗教志編纂委員會編：《廣州宗教志資料匯編》，第2冊（道教），頁15，1989年12月24日劉向明採訪吳信達（三元宮住持）口述資料。

37. 見廣州市宗教志編纂委員會編：《廣州宗教志資料匯編》，第2冊（道教），頁17，《三元宮純陽觀修元精舍史料》，廣州市宗教局檔案，1953年第3號，總號第15號。

38. 見〈廣東省廣州市粵秀山三元宮歷史大略記〉。

39. 1930年3月10日《香港華字日報》，〈三元宮道士請保全古蹟〉，見廣州市宗教志編纂委員會編：《廣州宗教志資料匯編》，第2冊（道教），頁16。

40. 見〈廣東省廣州市粵秀山三元宮歷史大略記〉。

41. 見〈廣東省廣州市粵秀山三元宮歷史大略記〉。

42. 見〈廣東省廣州市粵秀山三元宮歷史大略記〉。

43. 見民・張信綱：〈重修三元宮碑記〉（民國三十三年〔1944〕，據原碑）。

44. 見《越秀史稿》，第一卷，頁145；廣州市檔案局檔案1947年「全銜」公函。

45. 見《越秀史稿》，第一卷，頁145；廣州市檔案局檔案1947年「全銜」公函。

第六章

1. 計有元代的「粵臺秋色」，明代的「粵秀松濤」，清代乾隆時期的「粵秀連峰」，1963年的「越秀遠眺」，1986年的「越秀層樓」，2002年的「越秀新暉」，以及2011年的「越秀風華」。參見荔灣區藝術檔案館、荔灣區地方志辦公室編：《廣州風華：古今羊城八景書畫集》（廣州：嶺南美術出版社，2012）。

2. 明・黎貞：〈羊城八景序〉，收入廣州市文史研究館編：《羊城風華錄：歷代中外名人筆下的廣州》（廣州：花城出版社，2006），頁33。

3. 明・文徵明：〈拙政園詩三十一首・題若墅堂〉，收入明・文徵明著，周道振輯校：《文徵明集》下冊，補輯卷16（上海：上海古籍出版社，1987），頁1171。

4. 清‧吳嵩梁:〈白雲山附近廣州名與羅浮相亞,十一月十一日,同李春湖副憲登粵秀山,憩三元宮,聽道士黃越塵彈琴。春湖先歸,余與儀子墨農乘興入山,夜抵雲泉館,踏月蒲磵,清吟徹曙。明晨謁鄭仙祠,由丹臺、鶴頂峰、雲巖至白雲寺觀、九龍潭,陟摩星嶺而歸,宿山中二夕,得詩凡十三首〉,收入《香蘇山館詩集》今體詩鈔卷12,《續修四庫全書》,第1490冊(集部別集類)(上海:上海古籍出版社,1995,據華東師範大學圖書館藏清木犀軒刻本影印),頁269下。

5. 學海堂創建於道光元年(1821),菊坡精舍創建於同治五年(1866),應元書院創建於同治七年(1868),三間書院同在1903年停廢。參見張寶華:《清末廣州書院嬗變與學堂興起的歷史考察》(華南師範大學碩士論文,2007),頁20。

6. 清‧樊封:《南海百詠續編》,劉瑞點校:《南海百詠、南海雜詠、南海百詠續編》(廣州:廣東人民出版社,2010),頁209。

7. 參見吳迪:〈試論《秋水軒尺牘》與《雪鴻軒尺牘》之文學價值〉,收入吳兆路等主編:《中國學研究》第10輯(濟南:濟南出版社,2007),頁159–160。

8. 筆者見有上海新文化書社、廣益書局、啓智書局、上海普及書局、上海羣學社、世界書局和大東書局等出版此書。

9. 「山水秀朗,工詩、能書、善琴、精奕,⋯⋯」清‧彭蘊璨:《歷代畫史彙傳》卷32,盧輔聖主編:《中國書畫全書》,第11冊(上海:上海書畫出版社,1997,據清道光〔1782–1850〕刻本),頁262下。

10. 清‧黃培芳:《香石詩話》卷4,張寅彭輯選,吳忱、楊焄點校:《清詩話三編》,第4冊(上海:上海古籍出版社,2014),頁2748。

11. 清‧彭蘊璨:《歷代畫史彙傳》卷32,盧輔聖主編:《中國書畫全書》,第11冊,頁262下;清‧黃培芳:《香石詩話》卷4,頁2748。

12. 陳璞,字子瑜,號古樵,又號尺岡歸樵,晚號息翁,廣東番禺人。咸豐元年(1851)舉人,官江西安福知縣,有政聲。以丁父憂歸,遂不復出。為學海堂學長數十年,獎掖後進,多有所成。分纂府、縣志,敘次有法。所作駢體文皆雅潔,一軌於古。名流碑銘,多出其手。尤工詩、書、畫,有三絕之目。有《尺岡草堂遺集》。參見《清代詩文集彙編》編纂委員會編:《清代詩文集彙編》第676冊(上海:上海古籍出版社,2010),頁560。

13. 清‧陳璞:《尺岡草堂遺集》卷4,收入《清代詩文集彙編》編纂委員會編:《清代詩文集彙編》第676冊,頁696。

14. 「唐人生活中另一對文學的發展產生影響的,就是讀書山林的風氣。唐代的一些士人,在入仕之前,或隱居山林,或寄宿寺廟、道觀以讀書。陳子昂曾讀書於金華山的玉京觀;李白出夔門之前,隱於大匡山讀書;岑參十五隱於嵩陽;劉長卿少曾讀書嵩山⋯⋯」袁行霈主編:《中國文學史》第2卷(北京:高等教育出版社,2003),頁221。

15. 參見袁行霈主編:《中國文學史》第2卷,頁221;畢寶魁著:《隋唐生活掠影》(北京:知識產權出版社,2016),頁68。

16. 謝景卿，字殿揚，號雲隱，齋堂為紫石山房。縣諸生。博雅嗜古，善於鑒賞書畫，刻印尤精。喬曉軍編著：《中國美術家人名辭典（補遺二編）》（西安：三秦出版社，2007），頁485。

17. 阮元，字伯元，號雲臺、雷塘庵主，晚號怡性老人，謚號文達，江蘇儀徵人。乾隆五十四年（1789）進士，歷官禮部、兵部、戶部、工部侍郎，山東、浙江學政，浙江、江西、河南巡撫，及漕運總督、湖廣總督、兩廣總督、雲貴總督、體仁閣大學士。編著有《山左金石志》、《兩浙金石志》、《兩浙輶軒錄》、《積古齋鐘鼎彝器款識》、《經籍纂詁》等。清·釋達受撰，桑椹點校：《六舟集》（杭州：浙江古籍出版社，2015），頁281。

18. 陳昌齊，字賓臣，一字觀樓，號噉荔居士，廣東海康調風鎮南天村人。乾隆三十年（1765）拔貢，翌年成進士，尋改庶吉士，入翰林散館授編修，曾任河南道監察御史、兵科給事中、刑科給事中、浙江溫處兵備道等職。歸粵後，致力於教育和著述。司徒尚紀著：《雷州文化概論》（廣州：廣東人民出版社，2014），頁374。

19. 劉彬華，字藻林。廣東番禺人。嘉慶六年（1801）進士，庶吉士散館授編修，請假歸省，先後主講端溪、越華書院。番禺市地方志編纂委員會辦公室整理：《清同治十年番禺縣志點註本》（廣州：廣東人民出版社，1998），頁724–725。

20. 番禺市地方志編纂委員會辦公室主持整理：《民國辛未年（1931）番禺縣續志點註本》（廣州：廣東人民出版社，2000），頁475、476。

21. 參見黎志添編譯：《修心煉性 ——〈呂祖疏解無上玄功靈妙真經〉白話註譯》，乙部（香港：香港中文大學出版社，2017），頁35。

22. 李叔還編纂：《道教大辭典》（臺北：巨流圖書公司，1979），頁495。

23. 庚辰正月二十日日記載：「晤盧仁兄而還。黃道人越塵、夏觀察來。」乙酉七月初三日日記載：「上三元宮會越塵師」。清·謝蘭生：《常惺惺齋日記（外四種）》（廣州：廣東人民出版社，2014），頁26、181。

24. 庚辰十二月廿七日日記載：「隨入三元宮回候隱泉、越塵兩道人。」清·謝蘭生：《常惺惺齋日記（外四種）》，頁52。隱泉道人為羅浮九天觀道人，見黃培芳詩題「得楷屏山中書云，與遊侶宿飛雲絕頂賦此答之，並柬九天觀隱泉道人」，載清·黃培芳：《嶺海樓詩鈔》卷4，收入陳建華、曹淳亮主編：《廣州大典》第56輯（集部別集類），第36冊（總第453冊），（廣州：廣州出版社，2008–2015，據清道光二十一年〔1841〕羊城富文齋刻本），頁100。

25. 清·謝蘭生：《常惺惺齋日記（外四種）》，頁21、54、73。

26. 清·謝蘭生：《遊羅浮日記》，收入《常惺惺齋日記（外四種）》，頁312。

27. 清·趙均〈艮泉圖詠·艮泉十二詩序〉，《艮泉圖詠》為廣州市藝術博物院收藏，參見黎麗明：〈羅浮山「艮泉」主人小考〉，《收藏·拍賣》，2014年第9期，頁80–81。

28. 惲敬，字子居，號簡堂，江蘇武進人。乾隆四十八年（1783）舉人。以教習官京師。歷知富陽、江山二縣，以振興文教為務，頗有政聲。擢南昌府同知，改署吳城，後

以人誣告，被劾。著有《大雲山房全集》。孫克強等編著：《清人詞話》中冊（天津：
南開大學出版社，2012），頁 1001。

29. 湯貽汾，字若儀，號雨生、粥翁，江蘇武進（今常州）人。以世襲雲騎尉官至浙江
樂清協副將，咸豐三年（1853）太平軍破江寧時投水死，謚貞愍。著有《琴隱園詩
集》。詞有《琴隱園詞》，又輯有《江東詞社詞選》。孫克強等編著：《論詞絕句二千
首》上冊（天津：南開大學出版社，2014），頁 302。

30. 石韞玉，字執如，號琢堂，江蘇吳縣（今蘇州）人。清乾隆五十五年（1790）恩科狀
元，官至山東按察使。著有《獨學廬初稿》等。孫克強等編著：《論詞絕句二千首》
上冊，頁 192。

31. 葉夢龍，字仲山，號雲谷，南海人。官戶部郎中。父建勛喜書畫，有《風滿樓叢
帖》，與馮敏昌、黎簡交善。夢龍習有父風，結交多一時名流，如翁方綱、伊秉綬
等。其從弟夢草亦善書畫。李國鈞主編：《中華書法篆刻大辭典》（長沙：湖南教育
出版社，1990），頁 370。

32. 潘正煒，字季彤，號榆庭。番禺人，祖籍福建。廣州十三行外貿行商潘家第三代繼
業者，獲准開設同文行，包攬絲茶經營商務。暇時好鑒賞收藏書畫文玩，著有《聽
颿樓書畫記》、《聽颿樓古銅印譜》等。廣州市地方志編纂委員會編：《廣州市志》，
卷 19，人物志（廣州：廣州出版社，1996），頁 349。
筆者親見《艮泉圖詠》二卷，展出於「山水有知音：廣州藝術博物院藏明清廣東山水
畫展」，廣州藝術博物院，2019 年 1 月 12 日–3 月 31 日。「這圖原本是冊頁，但後人
恐怕容易遺失，已把它改裝為兩長卷。」姚述：〈羅浮艮泉圖及其題詠〉，收入《藝文
叢輯 第十八編》（臺北：藝文印書館，1978），頁 215。

33. 庚辰二月十三日日記載：「午後上三元宮赴伍南洲齋席。」清‧謝蘭生：《常惺惺齋
日記（外四種）》，頁 27。「伍氏先世居福建莆田，遷泉州府晉江縣安海鄉，至伍朝
鳳於崇禎初自閩入粵，康熙初籍隸廣州南海。至朝鳳曾孫國瑩及其從弟國瑩，先
後承充十三行元順行商。國瑩有四子：秉鏞、秉鈞、秉鑒和秉鉁（字儒之，號南
洲）。」章文欽：〈行商伍家與嶺南繪畫〉，嶺南畫派紀念館編：《嶺南畫派在上海：
國際學術研討會論文集》（廣州：嶺南美術出版社，2013），頁 200。

34. 道光二年九月十六日日記載：「午後到三元宮借紫翠軒，為十八日早青厓（梁藹如）
諸公請兩主考也。」道光二年九月十八日記載：「早到三元宮，陪兩主考登越山樓望
海。」清‧謝蘭生：《常惺惺齋日記（外四種）》，頁 103。

35. 參見傅璇琮等主編：《中國詩學大辭典》（杭州：浙江教育出版社，1999），頁 417；
北宋‧唐庚撰，黃鵬編註：《唐庚集編年校註》（北京：中央編譯出版社，2012），
前言頁 1–11。

36. 錢仲聯等主編：《中國文學大辭典》（上海：上海辭書出版社，1997），頁 501；番禺
市地方志編纂委員會辦公室整理：《清同治十年番禺縣志點註本》，頁 561。

37. 《清詩觀止》編委會編：《清詩觀止》（上海：學林出版社，2015），頁 134。

38. 參見賈穗南編著：《宋城懷古：人物春秋》（廣州：暨南大學出版社，2016），頁 214。

39. 明通進士，指名登明通榜的舉人。屬於明、清會試中名列副榜者。見黃志環、鄧旺林、黃偉平編著：《大埔進士錄》(北京：中國文史出版社，2015)，頁331。

40. 參見湖南省地方志編纂委員會編：《湖南省志》第30卷，人物志上冊 (長沙：湖南出版社，1992)，頁194；吳海林、李延沛編：《中國歷史人物辭典》(哈爾濱：黑龍江人民出版社，1983)，頁648；尋霖、龔篤清編著：《湘人著述表》第1冊 (長沙：嶽麓書社，2010)，頁538–539；孫克強等編著：《清人詞話》中冊，頁866；何歌勁輯註：《湘潭歷代文賦選》(湘潭：湘潭大學出版社，2013)，頁477。

41. 錢仲聯主編：《中國文學家大辭典》清代卷 (北京：中華書局，1996)，頁359；陳永齡主編：《民族詞典》(上海：上海辭書出版社，1987)，頁579；李松茂主編：《回族東鄉族土族撒拉族保安族百科全書》(北京：宗教文化出版社，2008)，頁280。

42. 參見喬曉軍編著：《中國美術家人名辭典 (補遺二編)》，頁471。

43. 李炳泉：〈阮元督粵幕府考論〉，阮錫安、姚正根主編：《阮元研究論文選 上》(揚州：廣陵書社，2014)，頁52。

44. 清‧徐世昌編，聞石點校：《晚清簃詩匯》(北京：中華書局，1990)，頁6107；陳景鍇編：《海珠古詩錄》(廣州：新世紀出版社，2008)，頁320；清‧張維屏：《國朝詩人徵略二編》卷64，《續修四庫全書》第1713冊 (上海：上海古籍出版社，1995，據清道光二十二年〔1842〕刻本)，頁400上至401上。

45. 參見季嘯風主編：《中國書院辭典》(杭州：浙江教育出版社，1996)，頁550；番禺市地方志編纂委員會辦公室主持整理：《民國辛未年 (1931) 番禺縣續志點註本》，頁477–478。

46. 黎細玲編著：《香山人物傳略》，第3冊 (北京：中國文史出版社，2014)，頁156。

47. 毛慶耆等編著：《嶺南學術百家》(廣州：廣東人民出版社，2004)，頁543。

48. 孫克強等編著：《清人詞話》中冊，頁1069；《江西省志人物志》編纂委員會編：《江西省志人物志》(北京：方志出版社，2007)，頁277。

49. 《江西省志人物志》編纂委員會編：《江西省志人物志》，頁279。

50. 孫克強等編著：《清人詞話》中冊，頁1337。

51. 參見黎細玲編著：《香山人物傳略》，第3冊，頁338；胡巧利主編：《廣東方志與十三行 —— 十三行資料輯要》(廣州：廣東人民出版社，2014)，頁354。

52. 喬盛西等主編：《廣州地區舊志氣候史料彙編與研究》(廣州：廣東人民出版社，1993)，頁668–678。

53. 參見張傑龍主編：《南海詩徵》下冊 (廣州：嶺南美術出版社，2009)，頁310–311。

54. 王中秀等編著：《近現代金石書畫家潤例》(上海：上海書報出版社，2004)，頁436。

55. 許衍董總編纂，汪宗衍、吳天任參閱：《廣東文徵續編》第2冊 (香港：廣東文徵編印委員會，1987)，頁147；劉斯奮、劉斯翰主編，陳永正分冊主編：《今文選‧今文言》(北京：中國言實出版社，2014)，頁123。

56. 中華書局編輯部校：《全唐詩增訂本》，第15冊 (北京：中華書局，1999)，頁968–969。

57. （倪文光）「以黃老為歸，即弓河之上，作玄文館祠老子，規模弘敞。……至大元年（1308）有旨，以玄文館為觀，賜號元素神應崇道法師，為住持提點。……延祐元年（1314）有旨，升玄文觀為玄文萬壽宮，仍住持提點杭州路開元宮事。……」，汪宗衍：〈倪雲林與玄文館〉，收入氏著《藝文叢談》（香港：中華書局，1978），頁14。

58. 張洲：《倪瓚詩畫彙通研究》（廣州：廣東高等教育出版社，2014），頁167–168。

59. 元‧張雨：《句曲外史貞居先生詩集》卷1（上海：商務印書館，1919，四部叢刊景鈔元刻本），頁8–9。

60. 參見清‧葉衍蘭著，謝永芳點校：《葉衍蘭集》（上海：上海古籍出版社，2015），頁327–328；順德市地方志編纂委員會編：《順德縣志》（北京：中華書局，1996），頁1201。

61. 參見清‧黎簡著，周錫馥選註：《黎簡詩選》（廣州：廣東人民出版社，1983），頁229–230。

62. 瞿冕良編著：《中國古籍版刻辭典增訂本》（蘇州：蘇州大學出版社，2009），頁837。

63. 孫克強、裴哲編著：《論詞絕句二千首》上冊，頁244。

64. 孫克強編著：《清人詞話》中冊，頁1083。

65. 陳永正選註：《嶺南歷代詩選》（廣州：廣東人民出版社，2012），頁429。

66. 羅可群：《廣東客家文學史》（廣州：廣東人民出版社，2015），頁130。

67. 參見黎細玲編著：《香山人物傳略》，第1冊，頁700；朱新鏞：〈鴉片戰爭時期香山愛國學者黃培芳〉，收入政協廣東省中山市委員會文史委員會編：《中山文史》，第25輯文化歷史資料專輯（中山：政協廣東省中山市委員會文史委員會，1992），頁267–274；中山市人民政府地方志辦公室編：《中山市人物志》（廣州：廣東人民出版社，2012），頁12。

68. 番禺市地方志編纂委員會辦公室主持整理：《民國辛未年（1931）番禺縣續志點註本》，頁476；黃嘉猷、韋緒主編：《柳州地區志》（柳州：廣西人民出版社，2000），頁700。

69. 此詩出自清‧鄭獻甫：《補學軒詩集》卷2，〈雞尾集（壬戌年今古體一百八十八首）〉，收入文海出版社編輯部編：《近代中國史料叢刊續編 第二十二輯》（臺北：文海出版社，1975），頁2365–2366。

70. 參見清‧陳鴻修，清‧劉鳳輝纂：同治《仁化縣志》卷4〈職官〉（清光緒九年〔1883〕刻本，中國方志庫二集，編號1464），頁19；昭平縣志編纂委員會編：《昭平縣志》（南寧：廣西人民出版社，1992），頁559；潮陽市地方志編纂委員會編：《潮陽縣志》（廣州：廣東人民出版社，1997），頁699。

71. 清‧鄭獻甫：《補學軒文集》，〈散體文〉，《近代中國史料叢刊續編》第22輯，頁841。

72. 清‧鄭獻甫：《補學軒文集》，〈散體文〉，《近代中國史料叢刊續編》第22輯，頁843。

73. 參見鄭輝：〈林昌彝與《射鷹樓詩話》〉，收入福建省炎黃文化研究會、福建省文學藝術界聯合會編：《閩人要籍評鑒》下冊（福州：海峽文藝出版社，2016），頁581；汪涌豪、駱玉明主編：《中國詩學》，第2卷（上海：東方出版社，2008），頁306–307。

74. 《安徽歷史名人詞典》編輯委員會編:《安徽歷史名人詞典》下冊(合肥:安徽教育出版社,2008),頁756–757。

75. 趙祿祥主編:《中國美術家大辭典》上冊(北京:北京出版社,2007),頁45。

76. 此詩載其《二知軒詩鈔》卷14末,「卷十四」下有註云:「乙丑(1865)九月至十二月」,且是詩「幽經始月交酉,觀成斗轉寅」句下註曰:「臘月十八日工竣,次日即立春。」此臘月即同治四年十二月。見清·方濬頤:《二知軒詩鈔》,《續修四庫全書》第1555冊(集部別集類)(上海:上海古籍出版社,1995,據清同治五年〔1866〕刻本),頁657下。

77. 「顏嵩年(1815–1865),原名壽增,字慶川,號海屋,齋名晉磚室,廣東南海人。清道光十七年(1837)考取宗人府供事,曾任玉牒館供事官,參與修撰《玉牒全書》,書成議敘從九品。清道光二十二年(1842),顏氏撤防保舉軍營有功,加賞六品職銜隨帶加一級,例授承德郎。撰有《晉甋室詩鈔》、《越臺雜記》、《延齋詩話》等。」清·吳綺、羅天尺、李調元、黃芝、顏嵩年撰,林子雄點校:《清代廣東筆記五種》(廣州:廣東人民出版社,2006),頁11。

78. 清·顏嵩年著:《越臺雜記》,收入陳建華、曹淳亮主編:《廣州大典》第49輯(子部雜家類),第7冊(總第398冊),(廣州:廣州出版社,2008–2015),頁201。

79. 解曰:「劉玄德三聘孔明出身為軍師,凡事大吉。」卦象:「喜而非喜,憂亦非憂,必缺而復圓,離而復合,乃能身入勝境,故曰『千里風帆急』也,此乃吉籤。凡事情要堅忍耐勞,名利待時,病須擇醫,訟宜解,行人動。」又曰:「龍潛於淵,或躍於淵。甘霖四野,遍澤大千。煦嫗覆育,萬物含貝。大利東西南北。(有作:龍潛於淵,或躍於淵。甘霖四野,遍澤大千。煦照馥郁,不利東北;萬物含貽,利西南。)無中應有直,心事還成戚。雲散月重圓,千里風帆急。」董沛文主編:《新編呂洞賓真人丹道全書》下冊(北京:團結出版社,2009),頁841–842。

80. 參見游子安:〈近百年梅州地區的道教:以呂帝廟為探討中心〉,《成大歷史學報》,第41號(2011),頁215。作者註出處:「莊文桂等人撰,《呂祖警世文》(同治三年〔1864〕重刊,廣州:正文堂),〈後跋〉,頁38上,筆者藏。」

81. 何藻翔,初名國炎,冠號溥廷,更名藻翔,字翽高,一字梅夏,晚號鄒崖逋者。廣東順德縣馬寧鄉人。少讀書於應元書院。光緒十八年(1892)進士,授兵部主事,後任總理衙門章京,又隨使藏、印,光緒三十四年(1908)回國,補外務部主事,轉員外郎,充幫總辦。辛亥革命後,為《廣東通志》總纂,並參與倒袁鬥爭。其後,受聘為廣州醫學實習館館長及學海堂學長。民國九年移居香港,任教於聖士提反中學、學海書樓等,兼行醫濟世。編選有《嶺南詩存》。參見吳天任編著:《清何翽高先生國炎年譜》(臺北:臺灣商務印書館,1981);順德市地方志編纂委員會編:《順德縣志》,頁1216。

82. 清·何藻翔:〈過光孝寺〉,《鄒崖詩稿》,收入陳建華、曹淳亮主編:《廣州大典》,第56輯(集部別集類),第62冊(總第479冊),(廣州:廣州出版社,2008–2015),頁356。

83. 「中華民國三年甲寅(1914)……友人楊惇甫(裕芬)卒,年五十八,先生有詩哭之。」吳天任編著:《清何翽高先生國炎年譜》,頁136。此中所言的詩為〈哭楊惇甫學部〉:「不解作符命,華林信道中(原作:士有不從逆,沈冥寂寞濱)。六經宼(寧)墮地,一死乃完人。遺集韓承旨(鼎革後撰刻仍書故官),高風井大春(以經生入《逸民傳》,唯井大春差近之)。會應鄉社祭(祖居與余同里閈),磊砢見松筠。」清·何藻翔:《鄒崖詩稿》,陳建華、曹淳亮主編:《廣州大典》,總第479冊,頁367。

84. 廣東文徵編印委員會編:《廣東文徵》第6冊(香港:廣東文徵編印委員會,1973–1979),頁286。

85. 清·何藻翔:〈有時〉,《鄒崖詩稿》,陳建華、曹淳亮主編:《廣州大典》,總第479冊,頁377。

86. 「世掌酥醪道氣和(雨荃繼尊甫主持酥醪觀,光緒壬辰寄贈余度牒,法名永高)。」清·何藻翔:〈壽雨荃同年六十〉,《鄒崖詩稿》,陳建華、曹淳亮主編《廣州大典》,總第479冊,頁393。

87. 何藻翔作有〈送圓默、真逸兩道人北覲〉一詩,見《鄒崖詩稿》,收入陳建華、曹淳亮主編:《廣州大典》,總第479冊,頁412。

88. 民國九年(1920)七月,學海堂借清水濠圖書館重開(原址圈為軍事禁地),曾同任學長。參見吳天任編著:《清何翽高先生國炎年譜》,頁150–151。

89. 民國三年(1914)正月,「遊香港,主於伍叔葆(銓萃)之九龍登廬。」吳天任編著:《清何翽高先生國炎年譜》,頁135。

90. 民國二年(1913)七月,「為李孔曼(淵碩)檢理李仲約泰華樓藏書。」吳天任編著:《清何翽高先生國炎年譜》,頁135。

91. 清光緒二十四年(1899),館於蘇棫農家,課其二子,鄧爾雅、黃仲谿附讀。吳天任編著:《清何翽高先生國炎年譜》,頁20。

92. 黃惠賢主編:《二十五史人名大辭典》下冊(鄭州:中州古籍出版社,1997),頁562。

93. 張傑龍主編:《南海詩徵》下冊(廣州:嶺南美術出版社,2009),頁178。

94. 參見〈朱用孚憶述「信宜凌十八之亂」〉,收入《信宜文史》第5輯(廣東省信宜市政協文史委員會,1988),頁75;趙立人:〈咸豐四年三水守城秘聞〉,收入《三水文史》第20輯(廣東省三水市政協文史委員會,1995),頁168。

95. 孫克強等編著:《清人詞話》下冊,頁1699。

96. 許衍董總編纂:《廣東文徵續編》第1冊,頁269。

97. 參見清·朱用孚:〈重修三元宮碑記〉(清同治八年〔1869〕,據原碑)。

98. 參見清·瑞麟、戴肇辰主修,史澄、李光廷等纂:光緒《廣州府志》163卷,卷46,《中國方志叢書》華南地方第1號,(臺北:成文出版社,1966,據清光緒五年〔1879〕刻本影印),選舉表15。

99. 鮑姑井,掘於東晉初年,距今1700多年。據〈廣東省廣州市粵秀山三元宮歷史大略記〉(民國三十二年〔1943〕,據原碑)的記載:「其井名虯龍,井有紅腳艾,藉井泉

及紅艾為醫方，活人無算。」東晉初年著名女道鮑姑就是用該井之水，配以紅艾做藥方，為廣州百姓治病，救人無數。參見廣州市越秀區檔案館編：《水潤花城千年水城史話：廣府文化精華》（廣州：廣東人民出版社，2012），頁141。

100. 參見葉春生、劉克寬編：《廣州的傳說》（上海：上海文藝出版社，1985），頁11–15。

101. 參見《廣東省志》編纂委員會：《廣東省志 (1979–2000)》，卷32，人物卷（北京：方志出版社，2014），頁19。

102. 清·吳嵩梁：《粵遊日記》，收入《香蘇山館全集》下冊（清道光二十三年〔1843〕刻本，美國哈佛燕京圖書館藏），頁525。

103. 金弘振，即金宏鎮，漢軍正白旗人。改名金鐸。康熙四十一年二月任廣東左翼鎮總兵。五十三年八月陞副都統。參見清·紀昀等修，李洵、趙德貴，周毓芳、薛虹校點：《欽定八旗通志》第11冊（長春：吉林文史出版社，2002），頁8355。廣東左翼鎮臣，即廣東左翼鎮臣總兵。參見中國人民大學清史研究所、檔案系中國政治制度史教研室合編：《清代的礦業》（北京：中華書局，1983），頁20。

104. 瑞麟，字澄泉，葉赫那拉氏，滿洲正藍旗人。歷官太常寺少卿、內閣學士、禮部侍郎等。1863年調廣州將軍，後署兩廣總督，與左宗棠圍攻太平軍餘部。後拜文淵閣大學士。邱樹森主編：《中國歷代人名辭典》（南昌：江西教育出版社，1989），頁1070。

105. 清·鄧士憲撰：〈重修三元宮碑記〉，清道光十七年 (1837)，收入清·鄭蕘等主修，桂坫等總纂：宣統《南海縣志》二十六卷，末一卷，卷13，《中國地方志集成》廣東府縣志輯，第30冊（上海：上海書店，2003，據清宣統三年〔1911〕刻本影印），頁339下。

第七章

1. 關於「馬禮遜中文藏書」，參見 Andrew C West, *Catalogue of the Morrison Collection of Chinese books* (London: University of London, School of Oriental and African Studies, 1998).

2. 關於杜光庭的靈寶齋法，可參唐·杜光庭：《太上黃籙齋儀》，《道藏》（北京：文物出版社，上海：上海書店，天津：天津古籍出版社，1988），第9冊，頁181–378。然這是經後世改動的版本。可另參考南宋·金允中：《上清靈寶大法》卷39，《道藏》，第31冊，頁608–616有「廣成杜先生黃籙齋科合用下項」，這可有助追溯杜光庭時齋儀原貌。

3. 參黎志添：〈南宋黃籙齋研究：以金允中「靈寶大法」為例〉，收入黎志添編著：《道教圖像、考古與儀式：宋代道教的演變與特色》（香港：中文大學出版社，2016），頁209–234。

4. 參黎志添：〈《先天斛食濟煉幽科》考：一部廣東道教科儀本的文本源流研究〉，《中國文化研究所學報》，第51期 (2010)，頁117–142。

5. Kristofer Schipper（施舟人）, Franciscus Verellen（傅飛嵐）eds., *The Taoist Canon: A Historical Companion to the Daozang*（《道藏通考》）(Chicago: University of Chicago Press, 2004), 1099.

6. Kristofer Schipper（施舟人）, Franciscus Verellen（傅飛嵐）eds., *The Taoist Canon: A Historical Companion to the Daozang*, 992.

7. Kristofer Schipper（施舟人）, Franciscus Verellen（傅飛嵐）eds., *The Taoist Canon: A Historical Companion to the Daozang*, 1096–1098.

8. Kristofer Schipper（施舟人）, Franciscus Verellen（傅飛嵐）eds., *The Taoist Canon: A Historical Companion to the Daozang*, 1092.

9. 《太上太玄女青三元品誡拔罪妙經》,《道藏》, 第1冊, 卷上, 頁835下。

10. 《太上洞玄靈寶三元玉京玄都大獻經》,《道藏》, 第6冊, 頁266下。

11. 有關三元宮的起源以及歷史傳統, 參見黎志添:《廣東地方道教研究:道觀, 道士及科儀》(香港:香港中文大學出版社, 2007), 頁99–106。

第八章

1. 「凡天地氣運休否, 日月星辰錯行, 雨暘晦明不時, 風寒暑濕不節, 亢旱水火, 疫癘凶災, 至如刀兵蟲蝗, 妖精鬼恠, 疾病傷生, 爭訟橫撓, 種種不祥, 悉皆乖氣所致。斗姆降以大藥, 普垂醫治之功, 燮理五行, 升降二炁, 解滯去窒, 破暗除邪, 愆期者應期, 失度者得度。」見《太上玄靈斗姆大聖元君本命延生心經》,《道藏》(北京:文物出版社, 上海:上海書店, 天津:天津古籍出版社, 1988), 第11冊, 頁345上。

2. 參見鄧昭:〈道教斗姆對密教摩利支天形象的借用〉,《國立臺灣大學美術史研究集刊》, 第36期 (2014), 頁64–77、91–92。

3. 「該卷首畫中的斗姆出現在畫面主要成員太上老君及聽法道眾的左方上部, 在畫面中並不佔顯要位置, 因此這一材料並非以斗姆為主要表現對象。畫面中的斗姆坐於七隻小豬所引的寶輦上, 三面中左面為豬臉, 正面及右面為莊嚴的菩薩相及和悅的善相;最上兩手托日月, 次兩手持弓矢, 再次兩手持鈴杵, 另有兩手合掌於胸前。」鄧昭:〈道教斗姆對密教摩利支天形象的借用〉, 頁61。

4. 參見鄧昭:〈道教斗姆對密教摩利支天形象的借用〉, 頁59–64。

5. 《太一救苦護身妙經》, 清·閻永和、彭翰然重刻, 賀龍驤校訂:《重刊道藏輯要》, 第37冊 (清光緒三十二年〔1906〕成都二僊庵版刻), 頁82–84。又見《道藏》, 第6冊。

6. 劉科:〈太乙救苦天尊圖像研究〉,《宗教學研究》2014年第1期, 頁39–46。

7. 唐·杜光庭:《道教靈驗記》卷1, 城南文銖臺驗,《道藏》, 第10冊, 頁803。

8. 唐·杜光庭:《道教靈驗記》卷5, 張仁表太一天尊驗,《道藏》, 第10冊, 頁816。

9. 《太一救苦護身妙經》,《重刊道藏輯要》, 第37冊, 頁83。

10. 參見黎志添：〈現代都市中道教廟宇的轉型 —— 從村廟到道觀：以廣州市泮塘鄉仁威廟為個案〉，《道教研究學報：宗教、歷史與社會》，第4期（2012），頁129–135。

11. 鍾宗憲：〈中國雷神形象〉，《輔大中研所學刊》，第7期（1997），頁345。

12. 中國道教協會、蘇州道教協會：《道教大辭典》（北京：華夏出版社，1994），頁959。

13. 清·黃斐默輯，蔣邢胙校：《集說詮真》第4冊，王秋桂、李豐楙主編《中國民間信仰資料彙編》，第1輯，第23冊（臺北：學生書局，1989，據清光緒己卯年〔1879〕刻本影印），頁353下。

14. 清·黃斐默輯，蔣邢胙校：《集說詮真》第4冊，《中國民間信仰資料彙編》第1輯，第23冊，頁358。

15. 明·許仲琳編：《封神演義》第21回〈文王夸官逃五關〉寫雷震子因吃仙杏而長出翅膀：「原來兩邊長出翅來，不打緊，連臉都變了：鼻子高了，面如青靛，髮似朱砂，眼睛暴湛，牙齒橫生，出於唇外；身軀長有二丈。」（山東：齊魯書社，1980），頁197；《北遊記（又名「北方真武祖師玄天上帝出身全傳」）》卷3〈祖師收五雷五音〉對雷公的描述：「天君用手自南方一指，指出五個雷公，尖嘴雞翅，手執尖錘近前，那五神變出真形，卻只是五個鼓，五雷神押住。」明·吳元泰、余象斗、楊志和：《四遊記》（北京：華夏出版社，1994），頁343。

16. 鍾宗憲：〈中國雷神形象〉，頁353。

17. 參見徐曉望：《媽祖信仰史研究》（福州：海風出版社，2007），頁1；元·程端學：《積齋集》卷4，《景印文淵閣四庫全書》，第1212冊（集部別集類）（上海：上海古籍出版社，1987），頁353下；朱天順：〈有關媽祖褒封幾個問題〉，收入許在全主編：《媽祖研究》（廈門：廈門大學出版社，1999），頁208–210、212。

18. 南宋·廖鵬飛：〈聖墩祖廟重建順濟廟記〉，收入許更生註析：《莆陽名篇選讀》（福州：海峽文藝出版社，2013），頁123。

19. 元·程端學：《積齋集》卷4，《景印文淵閣四庫全書》，第1212冊，頁352下。

20. 參見羅春榮：《媽祖文化研究》（天津：天津古籍出版社，2006），頁79–90。

21. 參見蔣維鋑：〈歷代媽祖封號綜考〉，《媽祖研究學報》第3輯（吉隆坡：雪隆海南會館（天后宮）媽祖文化研究中心，2008），頁127–137。

22. 《太上老君說天妃救苦靈驗經》，《道藏》，第11冊，頁409中下、410中。

23. 清·葉德輝校：《三教源流搜神大全》卷4，清宣統元年（1909）刊本，胡道靜等編《藏外道書》（成都：巴蜀書社，1992–1994），第31冊，頁17上。

24. 參見羅春榮：《媽祖傳說研究：一個海洋大國的神話》（天津：天津古籍出版社，2009），頁51–53，90–93。

25. 周·師曠《禽經》「風翔則風」注云：「風禽，鳶類，越人謂之風伯，飛翔則天大風。」收入上海古籍出版社編《生活與博物叢書·禽魚蟲獸編》（上海：上海古籍出版社，1993），頁7。

26. 「又東四百里，至於姑山之尾，其南有谷，曰育遺（或作隧），多怪鳥，凱風（南風）自是出。……又東四百里，曰令邱之山，無草木，多火。其南有谷焉，曰中谷，條

風（東北風）自是出。」西晉‧郭璞注，清‧畢沅校：《山海經》南次三經（上海：上海古籍出版社，1989），頁15–16。前者認為育遺是南風的風源，後者認為中谷是東北風的風源，二者都有起風的神性；如此，當人們對這兩種風力有某種要求時，就會把這兩個山谷當做風神崇拜。《淮南子‧覽冥訓》裡有：鳳凰「暮宿風穴」的說法；許慎也說：「風穴，風所從出也。」（《文選辨命論》註）這認為風神是住宿在洞穴的，或是把某個洞穴當做風神崇拜。見朱天順著：《中國古代宗教初探》（上海：上海人民出版社，1982），頁48。

27. 中國道教協會、蘇州道教協會：《道教大辭典》，頁303–304。

28. 「前望舒使先驅兮，後飛廉使奔屬。……註：飛廉，風伯也。或謂其狀：鹿身，頭如雀有角，而蛇尾，豹文。」沈德鴻選註：《楚辭》〈離騷經〉（上海：商務印書館，1928），頁14。

29. 清‧葉德輝校：《三教源流搜神大全》卷7，《藏外道書》，第31冊，頁16。

30. 清‧姚東升輯，周明校注：《釋神校注》（成都：巴蜀書社，2015），頁11。

31. 清‧黃斐默輯，蔣邢胙校：《集說詮真》第4冊，《中國民間信仰資料彙編》第1輯，第23冊，頁348。

32. 唐‧劉恂：《嶺表錄異（及其他二種）》卷上（北京：中華書局，1985），頁7。

33. 參見容肇祖：〈德慶龍母傳說的演變〉，《民俗》1928年第9期，頁1–9；容肇祖：〈德慶龍母傳說的演變（續）〉，《民俗》1928年第10期，頁10–23。

34. 陳耀庭：《道教禮儀》，（北京：宗教文化出版社，2003），頁225。

35. 南宋‧白玉蟾：《海瓊白真人語錄》卷2，《道藏》，第33冊，頁122中。

36. 羅偉國：《話說道教》，（銀川：寧夏人民出版社，1994），頁197。

37. 陳耀庭：《道教禮儀》，頁191。

38. 胡道靜等編：《道藏要籍選刊》，第8冊（上海：上海古籍出版社，1989），頁522。

39. 現存世的明、清兩代阿拉伯文筒式銅爐，大多沒有爐蓋，因而此爐蓋有可能為後配。

40. 此香爐與廣州三元宮的歷史關係，尚待考察。

41. 阿拉伯文器物主要是為國內穆斯林製作的，因為伊斯蘭教清真寺不設置供器，而在中國生活的穆斯林有的本來就是中國人，有的雖來自境外，但受地域影響，日常生活中也會用香爐焚香或祭祀祖先。（參見周麗麗：〈德化窯阿拉伯文瓷器芻議 —— 兼述德化窯之外的其他中國古代阿拉伯文瓷器〉，收入德化縣人民政府編：《德化窯古陶瓷研究論文集》，北京：九州出版社，2013，頁149。）

42. 張澤洪：《道教齋醮科儀研究》，（成都：巴蜀書社，1999），頁91。

43. 《要修科儀戒律鈔》引《登真隱訣》，見唐‧朱法滿：《要修科儀戒律鈔》卷8，《道藏》，第6冊，頁959上中。

44. 南宋‧甯全真授，南宋‧王契真編纂：《上清靈寶大法》卷54，《道藏》，第31冊，頁205中。

45. 張澤洪：《道教齋醮科儀研究》，頁92。

46. 《洞玄靈寶三洞奉道科戒營始》卷3,《道藏》,第24冊,頁753上中。

47. 陳耀庭:《道教禮儀》,頁231。

48. 南宋·呂太古編修,元·馬道逸改編:《道門通教必用集》卷5,《道藏》,第32冊,頁33下。

49. 南宋·呂太古編修,元·馬道逸改編:《道門通教必用集》卷5,《道藏》,第32冊,頁34上。

50. 陳耀庭:《道教禮儀》,頁232。

51. 清·陳仲遠校輯:《廣成儀制言功設醮全集》,清宣統三年(1911)成都二仙庵刊版,民國二年(1913)重刊,《藏外道書》,第14冊,頁159。

52. 蕭登福:〈道教燈儀緣起及其流變〉,《弘道》,2013年第2期(總第55期),頁100–108。

53. 《靈寶玉鑒》卷1,《道藏》第10冊,頁143下。

54. 南宋·甯全真授,南宋·王契真編纂:《上清靈寶大法》卷54,《道藏》,第31冊,頁211上。

55. 《靈寶玉鑒》卷1,《道藏》第10冊,頁143下。

56. 張澤洪:《道教齋醮科儀研究》,頁92。

57. 明·朱權:《天皇至道太清玉冊》卷5,《道藏》第36冊,頁405上。

58. 清·陳仲遠校輯:《廣成儀制·貢祀諸天正朝集》,清宣統三年(1911)成都二仙庵刊版,民國二年(1913)重刊,《藏外道書》,第13冊,頁41–42。

59. 明·周思得編:《上清靈寶濟度大成金書》卷40,《藏外道書》,第17冊,頁623;陳耀庭:《道教禮儀》,頁232–233。

60. 南宋·甯全真、林靈真編:《靈寶領教濟度金書》卷22,《道藏》第7冊,頁136上中。

61. 《修真十書·悟真篇》卷29,收入南宋·白玉蟾《修真十書》,《道藏》第4冊,頁740中。

62. 南宋·呂太古編修,元·馬道逸改編:《道門通教必用集》卷5,《道藏》,第32冊,頁33下。

63. 陳耀庭:《道教禮儀》,頁234–235。

64. 南宋·金允中:《上清靈寶大法》卷17,《道藏》,第31冊,頁442中。

65. 張澤洪:《道教齋醮科儀研究》,頁93。

66. 南宋·呂太古編修,元·馬道逸改編:《道門通教必用集》卷5,《道藏》,第32冊,頁34上。

67. 明·朱權:《天皇至道太清玉冊》卷5,《道藏》第36冊,頁405中。

68. 參見李中路:〈乾隆中期宮廷銅法鈴製作的創新與變化〉,《故宮博物院院刊》,2014年第3期,頁122–126。

69. 陳耀庭:《道教禮儀》,頁222–223;蒲亨強:《道教音樂學》(北京:宗教文化出版社,2013),頁105;白雪飛編著:《宗教音樂》(濟南:泰山出版社,2012),頁117。

70. 南宋·甯全真授,南宋·王契真編纂:《上清靈寶大法》卷58,《道藏》,第31冊,頁244上。

71. 《玉山淨供幽科》(清光緒六年〔1880〕太和道院本澳門吳慶雲道院藏，見於香港中文大學圖書館道教經典文庫)，頁23。

72. 《道書援神契》，《道藏》，第32冊，頁145下。

73. 孟至嶺：〈道教全真經韻及法器板式初探〉，《中國道教》，2019年第2期，頁20。

74. 明‧朱權：《天皇至道太清玉冊》卷5，《道藏》第36冊，頁406下。

75. 九疊篆，亦名疊篆、九疊文。疊，一作迭，印章上筆畫盤旋曲折、重重疊合的一種篆書。元吾丘衍《學古編‧三十五舉》：「凡屈曲盤回，唐篆始如此。」印章疊篆多為朱文，點劃全作縱橫兩個方向，屈曲以填滿印面之空白，求得均勻。其曲折次數，視筆劃多寡和印面章法安排需要而定，有六疊、七疊、十疊不等。通常稱為九疊文，言其多也，非墨守九之數。宋、元時官印全用疊篆，為其全盛時代。參見梁披雲主編：《中國書法大辭典》(廣州：廣東人民出版社，1984)，頁39–40。

76. 陳耀庭：《道教禮儀》，頁219–221。

77. 參見黎志添：〈明清道教呂祖降乩信仰的發展及相關文人乩壇研究〉，《中國文化研究所學報》第65期(2017)，頁139–146。

78. 除了《濟煉全科》，同治元年(1862)至四年(1865)，三元宮還新刻和重刊了《玉皇宥罪錫福寶懺》、《東嶽謝罪往生普福證真法懺》、《太上玄門早堂功課經》、《太上玄門晚堂功課經》等多部科書。參見清‧汪瑔〈重修廣州三元宮碑銘〉收入氏著《隨山館叢稿》四卷，卷3，《續修四庫全書》第1558冊(上海：上海古籍出版社，1995，據中國科學院圖書館藏清光緒刻隨山館全集本影印)頁28下至30上；蜂屋邦夫編著：《中國の道教：その活動と道觀の現狀》(東京：東京大學東洋文化研究所，1995)，頁576；香港蓬瀛仙館：《蓬瀛館訊》2011年12月，頁7。

79. 參見廣州市地方志編纂委員會編：《廣州市志》卷17，社會卷(廣州：廣州出版社，1998)，頁371。

80. 陳永正主編：《中國方術大辭典》(廣州：中山大學出版社，1991)，頁37。

81. 清‧陳澧〈再跋琅邪臺秦篆新刻本〉：「……後返省城，屢使刻工鉤摹，尤不似。最後使嫻(陳澧女兒)摹之，嫻以墨點積成之，與舊拓無異。見者不知為摹本也。今刻本不能無失，蓋得十之六七耳。……」載《東塾集》卷4，收入《清代詩文集彙編》編纂委員會編《清代詩文集彙編》第637冊(上海：上海古籍出版社，2010)，頁213。

82. 參見「清陳澧隸書題字琅邪臺秦篆石刻拓本」，收入國立故宮博物院編印：《陳蘭甫先生書畫特展目錄》(臺北：國立故宮博物院，1979)，頁23、102。

83. 何廷謙，字地山，安徽定遠縣人。道光二十五年(1845)進士，入仕為翰林院庶吉士、編修，歷任福建鄉試副考官、陝西鄉試正考官，同治二年(1863)提督江西學政，入翰林院為侍講、侍講學士，遷少詹事，同治九年(1870)任提督廣東學政，官至內閣學士、工部左侍郎、提督順天學政。擅書畫。參見程國政編：《中國古代建築文獻集要(清代)》下冊(上海：同濟大學出版社，2013)，頁100。

84. 冼劍民、陳鴻鈞編：《廣州碑刻集》(廣州：廣東高等教育出版社，2006)，頁97–98。

85. 香港蓬瀛仙館：《蓬瀛館訊》2011年12月，頁7。

第九章

1. 光緒皇帝「以捐款興學，賞廣東粵秀山麓三元宮道士梁佩經扁額曰葆光勵學」，見清‧世續、陸潤庠等纂修：《清實錄》德宗景皇帝實錄，卷563（北京：中華書局，1986），第59冊，頁457。

2. 蜂屋邦夫編：《中國の道教：その活動と道觀の現狀》（東京：東京大學東洋文化研究所，1995），頁571–576。

3. 廣州市越秀區人民政府地方志辦公室、廣州市越秀區政協學習和文史委員會：《越秀史稿》（廣州：廣東經濟出版社，2015），頁147–153。

4. 北宋太平興國八年（983）成書的《太平御覽》中引用《廣州記》中的描述：「州廳事樑上畫五羊像，又作五穀囊，隨像懸之，云昔高固為楚相，五羊銜穀莖於楚庭，於是圖其像。廣州則楚分野，故因圖像其瑞焉。」同時還引述唐人《郡國志》：「廣州，吳孫皓時以滕脩為刺史，未至州，有五仙人騎五色羊負五穀來，迎而去。今州廳事樑上畫五仙人騎五色羊為瑞。」，見北宋‧李昉等編：《太平御覽》卷185（北京：中華書局，1960），頁897上。

5. 杜光庭在《洞天福地嶽瀆名山記》的〈序〉中說：「乾坤既辟，清濁肇分，融為江河，結為山嶽，或上配辰宿，或下藏洞天，皆大聖上真主宰其事，則有靈宮閬府、玉宇金臺。……又《龜山玉經》云：大天之內，有洞天三十六，別有日月星辰靈仙宮闕，主御罪福，典錄死生。有高真所居，仙王所理。又有海外五嶽、三島、十洲、三十六靖廬、七十二福地、二十四化、四鎮諸山。今總一卷、用傳好事之士。」見唐‧杜光庭：《洞天福地嶽瀆名山記》，《道藏》（北京：文物出版社，上海：上海書店，天津：天津古籍出版社，1988），第11冊，頁55中。

6. 「近年以長春仙館改菊坡精舍，旁建崔臺，再上鄭仙祠，改奉三君。祠高處為天海澄清閣，祠之西學海堂，添建啟秀樓，瓣香前賢，增飾名勝，園庭之美，卉木之繁，益足以供遊賞。」見民‧凌鶴書纂：民國《續番禺縣志》，轉引自清‧金武祥著，林其寶編選：《涅生隨筆》（北京：中共中央黨校出版社，1998），頁6。

7. 《搜神記》云：「南斗注生，北斗注死。凡人受胎，皆從南斗過北斗，所有祈求，皆向北斗。」見王根林等校點：《漢魏六朝筆記小說大觀》（上海：上海古籍出版社，1999），頁298。

8. 《莊子‧內篇‧逍遙游》云：「是鳥也，海運則將徙於南冥。南冥者，天池也。」見清‧郭慶藩撰，王孝魚點校：《莊子集釋》，上冊，卷1上，逍遙遊（北京：中華書局，1995），頁1。

9. 「三元宮在粵秀山，東晉南海太守鮑靚建，名越岡院。萬曆及崇正重修，改名三元宮。」見清‧張嗣衍主修，沈廷芳總纂：乾隆《廣州府志》卷17，清乾隆二十四年（1759）刻本微縮膠卷，頁42–43。另有「《鮑姑祠記》：鮑姑，東晉元帝時南海太守鮑諱靚之女，葛仙翁之配也。太守公既以仙真而官南海，姑亦早證仙班，緣契越岡。即越岡天產之艾，以炙人身贅瘤，一灼即消除無有。」見清‧梁鼎芬修，丁仁

長等總纂：宣統《番禺縣續志》卷37，轉引自洗劍民、陳鴻鈞編：《廣州碑刻集》（廣州：廣東高等教育出版社，2006），頁257–258。

10. 見北宋·李昉等編：《太平廣記》，第1冊，卷34，崔煒（北京：中華書局，1961），頁216–219。

11. 北宋·唐庚：《眉山唐先生文集》卷3，王雲五主編《四部叢刊三編集部》第70冊（臺北：商務印書館，1975）。唐庚，眉州丹棱人，紹聖進士，後遷為宗子博士，除舉京畿常平。商英罷相，庚亦被貶惠州。其詩文收入《眉山唐先生文集》。

12. 禹貢，《尚書》中篇名，記載上古時九州的區劃和貢獻，後以禹貢指代華夏區域。禹貢之外，即極偏遠之地。北宋·唐庚撰，黃鵬編著：《唐庚集編年校註》（北京：中央編譯出版社，2013），頁186。

13. 晉顏延之《贈王太常》詩有「玉水記方流，璇源載圓折」句，為此題所本。《文選》顏詩李善註：「凡水，其方折者有玉，其圓折者有珠也。」見清·彭定求主編，陳書良、周柳燕選編：《御定全唐詩簡編》中冊（海口：海南出版社，2014），頁1233。

14. 月支，西域古國，即月氏。

15. 黃木口，即黃木灣。在廣州東部，為古代對外交通重要港口。南海神祠建於其岸上。陳永正編註：《中國古代海上絲綢之路詩選》（廣州：廣東旅遊出版社，2001），頁73。

16. 參見陳永正編註：《中國古代海上絲綢之路詩選》，頁73。

17. 北宋·張君房編：《雲笈七籤》卷115，《道藏》，第22冊，頁797下。鮑姑「有妹及笄暴卒，而容色若生，人咸謂之尸解。」陳飛龍：《葛洪之文論及其生平》（臺北：文史哲出版社，1980），頁121。

18. 清·宋廣業：《羅浮山志會編》卷20，《續修四庫全書》，第725冊（史部地理類），（上海：上海古籍出版社，1995，據清康熙五十六年〔1717〕刻本），頁801下至802上。

19. 南宋·方信孺：《南海百詠》，見南宋·方信孺、明·張詡、清·樊封撰，劉瑞點校《南海百詠、南海雜詠、南海百詠續編》（廣州：廣東人民出版社，2010），頁28。方信孺，興化莆田人。以父崧卿蔭補番禺縣尉。詩存一百餘首，多為遊賞名勝古蹟之作。

20. 「供」應作「洪」。

21. 「圖經為唐宋方志的稱謂，今存較多者為《廣州圖經》，見於《永樂大典》等文獻。駱偉、駱廷先生除將其輯佚外，尚輯有《雄州圖經》、《韶州圖經》、《連州圖經》等各種圖經16種。《廣東通志初稿》卷一所引僅稱《古圖經》、《圖經》，未寫為何郡圖經。從《古圖經》各條均記錄番禺縣史跡看，當與《廣州圖經》有關。」張穎：〈略談地方志在嶺南文獻輯佚工作中的作用〉，《圖書館理論與實踐》2006年第4期，頁115。

22. 〈南海百詠一卷提要〉，收入唐·劉恂：《嶺表錄異（及其他二種）》（北京：中華書局，1985），頁1。

23. 劉燕萍：〈論裴鉶《崔煒》中的試鍊之旅〉，收入氏著《民俗與文學：古典小說戲曲中的鬼神》(上海：上海古籍出版社，2015)，頁36–68。

24. 《越秀史稿》第1卷，頁139。

25. 明・李賢等：《大明一統志》，下冊，卷79 (西安：三秦出版社，1990，據明天順五年〔1461〕原刻本影印)，頁1211上。

26. 清・仇巨川纂，陳憲猷校注：《羊城古鈔》(廣州：廣東人民出版社，2011)，頁469。

27. 清・張九鉞《紫峴山人全集》詩集卷12，《續修四庫全書》，第1444冊 (集部別集類)，(上海：上海古籍出版社，1995，據清咸豐元年〔1851〕張氏賜錦樓刻本影印)，頁2上。張九鉞，湖南湘潭人。乾隆二十八年 (1763) 明通進士，曾官廣東始興、保昌、海陽知縣等。晚歸湘潭，主講昭潭書院。

28. 元・趙道一：《歷世真仙體道通鑑》，卷23，〈葛仙公〉，卷24〈葛洪〉，《道藏》第5冊，頁229–237。

29. 參見陳永正選註：《嶺南歷代詞選》(廣州：廣東人民出版社，2009)，頁242。

30. 參見清・朱彝尊著，王鎮遠選註：《朱彝尊詩詞選註》(上海：上海古籍出版社，1988)，頁27。

31. 張九鉞：〈羅浮蝴蝶歌寄蘇博羅杏浦〉，收入清・鄧顯鶴編纂：《沅湘耆舊集》，卷4 (長沙：嶽麓書社，2007)，頁226。

32. 李豐楙：《抱朴子：不死的探求》(海口：海南出版社，三環出版社，1998)，頁46。

33. 元・趙道一：《歷世真仙體道通鑑》卷21，《道藏》第5冊，頁222下。

34. 謝華：《羅浮山風物》(廣州：廣東旅遊出版社，1984)，頁78–79。

35. 清・沙琛：《點蒼山人詩鈔》卷7，《續修四庫全書》第1483冊 (集部別集類)，(上海：上海古籍出版社，1995，據民國三年〔1914〕《雲南叢書》初編本影印)，頁305上。沙琛，雲南太和人。乾隆四十五年 (1780) 舉人，後歷任安徽懷遠、懷寧、建德、合肥、霍邱等縣令，官至六安知州。

36. 參見廣州市越秀區檔案館編：《水潤花城千年水城史話：廣府文化精華》(廣州：廣東人民出版社，2012)，頁141；吳楓等主編：《中華道學通典》(海口：南海出版公司，1994)，頁1335。一說鮑姑以井水洗藥，見清・張九鉞著，雷磊校：《陶園詩文集》鮑姑井 (長沙：嶽麓書社，2013)，頁317。

37. 不過，由於東晉隆安中，廣州刺史吳隱之以飲貪泉而表明自己清正廉潔之志，操守愈加清廉，後遂用「酌貪泉」、「飲貪泉」等表示行為正大、節操高尚。參見于石等編著：《常用典故辭典 (辭海版)》(上海：上海辭書出版社，2013，第2版)，頁232。

38. 段木干主編：《中外地名大辭典》(臺中：人文出版社，1981)，頁3814。

39. 鄒景良主編：《西華勝概：嶺南鄉土歷史文化縱橫》(廣州：華南理工大學出版社，2014)，頁37。

40. 據筆者實地考察，越臺井與鮑姑井並非為同一口井，越臺井即九眼井，在今廣東省科學館後院圍牆內，而鮑姑井即虯龍古井，在今廣州市三元宮內，兩者距離頗近，中間僅隔著一條馬路 (應元路)。

41. 玉龍泉應為越王井，又名越井、越臺井、九眼井、粵王井，與鮑姑井並非一井。參見李仲偉、林子雄編著：《廣州古井名泉》（廣州：廣東人民出版社，2013），頁1–13。梁于渭（？–1912）亦曾於詠越王井時，提及鮑姑：「鮑女浣丹於穗石」（清‧梁于渭：〈越王井銘并序〉，廣東文徵編印委員會編《廣東文徵》第6冊（香港：中文大學出版部，1973），頁320。）

42. 參見單磊：《南越王國傳奇》（北京：中國國際廣播出版社，2014），頁165。

43. 曾昭璇著：《廣州歷史地理》（廣州：廣東人民出版社，1991），頁159。

44. 清‧杭世駿《道古堂全集》詩集卷17《嶺南集》（清乾隆四十一年〔1776〕刻，光緒十四年〔1888〕汪曾唯修本，香港中文大學圖書館藏）。杭世駿，浙江仁和人。乾隆元年（1736）舉博學鴻詞科，授編修，官至御史，因上書直言而罷歸。晚年主講廣州粵秀書院、揚州安定書院。

45. 「松奏」，學海堂本作「松憂」。見清‧杭世駿著，蔡錦芳、唐宸點校：《杭世駿集》第4冊（杭州：浙江古籍出版社，2015），頁1047。

46. 「龍毛」，道光《廣東通志》（清‧阮元等修，陳其昌等纂，《續修四庫全書》第669–675冊〔史部地理類〕，上海：上海古籍出版社，1995，據1934商務印書館影印清道光二年〔1822〕年刊本影印）、道光《南海縣志》（清‧潘尚楫等修，鄧士憲等纂，清道光十五年〔1835〕刻本，香港中文大學圖書館藏）、同治《番禺縣志》（清‧李福泰主修，史澄、何若瑤總纂，《中國地方志集成‧廣東府縣志輯》第30冊，上海：上海書店，2003，據清同治十年〔1871〕刻本影印）、光緒《廣州府志》（清‧瑞麟、戴肇辰主修，史澄、李光廷等纂，《中國方志叢書》華南地方第1號，臺北：成文出版社，1966，據清光緒五年〔1879〕刻本影印）本作「龍尾」。

47. 參見唐‧杜甫著，袁慧光編注：《杜甫湘中詩集註》（長沙：嶽麓書社，2010），頁108–109；簡錦松主編：《夔州詩全集》（重慶：重慶出版社，2009），漢至五代卷下，杜甫二，頁1029。

48. 清‧童槐《今白華堂詩錄補》卷7近體詩，《續修四庫全書》（上海：上海古籍出版社，1995，據清光緒三年〔1877〕童華刻本），第1498冊（集部別集類），頁478上。此十詠分別歌詠「觀音山」、「藏經閣」、「三元宮」、「紫雲軒」、「桄榔道院」、「虞仲翔祠」、「風幡堂」、「菩提樹」、「南溪雙塔」、「貫休畫羅漢」。童槐，浙江鄞縣人。嘉慶十年（1805）進士，官至通政使副使，曾掌教廣州學海堂。

49. 天宮，一說為宮觀壇墠，奉道場所。《太清玉冊》卷5：「奉天尊上帝之室，名曰天宮。」漢晉以下，凡奉道之家供奉天尊上帝之室，皆名天宮。見中國道教協會、蘇州道教協會編：《道教大辭典》（北京：華夏出版社，1994），頁180。

50. 清‧岑澂：《慸箰山人詩集》卷2，收入陳建華、曹淳亮主編：《廣州大典》（廣州：廣州出版社，2008），第56輯（集部別集類），第40冊（總457冊），頁32–33。岑澂，廣東南海人，隨黃培芳學詩，有生壙在西樵白雲洞。

51. 胡麻在古代曾是芝麻的古名及油用亞麻的俗稱。相傳東漢永平年間，剡縣人劉晨、阮肇入天台山採藥，遇二女子邀至家，食以胡麻飯。半年後回鄉，子孫已歷七世。

見南朝宋劉義慶《幽明錄》。後因以「胡麻飯」指仙人的食物。王維〈奉和聖制幸玉真公主山莊因題石壁十韻之作應制〉有「御羹和石髓，香飯進胡麻。」劉長卿〈尋龍井楊老〉有「惟有胡麻當雞黍，白雲往來未嫌貧。」參見閆艷：《唐詩食品詞語語言與文化之研究》（成都：巴蜀書社，2004），頁21–22；張忠綱主編：《全唐詩大辭典》（北京：語文出版社，2000），頁626。

52. 清·樊封：《南海百詠續編》，收入劉瑞點校：《南海百詠、南海雜詠、南海百詠續編》，頁209。樊封，廣州駐防漢軍正白旗人。同治九年（1859）庚午鄉試，恩賜副貢生。光緒元年（1875）三月補廣州學海堂學長。

53. 清·吳嵩梁：《香蘇山館詩集》今體詩鈔卷11，《續修四庫全書》（上海：上海古籍出版社，1995，據華東師範大學圖書館藏清木犀軒刻本影印），第1490冊（集部別集類），頁265下。吳嵩梁，江西東鄉人。嘉慶五年（1800）舉人，以內閣中書官貴州黔西知州，並兩充鄉試同考官，一度為白鹿洞書院山長。

54. 蘇軾云：「司空表聖自論其詩，以為得味外意。……又云：『棋聲花院閉（靜），幡影石壇高。』吾嘗獨遊五老峰白鶴觀，松陰滿庭，不見一人，惟聞琴聲之音，然後知此句之工，……」周振甫：《中國修辭學史》（北京：商務印書館，1991），頁213。

55. 「王子喬者，周靈王太子晉也。好吹笙作鳳凰鳴，遊伊洛之間。道士浮丘公接以上嵩高山三十餘年。後求之於山上，見柏良曰：『告我家，七月七日待我於緱氏山巔。』至時，果乘白鶴駐山頭，望之不得到。舉手謝時人，數日而去。亦立祠於緱氏山下，及嵩高首焉。妙哉王子，神遊氣爽。笙歌伊洛，擬音鳳響。浮丘感應，接手俱上。揮策青崖，假翰獨往。」見西漢·劉向：《列仙傳（校箋補校）》（北京：中華書局，1985），頁23–24。

56. 參見于石等編著：《常用典故詞典（辭海版）》（上海：上海辭書出版社，2007），頁321–322。明·周密有言：「乘槎之事，自唐諸詩人以來，皆以為張騫，雖老杜用事不苟，亦不免有『乘槎消息近，無處問張騫』之句。按騫本傳止曰：『漢使窮河源』而已。張華《博物志》云：舊說天河與海通，有人賚糧乘槎而去，十餘月至一處，有織女及丈夫飲牛於渚，因問此是何處？答曰：『君還至蜀，問嚴君平則知之。』還，問君平，曰：『某年月日，有客星犯牽牛宿。』然亦未嘗指為張騫也。及梁宗懍作《荊楚歲時記》，乃言武帝使張騫使大夏，尋河源，乘槎見所謂織女牽牛，不知懍何所據而云。又王子年《拾遺記》云：『堯時有巨槎浮於西海，槎上有光若星月，槎浮四海，十二月周天，名貫月槎、掛星槎，羽仙棲息其上。』然則自堯時已有此槎矣。」明·周密：《癸辛雜識前集》，收入氏著，楊瑞點校：《周密集》（杭州：浙江古籍出版社，2015），第3冊，頁26–27。

57. 蘇詩描寫的是桃花。北宋·蘇軾著，清·王文誥輯注：《蘇軾詩集》（北京：中華書局，1982），頁1178–1180。

58. 清·丘逢甲：《嶺雲海日樓詩鈔》（廣州：國立中山大學出版部，1937，丙申稿〔1896〕民國本），選外集。詩題「說潮」指的是敘說潮汕，丘氏在潮汕生活長達八年，創作了不少關於此地歷史文化、風土人情的詩篇。丘逢甲，生於臺灣，祖籍廣

東嘉應。光緒十五年 (1889) 進士，先後主講潮州韓山書院、潮陽東山書院、澄海景韓書院，創辦嶺東同文學堂。

59. 參見楊史輝：〈丘逢甲詩詠揭陽神童〉，收入《潮州日報》，2018 年 5 月 22 日第 6 版，潮州文化。

60. 「孫道者，桃山都人。宋乾道九年 (1173) 生。父名乙，早喪，鞠於兄。九歲時，嫂曬穀，命護雞，謂嫂曰：雨且至。嫂嗞曰：青天白日，曷有雨？道者以竿揚之，雨大至漂穀。嫂嘗漬米將炊，命採薪，道曰：我已有供火者，夜以腳代薪，炊遂熟。翌早，鄉人棹腳盡折。嘗牧牛，以竹枝圍插，牛不敢踰。年十二，同兄入郡，見官禱雨弗應，乃曰：此易事，若以我禱即應，否願自焚。人告府，主命之禱，即刻雨降城中，水深三尺。淳熙十三年 (1186)，牧牛寶峯山巔，忽不見。後奉文勅封『靈感風雨聖者』八字，揭於廟中。今鄉人遇旱，則詣寶峯山上焚香致祝，雨輒應焉。」清・劉業勤纂修：乾隆《揭陽縣志》，重印揭陽縣志董事會《揭陽縣志正續集》(香港：重印揭陽縣志董事會，1969)，頁 476。

61. 「孫道者，海陽人，宋乾道九年 (1173) 生，早喪父，鞠於兄。年九歲，嫂命護雞，道者曰：雨將至。嫂曰：晴甚，安得雨？道者以竿揚之，雨大至漂穀。嘗同兄詣府城，見人禱雨不應，曰：禱雨易事，若以我禱則應，不願自焚。人告之府，府命之禱，即刻雨降城中，水深尺餘。淳熙十三年 (1186)，於寶峯山巔忽不見，勅封『靈感風雨聖者』。歲旱，鄉人詣山巔禱之即應。」清・阮元等修，陳其昌等纂：道光《廣東通志》三百三十四卷，卷 329，《續修四庫全書》(上海：上海古籍出版社，1995，據 1934 年商務印書館影印清道光二年〔1822〕年刊本影印)，第 675 冊 (史部地理類)，頁 704 下。

62. 「風雨聖者，揭陽桃山人。年十三，由樟木上飛昇。里人得其尸解一巨足趾，取樟木安之，刻為聖者像，披髮負笠，祀之，凡旱禱皆立應。今像在邑斗文鄉。乾隆丙午 (1786)，潮大旱時，制軍孫士毅為平臺灣，在潮親迎使者像，禱之，雨立至，且默禱戎事，有應。乃別刻一像祀於羊城三元宮。又刻一像，奉歸其鄉。(據《韓江聞見錄》修)」清・陳永圖修，清・吳道鎔纂：光緒《海陽縣志》卷 46，《中國地方志集成・廣東府縣志輯》(上海：上海書店，2003，據光緒二十六年〔1900〕刊本)，第 26 冊，頁 830。

63. 參見廣東省民族宗教研究院編：《民族宗教研究》(廣州：廣東人民出版社，2015)，第 4 輯，頁 184–185。

64. 參見政協揭東文史編輯部：《揭東文史》(揭東文史編輯部，1997)，第 3 輯 (揭東名人錄)，頁 11。

65. 孫士毅，字智治，一字致遠，別號補山。浙江仁和人，先世居姚江，後遷仁和臨平。年四十，始舉於鄉，又二年成進士，歷任內閣中書、大理寺少卿、廣西布政使、雲南巡撫、山東布政使、兩廣總督、兵部尚書、四川總督、兩江總督、吏部尚書等職。參見馬子木：《清代大學士傳稿 1636–1795》(濟南：山東教育出版社，2013)，頁 416–419。

66. 乾隆五十二年（1787），臺灣林爽文起事，士毅以「閩粵海道相通，而潮州最近」，乃備兵其地，並預儲糧餉、器械。及大軍渡海，果於粵調兵、征餉，士毅辦理無誤，高宗嘉之。十一月，加太子太保。尋賞戴雙眼花翎，予一等輕車都尉，世襲。及臺灣平，繪像紫光閣。見馬子木：《清代大學士傳稿1636–1795》，頁417。

67. 「雨仙祠，在粵秀山三元宮內。仙姓孫，潮州人，宋乾道間仙去。鄉人求雨輒應。乾隆五十二年（1787），總督孫公士毅迎祀羊城。」清‧崔弼初輯，陳際清續輯：《白雲越秀二山合志》卷9，收入陳建華、曹淳亮主編：《廣州大典》（廣州：廣州出版社，2008），第34輯（史部地理類），第13冊（總第222冊），頁77下。

68. 清‧丘逢甲：《嶺雲海日樓詩鈔》卷2。

69. 許衍董總編纂，汪宗衍、吳天任參閱：《廣東文徵續編》（香港：廣東文徵編印委員會，1987），第2冊，頁154。梁廣照，番禺人。光緒二十二年（1896）縣生員，派充端溪書院監院，二十五年（1899）報捐主事，簽發刑部。旋留學日本，肄業東京法政速成科。民國改元，應唐山鐵路學堂聘任國文教員，亦在香港自設中學，並歷任香港漢文中學及廣州知用中學、國民大學等教席。

70. 《性命圭旨》，相傳為尹真人弟子所著，尹真人即元初全真道士清和真人尹志平。自全真道流行以來，三教合一之說盛行，故是書首標三聖圖，以詩贊老君、釋迦、孔子。分元、亨、利、貞四卷，均以圖配文說明內功修煉過程及細節。收入《道藏精華錄》第7集。參見張岱年主編：《中國哲學大辭典》（上海：上海辭書出版社，2010），頁735。

71. 《靈飛符》，應指《上清素奏丹符靈飛六甲》，古上清經的一種，多有異名，如《正統道藏》中有《上清瓊宮靈飛六甲左右上符》一卷、《上清瓊宮靈飛六甲籙》一卷，二者內容基本一致，文字略有出入。該經在內容上是由六甲符、五帝符、玉精真訣、素奏丹符等許多不同的符、經構成。參見許蔚：〈唐人寫本《靈飛經》與《上清素奏丹符靈飛六甲》的復原〉，收入《新國學》，第13卷，2016年第1期，頁154–160。

72. 《周易參同契》簡稱《參同契》，詩詞中也簡稱作《參同》。東漢魏伯陽作，假卦爻、法象，以顯性命根源，是以易道明丹道之理，是練功修道的準繩，歷代皆讚為「萬古丹經王」。雲陽道人朱元育著，王魁溥校點：《參同契批註》（北京：北京師範大學出版社，1989），頁1–2。

73. 步虛聲，即道士誦經聲，據傳是模擬神仙之聲而成。詩詞中常借以詠學道或游仙。典出南朝宋‧劉敬叔《異苑》卷五：「陳思王（曹植）游山，忽聞空里誦經聲，清遠遒亮。解音者則而寫之，為神仙聲；道士效之，作步虛聲也。」范之麟主編：《全宋詞典故辭典》（武漢：湖北辭書出版社，2001），上冊，頁952。

74. 振衣，抖衣去塵。張忠綱主編：《全唐詩大辭典》，頁943。

75. 青詞，又稱青辭、清詞，亦名綠章，是道教齋醮時敬獻天神的奏告文書。始見於唐代太清宮的齋醮。唐李肇《翰林志》說：「凡太清宮道觀薦告詞文，用青藤紙朱字，謂之青詞。」天寶四年（745），唐玄宗敕命：「自今以後，每道教齋醮太清宮行禮官宜改用朝服，兼停祝版，改為清詞於紙上。」從此，青詞奏告成為唐代太清宮制度。宋、明

等朝道教盛行，朝野常常舉行齋醮。寫作青詞的文人很多，甚至成為時尚。參見姜良存：《三言二拍與佛道關係之研究》(濟南：山東人民出版社，2014)，頁160–163。

76. 重甲，指重兵。錫祜，錫通賜，即賜福。

77. 異時，指過去、從前；玉室，神仙的居所。

78. 久視，煉養名詞。一指永不衰老。《道德經》第59章：「有國之母，可以長久，是謂深根固蒂，長生久視之道。」二是內丹家經常、連續內視為久視。《性命圭旨·性命雙修萬神圭旨第三節口訣》：「仙諺曰：『欲得長生，先須久視』。久視於上丹田，則神長生；久視於中丹田，則氣長生；久視於下丹田，由形長生。」中國道教協會，蘇州道家協會：《道教大辭典》，頁146。

79. 邯鄲之枕，唐人傳奇《枕中記》寫盧生於邯鄲道客店中遇呂祖，生自歎窮困，呂祖授之以枕，盧生於夢中經歷了人生的榮辱悲歡，而店主的黃粱尚未煮熟，因而悟盡人生之道。

80. 「昆明之池，灰辦末劫」，即昆池劫灰，典源《三輔黃圖·池沼》：「武帝初，穿『昆明』池，得黑土。帝問東方朔。東方朔曰：『西域胡人知。』乃問胡人。胡人曰：『劫燒之餘灰也。』」南朝梁慧皎《高僧傳》謂胡人即法蘭，末句作：「世界終盡，劫火洞燒，此灰是也。」後遂用「昆池劫灰、劫灰、灰劫、昆明灰」等指世界終盡的遺跡，也比喻災難的遺跡，用「劫燼灰飛」謂世界輪迴轉換。參見于石等編著：《常用典故詞(辭海版)》，頁221。

81. 清·張維屏：《松心詩錄》卷3，《續修四庫全書》(上海：上海古籍出版社，1995，據清咸豐四年〔1854〕趙惟濂羊城刻本影印)，第1496冊(集部別集類)，頁13下至14上。張維屏，番禺人。道光二年(1822)進士，官至江西南康知府。

82. 曾昭璇：《廣州歷史地理》(廣州：廣東人民出版社，1991)，頁159–160。

83. 清·吳嵩梁：《香蘇山館詩集》今體詩鈔卷12，《續修四庫全書》，第1490冊，頁269下。

84. 道教使用的香料主要是沉水香、降真香、香潔樹木所開的花朵等。《上清靈寶大法》就介紹了八種天香，分別是道香、德香、無為香、清淨自然香、妙洞真香、靈寶慧香、超三界香、三境真香。而且道教的朝事科儀中都有香文，一般多用在《三寶香》、《三寶詞》及祝香咒前。如《三元朝科》：「夫香者，九陽回妙氣，三景產元英。靈風舞爐煙，普現無邊之聖；碧藹浮雲篆，飛升好善之家。是乃祖本之天根，亦曰三元之妙氣。一爐即騰，三官洞鑒。傳香有偈，聖號宣揚。」又如《天地科儀》：「伏以，道香德香無為香，無為清淨自然香，妙洞真香，靈寶慧香，超三界香，香雲繚繞，騰空供養，供養上界雲府高真，中界岳瀆威靈，下屆水府仙官，三界眾聖，香運達信，傳香有偈，寶號稱揚。」又如《祝壽科儀》：「夫香者，香通三界，煙透九天。信香繚繞，仰瞻萬聖以臨軒；寶香氤氳，俯陳微言而上達。巽風吹滿結龍章，瑞氣凌空成鳳篆。一爐既騰，諸真洞鑒。傳香有偈，寶號稱揚。」參見任宗權：《道教章表符印文化研究》(北京：宗教文化出版社，2006)，頁101–102；黃旺旺：《香器》(北京：現代出版社，2015)，頁48。

85. 參見楊佐義主編：《全唐詩精品譯註匯典》(長春：長春出版社，1994)，上冊，頁 951–952；霍松林主編：《歷代絕句精華鑑賞辭典》(西安：陝西人民出版社，1993)，頁 298。

86. 刺船人，唐·吳兢《樂府古題要解》卷下：「《水仙操》，右舊説伯牙學鼓琴於成連先生，三年而成。至於精神寂寞，情至專一，尚未能也。成連云：『吾師子春在海中，能移人情。』乃與伯牙延望，無人。至蓬萊山，留伯牙曰：『吾將迎吾師。』刺船而去，旬時不返，但聞海上水汩汨漰澌之聲。山林窅冥，群鳥悲號，愴然嘆曰：『先生將移我情。』乃援琴而歌之。曲終，成連刺船而還，伯牙遂為天下妙手。」後以此典形容大自然對人性情的陶冶及人對藝術境界的追求；也以「成連」、「刺船人」、「海上琴」等指擅長彈琴的人。參見陸尊梧、李志江主編：《歷代典故辭典》(北京：作家出版社，1992)，頁 79–80。

87. 清·譚瑩：《樂志堂詩集》卷 11，《續修四庫全書》(上海：上海古籍出版社，1995，據清咸豐九年〔1859〕吏隱園刻本影印)，第 1528 冊 (集部別集類)，頁 550 上、下。譚瑩，南海捕屬人。道光二十四年 (1844) 舉人。曾為粵秀、越華、端溪等書院院監。還受十三行富商伍崇曜邀請，整理校刻粵地文獻。

88. 四方臺，即廣州城北四方炮臺。道光二十一年 (1841) 五月，英軍進逼廣州，四方炮臺失陷，英軍沿途縱火，省河兩岸民房鋪戶被燒千餘間。取代琦善的靖逆將軍奕山，向義律 (Charles Elliot) 求和，訂立《廣州和約》。英軍闖到泥城、西村、蕭崗諸村大肆淫掠，激起民憤，民眾包圍四方炮臺英軍，奕山卻令廣州知府協同南海、番禺兩縣令趕往陣前，為英軍解圍。參見番禺市地方志編纂委員會：《番禺縣志》(廣州：廣東人民出版社，1995)，頁 23。五層樓，即越秀山鎮海樓的俗稱，始建於明洪武十三年 (1380)，初名望海樓。參見陳卓寧主編：《越秀薈萃》(廣州：花城出版社，1999)，頁 16。

89. 牛角山河，有陳摶對大宋江山讖語的傳説：「陳橋兵變，陳摶騎驢下山沽酒，聞説趙檢點為帝坐位，遂拍手大笑，不覺落地，人問其故，答曰：『天下從此定矣，因喜極，不覺跌也。』宋太祖既有天下，招陳摶至，問天下始終之事，陳摶答以『一汴、二杭、三閩、四廣』。再問其故，曰：『非臣之所知也。』便不再言，至後果應之。」「蓋陳摶早定其讖，但建遷四都之山河，大而漸小，至尖末而已，所謂牛角山河。是時，有題詩於吳山子胥祠云：和戰無成數戒嚴，中原民苦望熙恬。遷杭不已遷閩廣，牛角山河日入尖。」清·里人何求：《閩都別記》(福州：福建人民出版社，2012)，中冊，第 249 回「圖南獻遷閩遷廣讖，思肖立不孝不忠碑」，頁 935、937。

90. 劉王，即指南漢劉氏王朝國君。後梁貞明三年 (917) 劉龔在番禺稱帝，國號大越，次年改國號為漢。

91. 黃花塘，在廣州城東，明末釋函可曾於此地的黃華寺 (明末清初羊城的四大叢林之首) 築「不是庵」，應位於今日廣州黃華路黃華塘社區一帶。參見冼玉清：《廣東釋道著述考》(桂林：廣西師範大學出版社，2016)，第 1 冊，頁 172；廣州市越秀區檔案館編：《水潤花城千年水城史話：廣府文化精華》，頁 203–204。

92. 「西江與島夷」指元代晚期汪大淵及其所著的《島夷志略》一書。元張翥《島夷志序》：
「西江（今江西南昌）汪君（字）煥章，當冠年，嘗兩附舶東西洋，所過輒采錄其山
川、風土、物產之詭異，居室、飲食、衣服之好尚，與夫貿易賚用之所宜，非其親
見不書，則信乎可徵也。」據相關研究，汪氏在至順元年（1330）由泉州第一次出海
遊歷東西洋諸國，元統二年（1334）夏秋間返國；至元三年（1337）第二次由泉州出
海，至元五年（1339）夏秋間返國。於至正九年（1348）撰《島夷志略》。王成組：《中
國地理學史（先秦至明代）》（北京：商務印書館，2015），頁358；錢玉林、黃麗麗
等：《中華傳統文化辭典》（上海：上海大學出版社，2009），頁678。

93. 大寶紀年為梁簡文帝蕭綱（503–551）的年號（550–551），梁簡文帝是南朝梁皇帝，
公元549–551年在位，字世纘，小字六通。武帝第三子，昭明太子同母弟。中大通
三年（531），昭明太子卒，立為皇太子。太清三年（549），侯景攻陷臺城，武帝死，
景立之為帝。大寶二年（551）景兵敗巴陵，還建康廢之。旋被害。後元帝追尊為簡
文帝，廟號太宗。參見胡守為等主編：《中國歷史大辭典（魏晉南北朝史）》（上海：
上海辭書出版社，2000），頁654–655。

94. 「永嘉」為西晉懷帝司馬熾的年號，五年（311）匈奴攻陷洛陽，懷帝被俘，史稱「永
嘉之亂」，中原和西南戰亂頻仍，民眾流離失所，渡過長江，逾嶺入粵者頗多。廣
州西村晉代墓磚銘文即有：「永嘉世，天下荒，余廣州，平且康。」粵地沒有受到戰
亂災荒影響，和平安定。參見陳鴻鈞：「康寧廣州——廣州晉墓出土『永嘉』磚銘紀
略」，收入《文物天地》，2013年第12期，頁50–51；陳鴻鈞：「廣東出土西晉『永嘉』
銘文磚考」，收入《廣州文博》，2015年，頁254。

95. 社學在清朝初年是農村中地主士紳進行封建教育的組織，後逐漸變成舉辦團練的場
所。鴉片戰爭時期，廣州一帶的社學參加反英鬥爭，成為反侵略鬥爭的組織和領導
機構。在平英團（鴉片戰爭中廣州和廈門人民的抗英武裝）抗英鬥爭的基礎上，廣
州北郊十三社八十餘鄉聯合組成「昇平社學」。1841年6月經兩廣總督祁墳批准並
委託紳董辦理。曾反對伊里布、耆英在廣州的媚外賣國行為，舉行了1842年火燒
洋館、1845年反對在廣州劃租借地、1849年反對英人入城等反侵略鬥爭。中華書
局辭海編輯所修訂：《辭海試行本》（上海：中華書局辭海編輯所，1961），第8分冊
（歷史），頁205；石門、馮洋、田曉菲主編：《百科知識——中國常識辭典（中國近
代史常識辭典）》（呼和浩特：遠方出版社，2005），頁109–110。

96. 咸豐六年（1856）十月，英國借口「亞羅」號事件進犯珠江內河，挑起第二次鴉片戰
爭。番禺市地方志編纂委員會：《番禺縣志》，頁24。

97. 謝枋得（1226–1289），字君直，號疊山，信州弋陽（今屬江西）人。寶祐四年（1256）
進士。除撫州司戶參軍，即棄去。曾為建康考官。德祐元年起為江東提刑、江西招
諭使，知信州，率兵抗元。城陷後流亡建陽，以賣卜教書度日。後元朝迫其出仕，
絕食死。〈慶全庵桃花〉：「尋得桃源好避秦，桃紅又見一年春。花飛莫遣隨流水，
怕有漁郎來問津。」參見繆鉞：《宋詩鑒賞辭典》（上海：上海辭書出版社，2015），
頁1467–1468。

98. 喬盛西等主編：《廣州地區舊志氣候史料彙編與研究》（廣州：廣東人民出版社，1993），頁668–678；廣東省文史研究館編：《廣東省自然災害史料》（廣州：廣東科技出版社，1999），頁344。

99. 《藝林叢刊》民國十六年（1927）2月25日第2版。桂坫，南海人。光緒二十年（1894）進士，入翰林院，授檢討，曾任國史館撰修官、浙江嚴州知府。1915年任廣東通志館總纂。

100. 眾妙，出自老子《道德經》第1章，大田敦老《老子全解》云：「眾妙之門，謂眾妙之所由出也。日夜星辰，風霆雲霧，以至於鱗介動植之屬，一一皆妙矣，故以為眾妙。」李若暉：《老子集註彙考》（上海：上海辭書出版社，2015），第1卷，頁772。

101. 黃鶴去，出自崔顥〈黃鶴樓〉「昔人已乘黃鶴去，此地空餘黃鶴樓。」傳說仙人子安乘黃鶴過此（《齊諧志》），費褘登仙每乘黃鶴於此憩駕（《太平寰宇記》）。參見樂雲、黃鳴主編：《唐宋詩鑒賞辭典》（武漢：崇文書局，2015），頁113。

102. 誅茅，減除茅草，營建居室。屈原流放三年，曾請太卜鄭詹尹為自己決疑，鄭氏以「寧誅鋤草茅以力耕乎」為答。語見《楚辭‧卜居》。李連祥編：《唐詩常用語詞》（天津：百花文藝出版社，2009），頁850。

103. 青門，漢代長安城東南門本名霸城門，因門色青，俗稱青門。漢代召平隱居於此，種瓜為生，瓜甜美異常，人稱「青門瓜」。北宋‧陸游著，王克儉主編：《陸游詩詞選》（海口：海南國際新聞出版中心，1997），頁96。

104. 清‧黎簡：《五百四峰堂詩鈔》卷21，《續修四庫全書》（上海：上海古籍出版社，1995，據上海辭書出版社圖書館藏清嘉慶元年〔1796〕刻本影印），第1473冊（集部別集類），頁702下。黎簡，順德人。乾隆五十四年，充選貢生。性好遊，屢至羅浮、西樵、七星巖和鼎湖山。

105. 溟渤，溟海和渤海，多泛指大海。

106. 雙塔指六榕寺花塔及懷聖寺光塔。

107. 上界，指天上神仙居住的地方。鐘磬為科儀音樂之重器，道經《道書援神契》云：「古者祭樂有編鐘編磬，每架十六以應十二律及四宮清聲。又有特懸鐘，特懸磬。特懸者獨懸也。今洞案金鐘玉磬又有大鐘等，皆本諸此。」蒲亨強：《道家音樂學》（北京：宗教文化出版社，2013），頁104。

108. 此句暗喻君子受陷失意，小人悲卑瑣得志。杜甫的《同諸公登慈恩寺廟塔》有「黃鵠去不息，哀鳴何所投？君看隨陽雁，各有稻粱謀。」鳩作媒，《楚辭‧離騷》：「望瑤臺之偃蹇兮，見有娀之佚女。吾令鴆告余以不好。」屈原以請鳩鳥為媒謀娶有娀志美女而鳩鳥從中作梗為喻，辯明自己受別人的讒言陷害。後因以之為受到讒言陷害之典。參見張忠綱主編：《全唐詩大辭典》，頁943。

109. 《莊子》〈外物〉，有「木與木相摩則然，金與火相守則流，陰陽錯行，則天地大駭，於是乎有雷有霆，水中有火，乃焚大槐。」清‧郭慶藩撰，王孝魚點校：《莊子集釋》，下冊，卷9上，頁913。

110. 《後漢書》逸民傳論：「鴻飛冥冥（高空），弋人何篡（取也）焉？」以鴻雁自喻，言其

雖深自隱晦，尚且經常蚖心被當事者所籠絡，或避免落入小人之手。參見朱東潤主編：《中國歷代文學作品選》(上海：上海古籍出版社，2002)，下編，第2冊，頁18。

111. 李白〈夢遊天姥吟留別〉中有「青冥浩蕩不見底，日月照耀金銀臺」。金銀臺，《文選．郭璞〈游仙詩〉》：「神仙排雲出，但見金銀臺。」李善註：「《漢書》：齊威宣、燕昭使人入海，求蓬萊、方丈、瀛洲。此三神山者，仙人及不死之藥皆在焉，而黃金白銀為宮闕。」後因「金銀臺」指傳說中仙人所居的金銀築成的樓臺。趙應鐸主編：《漢語典故大辭典》(上海：上海辭書出版社，2007)，頁447。

112. 語出白居易〈寄韜光禪師〉，參見唐．白居易著，顧學頡點校：《白居易集》(北京：中華書局，1979)，頁1517。

113. 七人即上文(第六章)提及的韓是升、林浚、汪昌榮、孫爾、許宗彥、李士楨、黎簡。

114. 清．黎簡：《五百四峰堂詩鈔》卷21，《續修四庫全書》第1473冊，頁702上、下。

115. 清．黎簡：《五百四峰堂詩鈔》卷24上，《續修四庫全書》第1474冊，頁49下。

116. 白香山，即白居易(772–846)，字樂天，自號香山居士。祖籍太原。貞元十六年(800)進士，曾任左拾遺、左贊善大夫、江州司馬、杭州刺史、蘇州刺史、太子少傅等職。詩歌以通俗淺顯著稱，有《白氏長慶集》。

117. 沈休文，即沈約(441–513)，字休文，吳興武康人(今江西德清)。歷仕宋、齊、梁三朝，官至尚書令。曾入南齊竟陵王蕭子良幕，為「竟陵八友」之一。篤志好學，博通群籍，有《宋書》等史著。倡「四聲八病」說，要求詩歌講求音律和諧，形成了新體詩「永明體」。

118. 潘黃門，即潘岳(247?–300)，字安仁，滎陽中牟(今河南中牟東)人。先後任河陽令、著作郎、給事黃門侍郎等。後為趙王司馬倫及孫秀所殺。善詩文，辭藻華麗。以哀誄之文見長，且與陸機齊名。明人輯有《潘黃門集》。

119. 清．黃釗：《讀白華草堂詩二集》卷1，《續修四庫全書》(上海：上海古籍出版社，1995，據清道光十九年〔1839〕刻本影印)，第1516冊(集部別集類)，頁102下。黃釗，廣東鎮平人。嘉慶二十四年(1819)己卯科舉人，充國史館繕書，曾任潮陽縣教諭、翰林院待招。

120. 闤闠，指街道。

121. 芷蘭，戰國．楚．屈原《九歌．湘夫人》：「沅有芷兮澧有蘭，思公子兮未敢言。」王逸註：「言沅水之中，有茂盛之芷，澧水之內，有芬芳之蘭，異於眾草。」也作「澧蘭沅芷」、「沅芷湘蘭」，原指生於沅、澧兩岸的芳草，後用以比喻高潔的人品或高尚的事物。參見李瀚文等主編：《成語詞典》(北京：九州出版社，2001)，第4卷，頁2227。

122. 黃玉衡，字伯璣，一字在庵，又號小舟，順德大良人，嘉慶六年(1801)拔貢、十二年(1807)舉人、十六年(1811)進士，授翰林院編修，官浙江道監察御史、順天鄉試同考官，為官有直聲，善選拔俊才，詩文、書畫均傳家學，與張維屏、譚敬昭、黃培芳、林聯桂、黃香鐵、吳秋航並稱「粵東七子」，有《安心竟齋詩集》。參見民．

徐世昌編，聞石點校：《晚清簃詩匯》卷 125（北京：中華書局，1990），頁 5356；謝文勇編：《廣東畫人錄》（廣州：嶺南美術出版社，1985），頁 194；林家強編：《順德古今美術人物錄》（出版地等不詳），頁 135；黃永東主編：《南雄詩詞選》（廣州：廣東高等教育出版社，1990），頁 161。

123. 黃丹書，字廷授，號虛舟。順德大良人。廣東學使李調元舉為優貢，三十八歲中舉，會試落第，藝名卻遍傳京華。南歸後，權要競相延聘入幕，一一婉拒，以講學為生。其詩、書、畫被時人譽為「三絕」，與黎簡、張錦芳、呂堅並稱「嶺南四家」，著有《鴻雪齋詩鈔》等。順德市地方志編纂委員會編：《順德縣志》（北京：中華書局，1996），頁 1202。

124. 薦卷，指科舉考試時試卷被選薦。

125. 民・徐世昌：《晚晴簃詩匯》卷 117，《續修四庫全書》，第 1631 冊，頁 569 上。黃培芳，香山縣人。嘉慶八年副貢生，補武英殿校錄，道光十年（1830）授乳源、陵水縣教諭，升肇慶府訓導，得賞內閣中書銜。曾授徒於應元道院，晚年主講羊石書院。

126. 黃龍白鶴，指代羅浮山的黃龍觀和白鶴觀。

127. 成連，春秋時有名的琴師，伯牙之師。

128. 四百峯指羅浮。簑通笛，宋代陳與義的〈臨江仙（夜登小閣，憶洛中舊遊）〉中有「杏花疏影裡，吹笛到天明」句。清・譚獻纂：《復堂詞錄》（杭州：浙江古籍出版社，2016），頁 218。

129. 參見王麗英：《廣州道書考論》（武漢：華中師範大學出版社，2010），頁 254。

130. 〈贈沈遵〉：（序云）……太常博士沈遵，好奇之士也，聞而往游焉（琅琊山醉翁亭）。愛其山水，歸而以琴寫之，作〈醉翁吟〉一調。惜不以傳人者五六年矣。去年冬，予奉使契丹，沈君會予恩冀之間，夜闌酒半，出琴而作之。予既嘉君之好尚，又愛其琴聲，乃作歌以贈之。群動夜息，浮雲陰沉，沈夫子彈〈醉翁吟〉。〈醉翁吟〉，以我名，我初聞之喜且驚。宮聲三迭何泠泠，酒行暫止四坐傾。有如風輕日暖好鳥語，夜靜山響春泉鳴。坐思千巖萬壑醉眠處，寫君三尺膝上橫。沈君子，恨君不為醉翁客，不見翁醉山間亭。翁歡不待絲與竹，把酒終日聽泉聲；有時醉倒枕溪石，青山白雲為枕屏；花間百鳥喚不覺，日落山風吹自醒。我時四十猶強力，自號醉翁聊戲客。爾來憂患十年間，鬢髮未老嗟先白。滁人思我雖未忘，見我今應不能識。沈夫子，愛君一樽複一琴，萬事不可干其心。自非曾是醉翁客，莫向俗耳求知音。〈贈沈博士歌〉：沈夫子，胡為〈醉翁吟〉？醉翁豈能知爾琴？滁山高絕滁水深，空巖悲風夜吹林。山溜白玉懸青岑，一瀉萬仞源莫尋。醉翁每來喜登臨，醉倒石上遺其簪。雲荒石老歲月侵，子有三尺徽黃金，寫我幽思窮崎嶔。自言愛此萬仞水，謂是太古之遺音。泉淙石亂到不平，指下鳴咽悲人心。時時弄餘聲，言語軟滑如春禽。嗟乎沈夫子，爾琴誠工彈且止！我昔被謫居滁山，名雖為翁實少年。座中醉客誰最賢？杜彬琵琶皮作弦。自從彬死世莫傳，玉練鎖聲入黃泉。死生聚散日零落，耳冷心衰翁索莫。國恩未報慚祿厚，世事多虞嗟力薄。顏摧鬢改真一翁，心以憂醉安知

樂。沈夫子謂我：「翁言何苦悲？人生百年間，飲酒能幾時！攬衣推鏡起視夜，仰見河漢西南移。」北宋・歐陽修著，施培毅選註：《歐陽修詩選》（合肥：安徽人民出版社，1982），頁189–193。

131. 黃培芳：〈女弟子淑儀八齡受學，因憶小女順姑〉，參見管林：〈黃培芳生平及詩作述評〉，《華南師範大學學報（社會科學版）》，1994年第1期，頁57。

132. 黃培芳曾六上羅浮（見黃喬松〈粵東三子詩鈔卷三・香石題辭〉），著有《浮山小志》，並寫作關於羅浮的詩歌多首，如〈入羅浮宿九天觀〉、〈羅浮放歌〉等。曾於羅浮山頂築粵嶽祠，頌曰：「斗南一嶽，天外三峯，子夜觀日，羣仙駕龍。」

133. 清・鄭獻甫：《補學軒詩集》卷2，〈雞尾集（壬戌年今古體一百八十八首）〉，收入文海出版社編輯部編：《近代中國史料叢刊續編 第二十二輯》（臺北：文海出版社，1975），頁2365–2366。鄭獻甫，字小谷，號存紵，廣西象州人。道光十五年（1835）進士，官刑部主事，以雙親年老上書乞養，詔準歸里，遂不復出。咸豐年間遊廣州，主講越華書院，與陳澧交厚。不久辭歸，復主講桂林諸書院。著有《補學軒詩集》、《補學軒文集》等。

134. 「地中鳴鼓角」出自北周庾信〈同盧紀室從軍詩〉「河圖論陣氣，金匱辨星文。地中鳴鼓角，天上下將軍。」意即戰鼓聲和號角聲震動大地，將軍勇猛，如天上飛來一樣。參見趙傳仁主編：《詩詞曲名句辭典》（濟南：山東教育出版社，1988），頁341。

135. 虎溪客，即是虎溪三笑的典故。「相傳惠遠居廬山東林寺，送客不過溪。一日和陶淵明及道士陸修靜共話，不覺踰之。虎溪輒驟鳴。三人大笑而別。至今此遺跡尚在。」鄭振鐸：《插圖本中國文學史》（北京：人民文學出版社，1957），頁179。

136. 龍漢，道教名詞。《雲笈七籤》曰：「過去有劫，名曰龍漢。龍漢一運，經九萬九千九百九十九劫，氣運終極。天淪地崩，四海冥合，乾坤破壞，無復光明。經一億劫，天地乃開，劫名赤明。」龍漢，乃道教劫數名稱。北周無名氏《碧落空歌》：「上開龍漢劫，煥爛光彩分。」王洪等主編：《古詩百科大辭典》（北京：光明日報出版社，1991），頁772。

137. 叱石初平，即魏晉道教名士黃初平「叱石成羊」的故事，最早載於東晉葛洪的《神仙傳》：「黃初平者，丹溪人也。年十五，家使牧羊。有道士見其良謹，便將至金華山石室中，四十餘年，不復念家。其兄初起，行山尋索初平，歷年不得。後見市中有一道士，初起召問之，曰：『吾有弟名初平，因令牧羊，失之四十餘年，莫知死生所在，願道君為占之。』道士曰：『金華山中有一牧羊兒，姓黃，字初平，是卿弟非疑。』初起聞之，即隨道士去，求弟遂得，相見悲喜。語畢，問初平羊何在，曰：『近在山東耳。』初起往視之，不見，但見白石而還，謂初平曰：『山東無羊也。』初平曰：『羊在耳，兄但自不見之。』初平與初起俱往看之。初平乃叱曰：『羊起。』於是白石皆變為羊，數萬頭。初起曰：『弟獨得仙道如此，吾可學乎？』初平曰：『唯好道，便可得之耳。』初起便棄妻子，留住就初平學。共服松脂茯苓，至五百歲，能坐在立亡，行於日中無影，而有童子之色。後乃俱還鄉里，親族死終略盡，乃復

還去。初平改字為赤松子，初起改字為魯班。其後服此藥得仙者數十人。」晉代以後，此故事一直流傳不衰。唐代詩人李白也在其詩中留下吟詠黃初平故事的句子，如《古風》其十七：「金華牧羊兒，乃是紫煙客。我願從之遊，未去髮已白。不知繁華子，擾擾何所迫。昆山采瓊蕋，可以煉精魄。」至遲於明代中葉傳入嶺南，經過參見鄧國均、孔令宏：〈漢晉道教與「黃初平」故事考論〉，《宗教學研究》，2018年第4期，頁44–50。

138. 羽衣：用鳥羽製成的衣服。《漢書・郊祀志上》：「五利將軍亦衣羽衣，立白茅上受印。」顏師古注：「羽衣，以鳥羽為衣，取其神仙飛翔之意也。」五利將軍，漢武帝時方士欒大，方士是道士的前身，道士亦言飛升成仙，故世以「羽衣」指道士。趙匡為主編：《簡明宗教辭典》（上海：上海辭書出版社，2006），頁466；蘿帶：《楚辭・九歌・山鬼》說山鬼以薜荔為衣，以女蘿為帶。後用以稱隱士。明・袁中道著，王能議注：《小修詩注》（武漢：崇文書局，2014），頁168。

139. 周永光整理：〈鄭獻甫年譜〉，《廣西地方志》，2004年第1期，頁51。

140. 參見清・朱用孚：《重修三元宮碑記》（清同治八年〔1869〕，據原碑）。

141. 清・林昌彝：《衣讔山房詩集》卷8，《續修四庫全書》（上海：上海古籍出版社，1995，據上海圖書館藏清同治二年〔1863〕廣州刻本影印），第1530冊（集部別集類），頁345上。林昌彝，福建侯官人。道光十年（1839）舉人，同治元年（1862）遊歷粵地，為廣東巡撫郭嵩燾延聘入府課子。後掌教廉州海門書院。

142. 鄭康君，即鄭玄。《後漢書》卷三十五《鄭玄傳》：「鄭玄，字康成，北海高密人也。……玄少為鄉嗇夫，得休歸，常詣學官，不樂為吏。……玄自游學，十餘年乃歸鄉里。家貧，客耕東萊，學徒相隨已數百人。」鄭玄是東漢大學問家，曾師事馬融。終身布衣，不受征辟，而朝野尊敬。曾因黃巾亂，避地徐州，而自徐州返高密途中，遇黃巾軍數萬人，「見玄皆拜，相約不敢入縣境」，可見其聲望。參見呂薇芬主編：《全元曲典故辭典》（武漢：湖北辭書出版社，2001），頁485。

143. 後唐・史承節：鄭康成碑，金承安五年（1200）三月立，後於山東高密出土，郭郁烈主編：《西北民族大學圖書館于右任舊藏金石拓片精選》（上海：上海古籍出版社，2008），頁162。

144. 異方，即他鄉，指代廣州。

145. 郇鄉，《說文解字》作者許慎的故里，代指許慎。駁郇，即駁許，指代鄭玄的《駁許五經異義》。

146. 《山堂肆考》類書名。明萬曆中彭大翼輯，其孫婿張幼學增訂。二百二十八卷，補遺十二卷，分五集，四十五門。每一類目各加小序說明，所采諸書不全是原文。取材很廣，選擇不免蕪雜。中華書局辭海編輯所修訂：《辭海試行本》第7分冊（文化、教育），頁67。

147. 藐姑，指代仙女；藐姑射為古代傳說中仙人所居住的山。《莊子・逍遙遊》：「藐姑射之山有神人居焉，肌膚若冰雪，綽約若處子」。參見杭州大學中文系《古書典故辭典》編寫組編：《古書典故辭典》（南昌：江西人民出版社，1984），頁531。結束，

指穿衣打扮。

148. 宋代蘇軾是一位美食家，傳世的菜式有東坡鴨、東坡肉等。

149. 北宋‧蘇軾：《蘇長公小品》（北京：正蒙印書局，1914），頁1–2。

150. 清‧方濬頤：《二知軒詩鈔》卷14，《續修四庫全書》（上海：上海古籍出版社，1995，據清同治五年〔1866〕刻本影印），第1555冊（集部別集類），頁657上、下。清同治五年刻本。方濬頤，安徽定遠人。道光二十四年（1844）進士，曾任廣東南韶兵備道、兩廣鹽運使等職。

151. 清‧方濬頤：〈雲湖招飲鄭仙祠即和題二樵畫見贈詩韻〉，收於氏著《二知軒詩鈔》卷14，《續修四庫全書》第1555冊，頁658上、下。

152. 清‧龔萼：《雪鴻軒尺牘》（上海：上海新文化書社印行，1912），頁64–67。龔萼，活躍於清代乾隆至道光年間，長期擔任幕僚。

第十章

1. 見清‧蕭雲漢：〈重建斗姥殿碑記〉，清乾隆五十年（1785），錄自清‧鄭蒘等主修，桂坫等總纂：宣統《南海縣志》卷13〈金石畧〉，《中國地方志集成‧廣東府縣志集輯》（上海：上海書店，2003，據清宣統三年〔1911〕刻本影印），第30冊，頁328上至329下。

2. 見清‧蕭光惠：〈重修頭門三元殿碑記〉（清乾隆六十年〔1795〕，據原碑）。

3. 見清‧鄧士憲：〈重修三元宮碑記〉，清道光十七年（1837），錄自清‧鄭蒘等主修，桂坫等總纂：宣統《南海縣志》卷13〈金石畧〉，頁339下。

4. 見清‧朱用孚：〈重修三元宮碑記〉（清同治八年〔1869〕，據原碑）。

5. 見清‧汪瑔：〈重修廣州三元宮碑銘〉，收入氏著《隨山館叢稿》四卷，卷3，《續修四庫全書》（上海：上海古籍出版社，1995，據中國科學院圖書館藏清光緒刻隨山館全集本影印），第1558冊，頁28下至30上。

6. 見民‧張信綱：〈重修三元宮碑記〉（民國三十三年〔1944〕，據原碑）。

7. 見葉崇寧：〈三元宮殿宇重修記〉（2018，據原碑）。

8. 清‧李棲鳳：〈修建三元殿記〉，清順治十三年（1656），收入清‧梁鼎芬倡修，丁仁長總纂：宣統《番禺縣續志》，《中國地方志集成‧廣東府縣志輯》（上海：上海書店，2003，據民國二十年〔1931〕本影印），第7冊，頁474；清‧蕭光惠：〈重修頭門三元殿碑記〉。

9. 清‧郁教甯：〈鮑姑祠記〉，清乾隆四十五年（1780），收入清‧梁鼎芬倡修，丁仁長總纂：宣統《番禺縣續志》，頁508下；呂君愻：〈鮑姑寶殿序〉（2017，據原碑）。

10. 清‧伍銓萃：〈重修呂祖殿碑記〉（清光緒二十八年〔1902〕，據原碑）。

11. 按時間順序分別為廣州三元宮的碑刻圖（1812）、武當圖（1888或1924）、太湖莫釐島圖（1918）、四川段甫圖（1922）、郭一澄圖（年代不詳）、北京白雲觀圖（1984）和龍虎堂圖（1988）。見【法】戴思博（Catherine Despeux）著，李國強譯：《修真圖：道教與人體》（濟南：齊魯書社，2012），頁23。

12. 見〈廣東省廣州市粵秀山三元宮歷史大略記〉（民國三十二年〔1943〕，據原碑）。

13. 見清・蕭雲漢：〈重建斗姥殿碑記〉。

14. 見清・蕭光惠：〈重修頭門三元殿碑記〉。

15. 見清・鄧士憲：〈重修三元宮碑記〉。〈廣東省廣州市粵秀山三元宮歷史大略記〉。

16. 見清・朱用孚：〈重修三元宮碑記〉。清・汪璟：〈重修廣州三元宮碑銘〉。

17. 見清・伍銓萃：〈重修呂祖殿碑記〉。

18. 見〈廣東省廣州市粵秀山三元宮歷史大略記〉。

19. 見清・李棲鳳：〈修建三元殿記〉。〈廣東省廣州市粵秀山三元宮歷史大略記〉。

20. 見清・蕭雲漢：〈重建斗姥殿碑記〉。〈廣東省廣州市粵秀山三元宮歷史大略記〉。

21. 史巖澤，原籍溧陽，僑居廣東，得知鮑姑沒有祠廟供奉，則力主在越岡建祠供奉。見清・郁教甯：〈鮑姑祠記〉。

22. 見清・蕭光惠：〈重修頭門三元殿碑記〉。

23. 見〈廣東省廣州市粵秀山三元宮歷史大略記〉。

24. 黎志添：《廣東地方道教研究：道觀，道士及科儀》（香港：香港中文大學出版社，2007），頁 124。

25. 黎志添：《廣東地方道教研究：道觀，道士及科儀》，頁 78–79。

26. 見清・蕭光惠：〈重修頭門三元殿碑記〉、〈廣東省廣州市粵秀山三元宮歷史大略記〉。

27. 【意】衛匡國（Martino Martini）：《韃靼戰紀》，收入杜文凱編《清代西人見聞錄》（北京：中國人民大學出版社，1985），頁 53。

28. 見黎志添、李靜編著：《廣州府道教廟宇碑刻集釋》（香港：三聯書店〔香港〕有限公司，2013），上冊，頁 54。

29. 見〈廣東省廣州市粵秀山三元宮歷史大略記〉，民・張信綱：〈重修三元宮碑記〉。

30. 清・梁鼎芬倡修，丁仁長總纂：宣統《番禺縣續志》卷 36〈金石〉錄有全文，原題下註曰「正書，存」，文後按語云：「右石刻在粵秀山麓三元宮」。

31. 見本章註釋 8。

32. 牛女：指粵地的分野為牽牛、婺女。見《漢書・地理志》：「粵地，牽牛、婺女之分野也。今之蒼梧、鬱林、合浦、交阯、九真、南海、日南，皆粵分也。」東漢・班固撰，唐・顏師古注：《漢書》（北京：中華書局，1962），第 6 冊，頁 1669。

33. 蜃樓：由光線折射所產生的樓宇、城市的幻象。

34. 翠幬：翠色的帷幕，「幬」，同「幕」。潘岳《籍田賦》：「青壇蔚其岳立兮，翠幕黕以雲佈。」見梁・蕭統編，唐・李善注：《文選》（北京：中華書局，1977），頁 116 下。

35. 靈宅：隱士或修道者的居所。〈太極真人傳〉：「聞文始先生登真，乃於茲靈宅棲玄學道。」見北宋・張君房編：《雲笈七籤》，《道藏》（北京：文物出版社，上海：上海書店，天津：天津古籍出版社，1988），第 22 冊，頁 706 上、中。

36. 五色羊：相傳古代有五位仙人騎五色羊來到廣州，贈予人們稻穗，而後仙人離去，五羊化為石羊，自此廣州風調雨順、五穀豐登。《太平御覽》引《郡國志》：「廣州，吳孫皓時以滕脩為刺史，未至州，有五仙人騎五色羊負五穀來，迎而去。」見北

宋‧李昉等編:《太平御覽》(北京:中華書局,1960),第1冊,頁897上。

37. 浮邱:浮邱山,「相傳為浮邱丈人得道之地」,見清‧郝玉麟等監修,清‧魯曾煜等編纂:雍正《廣東通志》,卷10,《景印文淵閣四庫全書》(上海:上海古籍出版社,1987),第562冊,史部地理類,頁364下。「神仙浮丘公」見《太平廣記‧王子喬》:「王子喬者,周靈王太子也。好吹笙作鳳凰鳴,遊伊洛之間。道士浮丘公,接以上嵩山。」見北宋‧李昉等編:《太平廣記》(北京:中華書局,1961),第1冊,頁24。「葛洪丹井」見《南越筆記‧會城三石》有關浮邱石的記載:「今浮邱距水四里餘矣。邱下有井,葛稚川嘗飲之。」見清‧李調元:《南越筆記》(北京:中華書局,1985),頁56。

38. 煮石:神仙煮石為糧。《太平廣記‧白石先生》:「常煮白石為糧,因就白石山居,時人故號曰白石先生。」見北宋‧李昉等編:《太平廣記》,第1冊,頁44。

39. 流風:流傳的教化之風。《孟子‧公孫丑上》:「紂之去武丁未久也,其故家遺俗,流風善政,猶有存者。」見清‧阮元校刻:《十三經註疏‧孟子註疏》(北京:中華書局,1980),第13冊,頁123。

40. 虎龍鉛汞:道教煉丹以虎代表鉛、龍代表汞,《鍾呂傳道集‧論鉛汞》:「虎出於坎宮,氣中之水是也;龍出於離宮,水中之氣是也。外藥取砂中之汞,比於陽龍;用鉛中之銀,比於陰虎。」見《鍾呂傳道集》,收入南宋‧白玉蟾:《修真十書》,《道藏》,第4冊,頁668上。

41. 張文獻鑿嶺:張文獻,指唐代丞相張九齡,字子壽,諡號文獻,於唐開元四年(716年)向唐玄宗建言開鑿梅嶺。見張九齡〈開大庾嶺路記〉,見清‧董誥等編:《全唐文》(上海:上海古籍出版社,1990),第2冊,卷291,頁1304中。

42. 輻輳:形容人物的聚集、稠密,就像車輻集中在車轂一樣。《史記‧貨殖列傳》:「於是太公勸其女功,極技巧,通魚鹽,則人物歸之,繦至而輻湊。」見西漢‧司馬遷著,宋‧裴駰集解,唐‧司馬貞索引,唐‧張守節正義:《史記》(北京:中華書局,1959),第10冊,頁325。

43. 平、靖兩王:指平南王尚可喜、靖南王耿繼茂。順治六年(1649)清廷命尚可喜、耿仲明率軍南下,途中耿仲明畏罪自殺,其子耿繼茂襲爵,繼續進攻廣州,攻城略地,死傷慘重,後二人在廣州建立王府。

44. 駐蹕:帝王出巡時,途中停留、暫駐。《北史‧宣帝紀》:「一昨駐蹕金墉,備嘗遊覽。」見唐‧李延壽:《北史》(北京:中華書局,1974),第2冊,頁375。

45. 廓清:肅清、澄清。

46. 雲粉:雲母粉,道教認為服食可輕身不死。〈靈飛散方傳信錄(雲母法附)〉:「方中味以雲粉為主。」北宋‧張君房編:《雲笈七籤》卷74,《道藏》,第22冊,頁527中。

47. 棗瓜:仙人安期生所食用的巨棗,大如瓜。《史記‧封禪書》:「安期生食臣棗,大如瓜。」見西漢‧司馬遷:《史記》,第4冊,頁1385。

48. 輪奐:形容建築物高大華麗。

49. 神道設教:聖人順應自然,利用神聖的道德教化民眾。《周易‧觀卦》:「觀天之神

道而四時不忒，聖人以神道設教而天下服矣。」見清·李道平撰，潘雨廷點校：《周易集解纂疏》（北京：中華書局，1994），頁230–231。

50. 樹德務滋：向百姓施加德惠，務求普遍。《尚書·泰誓下》：「樹德務滋，除惡務本。」見西漢·孔安國撰，唐·孔穎達等正義：《尚書正義》（上海：上海古籍出版社，1990），頁153下。

51. 斂時五福：《尚書·洪範》：「皇建其有極，斂時五福，用敷錫厥庶民。」「時」通「是」，見西漢·孔安國撰，唐·孔穎達等正義：《尚書正義》，頁169上。

52. 無平不陂，無往不復：出《周易·泰卦》，意為凡事沒有始終平順不遇到險阻的，也沒有始終向前不遇到反復的。見清·李道平撰，潘雨廷點校：《周易集解纂疏》，頁168。

53. 忘形：忘記自己的形態。《莊子·讓王》：「故養志者忘形，養形者忘利，致道者忘心矣。」見清·王先謙集解：《莊子集解》（北京：中華書局，1954），第3冊，頁191。

54. 胡麻：即芝麻。古人認為食用胡麻是成仙的途徑之一。《神仙傳·魯女生》：「魯女生者，長樂人也。服胡麻餌術，絕穀八十余年。」見東晉·葛洪撰，胡守為校釋：《神仙傳校釋》（北京：中華書局，2010），頁360。

55. 清·梁鼎芬倡修，丁仁長總纂：宣統《番禺縣續志》卷37〈金石〉錄有全文，原題下註曰：「正書，存」，文後按語云：「右石刻在粵秀山麓三元宮」。

56. 見本章註釋9。

57. 鮑姑：東晉元帝時人，為南海太守鮑靚之女、葛洪之妻，是道教著名女仙。事載《雲笈七籤》本《墉城集仙錄》鮑姑傳記，見北宋·張君房編：《雲笈七籤》，《道藏》，第22冊，頁797下至798上。

58. 鮑靚：字太玄，生卒年不詳，東晉東海（今江蘇常熟）人，一說為陳留（今河南開封）人（見《墉城集仙錄·鮑姑》載「靚，字太玄，陳留人也。」）曾任南海太守，有道術，曾煮白石為糧，遇仙人陰君傳授道訣，年百餘歲而卒。以上事見唐·房玄齡等：《晉書》（北京：中華書局，1974），第8冊，頁2482。又《墉城集仙錄·鮑姑》載，鮑靚師事左慈，「受中部法及三皇五岳劾召之要」，出自《雲笈七籤》本《墉城集仙錄》之鮑姑傳記，見北宋·張君房編：《雲笈七籤》，《道藏》，第22冊，頁797下。

59. 葛仙翁：即葛洪（283–343），字稚川，號抱朴子，丹陽句容（今江蘇句容）人，出身江南世家，著有《抱朴子》、《神仙傳》等書，在道教史上有重要地位。《晉書》卷72有傳，見唐·房玄齡等：《晉書》，頁1910–1913。

60. 天產：天然的產物。

61. 崔生之事：崔生指崔煒，據《太平廣記·崔煒》（引《傳奇》）記載，崔煒是唐代貞元年間（785–805）人，居於南海，一次他看見一位老嫗因為打破酒甕遭人毆打，遂脫下衣服替老嫗賠償，這位老嫗就是成仙的鮑姑，鮑姑為了答謝他，送給他越岡艾草，告訴他治療贅疣的方法，崔煒經歷種種後，亦散金修道。見北宋·李昉等編：《太平廣記》，第1冊，頁216–220。

62. 贊：幫助、輔佐。

63. 別駕：即別駕從事，為州刺史之佐官，漢置，因地位較高，出巡時不和刺史同

車，故稱為「別駕」，隋代廢除，後為通判的代稱。《後漢書・陳王列傳》：「刺史周景辟別駕從事。」見劉宋・范曄撰，唐・李賢等注：《後漢書》（北京：中華書局，1973），第8冊，頁2159。

64. 溧陽：今江蘇溧陽。

65. 爰：於是。

66. 右：山右，即山的西側，因古代地圖西側在右，故名。

67. 端委：底細、始末。

68. 清・鄭蓁等主修，桂坫等總纂：宣統《南海縣志》卷13〈金石畧〉錄有全文，原文後按語云：「右刻在粵秀山麓三元宮」。

69. 見本章註釋1。

70. 廊廟：指朝廷。《史記・貨殖列傳》：「由此觀之，賢人深謀於廊廟，論議朝廷。」見西漢・司馬遷：《史記》，第10冊，頁3270。

71. 薄海：臨近海邊。《史記・漢興以來諸侯王年表》：「常山以南，大行左轉，度河、濟，阿、甄以東薄海，為齊、趙國。」見西漢・司馬遷：《史記》，第3冊，頁802。

72. 蒙休：蒙休德。休德：美好的品德。「南越王甚嘉被惠澤，蒙休德。」東漢・班固撰，唐・顏師古注：《漢書》，頁2788。

73. 託跡：棲身、託身。

74. 來許：後進。《詩經・大雅・下武》：「昭茲來許，繩其祖武。」見清・阮元校刻：《十三經註疏》，頁526上。

75. 金公：即金弘振，時任總兵，主持開闢三元宮。

76. 羽客：指道士。

77. 毋乃：莫非、未免。《左傳・昭公十六年》：「是教敝邑背盟誓也！毋乃不可乎？」見清・阮元校刻：《十三經註疏》，頁2080上。

78. 鳩工：聚集工匠。鳩：聚集。《左傳・隱公八年》：「君釋三國之圖，以鳩其民，君之惠也。」見清・阮元校刻：《十三經註疏》，頁1733下。

79. 圮：倒塌、崩壞。

80. 犖然：清楚、分明。《明史・選舉志》：「是四者犖然具載其本末，而二百七十年間取士得失之故可睹已。」清・張廷玉等：《明史》（北京：中華書局，1974），頁1675。

81. 朝漢臺：南越王趙佗所建，漢文帝派陸賈出使南粵之地，趙佗受到感化，為表稱臣之心，修建朝漢臺。《水經注・浪水》：「佗因岡作臺，北面朝漢。」見北魏・酈道元著，陳橋驛註釋：《水經注》（杭州：浙江古籍出版社，2001），頁582。

82. 藩垣：藩籬和垣牆，泛指屏障。《詩・大雅・板》：「價人維藩，大師維垣。」《毛傳》：「藩，屏也，垣，墻也。」清・阮元校刻：《十三經註疏》，頁550上。

83. 逶迤：彎曲、蜿蜒的樣子。

84. 趙佗：原為秦朝將領，秦末天下大亂之時，割據南越，後來臣服漢朝。事見《史記・南越列傳》，西漢・司馬遷：《史記》，第9冊，頁2975–2978。

85. 分途：分向不同的途徑、岔路。

86. 面壁觀心：達摩祖師曾在嵩山少林寺面壁九年。《景德傳燈錄》：「寓止於嵩山少林寺，面壁而坐，終日默然，人莫之測，謂之壁觀婆羅門。」見北宋‧釋道元著：《景德傳燈錄》（成都：成都古籍書店，2000），頁34。

87. 煉氣歸神：指全真道內丹修煉之功法。道教內丹學認為，經由煉精化氣、煉氣化神、煉神還虛三個階段，才能復歸無極，大功告成。詳見宋元‧李道純：《中和集》卷1、2，《道藏》，第4冊，頁485–492。

88. 額顏：題額、匾額。

89. 屑：清潔、整潔。《詩經‧邶風‧谷風》：「宴爾新昏，不我屑以。」見清‧阮元校刻：《十三經註疏》，頁304下。

90. 靜攝：靜養。《雅尚齋遵生八箋》卷一：「可以靜攝而無擾擾於前矣。」見明‧高濂：《遵生八箋》（北京：書目文獻出版社，1988），頁34下。

91. 藩侯：指藩王。

92. 踵事增華：繼續以往的事業，並愈加發展。南朝‧梁蕭統〈文選序〉：「蓋踵其事而增華，變其本而加厲；物既有之，文亦宜然。」見梁‧蕭統編，唐‧李善注：《文選》，頁1下。

93. 退老：因年老而辭官。

94. 通顯：通達顯貴。《後漢書‧應奉傳》：「自是諸子宦學，並有才名，至瑒七世通顯。」見劉宋‧范曄撰，唐‧李賢等注：《後漢書》，第6冊，頁1615。

95. 墜興廢舉：讓衰亡的事物重新興盛，同「興廢舉墜」。

96. 利賴：依傍、依靠。《宋史‧楊應詢》：「應詢增隄防為長衢，濬其旁以泄流，民利賴之。」見見元‧脫脫等：《宋史》（北京：中華書局，1985），第32冊，頁11089。

97. 仔肩：擔負的任務、擔子。《詩經‧周頌‧敬之》：「佛時仔肩，示我顯德行。」清‧阮元校刻：《十三經註疏》，頁599上。

98. 峻宇：高大的屋宇。《尚書‧夏書‧五子之歌》：「甘酒嗜音，峻宇彫牆。」見清‧阮元校刻：《十三經註疏》，頁157。

99. 淳泓：積水深的樣子。

100. 扶胥：即扶蘇，樹名。《詩‧鄭風‧山有扶蘇》：「山有扶蘇，隰有荷華。」《毛傳》：「扶蘇，扶胥，小木也。」清‧阮元校刻：《十三經註疏》，頁341。

101. 返照：夕照，傍晚的陽光。

102. 冬月：指農曆十一月。

103. 遽返：突然逝世的委婉稱呼。

104. 纘：繼承。

105. 運甓：《晉書‧陶侃傳》：「侃在州無事，輒朝運百甓於齋外，暮運於齋內。人問其故，答曰：『吾方致力中原，過爾優逸，恐不堪事。』其勵志勤力，皆此類也。」唐‧房玄齡等著：《晉書》，第6冊，頁1773。

106. 菊月：指農曆九月。

107. 翼翼嚴嚴：《詩經‧小雅‧六月》：「有嚴有翼，共武之服。」毛傳：「嚴，威嚴也；

翼，敬也。」見清・阮元校刻：《十三經註疏》，頁424下。

108. 壊：同「塑」。

109. 睟盎：即「睟面盎背」，《孟子・盡心上》：「君子所性，仁義禮智根於心。其生色也，睟然見於面，盎於背，施於四體，四體不言而喻。」指有德者的姿態。見清・阮元校刻：《十三經註疏》，頁2766中。

110. 重規疊矩：前後相疊、重合的規矩制度，後形容傳承、重復。

111. 韓子：指韓愈。此句出自〈與于襄陽書〉，見唐・韓愈著，馮其昶校注：《韓昌黎文集校注》（上海：上海古籍出版社，1998），頁184。

112. 迊：通「迎」，為「迎」的俗字。

113. 繼繼繩繩：指前後相承，傳承不斷，同「繼繼承承」。

114. 清・鄭蒉等主修，桂坫等總纂：宣統《南海縣志》卷13〈金石畧〉錄有全文，文後有按語云「右石刻在粵秀山麓三元宮」。

115. 清・鄭蒉等主修，桂坫等總纂：宣統《南海縣志》卷13〈金石畧〉錄文原題下註曰：「七字橫題，篆書」。

116. 見本章註釋3。

117. 嶺嶠：五嶺的別稱。

118. 檀：布施。南朝齊・王簡棲〈頭陀寺碑文〉：「行不捨之檀，而施洽群有。」李善注：「夫心愛眾生而行捨者，捨則增愛，非為實捨。故大士之捨，見不施之捨者，及於眾生，斯為不捨。以茲而施，故群有俱洽。大品經曰：不施不慳，是名檀波羅蜜。僧肇論曰：賢劫稱無捨之檀，成具美不為之為也。天竺言檀，此言布施；波羅蜜，此言到彼岸也。群有，謂有色無色，有想無想，以其不一，故曰群有。僧肇維摩經注曰：鏡群有以通玄，而物我俱一。」見梁・蕭統編，唐・李善注：《文選》，頁811。

119. 鼇戴：古代有十五巨鼇用頭舉大山的傳說，後來用以比喻恩澤深重。屈原〈天問〉：「鼇戴山抃，何以安之？」北宋・洪興祖撰，白化文、徐德楠、李如鸞、方進點校：《楚辭補註》（北京：中華書局，1983），頁102。

120. 蟁負：「蟁」，即「蚊」字。蚊子背負山，比喻力小任重。《莊子・應帝王》：「其於治天下也，猶涉海鑿河，而使蚊負山也。」清・王先謙集解：《莊子集解》，頁46。

121. 不貲：數量極多。《晉書・傅玄傳》：「不得其人，一日則損不貲，況積日乎！」見唐・房玄齡等著：《晉書》，第5冊，頁1318。

122. 廣世界于三千：三千大千世界，古印度世界觀，後應用於佛教。以須彌山為中心，周圍環繞四洲和九山八海的空間，即是「小世界」。一千個小世界稱為「小千世界」，一千個「小千世界」稱為「中千世界」，一千個「中千世界」稱為「大千世界」。由於大千世界由千的三倍組成，故稱為「三千世界」。

123. 見本章註釋48。

124. 冠裳：指官宦士紳。

125. 對越：報答、頌揚，《詩經・周頌・清廟》：「對越在天，駿奔走在廟。」見清・阮元

校刻：《十三經註疏》，頁 583 中。

126. 裙屐：本指六朝貴族少年的衣著，後泛指富家子弟的華美服飾。《北史‧邢巒傳》：「蕭深藻是裙屐少年，未治政務，今之所在，並非宿將重名，皆是左右少年而已，三可圖也。」見唐‧李延壽：《北史》，第 5 冊，頁 1581。

127. 越臺：指南越王趙佗所修之臺。

128. 黃冠：用以指代道士。

129. 結茆：「茆」，同「茅」。編造茅草為房屋。《宋史‧李衡》：「衡後定居崑山，結茅別墅，杖屨徜徉，左右惟二蒼頭，聚書逾萬卷，號曰『樂庵』。」見元‧脫脫等：《宋史》，第 34 冊，頁 11948。

130. 生公：晉末高僧竺道生的尊稱，俗家姓魏，巨鹿 (今屬河北) 人，幼年出家，後追隨鳩摩羅什翻譯佛經，是鳩摩羅什門下重要弟子之一。據說他講論佛法，能令頑石點頭。

131. 布金之地：佛教典故。舍衛國給孤獨長者想請釋迦牟尼前來講經，看中了太子祇多的花園，想買下來供釋迦牟尼和弟子們居住，太子不肯，稱若在園子土地上佈滿黃金，則願意將花園賣給長者，於是給孤獨長者照做，太子十分感動，於是低價出讓了園子。杜甫《謁文公上方》：「長者自布金，禪龕只晏如。」見唐‧杜甫著，清‧仇兆鰲註解：《杜詩詳注》(北京：中華書局，1979)，頁 949。

132. 版築：古代築牆技術，築牆時，將土夾在兩版之間，以杵把土搗實，稱為「版築」。《孟子‧告子下》：「舜發於畎畝之中，傅說舉於版築之間。」見清‧阮元校刻：《十三經註疏》，頁 2762 上。

133. 鳩工：聚集工匠。鳩：聚集。《左傳‧隱公八年》：「君釋三國之圖，以鳩其民，君之惠也。」見清‧阮元校刻：《十三經註疏》，頁 1733 下。

134. 綿蕝：制定、整頓朝儀典章，借指經營創建。《史記‧劉敬叔孫通列傳》：「遂與所徵三十人西，及上左右為學者與其弟子百餘人為綿蕝野外。」見西漢‧司馬遷著：《史記》，第 8 冊，頁 2723。

135. 「巳」當作「已」。

136. 「巳」當作「已」。

137. 齒德者：指年高德劭之人。《孟子‧公孫丑下》：「天下有達尊三：爵一，齒一，德一。」見清‧阮元校刻：《十三經註疏》，頁 2694 中。

138. 「巳」當作「已」。

139. 尋丈：泛指八尺到一丈的距離。《管子‧明法解》：「有尋丈之數者，不可差以長短。」見清‧黎翔鳳撰，梁運華整理：《管子集解》(北京：中華書局，2004)，下冊，頁 1214。

140. 習靜：過著幽靜的生活，培養寂靜的心性。王維〈積雨輞川莊作〉：「山中習靜觀朝槿，松下清齋折露葵。」唐‧王維撰，陳鐵民校注：《王維集校註》(北京：中華書局，1997)，第 2 冊，頁 444。

141. 見本章註釋 5。

142. 清・梁鼎芬修，丁仁長纂：宣統《番禺縣續志》，《中國地方志集成・廣東府縣志輯》，第7冊，頁570下至571上。

143. 上德若谷：見《道德經》「上德若谷，大白若辱，廣德若不足。」清・朱謙之校釋：《老子校釋》，（北京：中華書局，1984），頁168。

144. 大方無隅：見《道德經》「大方無隅，大器晚成，大音希聲，大象無形。」清・朱謙之校釋：《老子校釋》，頁171。

145. 「瞻彼闋者，虛室生白，吉祥止止。夫且不止，是之謂坐馳。」見清・郭慶藩集釋，王孝魚點校：《莊子集釋》（北京：中華書局，1995），上冊，卷2中〈內篇・人間世〉，頁150。

146. 「又元眾妙之門」，「元」當作「玄」。「此兩者同出而異名，同謂之玄。玄之又玄，眾妙之門。」見清・朱謙之校釋：《老子校釋》，頁7。

147. 銅柱凌雲：傳說崑崙山有銅柱，其高入天，稱作「天柱」。《水經注》引《神異經》：「張華叙東方朔《神異經》曰：崑崙有銅柱焉，其高入天，所謂天柱也。」，見北魏・酈道元著，陳橋驛注釋：《水經注》，頁11。

148. 尹軌：字公度，周山西太原人。一說漢人。博學五經，深通河洛、讖緯、天文星氣等學。入樓觀台出家，並在此傳道，後被封為太和真人。見東晉・葛洪撰，胡守為校釋：《神仙傳校釋》，頁318–319。

149. 茆君：即茅君。《神仙傳》載他為名盈自叔申，咸陽人，學道於恆山，後與兄弟三人騎鶴飛升。三茅真君分別為茅盈、茅固和茅衷。見晉・葛洪撰，胡守為校釋：《神仙傳校釋》，頁182–184。

150. 刼灰：即劫灰。《搜神記》：「漢武帝鑿昆明池，極深，悉是灰墨，無復土。舉朝不解。以問東方朔。朔曰：『臣愚不足以知之。』曰：『試問西域人。』帝以朔不知，難以移問。至後漢明帝時，西域道人入來洛陽，時有憶方朔言者，乃試以武帝時灰墨問之。道人云：『經云：天地大劫將盡，則劫燒。此劫燒之餘也。』乃知朔言有旨。」東晉・干寶撰，汪紹楹校注：《搜神記》（北京：中華書局，1979），頁162。

151. 八威之策：八威，道教指八方之神。〈紫陽真人周君內傳〉：「受書為紫陽真人，佩黃旄之節、八威之策……」見《紫陽真人內傳》，《道藏》，第5冊，頁546上。

152. 靈宇：廟宇的別稱。王簡棲〈頭陀寺碑文一首〉：「眷言靈宇，載懷興葺。」見梁・蕭統編，唐・李善注：《文選》，頁816上。

153. 五嶽之圖：五嶽真形圖，概述五嶽、四山的真形和靈跡。

154. 炎徼：南方偏遠之地。

155. 賁隅：亦作「賁禺」，即番禺。《水經注・浪水》：「浪水東別逕番禺，《山海經》謂之賁禺者也。」北魏・酈道元著，陳橋驛注釋：《水經注》，頁581。

156. 素友：舊交的朋友。王僧達《祭顏光祿文》：「清交素友，比景共波。」見梁・蕭統編，唐・李善注：《文選》，頁837下。

157. 「素友遙臨，衍羅浮之別派」一句指杜陽棟。杜陽棟，字鎮陵，山東濰坊人，全真教龍門派第十二代弟子，主要活動於清康熙年間。他從山東嶗山南下，至羅浮山，後

為沖虛觀住持。「康熙三十九年，廣州大旱，杜陽棟被請至廣州祈雨，因有效果，留於三元宮任住持，奠定全真道龍門派正宗的正式道場，成為三元宮第一任住持和開山祖。」見廣東省地方志編纂委員會編：《廣東省志（宗教志）》（廣州：廣東人民出版社，2002），頁194。有關杜陽棟的生平資料，請參黎志添：〈清初廣東全真道教——杜陽棟與曾一貫考〉，收入《2006道文化國際學術研討會論文集》（高雄：國立高雄師範大學經學研究所，2006），頁951–974；蘇東軍：〈清代佛山道教歷史管窺——以佛山市博物館藏道士畫像為主〉，《中國道教》，2011年第1期，頁12–19。

158. 《三元品戒經》，指的是《太上洞玄靈寶三元品戒功德輕重經》，原文為：「天尊曰：『上元一品天官，元氣始凝，三光開明，結青黃白之氣，置上三元宮，其第一宮名太玄都元陽七寶紫微宮……。』」見《道藏》，第6冊，頁873上。

159. 緜：同「綿」。

160. 懸根咽液、錄氣思神：皆道教修行方式。

161. 八朗白光：月中之精，《靈寶無量度人上經大法》卷22〈上道高奔品〉：「又嚥月光九過，當存月光入口中，吞之，存月中有黃炁白光八朗之芒。」見《道藏》，第3冊，頁743下。

162. 三庭赤印：為青城丈人所佩，出《五嶽真形圖序》：「青城丈人，黃帝所命也，主地仙人，是五嶽之上司，以總群官也。丈人領仙官萬人，道士入其山者，丈人服朱光之袍，戴蓋天之冠，佩三庭之印，乘科車，從眾靈而來迎子。」見《五嶽真形序論》，《道藏》，第32冊，頁636中。

163. 庚申之戒：即「守庚申」，道教認為人身有三尸蟲，庚申日是三尸壯大的日子，需要徹夜不眠，以斬除三尸。〈神仙守庚申法〉：「常以庚申日，徹夕不眠，下尸交對，斬死不還；復庚申日，徹夕不眠，中尸交對，斬死不還；復庚申日，徹夕不眠，上尸交對，斬死不還。三尸皆盡，司命削去死籍，著長生錄上，與天人游或六月八月庚申彌佳，宜竟日盡夕守之。二守庚申，三尸伏沒。七守庚申，三尸長滅。」見北宋·張君房編：《雲笈七籤》卷82，《道藏》，第22冊，頁583上。

164. 子午之章：子時和午時向神靈奏禱上章，《三洞珠囊》引《太真科上》：「救解父母師君同道大災病厄齋官露壇大謝闕格散髮泥額禮三十二天，齋中奏子午章，苦到必感，依旨教塗炭齋法也。」見《道藏》，第25冊，頁304上。

165. 三奔之道：奔日、奔月、奔辰。見〈三奔錄〉，北宋·張君房編：《雲笈七籤》，頁173上。

166. 九轉：道教煉丹有一轉到九轉之分，以九轉為貴，九轉之丹，服之三日成仙，後來亦應用於內丹學說。《抱朴子·金丹》：「九轉之丹，服之三日得仙。」見東晉·葛洪撰，王明校釋：《抱朴子內篇校釋》（北京：中華書局，1980），頁68。

167. 玉華：服食後可延年益壽的玉屑。《酉陽雜俎·玉格》：「鹿皮公吞玉華而流蟲出尸，王西城漱龍胎而死訣，飲瓊精而扣棺。」見唐·段成式撰，方南生點校：《酉陽雜俎》（北京：中華書局，1981），頁16–17。

168. 金牖：華美的窗戶，此處泛指仙界。

169. 咸豐丁巳：即1857年，第二次鴉片戰爭爆發，英法聯軍攻入廣州城內，佔領廣州。

170. 城闉：城內的重門。謝莊〈宋孝武宣貴妃誄〉：「崇徽章而出寰甸，照殊策而去城闉。」見梁·蕭統編，唐·李善注：《文選》，頁794下。

171. 氛祲：妖氣。《晉書·阮籍傳》：「氛祲既澄，日月自朗，臣亦何可爝火不息？」見唐·房玄齡等著：《晉書》，第5冊，頁1364。

172. 羠羊：野羊。此處為對異族侵略者的蔑稱。

173. 戢翼：收起翅膀，停止飛翔。

174. 姎徒：猶吾徒。

175. 松柏之為薪：松柏被砍成柴火，比喻時間久遠。〈古詩十九首〉：「古墓犁為田，松柏摧為薪。」見梁·蕭統編，唐·李善注：《文選》，頁411下。

176. 佩中黃：佩戴中黃之籙。

177. 太白之躔：太白星即金星，躔為天體的運行。《漢書·律歷志》：「玉衡杓建，天之綱也；日月初躔，星之紀也。」見東漢·班固撰，唐·顏師古注：《漢書》，第4冊，頁965。

178. 抱一：守真不二。《道德經》：「曲則全，枉則直。窪則盈，敝則新。少則得，多則惑。是以聖人抱一為天下式。」見清·朱謙之校釋：《老子校釋》，頁91–92。

179. 過試三之上業：《真誥》卷5：「昔青烏公者，身受明師之教，審仙妙之理，至於入華陰山中學道，積四百七十一歲，十二試之，有三不過。後服金汋而升太極，太極道君以為試三不過，但仙人而已。不得為真人，況俗意哉。」見梁·陶弘景，清·張海鵬訂：《真誥》（北京：中華書局，1985），頁61。

180. 雲委：如雲之堆積，比喻極多，引申為召集、匯集。沈約〈宋書謝靈運傳論〉：「自建武暨於義熙，歷載將百，雖比響聯辭，波屬雲委，莫不寄言上德，託意玄珠，遒麗之辭，無聞焉爾。」梁·蕭統編，唐·李善注：《文選》，頁703上、下。

181. 「黃金布地」，見本章註釋131。

182. 出自《江淮異人錄·耿先生》，女道士耿先生能將白雪化為白銀，「又嘗大雪，上戲之曰：『先生能以雪為銀乎？』先生曰：『亦可。』乃取雪實之，削為銀鋌狀，先生自投於熾炭中，灰埃坌起，徐以炭周覆之。過食頃，曰：『可矣。』乃持以出，赫燃洞赤，置之於地，及冷，爛然為鋌銀，而刀跡具在。反視其下，若垂酥滴乳之狀，蓋初為火之所融釋也。因是先生所作雪銀甚多。」見北宋·吳淑：《江淮異人錄》，《道藏》，第11冊，頁15中。

183. 庀材：準備材料。庀，準備。

184. 「郢客之斧斤」，源出《莊子雜篇·徐無鬼》，見清·郭慶藩集釋，王孝魚點校：《莊子集釋》，下冊，卷8中，頁845。

185. 蒙莊：莊子的別稱。

186. 埏埴：埏，和；埴，土。即用陶土做成器皿。語出《老子》第十一章：「埏埴以為器，當其無，有器之用。」見清·朱謙之：《老子校釋》，頁44。

187. 瓴甓：磚塊。司馬相如〈長門賦〉：「緻錯石之瓴甓兮，象瑇瑁之文章。」梁·蕭統

編，唐・李善注：《文選》，頁 228 下。

188. 八治：《張天師二十四治圖》記載，二十四治分為上八治、中八治和下八治，太上老君於漢安二年（143 年）交給張道陵「奉行布化」。見北宋・張君房編：《雲笈七籤》，《道藏》，第 22 冊，頁 204 中。

189. 文坒：坒，同「陛」。

190. 清虛小有之天：道教洞府名。〈紫陽真人周君內傳〉：「磻塚山有洞穴，潛行通王屋清虛小有天，亦潛通閬風也。」見《紫陽真人內傳》，《道藏》，第 5 冊，頁 546 上。

191. 太無：清虛、空無的境界。《文子・精誠》：「老子曰：『若夫聖人之游也，即動乎至虛，游心乎太無，馳於方外，行於無門，聽於無聲，視於無形，不拘於世，不繫於俗。』」見李定生、徐慧君校注：《文子要詮》（上海：復旦大學出版社，1988），頁 57。

192. 繚垣：指圍墻。張衡〈西京賦〉：「繚垣綿聯，四百餘里。」見梁・蕭統編，唐・李善注：《文選》，頁 43 下。

193. 赴功：建立功業。《宋史・忠義傳八》：「嗣復聞難，率吏民修城立門，眾赴功，守備略就。」見元・脫脫等：《宋史》，第 38 冊，頁 13317。

194. 五版：指書信。《世說新語・文學》：「桓玄初并西夏，領荊江二州，二府一國。于時始雪，五處俱賀，五版並入。」見劉宋・劉義慶著，徐震堮校箋：《世說新語校箋》（北京：中華書局，1984），頁 150。

195. 垂曜：光輝向下照耀。

196. 八桂：《山海經・海內南經》：「桂林八樹，在賁禺東。」賁禺，即番禺。見袁珂校譯：《山海經校譯》（上海：上海古籍出版社，1985），頁 219。

197. 九芝：指芝草。《漢書・武帝紀》：「六月，詔曰：『甘泉宮內中產芝，九莖連葉。上帝博臨，不異下房，賜朕弘休。其赦天下，賜雲陽都百戶牛酒。』」見東漢・班固撰，唐・顏師古注：《漢書》，第 1 冊，頁 193。

198. 掞張：言辭鋪張浮華。

199. 鴻寶：道教記載黃白之術的書籍。《漢書・楚元王傳》：「上復興神僊方術之事，而淮南有枕中鴻寶苑秘書。書言神僊使鬼物為金之術，及鄒衍重道延命方，世人莫見，而更生父德武帝時治淮南獄得其書。」東漢・班固撰，唐・顏師古注：《漢書》，第 7 冊，頁 1928。

200. 扮飾：整飭裝飾。

201. 象文：即文字，象形文字最為原始，故名。

202. 隱書：意旨隱秘之書，多言道書。《真誥》：「君曰：道有《八素真經》太上之隱書也，在世。」見梁・陶弘景，清・張海鵬訂：《真誥》，頁 57。

203. 紫毛持節：持紫毛之節。《真誥》：「太極有四真人，老君處其左，佩神虎之符，帶流金之鈴，執紫毛之節，巾金精之巾，行則扶華晨蓋，乘三素之雲。」見梁・陶弘景，清・張海鵬訂：《真誥》，頁 57。

204. 咸豐辛酉：即 1861 年。

205. 庚午：即同治庚午，1870 年。

206. 劼毖：謹慎。

207. 勤劬：勞苦、勤勞。

208. 離方：即南方，八卦離卦為南。

209. 絕徼：極遠的邊塞之地。

210. 奧區：腹地。奧，即深也。

211. 峽開中宿，帝子棲真：中宿峽，在今廣東省清遠市。《廣東新語‧二禹》：「二禹在中宿峽。相傳軒轅二庶子，長太禹，次仲陽，降居南海，與其臣曰初、曰武者隱此。太禹居峽南，仲陽居峽北，故山名曰二禹。」見清‧屈大均：《廣東新語》（北京：中華書局，1985），頁72。

212. 山號浮邱，仙人昇舉：浮邱山，「相傳為浮邱丈人得道之地」，見清‧郝玉麟等修，清‧魯曾煜纂：雍正《廣東通志》，卷10，《景印文淵閣四庫全書》（上海：上海古籍出版社，1987），第562–564冊，頁364下至365上。

213. 安期澗：傳說仙人安期生在廣州白雲山服食菖蒲飛升。《廣東新語‧白雲山》：「安期將李少君南之羅浮，至此澗，采菖蒲一寸十二節者服之，以七月二十五日仙去。」見清‧屈大均：《廣東新語》，頁80。

214. 高固庭：《太平御覽》引《廣州記》：「云昔高固為楚相，五年（當為「羊」之誤）銜穀莖於楚庭。」見北宋‧李昉等編：《太平御覽》，頁897。

215. 葛稚川：即葛洪，字稚川，晉代著名道士，「稚」通「稚」。

216. 鮑太守：即鮑靚，見本章註釋58。

217. 青籙：道教有《太平青籙書》，後泛指道教典籍。

218. 埜人：「埜」同「野」，野人，即山野之人。

219. 元風：玄風。

220. 酥醪之觀：指廣東酥醪觀，在羅浮山，為道教著名宮觀。

221. 炎州：泛指南方地區。《楚辭‧遠遊》：「嘉南州之炎德兮，麗桂樹之冬榮。」見北宋‧洪興祖撰：《楚辭補註》，頁168。

222. 洞宮三十六所：指道教三十六洞天，分別為霍桐山洞、東嶽泰山洞、南嶽衡山洞、西嶽華山洞、北嶽常山洞、中嶽嵩山洞、峨嵋山洞、廬山洞、四明山洞、會稽山洞、太白山洞、西山洞、小潙山洞、灊山洞、鬼谷山洞、武夷山洞、玉笥山洞、華蓋山洞、蓋竹山洞、都嶠山洞、白石山洞、岣嶁山洞、九嶷山洞、洞陽山洞、幕阜山洞、大酉山洞、金庭山洞、麻姑山洞、仙都山洞、青田山洞、鐘山洞、良常山洞、紫蓋山洞、天目山洞、桃源山洞、金華山洞。見《雲笈七籤》卷27〈洞天福地〉，北宋‧張君房編：《雲笈七籤》，《道藏》，第22冊，頁198下至201中。

223. 朱明：太陽。宋玉〈招魂〉：「朱明承夜兮，時不可以淹。」北宋‧洪興祖撰：《楚辭補註》，頁215。

224. 百二十宮：指代天上星宿，如《漢書‧天文志》：「經星常宿中外官，凡百一十八名。」見東漢‧班固撰，唐‧顏師古注：《漢書》，第5冊，頁1273。

225. 南宮校籍：南宮，指尚書省，象列宿之南宮，故稱。《後漢書‧朱馮虞鄭周列傳》：

「弘奏以為臺職雖尊，而酬賞甚薄，至於開選，多無樂者，請使郎補千石令，令史為長。帝從其議。弘前後所陳有補益王政者，皆著之南宮，以為故事。」見劉宋・范曄撰，唐・李賢等注：《後漢書》，第4冊，頁1155。此處指仙界的南宮。

226. 東壁：北方七宿之一，主管天下文章。《晉書・天文志》：「東壁二星，主文章，天下圖書之秘府也。」見唐・房玄齡等著：《晉書》，頁301。

227. 五管：指嶺南地區。《舊唐書・地理志四》：「永徽後，以廣、桂、容、邕、安南府，皆隸廣府都督統攝，謂之五府節度使，名嶺南五管。」見後晉・劉昫等：《舊唐書》(北京：中華書局，1975)，第5冊，頁1712。

228. 張超：即東漢張楷，字公超，蜀郡成都縣(今四川成都)人，通經學，有道術，能作五里霧，朝廷征召不仕，事見《後漢書・鄭范陳賈張列傳》，劉宋・范曄撰，唐・李賢等註：《後漢書》，第5冊，頁1242–1243。他隱居的地方後稱「張超谷」，陳摶在此開鑿石室，並羽化於此，《宋史・隱逸列傳》：「端拱初，忽謂弟子賈德昇曰：『汝可於張超谷鑿石為室，吾將憩焉。』二年秋七月，石室成，摶手書數百言為表，其略曰：『臣摶大數有終，聖朝難戀，已於今月二十二日化形於蓮花峰下張超谷中。』如期而卒，經七日支體猶溫。有五色雲蔽塞洞口，彌月不散。」見元・脫脫等：《宋史》，第38冊，頁13421。

229. 世讚：梁簡文帝蕭綱，字世讚。蕭綱關於張超隱居的碑文，現在暫時無法考證。而現存有蕭綱為張道裕(字弘真，即漢朝天師陵十二代孫。梁天監五年，張裕在常熟縣西門內虞山栖遯，建招真觀)撰寫的《招真館碑》。可參見高步瀛選注，孫通海點校：《南北朝文舉要》(北京：中華書局，1998)，頁284–295。

230. 徐則：東海郯(今屬山東)人，生活於南北朝、隋年間，在縉雲山修道，後來隱居天台山。事載《北史・隱逸》，見唐・李延壽撰：《北史》，第9冊，頁2915–2916。

231. 孝穆：指徐陵(507–583)，字孝穆，南朝著名詩人、文學家，與庾信齊名，擅長宮體詩，著有〈天台山館徐則法師碑〉。

232. 龍漢：道經稱元始天尊年號之一。《隋書・經籍志四》：「道經者，云有元始天尊，生於太元之先，稟自然之氣，沖虛凝遠，莫知其極。所以說天地淪壞，劫數終盡，略與佛經同。以為天尊之體，常存不滅。每至天地初開，或在玉京之上，或在窮桑之野，授以秘道，謂之開劫度人。然其開劫，非一度矣，故有延康、赤明、龍漢、開皇，是其年號。其間相去經四十一億萬載。」見唐・魏徵：《隋書》(北京：中華書局，1997)，第4冊，頁1091。

233. 大戒三百：即全真道之「三壇大戒」，中極戒凡三百條。

234. 真文五千：指老子《道德經》，凡五千字。

235. 飆輪：指御風而行的神車。《搜神記・杜蘭香》：「眾女侍羽儀，不出塘宮外。飆輪送我來，豈復處塵穢。」見東晉・干寶撰，汪紹楹校注：《搜神記》，頁15。

236. 修三：修三元之道。《無上秘要》卷56：「三元篇曰：修上元之法，然燈上極九十燈，中可六十燈，下可三十燈，羅列齋堂左右門閣，太歲月建日辰本命行年之上。修中元之法，然燈上極六十燈，中可三十六燈，下可十二燈；修下元之法，然燈上

極三十六燈，中可二十四燈，下可九燈。」見《道藏》，第25冊，頁210下–211上。

237. 守一：道教修煉之術，專一精思用以通神。《抱朴子‧地真》：「守一存真，乃能通神。」見東晉‧葛洪撰，王明校釋：《抱朴子校釋》，頁297。

238. 蕊丹：道教內丹學之「玉蕊」指陰中之陽氣。《上陽子金丹大要‧自序》：「無名子云：偃月爐，陰爐也。中有玉蕊之陽氣，即虎之弦氣也。」見元‧陳致虛：《上陽子金丹大要》，《道藏》，第24冊，頁5上。

239. 丹城：指宮禁。

240. 白彗：古代的妖星，有兵事之象。《晉書‧天文志中》：「太白散為天杵、天樹、伏靈、大敗、司姦、天狗、天殘、卒起、白彗。」見唐‧房玄齡等：《晉書》，第2冊，頁326。

241. 紅羊劫：古代讖緯之說，古人認為丙午、丁未之年是發生災禍的年份，丙、午、丁都屬火，未屬羊，故稱「紅羊劫」，指代國難，此處指第二次鴉片戰爭。

242. 「巳」當作「已」。

243. 西那玉國：〈太上道君紀〉：「蓋天西那玉國浮羅之岳，復與《靈寶》同出度人。」見北宋‧張君房編：《雲笈七籤》卷101，《道藏》，第22冊，頁685中。

244. 東井：星宿名，即井宿，在玉井之東，故稱。《禮記‧月令》：「仲夏之月，日在東井，昏亢中，旦危中。」見清‧阮元校刻：《十三經註疏》，頁1369上。

245. 陰岑：深邃貌。駱賓王〈帝京篇〉：「桂殿嶔崟對玉樓，椒房窈窕連金屋。」考訂曰：「嶔，一作陰；崟，一作崟」。見唐‧駱賓王：《駱丞集（附辨訛考異）》（北京：中華書局，1985），頁41、77。

246. 貞珉：石刻碑銘的美稱。泐：同「勒」。

247. 紫宙：宇宙、上天。

248. 摩星嶺：廣州白雲山的最高峰。

249. 蒲澗：即安期澗，傳說仙人安期生在廣州白雲山服食菖蒲飛升。《廣東新語‧白雲山》：「安期將李少君南之羅浮，至此澗，采菖蒲一寸十二節者服之，以七月二十五日仙去。」見清‧屈大均：《廣東新語》，頁80。

250. 能仁：指能仁寺，位於廣州白雲山，創建於清代，是白雲山上最大的佛教寺院。

251. 彌勒：即彌勒寺，位於番禺，清嘉慶年間創建，今寺院已不存。

252. 功德水：即八定水。佛教認為西方極樂世界中到處有七寶蓮池，中有八功德水，有八種功德。

253. 佩清道人：應為「佩青道人」，即黃宗性，曾在三元宮被英法聯軍損毀之後住持重修廟宇，其重修事蹟見清‧朱用孚：〈重修三元宮碑記〉。

254. 大備：即諸事完備。《莊子‧徐無鬼》：「夫大備矣，莫若天地；然奚求焉，而大備矣。」見清‧王先謙集解：《莊子集解》，頁162。

255. 隆棟：高大的棟樑。

256. 靈笈：指裝仙道秘笈的箱子。

257. 七籤：「籤」指書籤，古代書籍卷軸裝表頭繫帶，絲帶末端穿一籤，用以捆綁固定卷

軸，亦指書衣上所貼的紙簽或帛簽，用以題寫書名。「七籤」指道書之三洞四輔七部，如《雲笈七籤》，即指匯集七部精華之意。

258. 兩藏：指明正統《道藏》和清《道藏輯要》。

259. 紹進士之遺蹤：呂祖原名呂岩，曾於唐寶曆元年（825年）得中進士。

260. 「以金布地」，見本章註釋131。

261. 庥：蔭庇、庇佑。

262. 舄奕：指連綿不絕。《后漢書・班彪列傳下》：「發祥流慶，對越天地者，奕乎千載。」劉宋・范曄撰，唐・李賢等注：《後漢書》，第5冊，頁1379。

263. 唐捐：落空、虛耗。

264. 本文作者暫不可考，然而從文中「本宮」之類的字樣來看，作者應當是三元宮在宮道士。

265. 鮑靚，見本章註釋58。

266. 《寰宇記》：即《太平寰宇記》，北宋樂史編著，記錄全國十三道各州縣的建制沿革、戶口、風俗、名勝古蹟、祠廟、人物等情況。

267. 鮑姑，見本章註釋57。

268. 杜陽棟：字鎮陵，開山始祖，龍門正宗十二世玄嗣，山東萊州府濰縣人，本在羅浮山，來到三元宮祈雨，成為住持。

269. 李棲鳳（1594–1664），字瑞梧，廣寧人，曾任廣東總督，順治十三年，李棲鳳捐俸重修三元殿並鐘鼓二樓，撰寫〈修建三元殿記〉。

270. 尚可喜（1604–1676），祖籍山西洪洞（今屬山西），後遷徙至北直隸真定府衡水縣（今屬河北），初為明代將領，後投降後金。順治六年（1649）封平南王。隨清軍入關後和耿繼茂全力進攻廣東，屠戮甚多，並在廣東建立王府鎮守，曾在順治十三年（1656）為三元宮捐贈大鐘。

271. 總鎮：即總兵，明清兩代武官，正二品，亦稱為總鎮。

272. 金弘振：曾任總兵。主持開關、修建殿宇，供奉三官大帝，並在康熙三十九年（1700）捐俸發起。

273. 杜公：即杜陽棟。

274. 韓復兆、梁復進：雍正年間曾任住持，曾豎碑紀事。

275. 嘉勇公福：即福康安（1754–1796），字瑤林，姓富察氏，滿洲鑲黃旗人，封一等嘉勇公。曾任御前侍衛、戶部侍郎等職，後任兩廣總督期間，於乾隆五十四年（1789）捐俸發起重修三元宮。

276. 郁教甯：乾隆年間曾任三元宮住持，為黎永受師。乾隆五十四年（1789）重修時募化督工。

277. 黎永受：郁教甯徒弟，在觀中選擇材料，集合工匠，重修擴建三元宮。乾隆五十四年（1789）重修時募化督工，在郁教甯的指示下更換磚石，從此靜攝修養得地，郁教甯退休之前，是他的得力助手。在郁教甯羽化之後，則一人肩負重任。

278. 楊圓炯：黎永受徒弟，曾主持重修，並刊刻《玉皇宥罪錫福寶懺》。

279. 鄧士憲（1771–1839），字臨智，號鑒堂，廣東佛山人。嘉慶七年（1802）成進士，選庶吉士，歷任武選司郎中、南安府知府等職，後養母告歸，在羊城、粵華兩書院擔任主講，總纂道光《南海縣志》。道光十七年（1837），發起重修三元宮，著〈重修三元宮碑記〉。

280. 黃明治：道光年間任住持，全真龍門傳人。道光十七年（1837），主持募化督工重修。

281. 兵事破壞：指第二次鴉片戰爭時期英法聯軍入侵廣州。

282. 瑞麟（1809–1874），字澄泉，姓葉赫納拉氏，滿洲正藍旗人，歷任太長寺少卿、禮部侍郎、戶部尚書等職。同治五年擔任兩廣總督，同治八年（1869）時捐俸發起重修三元宮。

283. 黃宗性：號佩青，同治辛酉年（1861）回到三元宮，同治八年（1869）募化重修。

284. 梁宗琪：廣東人，光緒年間住持三元宮，捐贈宮產興辦時敏中學校，因此獲得敕賜「葆光勵學」匾額。

285. 挹注：即「挹彼注茲」，把液體從一個容器中舀出，然後注入另一個容器，即以有餘來彌補不足。《詩經·大雅·泂酌》：「彼行潦，挹彼注茲，可以餴饎。」見清·阮元校刻：《十三經註疏》，頁544。

286. 張宗潤：民國八年（1919）時任住持，住持重修。

287. 二十七年：指民國二十七年（1938），日軍入侵廣州。

288. 周宗朗、何誠端：全真龍門第二十三、二十四代傳人，民國三十三年（1944）曾任三元宮住持，發起重修，在宮募化。

289. 鮑仙：指鮑姑，見本章註釋57。

290. 省會事變：指廣州戰役。1938年日本侵略軍進攻廣東省省會廣州市，10月廣州淪陷。

291. 桷：方形的椽子。

292. 籤題：加書籤且於書後題跋，為校勘、編整書籍的工序之一。

293. 「园」當作「圓」。

294. 環堵：四面土牆的窄小屋子。

295. 沖漠：清虛恬淡。張協《七命》：「沖漠公子，含華隱曜。」見梁·蕭統編，唐·李善注：《文選》，頁490下。

296. 糲：粗糙的米。糲食：粗米飯。

297. 夤緣：攀援上升。左思《吳都賦》：「夤緣山嶽之岊，暐暐江海之流。」見梁·蕭統編，唐·李善注：《文選》，頁85上。

298. 窅窅：隱晦不明、深邃的樣子。

299. 斧斤：斤，刀，斧斤即指刀斧。班固《答賓戲》：「逢蒙絕技於弧矢，般輸推巧於斧斤。」見梁·蕭統編，唐·李善注：《文選》，頁636上。

300. 埏植：埏，和；植，土。即用陶土做成器皿。語出《老子》第十一章：「埏植以為器，當其無，有器之用。」見清·朱謙之：《老子校釋》，頁44。

301. 鴻樞：指中央，即四方之中。

302. 俛仰：抬頭低頭，形容時間短暫。《莊子·在宥》：「其疾俛仰之間而再撫四海之外。」見清·郭慶藩撰，王孝魚點校：《莊子集釋》，中冊，卷4下，頁381。

303. 臒：油漆所用的顏料。《文選》顏延之《和謝監靈運》：「雖慚丹臒施，未謂玄素睽。」見梁·蕭統編，唐·李善注：《文選》，頁368下。

304. 翬飛：如斯翬飛，形容建築物高峻而華麗。

305. 肸蚃：即「肸蠁」，指聲音或氣體散佈瀰漫。左思《吳都賦》：「光色炫晃，芬馥肸蠁。」見梁·蕭統編，唐·李善注：《文選》，頁85上。

306. 原碑文此字從滿從火，上下結構，特此說明。

307. 「間」當作「閭」。

308. 「間」當作「閭」。

309. 「园」當作「圓」。

310. 「不」當作「下」。

311. 「园」當作「圓」。

312. 「間」當作「閭」。

313. 「間」當作「閭」。

314. 「塊」當作「魂」。

315. 「胆」疑為「肝」之誤。

316. 「脉」當作「銖」。

317. 「封」當作「卦」。

318. 「园」當作「圓」。

319. 「甲」當作「用」。

320. 「园」當作「圓」。

321. 「穴」當作「六」。

322. 「運」當作「蓮」。

323. 「悉」當作「患」。

324. 「藏」當作「臟」。

325. 「人」當作「八」。

326. 「拘」當作「狗」。

327. 「十一」當作「土」。

第十一章

1. 參廣州市宗教志編纂委員會編：《廣州宗教志資料匯編》（廣州：廣州宗教志編輯室，1995），第2冊（道教），頁73。

2. 參廣州市宗教志編纂委員會編：《廣州宗教志資料匯編》，第2冊（道教），頁20。

3. 廣州道教協會主辦：《恆道》28，玄門道訊，2012。

4. 參廣州市宗教志編纂委員會編：《廣州宗教志資料匯編》，第2冊（道教），頁72–73。

5. 參廣州道教協會主辦:《恆道》11,玄門道訊,2008。

6. 參廣州道教協會主辦:《恆道》31,玄門道訊,2013。

7. 參廣州道教協會主辦:《恆道》25,玄門道訊,2011。

8. 廣州市宗教志編纂委員會編:《廣州宗教志資料匯編》,第2冊(道教),頁72。

9. 廣州市宗教志編纂委員會編:《廣州宗教志資料匯編》,第2冊(道教),頁20。

10. 廣州市宗教志編纂委員會編:《廣州宗教志資料匯編》,第2冊(道教),頁73。

11. 參廣州道教協會主辦:《恆道》1,玄門道訊,2005。

12. 參廣州道教協會主辦:《恆道》49,玄門道訊,2017。

13. 參廣州道教協會主辦:《恆道》31,玄門道訊,2013。

14. 參廣州道教協會主辦:《恆道》47,玄門道訊,2017。

15. 參廣州道教協會主辦:《恆道》28,玄門道訊,2012。

16. 參廣州道教協會主辦:《恆道》46,玄門道訊,2017。

17. 參鄭信文:〈廣州三元宮史料簡介〉(手稿),轉引自廣州市宗教志編纂委員會編: 《廣州宗教志資料匯編》,第2冊(道教),頁76。

第十二章

1. 清嘉慶二十四年(1819)《新安縣志》卷2提及有「粉壁嶺」。見清‧舒懋官修,王崇熙纂:嘉慶《新安縣志》,《中國地方志集成‧廣東府縣志集輯》(上海:上海書店,2003,據清嘉慶二十四年〔1819〕刻本影印),第18冊。另參陳國成主編:《粉嶺》(香港:三聯書店,2019年增訂版),頁1。

2. 例如見2005年8月《蓬瀛館訊》頁4載:「(本館)組團往廣州三元宮晉謁祖庭。」

3. 清‧伍銓萃:〈重修呂祖殿碑記〉(清光緒二十八年〔1902〕,據原碑)。

4. 黃佩佳:《香港本地風光‧附新界百詠》(香港:商務印書館,2017),頁254–259。

5. 《廣州市政府市政公報》,1927年第269期,頁28。

6. 〈蓬瀛仙館創建道董題名記〉(1950,據原碑)。

7. 民‧周宗朗:〈創建粉嶺蓬瀛仙館記〉(1937,據原碑)。

8. 〈粉嶺蓬瀛仙館創建道董題名記〉(1950):「歷任主持芳名……,周朗山宗朗,民二十九年。」

9. 民‧張信綱:〈重修三元宮碑記〉(民國三十三年〔1944〕,據原碑):「民國三十二年,本宮住持周公宗朗、何公誠端,謹於是年癸未三月廿一日卜吉重修。」

10. 民‧周宗朗:〈創建粉嶺蓬瀛仙館記〉。

11. 民‧周宗朗:〈創建粉嶺蓬瀛仙館記〉。

12. 民‧周宗朗:〈創建粉嶺蓬瀛仙館記〉。

13. 馮邦彥:《百年利豐》(香港:三聯書店〔香港〕有限公司,2011,增訂版),頁6–10。利豐公司的名稱,由李道明的「李」和馮耀卿的「馮」兩字的諧音「利」與「豐」組成,寓意「利潤豐盛」。

14. 清‧伍銓萃:〈重修呂祖殿碑記〉。

15. 許衍董總編纂，汪宗衍、吳天任參閱：《廣東文徵續編》（香港：廣東文徵編印委員會，1986），第1冊，頁269。

16. 清·賴際熙：〈羅浮酥醪洞主陳先生像贊〉，收入陳銘珪：《長春道教源流》（臺北：廣文書局，1975），頁1–2。另參黎志添：《廣東地方道教研究：道觀，道士及科儀》（香港：香港中文大學出版社，2007），頁88–89。

17. 張永豫：〈重修酥醪觀碑銘〉，收入譚棣華、曹騰騑、冼劍民編《廣東碑刻集》（廣州：廣東高等教育出版社，2011），頁809。

18. 關於孔昭度的詳細官職履歷，參陳予歡編著：《中國留學日本陸士官學校將帥錄》（廣州：廣州出版社，2013），頁21。

19. 曾陽漾：〈清游會畫壇一笑泯恩怨：嶺南畫派和傳統國畫研究所的恩怨解析〉（下），《嶺南文史》，2012年第4期，頁38–48。

20. 張傑龍主編：《南海詩徵》（廣州：嶺南美術出版社，2009），下冊，頁319–321。

21. 《香港工商日報》1977年5月16日，第6頁載有一則蓬瀛仙館的介紹——〈蓬瀛仙館遊遊勝地，遠源流長閒話滄桑〉，該文提及梁漪湄為「廣州一德路著名海味經理。」

22. 張傑龍主編：《南海詩徵》，下冊，頁321。

23. 香港科學藝術交流中心編：《嶺南名詩畫家周朗山先生紀念集》（非賣品，2009），頁37。

24. 見〈廣州市道教會會員名冊〉，廣州市檔案館檔案資料，全宗號7，目錄號5，案卷號24。

25. 香港科學藝術交流中心編：《嶺南名詩畫家周朗山先生紀念集》，頁39。

26. 香港科學藝術交流中心編：《嶺南名詩畫家周朗山先生紀念集》，頁75附有一幅周朗山與家人於1936年遊覽杭州西湖的合照，可證明當年他和家人仍未避居香港。

27. 香港科學藝術交流中心編：《嶺南名詩畫家周朗山先生紀念集》，頁39；陳敬揚〈詩畫道人：創館道董周朗山道長事跡〉（二），香港蓬瀛仙館：《蓬瀛館訊》，2017年第3期，頁18–19。

28. 〈蓬瀛仙館創建道董題名記〉（1950）記錄歷任主持芳名：「何近愚宗愚，民二十二年至二十五年。」但據1937年周宗朗〈創建粉嶺蓬瀛仙館記〉記稱：「當年主持何宗愚」。

29. 〈粉嶺蓬瀛仙館增建西齋捐款題名記〉（1952，據原碑）。

30. 香港科學藝術交流中心編：《嶺南名詩畫家周朗山先生紀念集》，頁129。

31. 〈創建粉嶺蓬瀛仙館引〉（1937，見本章附錄一）。

32. 見〈春遊蓬瀛仙館賞聯憶舊〉（不知撰者），《粉嶺蓬瀛仙館金禧紀念擴建大殿落成特刊》（非賣品，1982），頁143。

33. 香港蓬瀛仙館：《蓬瀛仙館80週年紀念特刊（1929–2009）》，頁74。

34. 香港蓬瀛仙館：《蓬瀛仙館80週年館慶》（2009），頁39。

35. 黎志添、游子安、吳真：《香港道堂科儀歷史與傳承》（香港：中華書局，2007），頁49–51。

36. 黎志添、游子安、吳真：《香港道堂科儀歷史與傳承》，頁32。

37. 香港青松觀於2005年開始編著了一系列《青松觀藏科儀經書注》（香港：青松出版社），現已出版了《太上玄門早課》（2005）、《太上玄門晚課》（2005）、《關燈散花儀》（2005）、《玄門破獄儀》（2005）、《攝召真科》（2007）。每本青松觀科儀書注本的起首頁都刊載同一篇的〈前言〉，說明青松觀藏科儀經書乃屬全真科儀。

38. 根據侯寶垣：〈玉皇宥罪錫福寶懺及本行集經重刊跋〉，青松觀丙辰年（1976）重刊之《玉皇宥罪錫福寶懺》並不是從同治元年三元宮藏板而來的，而是從光緒二年（1876）武林雲道堂蓼花仙館之刻本而來的。

39. 香港蓬瀛仙館：《蓬瀛仙館80週年館慶》，頁40。

40. 關於侯寶垣和鄧九宜介紹，參黎志添、游子安、吳真：《香港道堂科儀歷史與傳承》，頁49–53。

41. 香港蓬瀛仙館：《蓬瀛簡訊．春節旅遊》，1988年5月，頁3。

42. 香港蓬瀛仙館：《蓬瀛簡訊．館務消息》，1989年2月，頁1。

43. 香港蓬瀛仙館：《蓬瀛簡訊．館務簡報．廣州法會》，1992年11月，頁1。

44. 參見蓬瀛仙館內部相片紀錄。

45. 見蕭國健、沈思合編：《香港華文碑刻集》（香港：顯朝書室，1993），新界編（一），頁10。

46. 參見香港科學藝術交流中心編：《嶺南名詩畫家周朗山先生紀念集》，頁127–134。

第十三章

1. 本章節書寫材料多源於廣州道教協會《恆道》雜誌「道訊」欄目。《蓬瀛仙館創館70週年》（1999）、《蓬瀛僊館創館75週年（1929–2004）》（2004）、《蓬瀛仙館80週年紀念特刊（1929–2009）》（2009）、《蓬瀛仙館80週年館慶》（2009）、《蓬瀛仙館85週年紀念特刊（1929–2014）》（2014）、《蓬瀛館訊》亦為本章節提供信息來源。三元宮微信公眾號（微信號：gzdjsyg）所展示宮觀各項活動消息，也是本章節之重要參考。

2. 本節有關三元宮與蓬瀛仙館的交流活動，亦見於第十一章。雖內容有部分重複，但展現的重點不同。

3. 參香港蓬瀛仙館：《蓬瀛仙館創館70週年》，頁135。

4. 參香港蓬瀛仙館：《蓬瀛仙館創館70週年》，頁131。

5. 參香港蓬瀛仙館：《蓬瀛仙館創館75週年（1929–2004）》，頁170。

6. 香港蓬瀛仙館：《蓬瀛館訊》2013年第1期，頁20。

7. 香港蓬瀛仙館：《蓬瀛館訊》2016年第3期，頁8。

8. 香港蓬瀛仙館：《蓬瀛館訊》2016年第4期，頁8。

9. 《廣州市道教第一次代表會議專刊》，參廣州市宗教處檔案，案卷號：1987年長期（一）。

10. 參考碑刻〈香港雲泉仙館經募三元宮重修聖像神龕寶座長聯樂助善長芳名〉（原碑存址不詳，據碑刻相片節錄）。

參考書目

一．傳統文獻

西漢．司馬遷著，劉宋．裴駰集解，唐．司馬貞索引，唐．張守節正義：《史記》。北京：中華書局，1959。

東漢．班固撰，唐．顏師古注：《漢書》。北京：中華書局，1962。

劉宋．范曄撰，唐．李賢等注：《後漢書》。北京：中華書局，1973。

北齊．魏收：《魏書》。北京：中華書局，1974。

唐．李延壽：《北史》。北京：中華書局，1974。

唐．房玄齡等：《晉書》。北京：中華書局，1974。

唐．魏徵等：《隋書》。北京：中華書局，1997。

後晉．劉昫等：《舊唐書》。北京：中華書局，1975。

北宋．歐陽修、宋祁：《新唐書》。北京：中華書局，1986。

元．脫脫等：《宋史》。北京：中華書局，1963。

清．世續、陸潤庠等纂修：《清實錄》。北京：中華書局，1986。

清．張廷玉等：《明史》。北京：中華書局，1974。

清．趙爾巽等：《清史稿》。北京：中華書局，1998。

二．地方志、山志、海關志

唐．李吉甫撰，賀次君點校：《元和郡縣圖志》。北京：中華書局，1983。

北宋．王存、曾肇、李德芻撰，王文楚、魏嵩山點校：《元豐九域志》。北京：中華書局，1984。

南宋．祝穆編，南宋．祝洙補訂：《宋本方輿勝覽》。上海：上海古籍出版社，2012。

元．陳大震、呂桂孫纂修：大德《南海志》二十卷，《續修四庫全書》第713冊（史部地理類）。上海：上海古籍出版社，1995，據元大德八年（1304）刊本影印。

明．李賢等：《大明一統志》。西安：三秦出版社，1990，據明天順五年(1461)原刻本影印。

明‧郭棐纂修：萬曆《廣東通志》七十二卷，四庫全書存目叢書編纂委員會編：《四庫全書存目叢書》，第197–198冊（史部地理類）。臺南：莊嚴文化事業有限公司，1995，據日本內閣文庫藏明萬曆三十年（1602）刻本影印。

明‧陳璉撰：《羅浮志》，明永樂八年（1410）修，清道光三十年（1850）粵雅堂刻本2冊線裝，廣東省中山圖書館藏；另收入《叢書集成初編》。上海：商務印書館，1936。

明‧陳璉撰，民‧陳伯陶補：《羅浮山志補》，民國九年（1920）增刻本4冊線裝，香港中文大學圖書館藏。

明‧黃佐等纂修：嘉靖《廣東通志》七十卷。香港：大東圖書公司，1977，據明嘉靖四十年（1561）刊本影印。

明‧劉廷元修、王學曾等纂：萬曆《南海縣志》十三卷，殘存卷1至4、11至12卷，明萬曆三十七年（1609）刻本，廣東省立中山圖書館藏。

清‧魏綰重修，陳張翼彙纂：乾隆《南海縣志》二十卷，清乾隆六年（1741）刻本微縮膠卷本。

清‧王永瑞纂修：康熙《新修廣州府志》五十四卷，《北京圖書館古籍珍本叢刊》第39–40冊（史部地理類）。北京：書目文獻出版社，1988，據清康熙抄本影印。

清‧任果、常德主修，檀萃、凌魚纂修：乾隆《番禺縣志》二十卷，故宮博物院編：《故宮珍本叢刊》第168冊，《故宮珍本叢刊‧廣東府州縣志》第3冊。海口：海南出版社，2001，據清乾隆三十九年（1774）刻本影印。

清‧宋廣業：《羅浮山志會編》，《續修四庫全書》，第725冊。上海：上海古籍出版社，1995，據清康熙五十六年（1717）刻本影印。

清‧李福泰主修，史澄、何若瑤總纂：同治《番禺縣志》五十四卷，首一卷，附錄一卷，《中國地方志集成‧廣東府縣志輯（6）》。上海：上海書店，2003，據清同治十年（1871）刻本影印。

清‧阮元等修，陳其昌等纂：道光《廣東通志》三百三十四卷，《續修四庫全書》第669–675冊（史部地理類）。上海：上海古籍出版社，1995，據1934年商務印書館影印清道光二年（1822）年刊本影印。

清‧金光祖纂修：康熙《廣東通志》三十卷，清康熙三十六年（1697）刻本，五十二年（1713）增補本，廣東省立中山圖書館藏。

清‧長善等修，劉彥明纂：《駐粵八旗志》，《續修四庫全書》第859–860冊（史部政書類）。上海：上海古籍出版社，1995，據上海辭書出版社圖書館藏清光緒五年（1879）廣州龍藏街韶元閣刻十年增修本影印。

清‧郝玉麟等監修，清‧魯曾煜等編纂：雍正《廣東通志》六十四卷，《景印文淵閣四庫全書》第562–564冊。上海：上海古籍出版社，1987。

清‧崔弼初輯，陳際清續輯：《白雲越秀二山合志》，收入陳建華、曹淳亮主編：《廣州大典》，第34輯史部地理類第13冊（總第222冊）。廣州：廣州出版社，2008。

清‧張嗣衍主修，沈廷芳總纂：乾隆《廣州府志》六十卷，清乾隆二十四年（1759）刻本微縮膠卷。

清·梁鼎芬倡修，丁仁長總纂：宣統《番禺縣續志》四十四卷，首一卷，《中國地方志集成》廣東府縣志輯第7冊。上海：上海書店，2003，據民國二十年 (1931) 重印本影印。

清·盧蔚猷修，清·吳道鎔纂：光緒《海陽縣志》，《中國地方志集成》廣東府縣志輯第26冊。上海：上海書店，2003，據清光緒二十六年 (1900) 刊本。

清·陳鴻修、清·劉鳳輝纂：同治《仁化縣志》，清光緒九年 (1883) 刻本，中國方志庫二集，編號1464。

清·彭潤章修、葉廉鍔纂：《平湖縣志》，《中國方志叢書》華中地方第189號。臺北：成文出版社，1975，據光緒十二年 (1886) 刊本影印。

清·舒懋官修，王崇熙纂：嘉慶《新安縣志》，《中國地方志集成》廣州府縣志輯第18冊。上海：上海書店，2003，據清嘉慶二十四年 (1819) 刻本影印。

清·瑞麟、戴肇辰主修，史澄、李光廷等纂：光緒《廣州府志》一六三卷，《中國方志叢書》華南地方第1號。臺北：成文出版社，1966，據清光緒五年 (1879) 刻本影印。

清·劉業勤纂修：乾隆《揭陽縣志》，重印揭陽縣志董事會：《揭陽縣誌正續集》。香港：重印揭陽縣志董事會，1969。

清·潘尚楫等修，鄧士憲等纂：道光《南海縣志》四十四卷，首末各一卷，清道光十五年 (1835) 刻本，香港中文大學圖書館藏。

清·鄭蒝等主修，桂坫等總纂：宣統《南海縣志》二十六卷，末一卷，《中國地方志集成》廣東府縣志輯，第30冊。上海：上海書店，2003，據清宣統三年 (1911) 刻本影印。

清·穆彰阿、潘錫恩等纂修：嘉慶《大清一統志》。上海：上海古籍出版社，2008，據四部叢刊續編本影印。

民·葉覺邁修，民·陳伯陶總纂：《東莞縣志》，《中國方志叢書·華南地方》第52號。臺北：成文出版社，1967。

昭平縣志編纂委員會編：《昭平縣志》。南寧：廣西人民出版社，1992。

番禺市地方志編纂委員會編：《番禺縣志》。廣州：廣東人民出版社，1995。

順德市地方志編纂委員會編：《順德縣志》。北京：中華書局，1996。

廣州市宗教志編纂委員會編：《廣州宗教志資料匯編》第2冊 (道教)。廣州：廣州宗教志編輯室，1995。

廣州市荔灣區地方志編纂委員會編：《廣州市荔灣區志》。廣州：廣東人民出版社，1998。

廣州市越秀區地方志編撰委員會編：《廣州市越秀區志》。廣州：廣東人民出版社，2000。

廣東省地方志編纂委員會編：《廣東省志 (教育志)》。廣州：廣東人民出版社，1995。

廣東省地方志編纂委員會編：《廣東省志 (宗教志)》。廣州：廣東人民出版社，2002。

《廣東省志》編纂委員會：《廣東省志 (1979–2000)》。北京：方志出版社，2014。

潮陽市地方志編纂委員會編：《潮陽縣志》。廣州：廣東人民出版社，1997。

三. 文集、遊記

西漢 · 孔安國撰，唐 · 孔穎達等正義：《尚書正義》。上海：上海古籍出版社，1990。

西晉 · 郭璞注，清 · 畢沅校：《山海經》。上海：上海古籍出版社，1989。

西晉 · 陳壽著，裴松之注：《三國志》。北京：中華書局，1959。

東晉 · 干寶撰，汪紹楹校注：《搜神記》。北京：中華書局，1979。

東晉 · 葛洪撰，胡守為校釋：《神仙傳校釋》。北京：中華書局，2010。

劉宋 · 劉義慶著，徐震堮校箋：《世說新語校箋》。北京：中華書局，1984。

姚秦 · 鳩摩羅什譯，隋 · 智顗疏，唐 · 湛然記，北宋 · 道威入疏：《妙法蓮華經》。上
    海：上海古籍出版社，1990。

北魏 · 酈道元著，陳橋驛注釋：《水經注》。杭州：浙江古籍出版社，2001。

梁 · 陶弘景撰，清 · 張海鵬訂：《真誥》。北京：中華書局，1985。

梁 · 蕭統編，唐 · 李善注：《文選》。北京：中華書局，1977。

唐 · 杜甫著，清 · 仇兆鰲註解：《杜詩詳注》。北京：中華書局，1979。

唐 · 劉恂：《嶺表錄異（及其他二種）》。北京：中華書局，1985。

唐 · 駱賓王：《駱丞集（附辨訛考異）》。北京：中華書局，1985。

北宋 · 李昉等編：《太平御覽》。北京：中華書局，1960。

北宋 · 李昉等編：《太平廣記》。北京：中華書局，1961。

北宋 · 洪興祖撰，白化文、徐德楠、李如鸞、方進點校：《楚辭補註》。北京：中華書
    局，1983。

北宋 · 唐庚：《眉山唐先生文集》，王雲五主編：《四部叢刊三編》第70–71冊（集部）1
    冊。臺北：商務印書館，1975。

北宋 · 張君房：《雲笈七籤》。北京：中華書局，2003。

北宋 · 陳師道：《後山談叢》。北京：中華書局，2007。

北宋 · 樂史撰，王文楚等點校：《太平寰宇記》。北京：中華書局，2007。

北宋 · 蘇軾：《蘇長公小品》。北京：正蒙印書局，1914。

北宋 · 釋道元：《景德傳燈錄》。成都：成都古籍書店，2000。

南宋 · 王象之：《輿地紀勝》。北京：中華書局，1992。

南宋 · 吳曾：《能改齋漫錄》，《景印文淵閣四庫全書》第850冊。上海：上海古籍出版
    社，1987。

南宋 · 洪邁：《夷堅志》。北京：中華書局，1981。

南宋 · 胡仔纂集：《苕溪漁隱叢話後集》。上海：商務印書館，1937。

南宋 · 真德秀：《西山先生真文忠公文集》。上海：商務印書館，1937。

南宋 · 許翰：《襄陵文集》，《景印文淵閣四庫全書》第1123冊。上海：上海古籍出版社，
    1987。

元 · 吳萊：《淵穎吳先生文集》，《四部叢刊初編》第2274–2277冊（集部）。上海：商務印
    書館，1919。

元 · 張雨：《句曲外史貞居先生詩集》。上海：商務印書館，1919，四部叢刊景鈔元刻本。

元‧程端學：《積齋集》，《景印文淵閣四庫全書》，第 1212 冊（集部別集類）。上海：上海古籍出版社，1987。

明‧佚名：萬曆《新刻出像增補搜神記》六卷，《續修四庫全書》第 1264 冊（子部小說家類）。上海：上海古籍出版社，1995，據北京圖書館藏明萬曆富春堂刻本影印。

明‧吳元泰、余象斗、楊志和：《四遊記》。北京：華夏出版社，1994。

明‧高濂：《遵生八箋》。北京：書目文獻出版社，1988。

明‧許仲琳：《封神演義》。北京：人民文學出版社，1973。

明‧郭棐撰，黃國聲、鄧貴忠點校：《粵大記》。廣州：廣東人民出版社，2014。

明‧楊慎：《丹鉛續錄》。北京：中華書局，1985。

明‧吳元泰、余象斗、楊志和：《四遊記》。北京：華夏出版社，1994。

明‧高濂：《遵生八箋》。北京：書目文獻出版社，1988。

明‧許仲琳：《封神演義》。北京：人民文學出版社，1973。

明‧郭棐撰，黃國聲、鄧貴忠點校：《粵大記》。廣州：廣東人民出版社，2014。

明‧楊慎：《丹鉛續錄》。北京：中華書局，1985。

清‧仇巨川輯：《羊城古鈔》，清嘉慶十一年（1806）刻本，大賚堂藏板，香港中文大學崇基學院圖書館藏。

清‧方濬頤：《二知軒詩鈔》十四卷，《續修四庫全書》第 1555 冊（集部別集類）。上海：上海古籍出版社，1995，據清同治五年（1866）刻本影印。

清‧王先謙集解：《莊子集解》。北京：中華書局，1954。

清‧丘逢甲：《嶺雲海日樓詩鈔》，丙申稿（1896）民國本。廣州：國立中山大學出版部，1937。

清‧朱謙之校釋：《老子校釋》。北京：中華書局，1984。

清‧吳嵩梁：《香蘇山館全集》，清道光二十三年（1843）刻本，美國哈佛燕京圖書館藏。

清‧吳嵩梁：《香蘇山館詩集》，《續修四庫全書》，第 1489–1490 冊（集部別集類）。上海：上海古籍出版社，1995，據華東師範大學圖書館藏清木犀軒刻本影印。

清‧吳蘭修：《南漢紀》，清道光三十年（1850）伍氏粵雅堂刻本，香港中文大學圖書館藏。

清‧李調元：《南越筆記》。北京：中華書局，1985。

清‧汪瑔：《隨山館叢稿》四卷，《續修四庫全書》第 1558 冊。上海：上海古籍出版社，1995，據中國科學院圖書館藏清光緒刻隨山館全集本影印。

清‧沙琛：《點蒼山人詩鈔》，《續修四庫全書》第 1483 冊（集部別集類）。上海：上海古籍出版社，1995，據民國三年（1914）《雲南叢書》初編本影印。

清‧里人何求纂：《閩都別記》。福州：福建人民出版社，2012。

清‧阮元校刻：《十三經註疏》。北京：中華書局，1980。

清‧岑澂撰：《篋笥山人詩集》，陳建華、曹淳亮主編：《廣州大典》第 56 輯（集部別集類）第 40 冊，總第 457 冊。廣州：廣州出版社，2008。

清‧屈大均：《廣東新語》。北京：中華書局，1985。

清・杭世駿:《道古堂全集》,清乾隆四十一年 (1776) 刻,清光緒十四年 (1888) 汪曾唯修本,香港中文大學圖書館藏。

清・林昌彝:《衣讔山房詩集》,《續修四庫全書》第 1530 冊 (集部別集類)。上海:上海古籍出版社,1995,據上海圖書館藏清同治二年 (1863) 廣州刻本影印。

清・陳夢雷著,蔣廷錫等校:《古今圖書集成》。臺北:鼎文書局,1977。

清・徐世昌編,聞石點校:《晚清簃詩匯》,《續修四庫全書》第 1629–1633 冊 (集部總集類)。上海:上海古籍出版社,1995,據民國十八年 (1929) 退耕堂刻本影印。

清・張九鉞:《紫峴山人全集》,《續修四庫全書》第 1443–1444 冊。上海:上海古籍出版社,1995,據清咸豐元年 (1851) 張氏賜錦樓刻本影印。

清・張九鉞著,雷磊校:《陶園詩文集》。長沙:嶽麓書社,2013。

清・張維屏:《松心詩錄》,《續修四庫全書》第 1496 冊 (集部別集類)。上海:上海古籍出版社,1995,據清咸豐四年 (1854) 趙惟濂羊城刻本影印。

清・張維屏:《國朝詩人徵略二編》,《續修四庫全書》第 1713 冊 (集部詩文評類)。上海:上海古籍出版社,1995,據清道光二十二年 (1842) 刻本影印。

清・陳澧:〈再跋琅邪臺秦篆新刻本〉,載《東塾集》卷 4,《清代詩文集彙編》編纂委員會編:《清代詩文集彙編》第 637 冊。上海:上海古籍出版社,2010。

清・陳璞:《尺岡草堂遺集》,《清代詩文集彙編》編纂委員會編:《清代詩文集彙編》第 676 冊。上海:上海古籍出版社,2010。

清・黃釗:《讀白華草堂詩二集》,《續修四庫全書》第 1516 冊 (集部別集類)。上海:上海古籍出版社,1995,據清道光十九年 (1839) 刻本影印。

清・黃培芳:《香石詩話》四卷,張寅彭輯選,吳忱、楊焄點校:《清詩話三編》,第 4 冊。上海:上海古籍出版社,2014。

清・黃斐默輯,蔣邢胙校:《集說詮真》,王秋桂、李豐楙主編:《中國民間信仰資料彙編》第 1 輯,第 22–23 冊。臺北:學生書局,1989,據清光緒甲申年 (1884) 重校版影印。

清・彭蘊璨:《歷代畫史彙傳》,盧輔聖主編:《中國書畫全書》第 11 冊。上海市:上海書畫出版社,1997,據清道光 (1782–1850) 刻本。

清・童槐:《今白華堂詩錄補》,《續修四庫全書》第 1498 冊 (集部別集類)。上海:上海古籍出版社,1995,據清光緒三年 (1877) 童華刻本影印。

清・董誥等編:《全唐文》。上海:上海古籍出版社,1990。

清・鄧顯鶴編纂:《沅湘耆舊集》。長沙:嶽麓書社,2007。

清・鄭獻甫:《補學軒詩集》,文海出版社編輯部編:《近代中國史料叢刊續編》,第 22 輯。臺北:文海出版社,1975。

清・黎簡:《五百四峰堂詩鈔》,《續修四庫全書》第 1473–1474 冊 (集部別集類)。上海:上海古籍出版社,1995,據上海辭書出版社圖書館藏清嘉慶元年 (1796) 刻本影印。

清・檀萃:《楚庭稗珠錄》,清乾隆三十八年 (1773) 刻本,香港中文大學圖書館 1976 年複印出版。

清‧謝蘭生：《常惺惺齋日記(外四種)》。廣州：廣東人民出版社，2014。

清‧譚瑩：《樂志堂詩集》，《續修四庫全書》第1528冊(集部別集類)。上海：上海古籍出版社，1995，據清咸豐九年(1859)吏隱園刻本影印。

清‧譚獻纂：《復堂詞錄》。杭州：浙江古籍出版社，2016。

清‧顧祖禹撰，賀次君、施和金點校：《讀史方輿紀要》。北京：中華書局，2005。

清‧龔萼：《雪鴻軒尺牘》。上海：上海新文化書社，1912。

民‧陳伯陶：《瓜廬詩賸》，民國二十年(1931)刻本2冊線裝，香港中文大學圖書館藏。

四．道經與道書

1.《道藏》。北京：文物出版社，上海：上海書店，天津：天津古籍出版社，1988。

《九天應元雷聲普化天尊玉樞寶經集註》，《道藏》第2冊。

《三官燈儀》，《道藏》第3冊。

《三洞珠囊》，《道藏》第25冊。

《大惠靜慈妙樂天尊說福德五聖經》，《道藏》第28冊。

《五嶽真形序論》，《道藏》第32冊。

《元始天尊說三官寶號經》，《道藏》第2冊。

《太一救苦護身妙經》，《道藏》第6冊。

《太上太玄女青三元品誡拔罪妙經》，《道藏》第1冊。

《太上玄靈斗姆大聖元君本命延生心經》，《道藏》第11冊。

《太上老君說天妃救苦靈驗經》，《道藏》第11冊。

《太上洞玄靈寶三元玉京玄都大獻經》，《道藏》第6冊。

《太上洞玄靈寶三元品戒功德輕重經》，《道藏》第6冊。

《太上洞玄靈寶業報因緣經》，《道藏》第6冊。

《赤松子章曆》，《道藏》第11冊。

《洞玄靈寶三洞奉道科戒營始》，《道藏》第24冊。

《洞玄靈寶自然九天生神章經》，《道藏》第5冊

《秘傳正陽真人靈寶畢法》，《道藏》第28冊。

《梓潼帝君化書》，《道藏》第3冊。

《無上秘要》，《道藏》第25冊。

《紫陽真人內傳》，《道藏》第5冊。

《道書援神契》，《道藏》第32冊。

《鍾呂傳道集》，《道藏》第4冊。

《靈寶玉鑒》，《道藏》第10冊。

《靈寶無量度人上經大法》，《道藏》第3冊。

劉宋‧陸修靜：《陸先生道門科略》，《道藏》第24冊。

梁‧陶弘景：《洞玄靈寶真靈位業圖》，《道藏》第 3 冊。

唐‧朱法滿：《要修科儀戒律鈔》，《道藏》第 6 冊。

唐‧杜光庭：《太上黃籙齋儀》，《道藏》第 9 冊。

唐‧杜光庭：《洞天福地嶽瀆名山記》，《道藏》第 11 冊。

唐‧杜光庭：《道教靈驗記》，《道藏》第 10 冊。

北宋‧吳淑：《江淮異人錄》，《道藏》第 11 冊。

北宋‧張君房：《雲笈七籤》，《道藏》第 22 冊。

南宋‧白玉蟾：《修真十書》，《道藏》第 4 冊。

南宋‧白玉蟾：《海瓊白真人語錄》，《道藏》第 33 冊。

南宋‧呂太古編修，元‧馬道逸改編：《道門通教必用集》，《道藏》第 32 冊。

南宋‧金允中：《上清靈寶大法》，《道藏》第 31 冊。

南宋‧甯全真授，南宋‧王契真編纂：《上清靈寶大法》，《道藏》第 30–31 冊。

南宋‧甯全真，林靈真編：《靈寶領教濟度金書》，《道藏》第 7–8 冊。

南宋‧謝守灝編：《太上老君混元聖紀》，《道藏》第 17 冊。

元‧李道純：《中和集》，《道藏》第 4 冊。

元‧李道謙：《甘水仙源錄》，《道藏》第 19 冊。

元‧苗善時編：《純陽帝君神化妙通記》，《道藏》第 5 冊。

元‧秦志安編撰：《金蓮正宗記》，《道藏》第 3 冊。

元‧陳致虛：《上陽子金丹大要》，《道藏》第 24 冊。

元‧趙道一：《歷世真仙體道通鑑》，《道藏》第 5 冊。

元‧謝西蟾、劉志玄：《金蓮正宗仙源像傳》，《道藏》第 3 冊。

明‧白雲霽：《道藏目錄詳注》，《道藏》第 36 冊。

明‧朱權：《天皇至道太清玉冊》，《道藏》第 36 冊。

2. 胡道靜等編：《藏外道書》，成都：巴蜀書社，1992–1994。

《鍾呂二仙傳道集》，《藏外道書》第 6 冊。

元‧張三丰：〈先天神后斗姆元尊大道九皇真經〉，《張三丰先生全集》，《藏外道書》第 5 冊。

明‧周思得編：《上清靈寶濟度大成金書》，《藏外道書》第 17 冊。

清‧陳仲遠校輯：《廣成儀制言功設醮全集》，清宣統三年 (1911) 成都二仙庵刊版，民國 二年 (1913) 重刊，《藏外道書》第 14 冊。

清‧陳仲遠校輯：《廣成儀制貢祀諸天正朝集》，清宣統三年 (1911) 成都二仙庵刊版，民 國二年 (1913) 重刊，《藏外道書》第 13 冊。

清‧陳銘珪：《長春道教源流》，《藏外道書》第 31 冊。

清‧陳銘珪錄注：《浮山志》，《藏外道書》第 32 冊。

清‧傅金銓 (濟一子) 編：《濟一子道書十七種》，《藏外道書》第 11 冊。

清‧閔一得：《金蓋心燈》，《藏外道書》第 31 冊。

清‧葉德輝校：《三教源流搜神大全》，清宣統元年 (1909) 刊本，《藏外道書》第 31 冊。

五. 其他古籍

明・郭倫、張啟明編：《呂祖志》三卷一冊，明萬曆三十四年 (1606)，臺北國家國書館藏，編號 9216。

明・楊良弼校刊：《純陽呂真人文集》，《海王邨古籍叢刊》影印明崇禎年間 (1628–1644) 刊《道書全集》本。北京：中國書店，1990 年。

《玉山淨供幽科》，清光緒六年 (1880) 太和道院本，澳門吳慶雲道院藏，香港中文大學圖書館道教經典文庫。

清・邵志琳增輯：《呂祖全書》，龔鵬程、陳廖安編：《中華續道藏》第 20 冊。臺北：新文豐出版公司，1999。

清・郁教甯：〈唱道真言跋〉，收入清・鶴臞子筆錄：《唱道真言》，陳廖安主編：《珍藏古籍道書十種》。臺北：新文豐出版公司，2001。

清・劉體恕彙輯：《呂祖全書》，清道光三十年 (1850) 刻本，香港中文大學圖書館藏。

清・蔣予蒲彙輯：《呂祖全書正宗》，清嘉慶十年 (1805) 刊本，日本京都大谷大學藏。

清・閻永和、彭翰然重刻，賀龍驤校訂：《重刊道藏輯要》，清光緒三十二年 (1906) 成都二僊庵版刻。

六. 研究論文與著作

丁四新：〈早期《老子》文本的演變、成型與定型 —— 以出土簡帛本為依據〉，《中州學刊》，2014 年 10 期，頁 103–115。

丁四新：〈從簡、帛、通行本比較的角度論《老子》文本演變的觀念、過程和規律〉，《人文論叢》，2003 年 11 月，頁 84–97。

三谷孝：〈南京政權と「迷信打破運動」(1928–1929)〉，《歷史學研究》No. 455 (1978)，頁 1–14。

上海古籍出版社編：《生活與博物叢書・禽魚蟲獸編》。上海：上海古籍出版社，1993。

于君方著，陳懷宇、姚崇新、林佩瑩譯：《觀音：菩薩中國化的演變》。臺北：法鼓文化事業股份有限公司，2009。

大淵忍爾著，劉波譯、王承文校：〈論古靈寶經〉，陳鼓應編：《道家文化研究》，第 13 輯。北京：三聯書店，1998。

小柳司氣太編：《白雲觀志》，《中國道觀志叢刊》，第 1 冊。南京：江蘇古籍出版社，2000。

中山市人民政府地方志辦公室編：《中山市人物志》。廣州：廣東人民出版社，2012。

中元秀、馬建釗、馬逢達編：《廣州伊斯蘭古蹟研究》。銀川：寧夏人民出版社，1989。

中村久四郎著，朱耀廷譯：〈唐代的廣東 (上)、(下)〉，《嶺南文史》，1983 年第 1、2 期，頁 35–43 及 33–49。

中國人民大學清史研究所、檔案系中國政治制度史教研室合編：《清代的礦業》。北京：中華書局，1983。

中國人民政治協商會議廣州市越秀區委員會編：《越秀山風采》。廣州：花城出版社，
　　1987年。

中國道教協會、蘇州道教協會編：《道教大辭典》。北京：華夏出版社，1994。

中華書局編輯部校：《全唐詩增訂本》。北京：中華書局，1999。

中華書局辭海編輯所修訂：《辭海試行本》。上海：中華書局辭海編輯所，1961。

仇巨川纂，陳憲猷校註：《羊城古鈔》。廣州：廣東人民出版社，2011。

尹志華：《清代全真道歷史新探》。香港：中文大學出版社，2014。

文徵明著，周道振輯校：《文徵明集》。上海：上海古籍出版社，1987。

方信孺、張翊、樊封撰，劉瑞點校：《南海百詠、南海雜詠、南海百詠續編》。廣州：廣
　　東人民出版社，2010。

毛慶耆等編著：《嶺南學術百家》。廣州：廣東人民出版社，2004。

王中江：〈北大藏漢簡《老子》的某些特徵〉，《哲學研究》，2013年5月，頁33–40。

王中秀等編著：《近現代金石書畫家潤例》。上海：上海畫報出版社，2004。

王成組：《中國地理學史（先秦至明代）》。北京：商務印書館，2015。

王育民：《中國歷史地理概論》。北京：人民教育出版社，1988。

王承文：〈古靈寶經的三洞思想與東晉南朝之際道教的整合〉，收入氏著：《敦煌古靈寶
　　經與晉唐道教》。北京：中華書局，2002，頁159–319。

王洪等主編：《古詩百科大辭典》。北京：光明日報出版社，1991。

王根林等校點：《漢魏六朝筆記小說大觀》。上海：上海古籍出版社，1999。

王維撰、陳鐵民校註：《王維集校註》。北京：中華書局，1997。

王學泰：〈關羽崇拜的形成〉，盧曉衡主編：《關羽、關公和關聖》。北京：社會科學文獻
　　出版社，2002，頁72–87。

王麗英：《廣州道書考論》。武漢：華中師範大學出版社，2010。

史孝進、劉仲宇主編：《道教風俗談》。上海：上海辭書出版社，2003。

司徒尚紀：〈元代廣州作為建制城市的歷史地理初探〉，《熱帶地理》，第16卷第1期
　　（1996），頁82–88。

司徒尚紀：《雷州文化概論》。廣州：廣東人民出版社，2014。

白居易著，顧學頡點校：《白居易集》。北京：中華書局，1979。

白雪飛編著：《宗教音樂》。濟南：泰山出版社，2012。

任宗權：《道教章表符印文化研究》。北京：宗教文化出版社，2006。

全漢昇：〈宋代廣州的國內外貿易〉，《中央研究院歷史語言研究所集刊》，第8本第3分
　　冊（1939），頁303–356。

《安徽歷史名人詞典》編輯委員會編：《安徽歷史名人詞典》。合肥：安徽教育出版社，
　　2008。

朱元育著，王魁溥校點：《參同契批註》。北京：北京師範大學出版社，1989。

朱天順：〈有關媽祖褒封幾個問題〉，許在全主編：《媽祖研究》。廈門：廈門大學出版
　　社，1999，頁205–215。

朱天順：《中國古代宗教初探》。上海：上海人民出版社，1982。

朱用孚：〈朱用孚憶述「信宜凌十八之亂」〉，《信宜文史》第5輯。信宜：廣東省信宜市政協文史委員會，1988年。

朱東潤主編：《中國歷代文學作品選》。上海：上海古籍出版社，2002。

朱新鏞：〈鴉片戰爭時期香山愛國學者黃培芳〉，政協廣東省中山市委員會文史委員會編《中山文史》，第25輯文化歷史資料專輯。中山：政協廣東省中山市委員會文史委員會，1992。

朱彝尊著，王鎮遠選註：《朱彝尊詩詞選註》。上海：上海古籍出版社，1988。

江志如：〈鮑姑古井在哪裡〉，《嶺南文史》，第93期（2009），頁32–33。

何國華：〈清代嶺南的高等學府——廣東學海堂〉，《廣東史志》，1994年第2期，頁51–52。

何歌勁輯註：《湘潭歷代文賦選》。湘潭：湘潭大學出版社，2013。

何藻翔：《鄒崖詩稿》，陳建華、曹淳亮主編：《廣州大典》，第56輯（集部別集類），第62冊，總第479冊。廣州：廣州出版社，2008–2015。

余信昌、黃誠通：〈鮑靚，鮑姑與廣州三元宮〉，《道協會刊》，1984年第15期，頁70–74。

佚名：《繪圖三教源流搜神大全（外二種）》。上海：上海古籍出版社，1990。

冷東、金峰、肖楚熊：《十三行與嶺南社會變遷》。廣州：廣州出版社，2014。

吳天任編著：《清何翽高先生國炎年譜》。臺北：臺灣商務印書館，1981。

吳宏岐：〈唐番禺縣治所考〉，《中國歷史地理論叢》，第3輯（2007），頁149–155。

吳亞魁：《江南全真道教：以六府一州道觀為重心的考察（1271–1911）》，香港中文大學博士論文，2005。

吳迪：〈試論《秋水軒尺牘》與《雪鴻軒尺牘》之文學價值〉，吳兆路等主編：《中國學研究》（第10輯）。濟南：濟南出版社，2007，頁159–164。

吳海林、李延沛編：《中國歷史人物辭典》。哈爾濱：黑龍江人民出版社，1983。

吳楓等主編：《中華道學通典》。海口：南海出版公司，1994。

吳綺、羅天尺、李調元、黃芝、顏嵩年撰，林子雄點校：《清代廣東筆記五種》。廣州：廣東人民出版社，2006。

吳曉蔓：〈清代筆記小說中所見廣東道教〉，《嶺南文史》，2006年04期，頁35–43。

呂薇芬主編：《全元曲典故辭典》。武漢：湖北辭書出版社，2001。

坂內榮夫著，谷麗萍、董沁園譯，伊永文校：〈《鍾呂傳道集》與內丹思想〉，吳光正主編，趙琳、董曉玲、孫穎譯：《八仙文化與八仙文學的現代闡釋——二十世紀國際八仙論叢》。哈爾濱：黑龍江人民出版社，2006。

李中路：〈乾隆中期宮廷銅法鈴製作的創新與變化〉，《故宮博物院院刊》，2014年第3期，頁122–128。

李仲偉、林子雄編著：《廣州古井名泉》。廣州：廣東人民出版社，2013。

李志鴻：《道教天心正法研究》。北京：社會科學文獻出版社，2011。

李叔還編纂：《道教大辭典》。臺北：巨流圖書公司，1979。

李宗黃：《新廣東觀察記》。上海：商務印書館，1922。

李定生、徐慧君校注：《文子要詮》。上海：復旦大學出版社，1988。

李松茂主編：《回族東鄉族土族撒拉族保安族百科全書》。北京：宗教文化出版社，2008。

李炳泉：〈阮元督粵幕府考論〉，阮錫安、姚正根主編：《阮元研究論文選》。揚州：廣陵書社，2014。

李若暉：《老子集注彙考》。上海：上海辭書出版社，2015。

李若暉：《郭店竹書老子論考》。濟南：齊魯書社，2004。

李國鈞：〈清代考據學派的最高學府——詁經精舍與學海堂〉，《嶽麓書院通訊》，1983年第1期，頁57–60。

李國鈞主編：《中華書法篆刻大辭典》。長沙：湖南教育出版社，1990。

李連祥編：《唐詩常用語詞》。天津：百花文藝出版社，2009。

李道平撰，潘雨廷點校：《周易集解纂疏》。北京：中華書局，1994。

李養正：《新編北京白雲觀志》。北京：宗教文化出版社，2003。

李龍潛：〈明代廣東對外貿易及其對社會經濟的影響〉，收入氏著：《明清廣東社會經濟研究》。上海：上海古籍出版社，2006，頁170–201。

李豐楙：〈行瘟與送瘟——道教與民眾瘟疫觀的交流和分歧〉，《民間信仰與中國文化國際研討會論文集》。臺北：漢學研究中心，1994，頁373–422。

李豐楙：〈嚴肅與遊戲：道教三元齋與唐代節俗〉，鍾彩均主編：《傳承與創新：「中研院」中國文哲研究所十週年紀念論文集》。臺北：中研院中國文哲研究所籌備處，1999，頁55–110。

李豐楙：《抱朴子：不死的探求》。海口：海南出版社，三環出版社，1998。

李瀚文等主編：《成語詞典》。北京：九州出版社，2001。

杜甫著，袁慧光編注：《杜甫湘中詩集註》。長沙：嶽麓書社, 2010。

杜贊奇：〈刻畫標誌：中國戰神關帝的神話〉，韋思諦編，陳仲丹譯《中國大眾宗教》。南京：江蘇人民出版社，2006，頁93–114。

汪宗衍：〈倪雲林與玄文館〉，收入氏著《藝文叢談》。香港：中華書局，1978。

汪涌豪、駱玉明主編：《中國詩學》。上海：東方出版社，2008。

沈德鴻選註：《楚辭》。上海：商務印書館，1928。

沈瓊樓：〈廣州市濠畔街和打銅街的變遷〉，《廣州文史資料》，第7輯（1963），頁2–3。

冼玉清：《廣東釋道著述考》。桂林：廣西師範大學出版社，2016。

冼劍民、陳鴻鈞編：《廣州碑刻集》。廣州：廣東高等教育出版社，2006。

周永光整理：〈鄭獻甫年譜〉，《廣西地方志》，2004年第1期，頁50–52。

周振甫：《中國修辭學史》。北京：商務印書館，1991。

周密著，楊瑞點校：《周密集》。杭州：浙江古籍出版社，2015。

周善怡：〈1930年代中期廣州市立美術學校國畫系的教學研究〉，《美術學報》2018年第1期，頁74–86。

周麗麗：〈德化窯阿拉伯文瓷器芻議 —— 兼述德化窯之外的其他中國古代阿拉伯文瓷器〉，德化縣人民政府編：《德化窯古陶瓷研究論文集》。北京：九州出版社，2013。

孟至嶺：〈道教全真經韻及法器板式初探〉，《中國道教》，2019年第2期，頁18–25。

季嘯風主編：《中國書院辭典》。杭州：浙江教育出版社，1996。

於梅舫：《學海堂與漢宋學之浙粵遞嬗》。北京：社會科學文獻出版社，2016。

杭世駿著，蔡錦芳、唐宸點校：《杭世駿集》。杭州：浙江古籍出版社，2015。

杭州大學中文系《古書典故辭典》編寫組編：《古書典故辭典》。南昌：江西人民出版社，1984。

林富士：《中國中古時期的宗教與醫療》。臺北：臺灣聯經出版，2008。

邱樹森主編：《中國歷代人名辭典》。南昌：江西教育出版社，1989。

金武祥著，林其寶編選：《溎生隨筆》。北京：中共中央黨校出版社, 1998。

金炳亮：〈孫科與廣州市政建設〉，《嶺南文史》，1991年第4期，頁30–36。

姚東升輯，周明校註：《釋神校註》。成都：巴蜀書社，2015。

姚述：〈羅浮艮泉圖及其題詠〉，《藝文叢輯》第18編。臺北：藝文印書館，1978。

姜良存：《三言二拍與佛道關係之研究》。濟南：山東人民出版社，2014。

政協揭東文史編輯部：《揭東文史》，揭東文史編輯部，1997。

柳存仁：〈道藏刻本之四個日期〉，酒井忠夫先生古稀祝賀記念會編：《歷史にわける民眾と文化——酒井忠夫先生古稀祝賀記念論集》。東京：國書刊行會，1982，頁1049–1067。

段木干主編：《中外地名大辭典》。臺中：人文出版社，1981。

段成式撰，方南生點校：《酉陽雜俎》。北京：中華書局，1981。

紀昀等修，李洵、趙德貴、周毓芳、薛虹校點：《欽定八旗通志》。長春：吉林文史出版社，2002。

胡巧利主編：《廣東方志與十三行 —— 十三行資料輯要》。廣州：廣東人民出版社，2014。

胡宇清：〈胡根天與廣州市立美術學校〉，《書畫世界》，2017年第6期，頁11–13。

胡守為等主編：《中國歷史大辭典 (魏晉南北朝史)》。上海：上海辭書出版社，2000。

胡春濤：《老子八十一化圖研究》。成都：巴蜀書社，2012。

胡根天：〈記全國最早一間公立美術學校的創立和發展過程的風波〉，中國人民政治協商會議廣東省廣州市委員會文史資料研究委員會編：《廣州文史資料選輯》第27輯。廣州：廣東人民出版社，1982，頁79–80。

胡道靜等編：《道藏要籍選刊》。上海：上海古籍出版社，1989。

范之麟主編：《全宋詞典故辭典》。武漢：湖北辭書出版社，2001。

香港科學藝術交流中心編：《嶺南名詩畫家周朗山先生紀念集》(非賣品)，2009。

倪文君：〈西方人「塑造」的廣州景觀(1517–1840)——以旅行者、傳教士和使團成員的記述為中心〉，復旦大學博士論文，2006年。

卿希泰主編：《中國道教史》。成都：四川人民出版社，1996，第2版修訂本。

唐庚撰，黃鵬編注：《唐庚集編年校註》。北京：中央編譯出版社，2013。

夏巨富：〈慈善「政治化」：抗戰前廣東仁愛善堂的創立及其活動〉，《社會保障評論》，第
　　2卷第2期（2018），頁100–106。

孫克強等編著：《清人詞話》。天津：南開大學出版社，2012。

孫克強等編著：《論詞絕句二千首》。天津：南開大學出版社，2014。

孫海、藺新建主編：《中國考古集成華南卷》。鄭州：中州古籍出版社，2005。

容肇祖：〈德慶龍母傳說的演變〉，《民俗》1928年第9期，頁1–9。

容肇祖：〈德慶龍母傳說的演變（續）〉，《民俗》1928年第10期，頁10–23。

容肇祖：〈學海堂考〉，《嶺南學報》，第3卷，第4期（1934），頁1–147。

徐世昌編，聞石點校：《晚清簃詩匯》。北京：中華書局，1990。

徐百齊編：《中華民國法規大全》。上海：商務印書館，1936年。

徐俊鳴：《廣州史話》。北京：中華書局，1963。

徐俊鳴：《嶺南歷史地理論集》。廣州：中山大學學報編輯部，1990。

徐曉望：《媽祖信仰史研究》。福州：海風出版社，2007。

荔灣區藝術檔案館、荔灣區地方志辦公室編：《廣州風華：古今羊城八景書畫集》。廣
　　州：嶺南美術出版社，2012。

袁中道著，王能議注：《小修詩注》。武漢：崇文書局，2014。

袁行霈主編：《中國文學史》。北京：高等教育出版社，2003。

袁枚著，宋婉琴校：《續子不語》。西安：陝西人民出版社，1998。

袁珂校譯：《山海經校譯》。上海：上海古籍出版社，1985。

馬子木：《清代大學士傳稿1636–1795》。濟南：山東教育出版社，2013。

馬曉宏：〈《道藏》等諸本所收呂洞賓書目簡注──呂洞賓著作考略之一〉，《中國道教》，
　　1988年第3期，頁34。

高步瀛選注，孫通海點校：《南北朝文舉要》。北京：中華書局，1998。

高明：《帛書老子校註》。北京：中華書局，1996。

高麗楊：〈《鍾呂傳道集》與《西山群仙會真記》版本考述〉，《中國道教》，2011年第4期，
　　頁28–33

高麗楊點校：《鍾呂傳道集·西山群仙會真記》。北京：中華書局，2015。

張岱年主編：《中國哲學大辭典》。上海：上海辭書出版社，2010。

張忠綱主編：《全唐詩大辭典》。北京：語文出版社，2000。

張星烺：《中西交通史料彙編》。北京：中華書局，1979。

張洲：《倪瓚詩畫彙通研究》。廣州：廣東高等教育出版社，2014。

張傑龍主編：《南海詩徵》。廣州：嶺南美術出版社，2009。

張澤洪：《道教齋醮科儀研究》。成都：巴蜀書社，1999。

張穎：〈略談地方志在嶺南文獻輯佚工作中的作用〉，《圖書館理論與實踐》2006年第4
　　期，頁114–115。

張寶華：《清末廣州書院嬗變與學堂興起的歷史考察》，華南師範大學碩士論文，2007年。

張鑑等撰，黃愛平點校：《阮元年譜》。北京：中華書局，1995。

梁方仲編著：《中國歷代戶口、田地、田賦統計》。上海：上海人民出版社，1980。

梁披雲主編：《中國書法大辭典》。廣州：廣東人民出版社，1984。

《清詩觀止》編委會編：《清詩觀止》。上海：學林出版社，2015。

畢寶魁：《隋唐生活掠影》。北京：知識產權出版社，2016。

章文欽：〈行商伍家與嶺南繪畫〉，嶺南畫派紀念館編：《嶺南畫派在上海：國際學術研討會論文集》。廣州：嶺南美術出版社，2013，頁199–212。

章文欽：〈明清時代荷蘭與廣州口岸的貿易和交往〉，收入蔡鴻生主編：《廣州與海洋文明》。廣州：中山大學出版社，1997，頁284–337。

許衍董總編纂，汪宗衍、吳天任參閱：《廣東文徵續編》。香港：廣東文徵編印委員會，1986–87。

許蔚：〈唐人寫本《靈飛經》與《上清素奏丹符靈飛六甲》的復原〉，《新國學》，第13卷，2016年第1期，頁154–176。

郭慶藩集釋，王孝魚點校：《莊子集釋》。北京：中華書局，1995。

閆艷：《唐詩食品詞語語言與文化之研究》。成都：巴蜀書社，2004。

陳予歡：〈民初之廣州市政建設〉，《廣州文史》，第46輯（1994），頁156–163。

陳予歡編著：《中國留學日本陸士官學校將帥錄》。廣州：廣州出版社，2013。

陳代光：《廣州城市發展史》。廣州：暨南大學出版社，1996。

陳永正主編：《中國方術大辭典》。廣州：中山大學出版社，1991。

陳永正編註：《中國古代海上絲綢之路詩選》。廣州：廣東旅遊出版社，2001。

陳永正選註：《嶺南歷代詞選》。廣州：廣東人民出版社，2009。

陳永正選註：《嶺南歷代詩選》。廣州：廣東人民出版社，2012。

陳永齡主編：《民族詞典》。上海：上海辭書出版社，1987。

陳兵：〈清代全真龍門派的中興〉，《世界宗教研究》，1988年第2期，頁84–96。

陳卓寧主編：《越秀薈萃》。廣州：花城出版社，1999。

陳建華主編：《廣州市文物普查彙編・越秀區卷》。廣州：廣州出版社，2009。

陳飛龍：《葛洪之文論及其生平》。臺北：文史哲出版社，1980。

陳國成主編：《粉嶺》。香港：三聯書店（香港），2019，增訂版。

陳景鍇編：《海珠古詩錄》。廣州：新世紀出版社，2008。

陳瑞林：《20世紀中國美術教育歷史研究》。北京：清華大學出版社，2006。

陳銘珪：《長春道教源流》。臺北：廣文書局，1975。

陳澤泓、胡巧利主編，廣州市地方志辦公室編：《廣州近現代大事典1840–2000年》。廣州：廣州出版社，2003。

陳澤泓：〈學海堂考略〉。《廣東史志》，2000年01期，頁33–38。

陳澤泓：《廣州古代史叢考》。北京：中央編譯出版社，2017。

陳鴻鈞：〈康寧廣州 —— 廣州晉墓出土「永嘉」磚銘紀略〉，《文物天地》，2013年第12期，頁50–51。

陳鴻鈞：〈廣東出土西晉「永嘉」銘文磚考〉，《廣州文博》2015年，頁254–268。

陳耀庭：《道教禮儀》。北京：宗教文化出版社，2003。

陸尊梧、李志江主編：《歷代典故辭典》。北京：作家出版社，1992。

陸游著，王克儉主編：《陸游詩詞選》。海口：海南國際新聞出版中心，1997。

麥哲維（Steven Miles）著，沈正邦譯：《學海堂與晚清嶺南學術文化》。廣州：廣東人民出版社，2018。

傅璇琮等主編：《中國詩學大辭典》。杭州：浙江教育出版社，1999。

喬盛西等主編：《廣州地區舊志氣候史料彙編與研究》。廣州：廣東人民出版社，1993。

喬曉軍編著：《中國美術家人名辭典（補遺二編）》。西安：三秦出版社，2007。

單磊：《南越王國傳奇》。北京：中國國際廣播出版社，2014。

尋霖、龔篤清編著：《湘人著述表》。長沙：嶽麓書社，2010。

彭定求主編，陳書良、周柳燕選編：《御定全唐詩簡編》。海口：海南出版社，2014。

曾昭璇、曾憲珊：〈宋、明時期廣州市歷史地理問題〉。《嶺南文史》，1985年第1期，頁93–112。

曾昭璇：《廣州歷史地理》。廣州：廣東人民出版社，1991。

曾陽漾：〈清游會 畫壇一笑泯恩怨：嶺南畫派和傳統國畫研究所的恩怨解析（下）〉，《嶺南文史》，2012年第4期，頁38–48。

曾新：《明清廣州城及方志城圖研究》。廣州：廣東人民出版社，2013。

曾慶榴：《廣州國民政府》。廣州：廣東人民出版社，1996。

森由利亞：〈全真教龍門派系譜考〉，道教文化研究會編：《道教文化への展望》。東京：平河出版社，1994，頁180–210。

游子安：〈近百年梅州地區的道教：以呂帝廟為探討中心〉，《成大歷史學報》，第41號（2011），頁199–236。

游子安：〈清代以來關帝善書及其信仰的傳播〉，《中國文化研究所學報》，第50期（2010），頁219–252。

游子安：《道風百年：香港道教與道觀》。香港：利民出版社，2002。

湖南省地方志編纂委員會編：《湖南省志》。長沙：湖南出版社，1992。

番禺市地方志編纂委員會辦公室主持整理：《民國辛未年（1931年）番禺縣續志點註本》。廣州：廣東人民出版社，2000。

番禺市地方志編纂委員會辦公室整理：《番禺縣志清同治十年點註本》。廣州：廣東人民出版社，1998。

程天固：《程天固回憶錄》。香港：龍門書店，1978。

程國政編：《中國古代建築文獻集要（清代）》。上海：同濟大學出版社，2013。

童漱石：〈廣州濠畔街山陝會館的藥材行〉，廣州市政協主編：《廣州文史資料存稿選編》，第8冊。北京：中國文史出版社，2008，頁461–463。

馮邦彥：《百年利豐》。香港：三聯書店（香港）在限公司，2011，增訂版。

黃永東主編：《南雄詩詞選》。廣州：廣東高等教育出版社，1990。

黃壯釗：〈關羽的祖先與後裔：以山西常平關帝祖祠為中心〉，《中國文化研究所學報》，第61期（2015），頁191–211。

黃志環、鄧旺林、黃偉平編著：《大埔進士錄》。北京：中國文史出版社，2015。

黃佩佳：《香港本地風光（附新界百詠）》。香港：商務印書館，2017。

黃旺旺：《香器》。北京：現代出版社，2015。

黃海德：〈試論道教「三清」信仰的宗教內涵及其歷史演變〉，《世界宗教研究》，2004年第02期，頁72–79。

黃培芳：《嶺海樓詩鈔》，陳建華、曹淳亮主編：《廣州大典》第56輯（集部別集類），第36冊，總第453冊。廣州：廣州出版社，2008–2015，據清道光二十一年（1841）羊城富文齋刻本。

黃惠賢主編：《二十五史人名大辭典》。鄭州：鄭州古籍出版社，1997。

黃嘉猷、韋緒主編：《柳州地區志》。柳州：廣西人民出版社，2000。

傳維康：《針灸推拿史》。上海：上海古籍出版社，1991。

楊佐義主編：《全唐詩精品譯註匯典》。長春：長春出版社，1994。

楊紹權：〈清代廣州駐防漢軍旗的歷史〉，《廣州文史資料》，第7輯（1963），頁127–134。

楊莉：〈鮑姑火傳遠——鮑姑艾傳說及其民間文化土壤〉，收入黎志添主編：《香港及華南道教研究》。香港：中華書局，2005，頁334–357。

楊順益：〈晉代女針灸家鮑姑及鮑姑艾〉，《中國針灸》，1989年第2期，頁42–43。

葉春生、劉克寬編：《廣州的傳說》。上海：上海文藝出版社，1985。

葉衍蘭著，謝永芳點校：《葉衍蘭集》。上海：上海古籍出版社，2015。

葛洪撰、王明校釋：《抱朴子內篇校釋》。北京：中華書局，1980。

董沛文主編：《新編呂洞賓真人丹道全書》。北京：團結出版社，2009。

蜂屋邦夫編著：《中國の道教：その活動と道觀の現狀》。東京：東京大學東洋文化研究所，1995。

詹飄飄：〈（唐）施肩吾生卒年限推斷〉，《寧波教育學院學報》，第14卷第1期（2012），頁42–43、47。

賈穗南編著：《宋城懷古：人物春秋》。廣州：暨南大學出版社，2016。

鄒景良主編：《西華勝概：嶺南鄉土歷史文化縱橫》。廣州：華南理工大學出版社，2014。

廖鵬飛：〈聖墩祖廟重建順濟廟記〉，許更生註析：《莆陽名篇選讀》。福州：海峽文藝出版社，2013。

管林：〈黃培芳生平及詩作述評〉，《華南師範大學學報（社會科學版）》，1994年第1期，頁56–64，113–114。

蒲亨強：《道家音樂學》。北京：宗教文化出版社，2013。

蒲良柱：〈風俗改革會工作概況〉，蒲柱良等著：《風俗改革叢刊》，國立北京大學中國民俗學會編：《民俗叢書》第131冊（1930）。臺北：東方文化書局，1974。

趙立人：〈咸豐四年三水守城秘聞〉，《三水文史》，第20輯。三水：廣東省三水市政協文史委員會，1995年。

趙傳仁主編:《詩詞曲名句辭典》。濟南:山東教育出版社,1988。

趙祿祥主編:《中國美術家大辭典》。北京:北京出版社,2007。

趙應鐸主編:《漢語典故大辭典》。上海:上海辭書出版社,2007。

劉正剛:《廣東會館論稿》。上海:上海古籍出版社,2006。

劉向:《列仙傳(校譌補校)》。北京:中華書局,1985。

劉向明:〈民國時期廣州道教〉,《羊城今古》,1992年第5期,頁44。

劉侗、于奕正著,孫小力校注:《帝京景物略》。上海:上海古籍出版社,2001。

劉科:〈太乙救苦天尊圖像研究〉,《宗教學研究》,第1期(2014),頁39–46。

劉斯奮、劉斯翰主編,陳永正分冊主編:《今文選·今文言》。北京:中國言實出版社,
    2014。

劉燕萍:〈論裴鉶《崔煒》中的試鍊之旅〉,氏著:《民俗與文學:古典小說戲曲中的鬼
    神》。上海:上海古籍出版社,2015,頁36–68。

廣州市文史研究館編《羊城風華錄:歷代中外名人筆下的廣州》。廣州:花城出版社,
    2006。

廣州市文物考古研究所編:《羊城考古發現與研究》。北京:文物出版社,2005。

廣州市文物考古研究所編:《廣州文物考古集》。北京:文物出版社,1998。

廣州市文物志編委會編著:《廣州市文物志》。廣州:嶺南美術出版社,1990。

廣州市市政廳:《廣州市沿革史略》。香港:崇文書店,1972。

廣州市地方志編纂委員會編:《廣州市志》。廣州市:廣州出版社,1998。

廣州市宗教志編纂委員會編:《廣州宗教志》。廣州:廣東人民出版社,1996。

廣州市國土資源和規劃委員會、廣州市嶺南建築研究中心編:《嶺南近現代優秀建築
    1911–1949廣州》。廣州:華南理工大學出版社,2017。

廣州市統計局、廣州市公安局、廣州市民族事務委員會、廣州市計劃生育委員會編:
    《廣州人口志》,廣州,1995。

廣州市規劃局、廣州市城市建設檔案館編:《圖說城市文脈——廣州古今地圖集》。廣
    州:廣東省地圖出版社,2010年。

廣州市越秀區人民政府地方志辦公室、廣州市越秀區政協學習和文史委員會:《越秀史
    稿》。廣州:廣東經濟出版社,2015。

廣州市越秀區地方志辦公室、廣州市越秀區政協學習文史委員會編:《廣州越秀古書院
    概觀》。廣州:中山大學出版社,2002。

廣州市越秀區檔案館編:《水潤花城千年水城史話:廣府文化精華》。廣州:廣東人民出
    版社,2012。

廣州市調查人口委員會:《廣州市廿一年人口調查報告》,出版地不詳,1933。

廣州年鑑編纂委員會編:《廣州年鑑》。廣州:廣州年鑑編纂委員會,1929。

廣州近代史博物館編:《近代廣州教育軌轍》。廣州:廣州出版社,2008。

廣東文徵編印委員會編:《廣東文徵》。香港:香港中文大學出版部,1973–1979。

廣東省文史研究館編:《廣東省自然災害史料》。廣州:廣東科技出版社,1999。

廣東省民族宗教研究院編：《民族宗教研究》。廣州：廣東人民出版社，2015。

廣東省立中山圖書館編：《老廣州》。廣州：嶺南美術出版社，2009。

廣東省政府廣東年鑑編纂委員會編：《廣東年鑑》。廣州，1942。

廣東歷史地圖編輯委員會編：《廣東歷史地圖集》。廣州：廣東省地圖出版社，1995。

樂雲、黃鳴主編：《唐宋詩鑒賞辭典》。武漢：崇文書局，2015。

歐陽修著，施培毅選註：《歐陽修詩選》。合肥：安徽人民出版社，1982。

蔣維錟：〈歷代媽祖封號綜考〉，《媽祖研究學報》第3輯。吉隆坡：雪隆海南會館（天后宮）媽祖文化研究中心，2008，頁127–137。

衛匡國（Martino Martini）：《韃靼戰紀》，杜文凱編：《清代西人見聞錄》。北京：中國人民大學出版社，1985。

鄧昭：〈道教斗姆對密教摩利支天形象的借用〉，《國立臺灣大學美術史研究集刊》，第36期（2014），頁59–108。

鄧國均、孔令宏：〈漢晉道教與「黃初平」故事考論〉，《宗教學研究》第4期（2018），頁44–50。

鄭永泰：〈從民祀到正祀：清代崇封呂祖史事補考〉，《中國道教》，2016年第3期，頁56–61。

鄭振鐸：《插圖本中國文學史》。北京：人民文學出版社，1957。

鄭喜夫：〈關聖帝君善書在臺灣〉，《臺灣文獻》，第34卷第3期（1983），頁115–148。

鄭輝：〈林昌彝與《射鷹樓詩話》〉，收入福建省炎黃文化研究會、福建省文學藝術界聯合會編：《閩人要籍評鑒》。福州：海峽文藝出版社，2016。

黎志添編譯：《修心煉性 ——〈呂祖疏解無上玄功靈妙真經〉白話註譯》。香港：香港中文大學出版社，2017。

黎志添編：《道教圖像、考古與儀式：宋代道教的演變與特色》。香港：中文大學出版社，2016。

黎志添、李靜編著：《廣州府道教廟宇碑刻集釋》。香港：三聯書店（香港）有限公司，2013。

黎志添、游子安、吳真：《香港道教：歷史源流及其現代轉型轉型》。香港：中華書局，2010。

黎志添：《廣東地方道教研究：道觀、道士及科儀》。香港：香港中文大學出版社，2007。

黎志添、游子安、吳真：《香港道堂科儀歷史與傳承》。香港：中華書局（香港），2007。

黎志添：〈清代呂祖寶懺與扶乩道壇：廣東西樵雲泉仙館《呂祖無極寶懺》的編撰及與其他清代呂祖懺本的比較〉，《漢學研究學刊》，第9卷（2018），頁133–196。

黎志添：〈明清道教呂祖降乩信仰的發展及相關文人乩壇研究〉，《中國文化研究所學報》，第65期（2017），頁139–179。

黎志添：〈南宋黃籙齋研究：以金允中「靈寶大法」為例〉，黎志添編著：《道教圖像、考古與儀式：宋代道教的演變與特色》。香港：香港中文大學出版社，2016，頁209–234。

黎志添：〈清代道光年間廣州城區祠廟的空間分佈及其意涵：以道光十五年「廣州省城全圖」為考察中心〉，《香港中文大學中國文化研究所學報》，第63期（2016），頁151–201。

黎志添：〈識見、修煉與降乩——從南宋到清中葉呂洞賓顯化度人的事跡分析呂祖信仰的變化〉，《清華學報》，第46卷，第1期（2016），頁41–76。

黎志添：〈宋代地區道教的個案研究——廣州道觀、道堂及道院〉，《中央研究院歷史語言研究所集刊》，第84本，第2分（2013），頁235–275。

黎志添：〈現代都市中道教廟宇的轉型——從村廟到道觀：以廣州市泮塘鄉仁威廟為個案〉，《道教研究學報：宗教、歷史與社會》，第4期（2012），頁129–135。

黎志添：〈《先天斛食濟煉幽科》考：一部廣東道教科儀本的文本源流研究〉，《中國文化研究所學報》，第51期（2010），頁117–142。

黎志添：〈清初廣東全真道教——杜陽棟與曾一貫考〉，《2006道文化國際學術研討會論文集》，高雄：國立高雄師範大學經學研究所，2006，頁951–974。

黎志添：〈廣州元妙觀考釋〉，《中央研究院歷史語言研究所集刊》第75本，第3分冊（2004），頁445–513。

黎志添：〈天地水三官信仰與早期天師道治病解罪儀式〉，《臺灣宗教研究》第2卷，第1期（2002），頁1–30。

黎細玲編著：《香山人物傳略》。北京：中國文史出版社，2014。

黎翔鳳撰，梁運華整理：《管子集解》。北京：中華書局，2004。

黎簡著，周錫馥選註：《黎簡詩選》。廣州：廣東人民出版社，1983。

黎麗明：〈羅浮山「艮泉」主人小考〉，《收藏‧拍賣》，2014年第9期，頁80–81。

盧潔峰，《廣州中山紀念堂鈎沉》。廣州：廣東人民出版社，2003。

錢玉林、黃麗麗等：《中華傳統文化辭典》。上海：上海大學出版社，2009。

錢仲聯主編：《中國文學家大辭典》。北京：中華書局，1996。

錢仲聯等主編：《中國文學大辭典》。上海：上海辭書出版社，1997。

霍松林主編：《歷代絕句精華鑒賞辭典》。西安：陝西人民出版社，1993。

龍加林、劉向明：〈三元宮史話〉，《羊城今古》，1991年第4期，頁52–53。

龍思泰（Andrew Ljungstedt）著，吳義雄、郭德焱、沈正邦譯，章文欽校注：《早期澳門史》，北京：東方出版社，1997。

戴思博（Catherine Despeux）著，李國強譯：《修真圖：道教與人體》。濟南：齊魯書社，2012。

繆鉞：《宋詩鑒賞辭典》。上海：上海辭書出版社，2015。

謝文勇編：《廣東畫人錄》。廣州：嶺南美術出版社，1985。

謝宗暉：〈廣州市三元宮〉，《中國道教》，1988年第4期，頁50–52。

謝華：《羅浮山風物》。廣州：廣東旅遊出版社，1984。

謝聰輝：〈南宋道經中「飛鸞開化」出世類型的認知與特質析論〉，蓋建民編：《開拓者的足跡——卿希泰先生八十壽辰紀念文集》。成都：巴蜀書社，2010，頁133–155。

鍾宗憲：〈中國雷神形象〉，《輔大中研所學刊》，第7期(1997)，頁335–359。
韓愈著，馬其昶校注：《韓昌黎文集校註》。上海：上海古籍出版社，1998。
瞿冕良編著：《中國古籍版刻辭典增訂本》。蘇州：蘇州大學出版社，2009。
簡錦松主編：《夔州詩全集》。重慶：重慶出版社，2009。
顏嵩年：《越臺雜記》，收入陳建華、曹淳亮主編《廣州大典》，第49輯(子部雜家類)，第7冊，總第398冊。廣州：廣州出版社，2008–2015。
羅可群：《廣東客家文學史》。廣州：廣東人民出版社，2015。
羅春榮：《媽祖文化研究》。天津：天津古籍出版社，2006。
羅春榮：《媽祖傳說研究：一個海洋大國的神話》。天津：天津古籍出版社，2009。
蘇東軍：〈清代佛山道教歷史管窺——以佛山市博物館藏道士畫像為主〉，《中國道教》2011年第1期，頁12–19。
蘇軾著，王文誥輯注：《蘇軾詩集》。北京：中華書局，1982。
釋達受撰，桑椹點校：《六舟集》。杭州：浙江古籍出版社，2015。
饒宗頤：《老子想爾注校證》。上海：上海古籍出版社，1991。

Duara, Prasenjit. "The Campaigns Against Religion and the Return of the Repressed," in Prasenjit Duara, *Rescuing History from the Nation: Questioning Narratives of Modern China*, 85–114. Chicago: University of Chicago Press, 1995.
Esposito, Monica. "Longmen Taoism in Qing China: Doctrinal Ideal and Local Reality," *Journal of Chinese Religions* 29 (2001): 191–231.
Esposito, Monica. "The Longmen School and Its Controversial History during the Qing Dynasty," in John Lagerwey ed., *Religion and Chinese Society*, vol. 1, 621–698. Hong Kong: The Chinese University Press and École française d'Extrême-Orient, 2004.
Goossaert, Vincent. "Counting the Monks: The 1736–1739 Census of the Chinese Clergy," *Late Imperial China*, vol. 21, no. 2 (2000): 40–85.
Goossaert, Vincent. "The Quanzhen 全真 Clergy, 1700–1950," in John Lagerwey ed., *Religion and Chinese Society*, vol. 1, 699–771. Hong Kong: Chinese University Press and École française d'Extrême-Orient, 2004.
Lai, Chi-Tim. "Hong Kong Daoism: A Study of Daoist Altars and Lü Dongbin Cults," *Social Compass 50* (2003): 459–470.
Miles, Steven B. "Rewriting the Southern Han (917–971): The Production of Local Culture in Nineteenth–Century Guangzhou," *Harvard Journal of Asiatic Studies 62* (2002): 39–75.
Schipper, Kristofer and Verellen, Franciscus eds., *The Taoist Canon: A Historical Companion to the Daozang* (《道藏通考》). Chicago: University of Chicago Press, 2004.
Ter Haar, Barend J. "The Rise of the Guan Yu Cult: the Taoist Connection," in Jan A.M. De Meyer and Peter M. Engelfriet eds., *Linked Faiths: Essays on Chinese Religions and Traditional Culture in Honour of Kristofer Schipper*, 183–204. Leiden: Brill, 1999.

Poon, Shuk Wah. "Refashioning Popular Religion: Common People and the Republican Guangzhou, 1911–1937," Ph.D. diss., Hong Kong University of Science and Technology, 2001.

West, Andrew C, *Catalogue of the Morrison Collection of Chinese books*. London: University of London, School of Oriental and African Studies, 1998.

Yoshioka, Yoshitoyo. "Taoist Monastic Life," in Holmes Welch and Anna Seidel eds., *Facets of Taoism*, 229–252. New Haven: Yale University Press, 1979.

七.檔案與報刊

〈唐誠靜、李信潛呈為民產被機關部隊佔駐業經呈奉鈞府核准受理並繳驗契證無訛奉批逕往洽領惟無效果謹再祈請賜予飭遷執行發還以保業權由〉,見廣州市檔案館全宗號:地政局13,目錄號:1,案卷號:雜3209,1948年3月1日。

〈管理寺廟條例〉,《司法公報》,民國四年 (1915) 第45期。

〈市道教會等特種團體監事名冊表〉,見廣州市檔案館全宗號:10,目錄號:2,案卷號:1494,1947年11月10日。

《大公報》,1951年7月13日。

《大公報》,1989年2月24日。

《中美週報》,1948年總第280期。

《仁愛月刊》,第1卷第1期,1935年5月。

《仁愛月刊》,第1卷第10、11期合刊,1936年3月。

《仁愛旬刊》,創刊號,1935年1月1日。

《仁愛旬刊》,第1卷第8期,1935年3月15日。

《天光報》,1936年11月29日。

《申報》,1916年9月9日。

《申報》,1916年10月24日。

《申報》,1922年4月24日。

《申報》,1923年4月5日。

《申報》,1928年1月6日。

《申報》,1928年1月7日。

《申報》,1938年5月31日。

《申報》,光緒二十六年六月二十六日,1900年7月22日。

《東鎮鄉報》,第64期,1938年9月19日。

《香港工商日報》,1930年2月15日。

《香港工商日報》,1935年2月19日。

《香港工商日報》,1936年2月7日。

《香港工商日報》,1977年5月16日。

《香港工商晚報》，1935年2月19日。

《香港工商晚報》，1937年8月23日。

《香港華字日報》，1930年3月10日。

《香港華字日報》，清光緒二十三年 (1897) 12月3日。

《偽廣州市道教會、陶瓷商公會、營造業公會、制釘業公會關於籌備成立的情況□□(附
　　組織章程、會員各冊等資料)》，廣州市檔案館檔案資料，全宗號7，目錄號5，案
　　卷號24。

《循環日報》，1882年11月1日第2版。

《循環日報》，1883年4月3日第2版。

《循環日報》，1883年6月16日第2版。

《越華報》，1936年2月8日第3版。

《越華報》，1946年11月9日第4版。

《廣州市市政公報補編 (公牘令)》，第二七〇號至第二七九號合刊本，1928年4月。

《廣州市政府市政公報》，1922年第65期。

《廣州市政府市政公報》，1927年第255期。

《廣州市政府市政公報》，1927年第258期。

《廣州市政府市政公報》，1927年第265期。

《廣州市政府市政公報》，1927年第266期。

《廣州市政府市政公報》，1927年第268期。

《廣州市政府市政公報》，1927年第269期。

《廣州市政府市政公報》，1930年第351期。

《廣州市政府市政公報》，1930年第355期。

《廣州市政府市政公報》，1935年第492期。

《廣州市政府市政公報》，1935年第498期。《廣州市道教第一次代表會議專刊》，廣州市
　　宗教處檔案，1987年長期 (一)。

《廣州市道教會組織章程》，廣州市檔案館檔案資料，全宗號7，目錄號5，案卷號24。

〈廣州市道教會會員名冊〉，廣州市檔案館檔案資料，全宗號7，目錄號5，案卷號24。

《廣東省政府公報》，1936年7月7日，第340期。

中華民國內政部：〈內政部的神祠存廢標準〉，《民俗》，第41、42合期，1929，頁127–
　　130。

民國三十七年九月九日越秀山清泉街關帝廟值理坊眾代表交送廣州市政府地政局長的投
　　訴狀，廣州市檔案館檔案，全宗號：地政局 (13)，目錄號：1，案卷號：雜3209。

香港蓬瀛仙館：《粉嶺蓬瀛仙館金禧紀念擴建大殿落成特刊》，1982年。

香港蓬瀛仙館：《蓬瀛仙館創館70週年》，1999。

香港蓬瀛仙館：《蓬瀛僊館創館75周年 (1929–2004)》，2004。

香港蓬瀛仙館：《蓬瀛仙館80周年紀念特刊 (1929–2009)》，2009。

香港蓬瀛仙館：《蓬瀛仙館80周年館慶特刊》，2009。

香港蓬瀛仙館：《蓬瀛仙館85周年紀念特刊（1929–2014）》，2014。

香港蓬瀛仙館：《蓬瀛館訊》2011年12月。

香港蓬瀛仙館：《蓬瀛館訊》，2005年8月。

香港蓬瀛仙館：《蓬瀛館訊》，2013年第1期

香港蓬瀛仙館：《蓬瀛館訊》，2016年第3期。

香港蓬瀛仙館：《蓬瀛館訊》，2016年第4期。

香港蓬瀛仙館：《蓬瀛館訊》，2017年第3期。

香港蓬瀛仙館：《蓬瀛簡訊·春節旅遊》，1988年5月。

香港蓬瀛仙館：《蓬瀛簡訊·館務消息》，1989年2月。

香港蓬瀛仙館：《蓬瀛簡訊·館務簡報·廣州法會》，1992年11月。

桂坫：〈三元宮賞春錄奉甲安先生正之〉，《藝林叢刊》民國十六年（1927）2月25日第2版。

楊史輝：〈丘逢甲詩詠揭陽神童〉，《潮州日報》2018年5月22日。

葉宗茂：〈為呈請再定日期察看秉公交還管業事〉，廣州市檔案館，全宗號：地政局，案
　　　卷號：雜35–38，1948年12月3日。

廣州市市立美術學校編：《美術》1935年創刊號。

廣州道教協會主辦：《恆道》，2005年創刊號至2017年總第49期。

蕭登福：〈道教燈儀緣起及其流變〉，《弘道》2013年第2期（總第55期），頁100–108。

嶺南：〈應元宮訪道記〉，《海潮音》，1920年第10期，頁1。

關於廣州市破除迷信運動大會的報導，《廣州民國日報》，1929年9月18日。

八. 金石材料

〈重修廣州三元宮鮑姑祠碑記〉，2018，據原碑。

〈香港雲泉仙館經募三元宮重修聖像神龕寶座長聯樂助善長芳名〉，原碑存址不詳，據碑
　　　刻相片節錄。

〈香港雲泉仙館經募三元宮重修聖像神龕寶座長聯樂助善長芳名〉，據照片。

〈粉嶺蓬瀛仙館創建道董題名記〉，1950，據原碑。

〈粉嶺蓬瀛仙館增建西齋捐款題名記〉，1952，據原碑。

〈廣東省廣州市粵秀山三元宮歷史大略記〉，民國三十二年（1943），據原碑。

〈蓬瀛仙館創建道董題名記〉，民國三十九年（1940）庚寅四月，蕭國健、沈思合編：《香
　　　港華文碑刻集·新界編（一）》，香港：顯朝書室，1993。

三元殿同治七年（1868）棟木。

史承節：〈鄭康成祠碑〉，金承安五年（1200）三月立，於山東高密出土，收入郭郁烈主
　　　編：《西北民族大學圖書館于右任舊藏金石拓片精選》，上海：上海古籍出版社，
　　　2008。

伍銓萃：〈重修呂祖殿碑記〉，清光緒二十八年（1902），據原碑。

朱用孚：〈重修三元宮碑記〉，清同治八年（1869），據原碑。

吳蘭修撰：《南漢金石志》，南海伍氏粵雅堂，清道光三十年 (1850) 刻本。

呂君愾：〈鮑姑寶殿序〉，2017，據原碑。

呂祖殿同治元年 (1862) 棟木。

周宗朗：〈創建粉嶺蓬瀛仙館記〉，1937，據原碑。

張永豫：〈重修酥醪觀碑銘〉，譚棣華、曹騰騑、冼劍民編：《廣東碑刻集》，廣州：廣東
　　高等教育出版社，2011。

張信綱：〈重修三元宮碑記〉，民國三十三年 (1944)，據原碑。

陳澧：〈清陳澧隸書題字琅邪臺秦篆石刻拓本〉，國立故宮博物院編印：《陳蘭甫先生書
　　畫特展目錄》，臺北：國立故宮博物院，1979。

葉崇寧：〈三元宮殿宇重修記〉，2018，據原碑。

潘崇賢：〈越秀山三元宮重建眾善功德碑記〉，2017，據原碑。

蕭光惠：〈重修頭門三元殿碑記〉，清乾隆六十年 (1795)，據原碑。

名詞索引

全真教 lxvii–lxviii, 27, 31–33, 36–41, 45, 100–103,
 113, 141, 179, 216, 307, 313–314, 372n7,
 372n8, 375n57, 376n67, 427n157
共產黨 57, 59
吉岡義豐 33
同治中興 43
地母殿 34, 82, 85, 89, 181, 206, 213, 255
夷堅志 111–112
存古學堂 22
安樂村 308–309, 319
朱元璋 105, 194
朱用孚 43, 120, 139, 211–212, 215, 218, 231,
 233–234, 238, 270, 338
朱執信 22
百粵名山 33, 44, 81, 86, 139, 181, 184, 205
百福村 307
羊城 lvii, 35, 37, 42, 73, 80–81, 145–146, 152,
 160–161, 175, 183, 196, 205, 217, 225, 230,
 244, 253, 315, 326, 329, 409n62, 410n67,
 412n91
羊城八景 17–18, 125, 368n133
羊城古抄 110, 241
老子 79, 97–99, 185, 231–232, 254, 395n57,
 430n191
老子八十一化圖 97
老子想爾注 98
老君殿 20, 34, 37, 41, 61, 82–83, 85, 87, 99, 118,
 182–183, 185, 206, 209, 212–214, 223–225,
 237, 255, 261, 270, 332, 337, 347, 349, 356
西關 12–15, 44, 367n103, 367n105
阮元 23–25, 72, 127, 130, 132, 392n17
阮太傅祠 24

七劃

何信寶 115
何誠端 53–54, 56–57, 59, 86, 114, 117, 121–122,
 183, 186, 205, 213, 215, 217, 242–243, 245–
 246, 312, 339, 344–345, 359, 435n288
佛教 27, 106–108, 112, 164, 172, 174, 224, 332,
 351, 425n122, 426n131, 433n250, 433n252

吳信祥 57, 59, 61, 70–71, 88, 115, 122–123, 184,
 206, 250, 300, 345, 348, 379n140
吳信達 lix, 44–45, 57, 59, 61, 70–71, 88, 115,
 117, 122–123, 184, 206, 250, 294, 300, 317,
 326–330, 332–334, 345, 348–354, 382n22
吳嵩梁 119, 132, 140, 193, 196, 408n53
吳道子 54, 85, 121, 215, 217, 242–243, 265, 339,
 344
吳道子觀音像碑 211–212, 214, 265, 270
吳道鎔 22–23
吳慶雲道院 lxviii, 141, 144, 147, 151–152, 161–
 162, 403n71
吳璩 103, 386n74
呂洞賓 41, 100–102, 147, 150, 179, 385n59,
 386n66
呂真人 102, 376n67
呂真君 102
呂祖 44, 60, 88, 100–103, 133, 136–137, 172,
 178–179, 185–187, 195, 213, 216, 240–241,
 307, 316, 411n79, 434n259
呂祖全書 100–102, 185
呂祖全書正宗 103
呂祖弟子 102–103
呂祖志 102, 386n67
呂祖法印 172, 178
呂祖祠 44, 375n65
呂祖殿 34, 37, 41, 43–44, 61, 82–85, 88, 103, 114,
 119–120, 179, 181–182, 185, 207, 212–213,
 215–216, 226, 228, 238, 240–243, 330, 332, 338,
 347, 349, 357, 377n90, 382n10
呂祖誥 100
呂祖靈籤 136–137
妙法蓮華經 106–107
妙通真人 102
妙善 107–108
孚佑上帝 100
孚佑帝君 lxv, 88, 93, 100, 102, 103, 147, 172, 178,
 179, 185, 207
岑澂 130, 192, 407n50
李文田 22

十三劃